固定收益证券

现代市场工具

|原书第4版|

FIXED INCOME SECURITIES

Tools for Today's Markets, 4th Edition

[美] 布鲁斯·塔克曼 (Bruce Tuckman) 著
安杰尔·塞拉特 (Angel Serrat)

陈焕华 译

机械工业出版社
CHINA MACHINE PRESS

Bruce Tuckman, Angel Serrat. Fixed Income Securities: Tools for Today's Markets, 4th Edition.

ISBN 978-1-119-83555-4

Copyright © 2022 by Bruce Tuckman and Angel Serrat. All rights reserved.

This translation published under license. Authorized translation from the English language edition, Published by John Wiley & Sons. Simplified Chinese translation copyright © 2024 by China Machine Press. This edition is authorized for sale in the Chinese mainland (excluding Hong Kong SAR, Macao SAR and Taiwan).

No part of this book may be reproduced or transmitted in any form or by any means, electronic or mechanical, including photocopying, recording or any information storage and retrieval system，without permission, in writing, from the publisher. Copies of this book sold without a Wiley sticker on the cover are unauthorized and illegal.

All rights reserved.

本书中文简体字版由 John Wiley & Sons 公司授权机械工业出版社在中国大陆地区（不包括香港、澳门特别行政区及台湾地区）销售。

未经出版者书面许可，不得以任何方式抄袭、复制或节录本书中的任何部分。

本书封底贴有 John Wiley & Sons 公司防伪标签，无标签者不得销售。

北京市版权局著作权合同登记　图字：01-2022-6971 号。

图书在版编目（CIP）数据

固定收益证券：现代市场工具：原书第 4 版 /（美）布鲁斯·塔克曼（Bruce Tuckman),（美）安杰尔·塞拉特（Angel Serrat）著；陈焕华译. -- 北京：机械工业出版社，2025. 7. -- ISBN 978-7-111-77544-7

Ⅰ. F830.91

中国国家版本馆 CIP 数据核字第 2025SW1004 号

机械工业出版社（北京市百万庄大街 22 号　邮政编码 100037）
策划编辑：张竞余　　　责任编辑：张竞余　刘新艳
责任校对：李　婷　王　延　责任印制：刘　媛
三河市宏达印刷有限公司印刷
2025 年 7 月第 1 版第 1 次印刷
185mm×260mm·28.5 印张·539 千字
标准书号：ISBN 978-7-111-77544-7
定价：149.00 元

电话服务　　　　　　　　网络服务
客服电话：010-88361066　　机 工 官 网：www.cmpbook.com
　　　　　010-88379833　　机 工 官 博：weibo.com/cmp1952
　　　　　010-68326294　　金 　书 　网：www.golden-book.com
封底无防伪标均为盗版　　　机工教育服务网：www.cmpedu.com

前言

本书的目的是展示固定收益市场的资深从业者们使用的制度、概念和定量分析框架。绪论全面介绍了目前的固定收益市场、市场参与者和一些中期趋势（包括存款准备金过度充足条件下的货币政策、欧洲和日本央行的负利率政策以及流动性的最新变化）。第 1 章至第 6 章介绍了固定收益领域的基本语言和工具，内容涵盖无套利定价、利率和利差、DV01、久期和凸性、多因子对冲和实证对冲等。第 7 章至第 9 章解释了如何利用期限结构模型来更好地解读利率期限结构的形状、为固定收益衍生品定价，以及进行相对价值交易和宏观风格交易。第 10 章至第 16 章深入探讨了几个规模较大的固定收益细分市场的细节，包括回购协议和回购融资、中长期国债期货、短期利率及其衍生品、利率互换、公司债券和信用违约互换、抵押贷款和抵押贷款支持证券以及固定收益期权。

虽然固定收益本质上是一个需要依靠数据分析的对象，但本书采用了一种非常偏实用的方法来书写以便读者理解。所有的想法都会通过例子来呈现，并尽可能地使用真实的市场价格、事件或有意义的应用（下文列出了一些特别的扩展示例和应用）。书中还有很多对数量级的强调，例如，利率互换市场有多大？10 年期国债的 DV01 或久期大约是多少？以及对基本概念的分析，例如，头寸呈负凸性是什么意思？什么样的交易和头寸存在融资风险？

第 4 版进行了全面的修订，更新了所有与市场和市场参与者有关的数据；更新了所有的示例和应用；重写了所有对市场的深度分析，以反映最新的变化（例如，利率互换清算过程中的变动保证金更新为"盯市结算"）。此次修订的时机是经过深思熟虑的，考虑到了从 LIBOR 向新参考利率的过渡。虽然 SOFR 和其他替代参考利率相对年轻，但现在是对这些新参考利率及其相关衍生品进行教科书式处理的时候了。

我们要感谢 Bill Falloon 对这本书二十年如一日的热情支持，还有 Purvi Patel 在这一版编写过程中的耐心和专业指导、Judy DiClemente 对手稿深思熟虑的编辑、

Sienna Sihan Zhu 出色细致的研究协助、Kristi Bennett 勤奋的编辑文案以及其他友善而慷慨地奉献他们的专业知识和时间来丰富本书内容的人：Viral Acharya、Amitabh Arora、Richard Cantor、Jonathan Cooper、Richard Haynes、David Lohuis、Lihong McPhail、Greg Perez、David Sayles、James Streit 和 Regis Van Steenkiste。

部分扩展示例、应用和案例

本息分离债券的定价（1.5 节）
高票面利率国债的利差（3.6 节）
高票面利率国债多头的损益归因（3.8 节）
世纪债券的对冲（4.3 节和 4.6 节）
典型养老金负债的对冲（4.8 节和 5.4 节）
使用 30 年期美国国债对强生公司债券"2.450s of 09/01/2060"的回归对冲（6.1 节）
用 2014 年 1 月至 2022 年 1 月期间的市场数据估计 Gauss+模型参数（9.2 节）
明富环球公司的到期回购交易（10.7 节）
2020 年 3 月的美国国债期货基差交易（11.13 节）
从 2021 年 10 月与 2022 年 1 月的联邦基金期货数据中提取短期利率的隐含路径（12.3 节）
2019 年 5 月发行的 CLO 的层级结构（14.1 节）
2020 年 6 月赫兹公司 CDS 的结算拍卖（14.11 节）
伦敦鲸案例分析（14.13 节）
2018～2021 年 3 个 30 年期 FNMA 抵押贷款资产池（15.5 节至 15.7 节）
2020 年发行的信用风险转移证券的结构（15.12 节）
用布莱克-斯科尔斯-默顿模型为 2021 年 8 月的美国银行可赎回债券定价（16.1 节）

简称表

ABS	资产支持证券
ADV	平均日成交额
AFX	美国金融交易所
Ameribor	美国银行间同业拆借利率
AP	授权参与人
ARM	可变利率抵押贷款
ATM	平值（期权）
AUD	澳元
AXI	跨曲线信用利差指数
BIS	国际清算银行
BOJ	日本银行
BRL	巴西雷亚尔
BSBY	彭博短期银行收益率指数
BSM	布莱克-斯科尔斯-默顿（模型）
CAD	加拿大元
CCP	中央对手方
CDS	信用违约互换
CHF	瑞士法郎
CLO	贷款抵押凭证
CLOB	中央限价订单簿
CMO	抵押担保凭证
CMT	固定期限国债
CP	商业票据
CPR	条件提前还款率或固定提前还款率

CRT	信用风险转移
CTD	最便宜可交割券
CTM	按市值抵押
CVA	信用估值调整
DTS	久期利差乘积
DVP	货银对付
DV01	基点美元价值
EC	欧盟委员会
ECB	欧洲中央银行
EFFR	有效联邦利率
ENNs	实体净名义本金
EONIA	欧元隔夜平均指数
ESG	环境、社会和公司治理
ESTER	欧元短期利率
ETF	交易所交易基金
EUR	欧元
Euribor	欧洲银行间同业拆借利率
FCM	注册期货经纪商
FHLMC	美国联邦住房贷款抵押公司,简称房地美
FICC	固定收益结算公司
FNMA	美国联邦国民抵押贷款协会,简称房利美
FOMC	联邦公开市场委员会
FRA	远期利率协议
FRN	浮动利率债券
FVA	融资估值调整
GBP	英镑
GC	一般抵押品
GCF	一般抵押融资
GSE	政府支持机构
HFT	高频交易
HQLA	高质量流动性资产
HQM	高等级市场加权
IDB	交易商间经纪商

IM	初始保证金
IMM（inside market midpoint）	内部市场中点
IMM（international money market）	国际货币市场日
IO	只付利息债券
IOER	超额准备金利息
IORB	存款准备金利率
IRS	利率互换
JPY	日元
LCH	伦敦清算所
LCR	流动性覆盖比率
LIBOR	伦敦银行间同业拆借利率
LSOC	法律上分离但操作中混合
LTRO	长期再融资操作
LTV	房贷价值比
MAC	市场协议票息
MBS	抵押贷款支持证券
MPOR	风险保证金期间
MRO	主要再融资操作
MTN	中期票据
NAV	资产净值
NOI	净未平仓权益
NPV	净现值
NSFR	净稳定资金比率
OAD	期权调整久期
OAS	期权调整利差
OIS	隔夜指数互换
ON	隔夜
OTC	场外交易
OTR	新券
PAC	计划分期偿还分类
PCA	主成分分析

PO	只付本金债券
PTF	自营交易公司
P&L	损益
REMIC	房地产抵押贷款投资渠道
RFQ	询价
RRP	逆回购工具
RSAT	复制合成资产交易
RTM	到期回购
SARON	瑞士隔夜平均利率
SATO	初始利差
SDR	互换数据存储库
SEF	互换执行工具
SEK	瑞典克朗
SEQ	顺序支付分类
SIMM	标准初始保证金模型
SLUGs	州和地方政府系列债券
SMM	单月死亡率
SOFR	有担保隔夜融资利率
SONIA	英镑隔夜银行间平均利率
STM	按市值结算
STRIPS	本息分离债券
TAC	定向分期偿还分类
TIBOR	东京银行间同业拆借利率
TIPS	通货膨胀保护证券
TLTRO	定向长期再融资操作
TONAR	东京隔夜平均利率
UMBS	统一抵押支持证券
USD	美元
VM	可变保证金
WAC	加权平均票面利率
WALA	加权平均贷款券龄
WAM	加权平均期限

目录

前　言
简　称　表

绪论　固定收益市场概览 ············ 1
  0.1　全球固定收益市场 ············ 1
  0.2　美国固定收益市场 ············ 4
  0.3　美国固定收益市场的参与者 ····· 12
  0.4　准备金充足率和货币政策 ······ 21
  0.5　欧洲和日本的负利率和量化
　　　宽松政策 ················ 28
  0.6　交易和流动性 ············ 32

第 1 章　价格、贴现因子和套利 ······ 43
  1.1　政府附息债券 ············ 43
  1.2　贴现因子 ·············· 45
  1.3　一价定律 ·············· 47
  1.4　套利和一价定律 ·········· 48
  1.5　应用：本息分离债券的定价 ···· 51
  1.6　应计利息 ·············· 53
  1.7　天数计算惯例 ············ 56
  附录 1A　推导复制投资组合 ······ 56
  附录 1B　贴现的等价性和无套利
　　　　　定价 ················ 58

第 2 章　互换利率、即期利率和
　　　　远期利率 ·············· 59
  2.1　利率报价 ·············· 59
  2.2　利率互换 ·············· 61
  2.3　利率互换定价 ············ 63
  2.4　即期利率 ·············· 66
  2.5　远期利率 ·············· 67
  2.6　互换利率、即期利率和远期利率的
　　　关系 ·················· 68
  附录 2A　连续复利计算 ········ 70
  附录 2B　互换利率、平价利率、即
　　　　　期利率和远期利率的关系 ··· 71

第 3 章　收益、收益率、利差和
　　　　损益归因 ·············· 74
  3.1　已实现收益 ············ 75
  3.2　到期收益率 ············ 76
  3.3　收益率和收益 ············ 79
  3.4　到期收益率和相对价值 ······ 80
  3.5　利差 ·················· 83
  3.6　应用：高票面利率国债的利差 ··· 86
  3.7　利率不变情景下的损益归因 ···· 88
  3.8　损益归因 ·············· 90

附录 3A　在息票支付日以外的日期结算的到期收益率 …… 94

附录 3B　到期收益率和事后收益 …… 95

附录 3C　远期利率已实现场景 …… 96

第 4 章　DV01、久期和凸性 …… 98

4.1　价格利率曲线 …… 99
4.2　DV01 …… 101
4.3　世纪债券对冲：第一部分 …… 104
4.4　久期 …… 106
4.5　凸性 …… 107
4.6　世纪债券对冲：第二部分 …… 110
4.7　根据 DV01、久期和凸性计算收益率 …… 112
4.8　杠铃型和子弹型资产组合 …… 118

附录 4A　投资组合的 DV01、久期和凸性 …… 125

附录 4B　估计价格随久期和凸性的变化 …… 125

第 5 章　关键利率、部分、局部远期等各种基点价值和久期 …… 127

5.1　引入关键利率指标的动机 …… 128
5.2　关键利率指标概览 …… 129
5.3　关键利率的变化 …… 130
5.4　用关键利率 DV01 和关键利率久期来对冲 …… 133
5.5　局部基点价值和 PV01 …… 137
5.6　局部远期基点价值 …… 138
5.7　多因子风险敞口和投资组合波动率 …… 141

第 6 章　回归对冲和主成分分析 …… 143

6.1　单变量回归对冲 …… 144
6.2　双变量回归对冲 …… 150
6.3　水平量回归与变化量回归 …… 153
6.4　反向回归 …… 154
6.5　主成分分析 …… 155

附录 6A　回归对冲和损益的方差 …… 162

附录 6B　主成分的构造 …… 165

附录 6C　主成分构建：数学推导细节 …… 167

第 7 章　期限结构模型的无套利定价 …… 169

7.1　利率二叉树和价格二叉树 …… 169
7.2　利率衍生品的无套利定价 …… 171
7.3　风险中性定价法 …… 173
7.4　多期设定下的无套利定价 …… 175
7.5　固定期限国债互换定价示例 …… 179
7.6　期权调整利差 …… 180
7.7　使用 OAS 进行损益归因 …… 181
7.8　缩短时间步长 …… 183
7.9　固定收益衍生品与股权衍生品 …… 184

第 8 章　预期、风险溢价、凸性和利率期限结构的形状 …… 185

8.1　预期 …… 185
8.2　波动率和凸性 …… 186
8.3　远期利率的解析分解 …… 188

附录 8A …… 191

第 9 章　Vasicek 模型和 Gauss+ 模型 193

- 9.1　Vasicek 模型 193
- 9.2　Gauss+ 模型 198
- 9.3　Gauss+ 模型的一种实际估计方法 201
- 9.4　基于 Gauss+ 模型的相对价值与宏观风格交易 204
- 附录 9A　二叉树中的 Vasicek 模型 207
- 附录 9B　Gauss+ 模型 209

第 10 章　回购协议和回购融资 217

- 10.1　回购协议 217
- 10.2　回购的应用 219
- 10.3　市场结构和市场规模 224
- 10.4　SOFR 228
- 10.5　GC 和特别券回购利率 228
- 10.6　流动性管理与最新监管政策 234
- 10.7　案例分析：明富环球公司的到期回购交易 235

第 11 章　中长期国债期货 240

- 11.1　远期合约和远期价格 241
- 11.2　远期债券收益率 246
- 11.3　远期合约的利率敏感性 247
- 11.4　美国中长期国债期货的交易机制 248
- 11.5　每日盯市制度对价格和对冲的影响 251
- 11.6　交割成本和最终结算价格 252
- 11.7　使用多个可交割债券的动机和转换因子的作用 254
- 11.8　到期日的择券期权 256
- 11.9　总基差、净基差和基差交易 258
- 11.10　隐含回购利率 261
- 11.11　到期前的期货价格和择券期权 262
- 11.12　择时期权、月末期权和通配符期权 266
- 11.13　案例分析：2020 年 3 月的基差交易 269
- 附录 11A　远期下落约等于现金持有损益 274
- 附录 11B　在期限结构模型下的远期价格和期货价格 274
- 附录 11C　期货和远期的差异 276
- 附录 11D　期限结构模型下的期货交割期权 277

第 12 章　短期利率及其衍生品 279

- 12.1　短期利率和去 LIBOR 化趋势 279
- 12.2　1 个月期 SOFR 期货 284
- 12.3　联邦基金利率期货 291
- 12.4　3 个月期 SOFR 期货 296
- 12.5　Euribor 远期利率协议和期货 299
- 12.6　远期和期货的差异 303
- 附录 12A 304

第 13 章　利率互换 307

- 13.1　市场规模和主要参与者 308
- 13.2　利率互换的现金流及其分解 310
- 13.3　利率互换的应用 315
- 13.4　对手方信用风险 320
- 13.5　清算和中央对手方 324

13.6 基差互换 ·········· 329
附录13A 2022年2月24日的Euribor互换定价 ·········· 331
附录13B 双曲线定价 ·········· 332

第14章 公司债务和信用违约互换 ·········· 334

14.1 公司债券和贷款 ·········· 334
14.2 违约率、回收率和信用损失 ·········· 339
14.3 信用利差 ·········· 342
14.4 信用风险溢价 ·········· 346
14.5 信用违约互换 ·········· 347
14.6 CDS的预付金额 ·········· 351
14.7 CDS等价债券利差 ·········· 355
14.8 CDS债券基差 ·········· 357
14.9 风险调整久期和DV01 ·········· 360
14.10 利差久期和DV01 ·········· 362
14.11 CDS结算拍卖 ·········· 362
14.12 CDS机会主义策略 ·········· 367
14.13 案例分析：伦敦鲸 ·········· 369
附录14A 累计违约概率和存活率 ·········· 376
附录14B 预付金额 ·········· 376
附录14C CDS利差的近似值 ·········· 377
附录14D CDS等价债券利差 ·········· 378
附录14E 市场回收率下的债券利差 ·········· 378

第15章 抵押贷款和抵押贷款支持证券 ·········· 380

15.1 美国的抵押贷款市场 ·········· 381
15.2 固定利率抵押贷款 ·········· 385
15.3 可变利率抵押贷款 ·········· 387
15.4 提前还款 ·········· 388
15.5 抵押贷款资产池 ·········· 390
15.6 提前还款速度建模 ·········· 394
15.7 抵押贷款的定价、利差和久期 ·········· 397
15.8 TBA和特定资产池市场 ·········· 400
15.9 政府机构MBS的风险因子和对冲 ·········· 403
15.10 美元滚动交易 ·········· 406
15.11 其他MBS ·········· 408
15.12 信用风险转移证券 ·········· 410
附录15A 月底本金余额 ·········· 413
附录15B 期限结构模型下的MBS定价 ·········· 414

第16章 固定收益期权 ·········· 416

16.1 债券内嵌赎回期权 ·········· 416
16.2 Euribor期货期权 ·········· 420
16.3 债券期货期权 ·········· 422
16.4 利率顶和利率底 ·········· 424
16.5 利率互换期权 ·········· 427
16.6 互换期权偏斜 ·········· 429
附录16A 将布莱克-斯科尔斯-默顿模型应用于部分固定收益期权的理论基础 ·········· 432
附录16B 计价单位、定价测度和鞅性质 ·········· 433
附录16C 计价单位的选择和BSM定价 ·········· 436
附录16D 对BSM式期权定价过程中的期望值计算 ·········· 441
附录16E 期货价格在以货币市场账户作为计价单位时是一个鞅 ·········· 442

绪 论

固定收益市场概览

0.1 全球固定收益市场

今天的固定收益市场是一个规模巨大的全球性市场。图 0-1 列出了按发行人所在地分类的债务类证券余额。债务类证券是指被设计成可交易形式的固定收益工具，比如公司债券或政府债券。按发行人所在地分类意味着中国人民银行持有的美国国债会被包含在美国债券的总余额中。可以看到，截至 2021 年 3 月，全球债务类证券总余额达到了约 123 万亿美元。作为参照，同一时间全球股票市场的总市值约为 110 万亿美元，而股票市场的市值波动明显更大。

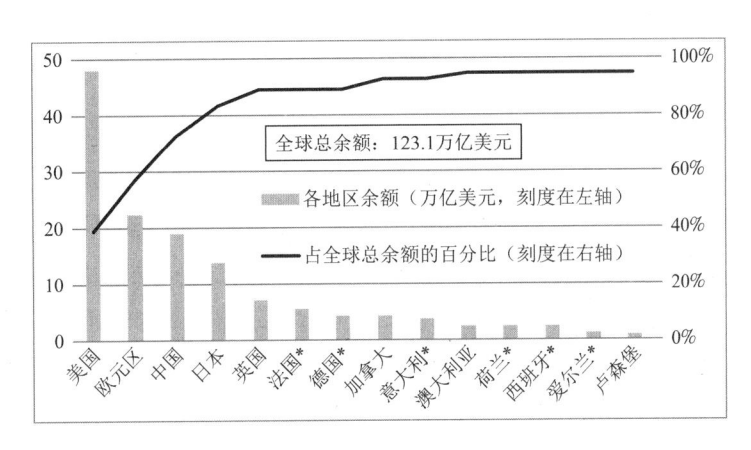

图 0-1 全球债务类证券余额，按发行者所在地分类

注：截至 2021 年 3 月，标有星号的为欧元区国家。
资料来源：国际清算银行和作者计算。

图 0-1 显示，按证券余额计算，债务发行规模最大的五个国家或地区分别是美国、欧元区、中国、日本和英国，共占全球债务总额的近 90%。欧元区包括既属于欧盟又使用欧元作为本国货币的国家。如果单独计算，欧元区的一些会员国也是债务类证券的重要发行者，所以图中也将它们单列了出来并用星号加以标识。请注意，

图中灰色柱条代表这些国家各自的债务类证券余额，但它们对累计总余额的贡献只被计算了一次，计算在欧元区总余额中。

图 0-2 展示了上述五个债务发行规模最大的国家或地区，按部门分类的债务类证券余额情况。可以看到，日本占比很大的政府债务是该国政府过去几十年来为刺激经济而进行大规模借贷和支出的结果。美国、欧元区和英国的政府债务比例较低，约为 50%，但自 2007~2009 年金融危机以来也经历着大幅上升。相对而言，美国的公司更倾向于直接向公众发行债券，而欧元区、日本和英国的公司则更倾向于从银行等中介机构借入资金，再由银行从公众那里筹集资金。

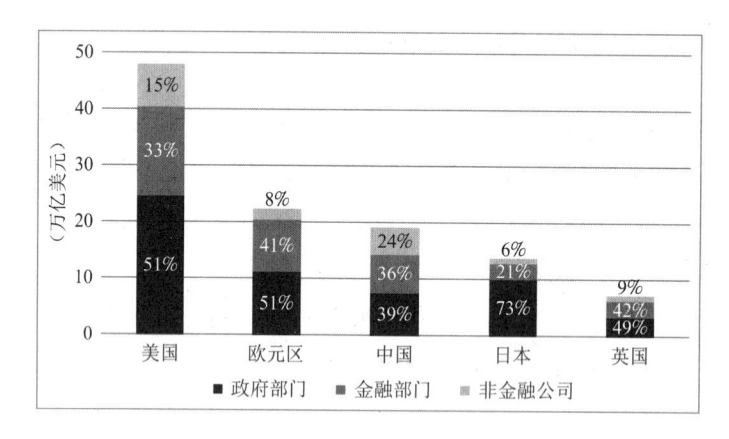

图 0-2　全球债务类证券余额，分部门情况，截至 2021 年 3 月

资料来源：国际清算银行和作者计算。㊀

表 0-1 和图 0-3 展示了全球利率衍生品的名义本金余额。关于这些衍生品的更多细节在后面的章节中介绍，现在我们只需要知道，所谓利率衍生品本质上是允许市场参与者对利率建立风险敞口或头寸的合约，无论该头寸是出于对冲、投资还是投机的目的。衍生品的名义本金是指用于计算衍生品的交易对手向另一个交易对手支付金额的参考本金。把所有的名义本金加在一起可能会严重夸大衍生品的市场规模。第一，最大的市场参与者，即衍生品交易商，往往会同时做多和做空两个几乎完全相同的衍生品。第二，期权费用实际上只相当于标的证券名义本金的一小部分。后面的章节将详细阐述这些问题，但在概述中大多数图表都是以名义本金的形式报告的。

㊀　因四舍五入，百分比加总可能不等于 100%，全书余同。——译者注

表 0-1 利率衍生品的名义本金余额

互换、期权和远期利率协议		期货和期货期权	
计价货币	名义本金	计价货币	名义本金
美元	152.1	美元	41.5
欧元	132.6	英镑	10.4
其他	67.1	欧元	9.5
英镑	54.3	巴西雷亚尔	1.6
日元	37.1	加拿大元	1.0
加拿大元	14.3	澳元	0.9
瑞典克朗	5.3	其他	0.6
瑞士法郎	3.6		

注：互换、期权和远期利率协议截至 2020 年 6 月；期货和期货期权截至 2020 年 12 月；单位为万亿美元。
资料来源：国际清算银行。

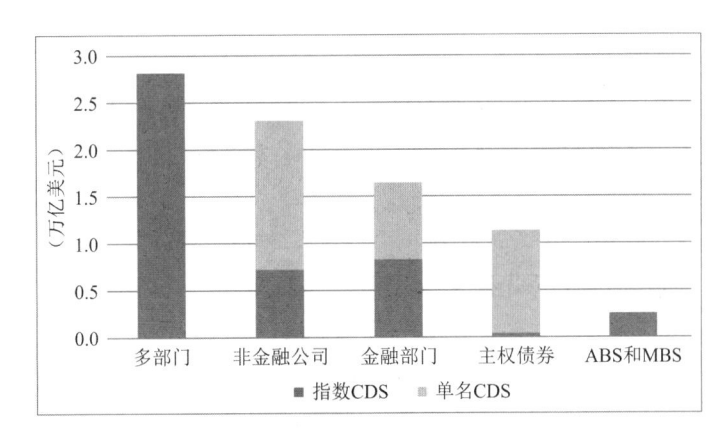

图 0-3 信用违约互换，按行业和类别划分的名义本金余额，截至 2020 年 6 月

资料来源：国际清算银行。

虽然衍生品可以在一个特定的地点集中交易，但说某个衍生品在一个地方或另一个地方发行是没有意义的：如果不考虑地方法规的限制，位于世界上任何地方的任何实体都可以签订这些衍生品合同。因此，一种典型的分类方法是按照衍生品的现金流是以何种货币计价来分类的。表 0-1 的前两列显示了以不同货币计价的互换、期权和远期利率协议的名义本金余额。大部分尚在流通的衍生品是以美元（USD）和欧元（EUR）计价的。该表中的数值也暗示了衍生品市场规模被夸大的现象：如果这些衍生品市场规模的数据是真的，仅仅以美元计价的衍生品市场规模就超过了 150 万亿美元，比全球所有债务类证券的规模加起来还要大。表 0-1 的后两列显示了期货和期货期权的名义本金余额，它们是标准化的、交易所交易的利率衍生品。到目前为止，以美元计价的合约的名义本金余额是最大的，以英镑和欧元计价的合约占据了其余市场的大部分份额。

最后，图 0-3 给出了信用违约互换（CDS）的全球名义本金余额。具体相关内容留待第 14 章再做详细讨论，粗略地说，CDS 允许投资者对有信用风险的债券建立杠杆化的多头或空头头寸。该图按不同市场划分了信用证券部门，包括非金融行业公司、金融行业公司、主权债券、资产支持证券（ABS）和抵押贷款支持证券（MBS）的 CDS。在每个部门内都存在单名 CDS 和指数 CDS，单名 CDS 针对单一信用主体（如西班牙政府），而指数 CDS 针对多个信用主体（如 25 家欧洲的金融行业公司）。可以看到，CDS 市场的名义本金规模要比表 0-1 所示的利率衍生品市场小得多。

0.2 美国固定收益市场

本节介绍美国的债务和贷款工具，分类方法如图 0-4 所示。截至 2021 年 6 月，所有该类工具的未偿总额约为 76.5 万亿美元。⊖作为参考，同期美国股市的总市值约为 45 万亿美元。本节将详细讨论美国国债和市政证券，其他部门在此只做简要介绍，在后面章节再进行详细讨论。

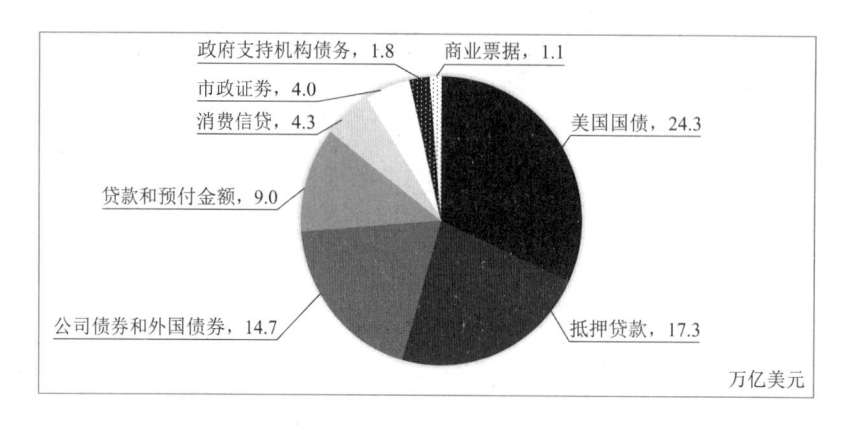

图 0-4　美国债务类证券和贷款余额，截至 2021 年 6 月

资料来源：美国财政部、美联储和作者的计算。

0.2.1 美国国债

在不到 10 年的时间里，美国国债已经从债务类证券和贷款中的规模第三大类别（仅次于抵押贷款、公司债券和外国债券）成长为规模最大的类别，总额达到了

⊖ 此处的数据来源与前文不同，主要差异是这里 76.4 万亿美元的数字包含非交易性工具，而图 0-1 和图 0-2 中 48 万亿美元的数字则没有包含。在 48 万亿美元的可交易债务工具基础上，加上 6.8 万亿美元的不可流通美国国债、7.8 万亿美元的未证券化抵押贷款、9.0 万亿美元的贷款和预付款以及 4.3 万亿美元的消费信用，总额就是约 76 万亿美元。

24.3万亿美元。当美国政府的支出超过了当年的税费收入时（过去50年中的大部分时间都是如此），它就需要通过借钱为超额支出提供资金。它可以通过如图0-5所示的一系列金融工具来实现该目标。其中美国国库券，即美国短期国债（bill）是指期限为一年或更短的债券，属于贴现发行的证券，这意味着它们的售价低于承诺的到期支付金额。美国中期国债（note）和美国长期国债（bond）都是附息证券，也就是在到期之前，它们会根据固定的票面利率，定期支付本金、面值或票面金额的一定比例作为息票，然后在债券到期时支付本金。严格地说，在政府的财政账户中，中期国债在发行时的到期期限不超过 10 年，而长期国债在发行时的到期期限则超过10 年。这种区分在历史上是有意义的，因为长期国债受限于法定的最高利率。但在今天的日常用语中，note 和 bond 这两个词是可以互换使用的。我们将在第 1 章更详细地描述中期国债和长期国债的现金流特点。

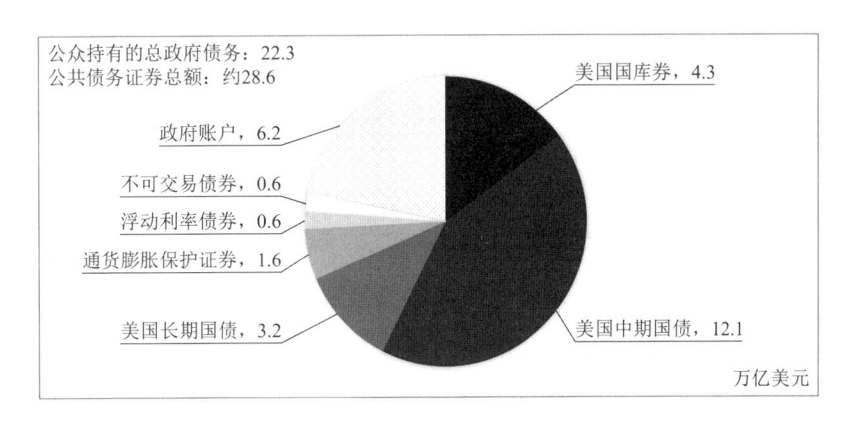

图 0-5　美国国债未偿余额，截至 2021 年 6 月

资料来源：美国财政部公告。

通货膨胀保护证券（TIPS）可以让投资者免受通货膨胀的影响，其本金会随着消费者价格指数（CPI）的变化而增加或减少。例如，考虑本金金额为100美元、票面利率为每年1%的TIPS。如果CPI上涨10%，TIPS的本金将增加到110美元，投资者可以根据更高的本金获取 1%的收益。对于投资者来说，在原价格水平上拥有100 美元并每年赚 1 美元，和物价上涨后拥有 110 美元并每年赚取 1%的利息，即1.10 美元，其福利水平是一样的。因此投资 TIPS 可以获得固定的实际收益率或通胀调整后收益率，而投资普通附息美国国债只能获得固定的名义收益率或美元收益率。㊀值得一提的是，由于上述原因，在同时包含 TIPS 和普通美国国债的讨论中，通常将后者称为名义债券。虽然 TIPS 只占美国国债未偿余额总量的 5.6%，如图 0-5

㊀ 在通货紧缩时期，TIPS 用于计算利息的本金金额可能会低于原始本金金额，但在 TIPS 到期时支付的本金金额应该至少等于原始本金金额。

所示，但它在衡量市场对通货膨胀的预期和通货膨胀风险的价格方面具有特别重要的意义。例如，在2022年1月，5年期名义美国国债的利率比5年期TIPS的利率高出约2.8%，因此可以粗略地说，市场预期接下来5年的平均通胀率为2.8%。更准确的说法是，考虑通胀预期和投资者的风险偏好，要求投资者购买5年期名义美国国债并承担这一期限内的通胀风险需要提供2.8%的风险溢价。

在图0-5中紧邻着TIPS的是浮动利率债券（FRNs）。它们在美国国债中是相对较新的品种，于2014年1月首次发行。此次发行的FRNs期限为2年，其支付的浮动利率等于期限为13周的国库券的现行利率加上固定利差。这一利差可能会诱使一些滚动投资短期国库券的投资者牺牲部分流动性，转而购买2年期的FRNs。从美国财政部的角度来看，FRNs可以锁定2年的资金，其成本仅略高于短期国库券。⊖事实上，到2021年为止，FRNs的销售利差从来没有超过5个基点。⊜此外，有些讽刺的是，FRNs的成本似乎也低于2年期固定利率美国国债，可能是因为美国政府在核算利率成本时没有考虑未来利率上升的风险。但FRNs的发行量仍然有限，约占图0-5所示总数的2%。

美国国债是全球固定收益市场上交易最活跃的证券之一。这在很大程度上得益于美元在国际市场上的重要地位，以及人们普遍认为美国政府债务是容易获得的最佳价值储存方式之一。另一个原因是美国财政部对美国国债发行的谨慎管理。更具体地说，美国财政部制订了一份固定的美国国债拍卖时间表，提前让投资者知道哪些证券将在何时出售以及出售的数量。多年以来美国财政部不断调整这一计划，以适应政府的借款需求和不断变化的市场条件。为了帮助读者理解这些概念，表0-2描述了2022年1月的美国国债拍卖时间表。

表0-2 美国国债拍卖时间表，时间为2022年1月

证券	发行频率	增发频率
4周、8周、13周和26周国库券	每周一次	
52周国库券	每4周一次	
2年期、3年期、5年期和7年期国债	每月一次	
10年期、20年期和30年期国债	每季度一次	每月一次
5年期TIPS	每半年一次	发行后每2个月一次
10年期TIPS	每半年一次	每2个月一次
30年期TIPS	每年一次	每半年一次
2年期FRNs	每季度一次	每月一次

注：TIPS代表通货膨胀保护证券；FRNs代表浮动利率债券。
资料来源：美国财政部。

⊖ 尽管似乎没有特别理由要锁定较长期的资金（因为美国财政部从未遇到过无法将短期借款展期的问题），但谨慎的债务管理要求避免出现过多债务集中到期，导致需要在相对较短的时间内再融资的情况。

⊜ 1个基点就是0.01%，比如1.01%和1.00%的利率的利差就是1个基点，1%相当于100个基点。因此5个基点的利差也就是0.05%。

"发行频率"描述了每种证券发行新券的频率。例如，从表中可以看到，美国财政部决定每月发行一次期限为 2 年、3 年、5 年和 7 年的美国国债新券，而 10 年期美国国债新券以及 20 年期和 30 年期美国国债新券的发行频率是每季度一次。发行的证券种类和发行频率都会随着时间的推移发生变化。比如，20 年期美国国债新券的发行在 1986 年被暂停，在 2020 年 5 月恢复；而 30 年期美国国债新券的发行在 2001 年 8 月暂停，在 2006 年 2 月恢复。在 2000 年，美国财政部引入了国债增发的概念，这意味着可以额外拍卖或出售更多已经发行的债券。例如，从表中可以看到，10 年期国债新券的发行频率是每季度一次，但发行后每月可以增发一次。2021 年 8 月，美国财政部发行了票面价值约为 590 亿美元、票面利率为 1.25% 的 10 年期美国国债新券，于 2031 年 8 月 15 日到期。在一个月后，也就是 2021 年 9 月，美国财政部又增发了票面价值为 420 亿美元的同款债券，也就是说，又出售了更多的于 2031 年 8 月 15 日到期且票面利率为 1.25% 的债券。又过了一个月，也就是 2021 年 10 月，美国财政部再次出售了 410 亿美元的同款债券。但在 2021 年 11 月，也就是上一次发行票面利率为 1.25% 的 10 年期美国国债新券的一个季度后，美国财政部又发行了 620 亿美元的 10 年期美国国债新券，这次的票面利率为 1.365%，到期日为 2031 年 11 月 15 日。

和拍卖时间表有关的一个结论是，在每种债券类型和到期期限上，最新发行的债券往往是交易最活跃的。回到前面的例子，在 2021 年 11 月 15 日，将于 2031 年 11 月 15 日到期的票面利率为 1.365% 的最新发行的债券被称为 10 年期"新券"（on-the-run），很可能也是此时交易最活跃的 10 年期债券。而于 2031 年 8 月 15 日到期的票面利率为 1.25% 的 10 年期美国国债，也在此时由之前的新券变成了"旧券"。随着时间的推移，更多的 10 年期美国国债被发行，旧券变成了两朝旧券，又变成了三朝旧券，依此类推。

回到图 0-5，不可交易债券是美国国债的另一个小类。其中包含大约 1 400 亿美元的储蓄债券，这是一种直接出售给个人投资者的贴现证券，以及大约 1 200 亿美元的州政府和其他地方政府发行的系列债券，通常称为"SLUGs"，稍后我们将在市政债券的一节中介绍。

图 0-5 中的最后一类是出售给政府账户的美国国债。这些债券也是不可交易的证券，代表着美国政府向自身发行的债务。例如，在 2020 年底，美国社会保障信托基金持有约 3 万亿美元的美国国债。大多数人认为，这些债券并不代表任何额外的联邦政府债务，换句话说，由美国财政部直接支付的社会保障资金，与通过美国社会保障信托基金手中的美国国债利息和本金间接支付的社会保障资金之间没有区别。根据这一逻辑，美国政府账户中持有的美国国债被排除在大多数政府债务的统

计之外。更具体地说，如图 0-5 所示，一般所指美国政府债务总额是其中的"公众持有的总政府债务"，即 22.3 万亿美元，而不是"公共债务证券总额"，后者还包括政府账户中持有的 6.2 万亿美元国债，总共为 28.5 万亿美元。

在讨论政府债务的规模和比较各国的政府债务时，通常以公众持有的总政府债务与国内生产总值（GDP）的比值作为标准，其中 GDP 是一个国家在一年内生产的所有商品和服务的市场价值。这里的思路是，GDP 更高的国家可以相对安全地承担更高水平的债务。截至 2021 年 6 月，美国 GDP 约为 22 万亿美元，所以债务与 GDP 的比值约为 100%，以历史标准衡量，这是一个极高的水平。在第二次世界大战期间，这一比值曾超过 100%，随后长期保持在 20%~50%。在 2007~2009 年的金融危机之后攀升到了 80% 左右，又在新冠疫情和经济停摆之后飙升至 100% 以上。相比之下，日本目前的债务与 GDP 之比超过 230%，希腊约为 175%，法国约为 100%，英国约为 85%，德国和中国不到 60%，而瑞士的这一比例还不到 40%。

尽管美国的债务与 GDP 之比处于历史高位，但大部分外国投资者仍认为美国国债是具有吸引力的，并持有了美国国债余额的很大一部分。截至 2021 年 6 月，在美国以外的投资者持有了约 7.2 万亿美元的美国国债，占图 0-5 所示 21.8 万亿美元可交易证券的约 33%。其中持有较多的国家包括：日本持有 1.28 万亿美元（约 5.9%）、中国持有 1.06 万亿美元（约 4.9%）以及英国持有 0.53 万亿美元（约 2.4%）。

0.2.2 市政证券

美国的市政证券市场目前规模约为 4 万亿美元，涉及 5 万多个发行人和大约 100 万笔债券发行。市政债券有时也被称为市政券或"munis"，通常由美国州政府和地方政府发行，用于为其支出融资。与大多数其他固定收益市场不同，主导市政债券市场的是散户投资者：截至 2021 年 6 月，超过 70% 的未到期的该类证券由个人直接持有或通过共同基金和其他投资工具间接持有。

只要发行市政债券所募集的资金用于公共项目，投资者从中获得的利息收入就可以免于缴纳联邦税。因此，联邦税的应税投资者愿意接受利率较低的市政债券，而不是那些利率更高但需要为利息缴纳联邦税的债券（如公司债券和美国国债），当然还需要考虑信用质量的差异。从这一点看，理论上市政债券发行者可以以低于其信用等级应该支付的利率筹集资金，但市政债券的价格升值带来的资本利得并不能免缴联邦税，使得实际情况要复杂得多。为了避免缴纳资本利得税，市场演化使得市政债券提供的回报主要采用（免税的）利息形式而非（应税的）价值增值形式。更具体地说，在当前利率普遍较低的环境下，大多数新发行的市政债券的票面利率高达 5%，因此都是溢价交易的，所以这些债券的价格高于它们的票面价值。采用这种设计后，这些市政债券不太可能以折价交易，所以买入并持有它们的投资者无须缴纳资本利得税。关于美国州政府征收的税，不同的州对市政债券利息收入的处理各不相同。大多数州对其他州发行的债券征收利息税，对本州的债券免税，而有些州对本州的债券和其他州的债券都征收利息税。华盛顿特区对所有的市政债券均免征利息税，而犹他州只对免除犹他州市政债券利息税的州发行的市政债券提供税收豁免。犹他州的减税幅度比表面上看起来更大，因为不征收利息所得税的州可以自动获得税收豁免。关于税收问题最后要提到的一点是，有大约 5 000 亿美元的市政债券不符合免征联邦税的条件，因为它们的收益被用于补充营运资本、资助私营公司发展，或通过特定类型的交易为现有债务再融资。⊖这些应税市政债券的利率通常与公司债券和美国国债的利率相当，当然这个结论也是在考虑信用质量的差异后才成立。

市政债券又可以分为三大类型。第一类是一般义务债券，简称"GO 债券"，市值约占总市场份额的 25%，其偿还由发行当局的征税权力支持。第二类是收入债券，市值约占总市场份额的三分之二，其偿还由特定项目的收入支持，比如桥梁的过桥费或高速公路的过路费。收入债券中有约 6 000 亿美元被归类为"工业收入债券"这一特殊子门类，市政当局可以利用该子门类发行免税债券，为承担符合条件的特定项目的私营公司筹集资金。第三类被称为预先融资债券或可减记债券，其剩余支付的偿还由预先拨付的足量现金或美国国债保证，因而在会计处理上可以将市政债务与对应的现金或美国国债同时减记。预先融资债券或可减记债券可以继续存在和交易，但其信用风险与美国国债相当。⊜

历史上市政证券的违约率一直很低。穆迪的报告显示，在 1970 年到 2020 年间，市政证券的 5 年期累计违约率为 0.08%，远远低于将在本书第 14 章介绍的公司债券。但信用风险仍然是市政债券市场投资者的一个重要考虑因素，一个特别重要且长期困扰投资者的问题是市政当局在资金不足时可能会选择优先保障养老金义务。早期的市政债券投资者一般认为以发行人征税权支持的一般义务债券，要比以特定项目收入支持的收入债券更安全。因为作为收入债券资金来源的项目现金流入有可能随着时间的推移而减少或消失。但在 2013 年夏天底特律市政当局的破产案发生

⊖ 在过去，市政当局被允许在债务到期之前用新的免税债务为任何旧的到期的或被回售的免税债务再融资，但这种做法在 2017 年被禁止。有关此问题和其他相关问题的完整处理，请参阅 Kalotay（2021），"*Interest Rate Risk Management of Municipal Bonds*"，安德鲁·卡洛泰联合公司发布。

⊜ 当某个市政当局要减记免税债券时，它需要购买美国国债，但所购债券的利率不得高于被减记债券的利率，以防止联邦税收套利。这个问题可以通过直接从美国财政部购买前文提到的 SLUGs 来解决。SLUGs 与其他政府债券的信用等级相同，但支付的利率较低，所以更能满足上述减记规则。

后，市场的看法发生了显著的变化。该案最终于 2014 年 11 月达成和解，和解条款综合反映了法律、政治和利益相关方谈判能力等因素的影响。根据相关研究报告，破产结果大致可以总结如下。首先，虽然法院裁定联邦破产法优先于倾向养老金福利的州法律，但底特律的养老金仍然恢复了 95% 以上的价值，只有部分生活费用补贴被减少或取消，而医疗保险和人寿保险只恢复了 10% 的价值。其次，以自来水和下水道服务收入支持的收入债券的持有者，因为对相关收入有较高的法律主张权，没有遭受任何本金损失。最后，一般义务债券的投资者遭受了重大损失，虽然具体额度因具体债券准备金拨备情况不同而有所不同。比如享受发行人额外承诺的"无限税收 GO 债券"，该类债券在必要时可以通过额外征税来满足对债券持有人的支付义务。尽管有当地选民通过的单独的专项税收收入作为支持，底特律破产所涉及的无限税收 GO 债券最终也只回收了本金的 74%。这种协商后仍不能完全回收的现象被归因于底特律本地经济恶化导致的专项税收收入减少。与之相比，底特律市政当局发行的"有限税收 GO 债券"的情况更加糟糕。这些债券既没有额外增税的承诺，也没有专项税收收入充当准备金，最终只回收了 34% 的本金。受此事件影响，GO 债券在报表披露中可以被视为无担保债权，这大大改变了市政债券市场的信用分析和定价。

在 2007~2009 年金融危机之前，私营保险公司会为大多数市政债券提供违约保险，当然也会收取一定的费用。事实上，底特律的大部分 GO 债券都购买了此类保险，因此直接遭受上一段提到的各种损失的不是投资者而是保险公司。在金融危机期间，这些保险公司虽然没有因为出售市政债券保险而遭受太多损失，但因为同时出售了大量抵押贷款相关的保险产品而遭受重创。在保险行业受此打击后，新发行的市政债券只有不到 5% 能获得违约保险。但最近，部分由于底特律破产的影响，部分由于新冠疫情和经济停摆的影响，最新发行的市政债券保险购买率重新上升到了 10% 左右。⊖

0.2.3 其他债券市场

抵押贷款。图 0-4 中的第二大部门包括各种抵押贷款，总量为 17.3 万亿美元。抵押贷款一般被用于购买房产，并以这些房产作为抵押。不同类型房产的抵押贷款余额排名是：一至四户住宅（70%）、商业地产（18%）、多户住宅（10%）和农场（2%）。

⊖ 参见 Gillers（2020），"Bond Insurance Returns to the Muni Market in a Big Way",《华尔街日报》，10 月 22 日；或 Moran D.（2020），"Municipal Bond Insurance Busier Than Ever After Decade-Long Slump", *Insurance Journal*，6 月 26 日。

美国抵押贷款市场的一个显著特点是，只有约 45% 的抵押贷款余额由最初的贷款人持有，剩下的 55% 都被证券化了。也就是最初贷款人会将这些抵押贷款出售，打包成证券，然后卖给投资者。第 15 章将更详细地描述该市场。㊀

公司债券和外国债券。图 0-4 中第三大部门包括各种公司债券和外国债券，总量为 14.7 万亿美元。债券发行人包括美国非金融公司（45%）、美国金融公司（31%）和外国公司（24%），这些债券都是筹集资金以维持公司运营和交易的工具。第 14 章将详细描述该市场。

贷款和预付金额。继续按顺时针方向看图 0-4 中的下一个品类，总计 9 万亿美元的贷款和预付金额中有略少于一半是由银行发放的，其余的由非金融公司和非银行金融机构提供。这个品类的一个重要特征是银行贷款的证券化和可交易化，在第 14 章中有更详细的描述。其中有 4 万亿美元属于消费信用，在下一节介绍家庭部门资产负债表时进一步讨论。

政府支持机构债务。图 0-4 中的倒数第二个品类包含了政府机构债券和政府支持机构债券，它们分别由政府机构和政府支持机构发行。这些实体与美国联邦政府有着紧密的联系，所以它们的债务得到了联邦政府不同程度的背书。图谱的一边是联邦住房管理局（FHA）、美国小企业管理局（SBA）和美国政府抵押贷款协会（GNMA）等机构，它们是美国联邦政府的组成部分，其发行的债务可以得到美国联邦政府的"完全信任和信用"。田纳西州河谷管理局（TVA）的待遇稍逊一点儿，它属于联邦政府支持机构，负责为田纳西州和周边各州的地方电力公司提供电力。虽然从形式上看，它是一家完全由美国联邦政府持股的公司，但其债务偿还仅由自身产生的收入支持，没有得到联邦政府的明确担保。美国联邦国民抵押贷款协会（FNMA）和美国联邦住房贷款抵押公司（FHLMC）享受的联邦政府信任和信用则更低。它们被称为政府支持机构（GSE），原本由私人股东所有，在 2007~2009 年金融危机中破产，现在由联邦政府接管。在金融危机爆发前，这些机构的债务没有得到联邦政府的明确支持，但在危机期间和之后，市场都认为联邦政府将全力支持其发行债券，这些预期也全部兑现了。这两个实体发行的债券将在第 15 章中详细讨论。

商业票据。图 0-4 中的最后一个类别是商业票据，评级最高的那些知名公司可以发行此类工具向公众借入短期运营资金。商业票据将在第 14 章进一步讨论。

㊀ 由美国联邦国民抵押贷款协会（FNMA）和美国联邦住房贷款抵押公司（FHLMC）发行的许多 MBS 会合并到它们的资产负债表上，美国金融账户将它们归类为政府支持机构债务。图 0-4 和本段将这些 MBS 排除在政府机构/政府支持机构债务之外，以避免重复计算。

0.3 美国固定收益市场的参与者

本节介绍美国固定收益市场的各类参与者。从资产负债表上的资产端看，各类市场参与者持有的债务、证券和贷款的规模排序见图 0-6，而按负债端排序的结果则见图 0-7。从资产端看，家庭部门、非金融公司和一般政府部门（比如联邦政府和市政府）合计持有 10.0 万亿美元的债务类证券和贷款，大多出于储蓄或现金管理的目的。银行、各类基金、保险公司、养老基金和其他金融机构也会持有债务类证券和贷款，大多作为中介机构为最终受益人投资和管理资金以获得收益。货币当局，也就是美联储，在执行货币政策的过程中也会持有一些固定收益资产。世界其他国家和地区的实体直接或间接投资了 14.0 万亿美元的美国债务类证券和贷款。从负债端看，联邦政府总计借款 24.3 万亿美元，各市政当局总计借款 3.2 万亿美元，以支付税费未能覆盖的政府开支。家庭总计借款 17.3 万亿美元用于消费等支出，非金融公司总计借款 18.0 万亿美元用于投资和收购等业务。其他金融部门作为中介从部分参与者手中借入资金，再用借入的资金向其他参与者放贷或进行投资。最后，世界其他国家和地区的实体以美国债务类证券和贷款的形式借入了 4.9 万亿美元。下面我们更详细地讨论其中几个重要参与者。

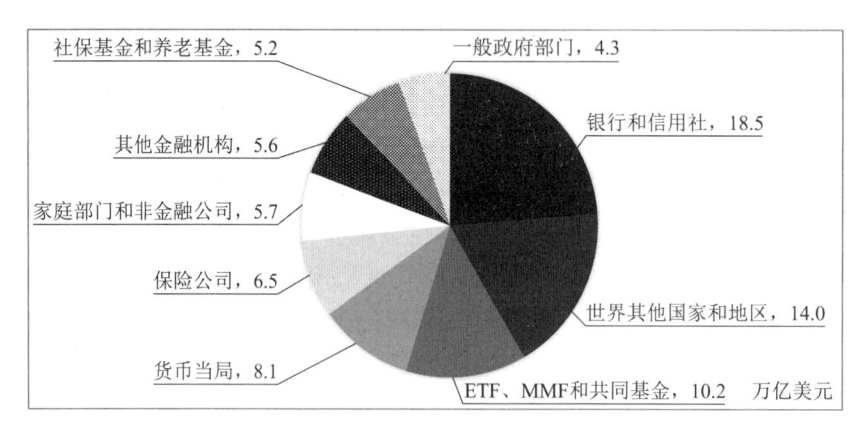

图 0-6 各类参与者金融资产规模，截至 2021 年 6 月

注：ETF 代表交易所交易基金；MMF 代表货币市场基金。
资料来源：美国国家金融账户、美联储和作者计算。

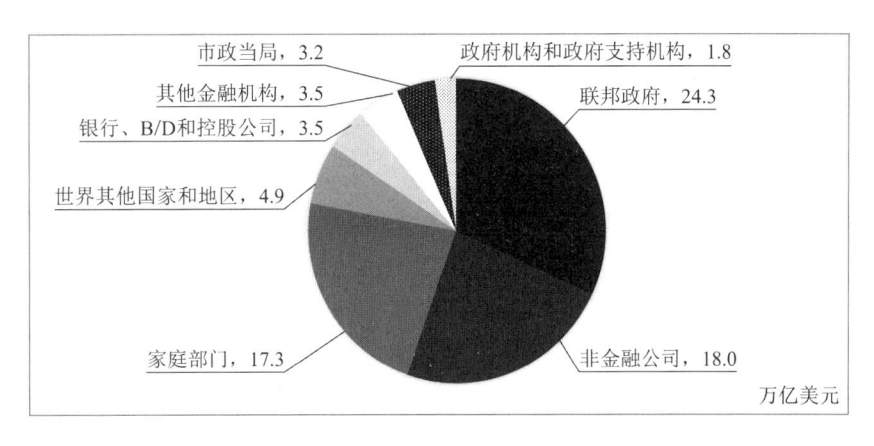

图 0-7 各类参与者金融负债规模，截至 2021 年 6 月

注：B/D 代表经纪自营商。
资料来源：美国国家金融账户、美联储和作者计算。

0.3.1 家庭部门

表 0-3 列出了家庭部门的金融资产和负债。[一] 可以看到该部门的金融资产远远超过金融负债，这意味着作为整体，家庭部门拥有可观的净资产。家庭部门将部分资金直接投资于股票和债券市场，还有更大比例的资金通过金融中介进行投资，如养老基金、共同基金和人寿保险。一部分金融资产以现金或现金等价物的形式被持有，比如活期存款和货币市场基金份额。在负债方面，美国家庭主要通过住房抵押贷款（这是本书第 15 章的主题）或消费信用的形式借款。

表 0-3 家庭部门的金融资产和负债，截至 2021 年 6 月

（单位：万亿美元）

金融工具	金额	占总金融资产的百分比（%）
总金融资产	113.1	100
养老金权益	31.0	27.4
公司股票	30.5	26.9
储蓄和货币市场基金	17.1	15.1
非金融公司的股权	13.7	12.1
共同基金	12.3	10.9
债务类证券及贷款	5.1	4.5
人寿保险准备金	1.9	1.7
其他	1.7	1.5

[一] 这里的家庭部门包括私募股权基金、国内对冲基金、个人信托基金和非营利性组织，它们的总资产可能轻松超过 10 万亿美元。把这些机构包含在内某种程度上夸大了个人直接投资股票和债券市场的规模。

(续)

金融工具	金额	占总负债的百分比（%）
总负债	17.7	100
住房抵押贷款	11.3	63.8
消费信用	4.3	24.1
其他	2.1	12.1

资料来源：美国国家金融账户、美联储和作者计算。○

消费信用的主要组成部分是房屋净值贷款、汽车贷款、信用卡贷款和学生贷款等。这些贷款的历史贷款余额情况如图0-8所示。在2007～2009年金融危机之前，房屋净值贷款余额随着房价的飙升而迅速增长，但之后一直在稳步下降。○信用卡贷款余额在金融危机之前也有所增长，虽然没有那么显著，在危机之后也下降了一段时间，但随后又有所恢复，直到新冠疫情时再次下降。汽车贷款余额虽然在金融危机期间也在下降，但很快发生反弹，弥补了不断下降的房屋净值贷款和增长相对乏力的信用卡贷款。学生贷款余额持续增加，但不是经济周期导致的，而是政策的结果：联邦政府几十年来一直为学生贷款提供担保，并且从2010年开始直接持有所有的学生贷款。截至2021年3月，联邦政府持有的学生贷款余额占总余额的92%以上。○

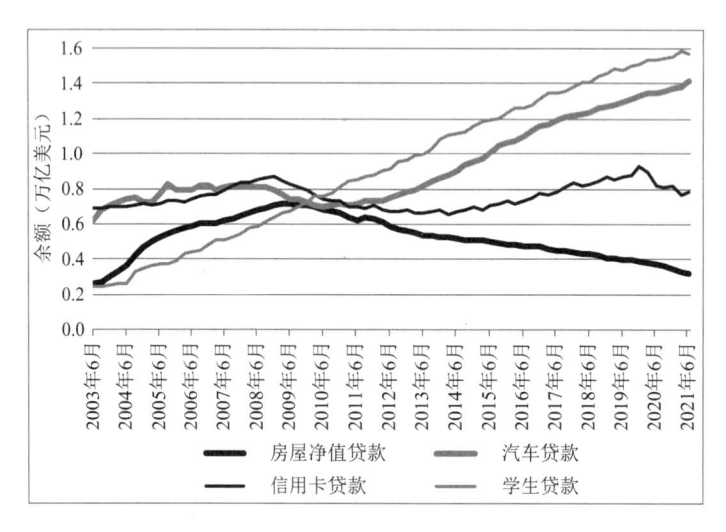

图0-8 不同类别消费信用的余额

资料来源：美国联邦储备银行纽约分行的《家庭债务和信用季度报告》。

○ 因四舍五入，金额加总及百分比加总可能不完全相等，全书余同。——译者注
○ 房屋净值贷款是第二留置权，就债权人优先权而言，它从属于首次住房抵押贷款。
○ 可以参见 Amir E., Teslow J.和 Borders C.（2021），"The MeasureOne Private Student Loan Report"，6月15日发布。

图 0-9 报告了不同类别消费信用逾期 90 天或以上的余额，即借款人在贷款到期 90 天或更长时间还没有还款的总金额。不足为奇的是，在金融危机期间以及之后的几年里，房屋净值贷款的逾期率有所上升，因为不断下跌的房价让许多房主无法通过出售房屋来清偿未偿还的抵押贷款或贷款余额。自那以后，房屋净值贷款的逾期率稳步下降，这或许与金融危机后更谨慎发放贷款有关。信用卡贷款逾期率在金融危机后也有所上升，这或许反映了消费者资产负债表的疲软，但之后又恢复至金融危机前的水平。汽车贷款逾期率在金融危机后也有所上升，然后下降，然后再次上升，这或许是贷款余额快速增长的可预期结果。学生贷款逾期率多年来一直在增加，不管从学生还是联邦政府的角度来看，这都引发了一些政策问题。请注意，2020 年下半年学生贷款逾期率的急剧下降是联邦政府新冠疫情期间还款宽限计划的产物。

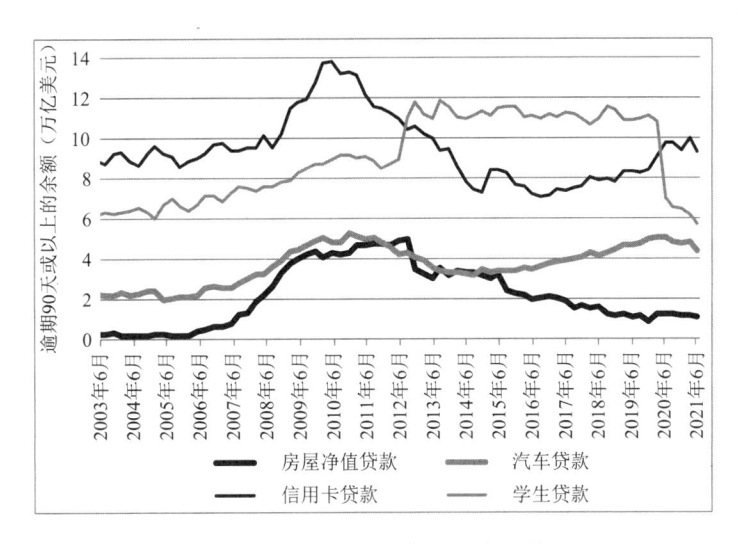

图 0-9　不同类别消费信用的拖欠情况

资料来源：美国联邦储备银行纽约分行的《家庭债务和信用季度报告》。

0.3.2　非金融公司

图 0-10 显示了非金融公司的负债构成，分为上市公司债务和非上市公司债务，前者规模相对较大，后者规模相对较小。上市公司更有可能拥有盈利记录和已得到承认的信用，因此更容易进入各类市场发行债务。它们可以通过出售债务类证券筹集 30% 的金融负债，而非上市公司基本无法发行债务类证券。上市公司债务的另一个来源是国外的直接投资，这也基本不是非上市公司负债的一部分。因此，非上市公司主要依赖抵押贷款，它们只需要提供可以作为担保的房产即可。这两类公司的负债结构差异反映了公司借款的生命周期，最早从家人和朋友处借钱，再到向银行

和专业投资者群体融资，然后发行私募债券，最后那些最大、最成熟的公司可以到公开市场发行债务类证券。第 14 章将详细讨论私募债券市场和公开市场债券。

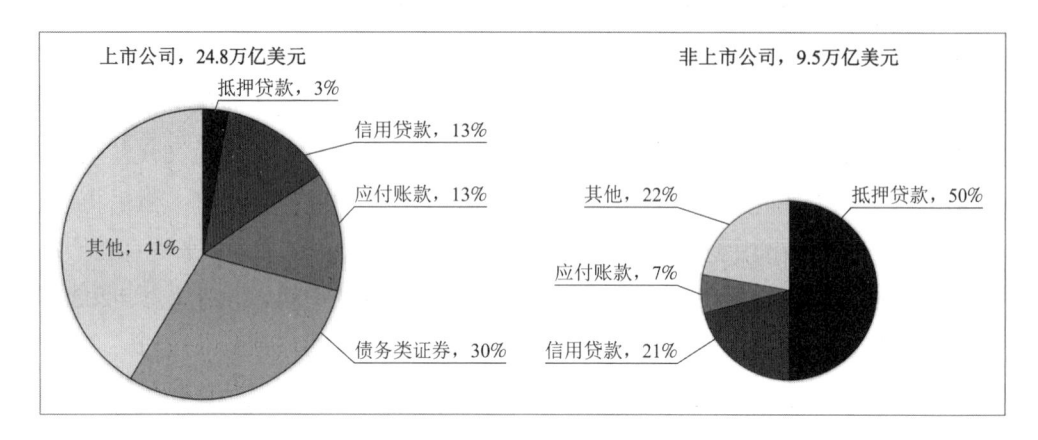

图 0-10　非金融公司负债情况，上市公司和非上市公司，截至 2021 年 6 月

资料来源：美国财政账目，联邦储备委员会理事会。

0.3.3　商业银行

商业银行从客户处吸收存款，向他们支付利息，保证即时性或流动性（即在必要时提取资金的能力），并通过联邦存款保险为客户提供一定的安全性。存款不会被归类为债务类证券或贷款，但占据了商业银行负债的 93%。其他商业银行负债包括银行母公司的投资、长期债务、商业票据、各种贷款，以及将要在第 10 章讨论的回购协议，后者相当于由债务类证券作为担保的贷款。

存款无疑是银行的主要资金来源，它们实际上是银行卖出的一种产品或产出，就像商业贷款和抵押贷款是银行购买的产品一样。存款人重视的是存款的安全性和即时性，他们会将存款当作现金管理和流动性管理的工具。此外，银行也会积极提高它们能给储户提供的流动性，方法之一是只将一部分负债投资于较长期的债务，另一部分则投资于流动性更好的短期产品，这些产品可以更快速和容易地出售，以应对任何意外的存款提取需求。

对于资产端，图 0-11 显示了大、小商业银行的资产构成。工商业贷款、房地产贷款和消费贷款是银行最主要的几种资产。除了这些资产，按照上一段的思路，银行还会持有一些流动资产。最具流动性的资产当然是现金、美联储的准备金或联邦存款，以及其他货币市场工具，这些资产的缺点是回报率很低。为了赚取更高的回报率，同时保持令人满意的流动性水平，银行还会持有美国国债、政府支持证券和抵押贷款支持证券（MBS），这些资产在需要的时候可以相对容易地出售。

绪 论 固定收益市场概览 17

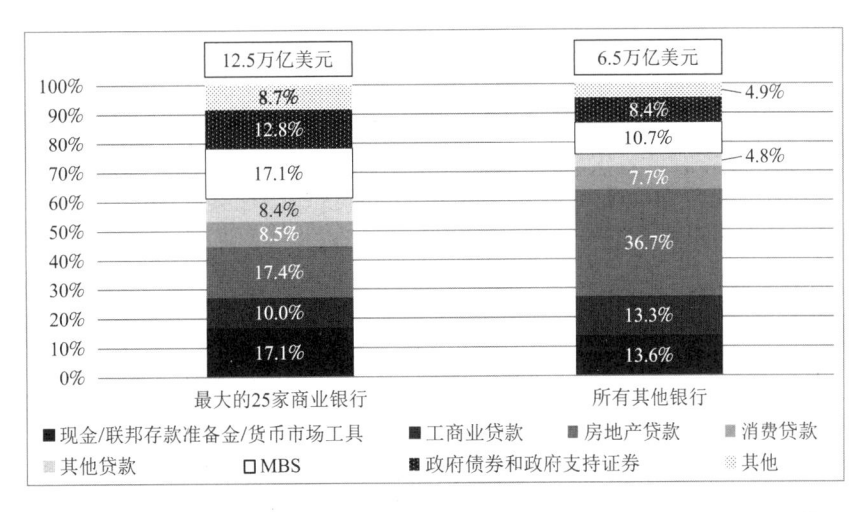

图 0-11 最大 25 家商业银行和其他银行的资产情况，截至 2021 年 6 月㊀

资料来源：美国商业银行资产与负债，联邦储备委员会理事会。

图 0-11 揭示了大银行和小银行之间的一些差异。第一，在商业银行间资产是高度集中的。美国有 4 000 多家商业银行，但该行业总计 19 万亿美元资产中的 12.5 万亿美元掌握在最大的 25 家银行手中，占比 66%。㊁说句题外话，美国的银行数量一直在稳定而迅速地减少，1984 年时还有 14 000 多家银行。这种数量减少很可能是由于历史上对跨州开展银行业务和设立分支机构的限制，导致大型银行无法充分满足市场需求。第二，大银行和小银行房地产贷款占资产的比例不同：大银行为 17.4%，小银行为 36.7%。如果小银行的资产集中在地方房地产贷款上，那么在本地经济不景气的情况下，这些银行的生存能力就会受到威胁。

0.3.4 人寿保险公司

人寿保险产品通常要在受保人去世时支付死亡赔偿金，但它们也经常被当作储蓄工具使用，投保人通过它来投资可以享受延迟缴纳税收的优势。因此，人寿保险公司也属于金融中介机构，它们收取保费并进行投资，以履行所售保单的义务，并为股东赚取额外回报。超长期限的固定收益资产是对保单负债的长期性的天然对冲工具。考虑到这些因素，人寿保险公司的资产组合中会包含大量的公司债券和股票，占比分别为 36.4%和 8.5%，另外还有 18.8%是共同基金的份额，这也相当于债券和股票的某种组合。事实上，人寿保险公司是公司债券市场非常重要的参与者：它们

㊀ 由于四舍五入的原因，部分数据加总可能不完全相等，本书余同。——编者注
㊁ 在分析行业竞争情况时要注意，银行部门内部的集中度本身并不反映银行与货币市场基金、非银行抵押贷款机构和金融科技公司等非银行实体的竞争强度。

直接持有的 3.5 万亿美元的公司债券约占 14.7 万亿美元公司债券总额的 24%。尽管从理论上讲，作为长期负债的替代品，美国国债也是可选的投资对象，但它们的收益不足以满足人寿保险公司的收益率要求。因此，美国国债仅占人寿保险公司资产的 2.4%。最后，人寿保险公司还会利用衍生品来帮助实现其收益率和对冲目标。

0.3.5 养老基金

历史上，大多数养老金都被设计为待遇确定型（DB）计划，在这类计划中，发起人承诺根据一个计算公式支付退休金，该公式计算结果取决于工作年数、养老金缴纳额和历史工资等。发起人将员工缴纳的养老金和自己的供款收集到养老基金中，然后利用该基金进行投资，以便能够在到期履行承诺的义务。低风险策略将相对高份额的养老金缴款投资于低风险投资组合，而高风险策略则将相对低份额的养老金缴款投资于积极的投资组合。在任何情况下，待遇确定型计划的投资风险都是由发起人承担的，它最终要负责支付承诺的收益。但近几十年来，固定缴费型（DC）养老金计划变得越来越重要。在这类计划中，员工和雇主都会向员工的个人账户定期投入资金，员工通常可以自行在几个可选的投资中进行选择。退休后，员工领取的退休金完全由他们各自账户中积累的资金决定。因此，在固定缴费型计划中，投资风险是由员工承担的。当然，雇主可以选择同时提供两种类型的养老金计划，或两种类型的混合。

联邦、州和地方各级政府的员工几乎都采用待遇确定型养老金计划，或可以选择参与待遇确定型养老金计划。但在私营部门，大趋势是公司雇主和其他雇主希望规避管理养老基金的风险和成本，即希望从待遇确定型计划转变为固定缴费型计划。在 1975 年，约有 3 300 万人参与待遇确定型养老金计划，而固定缴费型计划的参与者为 1 150 万人。到 2019 年，这两个数字分别为 3 280 万和 1.091 亿。⊖此外，公司也可以通过"养老金风险转移"交易来主动规避待遇确定型养老金的风险，即向保险公司支付保费来为养老金债务投保。无论如何，对于待遇确定型养老金的投资组合经理来说，长期债务工具是对冲其固定义务的天然资产。此外，将部分资金配置到股票上，可能会减少基金的支付压力。一项针对 2020 年美国各上市公司为员工提供的最大的 100 个 DB 计划的研究发现，平均有 50% 的资产投资于固定收益，32% 投资于股票，另外 18% 投资于其他类别的资产（如房地产、私募股权基金和对冲基金）。⊜

⊖ 参见美国雇员福利保障管理局 2021 年 9 月发布的"Private Pension Plan Bulletin Historical Tables and Graphs, 1975–2019"。

⊜ 参见 Wadia Z., Perry A. 和 Clark C.（2021），"2021 Corporate Pension Study，" Milliman White Paper，2021 年 4 月发布。

0.3.6 货币市场基金

如前所述,从储蓄的角度看,存在着对既安全又即时的资产的巨大需求。创建于 20 世纪 70 年代的货币市场基金可以同时提供安全性和即时性,同时支付的利率又高于当时银行被允许支付的存款利率。货币市场基金分为三大类:只购买政府发行或背书的短期债券的政府债基金;主要投资于商业票据等短期高等级公司债券的高等级公司债基金;以及投资于短期、高等级、免税市政债券的免税债基金。在 2007~2009 年金融危机后实施相关改革之前,投资者可以以每份额 1 美元的价格购买货币市场基金股票,他们的资金投资于相对安全且流动性较强的资产,而且,除特殊情况外,他们可以随时以每份额 1 美元的价格出售所持基金份额。

更具体地说,每只货币市场基金需要满足两个条件:①遵守美国证券交易委员会(SEC)关于基金投资安全性和流动性的规则,即 "2a-7" 规则;②拥有每份额价值在 99.5 美分~1.005 美元的投资组合或资产净值(NAV),就能够以每份额 1 美元的 "固定净值" 或 "稳定净值" 发行和赎回份额。但是,如果货币市场基金的价值下降到每份额价值 99.5 美分以下,则称该基金已 "跌破净值",其份额不能再以 1 美元的价格赎回,而是以与基金份额 NAV 相对应的价值赎回。因此,货币市场基金与银行存款非常相似,但不像联邦存款保险那样得到政府明确担保。所以货币市场基金的购买者只能依靠基金发起人或管理公司来弥补资产净值的缺口。在 1994 年之后的很长时间里,只有一家货币市场基金曾跌破净值,但在 2007 年至 2009 年的金融危机期间,这种情况再次发生。

2008 年 9 月,在得到美国联邦政府支持的抵押贷款公司 FNMA 和 FHLMC 破产几天后,在投资银行雷曼兄弟和保险公司美国国际集团破产几天前,货币市场基金的投资者采用了俗称 "逃向安全资产" 的投资方式,在这种方式下,人们从高等级公司债基金中撤出大量现金,并将其投入信用等级更高的政府债基金。投资者突然开始相信,金融机构可能无力偿还到期的商业票据,而这些金融票据在高等级债货币市场基金的投资组合中占据了很大的比例。事实上,在雷曼兄弟破产的第二天,"首选储备基金" 就成为历史上第二个每份额净值跌破 1 美元的货币市场基金:其持有的大量雷曼兄弟商业票据的价值急剧下跌,导致该基金净值跌破了每份额 97 美分。⊖投资者纷纷从高等级债货币市场基金撤出,加剧了货币市场本已紧张的状况,进而影响到了包括金融机构在内的大公司继续利用商业票据市场借贷的能力。为了应付该局面,美国财政部制订了一项计划,为所有货币市场基金提供为期一年的担

⊖ 首选储备基金的投资者最终得到的每股收益为 99.1 美分。

保；而美联储则创建了一项工具，用于向银行提供无追索权贷款，以货币市场基金购买的资产支持商业票据作为抵押。

金融危机之后，美国证监会修改了几条用于管理货币市场基金的规定。⊖第一，"2a-7"规则被收紧，以提高货币市场基金投资组合的安全性和流动性。第二，面向机构投资者的高等级债和免税债货币市场基金的份额价格必须反映基金的资产净值，而只面向个人投资者的基金的规则保持不变。这一改变的支持者认为，以资产净值报价提高了人们对基金价值可能发生波动的认识，可能会阻止在基金的每份额净值跌破 1 美元之前集中撤资的情况；反对者认为，货币市场基金的投资者（尤其是机构投资者）本来就很清楚这些风险，资产净值与主要货币市场基金的"逃向安全资产"事件几乎没有关系，同时资产净值报价显著增加了利用货币市场基金进行现金管理在会计、操作、税收和法律上的复杂性。

金融危机后的第三个变化是，在事先规定的市场紧张情形下，高等级债和免税债货币市场基金有权征收最高 2% 的赎回费，并可设置在 90 天期限内最多 10 个工作日的禁赎期。允许基金收取赎回费的目的是防止投资者在金融危机中随意撤资，并弥补在金融危机中因为满足这些撤资而清算资产的损失。禁赎期设置给基金保留了一段宽限期，以便在市场紧张的情况下进行资金管理。但基金如果在禁赎期结束后仍然不能恢复稳定，就会被清算。顺便说一下，尽管政府债基金也被允许征收赎回费和设置禁赎期，但很少有基金真的这样做。因为虽然赎回费和禁赎期的目的是提高基金的稳定性，但它们实际上可能会鼓励更早的、先发制人的赎回。面向机构的高等级债基金的价格随资产净值变化的调整规则，以及所有高等级债基金必须设定赎回费和禁赎期的规定，都于 2016 年 10 月生效。

图 0-12 展示了各类货币市场基金的投资余额随时间变化的情况。高等级债基金和免税债基金余额急剧下降的时间点与刚刚提到的规则生效时间 2016 年 10 月高度重合。价格随资产净值变化带来的不便，以及赎回费和禁赎期可能带来的突然损失，显然大大降低了高等级债基金的吸引力。2020 年，美国新冠疫情和封控政策导致"逃向安全资产"现象再次出现，造成政府债货币市场基金的购买量增加。虽然从 2020 年整年看，面向机构的高等级债货币市场基金余额相对稳定在 6 000 亿美元，而面向个人的高等级债货币市场基金的余额从约 5 000 亿美元逐渐下降到 2 000 亿美元。但 2020 年 3 月确实出现了高等级债货币市场基金余额大幅下降的情况，并且面向机构的基金余额下降幅度超过了面向个人的基金。由于美国财政部和

⊖ 顺便说一句，2010 年通过的《多德-弗兰克法案》禁止美国财政部使用其"外汇稳定基金"为货币市场基金提供担保。但在 2020 年 3 月，美国国会又暂时取消这一禁令至 2020 年底。《多德-弗兰克法案》还要求美联储为非银行机构设立的紧急救助工具具有"基础广泛的资格"，并得到美国财政部长的批准。

美联储迅速采取了行动支撑整体金融市场，货币市场基金余额很快就得到了恢复。无论如何，2020 年 3 月的事件说明赎回费和禁赎期规则的确可能会鼓励高等级债基金的投资者先发制人地撤资，以及高等级债基金的基金经理为了避免触发赎回费和禁赎期条款而出售资产以提高流动性。因此，在笔者撰写本书时，美国证监会正在重新审视赎回费和禁赎期规则，并考虑对面向机构的高等级债货币市场基金的监管进行其他改革。㊀

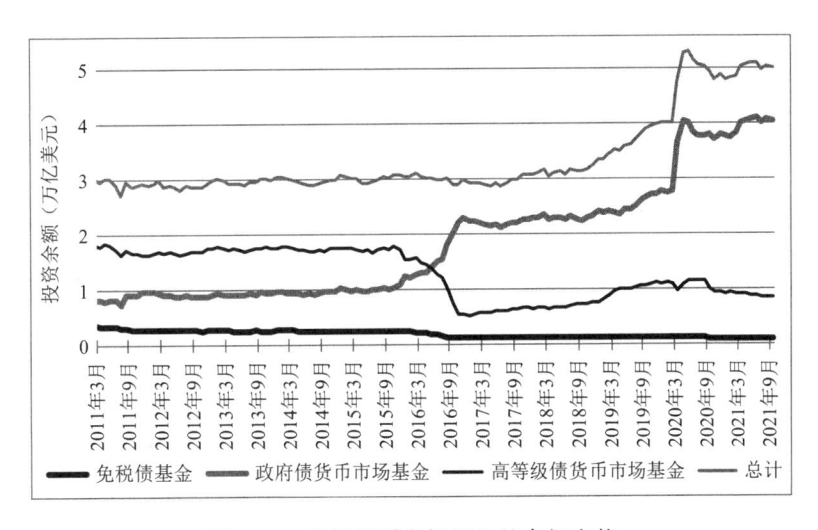

图 0-12　各类货币市场基金的余额走势

资料来源：美国货币市场基金监测中心，美国财政部金融研究司。

0.4　准备金充足率和货币政策

本节介绍美国联邦储备系统，即"美联储"作为现代中央银行的作用。表 0-4 展示了金融危机前美联储的资产负债表，截止时间为 2007 年 12 月。美联储的第一个作用是创造和维持了一种被广泛接受的国家货币，具体是通过用这种货币购买政府债券来实现的。美国的货币是一种被标记为美联储负债的"绿钞"，即"联邦储备券"。因此，从美联储的资产负债表来看，其发行的流通货币是一种负债，而购买的美国国债是一种资产。换句话说，美国的货币是由联邦政府支持的负债。如表所示，7 739 亿美元的流通货币约占美联储负债的 83%。

㊀ 参见 Sidley（2022），"SEC Proposes New Rule Amendments for Money Market Funds，" 1 月 3 日发布。

表 0-4 美联储的资产负债表，时间为 2007 年 12 月 31 日

（单位：10 亿美元）

资产		负债	
贴现窗口贷款	48.6	银行外的流通货币	773.9
美国国债	740.6	银行存款准备金和库存现金	75.5
回购	46.5	购买美国国债的应付款	16.4
其他	115.2	回购	44.0
		其他	25.2
总计	950.9	总计	935.0

资料来源：美联储管理委员会和作者计算。

中央银行的第二个作用是向面临短期困境的银行提供流动性。如前所述，银行的资产以贷款为主，流动性相对较差；而银行的负债以存款或从其他金融机构获得的短期借款为主，随时存在到期的可能。因此，一家银行可能会发现虽然自己的总资产足以覆盖总负债，却面临流动性不足的问题，也就是，银行有足够价值的总资产来偿还全部债务，但手头没有足够的现金来偿还短期债务。在这种情况下，银行可以通过贴现窗口用任何可接受的抵押品向美联储借款。一个管理良好的银行在贴现窗口的借款应该是不太频繁的，期限也相对较短。

美联储的第三个作用，正如《联邦储备法》所规定的，是保持货币和信用总量的长期适度增长，从而有效促进就业最大化、物价稳定、长期利率保持合理水平等目标的实现。顺便说一下，尽管有三个法定目标，但人们常用的说法是美联储有保障充分就业和维持低通胀率的双重使命。无论如何，在继续讨论之前有两点需要说明。

（1）为了确保银行有足够的资金来满足所有可能的存款提取要求，美联储要求它们必须保留一定比例的现金和存款准备金，后者是指银行在美联储的存款。在 2008 年以前，银行无法从存款准备金中获得利息。㊀

（2）美联储可以调节银行系统的存款准备金总额。如果要增加存款准备金总额，美联储可以直接向银行购买美国国债。卖出美国国债的银行，其美国国债余额将被减记，而其在美联储的存款准备金将会增加，金额相当于卖出美国国债的金额；而美联储名下的美国国债会增加，同时其负债中的银行存款准备金也会增加。美联储还可以通过回购协议向银行贷款来增加存款准备金，㊁借出的钱被记入银行在美联储的准备金账户，这是美联储的负债，美联储资产中的银行贷款项金额将会增加。如果要减少存款准备金总额，美联储可以采取与上述两种交易相反的做法，即向银行出售债券或通过逆回购从银

㊀ 美国联邦储备系统包括分布在全美各地的 12 家联邦储备银行，以及位于华盛顿特区的管理委员会。

㊁ 如前所述，回购是一种以证券作为抵押的贷款。在本书描述的背景下，和美联储做的回购都是用政府担保的证券作为抵押的。

行借钱。可以看到，美联储资产负债表上的美国国债资产和净回购资产的数量会影响到银行系统的存款准备金总额。

在2007~2009年金融危机之前存款准备金是相对稀缺的，因为银行只能在联邦基金市场上相互交易准备金。需要更多存款准备金以满足监管要求的银行可以通过联邦基金借入准备金，而拥有超额准备金（当时还无法直接赚取利息）的银行则按照由市场决定的联邦基金利率将准备金借出。在这种情况下，如果美联储想营造更宽松的货币环境以刺激经济（比如在经济增长率过低而且没有通货膨胀威胁时），它可以增加银行系统的存款准备金总额，这会造成准备金市场上的供给大于需求，从而降低联邦基金利率，还可能会增加银行业对商业公司贷款的整体金额。相反，如果美联储想收紧货币环境，以减缓经济增长的脚步（比如在经济增长过快导致通货膨胀时），它可以从银行系统中抽出准备金，这将提高联邦基金利率，并可能减少银行业对商业公司贷款的整体金额。最后要提到的是，美联储调节准备金数量的这些手段被称为"公开市场操作"，这个名称几乎主要是指通过回购协议借贷准备金。

为了应对金融危机和随之而来的经济衰退，美联储也曾试图像刚才描述的那样刺激经济，并将联邦基金利率从2007年9月的5.25%降低到2008年12月的0%~0.25%。但在将利率降至接近于零的水平后，这样的操作不再有效。为了以更大的力度刺激经济，美联储开始了后来被称为量化宽松（QE）的政策：它直接购买了大量的美国国债和政府机构抵押贷款支持证券（由政府机构和政府支持机构发行的MBS）。在量化宽松计划前期，购买抵押贷款支持证券的行动直接缓解了抵押贷款和抵押贷款产品中过度杠杆化头寸清算所带来的压力，这些头寸是此次危机的核心。然而，对于随后继续大规模购买美国国债和抵押贷款支持证券是否仍然能有效刺激经济，专家们的意见并不一致。虽然产生效果的可能机制包括降低中期和长期利率（而不仅仅是联邦基金利率）；促使投资者从相对安全的美国国债和机构抵押贷款支持证券转向风险更高的产品，如公司债券和贷款；向银行注入大量准备金等。当时的美联储主席在几年之后说道："量化宽松的问题在于，虽然它在理论上不起作用，但它在实践中确实管用。"⊖

图0-13显示了2006年6月至2021年6月美联储资产负债表中的资产端构成。需要注意的是，市场参与者经常简单地将美联储的资产总额称为美联储的"资产负债表"。可以看到，在金融危机期间，也就是2007~2009年，美联储通过扩大回购、增加窗口贴现、实施紧急贷款工具和提高货币互换额度（美联储将美元借给外国中央银行并以外币作抵押）等手段增加了其资产总额，从2007年初的约9 000亿美元

⊖ 参见 Liaquat Ahamed 对 Ben Bernanke 的采访报道，"Central Banking after the Great Recession,"布鲁金斯学会2014年1月16日发布。

增加到 2008 年底的逾 2 万亿美元。尽管和后面的量化宽松相比规模不大，但和以前的资产负债表扩张历史比较，这样的速度也是前所未有的。在不久之后，美联储又通过购买美国国债和政府机构 MBS 全面实施量化宽松政策，其资产负债表规模再次大幅增长。但到 2014 年底，美联储认为经济状况已经改善到可以停止进一步的刺激措施，于是停止购买新的资产，但继续将已持有的资产本金进行展期。从 2015 年 12 月到 2019 年夏天，美联储将联邦基金目标利率从 0%～0.25% 的区间上调至 2.25%～2.50% 的区间，并在被称为资产负债表"正常化"的过程中，开始允许资产负债表中的资产随着本金的到期而下降。但美联储仍然明确指出，资产负债表的规模不会缩小到金融危机前的水平，因为正如后来解释的那样，金融危机后的货币政策需要更高水平的储备金规模。按照同样的思路，美联储在 2019 年夏天恢复了到期本金的再投资，以维持资产负债表的规模。随后，为了应对 2019 年 9 月的回购市场动荡，美联储再次扩大了其资产负债表。美联储还认为"因为对全球经济发展和经济前景的看好以及通胀压力的减弱"，有理由再次降低利率，并在 2019 年 11 月将联邦基金目标区间下调至 1.50%～1.75%。最后，随着新冠疫情暴发导致的经济停摆，美联储再次将利率下调至 0%～0.25% 的区间，并大举购买美国国债和 MBS。截至 2021 年 6 月，美联储的资产负债表规模达到了 8.25 万亿美元，是金融危机前的 9 倍以上。

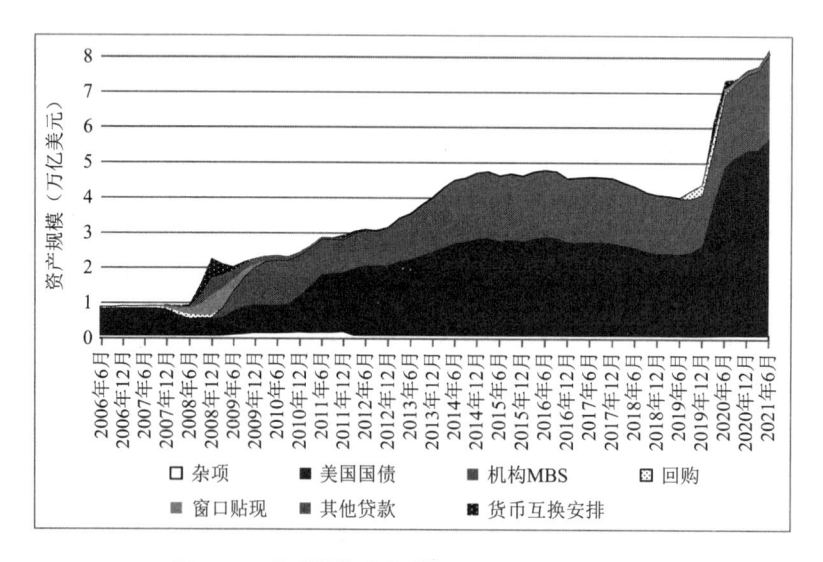

图 0-13 美联储资产规模（按金融工具分列）

资料来源：美联储管理委员会。

量化宽松不仅扩大了美联储资产负债表的规模，而且在某种程度上改变了其性质，进而导致需要引入一种新的方法来执行货币政策。这点可以用资产负债表负债端的变化来演示，观察图 0-14 所示的三个时间：金融危机前的 2007 年底、2019 年底的新冠疫情之前以及最近的 2021 年第 2 季度末。在 2007 年底，与金融危机前实施货币政策的常态相一致，美联储的负债中约 2%是银行的存款准备金，因而准备金是相对稀缺的。但经过多年的量化宽松，随着美联储不断购买资产并增加银行存款准备金，到 2019 年底，银行存款准备金占美联储负债的比例升至 37%，到 2021 年 6 月又升至 43%。准备金变得如此充裕后，银行基本上停止了同业拆借或相互拆借准备金。⊖在这种存款准备金充裕的新形式下，美联储不能再通过增加或减少银行系统的存款准备金来影响短期利率。⊜

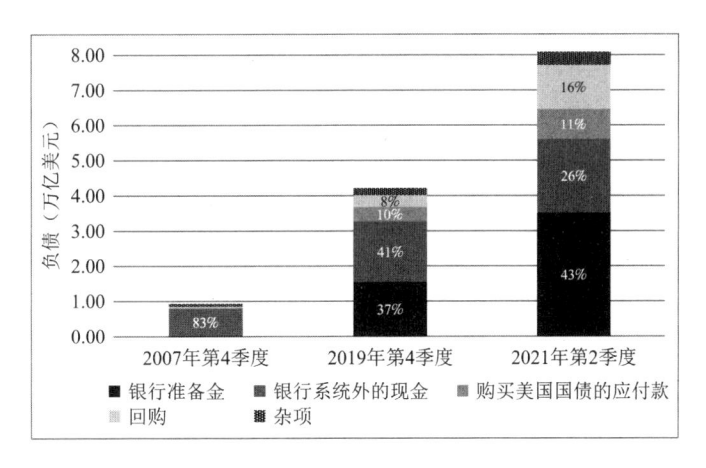

图 0-14 美国联邦储备银行的负债，按金融工具分类

资料来源：美联储管理委员会。

美联储目前通过两个指导利率来设定其他利率：存款准备金利率（IORB）和逆回购工具（RRP）利率。IORB 是美联储对银行的存款准备金支付的利率。IORB 主要是指隔夜的无风险利率，也就是，不考虑较长期限、风险较高的投资和其他费用带来的利差，可以通过它来调整银行借贷的利率。没有一家银行会以高于 IORB 的利率借款：直接使用准备金并牺牲相当于 IORB 的收益可以获得更低的借款成本。没有一家银行会以低于 IORB 的利率放贷：将准备金存入美联储并获得 IORB 将更有利可图。

如果银行是货币市场的唯一参与者，那么调整 IORB 就能调整银行系统内的隔

⊖ 我们将在第 12 章介绍联邦基金市场上现存的有限交易。
⊜ 美联储最近用存款准备金利率（IORB）取代了超额准备金利率（IOER）作为指导利率。此外，这里介绍的利率设定机制有时被称为"最低"机制，因为在准备金非常充足的情况下，银行从美联储借款的贴现窗口利率相对较高，而银行向美联储贷款的 IORB 相对较低，所以市场利率会等于相对较低的 IORB。相比之下，在另一种被称为"走廊"机制的利率设定体系下，需要对准备金进行校准，使市场利率的稳定值落在贴现窗口利率和 IORB 之间。

夜无风险利率。但拥有额外资金的非银行机构仍有可能以低于 IORB 的利率放贷。首先，只有银行缴纳存款准备金，因此只有银行可以直接以 IORB 的利率向美联储放贷。其次，由于后金融危机时期的监管规定（稍后讨论此话题），银行不愿意接受来自所有投资者的资金，然后将这些资金作为自己在美联储的存款准备金。因此，其他重要的市场参与者，特别是货币市场基金，很可能会以低于 IORB 的利率放贷。为了防止这些放贷机构将市场利率推至低于美联储的目标水平，美联储可以通过 RRP 向这些参与者提供一个最低利率。更具体地说，货币市场基金和其他一些机构可以通过逆回购，以美联储设定的 RRP 利率，收到美国国债作为抵押物，并将多余的资金贷给美联储。㊀事实证明，为了将利率保持在美联储的政策范围内，逆回购的规模必须非常迅速地扩大。图 0-14 显示，截至 2021 年 6 月，美联储负债端的回购已经达到了 1.3 万亿美元，占美联储总负债的 16%。

综上所述，在存款准备金过度充足的市场条件下，美联储调整利率的操作如下所述：首先为由市场决定的联邦基金利率设定一个政策目标区间，然后通过调整 IORB 来控制银行进行借贷的利率，再通过调整 RRP 的利率来控制货币市场基金和其他非银行机构进行借贷的利率下限。撰写本书时，联邦基金利率的政策目标区间在 0%~0.25%，RRP 的利率为 0.05%，IORB 为 0.15%。总体来看，这种执行货币政策的方式是成功的，因为最近一段时间联邦基金交易的加权平均利率在 0.06%~0.10%。

但是就银行在没有美联储干预的情况下对市场状况做出反应的角度来看，保持存款储备金充裕的货币政策并没有那么成功。换句话说，目前还不清楚存款储备金达到多少才算得上充裕。2019 年 9 月中旬，存款储备金突然下降了约 9%。原因有很多，比如公司缴纳所得税和新美国国债的发行，二者都将导致资金从银行转移到政府。人们或许期望银行凭借其充裕的存款储备金，会有意愿向任何需要资金的市场参与者提供贷款。但这种情况并没有发生。相反，在随后的资金争夺战中，在美联储的政策利率目标区间在 2%~2.25% 的情况下，市场上的加权平均回购利率攀升至 5.25%，其中一笔回购交易的利率甚至达到 10%。按照前面提到的思路，美联储迅速做出了反应并增加了存款准备金，但这一事件表明，在一个存款准备金充足的系统中，确定合适的准备金数量并不那么简单。

准备金不足的原因可以追溯到货币政策与银行监管的相互作用。第一，自金融危机以来，银行的杠杆率一直受到限制，该限制要求银行的资本与资产的比例保持在一个最小值以上，无论这些资产的整体风险如何。特别是，银行在美联储的存款准备金（比系统中的任何其他工具都要安全）和美国国债回购贷款（极其安全）现

㊀ 在逆回购中，一个交易对手方借出资金并"反向买入"证券（详见第 10 章）。因此，借钱给美联储的交易对手方做的就是逆回购。

在都受到资本充足率要求的约束。第二，自金融危机以来，银行被要求持有足够数量的高质量流动性资产（HQLA），以满足储户提现和融资需求上升等特定情况。虽然可以使用美国国债来满足 HQLA 的要求，但监管银行的审查员似乎更倾向于存款准备金。第三，银行的"日间透支"仍被视为一个严重的负面信号，所以美联储账户上的临时负余额必须在当天结束前解决。回到 2019 年 9 月的情形，尽管利率相对较高，但银行还是不愿意发放额外的回购贷款，因为贷款将增加资产，从而增加资本金要求，而使用存款准备金就要冒着出现日间透支的风险。㊀

2020 年 3 月又发生了类似的事件。新冠疫情和经济停摆导致了美国国债市场的混乱，体现为高交易成本和对其他类似证券的高利差。这次动荡比 2019 年 9 月的动荡要严重得多，但银行似乎不愿再次使用它们手中的资源提供贷款，美联储不得不再次进行干预，降低了联邦基金目标区间、提供无限量的回购贷款、购买美国国债和 MBS，并暂时将存款准备金、美国国债和国债回购排除在杠杆率的计算之外。㊁ 作为对 2019 年 9 月和 2020 年 3 月事件的永久性回应，美联储于 2021 年 7 月推出了"常备回购工具"（SRF），通过该工具，一级交易商和银行对手方可以用政府支持的抵押品从美联储隔夜拆借资金。为了阻止人们滥用该工具，除非在出现市场压力的情况下，拆借利率通常高于市场利率。在撰写本书时，RRP 的利率为 0.05%，IORB 为 0.15%，而 SRF 的利率为 0.25%。

在一个存款准备金充裕的环境下，量化宽松和货币政策的实施引发了几个政策问题。第一个政策问题是，美联储成立时，在传统上只接受银行的存款。当时的想法是，公众将资金存入银行，由银行决定向谁发放贷款。换句话说，应该由商业银行部门来负责资本配置决策。当然，美联储一直持有一定数量的美国政府债券，因为正如前面解释过的，在当前的货币体系中，政府债券是中央银行发行的作为中央银行负债的流通货币的基础资产。但是美联储购买了过多的美国国债，以至于流通货币占美联储负债的比例已经下降到了 26%，而美联储购买 MBS 的操作实际上是资本配置决策。此外，美联储通过 RRP 直接接受来自公众的大量存款也使银行失去了中介作用。第二个政策问题是，RRP 的存在可能鼓励公众在金融危机中从银行提取资金，并购买货币市场基金份额或 RRP。尽管在金融危机期间以现金形式从银行提取资金一直是一种选择，但在 RRP 推出之前，对大额资金来说这样操作非常不方

㊀ 关于在储备充足条件下对 2019 年 9 月回购市场环境该采取的货币政策的更详细的讨论，参见 Copeland A.，Duffie D.和 Yang Y.（2021），"Reserves Were Not So Ample After All，"美联储纽约分行工作人员报告编号 974，是年 7 月发布；或 Nelson B.（2022），"The Fed Is Stuck on the Floor: Here's How It Can Get Up"，银行政策研究所，是年 1 月 11 日发布。

㊁ 关于这一事件，可以参见 Baer J.（2020），"The Day Coronavirus Nearly Broke the Financial Markets，"《华尔街日报》，5 月 20 日；或 Duffie D.（2020），"Still the World's Safe Haven?" Hutchins Center Working Paper 第 62 期，是年 5 月发布。

便。第三个政策问题是，在某种程度上，对中央银行资产负债表的规模有一定的限制，在相对正常的时期保持庞大的资产负债表，限制了在未来市场承压的时候采取行动的空间。第四个政策问题是，美联储现在要向银行的存款准备金支付利息，这在 2008 年之前是没有的。这可能会导致纳税人支出额外的成本。例如，当美国财政部通过发行 3 个月期国库券以 5 个或 6 个基点的利率借款，而美联储将其部分资产投资于这些国库券并以 15 个基点的利率通过准备金向银行借款时，当美联储不得不通过提高 IORB 来提高利率时，这个问题可能会变得更加尖锐。事实上，美国财政部在美联储存放的现金或存款越来越多，原因之一是为了避免将资金存放在银行获得相对较低的利率，而银行却将这些资金存放在美联储获得更高的 IORB。⊖图 0-14 显示，美国财政部存款已增长到占美联储负债的 11% 左右。

0.5 欧洲和日本的负利率和量化宽松政策

先帮助大家想象一下负利率是什么概念。以负利率借出 1 欧元意味着贷款到期时收回的总金额将小于 1 欧元；相反，以负利率借款 1 欧元意味着到期时的还款额将小于 1 欧元。以负收益率购买债券意味着可能要以高于票面价值的价格买入，在债券的整个生命周期内不能收取利息，并且在到期时只能收取票面价值。⊜拥有少量资金的个人可以通过持有现金来避免负利率的侵蚀。但对于持有资金量较大的个人和公司来说，持有现金是非常麻烦的，将资金以适度的负利率存在银行可能是更好的选择。人们也有理由购买收益率为负的长期债券，尽管以名义收益或欧元收益计算，这笔买卖肯定会亏损。第一，如果银行的存款利率是负的，比如−0.50%，那么购买收益率为−0.25%的债券可能比存在银行更好。第二，如果未来将以物价下跌为特征，即出现通缩，那么名义收益率为负的债券可以提供正的实际收益率。例如，当价格以 2% 的速度下跌时，收益率为−1% 的债券，按实际价值或者说购买力计算，实际收益率为 1%。第三，从短线交易的角度来看，如果收益率继续下降，负收益率债券的价格就会上升。换句话说，如果市场收益率随后下降到−1.5%，购买收益率为−1%的债券的交易者就会赚钱。

虽然美联储从未将目标利率降至零以下作为其宽松政策的一部分，但欧洲中央银行（ECB）从 2014 年开始将负利率与量化宽松政策结合起来使用，而日本银行在 2016 年

⊖ 美国财政部持有更多现金余额的另一个原因是，它希望在是否提高债务上限的问题"偶尔"会导致出现的政治僵局中有一个缓冲。推迟提高债务上限可能会限制美国财政部新增借款，影响其筹集现金的能力。

⊜ 从理论上讲，投资者可以通过一次性支付票面价值、定期支付息票，并在到期时收到票面价值的方式购买负收益率债券。但对政府或企业发行人而言，追踪每一个个人投资者并收取息票的行为是不现实的。因此，负收益率债券只能按照文中描述的方式出售，即初始价格高于票面价值，票面利率为零，最后的票面回报等于票面价值。

也这样做了。这些政策决定导致在 2020 年 12 月的峰值时全球有超过 18 万亿美元的负收益率债券在交易，最近的 2021 年夏季总金额再次接近该数字，其中超过 50% 为欧洲债券，约三分之一为日本债券。㊀ 在撰写本书时，由于预计全球中央银行将上调利率以应对通胀，负收益率债券的规模明显下降，预计到 2022 年初将降至不足 5 万亿美元。

欧元体系由欧洲中央银行和欧元区各国中央银行构成。各国的商业银行与本国的中央银行进行交易，并在本国中央银行持有存款准备金，而各国中央银行又与欧洲中央银行相互作用。简单起见，这里的讨论写成类似商业银行直接与欧洲中央银行交易。欧洲中央银行通过设定存款便利利率和主要再融资利率来确定利率目标。存款便利利率是商业银行从其存放在欧洲中央银行的存款准备金中赚取的利率，主要再融资利率是商业银行通过短期回购交易向欧洲中央银行借款时支付的利率。㊁ 在实施宽松货币政策的过程中，欧洲中央银行将这两个政策利率分别从 2008 年 7 月的 3.25% 和 4.25% 下调至 2019 年 9 月的 −0.50% 和 0%。单个商业银行可以通过将存款准备金借出去来避免为自己的准备金存款支付负利率，这实际上是将存款准备金转给了另一家银行。但作为一个整体，银行体系无法减少需要向欧洲中央银行缴纳的准备金总额，因此无法整体上避免准备金负利率的影响。尽管理论上降低利率可以刺激经济活动的逻辑可以延伸到负利率，甚至是大幅负利率，但世界各地的政策制定者都没有在这条道路上走得太远。银行虽然能迅速将负利率转嫁给大公司储户，但一直不愿或无法转嫁给绝大多数个人储户。因此，与政策目标相反，长期的负利率似乎只是降低了银行的盈利能力，减少了银行的贷款活动。㊂

为了在无法降低利率的情况下放松货币环境，欧洲中央银行转向直接向银行贷款和量化宽松。图 0-15 显示了欧洲中央银行的资产情况，或者更准确地说，是欧洲中央银行和欧元体系内各国中央银行的合并资产情况。整体来看，资产负债表的乘数扩张趋势与美联储类似，后者如图 0-13 所示。但欧洲中央银行开始的扩表步伐较慢，而且在一开始就更加依赖银行贷款。在金融危机之前，欧洲中央银行可以通过"主要再融资操作"（MROs）向银行提供为期 1 周的抵押贷款，通过"长期再融资操作"（LTROs）向银行提供为期 3 个月的抵押贷款。由于欧洲中央银行想要更宽松的货币环境，它开始提供期限更长的 LTROs，先是 1 年，然后是 3 年。其逻辑是，如果银行认为自己的资金来源更加确定，它们就有更大的灵活性来扩大放贷。然后，

㊀ 可以参见 Flood C.（2021），"In Charts: Bonds with Negative Yields Around the World,"《金融时报》，是年 9 月 27 日发布。
㊁ 欧洲中央银行还会通过其"边际贷款工具"（相当于美联储的贴现窗口）设定政策借款利率。
㊂ 可以参见 Beauregard R. 和 Spiegel M.（2020），"Commercial Banks Under Persistent Negative Rates,"《FRBSF 经济通信》2020 年第 29 期，美联储旧金山分行 9 月 28 日发布；或者 Kowsmann P.（2021），"Banks in Germany Tell Customers to Take Deposits Elsewhere,"《华尔街日报》，是年 3 月 1 日发布。

从 2014 年开始，为了使再贷款更具刺激性，欧洲中央银行开始使用"定向长期再融资操作"（TLTROs），根据银行向客户贷款的金额，向银行发放为期 4 年的贷款。在撰写本书时，MROs 的期限为 1 周，LTROs 的期限为 3 个月，TLTROs 的期限最长为 4 年。但从图 0-15 可以明显看出，欧洲中央银行最终扩大其资产负债表的方式不是通过贷款，而是更多地通过量化宽松，也就是通过直接购买证券。尽管购买的绝大多数是各国政府发行的债券，但从 2016 年开始欧洲中央银行开始购买非银行公司发行的债券，并持续至 2022 年初，最终拥有了超过 3 500 亿欧元的此类证券。⊖

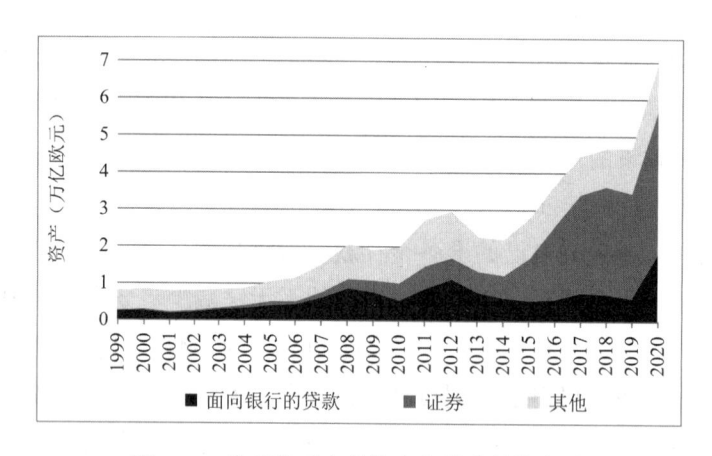

图 0-15 欧元体系合并资产负债表的资产端

资料来源：欧洲中央银行。

欧洲中央银行在实施量化宽松方面面临着独特的挑战。欧盟法律禁止欧洲中央银行为个别欧洲政府提供资金，或者更广泛地说，禁止欧洲中央银行鼓励任何不合理的预算政策。本着这种精神，为了使欧洲中央银行的债券购买行为是纯粹的货币干预，而不是财政干预，欧洲中央银行的目标是按照各国政府的"资本比例"（反映其人口和经济规模）购买各国政府的债券。此外，在 2015 年，欧洲中央银行限制自己最多只能购买任何国家政府债券流通额的三分之一。然而，随着量化宽松购买规模的扩大，购买量保持在此限制范围内变得困难起来。欧洲中央银行的一些决策还面临着法庭的挑战。一个日益重要的障碍是，德国拥有最大的资本比例，但流通债务规模相对较小。因此，欧洲中央银行在 2020 年 3 月为应付新冠疫情实施量化宽松政策时为紧急购买计划提供了更大的回旋余地：不再使用三分之一的限额；最短的合格债券期限调整为 28 天而不是 1 年，这允许欧洲中央银行购买短期德国政府票据；可以购买低于投资级评级的债券，这意味着欧洲中央银行可以购买希腊政府债

⊖ 其中包括截至 2022 年 2 月初根据商业部门采购计划（CSPP）持有的 3 180 亿欧元，以及截至 2021 年 11 月底根据紧急临时购买计划（PEPP）持有的 500 亿欧元。

券；对于资本比例的限制也有了一定的灵活性。[1]

除了在国家间分配购买额度的问题，欧洲中央银行的巨额购买规模也颇具挑战性。例如，在 2021 年 6 月和 7 月，欧洲中央银行从法国、德国、意大利和西班牙总计购买了 1 347 亿欧元的政府债券，而在同一时期，这些国家政府债券的净发行量只有 890 亿欧元。此外，预计到 2021 年底，欧洲中央银行将持有德国和意大利所有流通国债的 40% 以上。[2]

让欧洲中央银行更容易实施量化宽松的一个进展是欧盟委员会最近大规模发行的债务。欧盟委员会债务是欧盟作为一个整体发行的负债，而不是某个特定国家的负债。尽管这种超国家的欧洲债务以前也时有发行，但从未达到 2020～2026 年的计划发行规模。欧盟委员会正在发行 1 000 亿欧元的 SURE（缓解紧急情况下失业风险的临时支持）债券和 8 000 亿欧元的"下一代欧盟债券"，以资助各国为从新冠疫情和经济停摆中恢复经济而产生的支出。[3]和 2021 年欧洲政府尚未偿还的约 12.5 万亿欧元的流通债务相比，这些超国家债务的总额虽然不大，但并非微不足道。从欧洲中央银行的角度来看，欧盟委员会的债务发行不仅提供了更多合格的可购买债券，还提供了不受前述跨国购买分配比例限制的债券。但购买欧盟委员会债务也面临着其他的限制：在本书写作的时候，欧洲中央银行最多只能将其投资组合的 10% 投资于超国家债务，而持有任何一个超国家发行人的债务不得超过其投资组合的 50%。

日本银行是第一个引入量化宽松政策的中央银行。为了应对本国的低经济增长和通货紧缩，日本中央银行在 2001 年就已经将日本银行间利率 TONAR（东京隔夜平均利率）压低至接近于零的水平。为了寻找更多的刺激手段，日本中央银行通过直接购买期限超过两年的日本政府债券（JGBs）开启了量化宽松操作。各种额外的贷款和购买计划随后被引入，其中也包括购买公司债务。但是，如图 0-16 所示，在 2013 年日本中央银行开始实施所谓"量化和质化宽松政策"（QQE）之前，日本中央银行的资产负债表没有出现美联储（或欧洲中央银行）那样的增长轨迹。日本的量化宽松计划不仅致力于大规模的资产购买，包括长期日本国债、公司债券、交易所交易基金和股票，还致力于降低长期日本国债的收益率。QQE 最初显示出一些预期

---

[1] "对于根据 PEPP 进行资产购买……的基本配置规则……将被导向…更灵活的资产构成方式……尽管如此，它仍然是必不可少的……"资料来源为欧洲央行 2020 年 3 月 24 日"关于应对新冠疫情紧急临时购买计划的决定"（ECB/2020/17）第 5 段。

[2] 参见 Ainger J.（2020），"One of the World's Top Bond Markets Slowly Capitulating to QE,"是年 12 月 9 日发布；以及路透社 2021 年 8 月 2 日的报道"UPDATE-1-ECP Buys More Bonds Than Countries Sell to Cap Yields"。

[3] SURE 债券属于"社会债券"，也就是环境、社会和公司治理（ESG）类债务工具，而下一代欧盟债券中的 2 500 亿欧元将以绿色债券的形式发行，用于为符合条件的项目提供资金。此次发行的绿色债券规模使欧盟成为了世界上最大的绿色债券发行人。

的经济效果，但到2016年，日本中央银行采取了进一步行动。首先，它实行了负利率政策，将一些银行的存款准备金利率降低到-0.10%。其次，它开始了所谓"收益率曲线控制"（YCC）或"收益率曲线目标"政策，通过承诺无限量买入（或卖出）10年期日本国债，使其收益率保持在0%左右。收益率曲线控制政策是有效的，因为日本中央银行不需要像以前那样购买大量债券来保持低利率。换句话说，仅仅是中央银行通过交易将收益率保持在0%的声明，就足以使市场决定的收益率保持在这一水平。图0-16显示了这一声明的有效性，从2016年到2020年的新冠疫情开始，日本中央银行的资产增长都在放缓。在撰写本书时，美国和欧洲的通货膨胀压力已经迫使美联储和欧洲中央银行采取更加紧缩的货币政策，而日本的经济状况和持续的低通货膨胀率使日本中央银行得以继续坚持其扩张性货币政策。

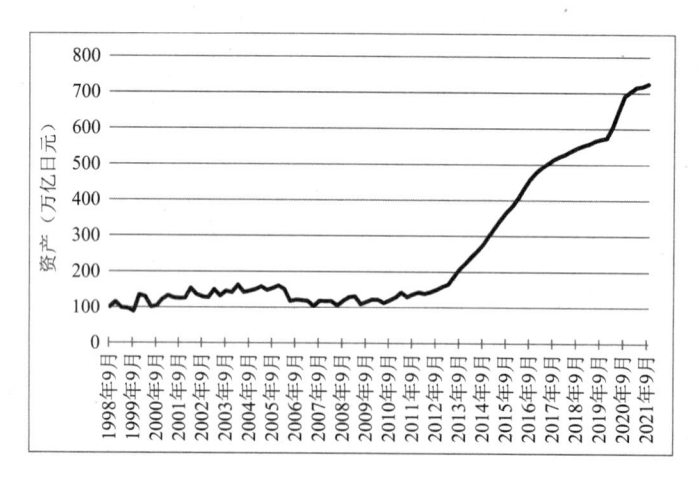

图0-16 日本中央银行的资产

资料来源：日本中央银行。

0.6 交易和流动性

在分析任何证券市场时，流动性都是一个重要特征，其大致定义为市场参与者能够以主流市场价格附近的价格交易一定数量证券的容易程度。本节先讨论流动性的一些衡量指标，以及几个不同固定收益市场的流动性统计数据。接下来我们还将讨论对流动性有影响的几个市场趋势，包括交易电子化、交易商监管规则及风险承担意愿变化、自营交易公司（PTF）的增长、交易所交易基金（ETF）的增长以及资产管理公司的日益集中化等。本节最后介绍了这些市场趋势对流动性的具体影响以及最近引发的对系统脆弱性的担忧。

由于很难对流动性进行精确定义，因此流动性有许多不同的衡量指标。以下是一些最常见的流动性指标。

（1）**买卖价差**是指最高的买入报价和最低的卖出报价之间的差额，接受前者可以立即卖出少量证券，而接受后者可以立即买入少量证券。一般来说，做市商可能希望从买卖价差当中获利，通过以较低的买入报价从客户那里购买证券，并以较高的卖出报价卖给其他客户。如果将买入报价和卖出报价的平均值称作中间价，并假设中间价代表公平的市场价格，那么客户可以将买卖价差的一半想象为交易成本：在卖出报价而不是中间价买入相当于支付了该成本，在买入报价而不是中间价卖出也相当于支付了该成本。

（2）**成交额**和**换手率**都可以衡量一种证券在一定时间间隔内的交易额度，前者用绝对成交金额衡量，后者用成交金额占该证券总流通市值的百分比衡量。一个特殊的成交额指标是平均日成交额（ADV），它是在某一观察期内已实现的日成交额的平均值。成交额和换手率都能让人了解一笔具体规模的交易有多大的影响。例如，当ADV为5亿美元时，卖出票面价值为100万美元的债券应该不会太难，而在每日换手率为2%的情况下，卖出总流通债券的10%可能是相当困难的。

（3）**市场深度**是根据中央限价订单簿（CLOB）计算的流动性衡量指标。通过CLOB，交易者可以提交限价订单，表示愿意以特定（或更低的）价格购买一定数量的债券，或以特定（或更高的）价格出售一定数量的债券。市场深度由中间价以上或以下某个价位内的限价订单数量之和确定。例如，如果中间价为100美元，而有限价订单以99美元或更低的价格买入1 000万美元面值的债券，那么中间价上下1美元的市场深度至少为1 000万美元，卖方可以立即以99美元卖出1 000万美元面值的债券。因此，与买卖价差不同，市场深度可以衡量不同规模订单的流动性。

（4）**价格影响**或**执行损失**。在执行交易的过程中，大量购入某一特定证券的买方可以预期市场价格将上涨，而大量出售某一特定证券的卖方可以预期市场价格会下跌。价格影响衡量的是市场价格因大宗交易而发生变化的程度，而执行损失衡量的是，大宗交易的实际购买价或卖出价与交易前市场价格之间的差额。通常可以用过去的交易数据来对价格影响和执行损失建模。资产经理和交易员可以使用该模型来估计其拟定交易的交易成本。做市商也使用这些模型来计算买卖报价，以确定它们愿意执行的大客户订单的价位。

固定收益证券的不同资产类别、子类别以及子类别中的单个证券之间的流动性差异巨大。表0-5使用ADV指标说明了不同资产类别的流动性差异，从表中可以看到日均成交额范围从超过6 500亿美元的美国国债和超过2 500亿美元的政府机构MBS，到约90亿美元的市政债券，再到规模更小的政府机构证券、资产支持证券和非政府机构MBS。这些资产类别内部的不同债券之间也存在巨大的流动性差异。例如，在美国国债市场，通常在每个到期期限上最近发行的债券是流动性最强的（见后文图 11-1）。在公司债券市场，流动性会随到期期限、信用质量和发行规模而变化。与美国国债一样，最近发行的公司债券也是流动性最强的。一项研究报告称，公司债券发行后的第 1 个月换手率约为 45%，第 2 个月就下降到约 13.5%，此后还会继续下降。从信用质量的角度看，投资级债券的流动性要比信用等级更低的高收益级债券高。事实上，表 0-5 中公司债券的 ADV 中有 51.1% 来自投资级债券的交易，只有 17.5% 是高收益级债券的成交额。（剩余的 ADV 来自私募债券和可转换债券，分别占 25.8% 和 5.6%。）最后从发行规模的角度看，一项研究表明，规模较大的公司债券在一年当中有交易的天数多于规模较小的公司债券。统计数据表明，发行规模超过 10 亿美元的投资级公司债券，平均每年约有 170 天有交易。相比之下，发行规模低于 2.5 亿美元的投资级债券，一年的平均交易天数不到 20 天。顺便说一下，请注意，用特定债券有交易的天数来描述债券流动性，正表明了公司债券的流动性相对不足，至少相对于美国国债来说是这样。最后要提到的一个例子是市政债券，其流动性也是在刚发行的时候最强，并随着时间的推移而迅速下降。2019 年全年，发行 1 个月内的市政债券的交易额约为 5 850 亿美元，而发行 1～3 个月的市政债券交易额仅为 1 380 亿美元，发行 3～6 个月的市政债券交易额只有 770 亿美元。此外，10 年或更长时间前发行的所有市政债券在 2019 年的总交易额只有约 910 亿美元。⊖

表 0-5 部分市场的平均日成交量（ADV）

市场	ADV	市场	ADV
美国国债	651.8	机构债券	2.4
政府机构 MBS	251.2	ABS	1.3
公司债券	34.5	非政府机构 MBS	1.0
市政债券	8.9		

注：2021 年第 4 季度，单位为 10 亿美元。
资料来源：SIFMA 季度研究报告：2021 年第 4 季度：美国固定收益市场发行和交易（SIFMA，2022）。

下面我们讨论影响固定收益市场流动性的一些最新趋势。

0.6.1 交易电子化

股票市场和期货市场由数量相对较少的证券组成，因此它们向电子交易转移的

⊖ 本段引用的统计数据来自 Blackrock（2017），"The Next Generation Bond Market"；还有 Theisen, S.（2018），"Developments in Credit Market Liquidity，"美国证监会 FIMSAC 会议论文，花旗银行 1 月 11 日发布；以及 MSRB（2019），"Municipal Securities Rulemaking Board 2019 Fact Book"。

速度要比由数量多得多的不同证券组成的债券市场快得多。债券交易是以口头交易的形式进行的。客户与交易商进行交易，经纪商之间也进行交易，可以直接交易，也可以通过"交易商间经纪商"（IDB）匿名交易。虽然许多债券交易现在仍通过电话等语音形式进行，但电子交易一直在稳步增长。交易商与客户之间的交易（D2C）可以在单一交易商或多交易商的电子平台上进行，主要通过"询价"（RFQ）的方式。在询价过程中，客户可以要求各交易商为一定规模的特定证券或证券组合提供报价，然后，客户可以自行选择与哪个交易商进行交易。⊖客户也可以直接接收来自交易商的报价信息，通过这些报价信息，交易商可以不断地发送特定证券的买入报价和卖出报价，客户可以决定是否以及何时以报价信息中的价格进行交易。交易商与交易商之间的交易（D2D）可以在交易商间电子平台上进行，通常以中央限价订单簿（CLOB）的形式进行。通过 CLOB，交易商可以像前面提到的那样通过提交购买或出售某证券的限价订单进行交易，也可以通过提高买入报价或直接以其他提交限价订单的交易商的卖出报价来立即购买或卖出该证券。自营交易公司（PTF）近年来变得越来越重要，稍后我们将进行讨论。PTF 通常可以直接参与交易商间电子交易平台，也可以与单个交易商直接交易。

在美国国债市场，从 2019 年 2 月到 2020 年 5 月，有 65% 的交易以电子交易的方式进行。其中 33% 为 D2D 交易（几乎都是电子交易），67% 为 D2C 交易（其中 48% 是电子交易）。在此期间有 54% 的电子交易通过 CLOB 进行，有 33% 通过 RFQ 进行，13% 通过报价信息进行。在公司债券市场，投资级债券的电子交易占比从 2011 年的 10% 增加到 2017 年的 19% 和 2020 年的 31%，并在 2020 年 12 月达到 38%。高收益级债券的电子交易占比较低，但也在不断增长，从 2017 年的 11% 增至 2020 年的 21%，并在 2020 年 12 月超过了 25%。公司债券的电子交易占比在欧洲更领先，从 2017 年的 39% 增长到 2020 年的 47%。⊜

0.6.2 交易商监管规则和风险承担意愿

以前的交易商愿意在做市过程中承担一定程度的风险。客户可以从交易商那里买到大量的证券，因为交易商愿意承担购买和持有大量证券带来的库存风险。客户

⊖ 参与 RFQ 的客户和交易商通常都知道对方的身份。但最近匿名 RFQ 平台的交易也有所增加。
⊜ 数据来源为 Mackenzie M.（2021），"Pandemic's Digital Push Shows Future of Bond Trading,"《金融时报》，是年 11 月 7 日出版；McPartland K.（2021），"All-to-All Trading Takes Hold in Corporate Bonds,"《格林威治分析师协会报告》，是年第 2 季度发布；McPartland K., Monahan K. 和 Swanson S.（2020），"US Capital Markets Performance During COVID,"《格林威治分析师协会报告》，是年 12 月 22 日发布；Wiltermuth J.（2021），"Electronic Trading in US Corporate Bonds Is Finally Taking Off,"《市场观察报》，是年 7 月 14 日出版；以及作者自行计算。

可以向交易商出售相当规模的证券，因为交易商愿意承担持有并稍后出售这些证券带来的风险。这里存在两种有明显差异的风险：市场风险和订单执行风险。对于市场风险，持有公司债券库存的交易商可以相对容易地对冲利率整体变动的风险，以及市场上信用利差整体变动的风险，但对冲个别债券的特有信用风险可能是困难和昂贵的。就订单执行风险而言，交易商通常必须想办法解决大规模头寸的交易问题。例如，在从客户手中购买了一大批证券后，交易商通常不会一次性卖出整批证券，因为大额交易产生的价格影响所造成的损失可能会超过此前向客户收取的价差或费用，因此交易商通常会将较大的头寸分批卖出，也就是分拆成多个较小的订单，以规避其他市场参与者碰巧同时出手卖出同一证券的风险，但这同时也增加了个券的市场风险。

在2007~2009年金融危机之后，以银行为主要实体的交易商受到了更严格的监管。资本金要求被大大提高了，不管是风险调整资本金还是按初始资产的百分比计算的资本金；流动性方面的要求正式进入监管；沃尔克规则（Volcker rule）严格限制银行对美国国债以外的证券进行自营交易，只允许它们代表客户进行交易。由于这些新的监管制度，或许也由于银行降低风险的自主选择，现在的银行不太愿意持有证券库存，也不太愿意承担做市的风险。图0-17和图0-18分别用美国国债市场和公司债券市场的数据说明了这一点。

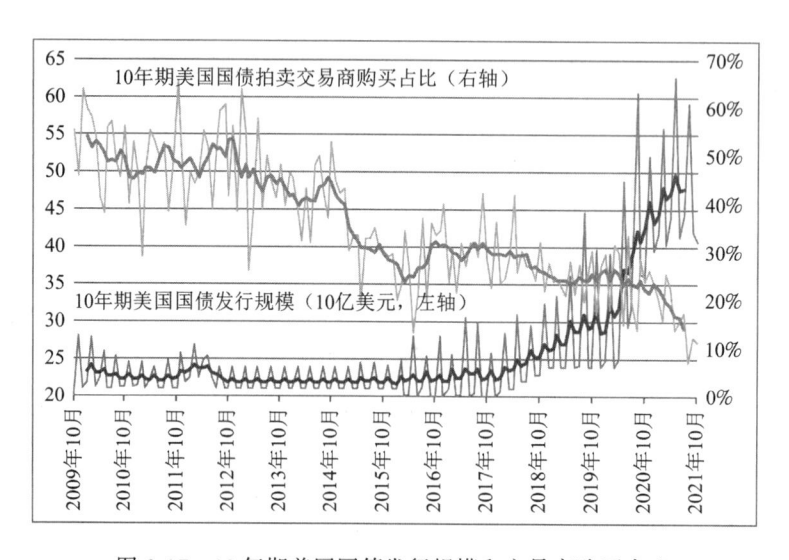

图0-17 10年期美国国债发行规模和交易商购买占比

资料来源：美国财政部《分投资者类别国债拍卖分配比例》和作者计算。

图 0-18　公司债券流通市值和一级交易商净持有量

资料来源：纽约联邦储备银行一级交易商统计数据、美联储管理委员会、美国金融账户。

从图 0-17 中可以看到，虽然 10 年期美国国债的拍卖售出量一直在稳步增长，近年来增长得尤其迅速，但与此同时以银行实体为主的交易商购买的比例却越来越低。每个月的发行规模和分配给交易商的份额（在图中用非常浅的灰色线表示）变化很大，主要是因为之前提到的美国国债新发行和增发的拍卖周期。因此，为了更清楚地展示趋势，我们用实线展示了这些指标的 7 个月移动平均值。可以看到，在观察窗口的最后几个月，交易商的购买份额远低于 15%。而从图 0-18 可以看到，一级交易商现在持有的公司债券净头寸规模比金融危机前小得多，虽然同期公司债券的流通市值已经大幅增加了。⊖

0.6.3　PTF 的增长

在美国国债市场，做市交易商的持仓量减少了，其中至少有一部分被自营交易公司（PTF）的增量弥补。这些自营交易公司通常通过自己账户上的自营交易赚钱，盈利模式为在大量交易中每笔赚相对少量的钱。它们通常也是高频交易（HFT）公司，但并不总是这样。总的来说，PTF 的商业模式或交易风格严重依赖于电子化交易，前面提到的交易电子化趋势很大程度上是由 PTF 的需求推动的。2015 年美国最大的美国国债电子交易平台数据泄露，按交易量排名前 10 名的机构名单令市场参与者感到震惊：只有两家是银行。图 0-19 使用更新的数据展示了 PTF 在美国国债市场

⊖ 一级交易商有义务参与美国国债拍卖，充当美联储的交易对手方和做市商。

飞速上升的地位。在样本统计期间，PTF 和交易商分别占据了交易商间市场交易量的 48%（其余份额由资产管理公司等买方机构占据）。此外，由于其交易方式的天然属性，PTF 的交易中约 93% 是通过电子交易完成的，而交易商的交易中这一比例为 58%。作为对比，买方交易中只有 18% 是电子交易。

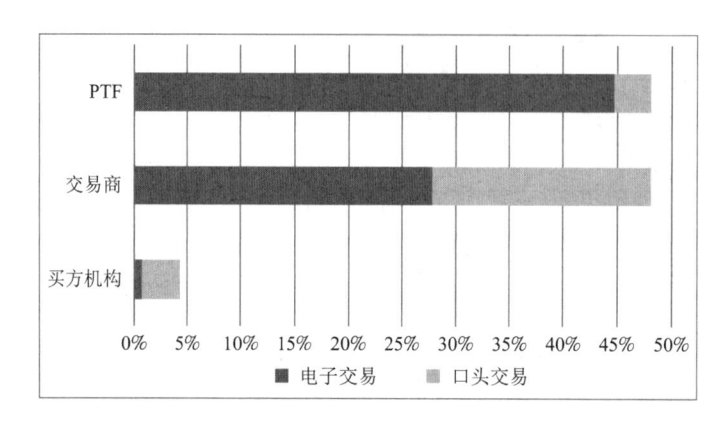

图 0-19　美国国债交易商间市场交易量百分比

注：按参与者类型和交易协议分列，2019 年 4~12 月。
资料来源：Harkrader 和 Puglia（2020）"Principal Trading Firm Activity in Treasury Cash Markets"，美联储管理委员会，FEDS 票据。

0.6.4　ETF 的增长

购买交易所交易基金（ETF）份额的投资者可以获得该基金基础资产投资组合的部分股权，并可以在交易所交易该份额。ETF 的"授权参与人"（AP）可以通过购买基础资产来合成基金份额，然后将其添加到 ETF 的投资组合中，或者将这些资产当作 ETF 的基金份额出售。AP 还可以减少已发行的 ETF 份额的数量，方法是从基金的基础投资组合中提取资产，出售它们，并用所得资金购买与出售资产相对应的现有 ETF 份额。每支 ETF 都有一个 NAV 值，通常以单位基金份额包含的基础投资组合的市场价值表示，这是对 ETF 价值的一个估计值。但投资者在交易所买卖 ETF 的价格是由市场决定的，这个价格可能大于、等于或小于 ETF 的 NAV。与 AP 不同的是，普通投资者不能用他们持有的 ETF 份额换取基础投资组合中的证券，也不能交割对应的证券以换取新的 ETF 份额。

总体而言，包括固定收益 ETF 在内的 ETF 市场经历了现象级的增长。第一只固定收益 ETF 于 2002 年上市，到 2020 年底全球债券类 ETF 管理的资产就超过了 1.5 万亿美元。⊖发行债券类 ETF 的一个重要动机是从流动性相对较差的资产中创

⊖　资料来源为 Blackrock（2021）的博客"By the Numbers: New Data Behind the Bond ETF Primary Process"。

建出流动性较强的交易工具。正如前面所讨论的，部分原因是市场上已发行的公司债券种类繁多，单个公司债券的流动性相对较差，并且随着它们的券龄增加，流动性会快速下降。相比之下，ETF 数量更少且资产组合充分分散，可以在交易所交易或进行电子交易，所以流动性非常强。此外，ETF 不断增长的流动性和电子交易也推动了更多的公司债券进入电子交易平台，这进一步提高了债券类 ETF 的流动性，形成了良性循环。事实上，一个专门用来交易全部或大部分由 ETF 持有的债券组合的市场已经发展起来了。⊖图 0-20 显示了 ETF 的流动性优势。对于所列的每种资产类别，ETF 的资产管理规模（AUM）只占流通总市值的一小部分。但与此同时，ETF 的平均日成交额（ADV）在该资产类别的总 ADV 中占了很大的比例。例如，高收益级公司债券 ETF 只持有高收益级公司债券流通市值的 4.8%，但这些 ETF 的 ADV 占所有此类债券 ADV 的 24.3%。换句话说，高收益级公司债券 ETF 的流动性明显高于高收益级公司债券本身。

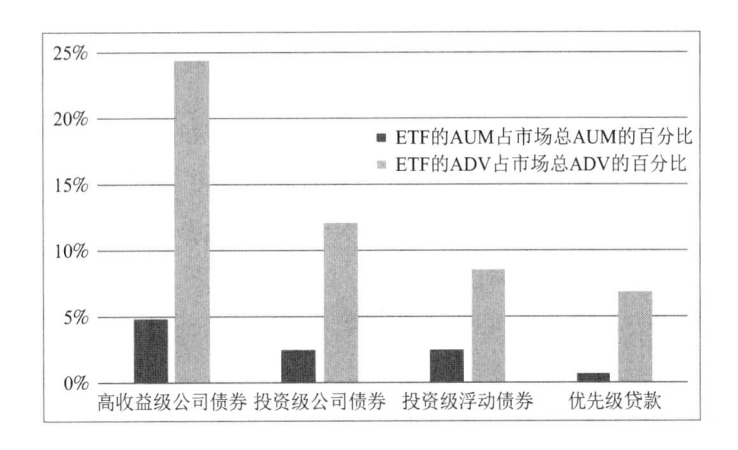

图 0-20 ETF 的 AUM 和 ADV 占市场总体的百分比

资料来源：道富环球咨询公司 2020 年 6 月研究报告《固定收益 ETF：事实与虚构》"关于基金结构、流动性、交易和业绩的回答"章节。

持怀疑态度的人认为，ETF 的日间高流动性会让投资者产生一种虚假的安全感。他们认为，在市场紧张的情况下，ETF 的流动性将向相关债券的流动性回归，并出现瞬间归零的情况。这一理论在 2020 年 3 月得到了检验，当时市场因新冠疫情和经济停摆而发生剧烈动荡。债券市场的底层流动性确实突然消失了，甚至连投资级债券和高收益级债券的一级市场发行都接近停滞。与此同时 ETF 的交易量却大幅增加。换句话说，此时投资者无法交易单只债券，但仍然可以交易 ETF。但这一时期

⊖ 参见 Mackenzie M.（2021），"Pandemic's Digital Push Shows Future of Bond Trading，"《金融时报》，是年 11 月 7 日出版。

ETF 的定价让一些观察人士感到意外。随着债券价格暴跌，ETF 的交易价格大幅低于其 NAV，或者说，ETF 的价格远远低于根据标的投资组合计算的估值。同样，当债券价格迅速回升时，ETF 的交易价格会显著高于其 NAV，也就是说价格远高于标的投资组合的估值。批评人士将这种定价偏离视为 ETF 运作不良的证据，即投资者无法以真实价值交易基金份额。但根据压力事件期间非流动性的定义，在这些时候无法准确确定单只债券的真实价值。因此，观察到的 NAV 折价极有可能是由于债券价格无法更新：由于在几乎没有流动性的情况下债券价格会迅速下跌，计算 ETF 的 NAV 时使用的债券价格是过时的高价格。同样，当债券价格在缺乏流动性的情况下迅速反弹时，ETF 的 NAV 估值也是过时的、偏低的，这让 ETF 看起来是在溢价交易。支持这种说法的事实是，当价格下跌、ETF 以低于 NAV 的价格出售时，投资者仍会将债券交给 AP，以创建新的 ETF 份额。尽管有明显的价值损失，但投资者可以通过将债券先兑换成 ETF 来最有效地出售债券。⊖

0.6.5 资产管理行业日益集中

最近几十年资产管理行业的集中度一直在增长。1995 年，全球前 20 家基金管理公司管理的资产占行业管理的总资产的 29%，该数字在 2000 年上升为 38%，2020 年进一步上升为 43%。此外，在 2020 年，全球前 10 大基金管理公司管理着总资产的 31%，前 5 大基金管理公司管理占比则为 21%。从流量的角度看，2018 年的一项研究发现在投资级公司债券上 42%的资产管理交易来自前 5 名的基金管理公司。⊜资产管理行业的日益集中意味着市场对大型交易的需求日益增长，订单执行风险也越来越大，基金经理不得不将大订单分成较小的订单执行。

0.6.6 趋势汇总

下面我们总结一下上述趋势的总体效果。交易商愿意为做市业务承担的风险变少了，但资产管理公司需要执行越来越大的交易。因此，交易商专注于服务他们最大、最好的客户，将其他客户推向电子平台。PTF 的增长部分弥补了交易商提供的

⊖ 关于 2020 年 3 月的 ETF 账户情况，可以参见 Aramonte S.和 Avalos F.（2020），"The recent distress in corporate bond markets: cues from ETFs,"《BIS 简讯》第 6 期，是年 4 月 14 日发布；或 Levine M.（2020），"Money Stuff: The Bull Market Caught a Virus,"《流动性幻觉专刊》，彭博社，是年 3 月 12 日发布；以及标普全球评级公司（2020），"Credit Trends: How ETFs Contributed to Liquidity and Price Discovery in the Recent Market Dislocation,"是年 7 月 8 日出版。

⊜ 数据来源为 McPartland K.（2019），"The Challenge of Trading Corporate Bonds Electronically,"《格林威治分析师协会报告》，是年第 2 季度发布；超前思维研究所（2020），"Global Asset Manager AuM tops US$100 Trillion for the First Time,"韦莱韬悦咨询公司，10 月 19 日发布；以及作者自行计算。

流动性的减少，但是是通过专门为小额高频的交易提供流动性，而非通过承担大额订单的执行风险实现的。因此，这些相互交织的趋势的最终结果如下：

（1）对于流动性本来就相对较强的电子化小型交易来说，流动性更加充足了。

（2）对于规模较大的交易，即使在流动性较强的市场也可能面临流动性挑战，在那些流动性较弱的市场就更是如此。

（3）更多的客户不得不自己承担交易的执行风险，而不能付钱给交易商来转移这种风险。

0.6.7 流动性和脆弱性

债券市场流动性的变化引出了市场弹性问题，或者反过来说，对市场脆弱性的担忧。比如说一些人认为 PTF 提供的流动性不如交易商提供的稳定。他们的观点是，PTF 将在市场压力条件下停止交易以避免自己账户的任何损失，而交易商会继续为它们的客户做市以维持它们和客户之间的持续和宝贵的业务关系。2014 年 10 月 15 日美国国债市场的大幅上涨为检验这一论点提供了一个案例研究的机会。

当天上午 8：30 美国商务部发布了零售销售额数据，人们普遍认为这一消息并不特别令人意外。但在接下来的一个小时左右，美国国债收益率出现了大幅下跌。从上午 9：33 到 9：45 的 12 分钟里，10 年期美国国债的收益率先是下降了 16 个基点，然后又上升了 16 个基点（也就是说美国国债价格先大幅上涨，然后又大幅下跌）。在如此短的时间内经历这样的价格变化，这是非常大的波动，因为 10 年期美国国债收益率的日标准差可能是每天 4 个或 5 个基点。有某个特定的市场参与者群体要为这轮剧烈的波动负责吗？这一事件是否预示着更糟糕的事情即将发生？

随后的分析显示，在这 12 分钟内，交易量大幅增加，市场深度急剧下降。换句话说，交易在这段时间内继续进行，而且交易量很大，但是是通过非常多的小额订单和持续不断的限价订单完成的。PTF 和交易商提供的市场深度在窗口期都出现了下降。虽然 PTF 提供的市场深度下降了更大的百分比，但 PTF 在整个过程中提供了更大的市场深度。此外，PTF 并没有大幅改变其买卖价差，而交易商有时会这么做。监管机构的一项联合研究得出的结论是："从广义上讲，PTF 作为一个群体的反应主要是减少限价订单数量，而银行等交易商的反应则是扩大买卖价差，并在短时间内停止对出售证券的报价。"㊀ 因此，从此次剧烈波动中得到的证据与 PTF 和交易商提供的流动性具有不同性质的观点一致，与 PTF 在压力事件中会停止交易的观点不一致，与新流动性机制下执行风险被转移给了买方机构的观点一致。

㊀ 参见 Joint Staff Report（2015），"The US Treasury Market on October 15, 2014,"第 28 页。

2021年2月25日也发生过类似的闪崩事件，这一次美国国债价格先大幅下跌，然后在很短的时间内回升。这一次事件的特点仍然是市场深度发生大幅下降，交易量瞬间大幅上升，限价订单迅速增加。⊖以后市场会在多大程度上受到类似甚至更严重事件的影响，仍然是一个值得关注的话题。

⊖ 参见 Aronovich A.、Dobrev D.和 Meldrum A.（2021），"The Treasury Market Flash Event of February 25, 2021,"《联邦政府公报》，美联储管理委员会是年5月14日发布。

第 1 章

价格、贴现因子和套利

这一章首先将分析固定利率附息政府债券的现金流。我们将演示如何用这些债券的价格来计算贴现因子,也就是在未来不同日期收到的一单位货币的当前市场价格。

根据一个被称为一价定律的原理,从一组特定债券中计算的贴现因子可以用来为该债券组以外的债券定价。此外,另一种特别有说服力的相对定价方法被称为无套利定价法,在数学上与用贴现因子定价的方法是一样的。因此,贴现定价法有时可以被用作无套利定价法的简称。

接下来我们会用一个固定日期的市场价格来说明,一价定律和无套利定价相对较好地描述了美国国债市场,但并不是完美描述。债券不是大宗商品,后者的价格反映的是供给和需求特征,而这些特征并不能被债券的预期现金流完全反映。接下来我们将介绍美国财政部发行的本息分离债券(STRIPS),这既是一个有意思的独立章节,也是对现实债券市场定价复杂性的进一步说明。

本章最后介绍了应计利息和天数计算惯例,这些概念在固定收益市场和本书后面的内容中都会频繁使用。

为了清晰起见,本章中的价格和示例均为 2021 年 5 月 14 日(周五)收盘时的价格。此外,由于美国国债市场的交易通常采用"$T+1$"结算方式,也就是债券和现金在交易日后的下一个营业日进行交割,因此示例中的所有交易都将在 2021 年 5 月 17 日星期一得到结算。

1.1 政府附息债券

政府附息债券的现金流由票面利率、到期日和票面金额等因素确定,其中票面金额又被称为本金金额或票面价值。以 2014 年 5 月美国财政部发行的一支票面利率为 2.5%、到期日为 2024 年 5 月 15 日的债券为例。该债券的代码为 "2.5s of

05/15/2024"，代表剩余期限为 2.5 年，于 2024 年 5 月 15 日到期的债券。根据 2021 年 5 月中旬的结算价，如果投资者购买票面价值为 100 万美元的该债券，可以在债券到期前获得如表 1-1 的还款时间表所示的现金流。具体分析这些现金流，现金流包括了美国财政部承诺支付的息票，每 6 个月的支付金额为票面利率 2.5% 的一半乘以票面价值，即 2.5%/2 × 1 000 000 美元 = 12 500 美元。除了定期支付的息票，在到期日 2024 年 5 月 15 日，还有美国财政部承诺支付的债券本金，金额等于债券的票面价值 100 万美元。⊖

表 1-1 票面价值 100 万美元的债券 "2.5s of 05/15/2024" 的现金流

（单位：美元）

日期	利息支付	本金支付
2021 年 11 月 15 日	12 500	
2022 年 5 月 15 日	12 500	
2022 年 11 月 15 日	12 500	
2023 年 5 月 15 日	12 500	
2023 年 11 月 15 日	12 500	
2024 年 5 月 15 日	12 500	1 000 000

本章的例子都是用美国国债展示的，但分析方法很容易被用于其他国家的政府债券，因为不同主权债券的现金流差异主要体现在息票支付的频率上。例如，法国和德国的政府债券每年按票面利率支付一次息票，而意大利、日本和英国的政府债券和美国一样每半年支付一次。

回到美国国债市场，表 1-2 报告了 2021 年 5 月 14 日部分美国国债的市场价格。按照市场惯例，债券价格总是按每 100 美元票面价值的价格报价。此外，表格中的每个价格都是全价，也称发票价格，也就是交易者准备出售的特定债券的总价格。如何将全价拆分为净价（报价）和应计利息将在本章后面解释。例如，从表的第 4 行可以看到，购买债券 "1.625s of 11/15/2022" 的费用为每 100 美元票面价值 102.286 2 美元，或每 1 亿美元票面价值 102 286 200 美元。

表 1-2 一组美国国债在 2021 年 5 月 14 日的价格

票面利率	到期日	价格（美元）
2.875	2021 年 11 月 15 日	101.429 7
2.125	2022 年 5 月 15 日	102.066 2
1.625	2022 年 11 月 15 日	102.286 2
0.125	2023 年 5 月 15 日	99.953 8

⊖ 预定债券支付日为非营业日的将递延至下一个营业日进行支付。例如，由于 2022 年 5 月 15 日为星期日，当日到期的息票款项实际将于 2022 年 5 月 16 日（星期一）支付。

（续）

票面利率	到期日	价格（美元）
0.250	2023 年 11 月 15 日	100.079 5
0.250	2024 年 5 月 15 日	99.767 0
2.250	2024 年 11 月 15 日	106.309 1

注：债券到期日均为 11 月 15 日或 5 月 15 日，票面利率单位为百分比。

美国国债数量众多，表 1-2 中的债券是从中特意选取的，选择它们根据两个标准。第一，这些美国国债的到期日依次相差约 6 个月，这有利于下一节的计算。第二，当有两种或更多的美国国债在一个特定日期到期时，我们会选择最近发行的美国国债，因为它们的流动性很可能会更强，其报价也更可靠。例如，在 2021 年发行的债券 "0.25s of 05/15/2024" 入选，而表 1-1 中列出的 2014 年发行的债券 "2.5s of 05/15/2024" 没有入选。

1.2 贴现因子

特定期限的"贴现因子"是指将在该期限结束时收到的一单位货币的当前价值或现值。我们用 $d(t)$ 表示第 t 年的贴现因子。举个例子，如果 $d(3.0) = 0.99$，那么将在 3 年后收到的 1 美元，现在的价值是 99 美分。

因为美国国债未来的现金流是确定且有保证的，所以贴现因子可以用美国国债的价格计算。事实上，可以根据表 1-2 中的各行来写出债券价格与贴现因子之间的关系式。我们从表格的第 2 行开始，6 个月后到期的债券价格可以写成式(1-1)：

$$101.429\,7 = \left(100 + \frac{2.875}{2}\right)d(0.5) \tag{1-1}$$

该式的含义是，债券 "2.875s of 11/15/2021" 的价格应该等于其未来现金流的现值，或者更准确地说，等于该债券的投资者 6 个月后将收到的本金和息票等现金流，乘以对应期限的贴现因子。求解式(1-1)可得，$d(0.5) = 0.999\,923$。⊖

根据同样的原理，可以写出表 1-2 中其他债券的价格与各期限贴现因子的关系方程。表中下面两只债券分别在 1 年后和 1.5 年后到期，由此可以得到式(1-2)和式(1-3)：

$$102.066\,2 = \frac{2.125}{2}d(0.5) + \left(100 + \frac{2.125}{2}\right)d(1.0) \tag{1-2}$$

⊖ 为便于展示，本节假设表 1-2 所列债券的息票支付日和到期日正好相隔 0.5 年。更精确的贴现因子计算需要使用现金流日期之间的确切天数。

$$102.286\,2 = \frac{1.625}{2}d(0.5) + \frac{1.625}{2}d(1.0) + \left(100 + \frac{1.625}{2}\right)d(1.5) \tag{1-3}$$

由式(1-1)得到$d(0.5)$的解，代入式(1-2)可以解出$d(1.0)$。再将得到的$d(0.5)$和$d(1.0)$代入式(1-3)，可以得到$d(1.5)$的解。继续以这种方式处理表1-2的其余行来求解其他期限的贴现因子，以6个月为间隔，可以一直计算到3年半的贴现因子。表1-3报告了相应的计算结果。可以看到，贴现因子随着期限的增加而减小，这反映了货币的时间价值：同样价值1美元的支付，延迟支付的时间越长，它在今天的价值就越低。⊖

表1-3 根据表1-2计算的贴现因子

期限（年）	贴现因子
0.5	0.999 923
1.0	0.999 419
1.5	0.998 504
2.0	0.997 041
2.5	0.994 558
3.0	0.990 195
3.5	0.984 742

图1-1展示了贴现因子的拟合曲线，是根据表1-2中列出的债券和其他未在此展示的债券计算的。这些债券的到期日均为11月15日或5月15日，最长期限为10年。可以看到，贴现因子同样随着期限的增加而减小，10年后收到的1美元在定价日的现值还不到85美分。

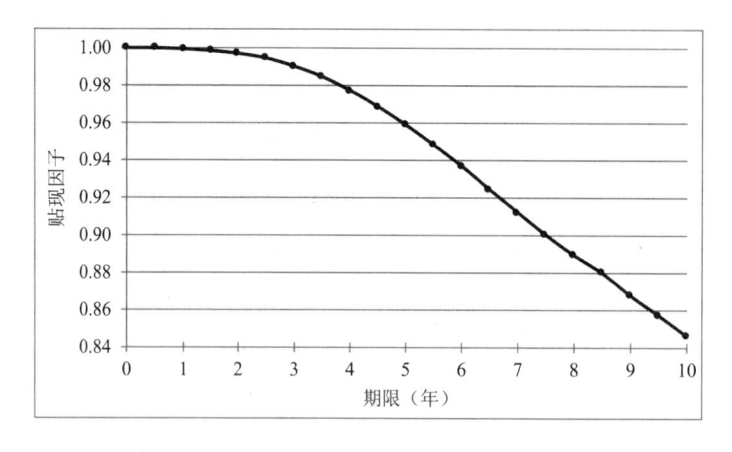

图1-1 根据选定的美国国债计算的贴现因子，2021年5月14日

⊖ 如果利率为负，贴现因子不一定会随期限增加而减小。

1.3 一价定律

考虑美国国债"1.75s of 05/15/2022",该债券将于 5 月中旬到期,距离前面例子中的结算日约 1 年,但没有被包括在表 1-2 中的债券中。应该如何为"1.75s of 05/15/2022"定价?一个自然的答案是应用表 1-3 中得到的贴现因子。虽然债券"1.75s of 05/15/2022"的价格没有被用来构建这些贴现因子,但毕竟所有这些债券都是美国财政部发行的债务,我们似乎有理由假设,在未来某个日期从财政部获得 1 美元支付的现值,不取决于向哪只债券的投资者支付这 1 美元。这一推论被称为一价定律:如果不考虑其他复杂因素(如流动性、融资、税收、信用风险),相同的现金流应该以相同的价格卖出。

根据一价定律,债券"1.75s of 05/15/2022"的价格可以根据式(1-4)计算:

$$\frac{1.75}{2} \times 0.999\,923 + \left(100 + \frac{1.75}{2}\right) \times 0.999\,419 = 101.691 \tag{1-4}$$

其计算原理是,债券现在的价格,应该等于其每笔现金流的金额乘以表 1-3 中相应期限的贴现因子,然后加和。观察实际市场后发现,该债券的市场价格为 101.693 美元,与式(1-4)中一价定律的预测值基本一致。

表 1-4 比较了所有 11 月 15 日或 5 月 15 日到期的美国国债的市场价格与理论现值,最长期限债券的到期日为 2024 年 11 月 15 日。其中的"理论现值"一列是根据式(1-4)计算的理论价格,即由一价定律预测的债券价格。"高估(+)/低估(-)"一列是市场价格和理论现值之间的差额。市场价格高于模型(比如"一价定律")预测值的债券被认为交易价格偏高;而市场价格低于模型预测值的债券被认为交易价格偏低。

表 1-4 利用表 1-3 的贴现因子计算的美国国债价格与现值的比值

期限(年)	票面利率	到期日	市场价格(美元)	理论现值(美元)	高估(+)/低估(-)	发行日期
0.5	2.875	2021 年 11 月 15 日	101.429 7	101.429 7	0.000 0	2018 年 11 月 15 日
0.5	2.000	2021 年 11 月 15 日	100.995 2	100.992 2	0.003 0	2011 年 11 月 15 日
0.5	8.000	2021 年 11 月 15 日	104.090 4	103.992 0	0.098 4	1991 年 11 月 15 日
1.0	2.125	2022 年 5 月 15 日	102.066 2	102.066 2	0.000 0	2019 年 5 月 15 日
1.0	1.750	2022 年 5 月 15 日	101.693 1	101.691 4	0.001 7	2012 年 5 月 15 日
1.5	1.625	2022 年 11 月 15 日	102.286 2	102.286 2	0.000 0	2012 年 11 月 15 日
1.5	7.625	2022 年 11 月 15 日	111.396 9	111.279 7	0.117 2	1992 年 11 月 16 日
2.0	0.125	2023 年 5 月 15 日	99.953 8	99.953 8	0.000 0	2020 年 5 月 15 日
2.0	1.750	2023 年 5 月 15 日	103.197 0	103.199 7	-0.002 6	2013 年 5 月 15 日

（续）

期限（年）	票面利率	到期日	市场价格（美元）	理论现值（美元）	高估（＋）/低估（－）	发行日期
2.5	**0.250**	**2023 年 11 月 15 日**	**100.079 5**	**100.079 5**	**0.000 0**	**2020 年 11 月 16 日**
2.5	2.750	2023 年 11 月 15 日	106.304 0	106.316 3	−0.012 3	2013 年 11 月 15 日
3.0	**0.250**	**2024 年 5 月 15 日**	**99.767 0**	**99.767 0**	**0.000 0**	**2021 年 5 月 17 日**
3.0	2.500	2024 年 5 月 15 日	106.544 8	106.494 1	0.050 8	2014 年 5 月 15 日
3.5	**2.250**	**2024 年 11 月 15 日**	**106.309 1**	**106.309 1**	**0.000 0**	**2014 年 11 月 17 日**
3.5	7.500	2024 年 11 月 15 日	124.822 0	124.590 6	0.231 4	1994 年 8 月 15 日

注：加粗行是用来推导贴现因子的债券。票面利率单位为百分比。

表 1-4 中用粗体字显示的债券为表 1-2 中列出的债券，被用于计算表 1-3 中的贴现因子。因此用对应的贴现因子衡量，这些债券处于平价状态，即既未被高估也未被低估。但表 1-4 中其他债券的价格，相对于这些贴现因子（或者说相对于这组粗体字显示的债券价格），可能是被高估的，也可能是被低估的。

总体来看，表 1-4 基本支持了一价定律的结论。大部分债券的理论现值与市场价格的偏差都非常小，即使是最大的偏差，即 2024 年 11 月 15 日到期的票面利率为 7.5%债券，也只被高估了 23 美分左右，不到其市场价格的 0.2%。

在表 1-4 的债券中，价格偏差最大的是那些券龄较老、票面利率较高的债券，例如 1991 年发行的债券 "8s of 11/15/2021" 和 1992 年发行的债券 "7.625s of 11/15/2022"。此外，这些债券相对于粗体字显示的债券交易价格都偏高。这有点儿令人惊讶，因为从历史上看，流动性相对较差的老债券相对于其他债券，交易价格往往会偏低。也许在当前的低利率环境下，一些投资者对高票面利率有强烈的偏好，愿意以高于公允价值的价格购买票面利率较高的债券。

虽然表 1-4 中的价格基本支持一价定律，但我们很自然会问的一个问题是，交易员或投资者是否可以通过同时购买低估债券并卖空平价债券获利？或者能否通过同时卖空高估债券并购买价格合理的债券获利？又或者能否通过同时购买低估债券和卖出高估债券两头获利？下一节将讨论这个问题。

1.4 套利和一价定律

虽然一价定律符合大家的直观感受，但它真正的合理性需要建立在更坚实的基础之上。事实证明，偏离一价定律意味着套利机会的存在，也就是说存在一种能产生利润而没有任何亏损可能性的交易。㊀可以预期市场上的套利者会锁定任何此类

㊀ 市场参与者通常会更广义地使用"套利"一词，用于指代那些存在亏损的可能性但相对于风险而言利润足够丰厚的交易。

交易的机会，让市场价格迅速调整到应有位置，以消除任何明显偏离一价定律的情况。换句话说，可以预期套利者的"执法行动"会保证一价定律的成立。

为了使这个论点更具体，考虑一个基于债券"7.625s of 11/15/2022"被高估的套利交易，如表 1-4 所示。更具体地说，套利者可以卖出或做空⊖债券"7.625s of 11/15/2022"，同时从表 1-4 中粗体字显示的债券中购买债券组合并完美复制债券"7.625s of 11/15/2022"的现金流。因为债券"7.625s of 11/15/2022"相对于粗体字显示的债券是被高估的，所以合理构建卖出前者并购买后者的投资组合，使得投资组合不会产生未来现金流，应该可以获得无风险的利润。表 1-5 更详细地描述了这种"复制投资组合"和套利交易的细节。

表 1-5 中的列（2）至列（4）对应表 1-2 中的三种所选债券，用以构建复制投资组合。表中的行（Ⅲ）给出了复制投资组合中每只债券的票面价值，可以看到复制投资组合由票面价值为 2.90 美元的债券"2.875s of 11/15/2021"多头、票面价值为 2.94 美元的债券"2.125s of 05/15/2022"多头以及票面价值为 102.98 美元的债券"1.625s of 11/15/2022"多头组成。行（Ⅳ）至行（Ⅵ）显示了对应票面价值的每只债券的现金流。例如，票面价值为 102.975 82 美元的债券"1.625s of 11/15/2022"，在 2021 年 11 月 15 日和 2022 年 5 月 15 日分别产生了息票支付现金流，金额均为 102.975 82 美元 × 1.625%/2 = 0.836 68 美元；并在 2022 年 11 月 15 日产生了息票支付加上本金支付的现金流，金额为 102.975 82 美元 × (1 + 1.625%/2) = 103.812 5 美元。第（Ⅶ）行给出了每只债券的市场价格，简单地复制自表 1-2。第（Ⅷ）行给出了购买第（Ⅲ）行给出的相应票面价值的每只债券的成本。举例来说，以（每 100 美元票面价值）102.066 2 美元的价格购买债券"2.125s of 05/15/2022"的成本为 2.944 54 美元 × 102.066 2% = 3.005 38 美元。

表 1-5 卖出债券"7.625s of 11/15/2022"并买入复制投资组合的套利交易

	（1）	（2）	（3）	（4）	（5）
		复制投资组合			
（Ⅰ）	票面利率	2.875	2.125	1.625	7.625
（Ⅱ）	到期日	2021 年 11 月 15 日	2022 年 5 月 15 日	2022 年 11 月 15 日	2022 年 11 月 15 日
（Ⅲ）	票面价值（美元）	2.902 81	2.944 54	102.975 82	100
	日期		现金流		
（Ⅳ）	2021 年 11 月 15 日	2.944 54	0.031 29	0.836 68	3.812 5
（Ⅴ）	2022 年 5 月 15 日		2.975 83	0.836 68	3.812 5
（Ⅵ）	2022 年 11 月 15 日			103.812 5	103.812 5

⊖ 做空债券意味着卖出自己并不持有的债券。债券的做空机制将在第 10 章讨论。在这里，我们假设做空债券的交易者在债券出售时会收到相当于债券价格的支付，并有义务在对应的日期支付债券所有的息票和本金。

（续）

		（1）	（2）	（3）	（4）	（5）
（VII）	价格（美元）		101.429 7	102.066 2	102.286 2	111.396 9
（VIII）	成本（美元）		2.944 31	3.005 38	105.330 05	111.396 9
（IX）	总成本（美元）			111.279 7		111.396 9
（X）	净利润（美元）			111.396 9 − 111.279 7 = 0.117 2		

注：复制投资组合由表 1-2 中的债券构成，票面利率单位为百分比。

表 1-5 的列（5）给出了要卖空或出售的被高估债券，即债券 "7.625s of 11/15/2022" 的详细信息。它在三个付款日的现金流分别在行（IV）至行（VI）。最需要注意的是，在每个付款日三个复制投资组合的现金流之和都恰好等于债券 "7.625s of 11/15/2022" 的现金流。更具体地说，2.944 54 美元 + 0.031 29 美元 + 0.836 68 美元 ≈ 3.812 5 美元；2.975 83 美元 + 0.836 68 美元 ≈ 3.812 5 美元；103.812 5 美元 = 103.812 5 美元。因此，根据行（III）中的票面价值购买的三种债券的复制投资组合，确实复制了债券 "7.625s of 11/15/2022" 的现金流。本章的附录 1A 说明了如何推导任何此类复制投资组合中所需的各债券的票面价值。

现在让我们回头讨论一下套利交易。根据表 1-5 的行（IX），一个套利者可以以 111.396 9 美元的价格卖出票面价值为 100 美元的债券 "7.625s of 11/15/2022"，然后以 111.279 7 美元的价格买入复制投资组合，后面这一数字刚好是行（VIII）给出的三个债券头寸的成本之和。这一交易的净利润在行（X）给出，为 0.117 2 美元，即大约 12 美分。但根据复制投资组合的定义，上述交易在未来三个付款日中不会产生或需要现金。因此，通过这种交易，套利者可以在今天得到 12 美分，而无须承担任何未来的义务。虽然收益看起来很小，但表 1-5 中描述的交易规模至少在理论上可以大幅扩大。例如，如果卖出 5 亿美元的债券 "7.625s of 11/15/2022"，并购买相应规模的复制投资组合，将获得 58.6 万美元的无风险利润：5 亿美元 × 0.117 2% = 58.6 万美元。

正如本节开头所讨论的，如果像刚才所描述的那种不用承担风险且有利可图的交易唾手可得，套利者就会争相进入这种交易，他们这样做的过程会驱动各债券价格达到不再存在进一步套利机会的相对水平。在目前的例子中，套利交易者将会压低债券 "7.625s of 11/15/2022" 的价格，或抬高复制投资组合中债券的价格，直到两者相等。

套利和一价定律之间的关键联系现在可以解释了。复制投资组合的总成本为 111.279 7 美元，如表 1-5 行（IX）所示，正好等于表 1-4 中报告的债券 "7.625s of 11/15/2022" 的现值。换句话说，债券 "7.625s of 11/15/2022" 的市场价值和通过一价定律得到的价值（即应用复制投资组合中的债券价格隐含的贴现因子计算的），以及通过套利定价计算出来的价值（即算出复制投资组合的价格）完全相同。这并非巧合。本章附录 1B 证明了这两种定价方法在数学上是等价的。因此，应用一价定律，即用贴现因子定价，相当于使用了可以依靠套利者的活动来消除相对错误定价的假设。换句话说，贴现现金流定价法可以被合理地视为更复杂、更有说服力的套利定价方法的简称。

当然，尽管有这种理论，但截至 2021 年 5 月中旬，债券"7.625s of 11/15/2022"的市场价格仍然比复制投资组合的价值高出约 12 美分。这可以归因于以下一个或多个因素。第一，套利交易的交易成本可能会大大减少甚至完全抵消套利利润。注意，本章中所有的债券价格都是卖方报价，而在现实中，套利者可能不得不以较高的卖方报价买入债券，同时以较低的买方报价卖出其他债券。第二，融资市场存在交易成本（详见第 10 章），这是在借钱购买债券和借券做空债券时产生的，这同样可能抵消任何套利利润。第三，将美国国债视为标准化的大宗商品，即可相互替代的不同现金流的集合只是理论上的说法。实际上不同债券具有各自的异质性特征，并且反映在它们各自的价格上。表 1-4 的讨论提到过，券龄较老的高票面利率债券价格相对被高估，下一节将展示异质性造成的美国财政部发行的本息分离债券的定价差异。

1.5 应用：本息分离债券的定价

与每 6 个月付息一次的附息债券不同，零息票债券在到期前不支付任何现金流。美国财政部会发行被称为本息分离债券（STRIPS）的零息票债券。例如，在 2030 年 5 月 15 日到期的票面价值为 100 万美元的 STRIPS，只承诺了一笔现金流，即在到期日支付 100 万美元。当某只附息债券被交割给美国财政部，并被剥离成对该债券未来不同期限的息票和本金的独立债权时，就形成了 STRIPS。表 1-6 给出了用 100 万美元票面价值的债券"0.625s of 05/15/2030"剥离生成 STRIPS 的过程。截至 2021 年 5 月中旬，该债券还有 9 年剩余期限，这意味着从 2021 年 11 月 15 日到 2030 年 5 月 15 日的付息日，它将支付 18 次息票，并在 2030 年 5 月 15 日一次性支付本金。用来交换息票（利息）支付的 STRIPS 被称为 TINTs、INTs 或 C-STRIPS，而用来交换本金支付的 STRIPS 被称为 TPs、Ps 或 P-STRIPS。表 1-6 显示，将 100 万美元票面价值的债券"0.625s of 05/15/2030"剥离，将生成到期日为各付息日的 C-STRIPS，每个期限的票面价值均为 3 125 美元：100 万美元 × 0.625%/2 = 3 125 美元。而在债券到期日到期的 P-STRIPS 的票面价值为 100 万美元。

表 1-6　100 万美元 "0.625s of 05/15/2030" 债券生成的 STRIPS

日期	C-STRIPS 票面价值	P-STRIPS 票面价值
2021 年 11 月 15 日	3 125	
2022 年 5 月 15 日	3 125	
2022 年 11 月 15 日	3 125	
⋮	⋮	
2029 年 5 月 15 日	3 125	
2029 年 11 月 15 日	3 125	
2030 年 5 月 15 日	3 125	1 000 000

注：时间为 2021 年 5 月中旬，票面价值单位为美元。

美国财政部不仅可以创设 STRIPS，还可以让已有的 STRIPS 退出市场。例如，在收回表 1-6 中的所有 STRIPS 后，美国财政部可以重组 100 万美元票面价值的 "0.625s of 05/15/2030" 债券。但必须指出的是，C-STRIPS 是可替代的，但 P-STRIPS 是不可替代的。也就是说，当重组债券时，任何在同样日期到期的 C-STRIPS 都可以用于构建该债券在该日期的息票支付，而只有从特定债券上剥离出来的 P-STRIPS 才有可能用来重新构建债券的本金支付。⊖STRIPS 重组过程的这一特点意味着 P-STRIPS，而非 C-STRIPS，可能会继承剥离前债券的高估或低估特征。

STRIPS 价格本质上是贴现因子。如果 2030 年 5 月 15 日到期的 C-STRIPS 的价格是每 100 美元票面价值 85.945 3 美元，意味着目前该到期日对应的隐含贴现因子是 0.859 453。

在 2021 年 5 月中旬，STRIPS 为美国国债的异质性定价提供了另一个例证，即一价定律有时不能准确描述债券价格的现象。表 1-7 通过报告在 2030 年 5 月 15 日到期的 3 种 STRIPS 的价格，对这种情况进行了展示。理论上讲，由于这些零息票债券均会在 2030 年 5 月 15 日支付 1 美元，它们应该以相同的价格出售。但当天到期的 C-STRIPS 价格为 85.95 美元，而分别从债券 "0.625s of 05/15/2030" 和债券 "6.25s of 05/15/2030" 剥离得到的两个 P-STRIPS 的价格分别为 86.85 美元和 87.04 美元。根据前面的讨论，这些价格差异并不一定意味着存在买入 C-STRIPS 并做空其中一个 P-STRIPS 的套利机会，因为可能存在较大的市场摩擦。但对于计划购买并持有其中一种零息票债券至到期的投资者来说，肯定是 C-STRIPS 的价格最有吸引力。

⊖ 使 P-STRIPS 与可替代的 C-STRIPS 既不会影响美国财政部支付的现金总额，也不会影响现金的支付时间，但可能会改变特定债券的剩余未偿付金额。

表 1-7　2030 年 5 月 15 日到期 STRIPS 的价格

STRIPS	价格（美元）
C-STRIPS	85.945 3
P-STRIPS of 0.625s of 05/15/2030	86.854 9
P-STRIPS of 6.25s of 05/15/2030	87.041 2

注：报价日为 2021 年 5 月 14 日。

图 1-2 显示了 STRIPS 的特质性定价的更广泛的模式。大圆点代表 C-STRIPS 的价格，加号代表 P-STRIPS 的价格，价格刻度标在左轴上。另外，由于 STRIPS 的价格等于贴现因子乘以 100，C-STRIPS 的数据点描述了最高为 30 年期的贴现因子的集合，其中 30 年期的贴现因子为 48.60。但回到前面讨论的主要问题上来，许多 P-STRIPS 的价格显然与相同期限的 C-STRIPS 并不相同。为了强调这一点，我们以短横线表示相同期限的 P-STRIPS 和 C-STRIPS 的价格差值，其刻度在右坐标轴上。可以看到，除了少数负值外，大多数差值都是正的，有一些差值非常显著，比如期限为 18.5 年时，差值达到了每 100 美元票面价值 1.91 美元的峰值。

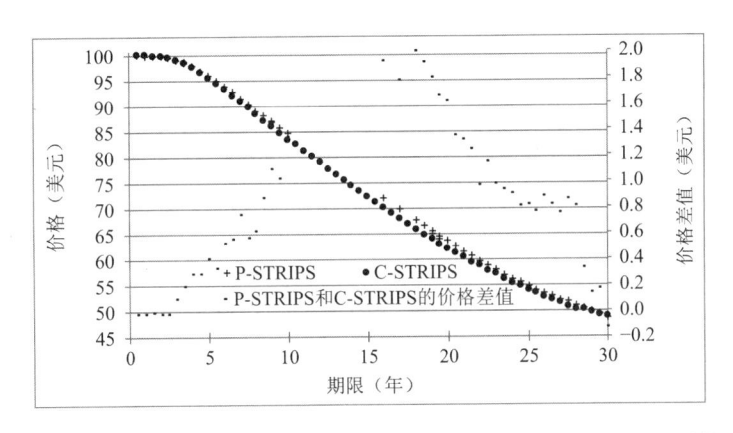

图 1-2　2021 年 5 月 14 日美国财政部 C-STRIPS 和 P-STRIPS 的价格

1.6　应计利息

本节介绍了将债券的全价，即发票价格，也就是债券买方支付给卖方的实际价格，分离为两个部分的市场实践。第一个部分是在债券交易屏幕上显示并用于价格谈判的净价或报价，第二个部分是应计利息。全价和净价又分别可以被称为脏价和纯价。

具体来说，考虑一个投资者购买了 10 000 美元票面价值的美国国债 "0.625s of

08/15/2030",并在 2021 年 5 月 17 日进行结算。该债券过去最近的一次付息日是 2021 年 2 月 15 日,息票支付为 10 000 美元 × 0.625%/2 = 31.25 美元;下一次付息日是 2021 年 8 月 15 日,息票支付为 31.25 美元,见图 1-3 中的时间轴。

```
|―――――――――――――――――― 181天 ――――――――――――――――――|
|――――――― 91天 ―――――――|――――――― 90天 ――――――――|
2021年2月15日          2021年5月17日          2021年8月15日
前一个付息日           结算日                 下一个付息日
```

图 1-3 计算应计利息用的时间轴

假设买方会持有该债券至 2021 年 8 月 15 日,那么买方将在该日期收取半年一付的息票。但一方面,卖方可能认为,买方实际上没有资格获得全部息票,因为买方只持有了该债券 3 个月,也就是从 2021 年 5 月 17 日到 2021 年 8 月 15 日。更准确地说,使用所谓的"实际/实际"天数计算惯例,并再次参考图 1-3,买方应该只收取 181 天中 90 天的息票,即 31.25 美元 × 90/181 = 15.539 美元。另一方面,假设卖方从上一个付息日到结算日一直持有该债券,就应该收取剩余的息票,也就是从 2021 年 2 月 15 日到 2021 年 5 月 17 日的应计利息,即 31.25 美元 × 91/181 = 15.711 美元。

一种可能的办法是卖方和买方在下一个付款日平分息票付款,但这将需要额外的制度安排以确保双方遵守。而按照市场惯例,买方在结算日向卖方支付 15.711 美元的应计利息,换取在下一个息票支付日保留全部 31.25 美元息票支付的权利。

2021 年 5 月 14 日 "0.625s of 08/15/2030" 的净价或报价为 91.781 25 美元,将于 5 月 17 日结算。而全价或发票价格,即报价加上应计利息,为 91.781 25 美元 + 0.157 11 美元 = 91.938 36 美元。对于刚才描述的特定交易,10 000 美元票面价值的发票价格为 9 193.836 美元:

$$10\ 000 \times (91.781\ 25\% + 0.157\ 11\%) = 9\ 178.125 + 15.711$$
$$= 9\ 193.836\ (美元)$$

或者等价地:

$10\ 000 \times 91.938\ 36\% = 9\ 193.836$(美元)

现在读者应该清楚了,为什么在本章的前面我们提到的价格是全价。由于债券在 5 月 15 日和 11 月 15 日支付息票,而交易在 2021 年 5 月 17 日星期一结算,所以买方必须向卖方支付两天的应计利息。债券的全价,即买方购买债券时实际支付的金额,应该等于债券的现金流的现值。在数学上,我们用 p 表示债券的净价,用 AI 表示应计利息,用 PV 表示现金流的现值,用 P 表示全价,则有:

$$P = p + \text{AI} = \text{PV} \tag{1-5}$$

式(1-5)表明，用于计算应计利息的特定市场惯例实际上并不重要。例如，刚才描述的应计利息约定在概念上对卖方来说太慷慨了，因为卖方不必等到下一个付息日，而是在结算时就可以收到一份息票。但应计利息惯例既不会改变现金流的现值，即式(1-5)中的PV，也不会影响全价P，后者是结算时实际交换的金额。这个惯例只改变了市场报价p，这是根据得到的应计利息金额计算的。如果应计利息过高，市场上的p值将相应地降低。

既然提出了这一论点，为什么一开始还要为应计利息的约定费心呢？也就是说，为什么不直接以全价为债券报价呢？图 1-4 绘制了 2021 年 2 月 15 日至 2021 年 9 月 15 日期间债券"0.625s of 08/15/2030"的全价和净价，简单假设利率在整个期间保持在大约 1.60%的市场利率不变。㊀

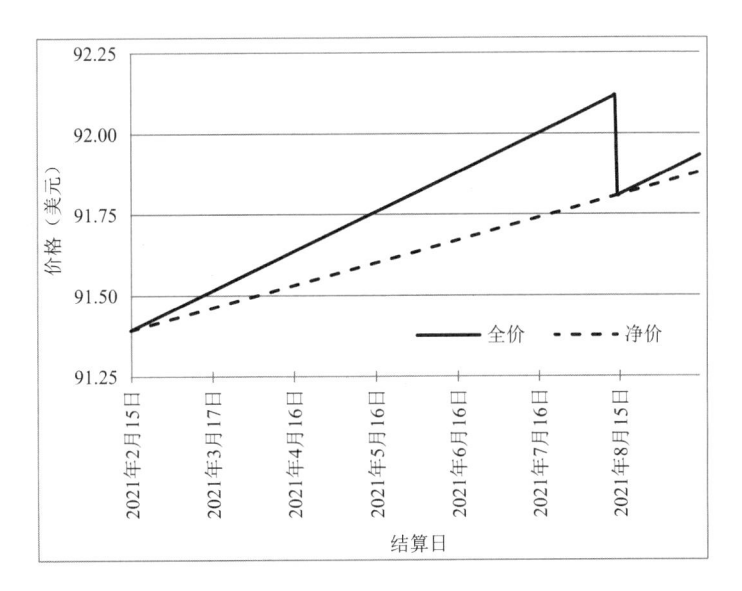

图 1-4　债券"0.625s of 08/15/2030"的全价和净价，假设利率不变

图 1-4 显示，尽管市场利率没有变化，但全价会随着时间推移发生巨大的变化，比如 2021 年 8 月 15 日的突然下跌。相比之下，净价只会随着时间的推移逐渐变化。因此，在每天进行债券交易时，更直观的做法是跟踪净价，并根据净价进行谈判和交易。

图 1-4 中的价格行为很容易理解。第一，在 2021 年 2 月，该债券的价格低于 100 美元，因为其票面利率低于对应期限的市场利率。但随着债券接近到期，其价格会逐渐接近 100 美元。（低于和高于市场利率的债券价格动态将在第 3 章进一步讨论。）第二，在付息周期内，债券的全价会随着现金流支付日的临近而上涨，也就是随着

㊀ 更具体地说，假设所有期限的连续复利不变，均为 1.60%。

其现值的增加而上涨。但是从息票支付日前到息票支付日后的时刻，债券全价会随着息票的支付而突然下降：息票在支付日之前包含在现值中，但在支付日之后不包含在现值中。相比之下，净价等于全价减去应计利息，它比全价上涨得更缓慢，不会在息票支付后急剧下跌。因为息票支付前的应计利息几乎等于息票支付，从全价中减去应计利息得到的净价在支付日前后基本相等。

1.7 天数计算惯例

在前一节中，应计利息是使用"实际/实际"天数计算惯例计算的，也就是用上次息票支付过去的实际天数除以息票支付日之间的实际天数。这也是术语"实际/实际"代表的天数计数惯例。

"实际/实际"天数计算惯例通常在政府债券市场上使用，在其他市场中会使用其他的惯例。最常见的两个是"实际/360"和"30/360"。"实际/360"天数计算惯例将两个日期之间的实际天数除以360。"30/360"天数计算惯例则假设每个月有30天，以此计算两个日期之间的天数差值，然后将差值除以360。举例来说，在6月1日到8月15日之间有75天：从6月1日到6月底有29天；7月有31天；8月1日到8月15日有15天。但"30/360"惯例假设每个月有30天，也包括7月，所以总共是29 + 30 + 15，即74天。货币市场通常会使用"实际/360"天数计算惯例；互换市场使用"实际/360"或"30/360"天数计算惯例；公司债券市场通常使用"30/360"天数计算惯例。

附录1A 推导复制投资组合

为了复制债券"7.625s of 11/15/2022"，表1-5使用了债券"2.875s of 11/15/2021"、债券"2.125s of 05/15/2022"和债券"1.625s of 11/15/2022"。将这些债券从1到3编号，设F_i为复制投资组合中债券i的票面价值。然后，根据复制投资组合的现金流在每个现金流支付日都要等于债券"7.625s of 11/15/2022"的现金流，可以得到下面的方程。对于2021年11月15日的现金流：

$$\left(100\% + \frac{2.875\%}{2}\right)F_1 + \frac{2.125\%}{2}F_2 + \frac{1.625\%}{2}F_3 = \frac{7.625\%}{2} \quad (1A\text{-}1)$$

对于2022年5月15日的现金流：

$$0 \times F_1 + \left(100\% + \frac{2.125\%}{2}\right)F_2 + \frac{1.625\%}{2}F_3 = \frac{7.625\%}{2} \tag{1A-2}$$

对于 2022 年 11 月 15 日的现金流：

$$0 \times F_1 + 0 \times F_2 + \left(100\% + \frac{1.625\%}{2}\right)F_3 = 100\% + \frac{7.625\%}{2} \tag{1A-3}$$

求解关于F_1、F_2和F_3的方程组式(1A-1)、式(1A-2)和式(1A-3)，可以得到表 1-5 中报告的复制投资组合的票面价值。请注意，由于每个日期都有一只债券到期，这些方程可以一次求解一个，而不是联立求解。

使用矩阵更容易描述和操作复制投资组合的求解过程。为了说明这一点，可以将式(1A-1)到式(1A-3)写成：

$$\begin{pmatrix} 1 + \frac{2.875\%}{2} & \frac{2.125\%}{2} & \frac{1.625\%}{2} \\ 0 & 1 + \frac{2.125\%}{2} & \frac{1.625\%}{2} \\ 0 & 0 & 1 + \frac{1.625\%}{2} \end{pmatrix} \begin{pmatrix} F_1 \\ F_2 \\ F_3 \end{pmatrix} = \begin{pmatrix} \frac{7.625\%}{2} \\ \frac{7.625\%}{2} \\ 1 + \frac{7.625\%}{2} \end{pmatrix} \tag{1A-4}$$

注意，最左边矩阵的每一列都描述了复制投资组合中一种债券的现金流；矩阵右侧向量的元素给出了需要求解的每种债券的票面价值；最右边的向量表示债券的现金流。式(1A-4)很容易求解。

一般来说，假设要复制的债券在第T日支付。设C为$T \times T$矩阵，表示现金流，包括本金和利息，T列表示复制投资组合中的T种债券，T行表示这些债券支付现金流的日期。设f为复制投资组合中票面金额的$T \times 1$向量，设c为待复制债券的现金流本金加利息的向量。那么，待解的方程为：

$$Cf = c \tag{1A-5}$$

解之可得：

$$f = C^{-1}c \tag{1A-6}$$

构建复制投资组合的唯一复杂之处是要确保矩阵C是可逆矩阵。从本质上说，只要复制投资组合中至少有一种债券在T个日期中的每一天支付，任何T种债券都可以满足上述要求。例如，所有T种债券均在最后一个日期到期可以满足要求，但所有T个债券均在倒数第二个日期到期则不行。在后一种情况下，复制投资组合中不会有债券在日期T支付现金流。

附录1B 贴现的等价性和无套利定价

命题：用下列任意一种方法给债券定价，都可以得到相同的价格：

从一组跨期限债券价格中推导出一组贴现因子，并利用这些贴现因子对相关债券进行定价。

使用相同的跨期限债券集合找到目标债券的复制投资组合，并计算该复制投资组合的价格作为目标债券的价格。

证明：继续使用附录1A末尾介绍的符号。此外，设 d 为包含每个日期的贴现因子 $T \times 1$ 向量，设 p 为复制投资组合中每个债券的价格向量，这与用于计算贴现因子的价格向量相同。还要注意，这一组跨期债券必须使得矩阵 C 有逆矩阵。

将本章贴现因子的推导推广，贴现因子可由下式确定

$$d = C'^{-1} p \tag{1B-1}$$

其中 $'$ 表示转置。那么根据第一种方法，债券的价格为 $c'd$。根据第二种方法，债券的价格为 $p'f$，其中 f 由式(1A-6)导出。

因此，如果要让两种方法给出的价格相同，必须满足：

$$c'd = p'f \tag{1B-2}$$

式(1B-2)等式左侧用式(1B-1)展开，等式右侧用式(1A-6)展开，可以得到：

$$c'(C')^{-1}p = p'C^{-1}c \tag{1B-3}$$

最后，因为式(1B-3)的两边结果都是数字，对左边做转置，就可以证明这个方程是正确的。

第 2 章

互换利率、即期利率和远期利率

第 1 章表明，贴现因子充分描述了嵌入市场价格中的货币的时间价值。但投资者和交易员发现，用利率来为货币的时间价值报价往往更为直观，所以市场上通常会用互换利率、平价利率、即期利率和远期利率等形式的利率报价。

本章首先解释了利率总是以年利率的形式报价，利率报价是在一定期限内在若干固定期限的支付（例如，90 天或 3 个半年期），以及利率如何以单利或复利的形式报价。然后我们介绍了作为材料背景的利率互换（IRS）市场。互换和债券共同构成了固定收益市场的很大一部分，而互换由于流动性相对较好，已成为评估其他固定收益工具的基准。

在撰写本文时，利率互换市场正处于去 LIBOR 化的过渡阶段。LIBOR 即伦敦银行间同业拆借利率，该利率几十年来一直主导着浮动利率指数。第 12 章将讨论这一转变，但本章我们只简要介绍了取代 LIBOR 的主要候选利率（如美国的 SOFR，即有担保隔夜融资利率）指标及其相关的利率互换。第 13 章讨论了市场参与者使用利率互换的原因和方式。

2.1 利率报价

一项有固定现金流的投资可以用它的价格和现金流完全描述。例如，知道 6 个月后支付 102 美元的债券今天的成本是 101.492 5 美元，或者从今天起 6 个月后发放的 1 亿美元 1.5 年期贷款在两年后的回报是 103 030 100 美元似乎就足够了。但投资者和交易员通常更喜欢从利率的角度来报价和考虑估值。如本例所示，上述债券和贷款每年可分别获得 1% 和 2% 的半年期复利。利率比价格和现金流更直观，因为利率会将不同的投资金额和投资期限自动标准化。债券的成本为 101.492 5 美元并于 6 个月后到期，而 1 亿美元贷款将在 6 个月后开始，投资期限为 1.5 年，但它们的利率可以进行合理直观的比较。

利率总是对于某一个期限以年利率报价,期限被描述为若干固定付息周期。例如,一种货币市场工具可能为 10 万美元的投资提供 90 天的 1% 的年利率。如果这 1% 是简单利率,那么根据 1.7 节中描述的"实际/360"天数计算惯例,90 天结束时的利息支付为:

$$100\,000 \times 1\% \times \frac{90}{360} = 250.00\,(美元) \qquad (2\text{-}1)$$

如果货币市场工具的 1% 的利率不是以简单利率的形式报价,而是以每日复利的形式报价,那么利息的计算方式就不同了:投资一天获得单利,但利息是根据累计余额计算的,累计余额中包括已经获得的利息。第 1 天之后,累计余额将包括前一天的单利。在第 1 天:

$$100\,000 \times \left(1 + \frac{1\%}{360}\right) = 100\,002.78\,(美元) \qquad (2\text{-}2)$$

在第 2 天,第 1 天结束时的全部累计余额,如式(2-2)所示,可以获得第 2 天的单利。这意味着利息是复利的,也就是说,第 1 天获得的 2.78 美元的利息在第 2 天就能获得利息。因此,第 2 天结束时的累计余额为:

$$100\,002.78 \times \left(1 + \frac{1\%}{360}\right) = 100\,000 \times \left(1 + \frac{1\%}{360}\right)^2 = 100\,005.56\,(美元) \qquad (2\text{-}3)$$

式(2-3)中第一个等式是用式(2-2)的左边替换式(2-3)中的 100 002.78 美元。

按照这种方式,90 天结束时的累计余额,即货币市场工具到期时支付的金额,为:

$$100\,000 \times \left(1 + \frac{1\%}{360}\right)^{90} = 100\,250.31\,(美元) \qquad (2\text{-}4)$$

将式(2-4)的利息 250.31 美元与式(2-1)的利息 250.00 美元进行比较,可以看出复利的作用。10 万美元 1% 的日复利利率,可以比 1% 的简单利率多赚 31 美分。当利率较高、投资期限较长时,这种差异可能会更大。

现在回到本节开头给出的债券和贷款的例子。对于这两笔投资,利息很可能每半年复利一次,而按照惯例,半年期正好等于投资期。因此,6 个月期债券今天的成本是 101.492 5 美元,6 个月后支付 102 美元,其收益率可以视为 1%:

$$101.492\,5 \times \left(1 + \frac{1\%}{2}\right) = 102\,(美元) \qquad (2\text{-}5)$$

1 亿美元的贷款从今天起 6 个月后开始投资,并于 3 个半年期(即 1.5 年)后,提供 103 030 100 美元的回报。该投资每半年的复利可以视为 2%:

$$100\,000\,000 \times \left(1 + \frac{2\%}{2}\right)^3 = 103\,030\,100\,(美元) \qquad (2\text{-}6)$$

本节说明了日计息周期和半年计息周期的概念。日计息周期在货币市场和下一节讨论的利率互换市场中很常见。半年计息周期在许多政府债券和公司债券市场中很常见，如第 1 章讨论的美国政府债券市场。但在其他情况下也会使用不同的计息周期。例如，抵押贷款市场会使用月计息周期，因为抵押贷款通常按月支付。

更一般地，设 n 为每年的计息周期数；N 为总周期数；$\hat{r}$ 为每年计 n 次复利的利率。那么，以利率 $\hat{r}$ 投资金额 F，在 N 个周期后的累计余额为：

$$F\left(1+\frac{\hat{r}}{n}\right)^N \tag{2-7}$$

无论复利的计息周期惯例如何，市场应确保同样期限、相同金额的投资，最终收益是相同的。例如，如果市场对面值 100 美元的 1 年期投资提供 102 美元的回报，该投资的利率报价可能是一年计一次复利的 2%、每半年计一次复利的 1.990 1%或每月计一次复利的 1.981 9%，因为：

$$100 \times (1+2\%) = 100 \times \left(1+\frac{1.990\,1\%}{2}\right)^2 = 100 \times \left(1+\frac{1.981\,9\%}{12}\right)^{12} = 102 \text{（美元）} \tag{2-8}$$

注意，计算复利的频率越高，报价的利率越低。因为利率设定规则使得更频繁的复利导致的利滚利恰好抵消了初始投资的低利率。

本节最后要指出的是，在某些情况下会使用连续复利，在这种情况下，利息被定义为每一刻都要支付并滚动。这种报价惯例可能会出现在货币市场；也经常被用于金融公司，因为利率和贴现率必须不定期计算；但更常见的是被研究人员基于数学上的方便而使用。连续复利的概念将在附录 2A 中给出。

2.2 利率互换

在利率互换（简称互换）中，双方同意交换一系列的利息支付。首先考虑图 2-1 中的实线箭头，这是所描述的互换交易中唯一的合同现金流。交易对手 A 同意每年向交易对手 B 支付 0.112 0%的固定互换利率，为期 2 年，名义金额为 1 亿美元。作为回报，交易对手 B 同意在两年内按相同的名义金额向交易对手 A 支付日复利的 SOFR，每年支付一次。在交易日或结算日无须交换本金。我们称交易对手 A 为固定支付端和浮动接收端，称交易对手 B 为固定接收端和浮动支付端。

在第 12 章中我们将解释，在任何给定一天的 SOFR 是市场参与者借贷由美国国债担保的隔夜资金的交易量加权平均利率。从概念上讲，每天的 SOFR 代表当天进行的极其安全的隔夜贷款的利率。

图 2-1 互换中的 1 亿美元被称为互换的名义金额，而不是互换的面值、票面价值或本金金额，因为它只用于计算固定利率和浮动利率的支付。名义金额从未被任何交易对手实际支付或收到。图 2-1 中的虚线箭头描绘了名义金额的最终交换，以

便于稍后为互换定价，但这种交换是虚拟的：它不是互换合同的一部分且从未实际发生过。

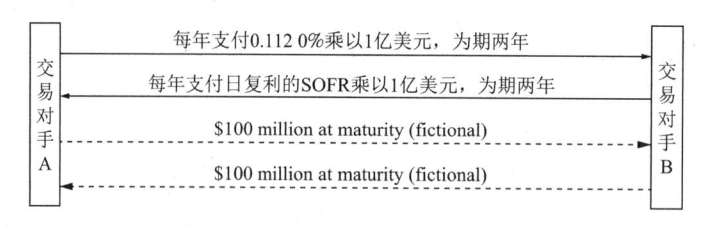

图 2-1 SOFR 互换

SOFR 互换双方的支付遵循"实际/360"的天数计算惯例。因此，在任何有 365 天的一年里，互换固定支付端的年利息支付是：

$$100\,000\,000 \times 0.112\,0\% \times \frac{365}{360} = 113\,556\,（\text{美元}） \qquad (2\text{-}9)$$

当然，在任何有 366 天的年份里，式(2-9)中的分数项会变为 366/360。

浮动支付端的年利息支付需要根据该年度每日的 SOFR 数据计算。为了说明这一点，假设一个非常简单的场景：在一年的 365 天里，有 5 天的 SOFR 为 0.10%，有 170 天为 0.50%，另外 190 天为 0.01%。在这些假设下，按照相应的 SOFR 利率计算，1 亿美元的投资将增长到：

$$100\,000\,000 \times \left(1 + \frac{0.10\%}{360}\right)^5 \left(1 + \frac{0.50\%}{360}\right)^{170} \left(1 + \frac{0.01\%}{360}\right)^{190} = 100\,243\,071\,（\text{美元}） \qquad (2\text{-}10)$$

因此，在该年的年底，代表了每日复利 SOFR 投资利息的浮动支付端的利息支付为：

$$100\,243\,071 - 100\,000\,000 = 243\,071\,（\text{美元}） \qquad (2\text{-}11)$$

在这个特定的场景中，交易对手 A 作为浮动接收端收到了 243 071 美元，但作为固定支付端只支付了 113 556 美元。如果这一年中 SOFR 的已实现水平更低，那么情况也有可能发生反转，造成交易对手 A 作为浮动接收端获得的收益低于它作为固定支付端支付的利息。

在一定年限内到期的 SOFR 互换是按年支付的，如图 2-1 中的例子。期限不到 1 年的 SOFR 互换在到期时进行一次性支付。如果 SOFR 互换期限超过 1 年，但不是 1 年的整数倍，通常先支付一个短周期，然后每年支付一次直至到期。例如，1.5 年期的互换可能会在 6 个月后支付一笔，再过 1 年后支付另一笔。

图 2-2 显示了 2021 年 5 月中旬的某天，不同货币的互换利率期限结构。其中以 SOFR 命名的曲线给出了各种期限下以 SOFR 为浮动利率的互换的固定支付端利率。从图 2-1 中可以看到，两年期的美元（USD）利率互换中，可以用 0.112 0% 的固定

利率交换浮动支付端的 SOFR。图 2-2 展示了其他期限的美元互换利率，例如 10 年期的美元互换利率为 1.352%，30 年期的美元互换利率为 1.758%。

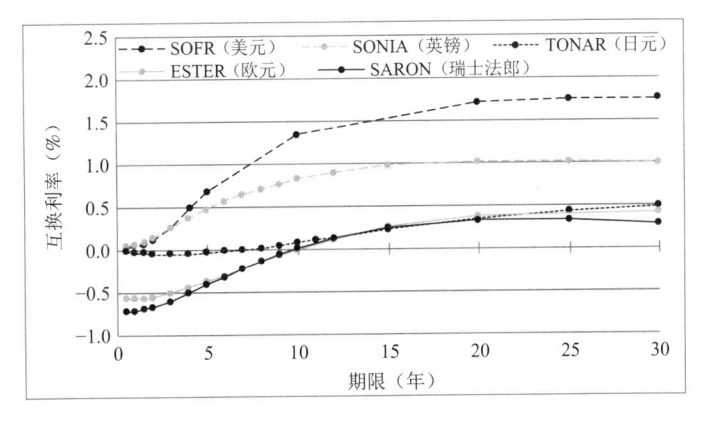

图 2-2 不同货币的互换利率期限结构

图 2-2 中包含的其他货币的利率分别为：SONIA（英镑隔夜银行间平均利率），用于英镑（GBP）市场；TONAR（东京隔夜平均利率），用于日元（JPY）市场；ESTER（欧元短期利率），用于欧元（EUR）市场，有时也被简写为 STR；以及 SARON（瑞士平均隔夜利率），用于瑞士法郎（CHF）市场。这些利率通常都被称为"无风险利率"，以区别于 LIBOR，但只有 SOFR 和 SARON 是政府债券抵押贷款的利率，而 SONIA、TONAR 和 ESTER 都是银行间借贷的利率。我们将在第 12 章进一步讨论该话题。图 2-2 展示了以这些不同的货币利率作为浮动端利率的互换利率期限结构，当然所有互换利率也都会随着时间的推移发生变化，虽然无法在图 2-2 中表现出来。

2.3 利率互换定价

前面我们说过，为了方便定价，可以假定发生了如图 2-1 所示的名义金额的交换。第一，假定名义金额的交换不会改变任何一个交易对手方的互换价值：在完全相同的时间支付 1 亿美元同时获得 1 亿美元没有产生或损失价值。第二，如果将名义金额考虑在内，交易对手 B 的现金流情况非常类似于购买了固定利率债券：B 每年收到息票，然后在到期时收到最终的"本金"支付。第三，如果将名义金额考虑在内，交易对手 A 的现金流情况非常类似于购买了浮动利率债券，随着利率的变化获得相应的浮动利息，然后在到期时收到最终的"本金"支付。

如果总是按公平市场利率支付息票，浮动利率债券在今天的价值应该等于其票面价值。所以在图 2-1 中，交易对手方 A 收取浮动票息加上虚拟的名义"本金"的总价值，应该等于 1 亿美元的票面价值。直观的解释是，根据 SOFR 作为货币市场利率的定义，交易对手 A 可以在任何一天借出 1 美元给交易商，在第 2 天收取 1 美元加上 SOFR 利息。因此，交易对手 A 和交易商都愿意在今天用 1 亿美元换取一种浮动利率债券，该债券在一定期限内不断按照 SOFR 支付息票，在期限结束时支付 1 亿美元 "本金"。

由于互换的浮动接收端处于平价状态（考虑虚构的名义金额后），因此交易对手 B 的头寸也可以被重新定义为平价固定利率债券，其票面价值为 1 亿美元、票面利率为 0.112 0%、期限为 2 年。固定利率债券也恰好为平价，因为其价值刚好跟互换的浮动利率债券的价值匹配。根据第 1 章的债券定价方法，互换的固定接收端现金流（包括名义金额）的现值，必须等于其票面价值。这样处理由于非常方便，也被业界普遍使用，以至于我们提到 "互换的固定端" 几乎总是意味着将名义金额包含在内，本文后面也将采用这一惯例。

交易对手 B 的头寸也可以被重新定义为购买票面利率为 0.112 0% 的 2 年期平价国债，并用浮动利率借款来维持该头寸。两者的相似性表现在现金流上，即 B 从互换交易中获得的现金流非常类似于利用杠杆购买固定利率债券的现金流。在互换启动时，因为互换没有初始现金流，B 既不会收到也无须支付现金，用借来的钱购买债券也是如此。在互换存续期间，B 会定期收到固定利率并支付浮动利率，既是互换的固定端利率减去浮动端利率，也相当于融资购买债券的票面利率减去短期融资利率。在到期时，B 既不收到也不支付名义金额或本金，因为互换并需要不交换名义金额，而融资购买的债券的本金也将被用于偿还贷款的本金，净现金流同样为零。同样，交易对手 A 的头寸也可以被看作借入债券并做空的操作。这种将互换重构为其他头寸的视角对于理解市场参与者如何使用互换来调整他们的利率敞口非常有用，我们将在第 13 章中进行更详细的讨论。

上面的讨论揭示了一个明显的事实，即互换利率也可以被称为平价利率。某一期限的平价利率是指以票面价值进行投资、定期支付息票并承诺在到期时偿还票面价值的债券的票面利率。例如，如果价格为 100 美元的 10 年期美国国债的票面利率为 1.625%，那么 1.625% 就是美国国债市场的 10 年期平价利率。虽然互换实际上既不需要初始 "投资" 也不需偿还票面价值，但如果将互换的虚拟名义本金的交换纳入考虑，也可以将互换利率解释为固定端 "赚取" 的收益率，即某项平价投资的收益率。

现在，我们将应用本节对互换定价的见解，从 SOFR 互换利率中提取贴现因子。为了说明如何做到这一点，我们需要用到表 2-1 的第一列和第二列展示的在 2021 年 5 月 14 日期限从 0.5 年至 2.0 年不等的 SOFR 互换利率，以及表 2-2 中列出的这些互换利率的不同支付日期和结算日之间的天数。（注意，所有报价均为 5 月 14 日，星期五的收盘价格，而结算发生在两个工作日后，即 5 月 18 日，星期二。）要利用这些表格中的数据需要用到下面的等式，后者将贴现因子与 SOFR 互换利率的报价联系了起来：

表 2-1　2021 年 5 月 14 日的美元 SOFR 互换隐含的互换利率、即期利率和远期利率

期限（年）	互换利率（%）	即期利率（%）	远期利率（%）	贴现因子
0.5	0.034 0	0.034 8	0.034 8	0.999 826
1.0	0.046 0	0.046 6	0.058 5	0.999 534
1.5	0.067 0	0.068 1	0.111 1	0.998 979
2.0	0.112 0	0.113 6	0.250 0	0.997 732

表 2-2　SOFR 互换的结算日距离下一付款日或上一付款日的天数，2021 年 5 月 18 日

期限（年）	2021 年 11 月 18 日	2022 年 5 月 18 日	2022 年 11 月 18 日	2023 年 5 月 18 日
0.5	184			
1.0		365		
1.5	184		365	
2.0		365		365

$$100 \times \left(1 + 0.034\,0\% \times \frac{184}{360}\right) d(0.5) = 100（美元） \quad (2\text{-}12)$$

$$100 \times \left(1 + 0.046\,0\% \times \frac{365}{360}\right) d(1.0) = 100（美元） \quad (2\text{-}13)$$

$$0.067\,0 \times \frac{184}{360} d(0.5) + 100 \times \left(1 + 0.067\,0\% \times \frac{365}{360}\right) d(1.5) = 100（美元） \quad (2\text{-}14)$$

$$0.112\,0 \times \frac{365}{360} d(1.0) + 100 \times \left(1 + 0.112\,0\% \times \frac{365}{360}\right) d(2.0) = 100（美元） \quad (2\text{-}15)$$

从原理来看，式(2-12)到式(2-15)都意味着每个 SOFR 互换的固定端现值应该等于其面值。式(2-12)的含义是，对于期限为 184 天、名义金额为 100 美元的 0.5 年期互换，固定端的支付为名义金额 100 美元加上这 100 美元以 0.5 年期互换利率 0.034 0%计算的利息。如果将该支付乘以 6 个月的贴现因子，其结果应该等于固定端的票面价值，即 100 美元。式(2-13)的含义也一样，不过它描述的是 1 年期的互换，该互换也只有 365 天后支付的一次性现金流，对应的利率为 1 年期互换利率 0.046 0%。

1.5 年期互换的固定端将收到两笔支付款项。按照上一节解释过的规则，第一次付款是在 6 个月后，而后一笔付款将在第一次付款 1 年后支付。根据表 2-1 和表 2-2，每 100 美元票面价值的 1.5 年期互换在 6 个月后的付款，在本例中的剩余天数是 184 天，等于 0.067 0 美元乘以 184/360。在此次付款 1 年后，也就是结算日起算的 1.5

年后，将支付365天的利息加上名义金额，总共是100美元加上0.0670美元，再乘以365/360。式(2-14)左边是这两次支付的现值，第一次支付乘以$d(0.5)$，加上第二次支付乘以$d(1.5)$，其总和应该等于票面价值。

最后，2年期互换的固定端将收到两次支付，第一次将在365天后支付，下一次将在下一个365天之后支付。因此，每100美元票面价值的利息支付是0.1120美元乘以365/360，而名义金额被假设为在第2年年底支付。因此，式(2-15)表明该互换的固定端现值应该等于票面价值。

用式(2-12)到式(2-15)求解贴现因子的过程，类似于1.2节中求解美国国债市场贴现因子的过程，其结果为表2-1中展示的贴现因子。在第1章中我们引入了贴现因子作为货币时间价值的衡量指标，现在本章又增加了互换利率或平价利率作为指标。后面两节我们将继续讨论货币时间价值其他两个流行的衡量指标，分别是即期利率和远期利率。

2.4 即期利率

"即期"一词通常是指立刻执行或即时结算的交易，与之对应的是远期交易，后者是指在未来某时刻进行结算的交易。与这种用法一致的是，即期利率是指即时贷款的利率。在即时贷款协议中，贷款人在协议签订当场或不久后即向借款人发放贷款，并期望贷款在未来某个特定的时间得到偿还。例如，根据式(2-7)，一项为期2年的面值为100美元的投资，按每半年计一次复利的即期利率0.1136%计算，在这2年或者说4个半年期计息周期后，得到的最终支付为：

$$100 \times \left(1 + \frac{0.1136\%}{2}\right)^{2\times 2} = 100.2274（美元）\tag{2-16}$$

更一般地，我们用$r(t)$表示每半年计一次复利的t年期即期利率。每半年计一次复利，投资期限为t年，相当于$2t$个计息周期，所以如果投资1单位货币，从现在到第t年的最终收益为：

$$\left(1 + \frac{\hat{r}(t)}{2}\right)^{2t} \tag{2-17}$$

为了将即期利率和贴现因子联系起来，我们考察1单位货币在t年内增长到式(2-17)所示金额对应的贴现因子。根据定义，该金额的现值应该为1单位货币。如果用贴现因子来计算现值，则有：

$$\left(1 + \frac{\hat{r}(t)}{2}\right)^{2t} d(t) = 1 \tag{2-18}$$

或者，$d(t)$的表达式为：

$$d(t) = \frac{1}{\left(1 + \dfrac{\hat{r}(t)}{2}\right)^{2t}} \tag{2-19}$$

这两个方程中的任何一个都可以用来解出期限为t的即期利率对应的贴现因子。为了说明这一点，请考虑表 2-1 中 SOFR 互换利率所隐含的贴现因子。2 年期的贴现因子为 0.997 732，根据式(2-18)或式(2-19)，这意味着 2 年期的即期利率为 0.113 6%。同样，可以根据表 2-1 的其他贴现因子计算期限从 0.5 年至 2 年的即期利率。

2.5 远期利率

远期利率是远期贷款的利率，远期贷款协议是一种在今天签署、约定在未来的某个时间发放贷款，并在贷款发放之后的约定时间偿还贷款的协议。今天的协议中规定了远期利率，或者说贷款利率是在今天设定的，但贷款本身要到以后的某个日期才会发放。有多种可能的远期利率：比如从今天起 6 个月后发放的 1.5 年期贷款利率，也可以称为从 0.5 年到 1.5 年的远期利率；再比如 5 年后发放的 6 个月期贷款利率，等等。本节主要关注一系列 6 个月期的远期利率。设 $f(t)$ 表示从 $t-0.5$ 年到 t 年贷款的远期利率，那么将 1 单位货币从第 $t-0.5$ 年开始投资 6 个月，可以在第 t 年获得收益，收益大小为 $1 + f(t)/2$。

如果要建立远期利率与即期利率的联系，请注意，从现在到第 $t-0.5$ 年的即期贷款加上从第 $t-0.5$ 年到第 t 年的远期贷款，覆盖的投资期限与从现在到第 t 年的即期贷款相同。因此，一致的利率报价必须确保这两种投资选择的收益是相同的。在数学上，注意从现在到第 $t-0.5$ 年是 $2(t-0.5)$ 或 $2t-1$ 个半年计息周期，所以有：

$$\left(1 + \frac{\hat{r}(t)}{2}\right)^{2t} = \left(1 + \frac{\hat{r}(t-0.5)}{2}\right)^{2t-1}\left(1 + \frac{f(t)}{2}\right) \tag{2-20}$$

将这个逻辑延伸到 t 年的即期贷款，将其视为一系列 6 个月期远期贷款的等价物，则即期利率和远期利率的关系也可以表达为：

$$\left(1 + \frac{\hat{r}(t)}{2}\right)^{2t} = \left(1 + \frac{f(0.5)}{2}\right)\left(1 + \frac{f(1.0)}{2}\right)\cdots\left(1 + \frac{f(t)}{2}\right) \tag{2-21}$$

注意其中的 $f(0.5)$，即从第 0 年到第 0.5 年的远期贷款利率，与 0.5 年期的即期利率 $r(0.5)$ 是一样的。

远期利率也可以用贴现因子来表示。将式(2-19)中即期利率的贴现因子代入式(2-20)可得：

$$1 + \frac{f(t)}{2} = \frac{d(t-0.5)}{d(t)} \tag{2-22}$$

将本节的分析应用于表 2-1 中的 SOFR 互换，可以计算该市场的隐含远期利率。举个例子，将表中的 1.5 年期和 2 年期贴现率代入式(2-22)，可以得到 2 年期远期利率：

$$1 + \frac{f(2.0)}{2} = \frac{0.998\,979}{0.997\,732} \tag{2-23}$$

$$f(2.0) = 0.250\,0\% \tag{2-24}$$

2.6 互换利率、即期利率和远期利率的关系

表 2-1 给出了 SOFR 互换市场利率的期限结构，包括互换利率、即期利率和远期利率。本节将介绍这些利率曲线之间的几个关系，重点强调它们各自的含义。这里的讨论是直观性的，而附录 2B 采用了数学上更严密的方法。

要强调的第一个关系是，t 年即期利率大约等于从今天到 t 年间所有远期利率的平均值。从表中举一个例子，2 年期即期利率大约等于从 0.5 年到 2 年的 4 个远期利率的平均值：

$$\frac{0.034\,8\% + 0.058\,5\% + 0.111\,1\% + 0.250\,0\%}{4} \approx 0.113\,6\% \tag{2-25}$$

这个结果是有道理的，因为 2 年期的即期贷款相当于 4 个 6 个月期远期贷款的组合：6 个月期的远期（即期）贷款、6 个月后开始的 6 个月期远期贷款、1 年后开始的 6 个月期远期贷款，以及 1.5 年后开始的 6 个月期远期贷款。

要强调的第二种关系可以从表 2-1 中明显看到：当远期利率大于即期利率时，即期利率会随期限增加而上升。具体来看，2 年期的即期利率为 0.113 6%，高于 1.5 年期的即期利率 0.068 1%，是因为两年期的远期利率 0.250 0%高于 1.5 年期的即期利率。直观来看可以用刚刚介绍的第一个关系来解释这一点，即期利率本质上是远期利率的平均值。如果在原有的计算平均值的数字组中增加一个数字，那么当且仅当增加的数字大于之前的平均值时，新的平均值会大于之前的平均值。因此，$\hat{r}(t) > \hat{r}(t-0.5)$ 当且仅当 $f(t) > \hat{r}(t-0.5)$ 时成立。

从图 2-3 和图 2-4 也可以看出即期利率和远期利率之间的这种关系。图 2-3 显示了 SOFR 市场的远期利率、即期利率和互换利率曲线，图 2-4 显示了 SARON 市场的相应曲线。前面我们介绍过，SARON 是瑞士法郎的利率。这两组曲线都是基于 2021 年 5 月 14 日的市场利率构建的。可以看到，当时所有的 SOFR 均高于相应期

限的 SARON，而 SARON 在相当大的期限范围内实际上是负的。

图 2-3　2021 年 5 月 14 日 SOFR 的各种利率曲线

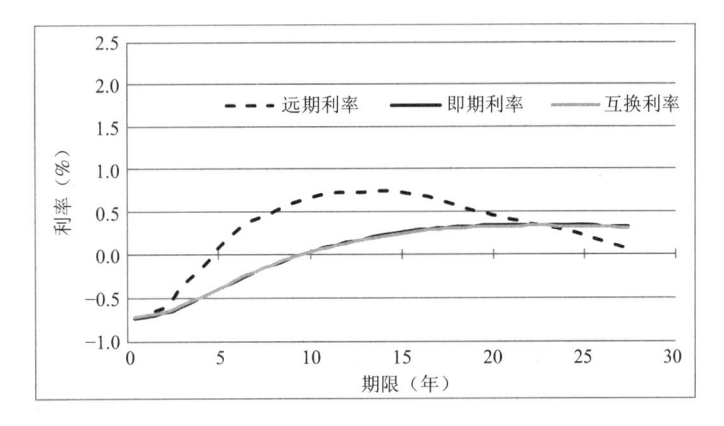

图 2-4　2021 年 5 月 14 日 SARON 的各种利率曲线

图 2-3 中的 SOFR 远期利率曲线一开始随期限增加而上升，到 12 年左右开始下降，但始终高于即期利率曲线。与前面所说的规律一致，因为远期利率在所有期限上均高于即期利率，所以即期利率曲线必须在图 2-3 的所有期限范围内上升。但可以看到，当远期利率下降时，即期利率曲线的上升幅度变得更加平缓了。即期利率的确在继续上升，但随着远期利率与即期利率的差距越来越小，即期利率的上升变得相对缓慢了。

SARON 的远期利率曲线更生动地说明了这种关系。在期限低于 22 年时，远期利率曲线高于即期利率曲线，因此即期利率一直在上升。但期限继续增加之后，远期利率开始低于即期利率，尽管从图 2-4 上看不太明显，但此时即期利率开始随着期限增加而下降。

本节要强调的第三种也是最后一种利率曲线之间的关系是：当即期利率随期限

增加而上升时，互换利率或平价利率略低于同样期限的即期利率。这种关系在图 2-3 和图 2-4 中都可以看到，但在 SOFR 的利率曲线上表现得比 SARON 更明显。要理解这背后的直觉，回忆一下，t 年期的即期利率是今天投资 t 年后收获的回报率，而互换利率或平价利率对应的是从今天到 t 年为止每隔一段时间都能获得支付的回报率。因此公平的市场互换利率，必须反映从今天到 t 年间各种期限的即期利率，当然，第 t 年的即期利率的权重最高，因为最大的一笔现金流是在这一年支付的名义本金，而该笔现金流要用这一年的即期利率来计算现值。当即期利率的期限结构向上倾斜时，所有短期的即期利率都低于第 t 年的即期利率，而平价利率会反映所有期限的即期利率，所以必定小于第 t 年的即期利率。但由于第 t 年的即期利率的权重特别大，互换利率和平价利率并不会比即期利率低太多。

附录 2A 连续复利计算

式 (2-7) 给出了将金额 F 投资 N 个时期的收益，收益率为 $\hat{r}$，每年计算 n 次复利。根据 n 的定义，T 年共有 nT 个计息周期。因此，当 $F = 1$ 时，式 (2-7) 可以写为：

$$\left(1 + \frac{\hat{r}}{n}\right)^{nT} \tag{2A-1}$$

在连续复利的情况下，每一时刻都要支付利息，因此当 n 趋于无穷大时，T 年连续复利的投资收益会逐渐递增到式 (2A-1) 的极限。对式 (2A-1) 取对数，并重新排列可得：

$$nT \ln\left(1 + \frac{\hat{r}}{n}\right) = \frac{T\ln\left(1 + \frac{\hat{r}}{n}\right)}{\frac{1}{n}} \tag{2A-2}$$

使用洛必达法则，当 n 变大时式 (2A-2) 右侧的极限是 $\hat{r}T$，因此式 (2A-1) 的极限是 $e^{\hat{r}T}$，其中 e 是自然对数的底。因此，如果利息以 $\hat{r}$ 的利率连续复利，1 单位货币的投资将在 T 年后增长到：

$$e^{\hat{r}T} \tag{2A-3}$$

等价地，将在 T 年后收到的 1 单位货币的现值为：

$$e^{-\hat{r}T} \tag{2A-4}$$

接下来将定义连续复利下的贴现因子、即期利率和远期利率。设 $\hat{r}(t)$ 为 t 年连续复合即期利率。设 $f(t-\Delta, t)$ 是 $t-\Delta$ 时刻到 t 时刻的远期利率，并设 $f(t)$ 为时刻 t 的连续复利远期利率，即 Δ 趋于零时 $f(t-\Delta, t)$ 的极限值。

由式 (2A-4) 可知，即期利率与贴现因子之间的关系为：

$$d(T) = e^{-\hat{r}(T)T} \tag{2A-5}$$

连接远期利率和即期利率的是式(2-21)的连续复利形式：

$$e^{\hat{r}(T)T} = e^{\int_0^T f(s)ds} \tag{2A-6}$$

$$\hat{r}(T)T = \int_0^T f(s)ds \tag{2A-7}$$

$$\hat{r}(T) = \frac{1}{T}\int_0^T f(s)ds \tag{2A-8}$$

为了将远期利率和贴现因子联系起来，注意到式(2-20)的连续复利形式为：

$$e^{\hat{r}(t-\Delta)\times(t-\Delta)}e^{f(t-\Delta,t)\Delta} = e^{\hat{r}(t)t} \tag{2A-9}$$

然后将两个即期利率分别代入式(2A-5)中，并重新排列得到：

$$e^{f(t-\Delta,t)\times\Delta} = \frac{d(t-\Delta)}{d(t)} \tag{2A-10}$$

对两边取自然对数并重新排列，可以得到：

$$f(t-\Delta,t) = -\frac{\ln[d(t)] - \ln[d(t-\Delta)]}{\Delta} \tag{2A-11}$$

最后，对上述方程两边取极限，并注意到方程右边的极限是$\ln[d(t)]$的导数，得到：

$$f(t) = -\frac{d'(t)}{d(t)} \tag{2A-12}$$

其中$d'(t)$是贴现因子函数对期限的导数。

附录2B 互换利率、平价利率、即期利率和远期利率的关系

本节将处理半年支付一次利息的复利利率，但相关结论也可以很容易地被用到其他支付频率的复利上。

关于近似的命题：t年期即期利率近似等于到t年的所有远期利率的平均值。

我们从式(2-21)开始，可以注意到，由于利率本身取值较小，两个或两个以上利率的乘积会特别小。为了说明这一点，我们以1年期即期利率为例，这种观点也很容易推广到长期利率，近似关系的推导过程如下：

$$\left(1 + \frac{\hat{r}(1.0)}{2}\right)^2 = \left(1 + \frac{f(0.5)}{2}\right)\left(1 + \frac{f(1.0)}{2}\right) \tag{2B-1}$$

$$1 + 2\times\frac{\hat{r}(1.0)}{2} + \left(\frac{\hat{r}(1.0)}{2}\right)^2 = 1 + \frac{f(0.5)}{2} + \frac{f(1.0)}{2} + \frac{f(0.5)}{2}\times\frac{f(1.0)}{2} \tag{2B-2}$$

$$\hat{r}(1.0) \approx \frac{f(0.5) + f(1.0)}{2} \tag{2B-3}$$

从式(2B-2)到式(2B-3)的近似过程去掉了两个利率相乘的项。

命题1：

$$\sum_{t=a}^{b} z^t = \frac{z^a - z^{b+1}}{1 - z} \tag{2B-4}$$

证明：将式(2B-4)的左边定义为S，将其乘以z可得：

$$zS = \sum_{t=a+1}^{b+1} z^t$$

接下来的推导如下：

$$S - zS = \sum_{t=a}^{b} z^t - \sum_{t=a+1}^{b+1} z^t$$
$$S(1-z) = z^a - z^{b+1}$$
$$S = \frac{z^a - z^{b+1}}{1-z}$$

推导结果与命题1一致。

命题2：如果即期利率的期限结构是平坦的，那么平价利率的期限结构也是平坦的，且取值跟即期利率相等。

证明：将期限为T的半年复利的复利平价利率表示为$C(T)$。如果所有期限的即期利率均为$\hat{r}$，则根据$C(T)$的定义：

$$\frac{C(T)}{2} \sum_{t=1}^{2T} \frac{1}{\left(1 + \frac{\hat{r}}{2}\right)^t} + \frac{1}{\left(1 + \frac{\hat{r}}{2}\right)^{2T}} = 1 \tag{2B-5}$$

应用命题1的结论式(2B-5)，代入$z = 1/\left(1 + \frac{\hat{r}}{2}\right)^2$有：

$$\frac{C(T)}{\hat{r}} \left[1 - \frac{1}{\left(1 + \frac{\hat{r}}{2}\right)^{2T}}\right] + \frac{1}{\left(1 + \frac{\hat{r}}{2}\right)^{2T}} = 1 \tag{2B-6}$$

求解式(2B-6)可知$C(T) = \hat{r}$。因此，正如想要表明的那样，平价利率的期限结构是平坦的，且取值为$\hat{r}$。

命题3：当且仅当$\hat{r}(t) > \hat{r}(t-0.5)$时，$f(t) > \hat{r}(t-0.5)$。

证明：条件$f(t) > \hat{r}(t-0.5)$等价于：

$$\left(1 + \frac{\hat{r}(t-0.5)}{2}\right)^{2t-1} \left(1 + \frac{f(t)}{2}\right) > \left(1 + \frac{\hat{r}(t-0.5)}{2}\right)^{2t-1} \left(1 + \frac{\hat{r}(t-0.5)}{2}\right)$$
$$> \left(1 + \frac{\hat{r}(t-0.5)}{2}\right)^{2t} \tag{2B-7}$$

用式(2-20)重写式(2B-7)的左边可以得到：

$$\left(1+\frac{\hat{r}(t)}{2}\right)^{2t} > \left(1+\frac{\hat{r}(t-0.5)}{2}\right)^{2t} \tag{2B-8}$$

$$\hat{r}(t) > \hat{r}(t-0.5) \tag{2B-9}$$

正如要证明的命题一样。

命题4：当且仅当$\hat{r}(t) < \hat{r}(t-0.5)$时，$f(t) < \hat{r}(t-0.5)$。

证明：将命题3证明中的不等式颠倒过来即可。

命题5：如果$\hat{r}(0.5) < \hat{r}(1.0) < \cdots < \hat{r}(T)$，那么$C(T) < \hat{r}(T)$。

证明：根据平价利率的定义，$C(T)$必须满足：

$$\frac{C(T)}{2}\sum_{t=1}^{2T}\frac{1}{\left(1+\frac{\hat{r}(t)}{2}\right)^t} + \frac{1}{\left(1+\frac{r(\hat{T})}{2}\right)^{2T}} = 1 \tag{2B-10}$$

由式(2B-4)，设$z = 1/(1+C(T)/2)$，可得：

$$\frac{C(T)}{2}\sum_{t=1}^{2T}\frac{1}{\left(1+\frac{C(T)}{2}\right)^t} + \frac{1}{\left(1+\frac{C(T)}{2}\right)^{2T}} = 1 \tag{2B-11}$$

而且，由于即期利率的期限结构被假设为上升的，所以：

$$\frac{C(T)}{2}\sum_{t=1}^{2T}\frac{1}{\left(1+\frac{\hat{r}(t)}{2}\right)^t} + \frac{1}{\left(1+\frac{\hat{r}(T)}{2}\right)^{2T}} >$$

$$\frac{C(T)}{2}\sum_{t=1}^{2T}\frac{1}{\left(1+\frac{\hat{r}(T)}{2}\right)^t} + \frac{1}{\left(1+\frac{\hat{r}(T)}{2}\right)^{2T}} \tag{2B-12}$$

注意，上面一行求和的即期利率均为$\hat{r}(t)$，而下面一行求和的即期利率均为$\hat{r}(T)$。

现在，因为式(2B-10)、式(2B-11)和式(2B-12)的左边都等于1，式(2B-11)的左边可以代替式(2B-12)的左边，得到：

$$\frac{C(T)}{2}\sum_{t=1}^{2T}\frac{1}{\left(1+\frac{C(T)}{2}\right)^t} + \frac{1}{\left(1+\frac{C(T)}{2}\right)^{2T}} >$$

$$\frac{C(T)}{2}\sum_{t=1}^{2T}\frac{1}{\left(1+\frac{\hat{r}(T)}{2}\right)^t} + \frac{1}{\left(1+\frac{r(\hat{T})}{2}\right)^{2T}} \tag{2B-13}$$

这意味着$C(T) < \hat{r}(T)$，命题得证。

命题6：如果$\hat{r}(0.5) > \hat{r}(1.0) > \cdots > \hat{r}(T)$，那么$C(T) > \hat{r}(T)$。

证明：将前一个证明中式(2B-12)和式(2B-13)的不等式反向，得到$C(T) > \hat{r}(T)$，命题即得证。

第 3 章

收益、收益率、利差和损益归因

第 2 章展示了如何使用互换利率或平价利率、即期利率和远期利率来描述可以从各种市场（如国债市场或利率互换市场）上获得的利率。虽然这些利率来自个别金融工具的价格，但它们旨在描述在整体市场上的货币时间价值。相比之下，本章主要关注单个特定债券的各种利率，然后介绍如何使用市场上的利率和特定证券的利率进行损益（P&L）归因。

3.1 节介绍了一只债券在一定期限内的已实现收益。债券的事后收益必须考虑期间的利息支付和这些利息的再投资收益，通常是根据融资总额和融资净额分别计算的，但在其他方面的计算方法与计算任何其他资产收益的方法相同。

3.2 节介绍的是到期收益率。债券的报价和交易通常使用收益率而不是价格。收益率被广泛认为是衡量事后收益的指标，而且债券收益率的差异通常被认为反映了债券价值的差异。但相关讨论表明，在分析事后收益和相对价值的时候，到期收益率可能具有误导性。

本章接下来将讨论的是债券利差。因为市场上有许多相互关联但略有差异的固定收益产品，使用利差来报价、交易或评估一个工具相对于另一个工具的价值是非常方便的。本章的这一部分描述了计算利差的各种方法，解释了它们的用途和局限性，并给出了一个使用利差来评估高收益美国国债的相对价值的详细示例。

本章的最后几节专门讨论了损益归因问题。为了了解自己的交易和投资的真实表现，交易员和资产管理经理经常把他们的事后损益或收益分解成不同的成分，例如时间流逝的影响、利率变化的影响和利差变化的影响等。本章将描述如何在保持利率或利差不变的情况下定义"时间流逝"，然后通过一个详细的例子说明如何进行损益归因，届时我们会将选定的美国国债收益分解成各个不同部分。

3.1 已实现收益

债券的持有期总收益率取决于购买时债券的价格、其持有者在未来能获得的利息支付、将到期的利息再投资获得的利息以及债券到期时的本金偿还。债券持有期净收益率可以在总收益率的基础上根据购买债券的融资成本调整得到。

我们来看一个简单的例子。一名投资者在 2020 年 11 月中旬以每 100 美元面值 114.876 5 美元的价格买入了 100 万美元面值的美国国债 "7.625s of 11/15/2022"。6 个月后，也就是 2021 年 5 月中旬，该债券的价格为 111.396 9 美元[⊖]。因此，债券的持有期总收益率为：

$$\frac{1\ 113\ 969 + 38\ 125 - 1\ 148\ 765}{1\ 148\ 765} = 0.289\ 8\% \tag{3-1}$$

换句话说，在这个例子中，6 个月的持有期总收益率等于 6 个月投资期结束时债券的价值 1 113 969 美元，加上 100 万美元票面价值乘以 7.625%的一半，即 38 125 美元的利息支付，再减去债券的初始成本 1 148 765 美元，最后将上述结果除以初始成本。请注意，该债券的利息收益足以弥补债券价格下跌的影响，并产生正的持有期回报。

对于在其持有期内支付过息票的债券，已实现收益率取决于利息的再投资收益率。如果某债券在 1 个月后支付息票，但持有期是 2 个月，那么持有期收益率取决于后一个月的再投资收益率，即从利息支付日到持有期结束。为了便于说明，考虑一个简单的例子：投资 100 万美元面值的 "7.625s of 11/15/2022" 并持有 1 年。假设 1 年后债券的价格是 108 万美元，再假设 6 个月后支付的 38 125 美元利息可以以货币市场利率，比如 0.05%再投资于接下来的 6 个月，则全年投资的已实现收益率为：

$$\frac{1\ 080\ 000 + 38\ 125 \times \left(1 + \frac{0.05\%}{2}\right) + 38\ 125 - 1\ 148\ 765}{1\ 148\ 765} = 0.652\ 4\% \tag{3-2}$$

下面我们来讨论考虑购买债券的融资成本的净收益率。融资成本可能是某种显性成本，比如交易员或投资者可能以 0.05%的利率借入购买债券的资金，期限为 6 个月。在这种情况下，在投资期限内借款的利息成本为 1 148 765 美元 × 0.05%/2 = 287 美元，从式(3-1)的分子中减去该数值，得到的净收益率为：

⊖ 请注意，为了与本章稍后的讨论保持一致，这两个日期实际上是 2020 年 11 月 13 日和 2021 年 5 月 14 日。这两个日期都是星期五，这里给出的价格分别是 2020 年 11 月 16 日和 2021 年 5 月 17 日结算的全价，这意味着投资者没有收到 2020 年 11 月 15 日支付的息票，但收到了 2021 年 5 月 15 日支付的息票。

$$\frac{1\,113\,969 + 38\,125 - 1\,148\,765 - 287}{1\,148\,765} = 0.264\,8\% \tag{3-3}$$

不出意外，0.264 8%的净收益率等于总收益率 0.289 8%减去半年期的融资成本，即 0.05%/2，也就是 0.025%。

实际上，用这种方式描述债券投资的净收益率有几个微妙之处。第一，市场参与者通常会在回购市场上用购买的债券作为抵押品来实现融资，这是第 10 章要讨论的主题。第二，在回购市场中，通常只允许融资购买总价值的一部分。例如，在前面的例子中，投资者可能只能借到 1 125 790 美元，也就是购买总价值的 98%。在这种情况下，利息成本仅为 1 125 790 美元乘以 0.05%的一半，即 281 美元，净收益率为 0.265 3%，略高于式(3-3)的结果。第三，不论实际借款多少，都以购买总价为式(3-3)的分母计算净收益率。因此这种净收益率可以被认为是资产负债表意义上的收益率，也就是说分母是可以作为资产考虑和报告的价值。第四，资本回报率的计算方式与净收益率有所不同。如果对冲基金在回购市场上借入债券价值的 98%，同时拿出 2%的自有资本，即 22 975 美元，那么考虑到交易的额外风险资本配置，这项投资的资本回报率将为：

$$\frac{1\,113\,969 + 38\,125 - 1\,148\,765 - 281}{22\,975} = 13.27\% \tag{3-4}$$

13.27%的资本回报率是资产负债表意义上的净收益率 0.265 3%的 50 倍。这么高的资本回报率是由于交易的杠杆率高达 50 倍，换句话说撬动的资产价值为 1 148 765 美元，而投入的资本仅为 22 975 美元。

关于净收益率的第五个也是最后一个微妙之处是，即使没有像回购利率那样显性的融资成本，在计算净收益率时融资成本也极有可能会被考虑在内。因为任何用于购买债券的资金都必须以一定的成本筹集，就像银行需要提供利息来吸引存款、人寿保险公司需要就其保单的储蓄部分向投资者进行补偿、对冲基金需要对其管理的资产提供回报等。此外，任何投资于某一特定债券的资金都存在机会成本，因为这笔钱如果不买债券的话就可以被用于投资另一项资产。

3.2 到期收益率

在第 2 章中我们曾指出，在描述债券定价或估值水平时，利率往往比价格更直观。但是根据这一章前面内容的说法，如果要用半年计复利一次的即期利率或远期利率来描述 10 年期债券的定价，需要 20 个即期利率或远期利率。毫不意外的是，市场参与者更喜欢用单一利率来为债券报价并衡量其估值水平，最常用的就是所谓的到期收益率。

债券的到期收益率是能够将债券的现金流贴现为市场价格的单一利率。表 1-4 报告了美国国债"7.625s of 11/15/2022"的价格,在 2021 年 5 月中旬结算时为 111.396 9 美元。回想一下前面提到过的相关知识可知,该美国国债每半年支付一次息票,因此还剩下 3 个利息支付日,并且该国债以半年计息一次的复利报价,所以该债券的到期收益率 y 可以由下式定义:⊖

$$111.396\ 9 = \frac{3.812\ 5}{\left(1+\frac{y}{2}\right)} + \frac{3.812\ 5}{\left(1+\frac{y}{2}\right)^2} + \frac{103.812\ 5}{\left(1+\frac{y}{2}\right)^3} \tag{3-5}$$

可以通过各种数值方法或使用财务计算器从式(3-5)中求解 y 的值,最后均能得到 0.025 2% 的计算结果。因此,该美国国债在交易时可以以 111.396 9 美元的价格或 0.025 2% 的到期收益率报价。

更一般地,用 y 表示债券的到期收益率,用 c 表示以美元为单位的年度息票支付,用 T 表示以年为单位的剩余期限(所以还有 $2T$ 次半年度息票支付),用 P 表示每 100 美元票面价值的债券价格,再假设结算日恰好是某个息票支付日。举例来说,如果使用上述的表示方法,那么对于 2021 年 5 月中旬结算的债券"7.625s of 11/15/2022",有 $c = 7.625$,$T = 1.5$,$P = 111.396\ 9$,$y = 0.025\ 2\%$。如果回到一般情况,那么 P 是由下面各式决定的:

$$P = \frac{\frac{1}{2}c}{\left(1+\frac{y}{2}\right)} + \frac{\frac{1}{2}c}{\left(1+\frac{y}{2}\right)^2} + \cdots + \frac{100 + \frac{1}{2}c}{\left(1+\frac{y}{2}\right)^{2T}} \tag{3-6}$$

$$P = \frac{c}{2}\sum_{t=1}^{2T}\frac{1}{\left(1+\frac{y}{2}\right)^t} + \frac{100}{\left(1+\frac{y}{2}\right)^{2T}} \tag{3-7}$$

$$P = \frac{c}{y}\left(1 - \frac{1}{\left(1+\frac{y}{2}\right)^{2T}}\right) + \frac{100}{\left(1+\frac{y}{2}\right)^{2T}} \tag{3-8}$$

其中式(3-7)只是用求和符号重新表示了式(3-6),而式(3-8)可以由式(3-7)和附录 2B 的式(2B-4)推导得到。

式(3-8)揭示了价格和到期收益率关系的三个直接含义。第一,当 $c = 100y$ 时,$P = 100$。也就是说,当支付的息票正好等于票面价值乘以到期收益率,或者更简单地说,当票面利率等于到期收益率时,债券会以票面价值,或者说,平价出售。第二,当 $c > 100y$ 时,$P > 100$。也就是说,当票面利率超过到期收益率时,债券会以高

⊖ 该式只是近似正确的,因为结算日期实际上是 2021 年 5 月 17 日。此时距离第一个息票日还有略少于半年的时间。附录 3A 给出了在更一般的情况下的收益率定义式。

于平价的价格或者说溢价出售。第三，当 $c < 100y$ 时，$P < 100$。也就是说，当到期收益率超过票面利率时，债券会折价出售。

图 3-1 展示了式(3-6)到式(3-8)所描述的价格与到期收益率的关系。图中曲线上的每一点都代表一只具有特定票面利率和到期期限的债券，所有债券的到期收益率都为 1.5%。粗黑线表示所有票面利率为 1.5% 的债券，可以看到对于任何到期期限，债券价格都是 100 美元。这很好理解，对于任何按现行市场贴现率支付息票，并在到期时偿还票面价值的债券，投资者都愿意花 100 美元购买。

票面利率高于固定值 1.5% 的债券（即图中 3.00% 和 6.00% 的灰色虚线）以高于票面价值的价格溢价出售。以 30 年期为例，当预期收益率均为 1.5% 时，票面利率为 6% 的债券的价格约为 208 美元，而票面利率为 3% 的债券的价格约为 136 美元。投资者愿意为这些债券支付远高于其票面价值的价格，因为之后多年它们支付的票面利率都高于市场利率。票面利率相同但期限较短的债券也有溢价，但溢价幅度较小。例如，票面利率为 6% 的 15 年期债券的价格约为 160 美元，而票面利率为 3% 的 15 年期债券的价格约为 120 美元。而当债券的到期期限变得非常短时，价格就会非常接近 100 美元，因为票面利率为 6% 和 3% 的债券支付的票面利率虽然高于市场利率，但支付息票的时间如此之短，以至于它们的价格不会超过 100 美元太多。

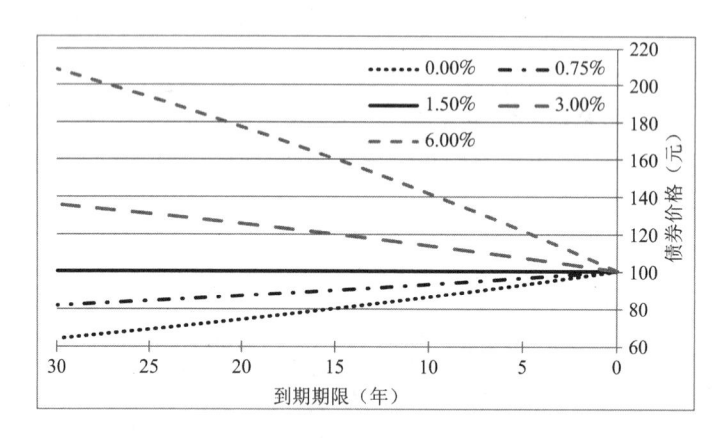

图 3-1 不同票面利率和到期期限的债券价格（所有债券的收益率均为 1.5%）

根据类似的推理，图 3-1 中表示票面利率为 0.00% 和 0.75% 的债券线都低于票面利率为 1.5% 的债券线，表明它们的价格均低于票面价值，处于折价状态。折价幅度最大的是那些期限最长的债券，因为投资者以低于市场利率的利率获得息票的时间最长，30 年期的票面利率为 0% 和 0.75% 的债券价格分别约为 64 美元和 82 美元。期限较短的债券折价的幅度较小，比如 15 年期的这两种票面利率的债券价格分别约为 80 美元和 90 美元，而非常接近到期的债券会以略低于票面价值的价格出售。当债券到期时，溢价债券和折价债券的价格都会接近票面价值，这种趋势被称为"拉回面值"效应。当然，上述价格行为只是到期收益率固定为1.5%时的趋势。这些债券到期时的实际价格路径是由其已实现市场收益率决定的。

3.3 收益率和收益

如前所述，到期收益率是可以方便地表示债券价格的一种单一利率。将能够让债券的现金流现值与债券价格相等的单一利率定义为到期收益率，意味着到期收益率是债券的内部收益率。到期收益率和债券的已实现收益有什么关系呢？

事实证明，到期收益率与已实现收益的关系很小。附录3B表明，如果满足以下两个条件：①所有的息票都可以以初始收益率进行再投资，②投资期结束时的收益率等于债券的初始收益率，那么债券的事后（已实现）收益率等于其初始（到期）收益率。这些非常严格的限制条件显著削弱了将到期收益率作为持有期收益率的预测指标的解释力。

我们用一个具体的例子来证明这一点，考虑2021年5月中旬到2022年5月中旬期间美国国债"7.625s of 11/15/2022"的收益。我们从式(3-5)开始，它给出了债券在该时期开始时的到期收益率，在该式两边同时乘以因子$(1+y/2)^2$，可以得到式(3-9)：

$$111.396\,9 \times \left(1+\frac{y}{2}\right)^2 = 3.812\,5 \times \left(1+\frac{y}{2}\right) + 3.812\,5 + \frac{103.812\,5}{\left(1+\frac{y}{2}\right)} \tag{3-9}$$

式(3-9)的左边表示以111.396 9美元的价格购买债券并投资一年，或者说两个半年期的收益，以半年计一次复利的利率y计算收益。右边是债券在一年投资期结束时的价值，包括三个部分：在2021年11月15日收到的第一次息票并将息票再投资6个月至2022年5月15日的总收益、2022年5月15日收到的第二次息票、2022年5月15日的债券价格。以上所有再投资收益率和到期收益率均为y。换句话说，式(3-9)表示，如果利息再投资收益率为y，并且在一年的投资期结束时用来为债券定价的到期收益率也为y，那么最初投资的一年期收益率就为y。如果式(3-9)中每一项的收益率均等于债券初始到期收益率0.025 2%，那么债券获得的收益率就等于初始到期收益率。但如果利息再投资收益率或年末的债券收益率随时间而变化，或不等于0.025 2%，那么该债券在一年投资期内获得的收益率很可能不等于初始到期收益率。

为了证明即使持有债券至到期也不一定能获得初始到期收益率，我们将式(3-5)两边同时乘以$(1+y/2)^3$得到：

$$111.3969 \times \left(1+\frac{y}{2}\right)^3 = 3.8125 \times \left(1+\frac{y}{2}\right)^2 + 3.8125 \times \left(1+\frac{y}{2}\right) + 103.8125 \quad (3\text{-}10)$$

式(3-10)左边是将111.3969美元投资1.5年的总收益。右边是债券在2022年11月15日到期时的价值，也就是两次利息的再投资总收益和最后一期利息和本金支付的总和。如果式(3-10)中每一期限的y都等于初始到期收益率，那么债券在到期时的事后收益率将等于该初始到期收益率。但如果利息以不同的利率再投资，债券在其存续期内的收益率就不一定等于其初始到期收益率。

债券"7.625s of 11/15/2022"的例子有助于说明事后收益率与到期收益率并不一致，但该债券的期限较短且收益率较低，可能会给人一种数量级上的误导性印象，因此我们来考虑另一个例子，在2021年5月中旬以100.6875美元的价格或2.343%的收益率购买美国国债"2.375s of 05/15/2051"并持有至到期。按照前文的思路，如果所有得到的利息都以2.343%的利率立即再投资，那么30年期投资收益率就等于初始到期收益率，也就是每年2.343%。但是，如果利率突然下降并保持在更低水平，使得所有的利息都以0%的利率再投资，或者假设投资者将收到的所有利息存放在某个无息账户中，那么到期时债券的事后年化收益率就会下降到1.778%。相反，如果利率突然上升并保持在高位，使得所有的利息都能以5%的利率再投资，那么债券的事后收益率就会上升到每年3.207%。这些结果是如何推导得到的就留给读者作为练习。

3.4 到期收益率和相对价值

本节将展示，到期收益率不是衡量相对价值的可靠指标。事实上，如果两种债券的期限相同而到期收益率不同，到期收益率更高的债券未必就是更好的投资。为了解释这一点，我们将讨论"票面利率效应"，从一个简单的例子开始，以美国国债市场的一个实际交易的例子结束。

假设1年期即期利率是0%，2年期即期利率是10%。利用第2章的知识和本章前面的分析，可以得到年化票面利率分别为0%、5%和9.5023%的3种2年期债券的价格和到期收益率，如表3-1所示。

表 3-1 2 年期债券的价格和到期收益率

票面利率（%）	债券价格（美元）	到期收益率（%）
0.000 0	82.644 6	10.000 0
5.000 0	91.776 9	9.720 3
9.502 3	100.000 0	9.502 3

注：1 年期和 2 年期即期利率分别为 0% 和 10%。

例如，对于票面利率为 5% 的债券：

$$91.776\ 9 = \frac{5}{(1+0\%)} + \frac{105}{(1+10\%)^2} \tag{3-11}$$

$$= \frac{5}{(1+9.720\ 3\%)} + \frac{105}{(1+9.720\ 3\%)^2} \tag{3-12}$$

其中式(3-11)使用了假定的即期利率来对现金流贴现，式(3-12)遵循到期收益率的定义。

由表 3-1 可知，零息票债券的到期收益率为 10%。由于该债券只在到期时支付一次现金流，所以可以用 2 年期即期利率或到期收益率进行贴现来计算其市场价格。因此，这两者必然相等，或者说都等于 10%。

而票面利率为 5% 的债券的到期收益率为 9.720 3%。式(3-11)和式(3-12)表明，9.720 3% 的到期收益率是不同期限即期利率的综合反映，换句话说，用到期收益率对所有现金流贴现，必须具有与将第一次现金流用 0% 的即期利率贴现并将第二次现金流用 10% 的即期利率贴现相同的效果。9.720 3% 的到期收益率介于两个即期利率之间，但更接近 10%，这是因为债券的大部分现金流来自包含本金在内的第二次付款，而第二次付款以 10% 的即期利率贴现。

从表 3-1 还可以看到，票面利率为 9.502 3% 的债券以票面价格出售，到期收益率为 9.502 3%。这一收益率也介于 0% 和 10% 的即期利率之间，也更接近 10%，但没有票面利率为 5% 的债券接近。由于票面利率为 9.502 3% 的债券在支付第一次现金流时相对支付了更多，所以它的到期收益率比票面利率为 5% 的债券更接近 0%。

一般来说，票面利率效应可以总结为：当即期利率期限结构向上倾斜时，票面利率更高的债券，以短期较低的即期利率折现的息票价值占比更多，因此到期收益率更低。虽然这里没有深入讨论，但当即期利率期限结构向下倾斜时，票面利率越高的债券收益率越高也是事实。

票面利率效应非常清楚地表明，即期利率可以用来描述债券市场的整体定价，而到期收益率可以用来描述单个债券的定价。此外，虽然表 3-1 中所有债券的定价相对于即期利率期限结构而言都是合理的，但每种债券的到期收益率都不一样。换句话说，零息票债券的到期收益率最高并不意味着它是最好的投资，平价债券到期收益率最低也不意味着它是最糟糕的投资。

图 3-2 和图 3-3 显示了在 2021 年 5 月中旬美国国债市场的票面利率效应。图 3-2 绘制了所有国债的到期收益率与到期日的关系图。一些债券的到期收益率明显超出了曲线。曲线上 2040 年到 2041 年到期的 4 个点是相对新发行的 20 年期债券。美国财政部在 1986 年停止发行新的 20 年期债券，但在 2020 年 5 月又重新开始发行。因此，这 4 种债券的票面利率反映了当前的低利率环境。其他期限类似的未到期债券是在大约 10 年前以 30 年期债券的形式发行的，因此票面利率相对较高，反映了它们发行时的高利率环境。

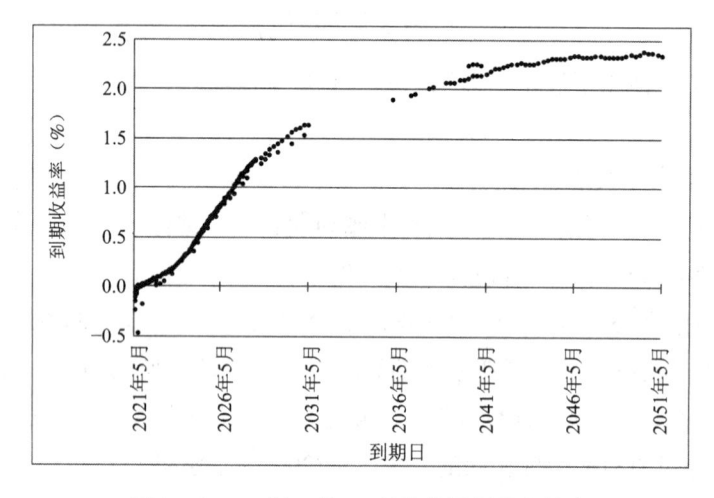

图 3-2　2021 年 5 月 14 日的美国国债收益率

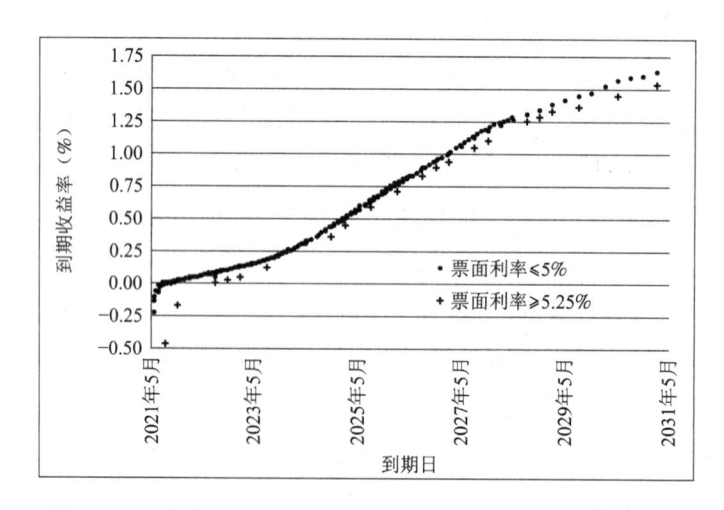

图 3-3　10 年期以下的美国国债收益率（2021 年 5 月 14 日）

表 3-2 显示了这 4 种新发行的 20 年期债券的票面利率和到期收益率，每一种债

券的票面利率和到期收益率都与另一只相同期限的 30 年期旧债券做了对比。正如预期的那样，由于票面利率效应和向上倾斜的利率期限结构，高票面利率、券龄更长的 30 年期债券的到期收益率，要低于低票面利率、新发行的 20 年期债券。当然，还需要进行更多的分析，才能说明表 3-2 中的任何一种债券相对于另一种债券是低估还是高估。但由于票面利率效应，新发行的 20 年期债券到期收益率更高的事实并不一定意味着它们是更好的投资标的。

表 3-2　部分美国国债的到期收益率

到期日	新发行的 20 年期债券		旧的 30 年期债券	
	票面利率（%）	到期收益率（%）	票面利率（%）	到期收益率（%）
2040 年 5 月 15 日	1.125	2.237	4.375	2.107
2040 年 8 月 15 日	1.125	2.245	3.875	2.138
2040 年 11 月 15 日	1.375	2.245	4.250	2.140
2041 年 2 月 15 日	1.875	2.236	4.750	2.133

注：截至 2021 年 5 月 14 日，到期日在 2040 年 5 月 15 日至 2041 年 2 月 15 日。

回到图 3-2，可以看到有几只 2031 年 5 月或之前到期的债券，其到期收益率明显低于曲线的水平。⊖为了研究这些债券，图 3-3 放大了 2031 年 5 月及之前到期的债券。圆点表示票面利率小于或等于 5% 的债券，加号表示票面利率大于或等于 5.25% 的债券。正如预期的那样，由于票面利率效应和向上倾斜的利率期限结构，票面利率越高的债券到期收益率越低。

3.5　利差

固定收益证券有许多种，它们的价格在某种程度上都取决于整个市场范围内的利率，但也取决于个券的独特因素，如信用风险、税收待遇和独特的供需因素等。为了在这种情况下更好地理解价格，市场参与者通常会以一种或一组证券工具相对于其他工具的价差来进行报价。

以欧洲主权债务市场为例。由于市场对每个发行债券的国家信用特征的看法不同，一些国家的债券通常会支付比其他国家的债券更高的利率。这些差异可以通过将不同债券的价格和到期收益率进行比较的方式来描述。例如，在 2021 年 5 月，意

⊖ 在 2031 年 5 月至 2036 年 2 月期间没有到期的债券，因为美国财政部在 2001 年 5 月之后暂停发行新的 30 年期债券，并在 2006 年 2 月重新开始发行。

大利政府债券（意大利国债，简称 BTP）"0.60s of 08/01/2031"（于 2021 年 2 月发行）的价格为 95.502 美元，到期收益率为 1.066%。与此同时，德国国债 "0.00s of 02/15/2031"（2021 年 1 月发行）以 101.300 欧元的价格出售，到期收益率为 −0.132%。不过，市场参与者通常认为，用 10 年期意大利国债与德国国债的利差来描述市场更为直观——在上述例子中，这两种债券的利差为 1.198%，即约 120 个基点。请注意，一个基点被定义为 0.01%，因此 120 个基点是 1.20%。通常来说，许多欧洲国家的政府债券价格通常都是以与基准德国国债利差的形式报价的，因为德国被普遍认为是该地区信用最强的国家。

用收益率利差报价对于那些交易流动性低于基准债券的债券也很方便。例如，2020 年 8 月，美国强生公司（JNJ）发行了许多长期债券，包括将于 2040 年 1 月 9 日到期的 20 年期债券。这批新发行债券的收益率要比同样新发行的 30 年期美国国债 "1.25s of 05/15/2050" 高出 75 个基点。使用与美国国债基准收益率的利差报价不仅直观，而且便于在快速变化的市场中进行交易。用与流动性较好的国债的固定收益率利差报价，使得在新发行的债券全部售出之前，强生债券的价格随着市场利率水平平稳且可预期地变化。

虽然收益率利差特别容易计算和使用，但由于两个原因，它们实际上很难被详细解读。其一，在许多时候，没有与流动性较差的债券期限完全相同的高流动性基准债券。因此，考虑收益率的差异时，必须也考虑期限差异与其他方面的差异（如信用风险）。例如，在前面提到的 20 年期强生公司债券发行中，75 个基点的利差不仅包括该公司相对于美国国债的信用风险，还包括 20 年期和 30 年期收益率之间的利差。其二，即使是相同期限的收益率的利差，也继承了前面描述的收益率的弱点，比如票面利率效应的影响等。换句话说，如果同期限债券的票面利率不同，那么在不同形状的利率期限结构下，它们之间的收益率利差可能会产生误导。

"债券利差"是一种更谨慎、更有意义的报价方式，它用利率的差额来表示债券的价格差异。㊀ 为了说明这一点，我们再考虑美国国债 "7.625s of 11/15/2022" 的例子。表 1-3 从一组新发行的基准国债中得出了贴现因子，其中并不包括债券 "7.625s of 11/15/2022"。表 1-4 显示，在 2022 年 11 月 15 日债券 "7.625s of 11/15/2022" 的市场价格为 111.396 9 美元，相对于其 111.279 7 美元的现值高出了 11.72 美分，而现值是使用基准债券的贴现因子计算得到的。债券利差的原理是将这 11.72 美分的价格差用利率差的形式表现。债券利差可以根据平价利率、即期利率或远期利率计算，本节将使用远期利率。根据表 1-3 中的贴现因子得出的远期利率分别为 0.015 4%、

㊀ 对于没有嵌入式期权的债券，债券利差与期权调整利差相同，详见第 7 章。

0.100 8%和0.183 3%，期限分别为0.5年、1.0年和1.5年。因此，债券"7.625s of 11/15/2022"的现值111.279 7美元也可以由式(3-13)得到：

$$111.279\ 7 = \frac{3.812\ 5}{\left(1+\frac{0.015\ 4\%}{2}\right)} + \frac{3.812\ 5}{\left(1+\frac{0.015\ 4\%}{2}\right)\left(1+\frac{0.100\ 8\%}{2}\right)} + \frac{103.812\ 5}{\left(1+\frac{0.015\ 4\%}{2}\right)\left(1+\frac{0.100\ 8\%}{2}\right)\left(1+\frac{0.183\ 3\%}{2}\right)} \tag{3-13}$$

根据远期利率计算的债券利差被定义为：当在每个远期利率上增加该利差时，可以使债券的现值等于其市场价格。在本例中如果用s表示利差，则有：

$$111.396\ 9 = \frac{3.812\ 5}{\left(1+\frac{0.015\ 4\%+s}{2}\right)} + \frac{3.812\ 5}{\left(1+\frac{0.015\ 4\%+s}{2}\right)\left(1+\frac{0.100\ 8\%+s}{2}\right)} + \frac{103.812\ 5}{\left(1+\frac{0.015\ 4\%+s}{2}\right)\left(1+\frac{0.100\ 8\%+s}{2}\right)\left(1+\frac{0.183\ 3\%+s}{2}\right)} \tag{3-14}$$

求解可得$s = -0.072\ 7\%$，即约负7个基点。利差为负是因为债券的价格处于高估状态，也就是说债券的市场价格高于根据基准曲线计算的现值。换句话说，基准远期利率曲线必须向下移动，才能复原出相对较高的市场价格。⊖

如果利率"保持不变"，或者利率风险已经被对冲了，债券的利差可以被解释为相对于基准债券的额外回报。这种解释将在下一节和第7章进行阐述。

由于债券利差可以被解读为相对价值的一个指标，所以许多从业人员会例行计算各种债券利差，包括各种欧洲政府债券对德国国债的利差、公司债券对政府债券或互换的利差、其他政府债券对基准政府债券的利差，乃至政府债券对互换的利差。关于上述最后一种利差，计算其他政府债券与最具流动性的政府债券的利差曾经是一种标准做法，但随着LIBOR互换的流动性越来越强，以及政府债券个券的定价特质化趋势变得越来越明显，市场参与者也开始计算政府债券与LIBOR互换的利差。目前又出现了SOFR互换逐步取代LIBOR互换的趋势，所以未来的SOFR互换可能扮演类似的基准角色。

⊖ 在某些情况下，比如在公司债券市场，市场参与者通常会使用利差的期限结构这一定义，也就是说，与式(3-14)不同，他们通过在每个远期利率上添加不同的利差来表现期限结构。这可能允许一家特定公司的长期债券与美国国债的利差高于其短期债券。但在这里我们将继续以单一利差的形式进行讨论。

3.6 应用：高票面利率国债的利差

为了说明如何用债券利差来评估相对价值，我们来看一下表 3-3 和图 3-4。表 3-3 上半部和图 3-4 中的灰色线表示选定国债相对于基准国债的债券利差，以及相对于 SOFR 互换的债券利差。根据定义，基准国债相对于自身的利差为零。与第 1 章中运用一价定律对高票面利率债券的分析一致，高票面利率债券相对于基准国债来说是有溢价的，债券利差在 −0.8 到 −18.9 个基点之间。交易员和投资者可以在他们的投资决策中使用这些利差。因为这些债券的价格更高，购买它们而不是基准债券牺牲了一定的收益率，这意味着购买这些债券需要某些额外的理由（这里不讨论该问题）。相反地，因为这些债券是溢价出售的，卖出或做空它们会获得相对于基准债券的超额收益，如果忽略本分析中没有考虑到的那些额外因素的话。

表 3-3 部分美国国债的利差

到期日	基准国债		高息票率国债	
	票面利率	利差	票面利率	利差
相对于基准国债的利差				
2021 年 11 月 15 日	2.875	0.0	8.000	−18.9
2022 年 11 月 15 日	1.625	0.0	7.625	−7.3
2024 年 11 月 15 日	2.250	0.0	7.500	−5.8
2026 年 11 月 15 日	2.000	0.0	6.500	−0.8
2027 年 11 月 15 日	2.250	0.0	6.125	−2.4
2028 年 11 月 15 日	3.125	0.0	5.250	−2.1
相对于 SOFR 互换的利差				
2021 年 11 月 15 日	2.875	−1.9	8.000	−20.8
2022 年 11 月 15 日	1.625	3.1	7.625	−4.2
2024 年 11 月 15 日	2.250	5.9	7.500	−0.2
2026 年 11 月 15 日	2.000	16.0	6.500	14.4
2027 年 11 月 15 日	2.250	22.6	6.125	19.0
2028 年 11 月 15 日	3.125	26.4	5.250	23.5

注：相对于基准美国国债和 SOFR 互换，2021 年 5 月 14 日。票面利率单位为百分比，利差单位为基点数。
资料来源：作者自行计算。

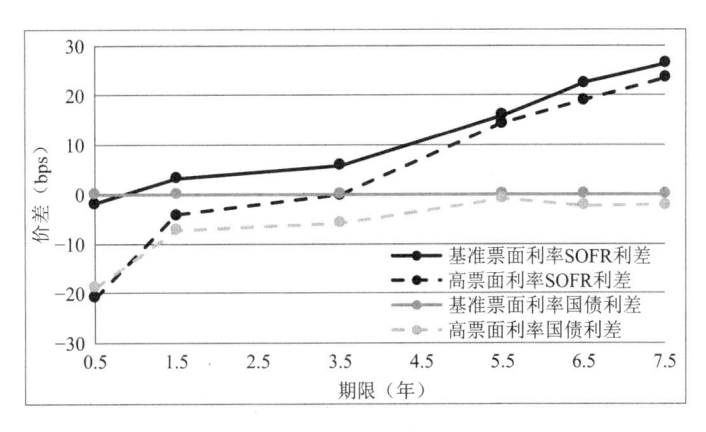

图 3-4　选定美国国债与基准国债及 SOFR 互换的利差（2021 年 5 月 14 日）

前面我们提到过，市场从业者有时会使用互换作为计算政府债券利差的基准。对于本例中的各种债券，表 3-3 下半部和图 3-4 中的黑色线条展示了它们相对于 SOFR 互换的利差。就高票面利率债券的相对定价而言，SOFR 利差与国债利差反映的情况相同：高票面利率债券的利差较低（或负的绝对值更大），说明相对于基准而言它们的定价偏高。事实上，无论用基准债券还是 SOFR 互换来衡量，高票面利率债券和基准之间的利差都差不多。然而，就不同期限债券的相对定价而言，结果却大不相同。用 SOFR 互换来衡量，长期债券（包括高票面利率债券和基准债券）比短期债券便宜得多。例如，考虑债券 "5.25s of 11/15/2028" 和债券 "8s of 11/15/2021" 的利差。它们的 SOFR 利差为 23.5 − (−20.8)，即 44.3 个基点，而它们的国债利差为 −2.1−(−18.9)，也就是仅 16.8 个基点。再比如债券 "3.125s of 11/15/2028" 与债券 "2.875s of 11/15/2021" 之间的 SOFR 利差是 26.4 − (−1.9)，即 28.3 个基点，而由于它们都是基准债券，所以根据定义两者的国债利差为零。因此与以基准国债作为基准相比，以 SOFR 互换作为基准时，长期债券看起来比短期债券便宜得多。

为了理解这种相对估值差异的原因，图 3-5 绘制了两条远期利率曲线。在期限大于 2.5 年的部分，SOFR 远期利率曲线不像国债远期利率曲线那么陡峭。这意味着 SOFR 曲线使长期国债的理论价格相对较高，从而使其市场价格看起来相对便宜。同样，较长期限的 SOFR 利差需要扩大，才能使债券定价回到美国国债远期利率的水平。对于债券从业者来说，这里的教训是，根据另一个市场的曲线计算利差可能具有流动性优势，但可能会带来利差解释和交易的复杂化。在当前的例子中，SOFR 利差给出的较长期限的高票面利率国债相对便宜的暗示，实际上是这些债券相对于基准国债便宜和 SOFR 曲线相对平坦的综合结果。此外，试图锁定国债与 SOFR 利差的交易称为资产互换，该交易不仅需要买卖国债，还需要交易期限匹配的 SOFR 互换。第 14 章将更详细地讨论资产互换交易。

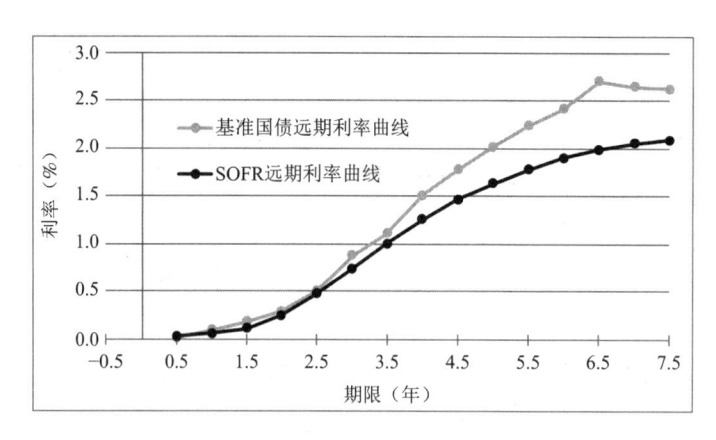

图 3-5 基准国债远期利率曲线与 SOFR 远期利率曲线（2021 年 5 月 14 日）

3.7 利率不变情景下的损益归因

本节和下一节将描述如何将债券的损益或收益率分解为各个组成部分，以便了解交易或投资的利润来源或亏损来源。其中一个组成部分被称为"滚动损益"（carry-roll-down），是指在损益期间或持有期限内"利率期限结构不发生变化"的假设下，债券或债券组合的价值或收益率随时间的变化。本节的目的是提出两种常见的利率不变场景：远期利率已实现场景和期限结构无变化场景。

表 3-4 展示了在 2020 年 11 月 13 日起算的远期利率已实现场景，第一行展示了时间跨度均为 6 个月几个连续日期。其中"2020 年 11 月 13 日"这一列给出了当时市场上的美国国债期限结构，即间隔均为 6 个月的一系列远期利率。如果使用第 2 章的表示法，用 $f(t)$ 表示从 $t-0.5$ 年到 t 年贷款的远期利率，那么首个 6 个月期远期利率 $f(0.5)$ 为 0.101 3%；6 个月后的 6 个月期远期利率 $f(1.0)$ 为 0.174 6%；1 年后的 6 个月期远期利率 $f(1.5)$ 为 0.242 9%，依此类推。接下来的三列给出了在后续日期远期利率的假设期限结构。请注意，2020 年 11 月 13 日大约比 2021 年 5 月 14 日早 6 个月，之所以有差异是因为要选择工作日，这也是本书中许多例子里定价日期的选择方式。2021 年 11 月 15 日和 2022 年 5 月 14 日是任意选择的大约相隔 6 个月的工作日。

表 3-4 不同日期的美国国债远期利率已实现期限结构

期限（年）	2020 年 11 月 13 日	2021 年 5 月 14 日	2021 年 11 月 15 日	2022 年 5 月 14 日
0.5	0.101 3	0.174 6	0.242 9	0.218 5
1.0	0.174 6	0.242 9	0.218 5	
1.5	0.242 9	0.218 5		
2.0	0.218 5			

注：起算日为 2020 年 11 月 13 日，利率单位为百分比。

"远期利率已实现场景"假设现在的t年后6个月期远期利率,将是t年后的6个月即期利率。从表3-4中可以看出,2020年11月13日的6个月后的6个月期远期利率为0.174 6%,假设该利率等于6个月后的6个月期即期利率,也就是等于2021年5月14日的6个月期即期利率。2020年11月13日的1年后的6个月期远期利率为0.242 9%,根据假设应该等于2021年11月15日的6个月期即期利率;而2020年11月13日的1.5年后的6个月期远期利率为0.218 5%,根据假设应该等于2022年5月14日的6个月期即期利率。可以看到在这个过程中,远期利率是沿着远期利率曲线向下滚动的。比如2020年11月13日的1年后的6个月期远期利率为0.242 9%,到2021年5月14日变成了6个月后的6个月期远期利率,然后在2021年11月15日变成6个月期即期利率。再比如2020年11月13日的1.5年后的6个月期远期利率为0.218 5%,在2021年5月14日变成了1年后的6个月期远期利率,在2021年11月15日又变成了6个月后的6个月期远期利率,最后在2022年5月14日变成了6个月期即期利率。

"期限结构无变化场景"假设所有的远期利率在一个又一个时期均保持不变。体现到表3-4中,该场景假设2020年11月13日的远期利率期限结构与2021年5月14日、2021年11月15日和2022年5月14日的完全相同。用利率表示就是,$f(0.5)$始终保持在0.101 3%,而$f(1.0)$始终为0.174 6%,依此类推。

在第8章中我们将介绍,远期利率已实现场景背后的理论是"纯预期利率假设",而期限结构无变化场景背后的理论是"纯风险溢价假设"。但目前我们也可以从表3-5中略窥其中奥妙,该表通过推导期限为T的零息票债券的年化收益率,展示了两种场景下的债券收益。今天债券的价格P_0都是由一单位货币的到期面值用从$f(1.0)$到$f(T)$的远期利率贴现得到的。在一年后,零息票债券的剩余期限都是$T-1$年,其价格P_1则根据假设场景的不同而不同。在远期利率已实现场景下,新的第一个远期利率$f(1.0)$变成了之前的$f(2.0)$,依此类推,直到最后一个远期利率变成了$f(T)$,据此可以给出表3-5中的P_1值。在期限结构无变化场景下,各期的远期利率是$f(1.0)$到$f(T-1)$,所以$f(T)$被剔除了,因为债券在$T-1$年后就到期了。表格的最后一行给出了持有债券一年的收益率,计算公式为$(P_1-P_0)/P_0$或者P_1/P_0-1。

表3-5 远期利率已实现场景下和期限结构无变化场景下T年期零息债券年化收益率

	远期利率已实现场景	期限结构无变化场景
P_0	$\dfrac{1}{[1+f(1.0)][1+f(2.0)]\cdots[1+f(T-1)][1+f(T)]}$	$\dfrac{1}{[1+f(1.0)][1+f(2.0)]\cdots[1+f(T-1)][1+f(T)]}$
P_1	$\dfrac{1}{[1+f(2.0)]\cdots[1+f(T-1)][1+f(T)]}$	$\dfrac{1}{[1+f(1.0)][1+f(2.0)]\cdots[1+f(T-1)]}$
$\dfrac{P_1}{P_0}-1$	$f(1.0)$	$f(T)$

表 3-5 显示，在远期利率已实现场景下，T 年期零息票债券的 1 年期收益率等于 1 年期即期利率 $f(1.0)$。附录 3C 显示，这个结果非常普遍：在远期利率已实现的假设下，任何债券的短期收益率都等于短期利率。如果债券与基准曲线的利差恒定，则收益率等于短期利率加上利差。只要场景被认为是合理的，这个结果在损益归因过程中是非常有用的，因为任何不同于短期利率的收益率都不能归因于时间的流逝，而是要归因于其他因素，如利率或利差的变化。

在期限结构无变化场景下，T 年期零息票债券的 1 年期收益率是从 $T-1$ 年到 T 年的初始远期利率。这个结果不像远期利率已实现场景下的收益率那样容易推广，但这两个场景下得出的结果背后的直觉都将在第 8 章中变得清楚。就本节的目的而言，只要明白如果交易员或投资经理认为期限结构会保持不变的假设更合理，而不是直接采用"利率将保持不变"的表达方式，那么该场景下的收益率就可以被视为基准，而偏离该基准的收益率可以被归因于其他因素。

3.8 损益归因

如前所述，将损益或收益分解为各个组成部分，对于理解交易账簿或投资组合中的钱是如何赚到或损失的非常有用。此外，在损益归因报告中通常可以捕捉到许多类型的常见错误（例如，购买或出售了错误的债券；应买实卖，或者反过来；错误的市场或仓位数据供给等）。

损益归因可以做得非常详细，但就本章的目的而言，我们分析的重点是单一债券而不是投资组合；持有期固定在利息支付日之间；归因只考虑四个因素：现金损益（cash carry）、滚动损益、利率变化和利差变化。[⊖]

现金损益捕捉的是债券投资期内产生的现金流，通常包括利息和融资安排（即借入资金购买债券或借入债券做空的操作）。本节的例子中没有考虑融资安排，这是第 10 章的主题。

滚动损益捕捉的是当利率和利差都不变时也会发生的价格变化带来的损失或收益。上一节我们说过"利率不变"可以建模为远期利率已实现场景或期限结构无变化场景，本节的例子均假设远期利率已实现情景。

⊖ 更精细的分析不会将利率变化简单视为从一个期限结构到另一个期限结构的单一变化，例如，可以分别考虑利率水平和期限结构陡峭度的变化，或分别考虑期限结构不同部分的变化。这些内容可以在第 5 章和第 6 章的多因子风险度量方法背景下被更好地理解。更精细的分析还可以考虑更多的利差，例如国债利率与回购利率或融资利率的利差、互换利率与国债利率的利差、以及各种公司债券利率与互换利率的利差。

由于滚动损益（carry-roll-down）一词中的"carry"和"roll-down"在不同的从业人员使用时含义有所不同，因此有必要对这里采用的命名法做一些详细说明。广义地说，"carry"是指在保持其他因素不变的情况下，一个头寸仅仅因为时间的流逝而产生的损益。一个清晰的例子是利率期限结构平坦且不变时的平价债券。在这种情况下，由于债券的价格总是等于票面价值，其"carry"显然等于利息收益减去融资成本。另一个清晰的例子是期限结构平坦且不变的溢价债券。在这种情况下，由于债券的价格随着时间的推移被拉至票面价值（如图 3-1 所示），其"carry"显然是利息收益减去价格减值再减去融资成本。

广义上说，"roll-down"是在指其他条件保持不变的情况下，随着到期期限的变化，一只债券或头寸由于使用利率期限结构的不同部分估值，导致的收益变化。这一概念的一个清晰例子是远期贷款。参考表 3-4 中的利率，假设在 2020 年 11 月 13 日投资者发放了期限为 6 个月、1 年后生效的远期贷款，利率 0.242 9%，并在期限结构无变化场景下进行损益归因。6 个月后，投资者的头寸将变为期限为 6 个月、6 个月后生效的远期贷款，如果假设 6 个月后利率期限结构"无变化"，那么根据 2020 年 11 月 13 日的利率期限结构，届时用于估值的利率就是 0.174 6%。因此，在保持其他因素不变的情况下，远期贷款的价值增加了：投资者在 2020 年 11 月 13 日锁定的是 0.242 9% 的贷款利率，而 6 个月后的贷款价值则按照 0.174 6% 的利率计算。换句话说，贷款的价值增加是因为定价的利率沿着期限结构曲线向远端"滚动"（roll-down）了。

虽然在某些情况下，如何区分 carry 和 roll-down 是很清楚的，但在许多情况下并不是那么清楚。考虑利率期限结构向上倾斜且不变场景下的某溢价债券。该债券的损益将由 carry 和 roll-down 共同组成，其中 carry 包括利息、拉回面值效应导致的价格变化和融资成本，而 roll-down 的成因是随着期限减少，债券的现金流会以更低的利率贴现。

本书采取的立场是，在损益分析中重要的是划分单纯由于时间推移而发生的损益与在利率和利差发生变化时发生的损益。此外，为了与第 11 章将要讨论的远期和期货市场的命名方法保持一致，我们还保留了"现金损益"这一成分，定义为利息收益减去融资成本。因此，这里的"滚动损益"表示由于时间推移而造成的损益，但不包括现金损益的部分。这个名字 carry-roll-down 反映了损益可以被分类为 carry 或 roll-down。

本章中所描述的损益的另外两个组成部分是由利率变化和利差变化而产生的损益，相对来说是不言自明的，因此不做过多讨论。

下面我们来为美国国债"7.625s of 11/15/2022"从 2020 年 11 月 13 日至 2021 年

5月14日的持有期做详细损益归因。请注意这两个定价相关的日期都是周五,因此结算分别在2020年11月16日和2021年5月17日,后面给出的全价分别包括一天和两天的应计利息,在这段持有期间,投资者不会收到2020年11月15日支付的利息,但会收到2021年5月15日支付的利息。

表3-6、表3-7和表3-8给出了损益归因的计算过程和结果。表3-6的第2行给出了债券"7.625s of 11/15/2022"在2020年11月13日持有期开始时的市场价格和利差。这−1.16个基点的利差是相对于2020年11月13日相同期限的基准国债的利差,该利差可以参见表3-7的第二列。这里没有展示用市场价格计算利差的过程,但可以应用与式(3-14)相同的思路计算。

表3-6 债券"7.625s of 11/15/2022"的损益归因数据

定价日期	期限结构	利差	债券价格(美元)	变化量(美元)	变化百分比
2020年11月13日	2020年11月13日	−1.16	114.876 54		
2021年5月14日	远期利率已实现	−1.16	111.115 55	−3.760 99	−3.273 9%
2021年5月14日	2021年5月14日	−1.16	111.298 47	0.182 92	0.159 2%
2021年5月14日	2021年5月14日	−7.27	111.396 90	0.098 43	0.085 7%

注:投资期为2020年11月13日至2021年5月14日。利差以基点为单位,变化百分比以2020年11月13日的债券价格为基数。

表3-7 债券"7.625s of 11/15/2022"损益归因使用的利率期限结构和远期利率

期限(年)	远期利率期限结构		
	2020年11月14日	远期利率已实现	2021年5月14日
0.5	0.101 3	0.174 6	0.015 4
1.0	0.174 6	0.242 9	0.100 8
1.5	0.242 9	0.218 5	0.183 3
2.0	0.218 5		

注:投资期为2020年11月13日至2021年5月14日。利率以百分比为单位。

表3-6的第3行计算了截至2021年5月14日投资期结束时的债券价格,假设表3-6第3列给出的远期利率已实现和−1.16个基点的利差不变。同样,该利差可以根据式(3-14)计算得到。债券价格从表3-6第2行的114.88美元到表3-6第3行的111.12美元的变化代表了债券价格仅仅因时间推移而发生的变化:已实现远期利率场景意味着利率没有变化,所以利差也没有变化。因此两个价格的差额−3.76美元,以及与初始价格的百分比差额−3.27%,都被归因于滚动损益,并被报告在表3-8中。由于该债券的票面利率远远高于市场利率,所以根据3.2节的讨论,随着时间的推移其价格会被拉低至票面价格,因此该债券的滚动损益是负值且绝对值较大。

表3-6的第4行计算了2021年5月14日的债券价格,假设当日的实际国债利

率期限结构如表3-7第4列所示,并且自投资期开始以来利差保持不变。同样,这个债券价格可以通过式(3-14)计算出来。最终价格111.30美元和表3-6第3行中的价格111.12美元之间的差额,代表了由于利率变化而产生的损益,因为根据远期利率已实现场景的假设,实际期限结构与2021年5月14日相比没有变化。表3-8中报告的0.18%和0.16%的差异,被归因为利率变化导致的损益。损益的这个组成部分是正的,因为如表3-7所示,在远期利率已实现场景下,利率下降到了2021年5月14日的实际利率。

表3-8 债券"7.625s of 11/15/2022"的损益归因

组成部分	损益(美元)	收益率
现金损益	3.812 50	3.318 8
滚动损益	−3.760 99	−3.273 9
利率变化	0.182 92	0.159 2
利差变化	0.098 43	0.085 7
汇总	0.332 86	0.289 8

注:投资期为2020年11月13日至2021年5月14日。收益率单位为百分比。

表3-6的第5行也是最后一行给出了该债券在2021年5月14日的市场价格,是根据该日期相对于基准国债期限结构的−7.27个基点的利差计算的。这个利差的实际计算过程是根据式(3-14)。2021年5月14日的债券市场价格和表中第4行的债券价格之间的差异,代表了损益归因的利差部分,因为从第4行到第5行的唯一变化是利差。0.10美元和0.09%的差异也展示在了表3-8中。该组成部分的值也是正的,这是因为从2020年11月13日到2021年5月14日,国债利差有所下降,也就是说,相对于基准国债曲线而言,债券的价格变得更贵了。

表3-8总结了从2020年11月13日到2021年5月14日的6个月投资期内,债券"7.625s of 11/15/2022"的损益归因结果。其中还没有讨论的第2行是3.812 5美元的现金损益,也就是2021年5月15日支付的利息。(回想一下,因为定价日是5月14日,结算日是5月17日,债券投资者会收到5月15日的利息付款。)总体而言,该表格将0.33美元的总损益和0.289 8%的总收益率分解为了现金损益、滚动损益、利率变化和利差变化等组成部分。请注意,现金损益和滚动损益部分的总和等于0.044 9%,恰好等于6个月期利率加上2021年5月14日的债券利差,然后除以2,即(0.101 3% − 0.011 6%)/2。这当然不是巧合。正如前面所强调的,在远期利率已实现场景下,任何债券的年收益率都等于短期利率加上利差,而半年期收益率就是该结果的一半。

交易者或投资者可以通过下面几种方式使用损益归因和收益率归因。第一,正如前面提到的，任何意外收益都可能反映了建仓、调仓或数据输入中的错误。第二，由于现金损益和滚动损益可以在期初计算，交易员或投资者可以在此时判断该仓位的现金流属性是否可以接受。举一个更具体的例子，如果一项交易或投资被认为会在长期表现良好但预计会在短期内损失现金，那么根据其所在机构的所有投资设定，该交易和投资是不是可以被接受。在前面的例子中，投资在期初就知道，在不考虑融资成本且其他因素不变的情况下，将产生（3.812 50 − 3.760 99）美元，即约 0.05 美分的正现金流。一旦考虑融资成本，该计算结果就有可能是负的，在这种情况下该投资可能是不可接受的。

损益归因和收益率归因的第三个用途是事后检查业绩。投资者或交易员是否对利率有预先的判断？如果有，实际的利率变化是否符合该判断？是否有关于债券利差如何演变的判断？如果有，这种判断与实际的已实现利差是否一致？许多交易者和投资者在建立头寸时喜欢问："这个头寸要发生什么样的变化，才能使我确信有我不了解的相关市场力量在起作用？"然后他们会给自己制定投资纪律：如果有证据显示他们起初的理解是有问题的，就及时退出头寸。损益归因在该学科中是一个很有价值的工具，它能准确地揭示钱是在哪里赚到的，或者是因为什么而损失的。

附录 3A　在息票支付日以外的日期结算的到期收益率

式(3-6)、式(3-7)和式(3-8)展示了当结算日为息票支付日时，债券价格与到期收益率之间的关系。本附录将此关系推广到其他结算日期。首先，由于当结算落在息票支付日时，应计利息为零，因此正文公式中的债券全价不包括任何应计利息。但是，在本节中，由于结算可以发生在其他日期，所以用 P 代表应计利息。

其次，本节使用半年付息一次的复利利率对不定期出现的现金流进行贴现的市场惯例，如下所述。设 y 为半年付息一次的复利收益率，设 τ 为到下次息票支付前的时间间隔占半年期的百分比。例如，如果下一个息票是在 1 个月后支付的，也就是半年的六分之一，则 $\tau = 1/6$。按照惯例，该时点的 1 单位货币的现值为：

$$\frac{1}{\left(1+\frac{y}{2}\right)^{\tau}} \tag{3A-1}$$

请注意，虽然看起来很直观，但这种约定不能真正通过复利约定的逻辑来证明。如文中所讨论的，$(1+y/2)^N$ 表示 1 单位货币每半年支付一次复利、共 N 次的最终收益。对于一个期限非半年付息周期的整数倍的债券，没有这样有意义的解释。在任何情况下，根据这种表示法，在 $\tau + i$ 个半年付息周期后支付 1 单位货币的现值为：

$$\frac{1}{\left(1+\frac{y}{2}\right)^{\tau+i}} \tag{3A-2}$$

最后，考虑一种债券，其剩余的利息支付次数为$2T$，每次支付$c/2$，其中第一次在τ个半年期后支付，第二次在$\tau+1$个半年期后支付，第三次在$\tau+2$个半年期后支付，依此类推，最后一次在$\tau+2T-1$个半年期之后和本金100美元一起支付。该债券的价格由下式决定：

$$P = \frac{\frac{1}{2}c}{\left(1+\frac{y}{2}\right)^{\tau}} + \frac{\frac{1}{2}c}{\left(1+\frac{y}{2}\right)^{\tau+1}} + \cdots + \frac{100+\frac{1}{2}c}{\left(1+\frac{y}{2}\right)^{\tau+2T-1}} \tag{3A-3}$$

$$P = \frac{c}{2}\sum_{t=0}^{2T-1}\frac{1}{\left(1+\frac{y}{2}\right)^{\tau+t}} + \frac{100}{\left(1+\frac{y}{2}\right)^{\tau+2T-1}} \tag{3A-4}$$

$$P = \left(1+\frac{y}{2}\right)^{1-\tau}\left[\frac{c}{y}\left(1-\frac{1}{\left(1+\frac{y}{2}\right)^{2T}}\right) + \frac{100}{\left(1+\frac{y}{2}\right)^{2T}}\right] \tag{3A-5}$$

其中式(3A-5)可由附录2B中的式(2B-4)导出。

附录3B 到期收益率和事后收益

为简单起见，本节假设息票一年支付一次并采用年化复利。

命题：对于收益率为y的T年期债券，如果它的息票都能以y为收益率进行再投资并且n年后债券收益率仍为y，那么债券在n年内的到期收益率也为y。

证明：设P_0和P_n为收益率为y时债券在0时刻（T年后到期）和n年后（$T-n$年后到期）的价格。

从到期收益率的定义开始：

$$P_0 = \frac{c}{(1+y)} + \frac{c}{(1+y)^2} + \cdots + \frac{c}{(1+y)^{n-1}} + \frac{c}{(1+y)^n} + \\ \frac{c}{(1+y)^{n+1}} + \frac{c}{(1+y)^{n+2}} + \cdots + \frac{100+c}{(1+y)^T} \tag{3B-1}$$

$$P_0(1+y)^n = c(1+y)^{n-1} + c(1+y)^{n-2} + \cdots + c(1+y) + c + \\ \frac{c}{(1+y)} + \frac{c}{(1+y)^2} + \cdots + \frac{100+c}{(1+y)^{T-n}} \tag{3B-2}$$

$$P_0(1+y)^n = c(1+y)^{n-1} + \cdots + c(1+y) + c + P_n \tag{3B-3}$$

$$(1+y)^n - 1 = \frac{c(1+y)^{n-1} + \cdots + c(1+y) + c + P_n - P_0}{P_0} \tag{3B-4}$$

其中要得到式(3B-2)只须在式(3B-1)的两边同时乘以$(1+y)^n$；从式（3B-2）到式(3B-3)只须认识到式(3B-2)的第二行就是P_n，即n年后债券的价格，此时债券的剩余期限为$T-n$年、收益率为y；而式(3B-4)只是做了化简。

通过检验，式(3B-4)的右边是如果所有的息票以y的收益率被再投资，且n年后的债券收益率也是y，债券在这n年中的收益率。分解后，分子等于以收益率y再投资的息票支付的价值，加上如果收益率为y，n年后债券的价格P_n减去债券的初始价格P_0，因此，分子除以债券的初始价格等于n年收益率。

但如果债券的右边是在上述条件下n年的收益率，那么，左边的收益相当于n年中每年赚取的收益率为y。

请注意，这个命题不是一个"当且仅当"命题，因为有可能（尽管非常不可能）存在票面利率和最终收益率的某种组合，也导致持有期间每年的收益率为y。

附录3C 远期利率已实现场景

为了简单起见，本节假设息票一年支付一次并采用年化复利。

命题：在"远期利率已实现场景"下，投资T年期1货币单位附息债券n年的收益，其中各期利息收益分别以对应的初始远期利率$f(1)$，$f(2)$，$\cdots$，$f(n)$投资；跟以远期利率滚动投资1单位货币是一样的。

证明：在远期利率已实现场景下，设P_0和P_n为债券在0时刻（T年后到期）和n年后（$T-n$年后到期）的价格。

从远期利率的定义开始：

$$P_0 = \frac{c}{[1+f(1)]} + \frac{c}{[1+f(1)][1+f(2)]} + \cdots + \frac{c}{[1+f(1)]\cdots[1+f(n)]} + \frac{c}{[1+f(1)]\cdots[1+f(n+1)]} + \cdots + \frac{100+c}{[1+f(1)]\cdots[1+f(T)]} \tag{3C-1}$$

$$P_0[1+f(1)]\cdots[1+f(n)] = c[1+f(2)]\cdots[1+f(n)] + \cdots + c + \frac{c}{[1+f(n+1)]} + \cdots + \frac{100+c}{[1+f(n+1)]\cdots[1+f(T)]} \tag{3C-2}$$

$$P_0[1+f(1)]\cdots[1+f(n)] = c[1+f(2)]\cdots[1+f(n)] + \cdots + c + P_n \tag{3C-3}$$

$$[1+f(1)]\cdots[1+f(n)] - 1 = \frac{c[1+f(2)]\cdots[1+f(n)] + \cdots + c + P_n - P_0}{P_0} \tag{3C-4}$$

其中式(3C-2)的证明只须在式(3C-1)的两边同时乘以$[1+f(1)]\cdots[1+f(n)]$；从式(3C-2)到式(3C-3)的证明只须认识到式(3C-2)的第二行和第三行是P_n，即n年后的债券价格在远期利率已实现场景下的贴现值；而式(3C-4)只是做了化简。

通过检验,式(3C-4)的右边就是如果所有的息票都以远期利率已实现场景下的短期利率进行再投资，并且n年后在该已实现场景下定价，投资T年期附息债券n年的收益。而式(3C-4)的左边相当于以初始远期利率将1单位货币滚动投资n年的收益。所以命题得证。

推论： 在远期利率已实现场景下，任何附息债券的1年期收益率均为短期利率$f(1)$。

证明：在前面证明的命题中令$n=1$，式(3C-4)变成了：

$$f(1) = \frac{c + P_1 - P_0}{P_0} \tag{3C-5}$$

这正是要被证明的推论。

第 4 章

DV01、久期和凸性

本章以及下面的第 5 章和第 6 章的内容都是关于利率风险的度量和对冲的。市场参与者需要了解固定收益工具的价格在利率变化时如何变化，才能够利用自己对未来利率水平或利率期限结构的判断，使自己的资产组合与负债组合同步，或用另一种固定收益工具对投资组合进行对冲。但是，究竟应该如何定义利率的变化呢？第 1 章到第 3 章说明了固定收益市场的定价可以用贴现因子、平价利率、即期利率、远期利率、到期收益率和利差来衡量。应该假设这些量中的哪些会发生变化、变化多大幅度？

在回答这个问题时，有两方面主要的权衡：简单性与实证捕捉能力的权衡，稳健性与模型依赖性的权衡。对于第一方面的权衡，假设一个做市商持有 9.75 年期债券的多头头寸，要在短期内用 10 年期债券的空头头寸进行对冲，可能会合理地依赖最简单的框架，即两种债券的收益率将以相同的基点数反向波动，也就是"平行"移动。相比之下，负责管理由不同期限的互换多空头寸组成的投资组合的风险的互换交易部门，必须考虑到跨期限结构的利率变化并不完全同步这一现实。在稳健性和模型依赖性的权衡方面，养老基金在用资产价值对冲负债现值时，倾向于选择对不同期限的利率如何相互变化的假设不太敏感的框架。相比之下，积极管理型固定收益共同基金、交易所交易基金或对冲基金，其业务是根据对利率水平和期限结构的形状的判断进行交易的，可能会被可以纳入主观观点的框架所吸引。

本章将介绍单因子模型，其度量和对冲是相对简单的，因为它们假设所有利率会像刚才讨论的那样以某种固定的关系共同上下移动。例如，如果 30 年期平价利率变化一个基点，那么可以假设 10 年期平价利率以相同方向变化 0.99 个基点，而 5 年期平价利率以相同方向变化 0.8 个基点。债券收益率的平行移动假设是本章要介绍的另一个简单框架。

本章的前几节介绍了最常用于描述利率风险的指标——DV01、久期和凸性，并通过展示如何用期限较短的国债对冲诺福克南方公司（NSC）发行的 100 年期债券

（也称"世纪债券"）来说明这些指标的使用方法。接下来会有一节专门讨论这些指标的基于收益率的版本，这类指标虽然在基础假设方面限制较多，但非常直观，在实践中得到了广泛的应用。最后一节介绍了一个养老基金资产负债管理的典型案例，该案例需要在"杠铃型"资产组合和"子弹型"资产组合之间进行选择。第 5 章和第 6 章将分别用多因子模型和显性经验方法继续讨论风险度量和对冲问题。

4.1 价格利率曲线

我们使用表 4-3 中的三只债券在本节和后续章节中展示相关概念。第一只债券是诺福克南方公司在 2021 年 5 月发行的"4.10s of 05/15/2121"，总金额为 6 亿美元，期限为 100 年。世纪债券的发行并不多见，但由于当时利率处于历史低位，长期债券的发行越来越频繁。第二只和第三只债券分别是美国财政部在 2016 年 5 月发行的美国国债"1.625s of 05/15/2026"，总流通金额略低于 700 亿美元；在 2020 年 5 月发行的美国国债"1.625s of 11/15/2050"，总流通金额约为 860 亿美元。表 4-1 中给出了这三种债券在 2021 年 5 月中旬的收益率，以及它们与高等级市场（HQM）加权公司债券收益率曲线的利差。HQM 曲线由美国财政部发布，旨在提供评级为 A 级或以上的公司债券的代表性收益率，经常被养老基金用来计算其负债的现值。

正如在前文中所讨论的那样，为了计算利率的风险度量，必须定义利率的变化。目前我们暂且做以下假设。首先，基准利率曲线是 HQM 平价利率曲线。其次，如表 4-1 所示，NSC 债券和美国国债相对于 HQM 平价利率曲线的利差不会随着 HQM 平价利率曲线的变化而变化。最后，任何期限的 HQM 平价利率的变化都等于 30 年期平价利率变化的固定比例。例如，如果 30 年期平价利率上升一个基点，那么 10 年期利率就会上升 0.99 个基点，5 年期利率上升 0.80 个基点，2 年期利率上升 0.37 个基点。这些比例的设定是为了捕捉各种利率的经验事实，比如短期利率比长期利率更稳定，我们将在第 6 章进一步讨论该问题。图 4-1 绘制了这些假设的 HQM 平价利率曲线的变化，为了便于观察，将其缩放为 30 年期平价利率正负 50 个基点的变化。很容易看出，正如预期的那样，短期利率的变动小于长期利率的变动，而且对于超过 10 年的期限，这种变化接近于平行变化。

表 4-1 2021 年 5 月中旬时选定债券的部分参数

发行人	票面利率	到期日	收益率	利差
诺福克南方公司	4.10	2121 年 5 月 15 日	4.103	66
美国财政部	1.625	2026 年 5 月 15 日	0.823	−41

				（续）
发行人	票面利率	到期日	收益率	利差
美国财政部	1.625	2050年11月15日	2.363	−97

注：利差以2021年5月的HQM加权公司债券曲线的平价利率为基准。票面利率和收益率单位为百分比，利差单位为基点数。

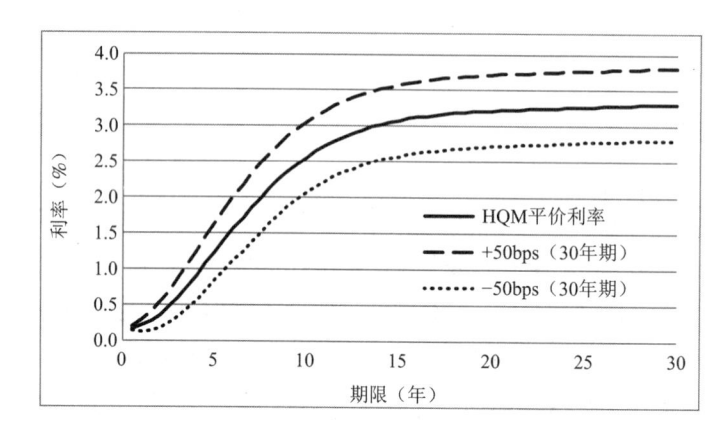

图 4-1 HQM平价利率的变化示意图

有了这些假设，就可以计算在30年期HQM平价利率变化1个基点后表4-1中债券价格的变化了。具体步骤为：①假设30年期HQM平价利率变化1个基点，按照前面提到的关系计算所有其他期限的平价利率的变化；②对于每一种债券，将其利差与变动后的平价利率相加；③对于每一种债券，将移动后的平价利率加利差的曲线转换为贴现因子；④重新为每一种债券定价。

图4-2显示了这些计算的结果。横轴表示30年期HQM平价利率的变化，纵轴表示相应的债券价格。注意，假设每次利率变化都是瞬时发生的，也就是说，当利率从当前水平变化到新的水平时，时间不会流逝。正如预期的那样，债券价格会随着利率的下降而上升，随着利率上升而下降。但该图也表明，这三种债券对利率变化的敏感性并不相同。美国国债"1.625s of 05/15/2026"（还有5年到期）的价格随着利率上升相对温和地下降，也就是说，它的价格对利率的变化最不敏感。根据同样的分析，美国国债"1.625s of 11/15/2050"的价格对利率的变化更为敏感，而NSC世纪债券是所有债券中对利率的变化最敏感的。这些价格敏感性的差异在下一节中会被量化为DV01或久期的差异。最后，该图显示，5年期美国国债的价格利率曲线非常接近一条直线，而29.5年期美国国债的价格利率曲线和NSC世纪债券的价格利率曲线都有明显的弯曲。这些差异在后面的章节中会被量化为凸性的差异。

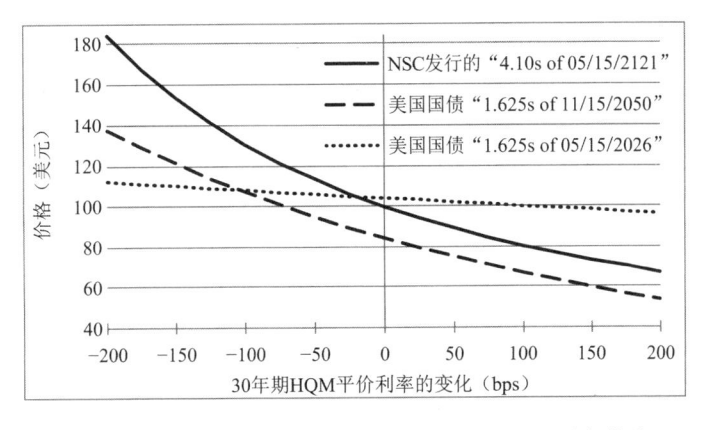

图 4-2　2021 年 5 月中旬时表 4-1 中债券的价格利率曲线

4.2 DV01

DV01 是 "1 个基点的美元价值"的首字母缩写，也就是说，当利率变化 0.01%，即 1 个基点时，债券价格的变化。在本节中我们将了解到，DV01 可应用于任何关于跨期限结构利率变化的单因子模型。从业者经常使用术语 DV01 来表示基于收益率的 DV01，我们将在 4.7 节中描述这个更狭义的定义。

表 4-2 给出了表 4-1 中介绍的三种债券的 DV01 计算。可以看到，每种债券有三个价格。第三列的价格是 2021 年 5 月中旬定价日的价格。第二列和第四列的价格是在 30 年期 HQM 平价利率分别变化 -1 或 +1 个基点后的价格。当然，正如前一节所讨论的，所有其他期限的平价利率也会下降或上升。在得到这些价格后，计算 DV01 的第一步是计算价格利率曲线的斜率，即价格变化除以利率变化。对于 NSC 发行的 "4.10s of 05/15/2021"，当前市场利率水平附近的斜率为：

$$\frac{99.699\ 0 - 100.180\ 1}{0.02\%} = -2\ 406 \tag{4-1}$$

式(4-1)的等式左侧是市场利率变化 +1 和 -1 个基点后的债券价格之差，除以 +1 - (-1) = 2 个基点，即 0.02% 的利率变化。注意，在此计算中没有使用当前债券价格对应的 0 个基点的利率变化。从数值的角度来看，使用以当前利率为中心的 +1 和 -1 个基点的利率变化来估计当前利率下曲线的斜率，比使用略低于当前利率的 -1 和 0 个基点的利率变化，或使用略高于当前利率的 0 和 +1 个基点的利率变化更为准确。

表 4-2　2021 年 5 月中旬表 4-1 中债券的 DV01 计算

债券	−1 个基点变化的价格	价格	+1 个基点变化的价格	斜率	DV01
2121 年 5 月到期的 NSC 债券	100.180 1	99.939 0	99.699 0	−2 406	0.241
2026 年 5 月到期的美国国债	103.962 1	103.921 9	103.881 7	−402	0.040
2050 年 11 月到期的美国国债	84.589 9	84.390 6	84.191 9	−1 990	0.199

虽然式(4-1)给出的价格利率曲线的斜率为−2 406，但其衡量的是利率变化 1 个单位（即 1.0 倍或 100%或 10 000 个基点）造成的价格变化，并不是非常直观。更直观和有用的是利率变化 1 个基点对应的价格变化。该值可以通过将斜率除以 10 000 得到，四舍五入到小数点后三位为−0.241。此外，由于几乎所有固定收益产品的价格都会随着利率的上升而下降，因此惯例上将结果去掉负号。对式(4-1)计算的斜率进行上述两次调整后，就得到了债券的 DV01：

$$-\frac{1}{10\,000} \times \frac{99.699\,0 - 100.180\,1}{0.02\%} = 0.241 \tag{4-2}$$

如果 DV01 为 0.241，则表明利率每下降 1 个基点，100 美元票面价值债券的价格就会上涨 0.241 美元（24.1 美分）。注意，DV01 衡量的是每 100 美元票面价值的价格变化，因为表 4-2 中的价格是 100 美元票面价值对应的价格。虽然 DV01 和价格一样，通常是按每 100 美元票面价值报价，但有时按具体头寸对 DV01 报价也很有用。在这些情况下，DV01 以货币单位准确报价。例如，由于 NSC 世纪债券的 DV01 为每 100 美元票面价值 0.241，1 000 万美元的债券头寸的 DV01 为：

$$10\,000\,000 \text{ 美元} \times \frac{0.241}{100} = 24\,100 \text{ 美元} \tag{4-3}$$

为了将上述讨论一般化，假设 P 表示固定收益工具的价格，y 表示决定期限结构中利率变化的单一因素，即本章中 30 年期 HQM 平价利率的角色。最后，假设 Δy 表示因子 y 的变化，ΔP 表示在 y 变化后的价格变化。在这些假设下，该固定收益工具的 DV01 可以用下式计算：

$$\text{DV01} \approx -\frac{1}{10\,000} \frac{\Delta P}{\Delta y} \tag{4-4}$$

NSC 债券价格利率曲线在当前利率下的斜率可以根据式(4-1)和式(4-2)计算，分别使用当前利率水平下和高于当前利率水平 1 个基点的利率对应的价格。如果当前利率上下移动 0.5 个基点或 0.1 个基点等，可以得到更准确的估计。随着移动的幅度逐渐缩小到趋近零，可以得到斜率估计结果的极限，这在微积分中被称为导数，记为 dP/dy。在某些情况下，就和本章后面将要讨论的基于收益率的度量指标一样，价格利率函数的导数可以写成封闭解的形式，也就是可以用一个相对简单的数学公式表示。但在更一般的情况下，价格和利率函数的斜率必须表示为数值解的形式。在任何情况下，当移动幅度缩小到趋近零时，式(4-4)的极限给出了用导数而不是斜率表示的 DV01：

$$\text{DV01} = -\frac{1}{10\,000}\frac{\mathrm{d}P}{\mathrm{d}y} \tag{4-5}$$

曲线在某一点上的导数通常可以用切线来表示。图 4-3 中的黑色实线为 NSC 世纪债券的价格利率曲线，数据来自图 4-2。虚线是曲线在当前市场利率下的切线。这意味着这条虚线的斜率等于在当前市场利率下价格利率曲线的导数，因为它在该利率下刚好与曲线相切。图 4-3 还显示了在利率低于当前市场利率 150 个基点时价格利率曲线的切线。这条切线的斜率显然比另一条更陡，这意味着 NSC 债券 "4.10s of 05/15/2121" 对低于当前利率 150 个基点的利率的敏感性比对当前利率的敏感性更高。

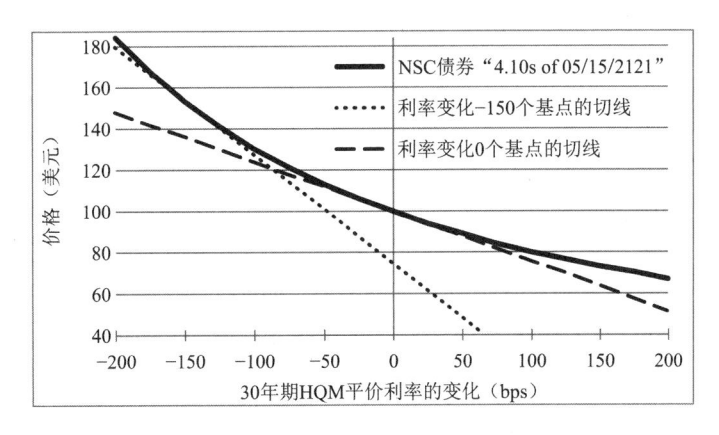

图 4-3 2021 年 5 月 5 日 NSC 债券 "4.10s of 05/15/2121" 的价格利率曲线切线

DV01 被认为是衡量利率敏感性的局部指标，因为价格利率曲线的斜率，或者说 DV01 会随着利率的变化而变化。价格利率曲线的这种性质被称为凸性，我们将在本章后面介绍。

最后要指出的是，一个固定收益债券投资组合的 DV01 等于组成它的资产的 DV01 之和。如果一个投资组合有 100 美元票面价值的 NSC 债券（DV01 为 0.241），500 美元票面价值的美国国债 "1.625s of 05/15/2026"（DV01 为 5 × 0.040 = 0.200），那么投资组合的总 DV01 为 0.241 + 0.200 = 0.441。这个非常直观的规律在附录 4A 中有正式证明。

4.3 世纪债券对冲：第一部分

假设一个做市商以当前价格从一个客户处购买了票面价值为 1 000 万美元的 NSC 债券 "4.10s of 05/15/2121"。该做市商可能不会立即在市场上出售这些债券，因为这意味着以相同的价格出售，整体交易没有任何利润。相反，做市商可能会等待其他愿意支付更高价格的客户出现。通过这种交易方式，做市商通过向最初出售债券的客户和后来购买债券的客户提供即时性或流动性来赚取买卖价差。

但这种策略使做市商面临公司债券在出售前价格下跌的风险。典型的解决方案是在购买该公司债券的同时出售部分流动性高的美国国债，然后在出售公司债券时购回美国国债来对冲风险。因为根据定义，流动性高的美国国债买卖价差非常小，这种策略可以保护做市商不受债券价格下跌的影响，代价是要从作为利润的公司债券买卖价差中扣掉美国国债的买卖价差。

下一个问题是应该出售哪一种美国国债。正如前面提到的，不同期限的市场利率可能表现出不同的变化，一个合理的选择是出售与被对冲的公司债券期限大致相同的美国国债。然而在当前的特殊情况下，没有一种美国国债的期限接近 100 年。因此，做市商能做的最好的选择就是卖出某只期限最长的流通中的美国国债，比如 "1.625s of 11/15/2050"。

最后的问题是，为了匹配购买 1 000 万美元 NSC 债券的头寸，要卖出多少数量的美国国债？一个常见的解决方案是确保总头寸的净 DV01 为零。换句话说，在卖出所选数量的美国国债后，如果利率变化 1 个基点，投资组合净头寸的价值是不变的。如果用 F 表示用于对冲的美国国债的票面价值，使用表 4-2 计算的两种债券的 DV01，那么 F 应该由下式确定：

$$F\frac{0.199}{100} + 10\,000\,000 \times \frac{0.241}{100} = 0 \tag{4-6}$$

式(4-6)的第一项给出了如果利率下降 1 个基点，票面价值为 F 的美国国债的价值变化，因为每 100 美元票面价值的价值变化为 19.9 美分，所以是票面价值 F 乘以 0.199/100。按照同样的原理，第二项给出了如果利率下降 1 个基点，1 000 万美元票面价值的 NSC 债券的价值变化。因此式(4-6)作为一个整体表明，当利率下降 1 个基点时，已对冲的投资组合头寸既不会增值也不会贬值。而且，由于当利率下降一定的基点数时，已对冲头寸的损益就等于变化的基点数乘以式(4-6)的等式左侧，因此该式对该基点数变化也同样成立（当然，受限于 DV01 作为利率敏感性的局部度量指标的有效性）。

求解式(4-6)可以得到F：

$$F = -10\,000\,000 \times \frac{0.241}{0.199} = -12\,110\,553（美元） \tag{4-7}$$

因此，做市商可以通过出售约 1 210 万美元票面价值的美国国债来对冲其 1 000 万美元票面价值的 NSC 债券。直观地说，因为利率变化 1 个基点时，100 美元票面价值的 NSC 债券的价格变化 24.1 美分，而同样数量的美国国债的价格仅变化 19.9 美分，所以做市商卖出的美国国债的票面价值必须大于买入的 NSC 债券的票面价值，才能获得 DV01 中性的头寸。

为了详细说明该对冲是如何运作的，假设做市商建立上述头寸后，利率上升了 5 个基点。此时 NSC 债券的价值会下降，损失约 10 000 000 美元 × (0.241/100) × 5 = 120 500 美元。与此同时，美国国债的价值也下降了，因为做市商是做空美国国债的，所以获利约 12 110 553 美元 × (0.199/100) × 5 = 120 500 美元。因此，正如预期的那样，已对冲的头寸总体上不会获利或亏损。

一般来说，如果债券 A 和债券 B 的 DV01 分别为 DV01^A 和 DV01^B，那么票面价值为 F^A 的债券 A 要与票面价值为 F^B 的债券 B 相互对冲，需要满足：

$$F^A \frac{\text{DV01}^A}{100} + F^B \frac{\text{DV01}^B}{100} = 0 \tag{4-8}$$

$$F^B = -F^A \frac{\text{DV01}^A}{\text{DV01}^B} \tag{4-9}$$

式(4-8)是对式(4-6)的推广。通解式(4-9)揭示了关于 DV01 对冲的两个直观的要点。第一，债券 A 的多头头寸可以用债券 B 的空头头寸对冲。第二，DV01 较大的债券交易量较小。在前面关于做市商的例子中，NSC 债券的多头头寸可以用美国国债的空头头寸对冲，并且由于 NSC 债券的 DV01 大于美国国债的 DV01，1 000 万美元票面价值的 NSC 债券需要 1 210 万美元票面价值的国债来对冲。

本节的最后，我们要回顾一下这里构建的 DV01 对冲背后的假设。第一，要假设期限结构中其他利率的变化与图 4-1 中所示的利率变化成正比。如果事实证明，100 年期和 29.5 年期的平价利率走势与假设的不同，那么对冲就不会像预期的那样起作用。在这种时候，第 5 章和第 6 章中描述的对冲方法可能更加合适。第二，要假设 NSC 债券和美国国债与基准曲线的利差都是恒定的。如果事实证明这些利差会变化，那么对冲也不一定会像预期的那样起作用。这个问题不是那么容易解决的。更安全的对冲措施是出售其他的公司债券，因为公司债券利差与 NSC 债券利差的相关性要高于 NSC 债券利差与美国国债利差的相关性。但是，用流动性相对较差的公司债券而非流动性更高的美国国债进行对冲，很可能会损失所有的获利空间。因此，在短期内承担利差风险可能是公司债券市场上更常见的做法，这进而反映在该市场买卖价差的确定过程中。

4.4 久期

衡量利率敏感性的另一个常用指标是"久期"。如果说 DV01 衡量的是利率变化对价格变化的影响,那么久期衡量的就是利率变化对价格变化百分比的影响。与 DV01 一样,久期可以在任何单因子框架中定义,但从业者经常使用该术语来表示基于收益率的久期(将在 4.7 节中介绍),并使用术语"有效久期"来表示下面介绍的更一般的情况。

使用与 4.2 节相同的符号,久期 D 可以表示成斜率的函数:

$$D \approx -\frac{\Delta P/P}{\Delta y} = -\frac{1}{P}\frac{\Delta P}{\Delta y} \tag{4-10}$$

如果用导数的形式表示,则为:

$$D = -\frac{\mathrm{d}P/P}{\mathrm{d}y} = -\frac{1}{P}\frac{\mathrm{d}P}{\mathrm{d}y} \tag{4-11}$$

因为 $\Delta P/P$ 和 $\mathrm{d}P/P$ 都表示价格变化的百分比,式(4-10)和式(4-11)实际上将久期表示为了价格变化的百分比。此外,直观起见,可以将式(4-10)改写为:

$$\frac{\Delta P}{P} \approx -D\Delta y \tag{4-12}$$

表 4-3 给出了表 4-1 中介绍的三种债券的久期。可以用式(4-10)估计 NSC 债券 "4.10s of 05/15/2121" 的久期:

$$-\frac{1}{99.939\,0} \times \frac{99.699\,0 - 100.180\,1}{0.02\%} = 24.1 \tag{4-13}$$

应用式(4-12),当利率下降 100 个基点,即 1% 时,NSC 债券的价格变化百分比为 $-24.1 \times (-1\%) = 24.1\%$。因此,24.1 的久期大致意味着利率每下降 100 个基点,债券价格就会上涨 24.1%。这种解释只是大致正确的,因为和 DV01 一样,久期是根据价格利率曲线的斜率计算的,因此只是价格变化的局部度量指标。

表 4-3 计算表 4-1 中债券的久期(2021 年 5 月中旬)

债券	−1 个基点变化后的价格(美元)	初始价格(美元)	+1 个基点变化后的价格(美元)	斜率	久期
2121 年 5 月到期的 NSC 债券	100.180 1	99.939 0	99.699 0	−2 405.5	24.1
2026 年 5 月到期的美国国债	103.962 1	103.921 9	103.881 7	−402.00	3.9
2050 年 11 月到期的美国国债	84.589 9	84.390 6	84.191 9	−1 990	23.6

通常来说交易者可能更依赖 DV01,而资产管理公司可能更依赖久期。与上一节做市商的例子一样,交易者通常希望确保在多头和空头头寸上的美元价值变化能够

相互抵消。此外，由于他们的头寸可以迅速变化，而且经常借钱购买债券，所以更倾向于关注美元损益，而不是固定投资额的收益。相比之下，资产管理公司通常投资于一个缓慢变化的资产池，更关注收益率。看一看表 4-3 中的久期，资产管理经理立即可以发现 NSC 债券的利率风险最大，因为利率每上升 10 个基点，对该债券的投资就会损失 2.41%；投资国债"1.625s of 11/15/2050"的风险略小，在利率上升 10 个基点的情况下只损失 2.36%；投资国债"1.625s of 05/15/2026"的风险最小，在同样的利率变化下仅损失 0.39%。资产管理经理在做出最终投资决定时会衡量这些风险、预期收益和其他因素。

本节最后要指出的是，投资组合的久期等于其组成部分的久期的加权平均值，权重为占投资组合的价值百分比。例如，假设构建一个投资组合，NSC 债券占投资组合价值的 25%，久期为 24.1；美国国债"1.625s of 05/15/2026"占投资组合价值的 75%，久期为 3.9，那么投资组合的久期为 25% × 24.1 + 75% × 3.9 = 8.95。一个投资组合的 DV01 是其组成部分的 DV01 的和，而久期是其组成部分的久期的价值加权平均，这是因为 DV01 代表价格的变化，而久期代表价格变化的百分比。正式的证明见附录 4A。

4.5 凸性

从图 4-3 的切线可以看出，债券的利率敏感性会随着利率的升高而降低。为了更直接地说明这一点，图 4-4 绘制了 29.5 年期美国国债"1.625s of 11/15/2050"和 5 年期美国国债"1.625s of 05/15/2026"的 DV01 曲线。可以看到，DV01 随着利率上升而下降，但 29.5 年期美国国债 DV01 的下降速度要比 5 年期美国国债快得多。

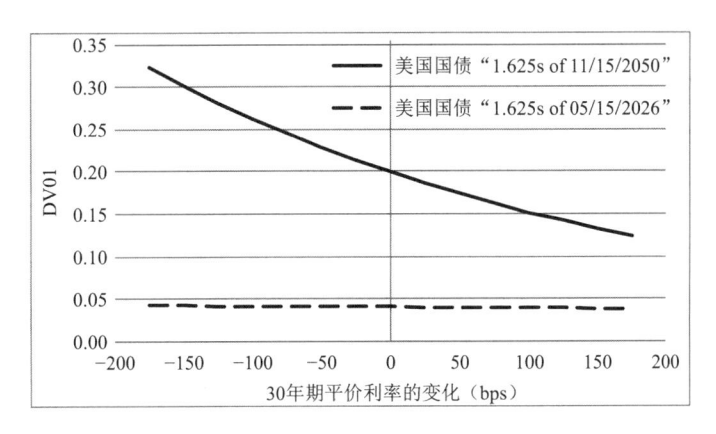

图 4-4 美国国债"1.625s of 11/15/2050"和美国国债"1.625s of 05/15/2026"的 DV01 曲线

注：时间为 2021 年 5 月中旬。

如果一条曲线上两点之间的连线位于曲线上方，则称该曲线为凸的。附息债券的价格利率曲线都是凸的，而图 4-3 表明价格利率曲线的凸性相当于 DV01 随着利率水平的上升而下降。因此，我们将 DV01 与利率水平之间的关系称为凸性。DV01 随利率水平上升而下降的特性称为正凸性，而 DV01 随利率水平上升而上升的特性称为负凸性。

从数学形式看，凸性 C 可以被定义为：

$$C = \frac{1}{P}\frac{d^2P}{dy^2} \tag{4-14}$$

也就是价格利率函数的二阶导数除以价格。总结一下，以下所有表述都是等价的，包括：价格利率曲线是凸的，它的二阶导数是正的，它的一阶导数随着利率的上升而负得更少，DV01 随着利率的上升而下降。

表 4-4 计算了 2021 年 5 月中旬 NSC 债券和两只美国国债的凸性，对于每只债券都给出了 3 个价格：当前的市场价格、30 年期平价利率下降 1 个基点后的价格，以及 30 年期平价利率上升 1 个基点后的价格。我们可以根据这些价格计算每只债券的两个一阶导数或斜率。这些斜率的计算方法如式(4-1)所示，但这里的斜率以 30 年期平价利率上下浮动 0.5 个基点为中心。

表 4-4 的最后一步是根据式(4-14)的定义估计凸性。以当前利率为中心的二阶导数（即 0 个基点的变化）估计值为利率从 +0.5 到 −0.5 个基点变化的一阶导数之差除以 +0.5 − (−0.5)，即 1 个基点的利率变化，再将这一结果除以价格，就得到以当前市场利率水平为中心的凸性估计。对于 NSC 债券，其凸性为：

$$C = \frac{1}{99.939} \times \frac{-2\,399.67 - (-2\,410.67)}{0.01\%} = 1\,101 \tag{4-15}$$

表 4-4 表 4-1 中债券的凸性计算

利率变化	价格（美元）	1 阶导数	凸性
NSC 债券 "4.10s of 05/15/2121"			
−1.0	100.180 067		
−0.5		−2 410.67	
0.0	99.939 000		1 101
0.5		−2 399.67	
1.0	99.699 033		
美国国债 "1.625s of 11/15/2050"			
−1.0	84.589 932		
−0.5		−1 993.08	
0.0	84.390 624		648
0.5		−1 987.61	
1.0	84.191 863		

（续）

利率变化	价格（美元）	1 阶导数	凸性
美国国债 "1.625s of 05/15/2026"			
−1.0	103.962 05 0		
−0.5		−401.75	
0.0	103.921 875		12
0.5		−401.63	
1.0	103.881 712		

注：时间为 2021 年 5 月中旬，利率变化以基点为单位。

正如图 4-2 中的价格利率曲线的曲率所预期的那样，NSC 世纪债券的凸性最大，29.5 年期的美国国债次之，5 年期的美国国债最小。

凸性值不像 DV01 和久期值那么容易解释，但可以做以下考虑。由式(4-12)可知，债券价格变化的百分比近似等于负的债券久期乘以利率的变化。附录 4B 提供了一个更准确的关于债券的久期和凸性的近似公式：

$$\frac{\Delta P}{P} \approx -D\Delta y + \frac{1}{2}C\Delta y^2 \tag{4-16}$$

因为久期出现在式(4-16)的第一项中，凸性出现在第二项中，所以单独使用久期被称为一阶近似，而同时使用久期和凸性被称为二阶近似。

以 NSC 债券为例，其久期为 24.1（来自表 4-3），凸性为 1 101（来自表 4-4），对利率下降 100 个基点或 1%后的价格百分比变化进行估计，如果只使用久期进行估计，则价格变化为：

$$-24.1 \times (-1\%) = 24.1\% \tag{4-17}$$

同时使用久期和凸性，则价格变化为：

$$-24.1 \times (-1\%) + 0.5 \times 1\ 101 \times (-1\%)^2 = 29.6\% \tag{4-18}$$

利率下降 100 个基点后，债券的实际价格为 130.898 美元，换算成实际价格的百分比变化为(130.898 − 99.939)/99.939，即约为 30.978%。因此，在式(4-16)和式(4-18)中加入凸性确实能得到更精确的近似结果。

图 4-5 以图形的方式表达了同样的观点。NSC 债券的实际价格由图中的实线给出。各种利率变化下使用久期或 DV01 估计的价格近似由曲线给出，这与图 4-3 所示的虚线切线相同。同时使用久期和凸性估计的近似则由点线给出。由于久期和凸性都是局部度量指标，因此使用当前市场利率水平的一阶和二阶导数来估计价格，虚线和点线都会随着利率距离当前利率水平越来越远而越来越不准确。但显而易见的是，在利率变化幅度较大的情况下，同时使用久期和凸性的近似比仅使用久期的近似更接近真实价格。

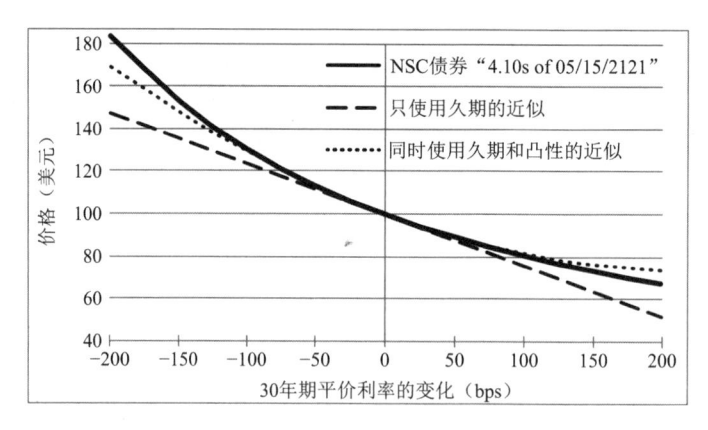

图 4-5　NSC 债券 "4.10s of 05/15/2121" 的价格利率曲线

注：时间为 2021 年 5 月中旬，只使用久期和同时使用久期和凸性的价格近似。

现在回到对凸性值的解释上，同时使用久期和凸性的近似价格百分比变化［式(4-18)］与单独使用久期的近似价格百分比变化［式(4-17)］之间的差异是：

$$0.5 \times 1\,101 \times (1\%)^2 = 5.5\% \tag{4-19}$$

因此，注意到$(1\%)^2$对应一个基点，所以式(4-19)中 5.5%的修正量是凸性的一半除以 10 000。换句话说，对于 1%的利率变化，用久期近似的价格变化的二阶修正是凸性的一半除以 10 000，即 0.055，或者等价地说，百分比修正是凸性的一半除以 100，即 5.5。

本节最后要指出的是，投资组合的凸性等于其组成部分的凸性的加权平均值，权重为占投资组合价值的百分比。假设一个投资组合，NSC 债券占投资组合价值的 25%，凸性为 1 101；美国国债 "1.625s of 05/15/2026" 占投资组合价值的 75%，凸性为 12，那么投资组合的凸性为 $25\% \times 1\,101 + 75\% \times 12 = 284.25$。投资组合的凸性是一个加权平均值，投资组合的久期也是，这是因为两个指标都除以过价格：久期的计算中除以价格的变化，凸性等于二阶导数除以价格。正式的证明见附录 4A。

4.6　世纪债券对冲：第二部分

4.3 节解释了一位做市商为何以及如何通过出售 1 210 万美元票面价值的美国国债 "1.625s of 11/15/2050"，来对冲 1 000 万美元票面价值的 NSC 债券 "4.10s of 05/15/2121" 的 DV01。本节将说明这种对冲给做市商留下了一个凸性多头，并描述由此产生的风险和对损益的影响。

图 4-6 显示了票面价值为 1 亿美元的 NSC 世纪债券和票面价值为 1.21 亿美元

的 29.5 年期美国国债的损益情况。例如，这些债券在 2021 年 5 月中旬的价格分别为 99.939 美元和 84.391 美元，如果利率下降 100 个基点，其价格将分别为 130.898 美元和 107.309 美元。因此 1 亿美元的 NSC 世纪债券和 1.21 亿美元的美国国债的损益分别是 1 亿美元 × (130.898 − 99.939)/100，即 3 096 万美元，和 1.21 亿美元 × (107.309 − 84.391)/100，即 2 770 万美元。

4.3 节表明，在上述票面价值下，两个头寸在当前市场利率水平上的 DV01 是相同的。图 4-6 反映了这一事实，即两条损益曲线彼此相切，也就是说，在当前利率下，它们具有相同的斜率。当然，这两种债券都是正凸性的，但由于 NSC 债券凸性更大（见表 4-4），所以无论利率下降还是上升，它的损益都高于美国国债。这个结果反映在图中的点线上，其刻度在右轴，这是 NSC 债券的损益减去美国国债的损益，也就是做市商的净损益。当然，在当前的市场利率水平上，净损益为零，但对于负的利率变化和正的利率变化，净损益均为正，对于较大的负利率变化，净损益值尤其大。

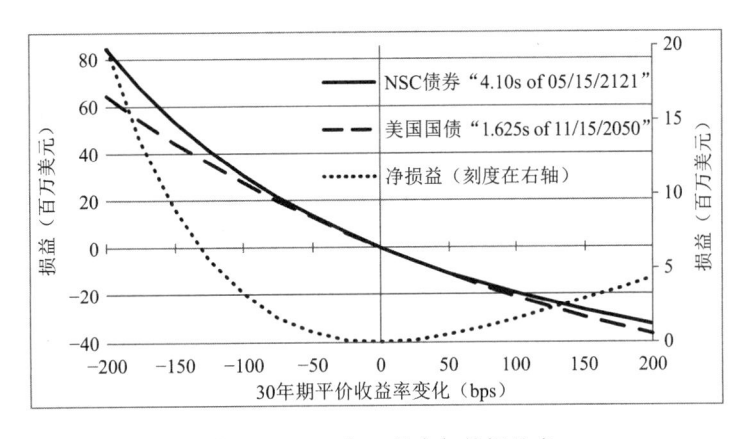

图 4-6 2021 年 5 月中旬的损益表

注：1 亿美元 NSC 债券 "4.10s of 05/15/2121" 多头头寸、DV01 相当的美国国债 "1.625s of 11/15/2050" 多头头寸，以及做多 NSC 债券并做空美国国债的头寸。

扩展上一段的结果，在利率和价格不变的情况下，同时持有两种债券的损益显然为零。如果利率下降，两种债券的价格都会上升，因为它们都是正凸性的，它们的 DV01 也会上升。但由于 NSC 债券的凸性更大，它的 DV01 上升更多，在利率下降的时候，这意味着更高的利润。相反，如果利率上升，两种债券的价格和 DV01 都会下降。但由于 NSC 债券的凸性更大，它的 DV01 下降更大，在利率上升的时候，这意味着更小的损失。因此，无论利率下降还是上升，NSC 债券的损益都会大于 DV01 相当的美国国债的损益。

此时做市商的仓位被称为正凸性仓位和凸性多头仓位，因为它的多头仓位（NSC

债券）的凸性大于其空头仓位（美国国债）的凸性，而且无论利率下降还是上升，它的损益似乎都是正的。但实际上，做市商无论如何都能从该头寸中获利吗？如果是这样的话，为什么没有套利者开始做多 100 年期的 NSC 债券，同时做空 29.5 年期的美国国债呢？

上述问题的答案在于图 4-6 省略了一个重要的变量：时间。如前所述，本章前面所有分析均假设利率发生的是瞬时变化，也就是未考虑时间的流逝。但事实证明，凸性越高的债券或投资组合，随着时间的推移，收益往往会越低。因此，正凸性仓位或凸性多头仓位的全部故事是，如果利率上下变动的幅度足够大，该头寸就会获利。如果利率的变化小于某一值，或者保持不变，这些头寸就会亏损。从这个意义上说，凸性多头头寸也是波动性多头头寸。无论如何，这是资产定价的一个基本属性，同样适用于股票期权和附息债券。4.8 节在养老基金资产负债管理的背景下进一步探讨了这个主题，第 8 章将展示凸性如何影响收益的一般框架。

4.7　根据 DV01、久期和凸性计算收益率

前几节在一个通用的单因子框架中描述了 DV01、久期和凸性：描述了利率或因子的变化如何改变整个期限结构，如何在利率变化后对债券重新定价并计算风险指标。这一节要介绍基于收益率的对应指标，即利率的变化造成的债券收益率的固定变化。这些指标有两个明显的弱点。第一，它们只适用于固定现金流的债券，不适用于可赎回债券或抵押贷款。第二，它们隐含地假设了债券收益率的平行变化，这在实证上不是一个合理的假设。但研究和理解基于收益率的指标有几个原因。首先，它们易于计算和理解，并且在许多情况下，使用它们是完全合理的。其次，这些指标在整个金融行业中被广泛使用。最后，从理解这些指标中获得的许多直觉可以延续到更通用的框架中。

基于收益率的指标之所以容易计算，是因为价格可以写成收益率的函数，如式 (3-7) 和式 (3-8) 所示。方便起见，回想一下，假设 c 是年化利息支付，T 是到期年数，可以将这些式子重写为：

$$P = \frac{c}{2} \sum_{t=1}^{2T} \frac{1}{\left(1+\frac{y}{2}\right)^t} + \frac{100}{\left(1+\frac{y}{2}\right)^{2T}} \tag{4-20}$$

$$P = \frac{c}{y}\left(1 - \frac{1}{\left(1+\frac{y}{2}\right)^{2T}}\right) + \frac{100}{\left(1+\frac{y}{2}\right)^{2T}} \tag{4-21}$$

用这些表达式可以求解式(4-5)和式(4-11)中定义的 DV01 和久期。计算价格收益率函数的一阶导数然后除以 10 000 就得到了 DV01，再除以 $-P$ 就可以得到久期。所以基于收益率的 DV01 计算公式为：

$$\text{DV01} = \frac{1}{10\,000} \frac{1}{1+\frac{y}{2}} \left[\frac{c}{2} \sum_{t=1}^{2T} \frac{t}{2} \frac{1}{\left(1+\frac{y}{2}\right)^t} + T \frac{100}{\left(1+\frac{y}{2}\right)^{2T}} \right] \tag{4-22}$$

$$\text{DV01} = \frac{1}{10\,000} \left[\frac{c}{y^2} \left(1 - \frac{1}{\left(1+\frac{y}{2}\right)^{2T}}\right) + T\left(1 - \frac{c}{100y}\right) \frac{100}{\left(1+\frac{y}{2}\right)^{2T+1}} \right] \tag{4-23}$$

基于收益率的久期计算公式为：

$$D = \frac{1}{P} \frac{1}{1+\frac{y}{2}} \left[\frac{c}{2} \sum_{t=1}^{2T} \frac{t}{2} \frac{1}{\left(1+\frac{y}{2}\right)^t} + T \frac{100}{\left(1+\frac{y}{2}\right)^{2T}} \right] \tag{4-24}$$

$$D = \frac{1}{P} \left[\frac{c}{y^2} \left(1 - \frac{1}{\left(1+\frac{y}{2}\right)^{2T}}\right) + T\left(1 - \frac{c}{100y}\right) \frac{100}{\left(1+\frac{y}{2}\right)^{2T+1}} \right] \tag{4-25}$$

这种基于收益率的久期公式在业内也被称为调整久期或修正久期。㊀

对式(4-22)和式(4-24)方括号内的项有一个直观的解释，阐明了这些风险指标的含义。从 $t/2$ 到 T 表示收到每笔现金流的时间，即 0.5 年、1 年、1.5 年，依此类推，一直到到期日 T 年。每一个时间乘以当时将收到的现金流的现值，即 $(c/2)(1+y/2)^t$ 的利息支付，以及 $100/(1+y/2)^{2T}$ 的本金支付。把所有这些放在一起，括号内所有项的总和可以被描述为收到现金流的时间的加权平均值，每个权重都等于当时收到的现金流的现值。此外，对于久期而言，当债券价格可以移动到括号内时，每个权重可以描述为当时收到的现金流的现值除以债券价格，而后者是债券所有现金流现值的总和。因此，这个权重就是现金流对债券价值贡献的比例。

表 4-5 通过计算 2021 年 5 月中旬美国国债 "1.625s of 05/15/2026" 的 DV01 和久期来说明这一解释。表中第一列给出了每笔现金流的期限；第二列是现金流大小；第三列则是以当时的债券收益率 0.822 77% 贴现得到的每笔现金流的现值。例如，在 2.5 年到期的利息的现值为：

$$\frac{0.812\,5}{\left(1+\frac{0.822\,77\%}{2}\right)^5} = 0.796\,0 \tag{4-26}$$

现金流的现值之和就是债券的市场价格，在本例中为 103.921 9 美元。第四列给

㊀ 这些术语是历史遗留下来的。这类度量的第一个指标是麦考利久期，它等于式(4-24)或式(4-25)中的表达式 $\times (1+y/2)$。但随着时间的推移，正文中的定义成了行业标准。麦考利久期的优势是，零息债券的最终久期恰好等于其到期期限。但正文中的定义有一个优点，它恰好等于利率变化导致的价格变化百分比。

出每笔现金流的现值占市场价格的百分比。不出意外的是，对于 5 年期债券，溢价很小，本金占债券价值的很大一部分，超过了 93%。

表 4-5 美国国债 "1.625s of 05/15/2026" 的 DV01 和久期计算

（1） 期限 （年）	（2） 现金流 （美元）	（3） 现金流现值 （美元）	（4） 现值价格比 （%）	（5） 期限乘以现值 价格比（年）	（6） 期限加权现值 （美元）
0.5	0.812 5	0.809 2	0.779	0.003 9	0.404 6
1.0	0.812 5	0.805 9	0.775	0.007 8	0.805 9
1.5	0.812 5	0.802 6	0.772	0.011 6	1.203 8
2.0	0.812 5	0.799 3	0.769	0.015 4	1.598 5
2.5	0.812 5	0.796 0	0.766	0.019 1	1.990 0
3.0	0.812 5	0.792 7	0.763	0.022 9	2.378 2
3.5	0.812 5	0.789 5	0.760	0.026 6	2.763 2
4.0	0.812 5	0.786 2	0.757	0.030 3	3.145 0
4.5	0.812 5	0.783 0	0.753	0.033 9	3.523 6
5.0	100.812 5	96.757 5	93.106	4.655 3	483.787 7
总计		103.921 9	100.000	4.826 7	501.600 5
久期				4.806 9	
DV01					0.050 0

注：收益率为 0.822 77%，时间为 2021 年 5 月中旬。

表的第五列将每个现值价格比乘以其期限：0.5 年的权重是 0.779%，1.0 年的权重是 0.775%，依此类推，最后 5.0 年的权重是 93.106%。这样，该列的和就是期限的加权平均值，其权重等于每笔现金流的现值占债券价值的比例。对于式(4-24)，这个加权平均值 4.826 7 是括号内各项的和除以价格。因此久期的值为 4.826 7/(1 + 0.822 77%/2)，即 4.806 9。这解释了为什么许多市场参与者说这只债券的久期为 4.83 年：债券价值的平均支付期限为 4.83 年。⊖这也解释了为什么附息债券的久期会略小于其到期期限：虽然债券的大部分价值在到期时支付，但有一部分会提前支付。

最后，表的第六列给出了期限加权现值。这一列的和为式(4-22)括号内各项的和，这意味着 DV01 为 (1/10 000) × 501.600 5 美元/(1 + 0.822 77%/2) = 0.050 0 美元。

前面提到过，从基于收益率的度量指标中得到的直觉对于理解更一般的风险度量通常是有用的。很多这种直觉来自式(4-23)和式(4-25)中基于收益率的 DV01 和久期的相对简单的表达式，以及在零息票债券和平价债券的情况下极其简单的表达式。为了推导出零息票债券和平价债券的表达式，只需将 $c = 0$ 和 $c = 100y$ 代入价格式(4-21)，并代入刚才提到的 DV01 和久期的表达式。对零息票债券而言：

⊖ 久期单位为年的一个纯数学原因是，久期等于百分比变化除以每年的利率变化。

$$\mathrm{DV01}_{c=0} = \frac{T}{100\left(1+\frac{y}{2}\right)^{2T+1}} \tag{4-27}$$

$$D_{c=0} = \frac{T}{\left(1+\frac{y}{2}\right)} \tag{4-28}$$

对于平价债券而言：

$$\mathrm{DV01}_{c=100y} = \frac{1}{100y}\left(1 - \frac{1}{\left(1+\frac{y}{2}\right)^{2T}}\right) \tag{4-29}$$

$$D_{c=100y} = \frac{1}{y}\left(1 - \frac{1}{\left(1+\frac{y}{2}\right)^{2T}}\right) \tag{4-30}$$

下面的讨论转向使用这些简单的表达式来理解基于收益率的久期和 DV01 是如何依赖于债券的到期期限、票面利率和收益率的。图 4-7 假设所有债券的收益率为 2%，绘制了票面利率分别为 0%、2% 和 5% 的最长期限为 40 年的债券的久期。我们可以从这个例子中学到以下知识。

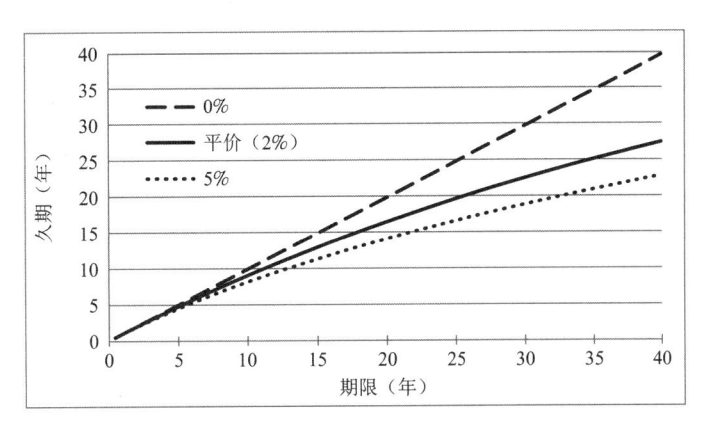

图 4-7　票面利率为 0%、2% 和 5% 的债券的基于收益率的久期

注：假设收益率为 2%。

第一，零息票债券的久期大致等于其期限，当然也可以由式(4-28)得出该结论。第二，在这种情况下，所有票面利率为 2% 的债券，或者说平价债券的久期都随着期限的增加而增加，这也可以由式(4-30)推导出来⊖。此外，该图还说明了平价债券的久期如何与期限呈非线性增长。对于 5 年以内的期限，久期大致等于期限，但对于

⊖ 虽然通常情况下是这样，但债券的久期并不一定总是随着期限的增加而增加的。深度贴现的附息债券的久期一开始会随着期限的增加而增加，非常接近图 4-7 中的零票面利率曲线，但随后可能随着期限的进一步增加而下降，因为久期会下降到接近永续债的久期。永续债的久期等于收益率的倒数，可以通过在式(4-21)和式(4-25)中让 T 趋近于无穷来得到该结果。

较长的期限，久期逐渐低于期限。10年期平价债券的久期约为9.0年，20年期债券的久期约为16.4年，30年期债券约为22.5年，40年期债券约为27.4年。第三，票面利率为5%的溢价债券，久期短于平价债券的久期。更一般地说，从整体上看，债券的票面利率越高，久期越短。这里的直觉是，高票面利率债券的现金流中支付较早的价值占比更高，这反过来意味着较短的期限在计算久期时所占的权重更大。换句话说，票面利率高的债券在本质上是期限较短的债券，因此久期也较短。

图4-8绘制了同一组债券的DV01，继续假设所有债券的收益率为2%。可以看到，平价债券的DV01随着期限的增加而增加，这也可以直接由式(4-29)推导得出。但与久期一样，这种增长不是线性的。期限为5年或以下的平价债券的DV01大约等于期限除以100。例如，收益率为2%的5年期债券的DV01为0.047美元，略低于0.05美元，即每100美元票面价值5美分。但如果期限较长，两者之间的差值就更大：10年期债券的DV01为9美分，20年期债券为16美分，30年期债券为22美分，40年期债券则为27美分。

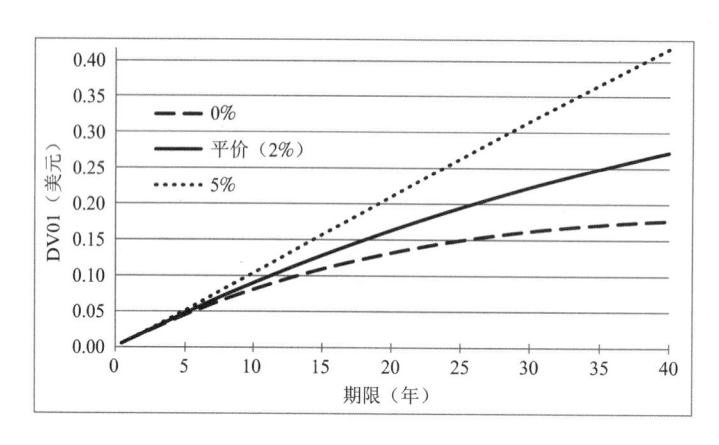

图4-8　票面利率为0%、2%和5%的债券的基于收益率的DV01

注：假设收益率为2%。

但与久期不同的是，图4-8显示DV01随着票面利率的增加而增加。为了理解这一点，结合式(4-5)和式(4-11)中DV01和久期的定义，可以得到：

$$\mathrm{DV01} = \frac{P \times D}{10\ 000} \tag{4-31}$$

因此，在考虑DV01如何随期限变化时，除了考虑久期效应，还需要考虑价格效应。与前面的讨论一样，久期效应几乎总是导致DV01随着期限的增加而增加，而价格效应可能强化或抵消这种久期效应。对于价格总是100美元的平价债券，不存在价格效应。对于溢价债券，其价格随着期限的增加而增加（回想一下图3-1），价格效应强化了久期效应。因此如图 4-8 所示，票面利率为 5% 的债券的 DV01 随着期限增加得要比平价债券的 DV01 快得多。对于折价债券，其价格随着期限的增加而下降，价格效应抵消了久期效应。因此如图中所示，零息票债券的 DV01 随期限增长得比平价债券的 DV01 更慢。实际上，对式(4-27)的检验表明，在足够长的期限下，零息票债券的 DV01 会随着期限的进一步增加而下降，即价格效应 $(1 + y/2)^{2T} + 1$ 最终主导了久期效应 T。

在描述了 DV01 和久期如何随着期限和票面利率变化而变化之后，我们再来讨论一下收益率的影响。从式(4-22)可以清楚地看出，随着收益率的增加，DV01 会下降。这个事实在前面已经介绍过了，作为价格利率曲线凸性隐含的信息。事实证明，提高收益率也会缩短久期。直观地说，提高收益率会降低所有支付的现值，但较长期支付的现值降低的幅度最大，这进而降低了债券价值中较长期支付的比例，也降低了它们在久期计算中的权重，从而缩短了债券的久期。

图 4-9 显示了久期随收益率的变化，绘制了收益率为 0.5%、2% 和 5% 时不同期限的平价债券的久期。正如刚才所讨论的，收益率越高，久期越短，期限较长的债券尤其如此。此外，如前所述，收益率越高，久期和期限之间的差异越大。当收益率为 0.5% 时，10 年期和 30 年期债券的久期分别为 9.7 年和 27.8 年，而当收益率为 5% 时，这两种债券的久期分别为 7.8 年和 15.5 年。

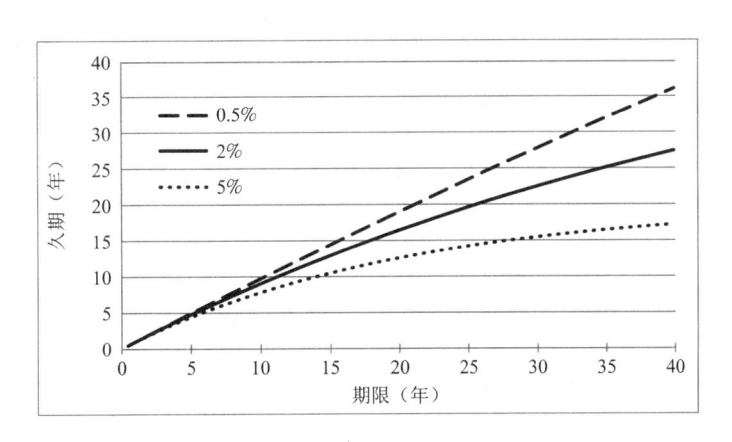

图 4-9　收益率分别为 0.5%、2% 和 5% 的平价债券的久期

下面我们介绍基于收益率的凸性。根据式(4-14)中凸性的一般定义，对式(4-20)求二阶导数，再除以价格，可以得到基于收益率的凸性的表达式：

$$C = \frac{1}{P\left(1+\frac{y}{2}\right)^2} \left[\frac{c}{2} \sum_{t=1}^{2T} \frac{(t/2)[(t+0.5)/2]}{\left(1+\frac{y}{2}\right)^t} + \frac{100T(T+0.5)}{\left(1+\frac{y}{2}\right)^{2T}} \right] \quad (4\text{-}32)$$

与基于收益率的久期公式(4-24)一样,式(4-32)括号内的项可以解读为支付的现值乘以支付期限的某种函数。两者最大的区别在于,在久期公式中,该函数是线性的(即 t 和 T),而在凸性公式中函数是二次的,如 $(t/2)[(t+0.5)/2]$ 和 $T(T+0.5)$。其含义是,凸性随期限增加得要比久期增加得快得多。可以从表 4-3 和表 4-4 中看到更一般的情况,5 年期和 29.5 年期美国国债以及 100 年期 NSC 债券的久期分别为 3.9 年、23.6 年和 24.1 年,而凸性分别为 12、648 和 1 101。

为了完整起见,下面展示零息票债券和平价债券的凸性公式。

对于零息票债券,凸性公式为:

$$C_{c=0} = \frac{T(T+0.5)}{\left(1+\frac{y}{2}\right)^2} \tag{4-33}$$

对于平价债券,凸性公式为:

$$C_{c=y} = \frac{2}{y^2}\left[1 - \frac{1}{\left(1+\frac{y}{2}\right)^{2T}}\right] - \frac{2T}{y\left(1+\frac{y}{2}\right)^{2T+1}} \tag{4-34}$$

本节最后说明一下使用基于收益率的度量指标的基础假设。每只债券的基于收益率的 DV01、久期和凸性是通过改变该债券的收益率来计算的。因此,任何跨债券的风险管理策略都隐含地假设所有债券的收益率上下变动情况相同。例如,如果第一种债券的基于收益率的 DV01 为 0.05,而第二种债券的 DV01 为 0.10,那么通过出售 200 美元票面价值的第一种债券来完全对冲 100 美元票面价值的第二种债券,只有在两种债券的收益率变动相同的情况下才有可能。如果交易者在短期内用 10 年期债券和 9.5 年期债券进行对冲,那么收益率平行变化的假设可能是足够合理的。不过,如果假设 2 年期债券和 10 年期债券的收益率同步波动,因而用 10 年期债券来对冲 2 年期债券的风险,则不太可能得到预期的对冲效果。

4.8 杠铃型和子弹型资产组合

本节将给出一个对固定福利养老基金计划的负债进行资产负债管理的典型示例,在此背景下,将久期和凸性的概念应用到对冲中,并解释如何在杠铃型和子弹型资产组合之间进行选择,或者更一般地说,如何在具有不同凸性的资产组合之间进行选择。

图 4-10 显示了典型的固定福利养老基金计划的负债。每个黑点代表退休人员每 6 个月领取的基金预期支付金额。6 个月后的第一笔支付金额为 200 万美元。随着越

来越多的现有雇员退休并有资格享受福利,随后的支付金额会增加,在 10 年内达到 400 万美元的峰值。从那时起,退休人员的逐渐死亡导致支付金额逐渐减少,并于 60 年后减少为零。灰色点表示每笔支付金额的现值,所有负债按 2021 年 5 月中旬的 HQM 曲线贴现。

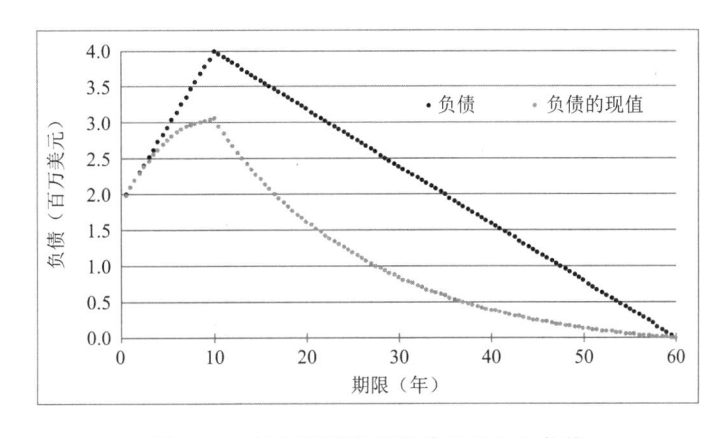

图 4-10 某典型固定福利养老基金的负债

注:时间为 2021 年 5 月,现值根据 HQM 曲线贴现。

图中负债的总现值约为 1.4 亿美元。简单起见,假设养老基金资金充足,因此养老基金经理手头有 1.4 亿美元现金。所以该基金的资产负债管理问题是如何投资这 1.4 亿美元,以便随着时间的推移能够履行偿还养老金债务的义务,甚至赚取一些超出这些债务的额外收入。由于贴现率是从 HQM 公司债券收益率曲线上得到的,养老基金将通过实现与 HQM 公司债券收益率相等的投资回报率实现收支平衡。如果养老基金的收益率较低,例如全部投资于美国国债,那么在 60 年的期限内将没有足够的现金来履行所有的养老金义务。如果养老基金的收益率更高,比如通过投资股票获得了更多收益,那么它就有足够的资金来履行其养老金义务。但在后面这种情况下,如果股市在这段时间内表现相对较差,导致养老金没有足够的资金来偿还债务,将是一种重大风险。

由于养老基金的未来支付承诺与公司债券的收益一致,上一段介绍的考虑导致许多养老基金将其资金的很大一部分投资于公司债券。现在假定养老基金的全部资产 1.4 亿美元都被投资于公司债券。更具体地说,假设养老基金可以投资一到两只表 4-6 所列的强生公司发行的债券。和第 3 章一样,所有这些债券均由强生公司于 2020 年 8 月发行。为了方便说明,这些债券以它们的初始期限来介绍,这些期限与截至 2021 年 5 月中旬的期限没有太大区别。例如,债券"0.55s of 09/01/2025"被称为 5 年期债券,而债券"2.45s of 09/01/2060"被称为 40 年期债券。表中的久期和凸性都是基于收益率的度量指标。

通过 HQM 平价利率曲线的平行平移计算，该养老基金负债的久期和凸性分别为 16.66 年和 211.37。为了对冲利率下降会导致负债现值增加的风险，养老基金的基金经理决定投资一个久期为 16.66 年的资产组合，也就是久期和负债的一样。那么该基金经理应该投资于强生公司的哪一种债券呢？

也许最直接的答案是投资 20 年期债券，其久期为 15.56 年。如果把资产投资于该债券，该养老基金的资产久期将等于债券的久期，即 15.56 年；而负债的久期（已经给出）为 16.66 年。如果利率下降 100 个基点，那么按照前面的方法计算，资产价值将增加约 15.56%，负债将增加约 16.66%。结果取得了对冲效果，但没有完全对冲。以 1.4 亿美元的初始投资组合价值计算，负债的现值超过资产价值的金额为 (16.66% − 15.56%) × 1.4 亿美元，即 154 万美元，等于总负债价值的 1.1%。

表 4-6 选定的强生公司债券

票面利率	到期期限	收益率	久期（年）	凸性
0.55	2025 年 9 月 1 日	0.717	4.23	10.06
0.95	2027 年 9 月 1 日	1.238	6.08	20.33
1.30	2030 年 9 月 1 日	1.846	8.69	41.31
2.10	2040 年 9 月 1 日	2.686	15.56	141.49
2.25	2050 年 9 月 1 日	2.849	20.72	269.41
2.45	2060 年 9 月 1 日	2.962	24.09	393.17

注：收益率、久期和凸性为 2021 年 5 月中旬的值，票面利率和收益率单位为百分比。

为了完全对冲，养老基金可能会利用现金。假设 M 表示以现金形式持有的金额，所以该基金的剩余资金——（1.4 亿−M 百万）美元，被投资于 20 年期债券。然后，如 4.4 节所述，该投资组合的久期是其各组成部分的久期的加权平均值。还要注意，现金的久期等于零：无论利率如何变化，现金的现值总是等于它的金额。因此，要让该资产组合的久期等于负债的久期，M 必须满足：

$$\frac{M}{140} \times 0 + \frac{140-M}{140} \times 15.56 = 16.66 \tag{4-35}$$

求解可得 $M = -9.90$，意味着养老基金需要借入 990 万美元，约为 1.4 亿美元总资产的 7%，并向 20 年期债券投资 140 − (−9.90) = 149.90 百万美元，约为总资产的 107%。

刚刚描述的资产组合可以对冲负债的久期风险。但是资产组合的凸性与负债的凸性相比孰高孰低呢？如 4.5 节所述，投资组合的凸性是其组成部分凸性的加权平均值。这里，现金的凸性为 0，20 年期债券的凸性为 141.49，所以资产组合的凸性为：

$$\frac{-9.90}{140} \times 0 + \frac{149.90}{140} \times 141.49 = 151.50 \tag{4-36}$$

它小于负债的凸性 211.37。因此，这种资产组合导致养老基金处于整体的负凸性状态。图 4-11 绘制了该资产组合和负债的损益情况，其中债券的损益计算根据其收益率的变动得到，负债的损益计算由 HQM 平价利率曲线的平行移动得到。随着利率的下降，负债和资产组合的价值都会增加，正如久期对冲所预期的那样。由于进行了久期对冲，事实上在相对较小的利率变化下，两者的价值增加了大约相同的金额。但由于负债具有更高的凸性，随着利率的继续下降，负债的久期增加得更多。因此，对于利率的大幅下降，负债价值的增加幅度大于资产组合价值的增加幅度，养老基金出现净损失。

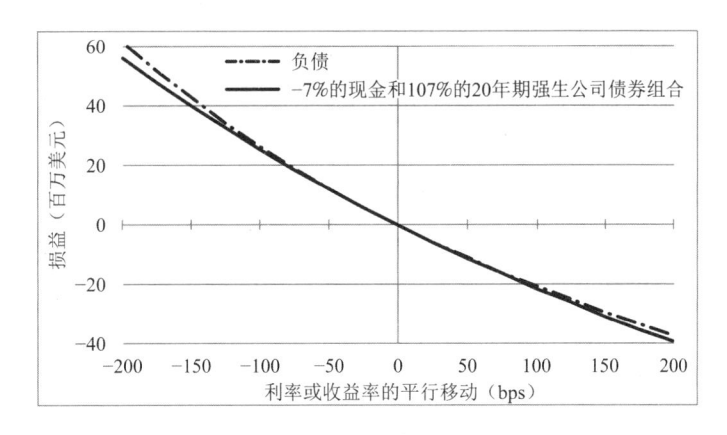

图 4-11 养老基金负债和资产组合的损益情况

注：负债如图 4-10 所示，资产组合由借入的 990 万美元现金和投资的 1.499 亿美元强生公司债券 "2.10s of 09/01/2040" 组成，负债的损益根据 HQM 平价利率平行移动计算，债券的损益根据其收益率的变动计算。

随着利率上升，负债和资产组合的价值都会下降，这与久期对冲的设想一样。但由于负债具有更高的凸性，随着利率的上升，负债的久期下降得更多。因此，对于利率的大幅上升，负债价值的降低幅度小于资产组合价值的降低幅度，这再次使养老基金出现净损失。

随着利率的变化，养老基金可以通过调整自己的对冲头寸来应对这种负凸性。当利率下降时，负债的久期增加超过了资产组合的久期增加，该基金可以通过借入更多现金和购买更多债券来增加资产的久期。随着利率上升，负债的久期比资产的久期下降得更多，该基金可以通过出售债券和偿还部分借款来降低资产的久期。这种解决方案在理论上是可行的，有时在实践中也可行，但从可能需要频繁进行投资组合再平衡的意义上来说，它的成本很高。

另一种方法是寻找一种资产组合，它不仅与负债的久期相匹配，而且凸性等于或大于负债。当然，有许多这样的投资组合，可以由现金和表 4-6 所列的强生公司债券组成。为了便于讨论，表 4-7 列出了已经讨论过的旧投资组合，以及两个新的双资产投资组合。

表 4-7　与负债久期匹配的几种强生债券投资组合

资产	份额（%）	资产	份额（%）	加权平均收益率（%）	久期（年）	凸性
现金	−7.05	债券 "2.10s of 2040"	107.05	2.87	16.66	151.47
债券 "0.55s of 2025"	24.66	债券 "2.25s of 2050"	75.34	2.32	16.66	205.47
现金	30.86	债券 "2.45s of 2060"	69.14	2.06	16.66	271.84

注：时间为 2021 年 5 月中旬，债券久期和凸性是根据收益率的平行变化计算的。

每一行均给出投资组合中的两种资产、每项资产的价值份额、投资组合的加权平均收益率（权重等于价值所占的比例）、投资组合的久期以及投资组合的凸性。投资组合的加权平均收益率远不是投资组合预期收益率的完美衡量标准，但可以用于本节的目的。与当时的市场水平一致的现金收益率被假定为 0.05%。投资组合的久期和凸性等于其组成部分的久期和凸性的加权平均值，如本章前面所解释的那样。

表格的第二行对应前面已经分析过的投资组合。它的久期等于 16.66 年，和负债的久期相等，但它的凸性明显小于负债的凸性 211.37。第三行给出的是投资于 5 年期债券和 30 年期债券的投资组合，其比例同样使得投资组合的久期与负债的久期相匹配。该投资组合的凸性为 205.47，与负债的凸性 211.37 非常接近。第四行给出的资产投资组合同样与负债的久期相匹配，但这次将部分资金投资于现金，剩余的资金投资于 40 年期的债券。该投资组合的凸性为 271.84，超过了负债的凸性。

表 4-7 中投资组合的相对凸性说明了以下一般原则：在相同久期的投资组合中，投资组合的现金流越分散，其凸性越大。表中所有投资组合的久期都是一样的，但第一个投资组合中基本上都是 20 年期债券。在资产负债管理行业，这种投资组合被称为"子弹型"投资组合：负债现金流分散在不同的年份里，但用一只久期匹配的单一债券进行对冲。表中的第二种投资组合由 5 年期和 30 年期债券组成，而第三种资产组合则由现金（即 0 年期债券）和 40 年期债券组成。这两种投资组合被称为"杠铃型"投资组合，因为它们由一种久期短于负债的债券和另一种久期长于负债的债券组成。

在久期匹配的不同投资组合中，现金流较分散的投资组合具有更大的凸性，因为如前所述，久期和期限的关系大致是线性的，但凸性是期限的二次函数。考虑收益率为 0 时的 10 年期零息票债券，根据式(4-28)和式(4-33)，其久期为 10 年，凸性为 $10 \times 10.5 = 105$。相比之下，如果一个投资组合 50% 的价值来自 5 年期零息票债券，另外 50% 的价值来自 15 年期零息票债券，使用相同的式子可以得到，它的久期也为 10 年，但凸性为 50% 乘以 5 年期零息票债券的凸性 22.5，加上 50% 乘以 15 年期零息票债券的凸性 232.5，等于 127.5。因为凸性是期限的二次函数，所以 15 年期零息票债券的凸性占主导地位。因此，现金流分布范围越广的投资组合——同时也是拥有最长期限债券的投资组合，具有最大的凸性。

根据表 4-7 的计算，养老基金应如何在各备选方案中做出选择？图 4-12 绘制了负债和每个投资组合的净损益图。负债和子弹型投资组合（即 −7% 是现金、107% 是 20 年期债券的投资组合）的净损益显然是负凸性的：无论利率下降还是上升，它都将损失价值。由 25% 的 5 年期债券和 75% 的 30 年期债券构成的杠铃型投资组合，与负债的久期相匹配，且大致与负债的凸性匹配，在很大的利率变化范围内产生的净损益都非常小。换句话说，拥有这种投资组合的养老基金无须再平衡其投资组合，除非利率下降的幅度极大。最后，31% 的现金和 69% 的 40 年期债券构成的杠铃型投资组合与负债形成了一个整体正凸性的头寸，因此无论利率是上升还是下降，资产和负债的整体组合都会增值。

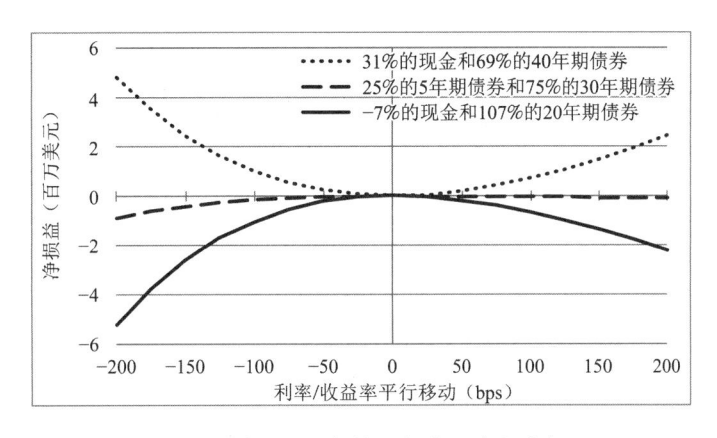

图 4-12　养老基金负债和投资组合的净损益

注：负债见图 4-10，投资组合见表 4-7，负债的损益根据 HQM 平价利率平行移动计算，债券的损益根据其收益率的变动计算。

图 4-12 是否证明了养老基金应该始终选择凸性最高的投资组合？答案是否定的。如 4.6 节所述，单纯将损益作为利率变化的函数来评估没有考虑到时间流逝的影响。在利率不变的情况下，作为一种粗略的收益率指标，可以考虑表 4-7 中的加权平均收益率，它是随凸性增加而下降的。换句话说，当利率可能发生变化时，市场会认识到正凸性对损益的贡献，如图 4-12 所示，因此对凸性较高的投资组合提供的是较低的收益率。所以如果利率大幅变化，凸性相对较低、收益率相对较高的投资组合表现不佳，但如果利率保持不变，这些投资组合的表现会优于凸性较高的投资

组合。相反，一个凸性相对较高、收益率相对较低的投资组合，如果利率变化很大，它的表现会更优，但如果利率保持不变，它的表现就会较差。

图 4-13 绘制了表 4-6 中强生公司债券的收益率与久期的关系图，该图可以说明收益率与凸性之间的权衡关系。该曲线是凹的，这意味着连接曲线上任意两点的线段都在曲线的下方。现在我们在该图的背景下比较表 4-7 中的第二个投资组合——5 年期和 30 年期债券组成的杠铃型投资组合，和 20 年期债券构成的子弹型投资组合。杠铃型投资组合的久期为 16.66 年，加权平均收益率为 2.32%，与点线上久期为 16.66 年的点对应。根据收益率久期曲线的凹度来看，这一收益率远低于期限类似的 20 年期债券的收益率。⊖ 更一般化的结论是，收益率久期曲线的凹性表明债券期限分散程度较高且凸性较高的投资组合，其加权平均收益率低于子弹型投资组合的收益率，也低于分散程度较低且凸性较低的投资组合的收益率。第 8 章将更严格地演示利率期限结构的形状如何使得凸性带来的好处被较低的收益率所抵消。

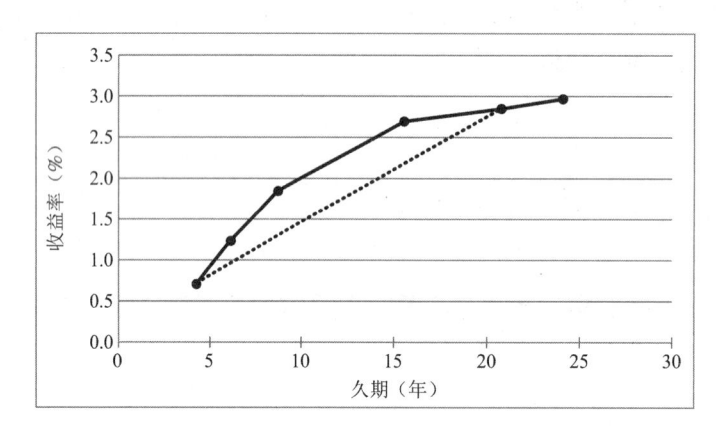

图 4-13 强生公司债券的久期和收益率的关系

注：债券均来自表 4-6。

根据前几段的讨论可以得出结论，一个决定使资产和负债的久期相匹配的养老基金资产管理人，必须决定是否用收益率来交换正凸性。一个收益率相对较低但凸性高于负债的资产组合，不需要经常进行再平衡以避免损失，在利率波动较大时表现相对较好，而在利率波动不大时表现相对较差。收益率相对较高但凸性小于负债的资产组合，必须经常进行再平衡以避免损失，在利率变动较大时表现相对较差，而在利率变动不大时表现相对较好。总之，这种选择实际上取决于利率是否会发生很大变动，也就是取决于未来利率的波动性！

⊖ 这里有点儿不够精确：20 年期债券的久期实际上是 15.56 年，而子弹组合的久期是 16.66 年。

附录 4A　投资组合的 DV01、久期和凸性

设 P^i 表示资产 i 的价格，P 表示这些资产的投资组合的价格。根据定义：

$$P = \sum P^i \tag{4A-1}$$

设 y 为导致利率变化的单一因子。那么将式(4A-1)两边对 y 求导可以得到：

$$\frac{\mathrm{d}P}{\mathrm{d}y} = \sum \frac{\mathrm{d}P^i}{\mathrm{d}y} \tag{4A-2}$$

然后在式(4A-2)的两边同时除以 10 000，应用正文中式(4-5)得到：

$$\mathrm{DV01} = \sum \mathrm{DV01}^i \tag{4A-3}$$

换句话说，一个投资组合的 DV01 等于各个组成资产的 DV01 之和。

要推导一个投资组合的久期，从式(4A-2)开始，两边除以 $-P$：

$$-\frac{1}{P}\frac{\mathrm{d}P}{\mathrm{d}y} = \sum -\frac{1}{P}\frac{\mathrm{d}P^i}{\mathrm{d}y} \tag{4A-4}$$

$$-\frac{1}{P}\frac{\mathrm{d}P}{\mathrm{d}y} = \sum -\frac{P^i}{P}\frac{1}{P^i}\frac{\mathrm{d}P^i}{\mathrm{d}y} \tag{4A-5}$$

$$D = \sum \frac{P^i}{P} D^i \tag{4A-6}$$

式(4A-5)将等式右侧乘以 P^i/P^i，相当于乘以 1。式(4A-6)根据正文中式(4-11)对久期的定义得来。换句话说，式(4A-6)表示，一个投资组合的久期等于单项资产久期的加权平均值，其中权重是投资组合中每种资产的价值占投资组合价值的百分比。

投资组合凸性的证明可以沿着与投资组合久期相同的思路。我们不做证明，直接给出其结果：

$$C = \sum \frac{P^i}{P} C^i \tag{4A-7}$$

附录 4B　估计价格随久期和凸性的变化

设 y 是描述利率变化的单一因子，$P(y)$ 为表达成 y 的函数的资产价格。我们首先给出价格利率函数的二阶泰勒近似：

$$P(y + \Delta y) \approx P(y) + \frac{\mathrm{d}P}{\mathrm{d}y}\Delta y + \frac{1}{2}\frac{\mathrm{d}^2 P}{\mathrm{d}y^2}\Delta y^2 \tag{4B-1}$$

式(4B-1)两边减去 $P(y)$，并将式 $P(y + \Delta y) - P$ 表示为价格变化 ΔP：

$$\Delta P \approx \frac{dP}{dy}\Delta y + \frac{1}{2}\frac{d^2P}{dy^2}\Delta y^2 \quad (4B\text{-}2)$$

$$\frac{\Delta P}{P} \approx \frac{1}{P}\frac{dP}{dy}\Delta y + \frac{1}{2}\frac{1}{P}\frac{d^2P}{dy^2}\Delta y^2 \quad (4B\text{-}3)$$

$$\frac{\Delta P}{P} \approx -D\Delta y + \frac{1}{2}C\Delta y^2 \quad (4B\text{-}4)$$

其中式(4B-4)即正文中的式(4-16)，是从式(4-10)和式(4-14)的离散版本推导出的久期和凸性的定义。

第 5 章

关键利率、部分、局部远期等各种基点价值和久期

在第 4 章中我们假设整个期限结构的变化可以用一个利率因子来描述,该假设在某些情况下可能是方便和合适的,但在跨期限结构的风险敞口管理等使用场景中需要更接近现实的模型。考虑一家人寿保险公司,它的负债到期日分散在未来很多年中。这家保险公司可以假设整个期限结构的利率都会随 10 年期平价利率变化而变化,然后通过购买 10 年期债券来对冲所有债务。但如果在某一特定时期,30 年期利率下降而 10 年期利率保持不变呢?公司负债的现值将增加,资产价值则保持不变,保险公司将经历净损失。

鉴于单因子框架无法可靠地描述整个期限结构的利率变化,市场参与者开发了三种常见的应对策略。第一种是在数据分析和市场分析相结合的基础上,建立多因子期限结构模型。许多主动管理的对冲基金和资产管理公司采用这种方式进行对冲,因为它们本来就需要为投资目的建立这种模型。将在第 9 章中介绍的 Gauss+模型就是这种策略的一个例子。第二种是运用基于不同期限利率之间关系的实证分析进行对冲,第 6 章将给出这种策略的例子。第三种是采取稳健性对冲的策略,无论期限结构如何变化都能达到很好的对冲效果。但该方法没有给主观看法留下多少空间,也不为投资决策提供任何指导。许多资产负债管理者和做市商认为自己从事的业务无需对利率期限结构的变动发表意见,所以他们会选择这条道路,这是本章的主题。

稳健性对冲策略的极端例子是免疫策略,也就是要对冲掉每一笔现金流的风险。一个简单的例子是购买 8 个对应期限的零息票债券,来满足未来 8 个学期的大学学费支付。无论利率和期限结构发生什么变化,到期的零息票债券都能为假定的支付提供资金。但在许多机构的环境中,免疫策略是难以实现的。一个保险公司在太多的未来日期上有太多笔负债,以至于无法为每一笔现金流融资,因此也无法逐个对冲。除了此类计划的运营成本,购买数量相对较少但种类繁多的固定收益证券的交易成本也很可能令人望而却步。

因此，稳健性对冲的可操作的方法是考虑足够数量的因子，以确保在多期限的情景下的可接受业绩，但也要限制因子的数量，以保证可操作性和控制交易成本。本章描述的三种方法，即关键利率基点价值和久期、局部基点价值，以及局部远期基点价值，已被证明在对冲的有效性和实用性、成本之间取得了合理的平衡。本章最后一节简要介绍了多因子风险敞口与投资组合波动率的联系。

5.1 引入关键利率指标的动机

使用多因子模型对冲的主要动机是控制"利率曲线风险"，即利率期限结构出现非平行或不按固定关系移动的风险。图 5-1 利用 2021 年 6 月特定交易日美国国债新券的收益率期限结构变化说明了这一现象（新券是指某个期限上最近发行的债券，通常是各期限上流动性最强的债券）。每条曲线上的每个点代表一个工作日内的美国国债新券收益率的变化。例如，2021 年 6 月 18 日曲线上的 20 年期对应的点显示，从 2021 年 6 月 17~18 日，20 年期美国国债新券的收益率下降了 9.7 个基点。

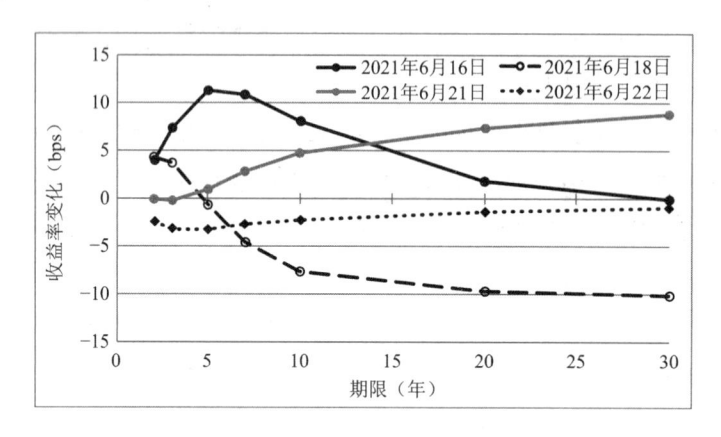

图 5-1　美国国债新券收益率期限结构的变化

注：时间为 2021 年 6 月的特定交易日。

2021 年 6 月 16 日的曲线显示，当天期限结构的曲率发生了重大变化：短期利率上升了一些；中期利率大幅上升；长期利率几乎没有上升。2021 年 6 月 18 日的曲线是期限结构"变平"的一个例子：短期利率上升，中期利率下降了一些，长期利率下降了很多。2021 年 6 月 21 日的曲线则是期限结构"变陡"的例子：短期利率保持不变，而长期利率显著上升。最后，2021 年 6 月 22 日的曲线可以非常粗略地归类为"平行移动"。从图 5-1 的整体来看，在 2021 年 6 月下半个月的这几个交易日内，用第 4 章的单因子指标构建的对冲策略将无法获得可靠的表现。

5.2 关键利率指标概览

关键利率基点价值也可以称为关键利率 DV01，和关键利率久期一样，是基于以下目的被设计出来的：①描述债券投资组合的风险是如何沿期限结构分布的；②如何使用多个债券（通常是各种期限的最具流动性的政府债券）来对冲这些风险。为了介绍这个主题，表 5-1 显示了截至 2021 年 5 月 31 日，"摩根大通（JPM）政府债券基金"（简称"摩根大通基金"）及其基准投资组合"彭博-巴克莱美国政府债券指数"的关键利率久期。表格最后一行的"总久期"与第 4 章中基于收益率的久期有相似的解释。摩根大通基金的总久期为 5.73 年，意味着如果所有期限的平价利率同时下降 100 个基点，基金价值将增加 5.73% 左右。因此摩根大通基金的久期风险低于基准指数，后者的久期为 6.78 年。表格的其他行给出了这两种债券投资组合的关键利率久期。以 5 年期为例，当 5 年期平价利率下降 100 个基点且其他所有期限的平价利率保持不变时，摩根大通基金的价值会增加约 0.80%。同样，根据 20 年期所在行的数据，当 20 年期平价利率下降 100 个基点且其他所有期限的平价利率保持不变时，基准投资组合的价值会增加约 1.67%。

表 5-1 摩根大通政府债券基金及其基准彭博-巴克莱美国政府债券指数的关键利率久期

关键利率	摩根大通政府债券基金（年）	彭博-巴克莱美国政府债券指数（年）
6 个月	0.03	—
1 年	0.11	0.11
2 年	0.19	0.34
3 年	0.40	0.60
5 年	0.80	0.88
7 年	1.19	0.86
10 年	1.31	0.57
20 年	1.05	1.67
30 年	0.65	1.75
总久期	5.73	6.78

注：时间为 2021 年 5 月 31 日。

因此，投资组合的各关键利率久期将其总久期（即其对平价利率平行变化的敏感性）分解为单独的利率久期或投资组合对个别期限平价利率变化的敏感性。与关键利率久期对总久期的分解一致，投资组合的所有关键利率久期之和等于或非常接近于投资组合的总久期。

表中的各关键利率久期详细说明了两种投资组合对不同期限平价利率的风险敞口。摩根大通基金的利率风险在一定程度上集中在 7~20 年期的平价利率上，而基准指数的风险则部分集中在 5~7 年期的平价利率上，并且更多地集中在 20~30 年期的平价利率上。两者的风险敞口存在相对差异的部分原因是，摩根大通基金投资的是美国机构抵押贷款支持证券，这类证券对 7~10 年期的利率特别敏感，而基准指数只包含政府债券。无论如何，由于这些关键利率久期的差异，两种投资组合的表现将随着期限结构的变化而不同。

摩根大通基金报告了表 5-1 中列出的 9 种主要关键利率的风险敞口。指数基金则只报告了 8 种关键利率，不包括 6 个月期利率。所选择的关键利率的数量涉及一种权衡，正如引言所述。如果关键利率的数量太少，期限结构可能会以分析框架无法捕捉到的方式移动。如果数量太多，风险管理就会变得烦琐且昂贵。

除了关键利率的数量，还需要选择关键利率的期限。因为关键利率 DV01 和关键利率久期的设计目的是用数量相对较少的高流动性债券进行对冲，所以最受欢迎的关键利率是那些与国债新券期限相对应的利率。包括美国财政部定期发行的 6 个月期和 1 年期债券，以及可能定期发行的 2 年期、3 年期、5 年期、7 年期、10 年期、20 年期和 30 年期债券等，表 5-1 中的摩根大通基金和指数基金显然也选择了这些最受欢迎的期限。

5.3 关键利率的变化

下一节将使用关键利率指标对 4.8 节介绍的养老基金问题进行分析和对冲。为了保持说明的简单性，并与养老基金的长期负债和对表 4-6 中列出的强生公司债券的投资意向相吻合，这里的分析仅限于 10 年期、20 年期、30 年期和 40 年期的 4 个关键利率。

关键利率的分析框架没有对任何关键利率相对于其他关键利率的变化方式施加限制。但为了在关键利率发生变化后对所有债券进行重新定价，该框架必须规定所有平价利率的变动方式，而不仅仅是关键利率如何变动。为此，关键利率分析做出以下假设：①每一次某个关键利率变动时，所有其他关键利率都保持不变；②关键利率的每一次变动只改变相邻关键利率之间的平价利率；③由于关键利率变动而导致的其他平价利率变化的规律是，利率的变化从变化的关键利率到相邻的关键利率线性下降到零。在本节的例子中，具体的变化方式如图 5-2 所示。

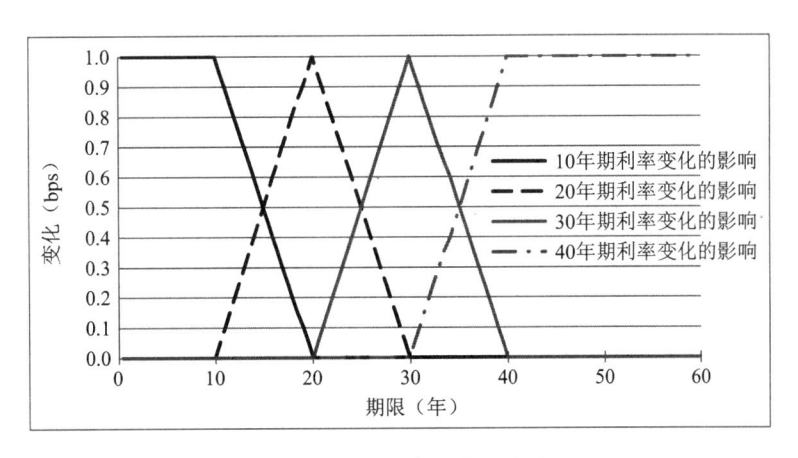

图 5-2 关键利率变化的影响

图中的黑色虚线表示 20 年期关键利率的变化导致的利率期限结构变化，即 20 年期利率变化 1 个基点导致的变化。这一变化对前一个关键利率之前和后一个关键利率之后的平价利率都没有影响，或者说，对期限小于 10 年和期限大于 30 年的平价利率没有影响。但对于 10 年期至 30 年期的利率，这一变化的影响从 20 年期开始呈线性下降。因为相邻的关键利率都相隔 10 年，这意味着每差一年利率变化会下降 0.1 个基点。例如，此次调整将使 19 年期和 21 年期平价利率各提高 0.9 个基点，使 18 年期和 22 年期平价利率分别提高 0.8 个基点，依此类推，11 年期和 29 年期的平价利率各提高 0.1 个基点。最后 10 年期和 30 年期平价利率，也就是相邻的关键利率，各提高 0.0 个基点。

当计算一个债券或投资组合的 20 年期关键利率 DV01 或关键利率久期时，所有的价格都需要在现有的平价收益率曲线随 20 年期关键利率变动后重新计算。图 5-3 中的灰色点线展示了初始的 HQM 公司债券平价收益率曲线，黑色实线展示了刚才描述的 20 年期关键利率变化对该收益率曲线的影响。变化后的整条收益率曲线分为三段，第一段虚线表示 10 年期以下，黑色实线表示 10 年期到 30 年期，第二段虚线表示 30 年期到 60 年期。说句题外话，虽然变化后的平价收益率曲线本身看起来很合理，但这条变化后的曲线所隐含的即期利率和远期利率可能看起来并不那么自然或合理。

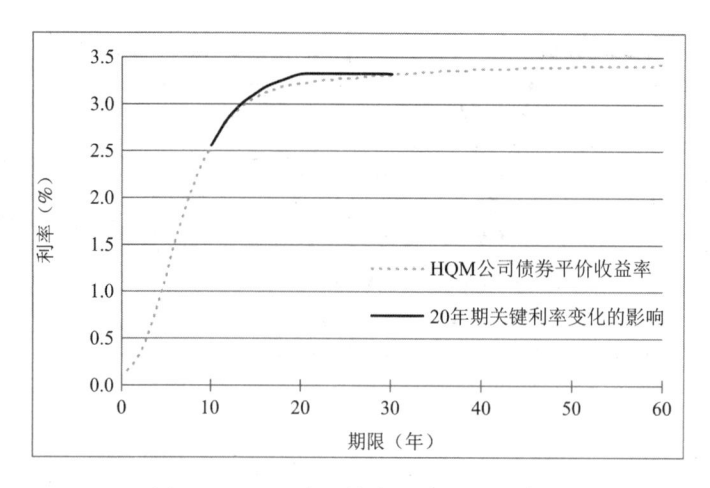

图 5-3　HQM 公司债券平价收益率曲线

注：时间为 2021 年 5 月，20 年期关键利率发生变化和未发生变化的曲线。

图 5-2 中 30 年期关键利率变化的影响与 20 年期利率变化的影响类似。这一变化造成的 30 年期利率变化量为 1 个基点，利率变化量在该期限两边以每年 0.1 个基点的速度线性下降，因为临近的 20 年期和 40 年期关键利率分别相差 10 年。10 年期和 40 年期关键利率的变化影响在结构上有些不同，因为没有小于 10 年或大于 40 年的关键利率。因此，对于期限小于 10 年的所有平价利率，10 年期关键利率变化的影响均等于 1 个基点，而对于期限大于 40 年的所有平价利率，40 年期关键利率变化的影响均等于 1 个基点。

如果图 5-2 中的所有关键利率同时发生 1 个基点的变化，结果将是 1 个基点的利率期限结构的平行变化。对于期限小于或等于 10 年的平价利率，这一点是显而易见的。对于受 10 年期和 20 年期关键利率变化影响的 10～20 年期利率，请注意以下事项。10 年期关键利率变化的影响从 10 年期的 1 个基点开始，每年减少 0.1 个基点。与此同时，20 年期关键利率变化的影响从 10 年期的 0 个基点开始，每年增加 0.1 个基点。因此两个关键利率变化的影响分别增加和减少，使得总变化保持在 1 个基点的水平。使用类似的逻辑很容易看出，所有关键利率的同时变化确实会导致利率期限结构的平行移动。这一观察结果解释了关键利率 DV01 和关键利率久期与第 4 章中的 DV01 和久期的关系：每个关键利率风险敞口都是在保持所有其他关键利率不变的情况下，由该关键利率的变化引起的整体风险敞口的一部分。

本节最后要强调的是，计算关键利率之间平价利率变化的上述假设仅仅是出于方便，而不是为了捕捉市场观测或经验现实。一个明显的事实是，没有理由认为平价利率率会对相邻关键利率的变化做出线性的反应。更微妙的是，平价利率只受相邻关键利率影响的假设也是有限制的。例如，如果 10 年期利率下降，而 20 年期和 30

年期利率保持不变，那 25 年期利率很可能也会发生变化，这样期限结构的整体形态也是合理的。不管怎样，尽管有这些反面证据，这里所描述的关键利率变化的模式已被广泛接受为现实性和操作性之间的明智权衡。

5.4 用关键利率 DV01 和关键利率久期来对冲

不同于第 4 章中的单因子风险指标，关键利率 DV01 和关键利率久期是关于单个利率变化造成的价格变化或价格变化百分比。从数学上看，相对于关键利率 k 的 DV01 和久期定义为：

$$\mathrm{DV01}^k = -\frac{1}{10\,000}\frac{\partial P}{\partial y^k} \tag{5-1}$$

$$D^k = -\frac{1}{P}\frac{\partial P}{\partial y^k} \tag{5-2}$$

这里 $\partial P/\partial y^k$ 表示价格对该关键利率的偏导数。例如，假设强生公司债券"2.10s of 09/01/2040"的价格是 91.220 9 美元，在该价格上它与 HQM 收益率曲线的利差是 0.514%。在 20 年期的关键利率上调 1 个基点后，该债券的价格在相同的利差下跌至 91.079 0 美元。因此，该债券的 20 年期关键利率 DV01 为：

$$\mathrm{DV01}^{20} = -\frac{1}{10\,000} \times \frac{91.079\,0 - 91.220\,9}{0.01\%} = 0.141\,9 \tag{5-3}$$

20 年期关键利率久期是：

$$D^{20} = -\frac{1}{91.220\,9} \times \frac{91.079\,0 - 91.220\,9}{0.01\%} = 15.56 \tag{5-4}$$

表 5-2 是用关键利率指标解决 4.8 节介绍的养老基金资产负债管理问题的初步对冲步骤。表格第二列给出了图 4-10 中养老金负债的关键利率 DV01。养老金负债的现值总额约为 1.4 亿美元，其 DV01 为 232 713 美元。关键利率 DV01 将总的 DV01 分解为 4 个关键利率的风险敞口。10 年期关键利率下降 1 个基点将使负债的现值增加 33 192 美元，20 年期关键利率下降 1 个基点将使负债的价值增加 52 969 美元，依此类推。负债对 10 年期关键利率的风险敞口相对较低，因为从图 4-10 可以明显看出，负债价值在前 10 年增加较慢，而且相对短期的现金流价值对利率的敏感性相对较低。40 年期关键利率变动的风险相对较高，因为与其他变动不同的是，它会影响总共 30 年期限的现金流，即从 30 年期到 60 年期，而且这些长期现金流的价值对利率的敏感性相对较高。

表 5-2　关键利率 DV01 和用平价债券对冲养老金负债

	养老金负债（美元）	2.560s of 05/15/2031	3.215s of 05/15/2041	3.309s of 05/15/2051	3.365s of 05/15/2061
现值/价格	139 786 479	100	100	100	100
10 年期关键利率变化的影响	33 192	0.091 25	0	0	0
20 年期关键利率变化的影响	52 969	0	0.152 82	0	0
30 年期关键利率变化的影响	57 786	0	0	0.195 08	0
40 年期关键利率变化的影响	88 766	0	0	0	0.224 37
总计	232 713	0.091 25	0.152 82	0.195 08	0.224 37
对冲所需面值（百万美元）		36.375	34.661	29.622	39.562

注：截至 2021 年 5 月中旬，平价债券见图 4-10。

为了说明，表 5-2 的其余部分展示了 4 只虚构的债券。在讨论了这些结果之后，我们将继续分析强生公司的债券。这些虚构债券的期限被选择为与关键利率的期限完全匹配，即 10 年期、20 年期、30 年期和 40 年期，它们的票面利率的设定使得它们的价格在 2021 年 5 月的 HQM 平价收益率曲线下都是平价交易的。

在这样设定这些债券的参数后，每一只债券都只会受到与其到期期限相对应的关键利率的影响。例如债券 "2.560s of 05/15/2031" 在 2021 年 5 月 15 日正好是 10 年期平价债券，所以只有当 10 年期平价利率发生变化时，它们的价格才会发生变化。但是，根据建构，20 年期、30 年期和 40 年期关键利率的变动不会改变 10 年期的平价利率。因此，债券 "2.560s of 05/15/2031" 只对 10 年期关键利率变动有风险敞口，而且该关键利率风险敞口就等于该债券的总风险敞口。同样的逻辑也适用于其他 3 种债券，只有当关键利率的期限等于债券的期限时，关键利率 DV01 才不为零。

因为每一种债券都有如此简单的关键利率 DV01 特性，计算养老金负债的关键利率对冲比例也相应地变得简单了。我们将对冲目标设定为购买上述债券的资产组合，以对冲负债的关键利率风险。更具体地说，该资产组合在 10 年期关键利率上必须有 33 192 美元的 DV01 敞口，在 20 年期关键利率上的 DV01 为 52 969 美元，依此类推。但由于唯一对 10 年期关键利率变化有敞口的债券就是 "2.560s of 05/15/2031"，因此对 10 年期关键利率变化的全部敞口必须来自该债券。如果用 F^{10} 表示资产组合中 10 年期债券的票面价值，那么它必须满足：

$$F^{10} \times \frac{0.091\ 25}{100} = 33\ 192\ （美元） \tag{5-5}$$

求解式(5-5)可得，F^{10} 约为 3 637.5 万美元，列于表 5-2 的最下面一行。以类似的方式来计算接下来 3 个关键利率的风险敞口，可以得到如下方程式：

$$F^{20} \times \frac{0.152\,82}{100} = 52\,969\,(\text{美元}) \tag{5-6}$$

$$F^{30} \times \frac{0.195\,08}{100} = 57\,786\,(\text{美元}) \tag{5-7}$$

$$F^{40} \times \frac{0.224\,37}{100} = 88\,766\,(\text{美元}) \tag{5-8}$$

每一个方程都可以单独求解,以得到表中记录的对冲所需票面价值。

总而言之,由于用于对冲的债券都是到期期限与关键利率期限相等的平价债券,因此关键利率对冲方法基本上可以从表 5-2 中读出。养老基金必须购买 DV01 为 33 192 美元的 10 年期平价债券,购买 DV01 为 52 969 美元的 20 年期平价债券,依此类推。通过这种方式,该养老基金就对冲了任何组合的关键利率变化,无须要求这 4 个关键利率按照任何模型或预先确定的模式变化。比如 10 年期关键利率可能上升 8 个基点,20 年期关键利率可能上升 2 个基点,30 年期关键利率可能上升 0 个基点,40 年期关键利率可能上升 2 个基点,该对冲组合的表现应该都会相对较好。当然,需要注意的是,如果关键利率之间的平价利率的变化与图 5-2 所示的变化的形状明显不同,那么对冲表现可能会受到影响。在这个简单的例子中,该问题的影响较大,因为所有期限范围内只有 4 个关键利率,但如果是前面的摩根大通政府债券基金和表 5-1 中的彭博-巴克莱美国政府债券指数的例子,问题则没有那么大,因为它们采用了 30 年的期限内的 8~9 个关键利率。

了解了关键利率对冲的基本知识后,下面我们将表 5-2 中的虚构平价债券替换为表 4-6 中列出的约 10 年期、20 年期、30 年期和 40 年期的强生公司债券。替换后的分析过程见表 5-3。"HQM 利差"一行给出了在 2021 年 5 月中旬每只强生公司债券对 HQM 平价收益率曲线的利差。这些利差都是负的,因为拥有 AAA 评级的强生公司债券的市场利率低于 HQM 平价收益率,后者是信用评级为 AA 和 A 的公司债券的代表性收益率。在任何情况下,当关键利率发生变化时,表中的债券利差都保持不变。养老金负债没有额外的利差,因为根据假设,它们的现值是直接根据 HQM 平价收益率曲线计算出来的。

表 5-3 使用强生公司债券的养老金负债的关键利率 DV01 和对冲

	养老金负债(美元)	1.30s of 09/01/2030	2.10s of 09/01/2040	2.25s of 09/01/2050	2.45s of 09/01/2060
现值/价格	139 786 479	95.357	91.221	88.154	88.157
HQM 利差(bps)	0	−56.4	−51.4	−45.4	−39.2
10 年期关键利率变化的影响	33 192	0.085 77	0.005 97	0.003 93	−0.002 50
20 年期关键利率变化的影响	52 969	0	0.141 91	0.007 07	−0.004 73

（续）

	养老金负债（美元）	1.30s of 09/01/2030	2.10s of 09/01/2040	2.25s of 09/01/2050	2.45s of 09/01/2060
30 年期关键利率变化的影响	57 786	0	0	0.184 94	0.008 71
40 年期关键利率变化的影响	88 766	0	0	0	0.215 48
总计	232 713	0.085 77	0.147 88	0.188 08	0.216 95
对冲所需面值（百万美元）		38.647	37.239	29.306	41.195

注：基于 2021 年 5 月中旬的市场价格，养老金负债详情见图 4-10。

使用虚构平价债券的表 5-2 和使用强生公司债券的表 5-3 之间的主要区别是，后者中强生公司债券的关键利率 DV01 特征更加复杂。在 2021 年 5 月中旬，债券 "1.30s of 09/01/2030" 将在不到 10 年后到期，这意味着只有 10 年期关键利率的变化会影响它的估值。因此关键利率风险完全集中在 10 年期关键利率的变化上。但其他债券也并非刚好在 20 年、30 年和 40 年后到期的债券，也不是平价债券，除了与其到期期限最接近的关键利率，它们在其他关键利率上也有较小的风险敞口，或正或负。

由于每只债券的大部分风险敞口仍然位于最接近其到期期限的关键利率上，表 5-3 中的对冲问题与前面的例子在概念上没有区别。当然，求解对冲投资组合的过程更加烦琐，因为任何关键利率的风险敞口都不能孤立地处理。所有债券都有 10 年期关键利率变化的风险，其中 3 只债券对 20 年期关键利率的变化有敞口，依此类推。因此，需要联立下面的方程（为了可读性对关键利率 DV01 进行了四舍五入）来求解：

$$F^{10}\frac{0.086}{100} + F^{20}\frac{0.006}{100} + F^{30}\frac{-0.004}{100} + F^{40}\frac{-0.003}{100} = 33\ 192\ (\text{美元}) \quad (5\text{-}9)$$

$$F^{20}\frac{0.142}{100} + F^{30}\frac{0.007}{100} + F^{40}\frac{-0.005}{100} = 52\ 969\ (\text{美元}) \quad (5\text{-}10)$$

$$F^{30}\frac{0.185}{100} + F^{40}\frac{0.009}{100} = 57\ 786\ (\text{美元}) \quad (5\text{-}11)$$

$$F^{40}\frac{0.215}{100} = 88\ 766\ (\text{美元}) \quad (5\text{-}12)$$

式(5-9)表示资产组合的 10 年期关键利率 DV01 必须与负债的 10 年期关键利率 DV01 相互抵消。式(5-10)表示对于 20 年期关键利率也是如此，式(5-11)是针对 30 年期关键利率的，式(5-12)是针对 40 年期关键利率的。表 5-3 最后一行给出了上述方程组的近似解，与精确解不完全相同，但肯定相差不大。

5.5 局部基点价值和 PV01

利率互换交易部门绝对属于需要稳健性、多因子对冲框架的市场参与者。这些交易部门大多隶属于互换交易的做市商,其业务涉及定期向客户支付和收取固定利率,同时试图对冲任何剩余的利率风险和利率曲线风险。为了对这些复杂的交易估值,需要从有限数量的不同期限的互换利率出来来构建整条互换利率曲线,用于拟合的利率数量和期限的选择取决于是否有较高流动性的对应利率产品在交易。根据具体应用和主导货币的不同,通常需要使用相当数量的利率,即期限结构上的点才能取得较好的拟合效果,数量可能在 15~25。不管使用哪种模型,互换交易员都经常利用他们构建的互换利率曲线来计算 PV01(代表"1 个基点的现值"的英文缩写)、局部基点价值(局部 PV01)。PV01 是互换市场的标准术语,但它实际上是第 4 章中描述的 DV01 的更一般的概念。在需要区分这种一般概念和基于收益率的 DV01 的情境下,这个术语可能更受青睐,而基于收益率的 DV01 在债券市场上更为常见。⊖

互换投资组合的 PV01 的大致计算步骤为:用当前互换利率曲线计算投资组合的现值;将所有用于拟合的利率调整 1 个基点;重新拟合互换利率曲线;(在新的互换利率曲线下)重新计算现值;用后一个现值减去前一个现值。PV01 的符号约定与 DV01 相同:正数表示在利率下降时投资组合的价值增加。

一个互换投资组合的局部 PV01 是根据它在拟合互换利率曲线时拟合的各个利率分别定义的。为了找到关于特定利率的局部 PV01,也要经过以下步骤:用当前互换利率曲线计算投资组合的现值;改变特定利率的取值并保持所有其他拟合利率不变;重新拟合出互换利率曲线;重新计算现值;用后一个现值减去前一个现值。局部 PV01 的符号约定也遵循前面的符号惯例。

使用关键利率 DV01 的优点和注意事项也适用于局部 PV01。局部 PV01 将整体 PV01 分解为对个别期限互换利率的风险敞口。对冲头寸的构造也很简单:给定一个投资组合相对于特定期限互换利率的局部 PV01,可以通过在互换中接受或支付固定利率来对冲这种风险,互换期限与互换利率的期限对应。在这方面,局部 PV01 的对

⊖ 虽然本节的重点是互换交易,但任何大量交易互换的操作,无论是建立头寸还是对冲,也都可以选择使用局部基点价值完成。一个例子是专门从事互换曲线相对价值交易的对冲基金。另一个例子是,信用对冲基金或资产管理公司通过互换来对冲掉债券头寸的部分或全部利率风险。在这种情况下,使用互换曲线处理所有贴现和利率风险通常是方便的,之后可以通过与互换曲线的利差处理个别发行人和债券的特质风险。

冲实际上比关键利率 DV01 的更简单。因为前者用于对冲的互换总是平价的（详见第 2 章），所以每个期限的局部 PV01 可以独立对冲，就像表 5-2 中用平价债券对冲关键利率风险敞口的简化版例子一样。

关于注意事项，改变一个期限的互换利率并保持所有其他利率不变，然后重新绘制互换利率曲线，可能会导致不合常理的互换利率期限结构，也会导致即期利率和远期利率期限结构的变形。此外，如果曲线拟合方法不够"局部"化，也会带来额外的问题，比如说，如果改变 10 年期互换利率并保持其他利率不变，可能会无意中改变用于拟合的 5 年期利率和 7 年期利率之间的利率。在这种情况下，6 年期互换的现值将意外地显示出对 10 年期互换利率的敏感性，而且尽管 5 年期和 7 年期互换利率被包括在对冲工具当中，但该方法将要求对冲 6 年期互换时不仅要使用 5 年期和 7 年期的互换，还要使用一定数量的 10 年期互换。如果是有意如此，这个结果是有益的，但如果只是曲线拟合方法的副产物，该结果就不是有益的。由于使用局部 PV01 的成功性非常依赖于曲线拟合方法的特性，许多市场参与者都会谨慎地使用稳健的曲线拟合方法，或直接使用"局部远期基点价值"，这是在下一节要介绍的内容。⊖

在结束本节之前，我们简单介绍一下术语 CV01。CV01 表示票面利率或固定互换利率下降 1 个基点导致的互换价值变化。CV01 特别容易计算，因为简单分析就会发现，它与用于互换固定端支付的贴现因子的总和成正比。CV01 和 PV01 在概念上有很大的不同，前者改变的是票面利率，后者改变的是贴现率。但这两者有时会被混用和混淆，可能是因为对于平价互换而言它们实际上是相等的，而平价互换构成了互换交易活动的大部分标的。⊜

5.6　局部远期基点价值

关键利率 DV01 和局部 PV01 使用起来特别方便，因为它们可以直接转化为高流动性工具的对冲比例，比如新发行或接近新发行的美国国债，或者流动性最强的期限的互换，但是这些变化本身并不是很直观。将 10 年期平价利率调整 1 个基点，并不意味着只有利率期限结构中的 10 年期部分发生了变化，而所有其他部分都保持

⊖ 12.3 节对曲线拟合的稳健性进行了简要讨论。
⊜ 要粗略理解这个等式，请注意在式(4-21)中，当曲线是平坦的且利率为 y 时，票面利率每变动 1 个基点（例如美元息票从 2 美元变化到 2.01 美元），债券价格的变化为 $(1/100y)[1-(1+y/2)^{-2T}]$，这与式(4-29)中平价债券的 DV01 完全相同。

不变。调整 10 年期平价利率意味着将所有 10 年期以内的现金流用新的贴现率贴现。此外，如前所述，在保持所有其他平价利率不变的情况下，改变一个期限的平价利率可能暗含着即期利率或远期利率的不合理的变化。相比之下，从利率期限结构形状变化的角度看，局部远期基点价值更容易解释。但它们不像关键利率 DV01 和局部 PV01 那样，能够为使用高流动工具进行对冲提供直观的可视性。

本节使用 2020 年 5 月发行的美国马萨诸塞州韦尔斯利镇的一般义务债券㊀，说明了局部远期基点价值的使用方法。表 5-4 列出了当时发行的首批 9 个债券系列。请注意，由于 0.2 节提到过的税收原因，市政当局通常只发行票面利率为 5%的债券，尽管当时的市场收益率要低得多。

利用表 5-4 中的到期收益率和前面介绍过的分析工具，可以计算远期利率的期限结构，其结果如图 5-4 所示。㊁局部远期基点价值背后的思想是直接改变"局部"，或者说远期期限结构的各个部分。为了说明，本节将远期利率期限结构分成三个局部：1 年期至 2 年期、3 年期至 5 年期、6 年期到 9 年期。作为示例，图 5-4 显示了 3 年期至 5 年期区间的远期利率发生+10 个基点的平移。在实践中，从业者会选择最适合他们业务的局部。例如，一个大量交易短期工具的货币市场交易平台可能在曲线的短期端有很多局部头寸，而在期限更长一端的头寸则很少。而在期限从 1 年到 30 年之间均匀交易的互换交易平台，在短期端可能没有那么多局部头寸，但在曲线的其余部分可能有更多均匀分布的局部头寸。

表 5-4 马萨诸塞州韦尔斯利镇部分一般义务债券的相关参数

到期日	票面价值（美元）	票面利率	到期收益率
2021 年 6 月 1 日	1 175 000	5.00	0.75
2022 年 6 月 1 日	1 205 000	5.00	0.80
2023 年 6 月 1 日	1 210 000	5.00	0.84
2024 年 6 月 1 日	1 225 000	5.00	0.90
2025 年 6 月 1 日	1 235 000	5.00	0.96
2026 年 6 月 1 日	1 250 000	5.00	1.01
2027 年 6 月 1 日	1 255 000	5.00	1.06
2028 年 6 月 1 日	1 265 000	5.00	1.11
2029 年 6 月 1 日	1 270 000	5.00	1.18

注：时间为 2020 年 5 月，票面利率和到期收益率单位为百分比。

㊀ 一般义务债券在绪论中有过讨论。
㊁ 简单起见，这里假设债券每年支付一次息票，而不是每半年支付一次。如果没有这一假设，则必须对每年 9 月 1 日的贴现因子做出其他假设。

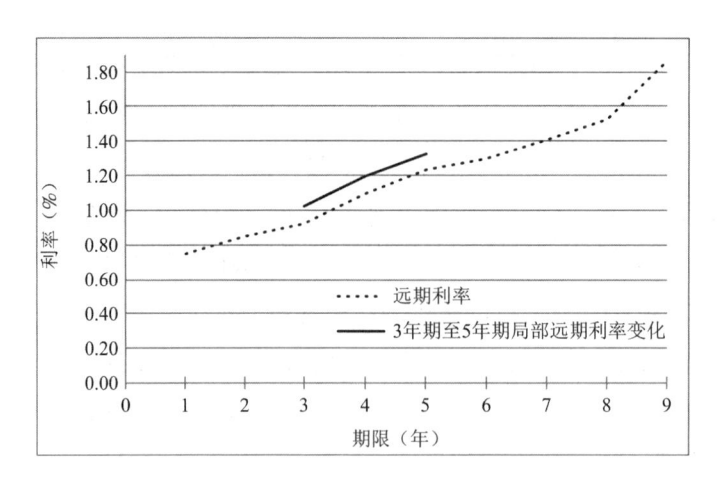

图 5-4　局部远期利率变化对韦尔斯利镇一般义务债券远期利率曲线的影响

注：时间为 2020 年 6 月 1 日，3 年期至 5 年期远期利率变化 10 个基点。

局部远期基点价值的计算步骤跟前面介绍的其他利率风险指标类似：在当前远期利率期限结构下为债券或投资组合定价；将要考察的局部远期利率移动 1 个基点；在新的远期利率期限结构下重新为债券或者投资组合定价；用后一个价格减去前一个价格。局部远期基点价值的符号也遵循通常的符号约定。表 5-5 报告了按照这些步骤计算局部远期基点价值的过程。第二列到第四列给出了三种韦尔斯利镇债券的局部远期基点价值，一种是 2 年期债券，一种是 5 年期债券，一种是 9 年期债券，时间为 2020 年 6 月 1 日。为了说明问题，第五列给出了一只虚构的 9 年期债券的用相同的利率曲线贴现得到的局部远期基点价值。表格的最后一行是所有期限的局部远期基点价值的总和，它给出了远期利率曲线整体向下移动 1 个基点后债券价格的增长量。因此，表中的各局部远期基点价值将这些总风险敞口分解为了对期限结构上各个局部远期利率的敞口。

表 5-5　韦尔斯利镇部分一般义务债券的局部远期风险敞口

(1)	(2)	(3)	(4)	(5)	(6)
	5s of 06/01/2022	5s of 06/01/2025	5s of 06/01/2029	1.205s of 06/01/2029	对冲过的 5s of 06/01/2029
1 年期至 2 年期局部远期利率变化	0.020 99	0.023 24	0.025 78	0.019 72	0.002 39
3 年期至 5 年期局部远期利率变化	0	0.031 12	0.034 92	0.028 62	0.000 98
6 年期至 9 年期局部远期利率变化	0	0	0.039 83	0.036 42	−0.003 37
总计	0.020 99	0.054 37	0.100 53	0.084 7 5	0

注：时间为 2020 年 6 月 1 日，其中 "5s of 06/01/2029" 已经用债券 "1.205s of 06/01/2029" 对冲。

2 年期债券在过去两年没有支付过现金流，因此不受 3 年期至 5 年期和 6 年期至 9 年期远期利率变动的影响。同样，5 年期债券不受 6 年期至 9 年期远期利率变动的影响。正如预期的那样，局部远期基点价值清楚地表示了债券对远期利率期限结构上各个部分的敞口。例如，如果远期利率曲线上 3 年期至 5 年期的远期利率下降 1 个基点，债券"5s of 06/01/2029"的价格会上涨每 100 美元票面价值 3.5 美分。

表 5-5 的第六列可以说明局部远期基点价值在评估利率曲线风险方面的作用。假设一个做市商用流动性较高的虚构债券"1.205s of 06/01/2029"对冲债券"5s of 06/01/2029"的风险，并使用远期利率曲线平行移动的假设，也就是使用表格最后一行的总计。如果要对冲 100 美元票面价值的债券"5s of 06/01/2029"，做市商需要卖出 100 美元 × 0.100 53/0.084 75 = 118.62 美元票面价值的"1.205s"债券。根据定义，这个已对冲的投资组合的总局部远期基点价值为零，但它确实存在利率曲线风险，这可以从表的最后一列中看到。

已对冲的投资组合对每个局部远期利率的风险敞口等于两个债券头寸的风险敞口之和。比如对 1 年期至 2 年期的局部远期利率，投资组合的风险敞口是：

$$100 \times \frac{0.025\,78}{100} - 118.62 \times \frac{0.019\,72}{100} = 0.002\,39 \tag{5-13}$$

其他两个局部远期风险敞口的计算方法类似。从整体上看，已对冲组合的局部远期基点价值分析表明，其前两个风险敞口为正，第三个风险敞口为负，说明如果远期利率曲线变平，做市商的头寸就会亏损。例如，考虑一个具体的远期利率曲线变平的情况，如果 1 年期至 5 年期远期利率上升，而 6 年期至 9 年期远期利率下降，根据远期利率的三个局部变动，做市商的已对冲头寸将会亏损。通过用这种方式量化利率曲线风险，做市商可以选择以一定的代价对冲掉所有利率曲线风险，或者能了解自己在平仓前承担的风险。

使用局部远期基点价值对冲债券或投资组合的风险，与使用关键利率 DV01 对冲的思路是一样的。例如，如果有 5 个局部远期利率，那么就需要 5 个对冲工具。要求解的 5 个未知数是这 5 个对冲工具的票面价值，可以通过 5 个方程让其对应的局部远期基点价值都被对冲为零。虽然这个过程非常直接，但是近似解并不像在使用关键利率 DV01 的情况下那么明显。浏览表 5-5 的第六列并不能找到可以用于对冲剩余的利率曲线风险所需的债券或债券组合的近似数量。相比之下，浏览表 5-3 的第二列表示的关键利率 DV01 的美元价值很容易找到对冲所需的债券的近似数量。

5.7 多因子风险敞口和投资组合波动率

正如本章和第 4 章所讨论的那样，风险度量指标对于量化利率变化对价格的影响和对冲利率风险是有用的。本节要指出的是，这些风险度量指标对于量化投资组合波动率也很有用。

假设一个投资组合的 DV01 为 10 000 美元，利率每年的波动率为 100 个基点。由此可以得出，该投资组合的年波动率为 10 000 美元乘以 100，即 100 万美元。当然，这只是利率波动的单因子计算公式。

而建立多因子风险敞口的动机是，投资组合会以曲线变化的形式受到利率变化的影响，而这些变化并不是完全相关的。下面我们讨论如何在使用两个关键利率的简单多因子的背景下设置量化投资组合的波动率。这些分析很容易被扩展到使用更多关键利率以及局部基点价值和局部远期基点价值的情形。

要用两个关键利率估计投资组合的波动率，可以遵循以下步骤。第一步，用实证方法估计各关键利率变化的波动率及其相关性。第二步，计算投资组合的各关键利率 DV01。第三步，计算投资组合的方差或波动率。为了说明如何进行第三步，用 ΔP 表示投资组合价值的变化，用 Δy_1 和 Δy_2 表示两个关键利率的变化，再假设投资组合的关键利率为 $KR01_1$ 和 $KR01_2$。那么，根据关键利率 DV01 的定义：

$$\Delta P \approx KR01_1 \times \Delta y_1 + KR01_2 \times \Delta y_2 \tag{5-14}$$

此外，分别用 σ_P、σ_1 和 σ_2 表示投资组合价值变化的波动率和两个关键利率变化的波动率，用 ρ 表示关键利率变化之间的相关系数，根据式(5-14)以及方差和标准差的计算规则，可以得到式(5-15)：

$$\sigma_P \approx \sqrt{KR01_1^2 \sigma_1^2 + KR01_2^2 \sigma_2^2 + 2KR01_1 KR01_2 \rho \sigma_1 \sigma_2} \tag{5-15}$$

当然，随着关键利率数量或更一般的因子数量的增加，投资组合的波动率计算需要更多的波动率和相关系数输入。

第 6 章

回归对冲和主成分分析

在第 4 章和第 5 章的风险度量和对冲中，我们假设不同期限的利率变化之间满足预设的关系。这些假设通常是由经济理论、对历史数据的实证分析以及对未来经济和金融发展的看法等因素综合决定的。本章介绍了明确依赖历史数据的确定方法。但如果把第 4 章和第 5 章的技巧归纳为主观的，而把本章的方法归纳为客观的，那就过于简单化了。实证分析也是需要假设的，例如在分析中使用的利率或变量的数量、所选择的特定利率或工具，以及用于估计参数的历史数据的时间段。

本章第一节将介绍单变量回归对冲，以及其在 40 年期强生公司债券与 30 年期美国国债对冲案例背景下的应用。第二节将描述一个双变量回归对冲的例子，涉及 20 年期美国国债对 10 年期和 30 年期美国国债的相对价值交易。第三节和第四节讨论了在回归对冲中可能出现的另外两个问题，即回归变量应该用水平值还是变化值，以及反向回归的问题。

在实践中使用回归对冲有一个概念上的问题，那就是不同的回归方程本质上是一个个不同的利率期限结构模型，具有不同的基础假设。例如，考虑一个交易部门的经理，发现该部门其中一些交易员使用单变量回归，另一些使用双变量回归；或者一些使用 1 个月频率的历史数据估计回归参数，另一些使用 6 个月频率的历史数据估计回归参数，这些都可能会得到不一样的结果。

本章的最后部分介绍了一种描述整个期限结构如何演变的统一实证模型，即主成分分析（PCA）。主成分分析既提供了一种实证对冲方法，可以用于整个期限结构中，也提供了对期限结构如何随时间变化的易于解释的描述。虽然对 PCA 的介绍往往是高度数学化的，但本章已经做出了很大的努力，使相关材料可以被更广泛的受众理解。

6.1 单变量回归对冲

考虑一个做市商或相对价值交易者，他在 2021 年 5 月 14 日购买了 1 亿美元票面价值的强生公司债券 "2.450s of 09/01/2060"，并通过出售美国国债 "1.625s of 11/15/2050" 来对冲由此产生的利率风险。因为市场上没有 40 年期的美国国债，所以到期期限约 30 年的美国国债 "1.625s of 11/15/2050" 是用于对冲的最佳选择。表 6-1 给出了这两种债券的票面利率、到期日、收益率和 DV01，以及下一节将引用的另外两种债券的票面利率、到期日、收益率和 DV01。

表 6-1 强生公司债券和部分美国国债的收益率和基于收益率的 DV01

发行人	债券	收益率	DV01
强生公司债券	2.450s of 09/01/2060	2.962	0.212 4
美国国债	0.875s of 11/15/2030	1.601	0.084 7
美国国债	1.375s of 11/15/2040	2.246	0.144 6
美国国债	1.625s of 11/15/2050	2.364	0.191 0

注：日期为 2021 年 5 月 14 日，收益率单位为百分比。

交易员可以根据第 4 章中介绍的方法，利用 DV01 来选择对冲中所需的美国国债的票面价值。在本例中，交易员可以卖出票面价值 1 亿美元 × 0.212 4/0.191 0，即 1.112 亿美元的美国国债。然而，正如第 4 章所讨论的，这种对冲假设强生公司债券和美国国债的收益率同时上升或下降，但由于强生公司债券的价格反映的相对于美国国债的利差在不断变化，而且正如第 5 章所强调的，40 年期利率和 30 年期利率并不是完全相关的，因此有充分的理由质疑在这种情况下收益率平行变化的假设是否合理。

图 6-1 中的散点图显示了从 2021 年 1 月 19 日到 5 月 14 日，强生公司债券相对于美国国债收益率的每日变化，对应了对冲日期前大约 4 个月的窗口期。图中的直线是通过数据拟合得到的回归线，也是本节要讨论的对象。这个图形隐含了两个重要信息。第一，两者的变化之间的关系有很多种形态。美国国债收益率的变化幅度有时更大，例如图中的点(-18.2, -11.1)；有时候则更少，例如图中的点(-3.3, -7.7)；两者有时甚至是相反的方向，例如点(2.0, -2.2)。第二，从曲线的斜率看，两者变化之间的平均相关关系小于一比一的对应关系，也就是，强生公司债券收益率的变化幅度往往小于美国国债收益率的变化幅度。

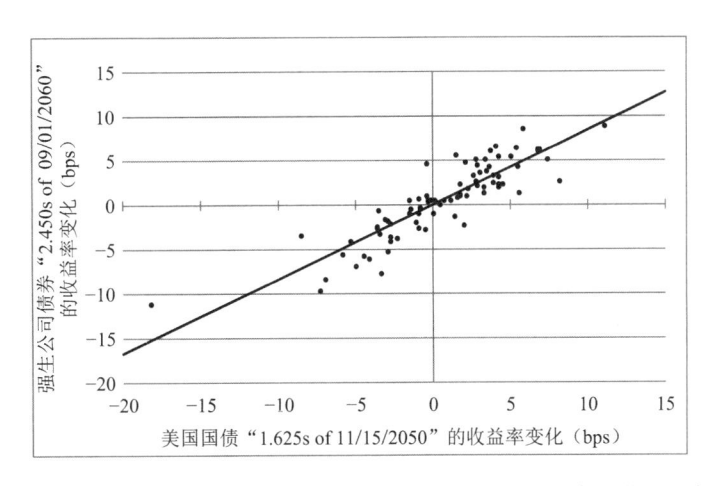

图 6-1 强生公司债券日收益率变化对美国国债日收益率变化的回归

注：回归窗口期为 2021 年 1 月 19 日至 5 月 14 日，债券为强生公司债券"2.450s of 09/01/2060"和美国国债"1.625s of 11/15/2050"。

图 6-1 隐含地假设，与实证中的对冲关系最大的是最近一段时间的数据。这种假设通常是合理的，但在某些时候和情况下，更早时期的数据似乎更具相关性。例如，如果预计美联储即将加息，而最近一段时间美联储都维持利率不变或下调利率，那么过去发生的类似事件可能对未来的影响更大。选择观察或估计的窗口期长度也是回归对冲技术的一部分。窗口期过短可能无法提供统计上可靠的估计值，而窗口期过长则可能包含一些不太相关的历史数据。

根据图 6-1 中的实证结果，交易员很可能会选择：①调整对冲比率，以反映收益率变化之间小于一比一的关系；②衡量变化之间的关系在其平均关系周围的波动，以更好地理解已对冲头寸的风险。回归分析是实现这两个目标的有效工具。

设 $\Delta y_t^{\mathrm{JNJ}}$ 和 Δy_t^{30} 分别为强生公司债券和 30 年期美国国债在第 t 日的收益率变化。将两个变化联系起来的回归模型是：

$$\Delta y_t^{\mathrm{JNJ}} = \alpha + \beta \Delta y_t^{30} + \epsilon_t \tag{6-1}$$

式(6-1)表示"因变量"（这里是强生公司债券收益率的变化）等于一个常数，也就是截距 α，加上斜率 β 乘以"自变量"（这里是 30 年期美国国债收益率的变化），再加上误差项 ϵ_t。截距和斜率参数是从数据中估计出来的，具体方法后面会略做解释。这些参数的估计值分别用 $\hat{\alpha}$ 和 $\hat{\beta}$ 表示，可以用于预测。用第 t 日美国国债收益率的变化预测当日强生公司债券收益率的变化（记为 $\Delta \hat{y}_t^{\mathrm{JNJ}}$）的公式为：

$$\Delta \hat{y}_t^{\mathrm{JNJ}} = \hat{\alpha} + \hat{\beta} \Delta y_t^{30} \tag{6-2}$$

当天的已实现误差或残差 $\hat{\epsilon}_t$ 由下式决定：

$$\hat{\epsilon}_t = \Delta y_t^{\mathrm{JNJ}} - \hat{\alpha} - \hat{\beta} \Delta y_t^{30} \tag{6-3}$$

$$= \Delta y_t^{\mathrm{JNJ}} - \Delta \hat{y}_t^{\mathrm{JNJ}} \tag{6-4}$$

例如，假设估计得到的截距和斜率参数分别为 0 和 0.84，当期美国国债收益率变化了 18.2 个基点，那么，由式(6-2)可知，强生公司债券收益率的预期变化为 $0 + 0.84 \times (-18.2) = -15.3$ 个基点。此外，如果强生公司债券的实际变化是 11.1 个基点，那么根据式(6-3)或式(6-4)，已实现误差或残差是 $-11.1 - (-15.3) = 4.2$ 个基点。在图 6-1 中，这个残差可以看作从数据点(18.2, 11.1)到回归线的垂直线的距离。

未知参数 $\hat{\alpha}$ 和 $\hat{\beta}$ 的最小二乘估计值是使观测期内残差平方和达到最小值的参数估计值：

$$\sum_t \hat{\epsilon}_t^2 = \sum_t (\Delta y_t^{\text{JNJ}} - \hat{\alpha} - \hat{\beta} \Delta y_t^{30})^2 \tag{6-5}$$

等式两边的等价性可由式(6-3)得出。使用误差的平方可以确保相互抵消的正误差和负误差不会被认为是可以接受的零误差，而相对于绝对值较小的误差而言，绝对值较大的误差会受到更严重的惩罚。

最小二乘估计假设回归模型是因变量和自变量动态的真实描述；且不同时间的误差具有相同的概率分布，它们彼此独立并且与自变量不相关。⊖

在这些假设下，最小二乘法得到参数估计是线性的、无偏的、一致的和有效的。最小二乘估计在许多统计软件包和电子软件中都可以直接使用。表 6-2 给出了使用图 6-1 所示的数据来估计式(6-1)的参数的典型结果。斜率系数的估计值 $\hat{\beta}$ 为 0.842，这意味着平均而言强生债券收益率的变化仅为美国国债收益率变化的 0.842 倍，这与平行变化的情形明显不同。截距 $\hat{\alpha}$ 的估计值与零相差不大，用专业术语说就是不显著异于零，这是这类回归的典型情况。从经济解释的角度来看，如果在较长一段时间内美国国债的收益率没有变化，而强生公司债券收益率的变化却是正的或负的，这会很奇怪。图 6-1 中的直线为拟合回归线，即将式(6-2)中的系数用其估计值代替：

$$\Delta \hat{y}_t^{\text{JNJ}} = 0.060 + 0.842 \Delta y_t^{30} \tag{6-6}$$

表 6-2 还给出了截距和斜率系数的标准误差，它们提供了真实值位于估计值周围的置信区间：每个估计值的正负两个标准误差的区间中，在大约 95% 的情况下会包含真实参数值。在上述回归中，截距 $\hat{\alpha}$ 的置信区间为 $0.060 \pm 2 \times 0.223$，即 $(-0.386, 0.446)$ ⊜，斜率 $\hat{\beta}$ 的置信区间为 $0.842 \pm 2 \times 0.051$，即 $(0.740, 0.944)$。因此，由于截距估计值的置信区间包零，所以 $\alpha = 0$ 的假设在 95% 的置信度下不能被拒绝。但是，由于斜率估计值的置信区间不包括 1，所以 $\beta = 1$ 的假设在 95% 的置信度下可以被拒绝。因此，这两种债券收益率发生平行变化的假设也被数据拒绝了。

⊖ 线性估计量对于因变量的观测值而言是线性的。一个参数的无偏估计量的期望值等于该参数的真实值。在有足够多数据的情况下，一个参数的一致估计量会变得收敛于该参数的真实值。有效估计量具有最小的可能方差。

⊜ 此处原书疑有误，应为(-0.386, 0.506)。——编者注

表 6-2 报告的回归的 R^2 为 77.5%，这意味着收益率变化的 77.5% 可以用该模型解释，换句话说，可以用 30 年期美国国债收益率的变化解释。在单变量回归中，R^2 只是因变量和自变量之间相关系数的平方，这里的相关系数为 $\sqrt{77.5\%}$ 或 88.0%。这一统计数据远低于 1.0，这表明，在这种情况下，对冲并没有接近于消除所有的利率风险。

表 6-2 强生公司债券日收益率变化对美国国债日收益率变化的回归结果

观测点数量	82	
R^2	77.5%	
标准误差（bps）	2.00	
回归系数	回归值	标准误差
截距（$\hat{\alpha}$）	0.060	0.223
30 年期美国国债收益率变化（$\hat{\beta}$）	0.842	0.051

注：回归窗口期为 2021 年 1 月 19 日至 5 月 14 日，债券为强生公司债券 "2.450s of 09/01/2060" 和美国国债 "1.625s of 11/15/2050"。

表 6-2 中值得讨论的其他统计量包括回归的标准误差，该统计量本质上是已实现误差或残差的标准差，正如式(6-3)和式(6-4)所定义那样。⊖ 标准误差衡量了模型对数据的拟合程度，它的单位与因变量相同，在前面的例子中都是基点。因此，粗略地说，用美国国债收益率的每日变化解释强生公司债券收益率的每日变化的误差的标准差为两个基点。这个统计数据在描述基于回归的对冲的风险时特别有用，就像现在讨论的例子那样。

表 6-2 中的所有结果均为样本内结果，也就是说，它们是从用于估计回归模型的特定样本数据中计算出来的。依靠这些回归结果进行对冲依赖的假设是，未来数据的关系将跟这个特定的历史时期非常类似。这一假设的成功或失败之处将在本节的最后讨论。

现在让我们再回头看看回归对冲。假设美国国债收益率每变化 1 个基点，强生公司债券收益率就恰好发生 $\hat{\beta}$ 个基点的变化。设 F^{JNJ}、$DV01^{JNJ}$、F^{30} 和 $DV01^{30}$ 分别表示强生公司债券和 30 年期美国国债的票面价值和 DV01。如果收益率发生变化，则对冲头寸应该满足：

$$F^{JNJ}\frac{DV01^{JNJ}}{100}\hat{\beta} + F^{30}\frac{DV01^{30}}{100} = 0 \tag{6-7}$$

$$F^{30} = -F^{JNJ}\frac{DV01^{JNJ}}{DV01^{30}}\hat{\beta} \tag{6-8}$$

将具体数字代入，需要对冲的强生公司债券的票面价值是 1 亿美元，DV01 可以

⊖ 标准误差实际上是残差平方和除以观测数减 2，而标准差是除以观测数减 1。注意，如果对一个常数回归，由于构造的原因，残差的平均值就是 0。

从表 6-1 中查询，$\hat{\beta}$可以从表 6-2 中得到，代入上式可得：

$$F^{30} = -1\text{亿美元} \times \frac{0.2124}{0.1910} \times 0.842 = -93.6\text{百万美元} \quad (6\text{-}9)$$

使用基于收益率的 DV01 的对冲强生公司债券所需美国国债面值在前面已经计算过了，在斜率系数为 0.842 时为 1.112 亿美元。式(6-9)的回归对冲得到的结果为卖出 9360 万美元，反映了强生公司债券收益率的波动不如 30 年期美国国债收益率的波动大的事实。因此，只需要出售较少数量的美国国债就能够对冲强生公司债券的利率风险。

回归对冲的结果有时也会用"风险权重"来描述。重新排列式(6-7)或式(6-8)中的项，可以得到：

$$\frac{-F^{30} \times (\text{DV01}^{30})/100}{F^{\text{JNJ}} \times (\text{DV01}^{\text{JNJ}})/100} = \hat{\beta} = 84.2\% \quad (6\text{-}10)$$

等式左侧是用于对冲的债券的 DV01 除以待对冲债券的 DV01。基于收益率的 DV01 对冲的风险权重总是 100%，因为交易双方的 DV01 从构建意义上看是相等的。但在这种回归对冲中，美国国债的 DV01 仅为强生公司债券 DV01 的 84.2%。一般而言，如式(6-10)所示，回归对冲的风险权重正好等于估计的斜率系数，即本例中的$\hat{\beta}$。

使用回归对冲最有力的论据实际上不是前面提到的债券收益率会完全按照回归模型变化的假设。要明白背后的原因，可以将已对冲仓位的损益（P&L）写为：

$$\text{P\&L} = -F^{\text{JNJ}} \frac{\text{DV01}^{\text{JNJ}}}{100} \Delta y_t^{\text{JNJ}} - F^{30} \frac{\text{DV01}^{30}}{100} \Delta y_t^{30} \quad (6\text{-}11)$$

其中，负号反映了正的票面价值与正的收益率变化（即增加）的组合会降低总损益的事实。可以看到，式(6-8)中的回归对冲比例实际上是使式(6-11)中损益的方差最小的比例。具体证明过程请参阅附录 6A。换句话说，如果将损益的方差当作一个合适的风险度量指标，回归对冲可以让已对冲头寸的风险最小化。

附录 6A 还推导了回归对冲损益的标准差。用$\sigma_{\text{P\&L}}$表示这个标准差，用σ_ϵ表示残差的标准差。那么两者应该满足：

$$\sigma_{\text{P\&L}} = \left| F^{\text{JNJ}} \frac{\text{DV01}^{\text{JNJ}}}{100} \right| \sigma_\epsilon \quad (6\text{-}12)$$

其中| |是绝对值的符号，因此无论初始头寸是多头（F^{JNJ}为正）还是空头（F^{JNJ}为负），标准差都是正的。可以看到，对冲头寸的损益等于被对冲头寸的 DV01 乘以回归残差的标准差。直观地说，如果在任何一天，强生公司债券的收益率变动等于 0.842 个基点乘以美国国债收益率的变动，那么这一天的已对冲组合损益恰好为零。但如果残差是 1 个基点，那说明强生公司债券的收益率比后者多增加了 1 个基点，已对冲头寸就损失了强生公司债券的 DV01；如果残差为–2 个基点，则已对冲头寸

的收益等于强生公司债券 DV01 的两倍,依此类推。因此,对冲的波动率与残差的变化性成正比。

将式(6-12)应用到前面的案例中,强生公司债券头寸的 DV01 为 1 亿美元×0.212 4/100,即 212 400 美元,回归的标准误差为每天两个基点,如表 6-2 所示。因此,样本中已对冲头寸损益的标准差为 212 400 美元×2,也就是每天 424 800 美元。该风险是否过大,取决于交易员购买强生公司债券并进行对冲的收益多少和收益速度。如果交易员可以获得 5 个基点的收益,并只需持有该头寸一天,那么每天 2 个基点的标准差很可能代表合理的风险回报权衡。而如果交易员只能赚到 1.5 个基点的收益,并需要持有该头寸一周,那么从风险回报的角度来看,每天 2 个基点的标准差可能会让交易员放弃该交易。

本节最后介绍估计回归模型的"样本外"分析。图 6-2 显示的回归线是根据表 6-2 中的估计绘制的,与图 6-1 中的回归线相同,但图 6-2 中的加号表示的是在 2021 年 5 月 17 日至 7 月 19 日期间的收益率变化。可以看到,根据 2021 年 1 月 19 日至 5 月 14 日这一较早时期的数据估计的回归模型,在解释稍后的收益率时也相当有效。事实上,样本外数据相对于初始回归线的残差标准差只有 1.5 个基点,小于样本内数据的残差标准差。在 2021 年 5 月 14 日进行对冲的交易员,当然不能进行这种分析。但是其他的样本外测试可以提供信息。交易员可能会看到回归模型在预估期之外的一段时间内的表现,可能是在预估期之前的一段时间,也可能是更早的但更有可能接近未来情形的一段时间。在任何情况下,糟糕的样本外表现都应该引起注意,比如关于回归系数随时间的稳定性问题以及由此产生的对冲的可靠性问题。

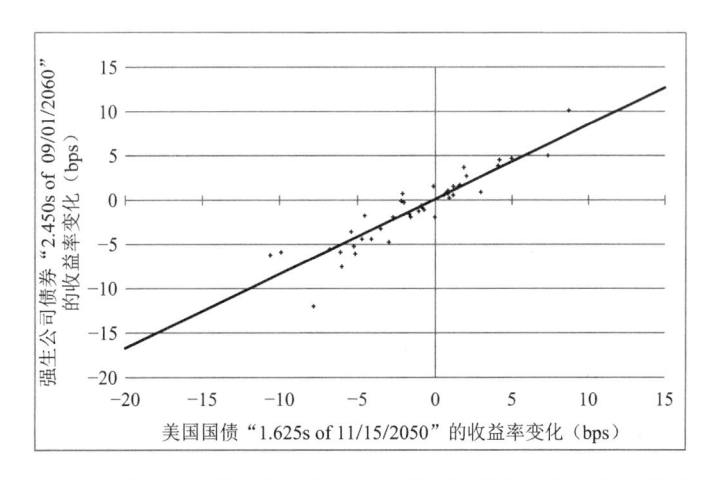

图 6-2 强生公司债券收益率变化和美国国债收益率变化的关系

注:2021 年 5 月 17 日至 7 月 19 日,强生公司债券"2.450s of 09/01/2060"和美国国债"1.625s of 11/15/2050"的收益率变化,回归线根据 2021 年 1 月 19 日至 5 月 14 日期间的数据估计得到。

6.2 双变量回归对冲

第 5 章的对冲方法是第 4 章对冲方法的多变量推广，可以处理利率期限结构上不同利率之间不完全相关的问题。同样，引入双变量回归对冲也是为了解释这样一个事实：一种债券的收益率变化可能需要用另外两种债券的收益率变化才能更好地解释，而不是像单变量回归假设的那样只需要用一种债券的收益率变化就能解释。

为了说明双变量回归对冲的具体过程，假设有一位相对价值交易员，他认为与 10 年期和 30 年期美国国债相比，20 年期美国国债的收益率过高或者说价格过低。该交易员可以采用直接购买 20 年期美国国债的投资策略来利用自己的判断，但这样交易的风险太大：如果各期限利率全面上升，即使交易员是对的，也就是说，即使 20 年期美国国债的表现确实好于 10 年期和 30 年期美国国债，该交易员也会赔钱。但如果购买 20 年期美国国债的同时出售 10 年期美国国债来对冲利率风险，也会承担太多与交易理念无关的风险：如果收益率曲线变陡（比如 30 年期美国国债的收益率增长量超过 20 年期美国国债的收益率增长量，而 20 年期美国国债的收益率增长量又超过了 10 年期美国国债），即使 20 年期美国国债表现更好，交易也可能赔钱。最后，对于购买 20 年期美国国债并用 30 年期美国国债对冲风险的策略而言，如果收益率曲线变平坦，即使 20 年期美国国债表现更好，也可能赔钱。在实践中，该交易员可能需要用某种"蝶式"组合来实现自己的交易理念，买入 20 年期美国国债并同时卖出 10 年期和 30 年期美国国债：这两个空头头寸都是为了抵御利率普遍上调的风险；10 年期美国国债空头可以防范利率曲线变平的风险；30 年期美国国债空头可以防范利率曲线变陡的风险。交易员的问题就变成了选择卖空 10 年期和 30 年期美国国债的合适票面价值，我们以 1 亿美元票面价值的 20 年期美国国债的对冲来说明这个问题。

在这个例子中，交易员可以选择表 6-1 中列出的三种美国国债：20 年期美国国债 "1.375s of 11/15/2040"、10 年期美国国债 "0.875s of 11/15/2030"，以及 30 年期美国国债 "1.625s of 11/15/2050"。这些债券收益率变化的双变量回归模型为：

$$\Delta y_t^{20} = \alpha + \beta^{10} \Delta y_t^{10} + \beta^{30} \Delta y_t^{30} + \epsilon_t \tag{6-13}$$

这里各项的含义跟单变量回归类似，但有两个斜率系数，分别描述了 20 年期美国国债收益率的变化与 10 年期美国国债和 30 年期美国国债收益率变化的关系。

继续使用单变量回归的思路，用最小二乘法估计确定回归系数，通过使残差平方和最小来得到各系数的估计值：

$$\sum_t \left(\Delta y_t^{20} - \hat{\alpha} + \hat{\beta}^{10}\Delta y_t^{10} + \hat{\beta}^{30}\Delta y_t^{30}\right)^2 \tag{6-14}$$

根据这些系数的估计值，20 年期利率变化量的预测值是：

$$\Delta \hat{y}_t^{20} = \hat{\alpha} + \hat{\beta}^{10}\Delta y_t^{10} + \hat{\beta}^{30}\Delta y_t^{30} \tag{6-15}$$

表 6-3 给出了用 2021 年 1 月 19 日至 5 月 14 日的数据估计的回归结果。可以看到，R^2 和表 6-2 中单变量回归的 R^2 相比高了不少，部分原因是使用了两个解释变量，而不是一个。另一部分原因是这个回归中的所有债券都是美国国债，而单变量回归中混合了公司债券和美国国债。这里的标准误差也明显更低，约为每天 1.15 个基点，而且与这类回归的通常情况一样，$\hat{\alpha}$ 的估计值很小，或者说不显著异于零。

表 6-3　20 年期美国国债日收益率变化对 10 年期和 30 年期美国国债的回归结果

观测点数量	82	
R^2	94.7%	
标准误差	1.15	
回归系数	回归值	标准误差
截距（$\hat{\alpha}$）	0.019	0.129
10 年期美国国债收益率变化（$\hat{\beta}^{10}$）	0.465	0.068
30 年期美国国债收益率变化（$\hat{\beta}^{30}$）	0.669	0.067

注：回归窗口期为 2021 年 1 月 19 日至 5 月 14 日，三只债券分别为 20 年期美国国债 "1.375s of 11/15/2040"、10 年期美国国债 "0.875s of 11/15/2030" 和 30 年期美国国债 "1.625s of 11/15/2050"。

斜率系数表明，10 年期美国国债收益率每上升 1 个基点，20 年期美国国债收益率就会增加 0.465 个基点；30 年期美国国债收益率每上升 1 个基点，20 年期美国国债收益率就会增加 0.669 个基点。这两个系数的 95% 置信区间分别为 (0.329,0.601) 和 (0.535,0.803)，两个系数均显著异于零，也就是说，后两种美国国债的收益率变化有助于解释 20 年期美国国债收益率的变化。

要根据上述回归结果推导双变量对冲比率，可以将已对冲投资组合的损益（P&L）写为：

$$\text{P\&L} = -F^{20}\frac{\text{DV01}^{20}}{100}\Delta y_t^{20} - F^{10}\frac{\text{DV01}^{10}}{100}\Delta y_t^{10} - F^{30}\frac{\text{DV01}^{30}}{100}\Delta y_t^{30} \tag{6-16}$$

然后将式(6-15)中的 Δy_t^{20} 代入上式，整理得到 P&L：

$$\text{P\&L} = \left[-F^{20}\frac{\text{DV01}^{20}}{100}\hat{\beta}^{10} - F^{10}\frac{\text{DV01}^{10}}{100}\right]\Delta y_t^{10} + \\ \left[-F^{20}\frac{\text{DV01}^{20}}{100}\hat{\beta}^{30} - F^{30}\frac{\text{DV01}^{30}}{100}\right]\Delta y_t^{30} \tag{6-17}$$

接下来，假设 20 年期美国国债收益率的变化遵循双变量回归模型，为了确保总损益为零，式(6-17)中两个中括号内的每一项均需为零。即：

$$F^{10} = -F^{20} \frac{\text{DV01}^{20}}{\text{DV01}^{10}} \hat{\beta}^{10} \qquad (6\text{-}18)$$

$$F^{30} = -F^{20} \frac{\text{DV01}^{20}}{\text{DV01}^{30}} \hat{\beta}^{30} \qquad (6\text{-}19)$$

或者以风险权重的形式表示为：

$$\frac{-F^{10} \times \text{DV01}^{10}}{F^{20} \text{DV01}^{20}} = \hat{\beta}^{10} \qquad (6\text{-}20)$$

$$\frac{-F^{30} \times \text{DV01}^{30}}{F^{20} \text{DV01}^{20}} = \hat{\beta}^{30} \qquad (6\text{-}21)$$

假设需要对冲的 20 年期美国国债的票面价值为 1 亿美元，用表 6-1 中各债券的 DV01 替换表 6-3 中的回归结果，可以得到对冲所需的 10 年期美国国债的票面价值和风险权重分别为 7 944 万美元和 46.5%，所需 30 年期美国国债的票面价值和风险权重分别为 5 069 万美元和 66.9%。两者的风险权重之和为 113.4%，说明对冲头寸的 DV01 比被对冲头寸的 DV01 大了 13.4%。这与回归系数中的斜率系数直接相关：10 年期和 30 年期美国国债收益率同时发生 1 个基点的变化，会造成 20 年期美国国债收益率上升 1.134 个基点。因此，用于对冲的投资组合需要额外增加 13.4% 的 DV01。

图 6-3 比较了表 6-3 中回归的样本内残差和样本外残差。样本外残差表现得非常好，事实上，比样本内残差表现得更好：样本内的标准误差为 1.15，样本外的标准误差仅为 0.70。但千万别误会，现实中交易员并不总会这么幸运！

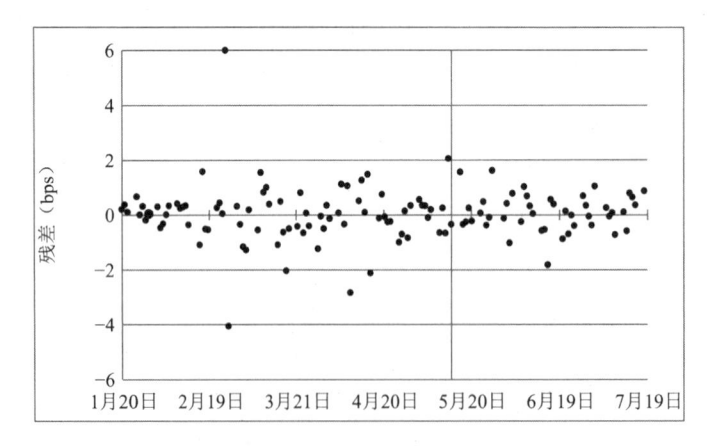

图 6-3 双变量回归的样本内残差和样本外残差

注：使用表 6-3 中的回归系数计算，样本内数据来自 2021 年 1 月 19 日至 5 月 14 日，样本外数据来自 2021 年 5 月 17 日至 7 月 19 日。

6.3 水平量回归与变化量回归

在估计基于回归的对冲比率时,大多数从业人员用收益率的变化量对收益率的变化量回归,就像前一节的那些例子一样,但也有一些人会直接用收益率对收益率回归。从数学上看,在单变量情况下,因变量y和自变量x的水平量对水平量的回归方程为:

$$y_t = \alpha + \beta x_t + \epsilon_t \tag{6-22}$$

而变化量对变化量的回归方程则为:○

$$y_t - y_{t-1} = \beta(x_t - x_{t-1}) + \epsilon_t - \epsilon_{t-1} \tag{6-23}$$

$$\Delta y_t = \beta \Delta x_t + \Delta \epsilon_t \tag{6-24}$$

如果前面提到的最小二乘估计的相关假设适用于水平量的模型式(6-22),那么它们也适用于变化量的模型式(6-24),并且两个模型的最小二乘估计都是无偏的、一致的和有效的。然而,如果关于对误差项的独立性假设在任何一个模型中被违反,则该模型的最小二乘估计可能就不是有效的,但它们仍然是无偏的和一致的。

为了讨论误差项独立假设背后的经济学解释,设$\alpha = 0$、$\beta = 1$,y和x是两种不同债券的收益率。进一步假设x债券的收益率恒定为5%,而y债券昨天的收益率是1%。式(6-22)中的水平量回归模型预测,y债券今天的收益率将是5%,尽管昨天只有1%。但更有可能发生的情况是,今天y债券的收益率将更接近于1%而不是5%,或者说今天的模型误差值将更接近昨天的误差值,即-4%,而不是零。换句话说,水平量回归的误差项不太可能彼此独立,而更有可能具有一定连续性,即是随时间相关的或"序列相关"的。

在同样的情形下,由于x债券的收益率变化量为零,故根据式(6-24)中的变化量对变化量回归的预测,y债券的收益率变化量也为零,所以其收益率将保持1%不变。虽然比回归模型预测的y债券的收益率突然跳升至5%的水平量更可信,但现实中y债券的收益率更有可能从当前的1%逐步变为模型预测值5%。因此,变化量对变化量回归中的误差项可能在一段时间内都是正的,因此也存在序列相关。

上述讨论导向一个替代模型,在刚才讨论的场景中,该替代模型可以捕捉到y债券的收益率逐渐从1%变为5%的过程。在水平量对水平量回归模型的基础上,假设误差项的动态服从:

$$\epsilon_t = \rho \epsilon_{t-1} + \upsilon_t \tag{6-25}$$

○ 虽然在变化量对变化量的回归中通常会包含一个常数项,但出于便于解释的目的,这里省略了常数项。

其中$\rho < 1$。在这个模型中，假设$\rho = 75\%$，那么误差项会从昨天的-4%变为今天的75%乘以-4%，即-3%，因此今天y债券的预期收益率为2%。这样，式(6-25)中的误差结构将y债券的收益率从初始值1%逐步推高到模型值，即x债券的5%的收益率。许多统计课本中都给出了用式(6-25)中的误差结构估计式(6-22)的具体过程。

6.4 反向回归

在6.1节中，交易员用强生公司债券"2.450s of 09/01/2060"（DV01为0.212 4）的收益率变化对美国国债"1.625s of 11/15/2050"（DV01为0.191 0）的收益率变化做回归，得到的回归系数为0.842，所以根据回归对冲的计算结果，要对冲票面价值为1亿美元的强生公司债券，需要卖出1亿美元×(0.212 4/0.191 0)×0.842，即9 360万美元的美国国债。

如果另一个交易员进行了反向回归，也就是用美国国债收益率的变化对强生公司债券收益率的变化进行回归，结果会怎样？表6-4比较了正向回归和反向回归的斜率系数和标准差。反向回归的回归系数$\hat{\beta}$为0.921，说明第二个交易员可以用9 360万美元×(0.191 0/0.212 4)×0.921，即8 280万美元[⊖]的强生公司债券来对冲票面价值为9 360万美元的美国国债。

表6-4 强生公司债券收益率变化对美国国债收益率变化的正向回归和反向回归结果

	正向回归	反向回归
$\hat{\beta}$	0.842	0.921
标准误差	2.00	2.09

注：回归窗口期为2021年1月19日至5月14日，强生公司债券为"2.450s of 09/01/2060"，美国国债为"1.625s of 11/15/2050"。

这两个对冲比率显然是不同的。同样是9 360万美元的美国国债，对应的是金额不同的强生公司债券。或者用风险权重来衡量，将美国国债头寸的DV01表示为强生公司债券头寸DV01的百分比，那么正向回归的风险权重为84.2%，而反向回归的风险权重为1/0.921，即108.6%。这两个对冲比率有一个是正确的而另一个是错误的吗？

这个问题实际上揭示了6.1节中交易员对冲1亿美元面值的强生公司债券时所做决定的重要性。选择这个票面价值实际上设定了交易的风险。如前所述，对冲头

⊖ 此处原书疑有误，应为7 752万美元。——编者注

寸的波动率为 1 亿美元乘以 0.212 4/100，再乘以两个基点的正向回归的标准误差，其结果为约 42.5 万美元。但在反向回归中，美国国债的票面价值被设定为 9 360 万美元，其风险为 9 360 万美元乘以 0.191 0/100，再乘以 2.09 个基点的反向回归的标准误差，其结果为约 37.4 万美元。因此，这两种交易是不可以直接比较的。

然而，对冲票面价值为 1 亿美元的强生公司债券的决策，并不仅仅关乎被对冲头寸的风险。强生公司债券和美国国债中有许多种头寸组合，它们都具有相同的波动率。⊖例如，考虑一个规模不一样的反向回归对冲组合，由 1.063 7 亿美元的美国国债和 8 800 万美元的强生公司债券组成，后者等于 1.063 7 亿美元 × (0.191 0/0.212 4) × 0.921。该组合具有与正向回归对冲组合相同的波动率，因为 1.063 7 亿美元 × 0.191 0/100 × 2.09 = 42.5 万美元。虽然这两个组合头寸可能具有相同的波动率，但它们显然是不同的交易，因为新的组合没有持有 1 亿美元的强生公司债券。最明显的区别是，它无法满足从客户手中购买 1 亿美元强生公司债券的目标。不那么明显的区别是，鉴于强生公司债券和美国国债的未来回报特征不同，这两种债券的不同投资组合也具有不同的未来回报特征。

简而言之，6.1 节中的回归对冲实际上将 1 亿美元票面价值的强生公司债券的对冲组合的方差最小化了。如果有其他的交易目标，比如希望持有固定数量的美国国债或持有固定数量的波动风险并保留特定未来回报特征，则对冲组合的构造将有所不同。

6.5 主成分分析

正如本章导言中所提到的那样，回归对冲比率往往是针对具体情况的特定应用，因为相关的债券和用于估计的窗口期对每个应用而言都是单独选择的。相比之下，主成分分析可以提供整个利率期限结构行为的统一经验描述，在分析固定收益工具的投资组合时非常有用。

为了说明如何完成主成分分析，本节将使用 2020 年 6 月 1 日至 2021 年 7 月 16 日之间的 3 个月期固定利率与美元 LIBOR 互换的日数据进行估计。⊜数据集由 13 个时间序列组成，包括期限从 1 年期到 10 年期的互换，以及期限为 15 年、20 年和 30 年的 3 个互换。这些数据可以用各个利率变化的方差或标准差以及两两之间的协方

⊖ 参见附录 6A 中的式（6A-15），该式将损益的方差表达成了各头寸 DV01 的二次形式。
⊜ 在撰写本书时，LIBOR 互换正在逐步被淘汰，但尚未有足够长时间序列的高流动性 SOFR 互换利率可用于本节的分析。

差或相关系数来描述。但还存在另一种描述数据的方法，那就是使用 13 个利率"因子"或"成分"来总结，其中每个因子分别代表 13 个利率的特定变化模式。例如，其中一个因子可能代表 1 年期利率变化 0.2 个基点的同时，2 年期利率变化 0.6 个基点、3 年期利率变化 1.2 个基点，依此类推，20 年期利率变化 3.7 个基点、30 年期利率变化 3.8 个基点。主成分分析法是一种构造 13 个因子或主成分（PC）的方法，这些主成分具有以下性质：

（1）所有 PC 的方差之和等于所有利率的方差之和。从这个意义上说，PC 捕捉到了利率的波动。

（2）PC 之间互不相关。虽然一个利率的变化与另一个利率的变化往往高度相关，但 PC 的构造过程使得它们之间可以保持不相关。

（3）在符合前两个性质的前提下，每个 PC 的选择都是在所有之前选择的 PC 给定的情况下拥有最大可能方差的组合。因此，第一个 PC 解释了所有利率方差之和中的最大部分，而第二个 PC 解释了第二大的部分，依此类推。

对利率进行主成分分析特别有用，因为有一个经验性规律：前三个 PC 的方差之和通常可以解释所有利率方差之和的绝大部分。因此，要描述利率期限结构如何变化无须分析所有利率的方差和协方差矩阵，只要有前三个 PC 的结构和波动就足够了。附录 6B 详细地描述了在三种利率的简化背景下构造 PC 的过程。下面我们继续讨论根据前面描述的数据集计算的美元 LIBOR 互换的 PC。

图 6-4 显示了前三个主成分的结构，而表 6-5 则以表格形式提供了类似的信息。表 6-5 中的列（2）至列（4）分别对应图 6-4 中的三条 PC 曲线，可以按照下面的方式解释。如表中列（2）和图中实线所示，名为"水平"的 PC 每增加一个标准差，对应着 1 年期利率增加 0.23 个基点，2 年期利率增加 0.59 个基点，10 年期利率增加 3.44 个基点，30 年期利率则增加 3.77 个基点。在某个特定的日子里，利率期限结构的变化用第一个 PC 的 1.5 个标准差的移动解释得最好，也就是，可以将第一个 PC 的每一项的 1.5 倍加到相应期限的互换利率中去。在另一天，利率期限结构的变化可能被第一个主成分的 -0.75 个标准差的移动解释得最好，也就是，需要从当前利率中减去第一个 PC 的每一项的 0.75 倍。在大部分情况下，第一个 PC 通常被称为"水平"成分，因为它代表了各期限利率近似平行的移动。但在这里的实证结果中，对于 1 年到 7 年的期限，这一主成分似乎并不是特别水平。

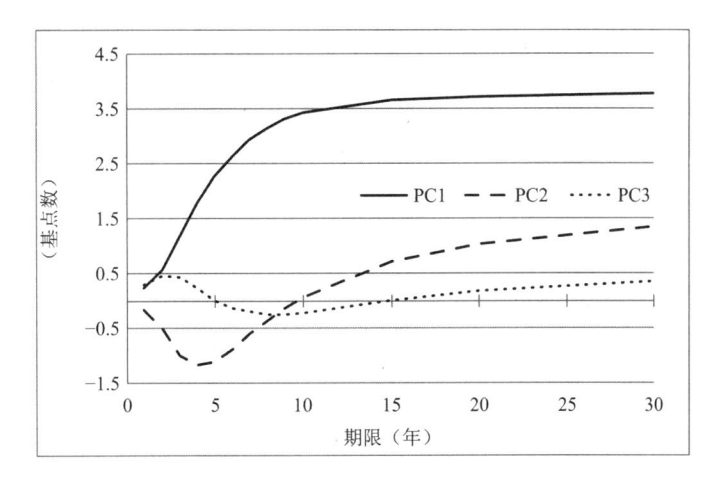

图 6-4 美元 LIBOR 互换利率的前三个主成分

注：估计区间为 2020 年 6 月 1 日至 2021 年 7 月 16 日。

表 6-5 美元 LIBOR 互换利率的主成分分析

(1)	(2)	(3)	(4)	(5)	(6)	(7)	(8)	(9)	(10)
期限（年）	PC			PC 解释的波动率	总波动率	PC 能解释的方差百分比			(5)/(6)
	水平	斜率	短期利率			水平	斜率	短期利率	
1	0.23	−0.16	0.29	0.41	0.55	32.7	15.0	52.3	74.54
2	0.59	−0.51	0.47	0.91	0.93	42.3	31.5	26.2	97.47
3	1.18	−0.99	0.42	1.59	1.60	54.5	38.5	7.0	99.63
4	1.77	−1.16	0.23	2.13	2.13	69.1	29.7	1.2	99.72
5	2.28	−1.12	0.02	2.54	2.54	80.6	19.4	0.0	99.78
6	2.64	−0.89	−0.13	2.79	2.79	89.7	10.1	0.2	99.91
7	2.94	−0.60	−0.20	3.01	3.01	95.6	4.0	0.4	99.97
8	3.14	−0.36	−0.24	3.17	3.17	98.2	1.3	0.6	99.96
9	3.31	−0.13	−0.25	3.32	3.32	99.3	0.2	0.6	99.92
10	3.44	0.07	−0.23	3.44	3.45	99.5	0.0	0.4	99.87
15	3.65	0.71	0.00	3.72	3.72	96.3	3.7	0.0	99.98
20	3.73	1.02	0.17	3.87	3.87	92.8	7.0	0.2	99.98
30	3.77	1.35	0.36	4.02	4.02	87.9	11.3	0.8	99.93
总量	9.99	2.92	0.96	10.45	10.47	91.3	7.8	0.8	99.84

注：估计区间为 2020 年 6 月 1 日至 2021 年 7 月 16 日，第（2）~（6）列的单位为基点，第（7）~（10）列的单位为百分比。

表中第（3）列和图中的虚线代表的是"斜率"因子，该 PC 每增加一个标准差，对应着 1 年期利率下降 0.16 个基点，2 年期利率下降 0.51 个基点，10 年期利率上升 0.07 个基点，30 年期利率上升 1.35 个基点。这个 PC 代表的是利率曲线的斜率变化，因为会造成短期利率下降时长期利率上升，反之亦然。

最后表中第（4）列和图中点线所示的 PC 被称为"短期利率"PC，该 PC 每增加一个标准差，会同时造成极短期利率的小幅上升、中期利率的小幅下降和长期利率的小幅上升。因为它在不同期限呈现的形状的原因，这个 PC 也经常被命名为"曲率"因子,但是在本节的各种讨论中,这一 PC 在增强对短期利率变化的解释力方面特别有用,所以我们暂时称之为"短期利率"PC。

为了说明用 PC 描述期限结构变化的意义,假设在给定的一天,若干不同期限的利率变化可以被描述为下列随机选择数字的组合:第一个 PC 的+1.5 个标准差变化、第二个 PC 的−0.4 个标准差变化和第三个 PC 的−1.8 个标准差变化。因此,当天结束时的期限结构将近似等于前一天结束时的期限结构加上三个 PC 相应倍数的贡献。后面我们会解释,通过这种方式,这三个 PC 确实可以解释绝大多数已实现的利率期限结构的变化。

从表中可以看到,各 PC 在极短期利率下的值均较小,这反映了这些利率的低波动性。在当时的金融环境下,由于美联储承诺会在较长一段时间内将短期利率维持在低位,人们会预期当时的经济冲击要等到未来某个时候才会对短期利率产生影响。因此经济波动与极短期的利率无关,而是会随着对美联储未来政策反应的预期逐渐渗透到中期利率和长期利率中。⊖

表 6-5 的第(5)列给出了每个利率的三个主成分的组合标准差或波动率,而第(6)列给出了窗口期内每个利率的总已实现波动率。以 5 年期利率为例,由于从构造上看 PC 是彼此不相关的,所以三个 PC 的组合波动率为:

$$\sqrt{2.28^2 + (-1.12)^2 + 0.02^2} = 2.54 \tag{6-26}$$

而窗口期中 5 年期利率的总已实现波动率也是 2.54(精确到小数点后两位)个基点,但第(10)列使用了更多的精确小数点位来计算第(5)列和第(6)列之比,所以报告的 5 年期利率被 PC 解释的波动率与总已实现波动率的比值为 99.78%。因此,前三个 PC 几乎完全解释了 5 年期利率的已实现变化。把第(10)列作为一个整体来看,对于期限大于 3 年的利率而言,前三个 PC 解释了 99%以上的波动率变化;还解释了 2 年期利率变动的 97.47%和 1 年期利率变动的 74.54%。因此,尽管数据序列中包含 13 个利率,但仅用三个 PC 就可以解释几乎所有 13 个利率的变化,或者说三个固定的利率变化组合在很大程度上解释了所有 13 个利率的变化。直观思考一下这是有可能的,因为不同期限的利率变化是高度相关的,也就是说,肯定不需要 13 个因子才能够解释 13 个利率的变化。但如果只考虑短期利率,这三个因子的表现就不那么令人印象深刻了。

表 6-5 的第(7)~(9)列给出了前三个 PC 中每个 PC 能解释的方差占三个 PC

⊖ 在 2007~2009 年金融危机之前的许多年里,第一个主成分都是驼峰型的,大约在 5 年期左右达到峰值,然后在更长的期限中逐渐下降。这种形状被解释为美联储会盯住非常短期的利率,在相对较短的时间内对经济波动做出反应。此外,由于当前经济波动对长期利率的影响越来越小,该波动最终随着期限的推移而下降。然而,正如文中讨论的那样,目前的美联储政策似乎已经极大地改变了利率市场的这一经验特征。

能共同解释的总方差的比例。例如，对于 2 年期利率，这些比例的计算方法如下：

$$\frac{0.591\,6^2}{0.909\,1^2} = 42.3\% \tag{6-27}$$

$$\frac{(-0.510\,1)^2}{0.909\,1^2} = 31.5\% \tag{6-28}$$

$$\frac{0.465\,0^2}{0.909\,1^2} = 26.2\% \tag{6-29}$$

请注意，为了避免混淆，上述方程计算用到的输入数值比表中报告的值更精确。

从不同期限利率的第（7）～（9）列可以看到，水平 PC 是期限结构变化的主要贡献者。但短期利率 PC 和斜率 PC 是短期利率变化的重要贡献者，斜率 PC 也是最长期限利率变化的重要贡献者。这些发现对风险管理具有重要意义。对于 8 年期到 10 年期互换，或者范围扩大一点儿的 7 年期到 15 年期互换的交易者而言，使用第 4 章的单因子度量和对冲方法，或者使用本章前面描述的单变量回归的对冲方法是合适的。因为根据表 6-5，在这个期限范围内，利率期限结构的变化可以很好地用单因子回归模型来描述，例如用水平 PC 作为因子。另一方面，3 年期至 6 年期的债券或超长期限的债券的交易者很可能只需要两个因子，而非常短期限债券的交易者使用少于三因子的框架可能会不太合适。

表 6-5 的最后一行计算了刚刚讨论的各种统计数据在整个利率期限结构上的总和。更具体地说，第（2）～（6）列给出了所有期限的相应方差之和的平方根，第（7）～（9）列给出了用这些总值计算的各种比率。方差的总和可能不是一个特别有意思的经济数量，因为它并不代表任何有意义的特定投资组合的方差，但表的最后一行确实总结了主成分分析的两个总体结果。第一，研究中用到的 13 种利率的 99.84% 的波动可以用前三个 PC 来解释。第二，水平 PC 解释了 90% 以上的方差，斜率 PC 约解释了 8% 的方差，短期利率 PC 解释了不到 1% 的方差。

在全球市场上，利率期限结构主成分分析的总体特征往往是相似的。图 6-5 和图 6-6 分别展示了英国的英镑 LIBOR 互换利率和欧元 Euribor 互换利率的前三个 PC，用于估计的时间段与图 6-4 中的美元利率 PC 相同。⊖可以看到，英镑利率 PC 在形状和规模上都与美元 PC 极为相似，最大的区别似乎是美元利率中的斜率 PC 更不稳定。而欧元利率 PC 的形状也与美元利率和英镑利率相似，但欧元利率 PC 的波动性要低得多。以欧元利率的水平 PC 为例，该 PC 在较长期限上相对来说更为平坦，为略高于 2.5 个基点，而美元利率和英镑利率的水平 PC 在同样期限上为 3.5 个基点。相对于美联储和英国中央银行，欧洲中央银行在较长一段时间内将短期利率

⊖ 有关这些浮动利率指数的详细描述请参阅第 12 章。

维持在较低水平，这一积极的货币政策举措或许可以解释这种较低的波动性。

基于主成分分析构建对冲头寸的过程类似于第 5 章的多因子方法。第一步，在当前的利率期限结构下计算被对冲投资组合的价格；第二步，通过加入每一个 PC 来改变当前的利率期限结构，并得到新的利率期限结构和新的投资组合价格；第三步，根据这些新的价格来计算投资组合相对于每个 PC 的基点价值；最后，根据上述计算找到一个对冲证券组合来抵消这些基点价值。

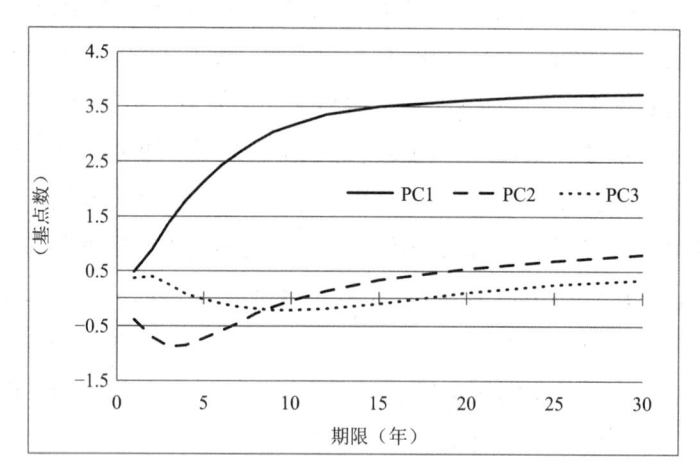

图 6-5　英镑 LIBOR 互换利率的前三个主成分

注：根据 2020 年 6 月 1 日至 2021 年 7 月 16 日期间数据估计。

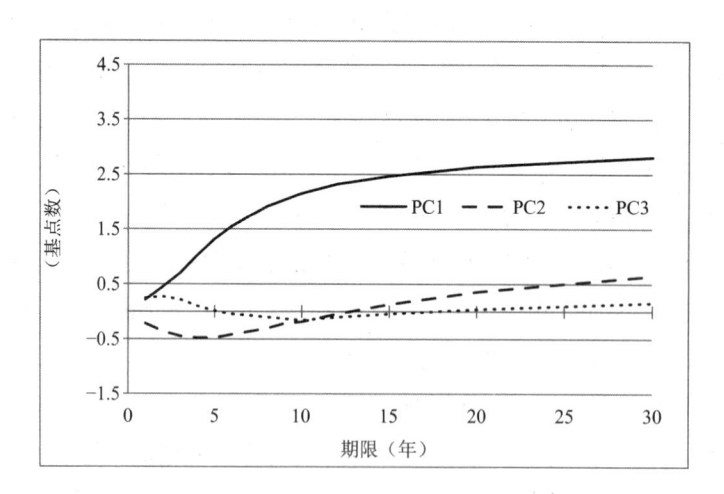

图 6-6　欧元 Euribor 互换利率的前三个主成分

注：根据 2020 年 6 月 1 日至 2021 年 7 月 16 日期间数据估计。

本节最后在上述背景下演示用主成分分析方法进行对冲的过程，使用和前面对冲蝶式组合"10s-20s-30s"的相对价值相似的例子，但这一次是在互换上。具体来说，一位交易员认为相对于 10 年期和 30 年期美元互换利率而言，20 年期美元互换利率过高，因此计划收取 20 年期互换的固定端利率，支付 10 年期和 30 年期互换的固定端利率。㊀假设平价互换的利率和 DV01 如表 6-6 所示。此外，该表还给出了与所列利率的期限相对应的表 6-5 中的 PC 的相应数值。根据定义，每个 PC 的一个标准差的移动，会让各期限的互换利率变化这些 PC 相应数值的量。但 15 年期互换利率是一个例外，如何对其进行处理将在后面讨论。

表 6-6　美元 LIBOR 平价互换利率和 DV01

期限（年）	利率	DV01	水平	斜率	短期利率
10	1.303	0.093 47	3.44	0.07	−0.23
15	1.501	0.133 87	3.65	0.71	0.00
20	1.596	0.170 64	3.73	1.02	0.17
30	1.646	0.236 00	3.77	1.35	0.36

注：时间为 2021 年 7 月 16 日，PC 数值来自表 6-5，利率单位为百分比，各 PC 单位为基点数。

假设该交易员计划按名义金额 100 美元收取 20 年期互换的固定端，并分别按名义金额 F^{10} 和 F^{30} 支付 10 年期互换和 30 年期互换的固定端。在下面的符号中，支付被表示为负的名义金额。根据表 6-6 中的数据，要让水平 PC 和斜率 PC 的一个标准差的移动刚好可以对冲该交易员的相对价值投资组合的风险敞口，需要以下方程组成立：

$$-F^{10}\frac{0.093\,47}{100}\times 3.44 - F^{30}\frac{0.236\,00}{100}\times 3.77 - 100\times\frac{0.170\,64}{100}\times 3.73 = 0 \quad (6\text{-}30)$$

$$-F^{10}\frac{0.093\,47}{100}\times 0.07 - F^{30}\frac{0.236\,00}{100}\times 1.35 - 100\times\frac{0.170\,64}{100}\times 1.02 = 0 \quad (6\text{-}31)$$

式(6-30)的前两项给出了在第一个 PC 移动一个标准差，或者说 10 年期互换利率移动+3.44 个基点、30 年期互换利率移动+3.77 个基点时，对冲头寸的价值变化情况；第三项则给出了在相同的 PC 变化下，或者说 20 年期互换利率移动+3.73 个基点时，被对冲头寸的价值变化。请注意，负号表示当利率上升时接收固定利率的一方（即互换的名义金额为正）会遭受头寸损失。因此，这个方程作为一个整体，将第一个 PC 的一个标准差变化下的总头寸损益设为零。式(6-31)可做类似解释，但式(6-31)代表第二个 PC 的一个标准差的变化。请注意，如果这两个方程适用于变化一个标准差的情形，那么它们当然也适用于标准差任何其他大小的变化：要看到这一点，只需将每个方程两边乘以预期变化的标准差数。

求解式(6-30)和式(6-31)可以得到 $F^{10} = -49.56$，$F^{30} = -53.60$。或者用相对 20 年

㊀ 参考第 2 章的材料，读者可以将这种交易想象为"购买"20 年期债券，同时"出售"10 年期和 30 年期债券。

期互换 DV01 的风险权重表示为：

$$\frac{49.56 \times \frac{0.09347}{100}}{0.17064} = 27.1\% \tag{6-32}$$

$$\frac{53.60 \times \frac{0.23600}{100}}{0.17064} = 74.1\% \tag{6-33}$$

直观地看，20 年期互换的大部分风险（74%）都是用 30 年期互换对冲的，因为 20 年期互换对水平 PC 和斜率 PC 的风险敞口更接近于 30 年期互换而不是 10 年期互换。还要注意，风险权重之和为 101.2%，因此对冲头寸的 DV01 大于被对冲头寸的 DV01。只有在平行变化的假设下，风险权重总和才会刚好是 100%。在当前的例子中，对冲组合的 DV01 需要更大，因为对冲组合包括大量的 10 年期互换，与 20 年期互换相比，它们对水平 PC 和斜率 PC 变化的敏感性要低得多。

在这个例子中，交易员选择用 10 年期互换和 30 年期互换来对冲 20 年期互换。但由于只有两种对冲证券，因此只能对冲两个 PC 的风险。对于剩下的 PC 中最重要的一个，即短期利率 PC，已对冲头寸的风险有多大？按照和式(6-30)及式(6-31)相同的逻辑，对第三个 PC 的风险敞口的对冲仓位为（下面的计算增加了一位有效数字以避免混淆）：

$$-(-49.6) \times \frac{0.09347}{100} \times (-0.228) - (-53.6) \times \frac{0.23600}{100} \times 0.360 -$$

$$100 \times \frac{0.17064}{100} \times (0.166) = 0.007 \tag{6-34}$$

计算结果为每 100 美元票面价值不到 1 美分。因此，交易员很可能觉得不值得交易其他互换以对冲来自第三个 PC 的剩余风险，因为交易成本可能超过了收益。此外，由于这是一种相对价值交易，交易员希望只支付被认为利率过低的期限的互换上的固定端利率。但如果真的需要对冲剩余风险，可以在对冲投资组合中加入 15 年期互换，即在式(6-30)和式(6-31)的基础上，增加一个控制第三个 PC 的方程，并使用表 6-6 中的数据来确定对冲所需的 10 年期、15 年期和 30 年期互换的名义金额。具体过程留给读者作为练习。

附录 6A 回归对冲和损益的方差

本节将证明：①回归对冲可以使已对冲投资组合的损益方差最小化；②回归对冲投资组合的波动率等于被对冲头寸的 DV01 乘以回归残差的标准差。

从最小二乘估计开始，确定参数$\hat{\alpha}$和$\hat{\beta}$使下式最小化：

$$\sum_t (\Delta y_t - \hat{\alpha} - \hat{\beta}\Delta x_t)^2 \tag{6A-1}$$

为了解决这个最小化问题，对式(6A-1)的每个参数求导，令每个结果为零，得到以下两个方程：

$$-2\sum_t (\Delta y_t - \hat{\alpha} - \hat{\beta}\Delta x_t) = 0 \tag{6A-2}$$

$$-2\sum_t (\Delta y_t - \hat{\alpha} - \hat{\beta}\Delta x_t)\Delta x_t = 0 \tag{6A-3}$$

求解方程可以得到：

$$\hat{\alpha} = \overline{\Delta y} - \hat{\beta}\overline{\Delta x} \tag{6A-4}$$

$$\hat{\beta} = \frac{\sigma_{xy}}{\sigma_x^2} = \frac{\rho \sigma_y}{\sigma_x} \tag{6A-5}$$

其中，$\overline{\Delta x}$和$\overline{\Delta y}$为样本平均值；σ_x和σ_y为标准差；σ_{xy}为协方差；ρ为相关系数。求解式(6A-4)和式(6A-5)的过程不是一步一步推导出来的，但很容易，只要注意到N个观测值的汇总统计量定义如下：

$$\overline{\Delta x} = \frac{\sum_t \Delta x_t}{N} \tag{6A-6}$$

$$\overline{\Delta y} = \frac{\sum_t \Delta y_t}{N} \tag{6A-7}$$

$$\sigma_x^2 = \frac{\sum_t \Delta x_t^2}{N} - \left(\frac{\sum_t \Delta x_t}{N}\right)^2 \tag{6A-8}$$

$$\sigma_y^2 = \frac{\sum_t \Delta y_t^2}{N} - \left(\frac{\sum_t \Delta y_t}{N}\right)^2 \tag{6A-9}$$

$$\sigma_{xy} = \frac{\sum_t \Delta y_t \Delta x_t}{N} - \frac{\sum_t \Delta y_t}{N}\frac{\sum_t \Delta x_t}{N} \tag{6A-10}$$

$$\rho = \frac{\sigma_{xy}}{\sigma_x \sigma_y} \tag{6A-11}$$

现在讨论如何最小化被对冲头寸的损益。⊖为方便起见，在此重复式(6-11)中给出的损益：

⊖ 此处原书疑有误，应为最小化被对冲头寸的损益方差。——编者注

$$P\&L = -F^{JNJ}\frac{DV01^{JNJ}}{100}\Delta y_t^{JNJ} - F^{30}\frac{DV01^{30}}{100}\Delta y_t^{30} \qquad (6A\text{-}12)$$

为了简化符号，把债券头寸的 DV01 写成：

$$\overline{DV01}^{JNJ} \equiv \frac{F^{JNJ}DV01^{JNJ}}{100} \qquad (6A\text{-}13)$$

$$\overline{DV01}^{30} \equiv \frac{F^{30}DV01^{30}}{100} \qquad (6A\text{-}14)$$

然后，为了让方差和协方差的标记更明显，将式(6A-12)中损益的方差记为 $\sigma_{P\&L}^2$，那么有：⊖

$$\sigma_{P\&L}^2 = \left(\overline{DV01}^{JNJ}\right)^2 \sigma_{JNJ}^2 + \left(\overline{DV01}^{30}\right)^2 \sigma_{30}^2 + 2\overline{DV01}^{JNJ}\overline{DV01}^{30}\sigma_{JNJ,30} \qquad (6A\text{-}15)$$

为了选择对冲债券的 DV01 使方差最小化，将式(6A-15)对 $\overline{DV01}^{30}$ 求导，令其结果为零并求解 $\overline{DV01}^{30}$：

$$2\overline{DV01}^{30}\sigma_{30}^2 + 2\overline{DV01}^{JNJ}\sigma_{JNJ,30} = 0$$

$$\overline{DV01}^{30} = -\overline{DV01}^{JNJ}\frac{\sigma_{JNJ,30}}{\sigma_{30}^2} \qquad (6A\text{-}16)$$

但是，通过检验式(6A-5)，式(6A-16)中的分数正是强生公司债券收益率对30年期美国国债收益率回归的斜率系数估计值。因此，式(6-8)或式(6-10)中给出的回归对冲可以使被对冲头寸的损益方差最小。

将式(6A-16)代入式(6A-15)并重新排列，可以明确写出对冲组合的最小损益方差：

$$\sigma_{P\&L}^2 = \left(\overline{DV01}^{JNJ}\right)^2 \sigma_{JNJ}^2 + \left(\overline{DV01}^{JNJ}\right)^2 \frac{\sigma_{JNJ,30}^2}{\sigma_{30}^2} -$$

$$2\left(\overline{DV01}^{JNJ}\right)\left[\overline{DV01}^{JNJ}\frac{\sigma_{JNJ,30}}{\sigma_{30}^2}\right]\sigma_{JNJ,30} \qquad (6A\text{-}17)$$

$$= \left(\overline{DV01}^{JNJ}\right)^2 \sigma_{JNJ}^2\left[1 - \frac{\sigma_{JNJ,30}^2}{\sigma_{30}^2\sigma_{JNJ}^2}\right] \qquad (6A\text{-}18)$$

$$= \left(\overline{DV01}^{JNJ}\right)^2 \sigma_{JNJ}^2[1 - \rho^2] \qquad (6A\text{-}19)$$

式中 ρ 为强生公司债券收益率变化与美国国债收益率变化的相关系数。

本节的最后一步是表示对冲损益的方差，现在在式(6A-19)中给出，等于被对冲债券的 DV01 的平方乘以回归残差的方差。从一般回归式(6A-1)中回归残差的定义开始，其方差 σ_ϵ^2 可表示为：

⊖ 回想一下，对于两个随机变量 w 和 z 以及两个常数 a 和 b，$aw + bz$ 的方差等于 $a^2\sigma_w^2 + b^2\sigma_z^2 + 2ab\sigma_{wz}$。

$$\epsilon_t = \Delta y_t - \alpha - \beta \Delta x_t \tag{6A-20}$$

$$\sigma_\epsilon^2 = \sigma_y^2 + \beta^2 \sigma_x^2 - 2\beta \sigma_{xy} \tag{6A-21}$$

$$= \sigma_y^2 + \left(\frac{\rho \sigma_y}{\sigma_x}\right)^2 \sigma_x^2 - 2\left(\frac{\rho \sigma_y}{\sigma_x}\right)\sigma_{xy} \tag{6A-22}$$

$$= \sigma_y^2(1 - \rho^2) \tag{6A-23}$$

将式(6A-23)应用于强生公司债券对 30 年期美国国债的回归,并乘以强生公司债券的 DV01,正好可以得到式(6A-19)的右边,这就是需要证明的结论。

附录 6B 主成分的构造

本节的目的是试图用最少的数学知识来介绍构造主成分的过程。在附录 6C 中给出了稍微严格一点儿的数学处理。为了说明问题,本节仅使用来自正文的 5 年期、10 年期和 30 年期互换利率的每日基点变化数据。协方差矩阵,或者说这些利率变化的方差-协方差矩阵是:

$$V = \begin{pmatrix} 6.46 & 7.71 & 7.10 \\ 7.71 & 11.89 & 12.95 \\ 7.10 & 12.95 & 16.19 \end{pmatrix} \tag{6B-1}$$

式(6B-1)中矩阵的对角线给出了三种利率的方差,取平方根后即为对应的标准差。非对角线给出了利率两两之间的协方差,由此可以推导出相关系数。例如,5 年期和 10 年期利率的波动率分别为 6.46 和 11.89 的平方根,即分别为每天 2.54 和 3.45 个基点,两者之间的相关系数为 7.71/(2.54 × 3.45) = 88.0%。顺便提一下,三个利率方差的和是 6.46 + 11.89 + 16.19 = 34.54 个基点,这个数字在下面再次出现。

现在考虑 5 年期、10 年期和 30 年期利率权重或载荷分别为 −0.5、1.0 和 −0.6 的投资组合。根据方差和协方差的性质,以及特定的协方差矩阵(6B-1),该投资组合的方差 σ_p^2 为:

$$\begin{aligned}
\sigma_p^2 = &(-0.5)^2 \times 6.46 + 1.0^2 \times 11.89 + (-0.6)^2 \times 16.19 + \\
&2 \times (-0.5) \times (1.0) \times 7.71 + \\
&2 \times (-0.5) \times (-0.6) \times 7.10 + \\
&2 \times (1.0) \times (-0.6) \times 12.95 \\
= &0.586\,0^2
\end{aligned} \tag{6B-2}$$

这样的计算用矩阵表示更方便。设表示投资组合权重的向量为 $\boldsymbol{w}$,在本例中 $\boldsymbol{w}' = (0.5, 1.0, 0.6)$,其中"'"表示转置,则式(6B-2)中计算的方差可以表示为:

$$\boldsymbol{w}' V \boldsymbol{w} = \begin{pmatrix} -0.5 & 1.0 & -0.6 \end{pmatrix} \begin{pmatrix} 6.46 & 7.71 & 7.10 \\ 7.71 & 11.89 & 12.95 \\ 7.10 & 12.95 & 16.19 \end{pmatrix} \begin{pmatrix} -0.5 \\ 1.0 \\ -0.6 \end{pmatrix} \tag{6B-3}$$

下面我们来完成主成分的构建。用权重向量 $a = (a_1, a_2, a_3)'$ 表示第一个主成分，然后通过最大化该主成分的方差 $a'Va$ 来求解 a 的元素，并使得 $a'a = 1$。上述最大化确保在所有的主成分中，第一种主成分能解释所有利率的总方差的最大比例。但对向量 a 必须有一定的限制，否则最大化会找到一个方差任意大的投资组合。约束 $a'a = 1$ 和对其他主成分的类似约束一起，以一种使所有主成分的方差之和等于总方差的方式限制了主成分的总风险（详见附录 6C）。上述最大值可以用 Excel 或其他软件中的求解函数求解，得到 $a = (0.384\,6, 0.609\,0, 0.693\,7)'$。该主成分的方差为 $a'Va = 31.497\,7$，占总方差 34.54 个基点的 91.2%。

第二个主成分表示为 $b = (b_1, b_2, b_3)$，在 $b'b = 1$，$b'a = 0$ 的约束下，使 $b'Vb$ 最大化。后一个约束确保了第二个主成分所代表的投资组合与第一个主成分所代表的投资组合不相关（更多细节参见附录 6C）。求解这个最大化问题可以得到 $b = (0.785\,1, 0.179\,3, 0.592\,8)'$。该主成分的方差为 $b'Vb = 2.862\,6$，占总方差 34.54 个基点的 8.3%。

最后是第三个主成分，用 $c = (c_1, c_2, c_3)$ 表示，满足约束条件 $c'c = 1$，$c'a = 0$，$c'b = 0$。求解得到 $c = (0.485\,4, 0.772\,6, 0.409\,2)$。这里不需要最大化，因为通过构造，第三个主成分可以解释所有剩余的总方差。该主成分的方差为 $c'Vc = 0.179\,7$，占总方差 34.54 个基点中剩下的 0.5%。

刚刚描述的最大化中加入了主成分每个元素的平方和等于 1 的约束。但事实证明，用另一种缩放的方法来解释主成分更方便，即用一个主成分的每个元素乘以该主成分的波动率。在这种情况下，主成分元素的平方和等于它的方差。此外，在此缩放之后，每个主成分的元素可以被解释为该主成分一个标准差变化对应的利率基点数变化（附录 6C 对这一点给出了更精确的解释）。在当前的例子中，根据上面计算的三个主成分的方差，它们的波动率分别是 $\sqrt{31.497\,7} = 5.612\,3$、$\sqrt{2.862\,6} = 1.691\,9$ 和 $\sqrt{0.179\,7} = 0.423\,9$。将各个原始主成分的元素乘以这些数字，就得到了缩放后的主成分，如表 6B-1 所示。因此，可以这样说，一个标准差的主成分冲击对应了 5 年期利率的 2.158 个基点变化，10 年期利率的 3.418 个基点变化，30 年期利率的 3.893 个基点变化。缩放后的斜率和曲率主成分可以类似地解释。

表 6B-1　仅使用 5 年期、10 年期和 30 年期利率的美元 LIBOR 互换利率的主成分

期限	水平因子	斜率因子	曲率因子
5 年期	2.158	−1.328	0.206
10 年期	3.418	−0.303	−0.328
30 年期	3.893	1.003	0.173

注：2020 年 6 月 1 日至 2021 年 7 月 16 日，各项均以基点数为单位。

附录 6C 主成分构建：数学推导细节

本节在上一节的基础上对一些推论给出更加精确的描述，但要进行一些额外的数学推导。设 V 表示利率的 3×3 的方差-协方差矩阵，其元素为 V_{ij}；设 P 表示 3×3 的主成分矩阵，其元素为 p_{ij}；或者，也可以用对应于主成分 i 的三个 3×1 的列向量 p_i 表示主成分矩阵；设 D 表示对角元素为 σ_i^2 的 3×3 的对角矩阵，每个对角元素都等于主成分 i 的方差；我们用 I 表示 3×3 的单位矩阵。尽管这里没有证明，但前一节中的主成分结构保证了下面各等式成立：

$$V = PDP' \tag{6C-1}$$

$$P'P = PP' = I \tag{6C-2}$$

$$P'VP = P'PDP'P = D \tag{6C-3}$$

其中式(6C-3)可以根据式(6C-1)和式(6C-2)得出。

引理 1：主成分之间是不相关的。

证明：用列向量表示 $P = (p_1, p_2, p_3)$。据此，将式(6C-3)改写为：

$$P'VP = \begin{pmatrix} p_1'Vp_1 & p_1'Vp_2 & p_1'Vp_3 \\ p_2'Vp_1 & p_2'Vp_2 & p_2'Vp_3 \\ p_3'Vp_1 & p_3'Vp_2 & p_3'Vp_3 \end{pmatrix} = D \tag{6C-4}$$

因为 D 是对角矩阵，数字 $p_1'Vp_2$、$p_1'Vp_3$、$p_2'Vp_3$ 都是 0。这意味着主成分的两两协方差均为零，或者等价地说，主成分彼此不相关。

引理 2：利率 j 的方差等于每个主成分的方差乘以其第 j 个分量的平方和。用数学式表达为：

$$V_{jj} = p_{1j}^2 \sigma_1^2 + p_{2j}^2 \sigma_2^2 + p_{3j}^2 \sigma_3^2 \tag{6C-5}$$

证明：对于 $i = 1$，在式(6C-1)的每一边先乘以 1×3 的向量 $(1,0,0)$，再乘以 3×1 的向量 $(1,0,0)'$。然后可以得到：

$$(1 \quad 0 \quad 0) V \begin{pmatrix} 1 \\ 0 \\ 0 \end{pmatrix} = (1 \quad 0 \quad 0) PDP' \begin{pmatrix} 1 \\ 0 \\ 0 \end{pmatrix} \tag{6C-6}$$

然后进行代数运算即可得到式(6C-5)。对于 $i = 2$，证明过程是类似的，只是要乘以向量 $(0,1,0)$ 及其转置向量，对于 $i = 3$，则乘以向量 $(0,0,1)$ 及其转置向量。

引理 3：主成分的方差之和等于利率的方差之和。

证明：应用式(6C-5)对每个 j 相加并重新排列：

$$V_{11} + V_{22} + V_{33} = p_{11}^2\sigma_1^2 + p_{21}^2\sigma_2^2 + p_{31}^2\sigma_3^2 +$$
$$p_{12}^2\sigma_1^2 + p_{22}^2\sigma_2^2 + p_{32}^2\sigma_3^2 +$$
$$p_{13}^2\sigma_1^2 + p_{23}^2\sigma_2^2 + p_{33}^2\sigma_3^2 \quad (6C\text{-}7)$$
$$= \sigma_1^2(p_{11}^2 + p_{12}^2 + p_{13}^2) +$$
$$\sigma_2^2(p_{21}^2 + p_{22}^2 + p_{23}^2) +$$
$$\sigma_3^2(p_{31}^2 + p_{32}^2 + p_{33}^2) \quad (6C\text{-}8)$$

根据式(6C-2)，括号内每个主成分的元素 $p_i'p_i$ 的平方和等于 1，从而证明了引理。

引理 4：定义一个缩放了的主成分矩阵 $\tilde{P}$，其元素 $\tilde{p}_{ij} = \sigma_i p_{ij}$。那么：

$$\sqrt{V_{jj}} = \sqrt{\tilde{p}_{1j}^2 + \tilde{p}_{2j}^2 + \tilde{p}_{3j}^2} \quad (6C\text{-}9)$$

证明：这个引理的证明可以直接根据 $\tilde{p}_{ij}$ 的定义和式(6C-5)完成。

为了理解引理 4 的意义，将元素 $\tilde{p}_{ij}$ 解释为由缩放的第 i 个主成分贡献的，第 j 个利率变化的标准差（以基点为单位）。由于主成分是不相关的，由三个缩放的主成分贡献的第 j 个利率的标准差等于式(6C-9)的右侧。等式的左侧就是第 j 个利率的波动率。因此，从整体上看，式(6C-9)就是三个利率移动一个标准差时对每个缩放主成分的元素的解释。

第 7 章

期限结构模型的无套利定价

主成分分析表明，利率期限结构是由相对较少的因子或随机过程决定的。因此，对这些数量较少的因子如何随时间演变做出假设，再结合无套利原理，可以对债券和其他"利率或有索取权"（即现金流取决于利率的证券，如债券期权）的价格和利率敏感性做出强有力的预测。构建关于利率因子演变的假设、为固定收益证券定价以及确定对冲比率，构成了期限结构模型的技术和科学。

我们将用三章的内容来介绍期限结构模型。本章使用一个非常简单的设定来做说明性演示，看看如何根据短期利率随时间变化的假设对各种期限的债券和利率或有索取权进行无套利定价。本章还将介绍"期权调整利差"（OAS），它既是衡量证券相对于模型的错误定价程度的指标，也是在模型正确的情况下衡量通过交易该证券可以获得的利差大小的指标。第 8 章将展示期限结构的形状是如何由以下因素决定的：对未来短期利率的预期、投资者承担利率风险所需的风险溢价和凸性，其中凸性的影响本质上是利率波动的结果。第 9 章通过介绍两个常见期限结构模型来说明对短期利率演化建模的技术：经典的 Vasicek 模型和双因子 Gauss+模型，这两个模型在相对价值交易和宏观风格交易中都很受欢迎。

7.1 利率二叉树和价格二叉树

假设 6 个月期和 1 年期的即期利率分别为 2% 和 2.15%。将这些市场利率作为给定条件，相当于将 6 个月期债券和 1 年期债券的价格作为给定条件。通常将这些假设价格已给定的证券称为"标的证券"，以区别于需要根据无套利原理定价的或有索取权。

接下来，我们再假设 6 个月后的 6 个月期利率要么为 2.50%、要么为 1.50%，两个取值的概率相等。这是一个很强的假设，可以通过"二叉树"的方式展示，如图 7-1 的顶部所示，其中"二叉"一词意味着未来的可能取值只有两个。树中的列表示不同的日期。比如今天的 6 个月期利率是 2%，对应的是第 0 号日期或者说日期 0。今天的 6 个月后对应的是日期 1，此时有两种可能的结果或者说状态。利率为 2.50% 的状态称为"上状态"，而利率为 1.50% 的状态称为"下状态"。

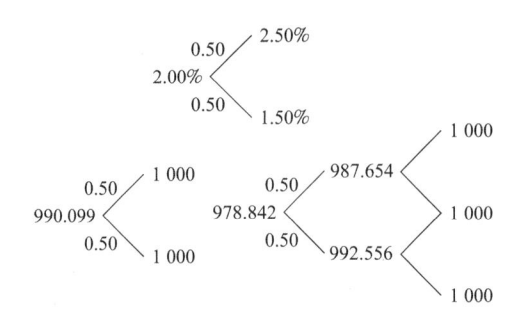

图 7-1 用利率二叉树为 6 个月期和 1 年期零息票债券定价

根据当前的即期利率期限结构（即当前的 6 个月期和 1 年期利率），可以计算出 6 个月期和 1 年期零息票债券的价格二叉树。图 7-1 左下角展示的是 6 个月期零息票债券的价格二叉树，对应的票面价值为 1 000 美元，可以看到日期 0 的债券价格为 1 000 美元/(1 + 0.02/2) = 990.099 美元。（为了可读性，货币符号没有被展示在价格二叉树中。）注意，在特定证券的价格二叉树中，证券的剩余期限随着时间的推移而缩短。在二叉树的日期 0，债券是 6 个月期的零息票债券，而在日期 1，债券变成了已到期的零息票债券。

1 年期零息票债券的价格二叉树如图 7-1 的右下角所示，对应的票面价值也为 1 000 美元。在日期 2，该债券的 3 个价格都是 1 000 美元，这也是 1 年期零息票债券的票面价值。日期 1 的两个价格是用下一日期的债券价格，也就是 1 000 美元贴现得到的，贴现利率为当时市场上的 6 个月期利率。因此，日期 1 的上状态价格是 1 000 美元/(1 + 0.025/2)，即 987.654 美元；而日期 1 的下状态价格是 1 000 美元/(1 + 0.015/2)，即 992.556 美元。最后，日期 0 的债券价格使用给定的日期 0 的市场利率计算，因为当时的一年期利率为 2.15%，所以债券价格为 1 000 美元/(1 + 0.021 5/2)^2，即 978.842 美元。

二叉树向上或向下移动的概率可以被用来计算债券价格的平均值或期望值。例如在日期 0，日期 1 的 1 年期零息票债券的价格期望值为：

$$0.5 \times 987.654 + 0.5 \times 992.556 = 990.105（美元）\tag{7-1}$$

用日期 0 的 6 个月期利率将上式得到的期望值贴现到日期 0，可以得到债券价格的"期望贴现值"，其结果为：

$$\frac{0.5 \times 987.654 + 0.5 \times 992.556}{1 + \frac{0.02}{2}} = 980.302 \text{（美元）} \tag{7-2}$$

值得注意的是，1 年期零息票债券价格的期望贴现值为 980.302 美元，并不等于该债券的市场价格 978.842 美元。从理论上看，这两个数字不一定相等，因为投资者不会根据期望贴现值来为证券定价。在接下来的 6 个月里，1 年期零息票债券是一种风险证券，有一半的可能会价值 987.654 美元，另一半的可能则价值 992.556 美元，平均或预期价值为 990.105 美元。如果投资者不喜欢这种价格的不确定性，他们会更喜欢在日期 1 拥有价值确定为 990.105 美元的证券。更具体地说，一个在 6 个月后肯定价值 990.105 美元的证券，在日期 0 的价格应该为 990.105 美元/(1 + 0.02/2)，即 980.302 美元。相比之下，风险较高的 1 年期零息票债券在 6 个月后平均价格为 990.105 美元，因为风险厌恶，投资者今天给出的定价要略低一点，为 978.842 美元。第 8 章和第 9 章将进一步阐述投资者风险厌恶的影响。

7.2 利率衍生品的无套利定价

本节将讨论如何为利率或有索取权或利率衍生品定价，以一种在 6 个月后到期的看涨期权为例。该期权的持有人有权以 990 美元的价格购买 1 000 美元票面价值的 6 个月期零息票债券。基于图 7-1 中的利率和价格，图 7-2 绘制了该看涨期权的价格二叉树。如果日期 1 的 6 个月期利率是 2.50%，那么 6 个月期零息票债券的卖价是 987.654 美元，以 990 美元买入零息票债券的权利就毫无价值了。但如果日期 1 的 6 个月期利率为 1.50%，那么 6 个月期零息票债券的价格为 992.556 美元，以 990 美元买入零息票债券的权利就是有价值的，价值大小为 992.556 美元减去 990 美元，即 2.556 美元。这种对期权最终收益的描述强调了期权的或有索取权性质：它的价值因为和标的债券的价值有关，所以最终取决于利率。

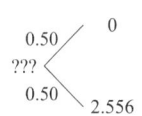

图 7-2 6 个月期零息票债券的执行价格为 990 美元的看涨期权的定价

在第 1 章中我们提到过，债券的无套利定价方法可以通过寻找能复制该债券的投资组合，并对复制投资组合定价。在当时的情况下，由于所有债券的现金流都是固定的，因此复制投资组合的构建相对简单。目前的期权情况则更为复杂，因为其现金流确实取决于利率水平，所以用于复制的投资组合必须能反映任何可能的利率情景下的或有索取权价值。

为了通过无套利原理为本节的看涨期权定价，我们可以构建一个日期 0 的标的证券的投资组合，包括若干 6 个月期和 1 年期零息票债券，使投资组合在日期 1 的上状态下的价值为 0 美元，下状态下的价值为 2.556 美元。设 $F^{0.5}$ 和 F^1 分别表示这个复制投资组合中 6 个月期和 1 年期零息票债券的票面价值。回想一下，这些债券在日期 1 的可能价值如图 7-1 所示。因此，这两个票面价值必须满足下面两个方程：

$$F^{0.5} + 0.987\,654 F^1 = 0 \text{（美元）} \tag{7-3}$$

$$F^{0.5} + 0.992\,556 F^1 = 2.558 \text{（美元）} \tag{7-4}$$

式(7-3)可以被解释如下。在上状态，复制投资组合中曾经的 6 个月期零息票债券已经到期了，其价值等于其票面价值；曾经的 1 年期零息票债券现在变成了 6 个月期零息票债券，每 1 美元票面价值的价值是 0.987 654 美元。因此，式(7-3)的左侧表示在上状态发生时被复制投资组合的价值，该值必须等于上状态下的期权价值 0 美元。与此类似，式(7-4)使下状态下的复制投资组合的价值等于下状态下的期权价值。

求解式(7-3)和式(7-4)得到 $F^{0.5} = -515.000\,0$ 美元，$F^1 = 521.437\,5$ 美元。也就是说，要复制前面提到的期权，可以通过在日期 0 时买入 521.437 5 美元票面价值的 1 年期零息票债券，并做空 515.000 0 美元票面价值的 6 个月期零息票债券来构建复制投资组合。根据一价定律，期权的价格应该等于复制投资组合的价格，将前面给出的债券价格代入可以得到：

$$0.990\,099 F^{0.5} + 0.978\,842 F^1 = -0.990\,099 \times 515.000\,0 + 0.978\,842 \times 521.437\,5$$
$$= 0.504 \text{（美元）} \tag{7-5}$$

回想一下，基于一价定律的定价是通过套利者来执行的。如果期权价格低于 0.504 美元，套利者可以购买期权并做空复制投资组合，在赚取差价的同时没有任何未来的负债。同样，如果期权价格高于 0.504 美元，套利者可以做空该期权，购买复制投资组合，赚取差价，同样没有任何未来负债。因此，赚取无风险利润的竞争意味着期权价格应该为 0.504 美元。

必须强调的是，期权不能用期望贴现的方式来定价，该方法给出的期权价格为：

$$\frac{0.5 \times 0 + 0.5 \times 2.555\,831}{1 + \dfrac{0.02}{2}} = 1.265\,3 \text{（美元）} \tag{7-6}$$

真正的期权价格比上述计算结果更低，因为投资者不喜欢看涨期权隐含的风险，因此不会支付等于其收益的期望贴现值的价格。换句话说，隐含在看涨期权价格中的风险惩罚来自其标的资产 1 年期零息票债券的风险惩罚，或者说来自 1 年期零息票债券的价格小于其期望贴现值的属性。对风险的定价将在接下来的两章中讨论。

虽然本节演示了使用看涨期权的无套利定价，但应该清楚的是，该框架也可以用于其他证券的定价，只要该证券的最终现金流取决于6个月期利率。例如，由于5年期债券的价格随时间的推移取决于6个月期利率的演变，5年期债券的期权也可以在上述框架下定价。

无套利定价的一个显著特征是，二叉树上下波动的真实概率从来不会进入到无套利价格的计算式中，这一点在式(7-3)至式(7-5)中都有所体现。这个结果看起来有点令人惊讶，但可以用无套利定价的原则来解释。无套利定价要求无论在上状态还是在下状态，复制投资组合的价值都与期权的价值相同。因此，无论上状态出现的概率是20%、50%还是80%，复制投资组合的构成都是相同的。而如果投资组合的构成不直接取决于概率，并且投资组合中证券的价格都是给定的，那么复制投资组合的价格乃至期权的价格也不会直接取决于概率。

尽管期权价格并不直接取决于概率，但这些概率必然对期权价格有一定影响。毕竟，随着利率上升到2.50%的可能性越来越大，标的债券的价格也会越来越低，赋予购买债券的权利的期权价值也必然会下降。要解决这个明显的悖论，要意识到期权价格是间接依赖于概率的，或者说，概率是通过1年期零息票债券的价格间接影响期权价格的。如果利率上行的概率突然增加，1年期零息票债券的当前价值就会下降。因为复制投资组合要用到1年期零息票债券的多头头寸，所以期权的价值也会下降。总之，概率要影响像期权这样的衍生品的价格，必须通过改变标的债券的当前市场价格来完成。当标的债券的价格给定的时候，不需要再加入概率来推导由无套利原理决定的衍生品价格。

7.3 风险中性定价法

风险中性定价法是一种修改利率过程假设的定价技术，就像本章开始时提到的那样，应用该方法可以在不构建复制投资组合的情况下为任何或有索取权定价。由于使用该技术时只需要将最初的利率过程修改一次，而且通常这种修改所需要的工作量并不比通过构建套利投资组合为单个或有索取权定价更大，因此风险中性定价法是在相同的利率过程假设下为多个或有索取权或利率衍生品定价的一种极其有效的方法。

下面以上一节的期权为例来说明如何使用该方法。前面我们介绍过，1年期零息票债券的价格不等于它的期望贴现值：它的价格是978.842美元，而根据给定的1年期即期利率2.15%计算，它的期望贴现值是980.302美元，如式(7-2)所示。假设

"真实"或"现实世界"中上状态和下状态的概率均为 0.5。但还有另外一种概率,被称为风险中性概率,在这种概率下确实会使得债券价格的期望贴现值等于债券的市场价格。为了找出这些概率,假设上状态和下状态的风险中性概率分别为 p 和 $(1-p)$。然后,求解以下方程:

$$\frac{987.654 \times p + 992.556 \times (1-p)}{\left(1+\frac{0.02}{2}\right)} = 978.842 \text{(美元)} \tag{7-7}$$

求出 $p=0.800\,9$。因此,在风险中性概率为 $0.800\,9$ 和 $0.199\,1$ 的情况下,标的债券价格的期望贴现值确实等于债券的市场价格。

风险中性概率也可以用利率的"漂移"来描述。在现实世界的概率下,6 个月期利率从 2% 上升到 2.50% 的概率为 50%,从 2% 下降到 1.50% 的概率也为 50%。因此,6 个月期利率的预期变化量,或者说 6 个月期利率的漂移为零。在风险中性概率下,利率上升 50 个基点的概率为 80.09%,利率下降 50 个基点的概率为 19.91%,所以预期变化量为 30.09 个基点。因此,在风险中性概率下,6 个月期利率的漂移为 30.09 个基点。

在上一节中我们提到过,期权回报的期望贴现值为 1.265 3 美元,而无套利价格为 0.504 美元。但是,如果利用风险中性概率计算期权回报的期望贴现值,得到的值将等于其无套利价格:

$$\frac{0.800\,9 \times 0 + 0.199\,1 \times 2.555\,831}{\left(1+\frac{0.02}{2}\right)} = 0.504 \text{(美元)} \tag{7-8}$$

期权的无套利价格等于其回报在风险中性概率下的期望贴现值,这一事实并非巧合。一般来说,用风险中性定价法对或有索取权进行估值包括以下步骤。第一步,找出让标的证券的价格等于其期望贴现值的风险中性概率。在刚才这个简单的例子中,唯一有风险的标的证券是 1 年期零息票债券。第二步,在这些风险中性概率下计算或有索取权回报的期望贴现值,至此定价就完成了。本节的剩余部分尝试直观地描述为什么风险中性定价方法是有效的。由于论证有点复杂,它被分为 4 个步骤:

(1)给定标的证券的二叉树,通过无套利原理定价的衍生证券的价格不依赖于投资者的风险偏好。理由如下。

如果一种证券的现金流可以用标的证券组成的投资组合复制,那么这种证券就是通过无套利原理定价的。本章前面的债券期权就是在给定的利率过程假设下,通过无套利原理进行定价的。相比之下,一只特定的普通股不太可能通过无套利方法进行定价,因为没有任何标的证券的投资组合能复制单一普通股的市场价值的特定波动。

如果一个证券是通过无套利原理定价的,并且每个人都同意标的证券的特定价格演变过程成立,那么每个人对于复制投资组合的看法也应该是一致的。在前面期权的例子中，一个极度厌恶风险的已退休投资者和一个职业赌徒都会同意，一个由 521.437 5 美元票面价值的 1 年期零息票债券和−515.000 0 美元票面价值的 6 个月零息票债券构成的投资组合，可以复制前述期权的回报。由于他们对复制投资组合的组成和标的证券的价格都达成了一致，所以他们必然也能就期权的价格达成一致。

（2）想象一个虚拟世界，它拥有与真实世界相同的标的证券价格和未来可能的 6 个月期利率取值，不同之处在于虚拟世界中的投资者都是风险中性的。因此，与真实世界中的投资者不同，虚拟世界中的投资者不会因为证券有风险而要求价格惩罚：他们愿意根据证券回报的期望贴现值来为证券定价。特别是，在虚拟世界的概率测度下，1 年期零息票债券价格的期望贴现值等于它的市场价格。由式(7-7)可知，在上状态和下状态分别为 0.800 9 和 0.199 1 的风险中性概率下，1 年期零息票债券价格的期望贴现值确实等于其市场价格。因此，这些风险中性概率就是该虚拟世界中的概率。

（3）虚拟世界中的期权价格，就像该世界中的任何其他证券一样，是由期望贴现的方法计算得到的。由于该虚拟世界中上状态的概率为 0.800 9，所以该世界中的期权价格由式(7-8)给出，为 0.504 美元。

（4）第一步意味着，给定 6 个月期和 1 年期零息票债券的价格以及 6 个月期利率的可能取值，那么期权的价格并不取决于投资者的风险偏好。由于真实世界和虚拟世界的债券价格和 6 个月期利率的可能取值都是一样的，因此两个世界的期权价格必须相等。由此可知，真实世界中的期权价格也必须等于 0.504 美元。推而广之，真实世界中衍生品的价格也可以用风险中性概率下的期望贴现值来计算。

7.4 多期设定下的无套利定价

在同样的假设下，图 7-3 将利率二叉树在上一节的基础上额外扩展了 6 个月。该二叉树被称为节点重合利率二叉树，因为从某个节点出发，经历一个向上的移动接一个向下的移动，即到达（上、下）状态，或经历一个向下的移动接一个向上的移动，即到达（下、上）状态，都会到达同一个未来节点。不满足此条件的树被称为节点不重合树。虽然节点不重合树可能更能符合经济上合理的利率动态，但它们往往因为难以处理甚至不可能处理而被弃用。如果采用节点不重合二叉树，6 个月后有 2 种可能的状态，1 年后有 4 种，N 个半年度后就有 2^N 种可能。如果用节点不重合二叉树来给 10 年期证券定价，步长设为半年，那么仅在二叉树的最右边一列，就有超过 50 万个节点；给 20 年期证券定价就有超过 5 000 亿个节点。此外，正如本章后面将讨论的那样，实际应用通常需

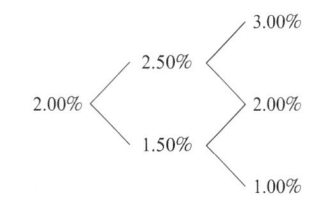

图 7-3 节点重合利率二叉树

要大幅缩短两个节点之间的时间间隔。简而言之，即使使用现代计算机，使用数量如此快速增长的节点在计算上也是笨拙的。此外，使用节点重合树并不意味着那些看似使节点不重合二叉树出现的效应，比如随状态变化的波动率，就不能被建模。但这确实意味着必须以更有效率的方式为这些效应建模。

回到前面的节点重合利率二叉树，随着树的生长，发明一种表示法来引用特定的节点可以让描述变得更方便。一种常见的表示法如下。日期用树的列表示，从左到右编号，从日期 0 开始。状态用树的行表示，从下到上编号，从状态 0 开始。例如，在图 7-3 中，日期 2、状态 0 下的 6 个月期利率是 1.00%。再比如，日期 1、状态 1 下的 6 个月期利率是 2.50%。

继续讨论前面期权定价的例子，在推导出为 1 年期零息票债券定价的风险中性二叉树之后，我们的目标是扩展该二叉树从而为 1.5 年期零息票债券定价。假设 1.5 年期即期利率为 2.25%。暂时忽略概率问题，可以立即写出 1.5 年期零息票债券价格二叉树的几个节点，如图 7-4 所示。在日期 3，最初期限为 1.5 年的零息票债券将到期，其价格将等于 1 000 美元的票面价值。在日期 2，该债券为当时的 6 个月期零息票债券，其价格等于其票面价值用对应节点的 6 个月期利率贴现的贴现值，当时状态 2、状态 1 和状态 0 的即期利率分别为 3%、2% 和 1%，所以贴现值分别为：

$$\frac{1\,000}{1+\frac{0.03}{2}} = 985.22\,（美元） \tag{7-9}$$

$$\frac{1\,000}{1+\frac{0.02}{2}} = 990.10\,（美元） \tag{7-10}$$

$$\frac{1\,000}{1+\frac{0.01}{2}} = 995.02\,（美元） \tag{7-11}$$

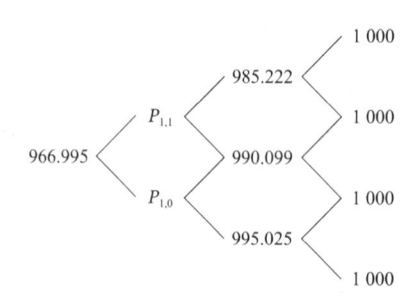

```
                              1 000
                     985.222<
                   /          1 000
              P_{1,1}
            /        \  990.099<
    966.995              1 000
            \        /
              P_{1,0}
                   \          1 000
                     995.025<
                              1 000
```

图 7-4　1.5 年期零息票债券价格二叉树

最后，在日期 0，1.5 年期零息票债券的价格等于其票面价值按给定的 1.5 年期即期利率贴现的贴现值：

$$\frac{1\,000}{\left(1+\frac{0.022\,5}{2}\right)^3} = 966.995\,4 \text{（美元）} \tag{7-12}$$

在图 7-4 中，日期 1 的状态 1 和状态 0 的债券价格分别用 $P_{1,1}$ 和 $P_{1,0}$ 表示。目前还不知道这两个 1 年期零息票债券价格的取值。

上一节的内容表明，日期 0 向上移动的风险中性概率为 0.800 9。设 q 为日期 1 向上移动的风险中性概率，为了本节的目的，假设从日期 1 的状态 0 向上移动的概率与从状态 1 向上移动的概率相同，那么可以得到如图 7-5 所示的利率二叉树。

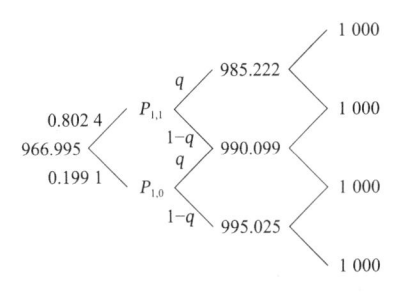

图 7-5　1.5 年期零息票债券的价格二叉树（带概率）

根据定义，在风险中性概率下证券回报的期望贴现值就是该证券的市场价格，将其应用于日期 0 的 1.5 年期零息票债券的价格，得到：

$$\frac{0.800\,9 P_{1,1} + 0.199\,1 P_{1,0}}{1+\frac{0.02}{2}} = 966.995 \text{（美元）} \tag{7-13}$$

对于日期 1 的 1 年期零息票债券的价格，有：

$$P_{1,1} = \frac{985.222 \times q + 990.099 \times (1-q)}{1+\frac{0.025}{2}} \tag{7-14}$$

$$P_{1,0} = \frac{990.099 \times q + 995.025 \times (1-q)}{1+\frac{0.015}{2}} \tag{7-15}$$

将式(7-14)和式(7-15)代入式(7-13)，得到一个关于未知数 q 的线性方程，解方程可以得到 $q = 0.652\,0$。因此，风险中性的利率过程可以用图 7-6 中的二叉树来概括。此外，任何取决于 6 个月期利率的或有索取权，期限在 6 个月和 1 年内，都可以通过计算其在这棵利率二叉树上的期望贴现值来定价。下一节将给出另一个示例。

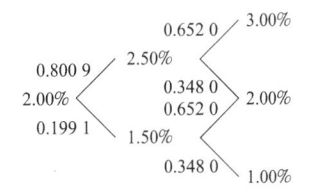

图 7-6　6 个月期利率的风险中性过程

真实概率和风险中性概率之间的差异仍然可以用漂移来描述。从日期 1 到日期 2，真实概率的漂移为零。在风险中性概率下，6 个月期利率上升 50 个基点的概率为 65.20%，利率下降 50 个基点的概率为 34.80%，可以计算出风险中性概率下利率的预期变化值或漂移值，其结果为 15.20 个基点。

将 $q = 0.6520$ 代回到式(7-14)和式(7-15)中，就完成了 1.5 年期零息票债券的价格二叉树，如图 7-7 所示。从树中的数据可以立即得出，6 个月后的 1 年期即期利率的可能取值是 2.5754% 和 1.5754%，因为

$$974.735 = \frac{1000}{\left(1+\frac{2.5754\%}{2}\right)^2} \tag{7-16}$$

$$984.430 = \frac{1000}{\left(1+\frac{1.5754\%}{2}\right)^2} \tag{7-17}$$

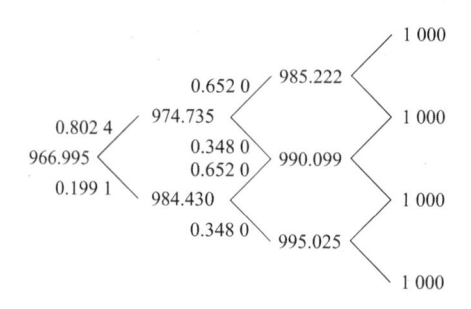

图 7-7 1.5 年期零息票债券的完整价格二叉树（带概率）

从债券的价格二叉树中可以提取 1 年期即期利率的可能取值，这一事实初看起来令人惊讶。利率二叉树的起点是日期 0 的 0.5 年期、1 年期和 1.5 年期即期利率，以及对未来几年 6 个月期利率演变的假设。根据这些信息，结合无套利或风险中性定价的思路，足以确定 1.5 年期零息票债券的价格树，也足以确定 6 个月后 1 年期即期利率的可能取值。换句话说，在给定初始即期利率和 6 个月期利率演变的假设后，建模者不需要对 1 年后的利率行为做出任何进一步的假设。

6 个月期利率的随机过程完全决定了 1 年期利率的随机过程，是因为这里使用的模型只有一个因子。我们仅针对 6 个月期利率的演变画出一棵利率树，隐含地假设所有固定收益证券的价格都可以由该利率的演变决定。第 9 章将提供一个多因子期限结构模型的例子。

本节以另外两个关于多期二叉树的观察结果结束。第一，将二叉树扩展到任意数量的日期，需要对短期利率未来的可能取值做出假设，并计算能复制给定债券市场价格的风险中性概率。第二，复制投资组合的组成取决于日期和状态。例如，从

日期 0 开始的衍生品复制投资组合通常不同于日期 1、状态 0 下的复制投资组合，也不同于日期 1、状态 1 下的复制投资组合。从交易的角度来看，这意味着复制投资组合必须随着时间的推移和利率的变化而调整。这种调整被称为"动态复制"，与前面章节的"静态复制"策略相对应，静态复制策略就像用两种相同期限的附息债券的不变投资组合复制另一种附息债券。

7.5 固定期限国债互换定价示例

本节将根据图 7-7 中的债券价格二叉树，为一个名义本金为 100 万美元的虚构"固定期限国债互换"（CMT 互换）定价，互换利率为 2%。该互换在到期前每 6 个月的支付金额为：

$$1\,000\,000 \times \frac{y_{\text{CMT}} - 2\%}{2} \tag{7-18}$$

其中 y_{CMT} 是在支付日设定的半年计息复合收益率。在本例中我们将为期限为 1 年的交换 6 个月期收益率的 CMT 互换定价，但实际上最常见的 CMT 互换交易的是流动性最强的债券的收益率，例如 2 年期、5 年期和 10 年期美国国债收益率。

因为 6 个月期、半年计息一次的复利收益率等于 6 个月期即期利率，所以可以将前一节二叉树中的利率代入式(7-18)来计算 CMT 互换的收益。在日期 1，状态 1 和状态 0 的支付分别为：

$$1\,000\,000 \times \frac{2.50\% - 2\%}{2} = 2\,500\,（美元） \tag{7-19}$$

$$1\,000\,000 \times \frac{1.50\% - 2\%}{2} = -2\,500\,（美元） \tag{7-20}$$

类似地，在日期 2，状态 2、状态 1 和状态 0 的支付分别为

$$1\,000\,000 \times \frac{3\% - 2\%}{2} = 5\,000\,（美元） \tag{7-21}$$

$$1\,000\,000 \times \frac{2\% - 2\%}{2} = 0\,（美元） \tag{7-22}$$

$$1\,000\,000 \times \frac{1\% - 2\%}{2} = -5\,000\,（美元） \tag{7-23}$$

在日期 2，CMT 互换已经到期，其价格的可能值由式(7-21)到式(7-23)给出。在日期 1，价格的可能值等于风险中性概率下日期 2 价格的期望贴现值，加上式(7-19)和式(7-20)给出的日期 1 的回报。日期 1 的状态 1 和状态 0 下的计算结果分别为：

$$\frac{0.6520 \times 5000 + 0.3480 \times 0}{1 + \frac{0.0250}{2}} + 2500 = 5719.52 \text{（美元）} \quad (7\text{-}24)$$

$$\frac{0.6520 \times 0 + 0.3480 \times (-5000)}{1 + \frac{0.0150}{2}} - 2500 = -4227.29 \text{（美元）} \quad (7\text{-}25)$$

最后，日期 0 的互换价值是由式(7-24)和式(7-25)给出的日期 1 的收益，在风险中性概率下的期望贴现值：

$$\frac{0.8009 \times 5719.52 + 0.1991 \times (-4227.29)}{1 + \frac{0.0200}{2}} = 3702.11 \text{（美元）} \quad (7\text{-}26)$$

图 7-8 中的价格二叉树总结了不同日期和状态下该虚构 CMT 互换的价值。该 CMT 互换当前的价值为 3 702.11 美元，乍一看可能令人惊讶。毕竟，CMT 互换的现金流在利率为 2%时为零，而在真实概率分布下 2%是每个日期的平均利率。原因是决定互换的无套利价格的是风险中性概率，而不是真实概率。互换在真实概率下的期望贴现值可以通过类似式(7-24)到式(7-26)的步骤计算，但对所有的上下移动都使用 0.5 的概率。这些计算的结果给出了一个接近于 0 的值：-6.07 美元。

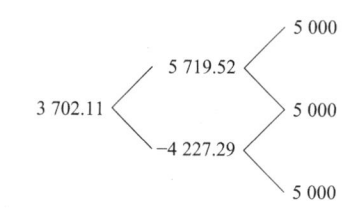

图 7-8 虚构 CMT 互换的价格二叉树

7.6 期权调整利差

"期权调整利差"（OAS）是一种被广泛使用的衡量证券相对价值的方法，可以反映证券的市场价格与模型价值的关系。OAS 被定义为一种利差，当将该利差加到某模型的贴现率中时，就可以还原证券的市场价格。为了说明，假设前一节中 CMT 互换的市场价格为 3 699.18 美元，比模型价格低 2.92 美元。在这种情况下，CMT 互换的 OAS 应该是 10 个基点。为了证明这一点，我们将式(7-24)和式(7-25)中 2.5%和 1.5%的贴现率分别加 10 个基点，可以得到新的互换价值：

$$\frac{0.6520 \times 5000 + 0.3480 \times 0}{1 + \frac{0.0260}{2}} + 2500 = 5717.93 \text{（美元）} \quad (7\text{-}27)$$

$$\frac{0.6520 \times 0 + 0.3480 \times (-5\,000)}{1 + \frac{0.0160}{2}} - 2\,500 = -4\,226.43 \text{（美元）} \qquad (7\text{-}28)$$

请注意，在使用 OAS 计算证券价值时，只会改变用于贴现的利率，不会改变计算现金流时用到的利率。在 CMT 互换的例子中，互换的现金流仍然使用式(7-19)到式(7-23)计算。

要在 OAS 为 10 个基点的情况下完成估值，使用式(7-27)和式(7-28)的结果和原 2% 的利率加上 10 个基点的 OAS 利差的贴现率来贴现，即贴现率为 2.10%，得到初始 CMT 互换价值为：

$$\frac{0.8009 \times 5\,717.93 + 0.1991 \times (-4\,226.43)}{1 + \frac{0.0210}{2}} = 3\,699.18 \text{（美元）} \qquad (7\text{-}29)$$

因此，如前所述，以风险中性利率加上模型中 10 个基点的 OAS 贴现可以还原出 3 699.18 美元的市场价格。如果一个证券的 OAS 是正的，那么它的市场价格低于它的模型价格，这意味着该证券以相对较低的价格在交易。如果一个证券的 OAS 是负的，那么该证券的交易价格就相对较高了。

关于 OAS 对相对价值影响的另一个视角是，在风险中性过程下，有 OAS 的证券的预期收益率等于短期利率加上每期的 OAS。道理很简单，计算某证券的期望价值要按特定的利率贴现，这就意味着证券的预期收益率为该利率。在 CMT 互换的例子中，从日期 0 到日期 1 的 6 个月内，在风险中性过程下，公平定价的互换的预期收益率为：

$$\frac{0.8009 \times 5\,719.52 - 0.1991 \times 4\,227.29 - 3\,702.11}{3\,702.11} = 1.00\% \qquad (7\text{-}30)$$

也就是 2% 的初始利率在 6 个月内的价值。另外，在 OAS 为 10 个基点的情况下，价格相对较低的互换的预期收益率为：

$$\frac{0.8009 \times 5\,717.93 - 0.1991 \times 4\,226.43 - 3\,699.18}{3\,699.18} = 1.05\% \qquad (7\text{-}31)$$

等于 2% 的初始利率加上 10 个基点的 OAS 在 6 个月内的价值，即 2.10% 的一半。

7.7 使用 OAS 进行损益归因

在第 3 章我们介绍了损益归因的方法。本节将在期限结构模型与有 OAS 的证券交易的背景下，给出损益归因的一个严格的数学描述。虽然本章使用的数学符号是相当正式的，但表述仍然简单易懂。

根据单因子模型的定义，以及 OAS 的定义，证券在 t 时刻的市场价格和因子 r（通常是某个利率）的关系可以写成$P_t(r, \text{OAS})$。利用一阶泰勒近似，证券价格的变化可以表示为：

$$dP = \frac{\partial P}{\partial r}dr + \frac{\partial P}{\partial t}dt + \frac{\partial P}{\partial \text{OAS}}d\text{OAS} \tag{7-32}$$

其中$\partial P/\partial r$是在t和OAS保持不变的情况下，利率的微小变化导致的证券价格变化；$\partial P/\partial t$是在r和OAS保持不变的情况下，时间的微小变化导致的证券价格变化；$\partial P/\partial \text{OAS}$也具有类似的含义。换句话说，式(7-32)将证券价格的总变化分解成了单独受r、t和OAS的变化影响的部分。

对式(7-32)的两边同时求期望值，可以得到：

$$E\left[\frac{dP}{P}\right] = \frac{1}{P}\frac{\partial P}{\partial r}E[dr] + \frac{1}{P}\frac{\partial P}{\partial t}dt \tag{7-33}$$

注意，dP/P是价格变化除以价格，也就是价格变化的百分比。因为OAS的计算过程需要假设OAS在证券的生命周期内是恒定的，所以从式(7-32)推导式(7-33)的过程中假设OAS的预期变化为零。

如前一节所述，如果期望值是在风险中性概率下求得的，那么对于根据模型定价的任何证券而言，式（7-34）均成立：

$$E\left[\frac{dP}{P}\right] = r_0 dt \tag{7-34}$$

但式(7-34)不适用于不根据模型定价的证券，或者那些OAS不等于零的证券。根据定义，对于这些证券，现金流不能按短期利率贴现，必须按短期利率加上OAS贴现。同样地，正如前一节所讨论的，它们在风险中性概率下的预期收益率也不是短期利率，而是短期利率加上OAS。因此，式(7-34)更一般的形式为：

$$E\left[\frac{dP}{P}\right] = (r_0 + \text{OAS})dt \tag{7-35}$$

将这些结合起来，将式(7-33)中的$(1/P)\partial P/\partial t$和式(7-35)中的$E[dP/P]$代入式(7-32)，并重新排列，可以得到将证券收益率分解为其组成部分的表达式：

$$\frac{dP}{P} = (r_0 + \text{OAS})dt + \frac{1}{P}\frac{\partial P}{\partial r}(dr - E[dr]) + \frac{1}{P}\frac{\partial P}{\partial \text{OAS}}d\text{OAS} \tag{7-36}$$

最后，在上式两边同时乘以P，得到：

$$dP = (r_0 + \text{OAS})Pdt + \frac{\partial P}{\partial r}(dr - E[dr]) + \frac{\partial P}{\partial \text{OAS}}d\text{OAS} \tag{7-37}$$

换句话说，由于时间的推移，证券的收益率或损益可以被划分以下部分：第一部分是时间的流逝导致的损益；第二部分是因为因子的变化而产生的损益；最后一部分是由于OAS的变化而产生的损益。使用第3章的语言，式(7-37)右侧的各部分按顺序依次表示现金损益和滚动损益、利率变化带来的损益以及利差变化带来的损益。㊀对于具有较高预测能力的模型，OAS 将收敛或趋于零，也就是说，证券价格会像模型预测的那样收敛或趋于其公允价值。

式(7-36)和式(7-37)的分解突出显示了 OAS 作为价值度量指标的重要作用。如果一个模型是正确的，做多模型判定的被低估的证券可以从两方面获得更高的回报。第一，它在证券价格没有收敛到其公允价值的时间内获得 OAS。第二，它还能赚取其对 OAS 的敏感性乘以 OAS 变化的收益，直到 OAS 收敛至零为止。

上述分解也为相对价值交易提供了一个框架。当一种证券确定是被低估或被高估的以后，相对价值交易者可以买入或卖出该证券，并对冲掉所有的利率风险或因子风险。从数学上看，对冲组合的 $\partial P/\partial r = 0$。在这种情况下，预期收益率或预期损益只取决于短期利率、所交易证券的 OAS 和 OAS 收敛量。如果交易者以短期利率融资交易，即以利率 r_0 借入 P 来购买证券，那么预期收益率大致等于 OAS 加上其收敛量。如果对冲本身需要成本或产生收益，那么损益还包括这些融资在短期利率下的回报。如果对冲证券的价格与模型定价有差异，或者也有自己的 OAS，那么损益也包括对冲证券的 OAS。最后，第 8 章将解释承担利率风险或因子风险可能获得的风险溢价，在这种情况下，式(7-34)和式(7-37)中还会包含一个附加项，该项取决于所承担的因子风险。但是，在相对价值的背景下，因子风险已经被对冲了，任何风险溢价项都被抵消了，交易的损益将正好如本节所述。

7.8 缩短时间步长

到目前为止，本章中的各种二叉树的相邻日期之间的时间间隔均为 6 个月。类似的构建方法很容易拓展到任何长度为 Δt 年的时间步长。例如，如果时间步长为 1 个月，即 $\Delta t = 1/12$ 或 0.083 3，那么 1 个月期利率将代替 6 个月期利率出现在二叉树中。此外，贴现将在适当的时间间隔内进行。如果 Δt 的期限对应的利率是 r，那么贴现意味着用下一期的回报除以 $(1 + r\Delta t)$。在时间步长为 1 个月的情况下，用 1 个月期的 2% 的年利率贴现意味着除以 $(1 + 0.02/12)$。

在实践中，选择小于 6 个月的时间步长有两个原因。第一，证券或证券投资组合很少在从开始日起的 6 个月的整数倍期限偿付所有款项。将时间步长缩短到 1 个月、1 周甚至 1 天，可以确保所有的现金流都足够接近二叉树中的某个日期。第二，使用 6 个月期利率在 6 个月后只能有两个可能的利率值，1 年后只能有 3 个可能的利率值，依此类推，生成的树对于许多实际定价问题来说太粗糙了。缩短步长可以用足够数量的利率填满整棵二叉树，以保证足够的准确性对或有索取权定价。

㊀ 为了简单说明，这里的讨论没有包含明确的息票或其他直接现金流。

虽然更小的时间步长可以产生更接近现实的利率分布，但也会导致数值计算更加复杂，而且可能导致计算速度无法满足预期应用。因此，步长的选择最终还取决于要解决的问题。例如，在为 30 年期可赎回债券定价时，一个具有 1 周或 1 个月时间步长的模型可能已经提供了一个足够接近现实的利率分布，从而产生可靠的价格。相比之下，为 1 个月期的债券期权精确定价所需的时间步长要小得多。虽然本章中假设整个二叉树的步长都是相同的，但在实际应用中并非如此。更复杂的二叉树允许步长随日期变化，以实现现实性和可计算性之间的平衡。

7.9 固定收益衍生品与股权衍生品

著名的布莱克-斯科尔斯-默顿（BSM）分析框架是用于股票期权定价的，其原理可以总结如下。如果假设股票价格按照特定的随机过程演变，且短期利率不变，有可能用标的股票和短期债券的投资组合来复制期权。因此，根据无套利定价理论，期权的价格要等于复制投资组合的价格。

考虑一下如何把这个逻辑应用到 5 年期债券期权的定价上。第一步可能是构建对 5 年期债券价格如何随时间变化的假设，但这个任务比描述股票价格要复杂得多。首先，债券的价格在到期时会趋同于其票面价值，而股票价格则没有类似的约束。其次，由于到期期限的限制，债券价格的波动率必然会随着时间的推移和到期日的临近而下降。因此，用于股价的波动率恒定的简单假设并不适用于债券。最后，由于股价的波动率远远高于短期利率的波动率，因此在为股票价格建模时通常可以假定短期利率是恒定的。相比之下，假设 5 年期债券价格随利率的变化遵循某种随机过程，同时假设短期利率是恒定的，这在逻辑上似乎是不一致的。

这些反对意见导致研究人员选择对利率的随机过程而不是债券价格的演变做出假设。这样，债券价格可以自然地逐渐接近票面价值，价格波动自然地逐渐接近于零，也没有利率被假设为常数。但这种方法引发了另一组问题。应该假设哪种利率会以特定的方式演变？例如，对 5 年期即期利率做出假设的理由是不充分的，原因有二。其一，5 年期附息债券的价格也取决于短期即期利率。其二，特定 5 年期债券的期权价格，随着时间流逝，很快就取决于一只非 5 年期债券的价格，因为债券的期限会变短。因此，对债券期权和其他利率衍生品定价时，通常必须对整个利率期限结构的演变做出假设。本章的例子表明，在一个单因子模型中，关于短期利率如何演变的假设足以模拟整个利率期限结构的演变。

简而言之，在固定收益衍生品的背景下，有一些论点表明应当超越 BSM 的模型。但为了简单起见，从业者确实会使用 BSM 的各种版本来为几种常见的固定收益衍生品定价和对冲。这些方法将在第 16 章中详细介绍。

第 8 章

预期、风险溢价、凸性和利率期限结构的形状

第 7 章展示了在短期利率演变过程给定的情况下,如何为债券和其他利率或有索取权定价。本章将说明利率期限结构的形状是如何由对短期利率演变的假设和对投资者承担利率风险所要求的风险溢价的假设所决定的。本章的前几节将利用上一章中的简单二叉树框架的例子来展示相关概念,最后一节将在更一般的背景下展示同样的原理,但是需要用到一些更高层次的数学知识。第 9 章将用一些具体的期限结构模型来呈现这些概念,并详细描述两个著名的期限结构模型。

8.1 预期

考虑一个步长为 1 年的简单框架。假设目前的 1 年期利率为 8%,投资者确信 1 年后的 1 年期利率将为 7%,2 年后将为 6%。再假设单位票面价值的 1 年期、2 年期和 3 年期零息票债券的价格分别为 $P(1)$、$P(2)$ 和 $P(3)$,那么定价可以由下式计算:

$$P(1) = \frac{1}{1.08}$$

$$P(2) = \frac{1}{1.08 \times 1.07}$$

$$P(3) = \frac{1}{1.08 \times 1.07 \times 1.06} \tag{8-1}$$

但根据远期利率的定义(见第 2 章),式(8-1)表明前三个远期利率分别为 8%、7% 和 6%。如果投资者对未来利率有确定的预期,即这些预期没有任何波动,那么,利率期限结构(此处用远期利率表示)就完全由投资者的预期决定。因此,根据预期的不同,期限结构可以呈现任何形态:平坦、向上倾斜、向下倾斜,或者这些形态的某种组合。

在实践中,预期的构建无法采取这种武断的模式。金融界可能对一段时间内的短期利率有非常具体的看法,例如,这些看法可能来自对中央银行会议的政策利率变化

的预期，以及对资金供需状况的判断（例如，缴税日期、债券发行日程、季度资产负债表管理等因素的影响）。但从更长的期限来看，人们的预期就不那么具体了。例如，对货币市场状况的分析不太可能揭示 29 年后的预期 1 年期短期利率与 30 年后的预期 1 年期短期利率是否会有很大的不同。另外，宏观经济分析人士可能认为，短期利率的长期预期值是 4%：1% 是由于长期实际利率的影响，3% 是由于长期通货膨胀率的影响。

8.2 波动率和凸性

虽然投资者可能对未来短期利率有预期，但他们也应该认识到自己分析的局限性，也就是说，必须假设已实现的利率会围绕自己的预期随机波动。继续上一章的分析框架，考虑图 8-1 顶部的 1 年期利率的二叉树。假设步长为 1 年，利率的所有演变的概率均为 50%（未在图中显示）。利率水平及其波动率在树状图中被夸大了，以更好地说明本章的概念。可以验证，1 年后的短期利率的期望值为 9%，2 年后的短期利率的期望值也是 9%：

$$50\% \times 13\% + 50\% \times 5\% = 9\% \tag{8-2}$$

$$50\% \times (50\% \times 17\% + 50\% \times 9\%) + 50\% \times (50\% \times 9\% + 50\% \times 1\%) = 9\% \tag{8-3}$$

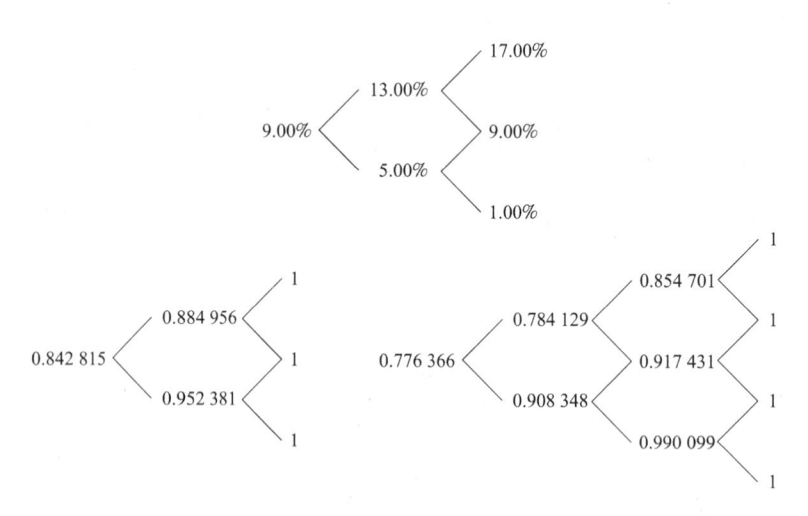

图 8-1 2 年期和 3 年期零息票债券的利率二叉树和价格二叉树

注：时间步长为 1 年，所有演变概率均为 50%。

同样可以验证的是，在任何转移中利率变化的波动率均为 4%，即 400 个基点。例如，式(8-2)计算的第一次演变的利率的平均值为 9%，该演变的波动率为：

$$\sqrt{50\% \times (13\% - 9\%)^2 + 50\% \times (5\% - 9\%)^2} = 4\% \tag{8-4}$$

在这个模型中，单位票面价值的 1 年期零息票债券的价格总是 1/1.09，或 0.917 431。假设目前投资者是风险中性的，2 年期和 3 年期零息票债券的价格二叉树可以通过期望贴现来计算，具体过程如前一章所述。这些树状图被展示在图 8-1 的底部，具体的计算过程留给读者作为练习。表 8-1 汇总了 3 种零息票债券的价格，以及相关的远期利率。该表的显著特征是远期利率期限结构向下倾斜，尽管短期利率预期值是平坦的 9%。这一结果可以用利率的波动率与债券价格凸性的相互作用来解释。

表 8-1 零息票债券价格及相关的远期利率

期限（年）	价格	远期利率（%）
1	0.917 431	9.000 0
2	0.842 815	8.853 2
3	0.776 366	8.559 0

注：数据来自图 8-1 的利率二叉树。

要说明这一点，需要稍微绕一个弯，先介绍詹森不等式并解释为何它适用于债券定价。对于任何随机变量，比如 1 年期利率 r，下面的不等式均成立：

$$E\left[\frac{1}{1+r}\right] > \frac{1}{E[1+r]} = \frac{1}{1+E[r]} \tag{8-5}$$

换句话说，债券的预期价格要大于债券在预期利率下的价格。

可以用图 8-2 很容易地解释该不等式。在图中，利率可以取两个值，r^d 和 r^u，取两个值的概率是相同的，这导致期望值 $E[r]$ 恰好在它们中间。r 的每个可能取值都对应了一个相关的债券价格，该价格的期望值为 $E[1/(1+r)]$，在图中表示为连接点 $\{r^d, 1/(1+r^d)\}$ 和 $\{r^u, 1/(1+r^u)\}$ 的虚线上的纵轴坐标。然而，由于价格和利率曲线的曲率或凸性，这个预期价格会高于预期利率 $E[r]$ 对应的价格，即 $1/(1+E[r])$。这正是式(8-5)所描述的关系。

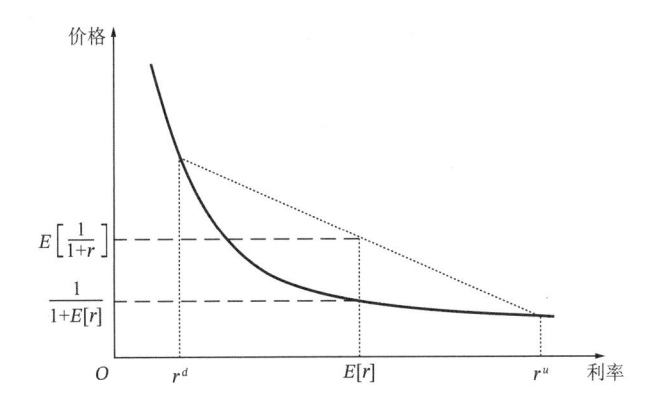

图 8-2 詹森不等式演示及其在债券定价中的应用

回到波动率和凸性的作用，设 f 表示 1 年期后开始的 1 年期远期利率，考虑 2 年期零息票债券的到期日价格。根据定义，2 年期零息票债券的价格应该等于其单位票面价值在第 1 年按 9%贴现，然后在第 2 年按 f 贴现，如式(8-6)所示。根据二叉树的定价逻辑，这个价格也等于债券在日期 1 价格的期望贴现值。在式(8-6)的两边同时乘以 1.09，再调用式(8-5)中的詹森不等式，可以得到式(8-7)，整理后可以得到式(8-8)。从中可以直接得到：1 年后开始的 1 年期远期利率，要小于 1 年后的预期 1 年期即期利率。

$$0.842\,8 \equiv \frac{1}{(1.09)(1+f)} = \frac{1}{1.09}\left(50\% \times \frac{1}{1.13} + 50\% \times \frac{1}{1.05}\right) \tag{8-6}$$

$$\frac{1}{1+f} > \frac{1}{50\% \times 1.13 + 50\% \times 1.05} = \frac{1}{1.09} \tag{8-7}$$

$$f < 9\% \tag{8-8}$$

8.3 远期利率的解析分解

本节从预期、凸性和风险溢价的角度推导出远期利率的一般分解式。这里用到的数学知识比书中大部分章节都要高深，但讨论的目的仍然是直观易懂。

假设所有债券的价格都是由瞬时利率 r 决定的，r 在 t 时刻的取值为 r_t，设 $P_t(r_t, T)$ 为 T 年期零息票债券在 t 时刻的价格。根据伊藤引理（对该引理的进一步讨论超出了本书的范围）：

$$dP = \frac{\partial P}{\partial r}dr + \frac{\partial P}{\partial t}dt + \frac{1}{2}\frac{\partial^2 P}{\partial r^2}\sigma^2 dt \tag{8-9}$$

其中，dP、dr 和 dt 分别是下一个瞬间价格、利率和时间的变化，σ 是 r 变化的波动率。式(8-9)中的两个一阶偏导数分别表示单位利率变化（在时间不变的情况下）和单位时间变化（在利率不变的情况下）时债券价格的瞬时变化量。最后，方程的二阶偏导数给出了 $\partial P/\partial r$（在时间不变的情况下）的瞬时变化量。对式(8-9)的两边同时除以价格可以得到：

$$\frac{dP}{P} = \frac{1}{P}\frac{\partial P}{\partial r}dr + \frac{1}{P}\frac{\partial P}{\partial t}dt + \frac{1}{2}\frac{1}{P}\frac{\partial^2 P}{\partial r^2}\sigma^2 dt \tag{8-10}$$

式(8-10)将零息票债券的瞬时收益率分解为了三个部分，这种分解可以通过调用前几章的一些思想来更直观地表达。

首先，根据瞬时复利远期利率 $f(t)$ 计算得到的 T 年期零息票债券的价格为（根据附录 2A）：

$$P = e^{-\int_0^T f(s)\,ds} \tag{8-11}$$

其次，将式(8-11)两边对t求导，可以让你认识到t增大会相应使T减小：

$$\frac{\partial P}{\partial t} = -\frac{\partial P}{\partial T} = f(T)P \tag{8-12}$$

然后，根据久期（D）和凸性（C）的定义：

$$D \equiv -\frac{1}{P}\frac{\partial P}{\partial r} \tag{8-13}$$

$$C \equiv \frac{1}{P}\frac{\partial^2 P}{\partial r^2} \tag{8-14}$$

最后，将式(8-12)到式(8-14)代入到收益率分解式(8-10)中，可以得到：

$$\frac{\partial P}{P} = f(T)dt - D\,dr + \frac{1}{2}C\sigma^2 dt \tag{8-15}$$

式(8-15)给出了包含三个成分的收益率分解。第一个成分是由于时间推移而产生的收益，在本例中是远期利率$f(T)$带来的。[⊖]第二个和第三个成分是由于利率变化而产生的收益。第二个成分说明利率的上升会使债券收益率按久期比例减少。第三个成分说的是利率的波动率，即利率上升或下降的变动，增加了收益率，且增加量与凸性成比例。为了理解这一项，回顾一下第4章的内容，在久期相同的投资组合中，只要利率发生变化（在时间不变的情况下），无论利率上升还是下降，凸性越高的投资组合价值增加得越多。

为了得出关于预期收益率的结论，对式(8-15)两边取期望：

$$E\left[\frac{\partial P}{P}\right] = f(T)dt - DE[dr] + \frac{1}{2}C\sigma^2 dt \tag{8-16}$$

这种分解背后的直观理解与式(8-15)相同，但久期部分不再依赖于利率的变化，而是依赖于利率的预期变化。

分析的下一步将引入风险溢价的概念。风险中性投资者不要求风险溢价，他们要求每只债券提供与短期利率相等的预期收益率。在数学上表示为：

$$E\left[\frac{dP}{P}\right] = r_0 dt \tag{8-17}$$

但风险厌恶的投资者对利率风险越高的债券要求越高的预期收益率。本章的附录将表明，债券在下一个瞬间的利率风险可以用其相对于利率因子的久期来衡量，而风险厌恶的投资者会要求获得与久期成比例的风险溢价。这种风险溢价可能取决于时间和利率水平，但不取决于任何单只债券的独有特征。如果风险溢价是恒定的

⊖ 需要注意的是，这里的结果与第3章的结果是相关的，即在期限结构不变、短期利率不变、利率无波动的假设下，T年期零息票债券获得了其对应期限的远期利率$f(T)$。

并且用λ表示，可以继续上述讨论。在这种情况下，风险厌恶的投资者的预期收益率表达式为：

$$E\left[\frac{dP}{P}\right] = r_0 dt + \lambda D dt \tag{8-18}$$

比如，如果短期利率是1%，债券的久期是5，风险溢价是每年10个基点的久期风险。根据式(8-18)，债券的预期收益率为每年1% + 5 × 0.1% = 1.5%。

考虑风险溢价的另一种有用的方法是证券的夏普比率（SR），该比率被定义为证券的预期超额收益率（超过短期利率的部分）除以其收益率的标准差。由于债券收益率的随机部分是久期乘以利率变化量，如式(8-15)所示，因此收益率的标准差等于久期乘以利率的标准差。因此，一个债券的SR可以写成：

$$\mathrm{SR} = \frac{E[dP/P] - r_0 dt}{\sigma D dt} = \frac{\lambda}{\sigma} \tag{8-19}$$

其中第二个等式由式(8-18)得出。例如，如果风险溢价为每年10个基点，利率的标准差为每年100个基点，那么债券投资的夏普比率为10%。

现在可以将收益率的分解与风险溢价的经济学解释结合起来，得出关于远期利率期限结构形状的结论。令式(8-16)和式(8-18)右侧的预期收益率表达式相等可以得到：

$$f(T) = \left\{r_0 + E\left[\frac{dr}{dt}\right]D\right\} + \lambda D - \frac{1}{2}C\sigma^2 \tag{8-20}$$

式(8-20)用数学方法描述了远期利率的决定因素。等式右侧的三个部分分别代表预期、风险溢价和凸性的影响。第一项由瞬时利率加上该利率的预期变化乘以与远期利率期限对应的零息票债券的久期组成。换句话说，瞬时利率越高，远期利率越高；预期利率变化越大，远期利率越高；对应零息票债券的久期越长，预期利率变化对远期利率的影响越大。

式(8-20)右边的第二项表示远期利率随着风险溢价的增加而升高，增加幅度与久期成比例。也就是说，对应的利率风险越大，风险溢价越大，远期利率就越高。

第7章曾指出，一定基点的短期利率漂移对债券定价的影响，与每年一定基点的久期风险对风险溢价的影响相同。式(8-20)将这个表述公式化了。从对远期利率的影响来看，增加风险溢价或增加相同数额的预期短期利率是没有区别的。这意味着，利率期限结构本身不能用来区分预期利率变动与风险溢价。从建模的角度来看，这意味着只有风险中性的随机过程与定价相关。将风险中性随机过程的漂移划分为预期利率变化和风险溢价可能对基于经济观点和宏观风格的交易非常有用（见第9章），但这种划分无法仅从债券价格的横截面数据中观察到。

式(8-20)的前两项也可以用利率期限结构的方法来表示。（暂且把凸性放在一边。）在纯预期利率假设下，风险溢价为零，远期利率期限结构完全由预期决定，为 $E[dr/dt]$。按照这种观点和第 3 章的说法，最自然的"无变化"情景是短期利率按照预期演变，对应第 3 章的远期利率已实现场景。另一个极端情形是纯风险溢价假设，此时市场对利率没有预期，即 $E[dr/dt] = 0$，远期利率期限结构完全由风险溢价决定。按照这种观点，最自然的"无变化"情景是短期利率保持不变，如第 3 章所述的期限结构无变化场景。当然，现实可能介于这两个极端情形之间，比如期限结构是由预期和风险溢价共同决定的。

作为最后的讨论，式(8-20)的第三项展示了与远期利率期限对应的零息票债券的波动率和凸性的影响，远期利率降低了 $0.5C\sigma^2$。用它来重新解释式(8-16)，由于凸性而通过远期利率间接减少的收益，恰好被由于凸性而直接增加的收益所抵消。换句话说，式(8-18)的预期收益率条件保证了不存在关于凸性的净优势策略。第 4 章在建立凸性多头还是凸性空头头寸的背景下介绍过这种推理对投资和对冲决策的意义。

附录 8A

本章附录根据 Ingersoll（1987）的观点证明了式(8-18)。㊀假设一个瞬时利率因子 r 遵循下面的过程：

$$dr = \mu dt + \sigma dw \tag{8A-1}$$

假设 P 是依赖于 r 和时间的某证券的全价。那么，根据伊藤引理：

$$dP = P_r dr + P_t dt + \frac{1}{2} P_{rr} \sigma^2 dt \tag{8A-2}$$

其中 P_r、P_t 和 P_{rr} 分别表示证券价格对 r 和 t 的一阶偏导数，以及对 r 的二阶偏导数。将式(8A-2)等式两侧同时除以 P 并取期望，并将 α_P 定义为证券的预期收益，有：

$$\alpha_P dt \equiv E\left[\frac{dP}{P}\right] = \frac{P_r}{P} \mu dt + \frac{P_t}{P} dt + \frac{1}{2} \frac{P_{rr}}{P} \sigma^2 dt \tag{8A-3}$$

结合式(8A-1)、式(8A-2)和式(8A-3)可以得到：

$$\frac{dP}{P} - \alpha_P dt = \frac{P_r}{P} \sigma dw \tag{8A-4}$$

因为式(8A-4)适用于任何证券，所以它也适用于另一个证券 Q：

$$\frac{dQ}{Q} - \alpha_Q dt = \frac{Q_r}{Q} \sigma dw \tag{8A-5}$$

现在考虑将一单位货币投资于证券 P，将 $-P_r Q/PQ_r$ 投资于证券 Q 的策略。由式

㊀ 参见 Ingersoll J.（1987），《金融决策理论》，Rowman & Littlefield 出版社。

(8A-4)和式(8A-5)可知,该投资组合的收益率为:

$$\frac{dP}{P} - \frac{P_r Q}{P Q_r}\frac{dQ}{Q} = \alpha_P dt - \frac{P_r Q}{P Q_r}\alpha_Q dt \tag{8A-6}$$

注意,带有随机变量dw的项已经从式(8A-6)中被移除了。选择这个特定的投资组合,实际上是为了用证券Q完全对冲证券P的风险。因为投资组合没有风险,所以在任何情况下它都会获得瞬时利率r带来的收益率:

$$\alpha_P dt - \frac{P_r Q}{P Q_r}\alpha_Q dt = \left(1 - \frac{P_r Q}{P Q_r}\right) r_0 dt \tag{8A-7}$$

重新排列得到:

$$\frac{\alpha_P - r_0}{-P_r/P} = \frac{\alpha_Q - r_0}{-Q_r/Q} \equiv \lambda(r_0, t) \tag{8A-8}$$

式(8A-8)表示,任何证券在瞬时利率以上的预期收益,除以其相对于该利率的久期,必须等于某个函数λ。这个函数不取决于证券的任何特征,因为式(8A-8)对所有证券都成立,但该函数可能取决于利率因子和时间。重写式(8A-8)可以得到,对于任何证券P:

$$E\left[\frac{dP}{P}\right] \equiv \alpha_P dt = r_0 dt + \lambda D dt \tag{8A-9}$$

第 9 章

Vasicek 模型和 Gauss+模型

本章是关于期限结构模型的最后一章,将介绍著名的 Vasicek 模型和 Gauss+模型。来自短期利率建模的开创性文献的 Vasicek 模型,[一]目前仍然是学习这类模型的一个非常好的起点,并且仍然还在一些实践中被使用。Gauss+模型在自营交易中非常受欢迎,事实证明无论是相对价值交易还是宏观风格交易,该模型都非常适用,我们在这里将这个模型介绍给那些想要用期限结构模型实现自己对市场的判断和交易目的的坚定读者。

9.1 Vasicek 模型

Vasicek 模型假设短期利率的预期路径表现出"均值回归"的特征。当短期利率低于其长期均衡值时,未来的短期利率更有可能上升;当短期利率高于其长期均衡值时,未来的短期利更有可能下降。用数学语言表达,短期利率r的风险中性动态可以用式(9-1)表示:

$$dr = k(\theta - r)dt + \sigma dw \tag{9-1}$$

可以看到,短期利率的瞬时变化dr由一个趋势项(漂移项)和一个随机波动项(冲击项)共同决定。其中漂移项等于均值回归的参数k乘以短期利率的长期均衡值θ与其当前短期利率值r之间的差。因为所有变量都是以年化的形式表示的,dt因子也根据实际的时间进行了调整。举个例子,如果$r = 2\%$、$k = 0.016\,5$、$\theta = 11\%$,则式(9-1)中短期利率的年化漂移项等于$0.016\,5 \times (11\% - 2\%)$,即$0.148\,5\%$或14.85个基点。因此,当$dt = 1/12$时,1 个月的漂移项将等于 14.85%/12 或每月约 1.2 个基点。式(9-1)中漂移项附近的波动项为σdw,其中dw为均值为零、标准差为$\sqrt{dt}$的正态分布的随机变量。因此,波动项也呈正态分布,均值为零、标准差为$\sigma\sqrt{dt}$。例如,

---

[一] 参见 Vasicek O.(1977),"An Equilibrium Characterization of the Term Structure",*Journal of Financial Economics*,第 5 期。

如果σ是 0.95%，即每年 95 个基点，那么 1 个月期波动项的波动率为$95 \times \sqrt{1/12} = 27.4$个基点。

如前文所述，固定收益证券的价格中可能会包含一个风险溢价项，但实际上很难将该风险溢价项与短期利率随机过程中的漂移项区分开来。按照上述思路，式(9-1)可以被视为包含了风险溢价项的漂移项。为了本节的目的，假设风险溢价项是一个已知的以每年基点数表示的常数λ，并假设在真实世界或现实概率下短期利率的长期均衡值为r_∞。在这些设定下，加上风险溢价导致的漂移项增加后，短期利率真实的随机过程是：

$$\begin{aligned} dr &= k(r_\infty - r)dt + \lambda dt + \sigma dw \\ &= k\left[\left(r_\infty + \frac{\lambda}{bk}\right) - r\right]dt + \sigma dw \end{aligned} \tag{9-2}$$

$$\theta \equiv r_\infty + \frac{\lambda}{k} \tag{9-3}$$

式(9-3)巧妙地展示了通过观察证券价格来区分预期的风险溢价项的不可能之处：在给定θ的情况下，r_∞和λ的组合有无限多个，它们都能给出与式(9-1)相同的风险中性价格过程。

Vasicek 模型在学习期限结构模型和一些简单的定价和对冲应用中都是非常有用的，其中一个原因是该模型中大多数利率和价格都可以通过简单的公式表示。但对于最复杂的证券，仍然需要像二叉树这样的方法，附录 9A 解释了如何用二叉树描述该模型的动态。下面我们将提供该模型中一些变量的解析解，其中最有用的几个解析解是：

$$E[r_t] = r_0 e^{-kt} + \theta(1 - e^{-kt}) \tag{9-4}$$

$$V[r_t] = \sigma^2 \frac{1 - e^{-2kt}}{2k} \tag{9-5}$$

$$f(t) = \theta + e^{-kt}(r_0 - \theta) - \frac{\sigma^2}{2k^2}\left(1 + e^{-2kt} - 2e^{-kt}\right) \tag{9-6}$$

$$\hat{r}(t) = \theta + \frac{1 - e^{-kt}}{kt}(r_0 - \theta) - \frac{\sigma^2}{2k^2}\left(1 + \frac{1 - e^{-2kt}}{2kt} - 2\frac{1 - e^{-kt}}{kt}\right) \tag{9-7}$$

其中$E[r_t]$是t时刻的短期利率今天的期望值，$V[r_t]$是t时刻的短期利率的方差，$f(t)$是t时刻的连续复利远期利率，$\hat{r}(t)$是期限为t的连续复利即期利率。

图 9-1 至图 9-3 用前面给出的参数值说明了这些公式的结果。根据式(9-4)和图 9-1 中的实线，预期短期利率随着时间的推移从今天的$r_0(t=0)$逐渐变化到遥远未来的$\theta(t=\infty)$。控制调整速度的均值回归速度参数$k = 0.0165$，k有时也被称为半衰期。由式(9-4)可知，r_0的振动的衰减取决于因子e^{-kt}。假设经过h的时间后，振动会衰减一半，则：

$$e^{-kh} = \frac{1}{2}$$
$$h = \ln(2)/k \qquad (9\text{-}8)$$

对于相对较小的均值回归参数 $k = 0.016\,5$，半衰期 h 超过了 42 年，这意味着对 r 的任何冲击都会影响到很长一段时间的预期利率。同样，预期利率需要很长时间才能从当前值恢复到长期均衡值 θ。

短期利率围绕其预期波动的标准差为式(9-5)的平方根，如图 9-1 中虚线所示。由于波动率参数为每年 95 个基点，且均值回归非常缓慢，所以围绕预期的标准差相当大。但式(9-5)确实表明，均值回归缩小了这个标准差。在没有均值回归的情况下，短期利率的标准差会更大，为 $\sigma\sqrt{t}$。换句话说，将短期利率拉回恒定值的效应减少了未来所有日期的短期利率的标准差。

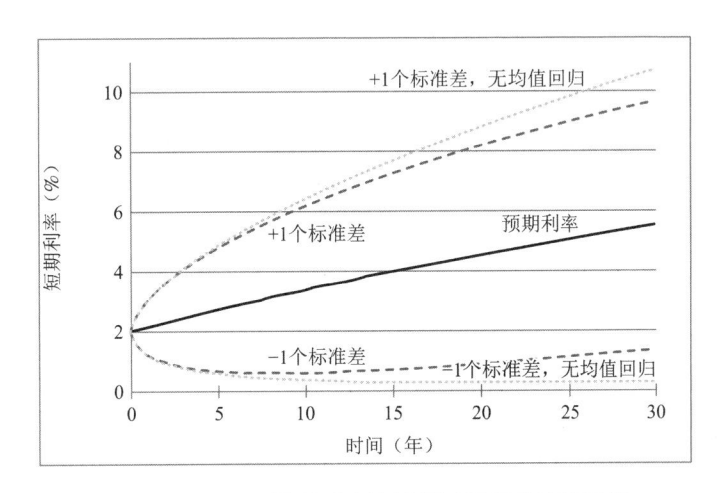

图 9-1 Vasicek 模型下连续复利短期利率的期望值

注：上下一个标准差，点线给出了没有任何均值回归的结果。模型参数为 $r_0 = 2\%$，$\theta = 11\%$，$k = 0.016\,5$，$\sigma = 0.95\%$。

图 9-2 展示了式(9-6)和式(9-7)给出的模型预测的连续复利远期利率和即期利率。下面我们讨论一下远期利率曲线的形状。回想一下我们在第 2 章中讨论的内容，只要远期利率曲线高于即期利率曲线，即期利率就会上升。

图 9-3 显示了模型预测的远期利率波动率的期限结构，即不同期限远期利率的瞬时波动率。由于模型中描述的唯一波动率是短期利率变化的波动率，因此根据式(9-6)，远期利率 $f(t)$ 的波动率为 σe^{-kt}。因此，该模型的均值回归特征可以捕捉长期波动率期限结构向下倾斜的经验规律。但由于中央银行会钉住短期利率，实际的短期利率的经验波动率将远低于图 9-3 所示。后面将要讨论的 Gauss+模型具有足够的灵活性，既可以捕捉短期利率波动率，也可以描述最终会下降的波动率期限结构。不

管怎么说，从式(9-6)中可以注意到，每个远期利率对短期利率变化的敏感性均为 e^{-kt}。因此，不同期限远期利率的敏感性具有跟图 9-3 中相同的形状。

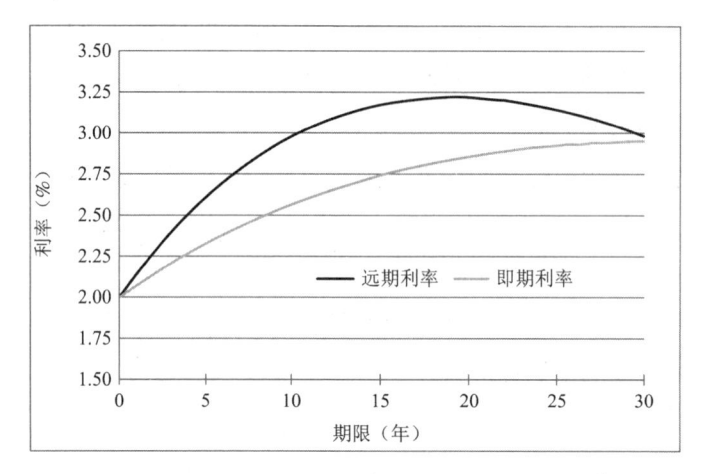

图 9-2 Vasicek 模型下连续复利远期利率和即期利率与期限的关系

注：模型参数为 $r_0 = 2\%$，$\theta = 11\%$，$k = 0.016\,5$，$\sigma = 0.95\%$。

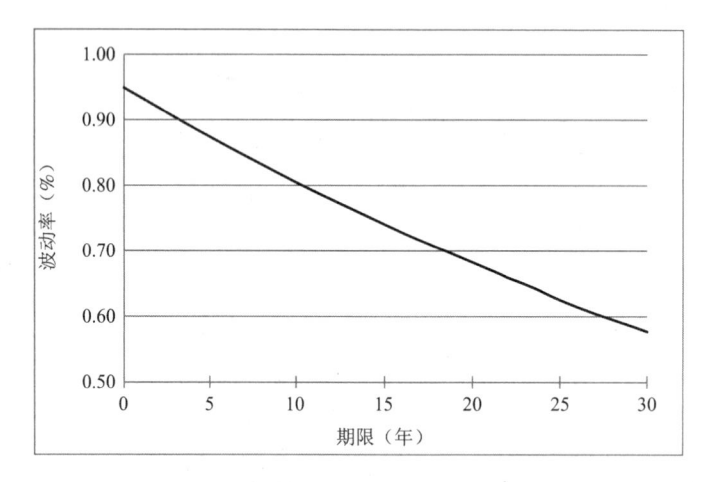

图 9-3 Vasicek 模型下远期利率波动率的期限结构

注：模型参数为 $r_0 = 2\%$，$\theta = 11\%$，$k = 0.016\,5$，$\sigma = 0.95\%$。

图 9-4 是 Vasicek 模型的最后一个示意图，该图将远期利率曲线分解为了预期、风险溢价和凸性三个部分，使用的风险溢价是 $\lambda = 0.125\%$，这意味着如果跟式(9-3)一样让 $\theta = 11\%$ 的话，那么 $r_\infty = 3.424\%$。根据分解后各组成部分的趋势，对未来几年的预期会温和地增加，但由于存在每年 12.5 个基点的风险溢价，10 年期左右远期利率的上升速度远远快于预期。但对于长期限而言，（负）凸性项的迅速增长不仅缓和了预期和凸性的影响，而且实际上还导致了远期利率随期限增加而下降。

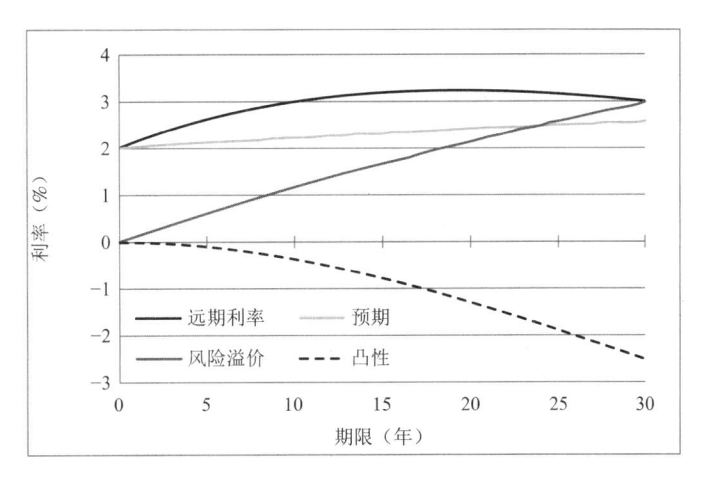

图 9-4 将 Vasicek 模型中的远期利率分解为预期、风险溢价和凸性

注：模型参数为 $r_0 = 2\%$，$\theta = 11\%$，$r_\infty = 3.424\%$，$k = 0.016\,5$，$\sigma = 0.95\%$。

Vasicek 模型对从业者有一定的作用。首先它是一个相对简单的模型，这是一个很大的优势。此外，如第 6 章所述，单一因子可以解释利率期限结构的很大一部分变化，特别是对较长期限的部分。参数 r_0、k 和 θ 可以联合校准利率期限结构的形状和利率对因子的敏感性的形状（见图 9-3）。参数 σ 可以用来近似期限结构某一点的隐含期权波动率。基于上述考虑，在实践中可以合理地使用该模型，比如可以用于禁止赎回一定年限后首次可赎回的长期可赎回债券的定价、价值比较或对冲。该模型足够灵活，可以匹配 10 年期到 30 年期的不可赎回债券的价格，也可以匹配与这些债券最相关的波动率，即 10 年期利率的波动率。债券对利率变化的敏感性，在模型中被定义为对 r 的导数，可以通过改变 r_0、重新计算债券价格和计算 DV01 或久期等步骤来计算。在某种程度上，一种期限的债券可以用另一种期限的债券来对冲，对冲的有效性取决于图 9-3 中描述的形状的可靠性。

该模型也可用于交易和对冲期限相对较长的债券。可以每天重新设置 r_0 的值，以使得模型的 10 年期利率与市场的 10 年期利率相匹配。计算得出的模型预测值和较长期债券市场价格的偏差可以被视为相对价值交易机会的信号，对冲比率的计算方法如上段所述。沿着上述思路进行的相对价值交易能否成功，取决于模型在多大程度上捕捉到了利率期限结构形状的均衡点或稳定状态。同样，和以前一样，对冲有效性取决于因子敏感性期限结构设定的可靠性。

但 Vasicek 模型的使用范围并没有特别广泛，因为对大多数应用而言，该模型过于简单了。第一，该模型不够灵活，无法对实际观察到的各种市场利率期限结构的形状建模。换句话说，能否校准模型以匹配期限结构上的一个点，过于依赖于该模型能否近似期限结构上的所有其他点。第二，虽然一个因子确实能解释期限结构的很多变化，但引入第二个因子可以显著捕捉到更多的变化。根据第6章的讨论，需要不止一个因子来对冲中期债券和短期债券的风险。第三，Vasicek 模型不能捕捉到前面已经提到过的经验规律，因此波动率的期限结构，进而因子敏感性的期限结构，通常会先随期限的增加而快速上升，然后又变平或下降。这种局限性意味着该模型不能同时处理分散在期限结构中不同期限的期权或其他波动率敏感产品，也不能可靠地用于使用期限结构中某个期限段最敏感的债券来对冲对另一个期限段最敏感的债券。考虑到这些缺点，本文下面介绍一个更加具有灵活性的期限结构模型。

9.2 Gauss+模型

Gauss+模型作为非常好用的自营交易和对冲模型，在从业者中广为人知。该模型假设的直观性很吸引人，它合理地平衡了可操作性和捕捉期限结构动态的现实复杂性的目标。本节的目的是简要介绍该模型，包括关于其表达式和解的理论，还包括使用最新数据对其参数进行充分估计的方法。在这里花时间介绍一个详细的估计过程是值得的，因为整个行业的估计方法差异很大。本节附录的目的是使有坚定意愿的读者能够独立地估计和实现该模型。

该模型动态的联立方程形式如式(9-9)至式(9-12)所示。因子 r、m 和 l 分别表示短期利率、中期利率和长期利率。稍后我们将讨论参数 μ 和 ρ。因子 r、m、l 的均值回归参数分别为 α_r、α_m 和 α_l，中期利率因子和长期利率因子的波动率参数分别为 σ_m 和 σ_l。模型中的两个随机变量分别是 dW^1 和 dW^2。下标 t 表示在 t 时刻对因子、因子变化和随机变量的观察值。最后，具体方程是：

$$dr_t = -\alpha_r(m_t - r_t)dt \tag{9-9}$$

$$dm_t = -\alpha_m(l_t - m_t)dt + \sigma_m\left(\rho dW^1_t + \sqrt{1-\rho^2}dW^2_t\right) \tag{9-10}$$

$$dl_t = -\alpha_l(\mu - l_t)dt + \sigma_l dW^1_t \tag{9-11}$$

$$E[dW^1_t dW^2_t] = 0 \tag{9-12}$$

考虑到模型的结构，中期因子和长期因子可以被认为是利率。短期利率均值回归的均衡值可以设定为中期因子，用以反映商业周期和货币政策因素的影响。中期因子可以设定为回归到长期因子，用以反映影响长期预期的通货膨胀和实际利率，它们最终又取决于人口、生产技术等方面的长期趋势。而长期因子则与 Vasicek 模型中一样，回归到一个常数 μ，该常数可以被认为包含了短期利率的长期预期值和一个风险溢价。均值回归参数的选择应与这些经济学解释一致，也就是说，短期利率应该快速向中期因子回归；中期因子向长期因子的回归速度较慢；而长期因子向均衡值回归的速度是最慢的。

中期因子和长期因子的趋势如前段所述，但它们同时也会围绕这些趋势发生一定的波动。对于式(9-11)中长期因子的演化，短时间dt内的波动为$\sigma_l dW_t^1$。由于dW_t^1呈正态分布，其均值为 0，标准差为$\sqrt{dt}$，故长期因子围绕趋势值的瞬时波动的均值为 0，波动率为$\sigma_l\sqrt{dt}$。式(9-10)中的随机项看起来很复杂，但它们只是确保中期因子在其趋势周围的瞬时波动具有$\sigma_m\sqrt{dt}$的波动率，且与长期因子围绕趋势值的瞬时波动的相关性为ρ。要理解这一点，请注意dW_t^2也有均值 0 和标准差$\sqrt{dt}$，并且由式(9-12)可知，dW_t^2与dW_t^1不相关。由式(9-10)可知，dm_t的标准差为：

$$\sqrt{\sigma_m^2[\rho^2 dt + (1-\rho^2)dt]} = \sigma_m\sqrt{dt} \tag{9-13}$$

而dm和dl的协方差是：

$$\mathrm{Cov}\left[\sigma_m\left(\rho dW^1 + \sqrt{1-\rho^2}dW^2\right), \sigma_l dW^1\right] = \rho\sigma_m\sigma_l dt \tag{9-14}$$

因此，dm和dl的相关系数是：

$$\frac{\rho\sigma_m\sigma_l dt}{\sigma_m\sqrt{dt} \times \sigma_l\sqrt{dt}} = \rho \tag{9-15}$$

模型中短期利率的演变，即式(9-9)，旨在反映中央银行如何实施利率政策。例如，美联储希望将短期政策利率固定在一个目标值，但随着时间的推移，它会以一种被认为可以反映商业周期和货币状况变化的方式来调整这个目标。从数学上看，在式(9-9)中，短期利率在非常短的时间间隔dt上是固定的，因为r的动态没有随机冲击项。短期利率r会逐渐被推向中期因子m，而中期因子m又会回归到长期因子l。

中期因子和长期因子会改变对未来短期利率的预期。因为这些预期会随着时间的推移而平稳地移动，所以中期因子和长期因子都被设定为会以连续的方式移动。相比之下，短期利率在现实世界中是在中央银行的政策会议上决定的，会在一组固定的日期按一组固定的数值变化。该模型通过一个从当前短期利率开始的连续过程来近似这一过程的未来结果。

如式(9-9)所示，缺乏波动率项是 Gauss+模型的一个重要特征。正如在 Vasicek 模型的讨论中指出的那样，均值回归的因子会产生一个向下倾斜的波动率期限结构。然而，主要由于中央银行的作用，波动率在经验上的和隐含的期限结构往往会出现一个驼峰，也就是说，波动率在某个中期利率处达到峰值，非常短期的利率或非常长期的利率的波动率会比该峰值低。在 Gauss+模型中，短期利率r的动态中缺少随机冲击项，这使得短期利率的波动保持在较低水平。所以 Gauss+模型可以匹配经验观察到的驼峰型的波动率期限结构。

顺便说一下，Gauss+模型拥有这个名字也是因为式(9-9)中缺少波动率项。名称

中的 "Gauss" 表示利率遵循正态分布或高斯分布。大多数单因子、两因子或三因子的正态分布模型都有相应数量的风险源，但严格来说 Gauss+模型有三个因子，却只有两个风险源。该模型有三个状态变量，因为用模型描述世界的状态需要知道 r、m 和 l 这三个因子的取值。该模型只有两个风险源，即 dW_t^2 与 dW_t^1。因此，该模型名称中的 "+" 暗示存在某种不寻常的因子或状态变量，它们本身并不是风险源。

作为对该模型结构的最后评论，式(9-9)到式(9-12)描述的是模型的风险中性过程。需要额外的假设才能确定模型的隐性风险溢价。下面我们会用该模型的一个应用来展示如何做到这一点，在该应用中假设只有长期因子才能获得风险溢价。㊀

附录 9B 详细说明了如何利用债券或互换数据估计 Gauss+模型的参数。本节将使用 2014 年 1 月至 2022 年 1 月的联邦基金目标利率（定义见第 12 章）的日数据和各种期限的零息票债券价格（根据美国附息国债价格计算），给出一个简单的概述。零息票债券价格的时间序列由纽约联邦储备银行公布并向公众开放。㊁

与前面对模型的解释一致，短期利率 r 每天被设定为当天的联邦基金目标利率。虽然从理论上说，一般抵押品回购利率更适合国债利率的期限结构，但回购利率偶尔会出现特殊的跳跃，会使估计过程复杂化，这抵消了使用它们的优势。

在估计过程中，我们会选择合适的模型因子来"拟合"或匹配，使得每天的模型输出值分别与 2 年后和 10 年后开始的 1 年期远期利率以及联邦基金目标利率相匹配。此外，正如前面所讨论的那样，由于该模型得到的 2 年后和 10 年后开始的 1 年期远期利率结构较为合理，所以该模型可以成为一种工具，用于寻找利率期限结构曲线其他部分相对于这些点的相对价值和交易机会。为了不引起误会，顺便说一下，从此处开始提到的所有远期利率都是指以未来某年为起点的 1 年期远期利率。

虽然模型最终拟合的是 2 年后和 10 年后开始的 1 年期远期利率，但请注意，因子 m 和 l 绝不是远期利率本身，就像 r 是否等于联邦基金利率一样。m 和 l 与所有远期利率的关系取决于模型的参数估计，特别是均值回归参数。更具体地说，α_r 越大，影响利率期限结构的因子变化得就越快。α_m 越大，m 收敛到 l 的速度就越快，并且 m 对长期收益率的影响就越小。α_l 越小，l 收敛得就越慢，l 对所有长期收益率的影响就越相似或接近平行。

㊀ 参见 Cochrane J.和 Piazzesi M.（2009），"Decomposing the Yield Curve，" AFA 2010 Atlanta Meetings Paper，1 月 26 日。

㊁ 参见 Gürkaynak R., Sack B., 和 Wright J.（2006），"The US Treasury Yield Curve:1961 to the Present"。

9.3 Gauss+模型的一种实际估计方法

下面介绍的估计方法将分阶段进行，每个阶段估计模型参数的一个子集。㊀

图 9-5 显示了各期限的零息票债券收益率变化对 2 年期零息票债券收益率变化的回归系数，用深灰色柱子表示；以及各期限的零息票债券收益率变化对 10 年期零息票债券收益率变化的回归系数，用浅灰色柱子表示。例如，3 年期国债收益率变化对 2 年期国债收益率变化回归得到的回归系数为 0.91，对 10 年期国债收益率变化回归得到的回归系数为 0.22。相比之下，15 年期国债收益率变化对 2 年期国债收益率变化回归得到的回归系数为 –0.20，对 10 年期国债收益率变化回归得到的回归系数为 1.10。如前文所述，所有这些回归系数隐性地描述了模型的均值回归参数。因此，这一阶段的目标是估计参数 α_r、α_m 和 α_l，以便模型尽可能接近地捕捉实证观察到的均值回归系数。这种分阶段的方法是可行的，因为如本章附录所示，模型的回归系数只依赖于均值回归参数，而不依赖于波动率参数。不管怎样，从图 9-5 中深灰色和浅灰色柱子的形状可以判断，这一阶段的估计是成功的。图中还给出了一组均值回归参数，能够使得模型隐含的回归系数非常接近于实证观察到的回归系数。虽然这里没有说明，但这些匹配的效果都在统计置信区间内。

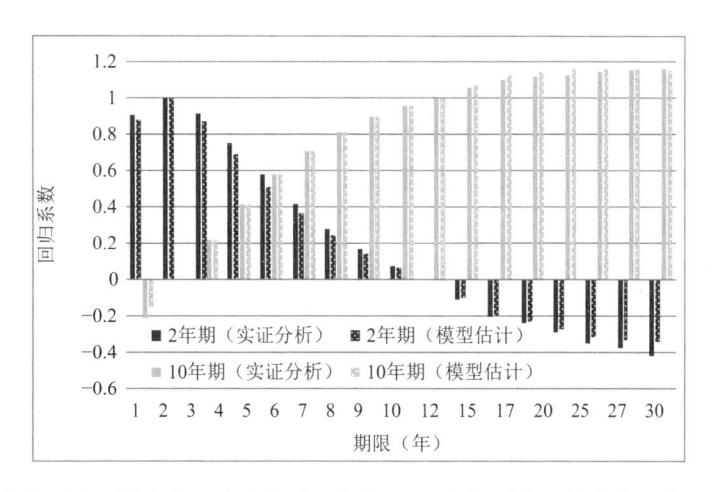

图 9-5 不同期限零息票债券收益率变化对 2 年期和 10 年期零息票债券收益率变化的回归系数（来自实证分析和 Gauss+模型的隐含估计）

估计的下一阶段是寻找波动率和相关系数的参数 σ_m、σ_l 和 ρ，使模型中的波动率期限结构与实证数据得出的波动率期限结构尽可能接近。最优化估计的结果如图 9-6

㊀ 这种估计方法明显比期限结构文献中的标准方法最大似然估计法更容易实现。

所示。结果再次证明，该模型足够灵活，可以很好地匹配利率期限结构的实证表现。

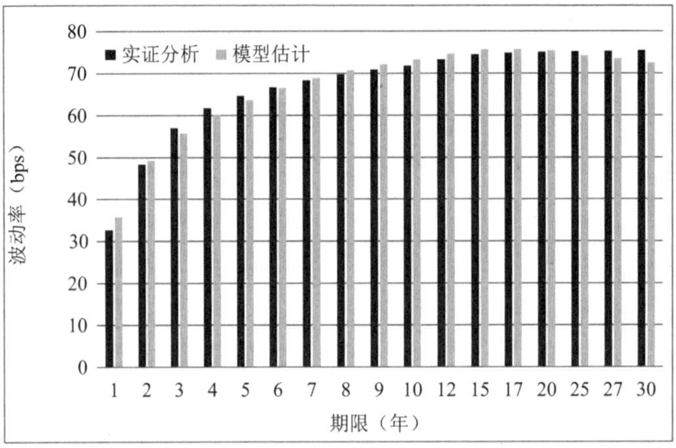

图 9-6 实证分析和 Gauss+模型隐含的收益率波动率（波动率已年化，单位为基点数）

最后一个要估计的参数是μ，即短期利率在非常长期的情况下能恢复到的均衡值。这里建议的估计方法是在整个数据样本中，使观测量相对于模型估计的误差平方和最小化。

按照上述估计过程，表 9-1 报告了得到的 Gauss+模型的所有参数值。均值回归参数跟模型的设定一致，按中央银行反应最快、中期因子向长期因子回归的速度次之、长期因子回归最慢的顺序排列。或者用每个过程的半衰期，即收敛到其目标一半的时间来衡量，对于r约为 8 个月，对于m约为 13 个月，对于l约为 42 年。由于因子的均值回归性质，中期因子和长期因子的 109 个基点和 96 个基点的波动率参数，可以转化为如图 9-6 所示的较低的零息票债券的收益率波动率。虽然参数μ作为短期利率的长期均衡值，看起来高于 10%，但长期因子回归到这个目标的速度非常缓慢，并且该目标值包含了风险溢价，这将在后面做进一步讨论。

表 9-1 美国国债零息收益率的 Gauss+模型估计参数

模型参数	估计值	半衰期
α_r	1.054 7	0.66
α_m	0.635 8	1.09
α_l	0.016 5	42.01
σ_m	109.2bps	
σ_l	96.4bps	
ρ	0.212	
μ	10.555%	

注：数据样本为 2014 年 1 月至 2022 年 1 月，半衰期以年为单位。

图 9-7 很好地描述了估计模型的期限结构，图中绘制了每个因子变化时远期利

率的变化对利率期限的函数。例如，对于 7 年期远期利率，长期因子每改变 1 个基点，该利率就会改变 0.9 个基点。作为一个整体，图表显示短期因子只会影响利率曲线的非常短的一端。驱动 2~3 年期利率曲线的中期因子可以被认为反映了货币政策的影响，因为它概括了市场对 2~3 年后短期利率的预期。长期因子在 6~8 年的期限上影响最大，并且是 10 年之后推动利率变化和波动的唯一因子。

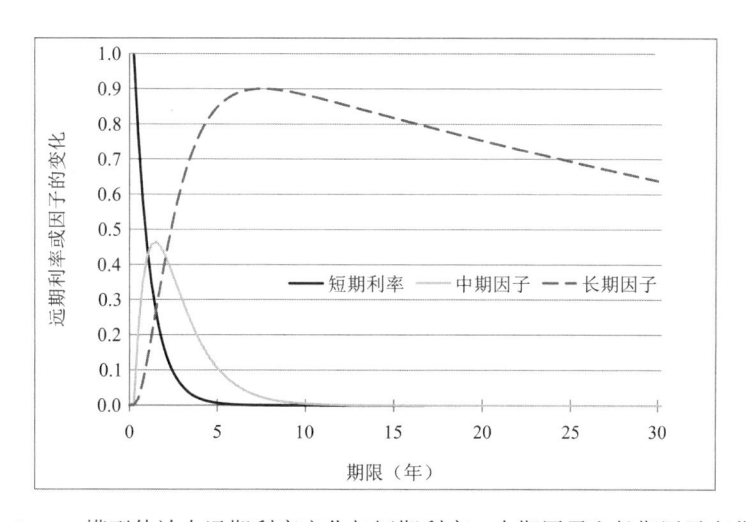

图 9-7 Gauss+模型估计中远期利率变化与短期利率、中期因子和长期因子变化的关系

模型的时间序列特性可以通过绘制随时间变化的因子图来描述。如前所述，短期利率被设定为每天的联邦基金目标利率，中长期因子的设定是为了使模型和市场的 2 年期和 10 年期远期利率相匹配。图 9-8 绘制了根据 2007 年 1 月到 2022 年 1 月的市场数据估计的各个因子。⊖图中还展示了 2 年期远期利率，以重点解释中期因子的变化。可以看到，当利率处于高位时，中期因子与 2 年期远期利率密切相关，证实了中期因子与市场对 2 年后短期利率的预期大致相符。但当利率处于接近零利率下限的低水平时，中期因子可能会出现严重的负利率。从这个意义上说，中期因子是一种"远期影子利率"，反映了对未来短期利率的预期，可以用于应用 Gauss+模型进行交易。这种解释与模型中的解释不同，在模型中如果影子利率不高于零，影子利率就是现在的短期利率。⊜

⊖ 该模型使用 2014 年 1 月的数据进行估计，所生成的参数用于计算 2007 年以前的模型因子。此外，图中没有显示长期因子本身的序列，而是将长期因子向前平移了 10 年。这使得该序列更容易被解释为 10 年后的短期利率预期的近似值。详情见附录 9B。

⊜ 可参见 Wu J.和 Xia F.（2016），"Measuring the Macroeconomic Impact of Monetary Policy at the Zero Lower Bound，"《货币信用和银行》第 48 期，是年 3 到 4 月出版；Bauer M.和 Rudebusch G.（2016），"Monetary Policy Expectations at the Lower Bound，"《货币信用和银行》第 48 期，是年 12 月出版；Kim D.和 Singleton K.（2012），"Term Structure Models and the Zero Bound: An Investigation of Japanese Yields，"《计量经济学》第 170 期，是年 9 月出版。

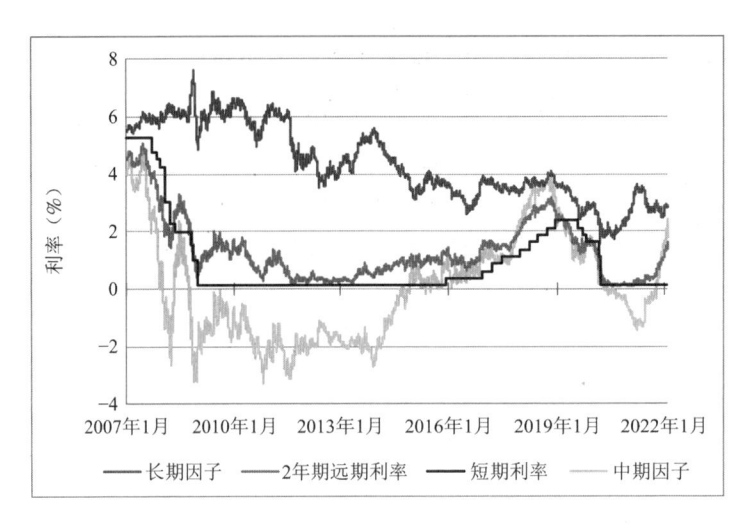

图 9-8　从每日市场数据提取的 2 年期远期利率和 Gauss+模型的各因子

无论如何，通过对比图 9-8 中的两个序列，可以看出中期因子作为短期利率的领先指标的性质。尤其引人注目的是，从 2014 年初开始，也就是美联储开始加息的几年前，中期因子准确预示了利率的快速爬升。

9.4　基于 Gauss+模型的相对价值与宏观风格交易

在期限结构模型的背景下进行的相对价值交易，是一种不受因子变化影响或者说已对冲掉因子风险的交易策略。理想情况下，交易员可以找到一只相对于模型估计的价格而言比较便宜的证券，并且结合各种分析来看，它有望很快恢复到模型给出的公允价格水平。所以交易员可以购买该证券：通过在利率曲线的对应部分出售公平定价或定价过高的其他证券，来对冲掉部分或全部的因子风险，并获得该策略产生的利润。然而，在实际操作中，单个证券的价格相对模型定价往往会持续性地偏低或偏高，因此不能预期价格偏离会在短期内消失，而且与该证券期限相近的其他证券的价格低估或高估情况通常会跟该证券一致。因此，在大多数情况下，在相对价值交易机会出现时，交易员在曲线的某一部分收取相对于模型较高的远期利率，但必须预期被高估的利率会迅速收敛于模型；支付曲线另一部分相对于模型较低的远期利率，但必须预期被低估的利率会迅速收敛于模型，并通过结构化交易来降低因子风险。在此过程中，被发现的错误定价的自我纠正速度是一个重要的交易考量因素。

作为使用 Gauss+模型进行相对价值交易的一个例子，考虑下面的框架。计算 9 年期远期利率减去模型预测的同期限利率的时间序列，其中每个观测结果都可以称为一个拟合误差。然后根据这个时间序列构造一个信号，比如 5 天移动平均线和 40

天移动平均线之间的差值。如果某一时刻的拟合误差是正的，那么 9 年期远期利率相对于模型预测值过高；同时信号是负的，因此 9 年期远期利率的误差开始下降，也就是说开始向模型值收敛，那么收取该远期利率的策略可能被认为是一笔有吸引力的交易。

但仅仅接受或支付 9 年期远期利率策略的问题在于，它受到中长期因子的影响很大，这不符合相对价值交易的精神。一个解决方案是把几个有吸引力的相对价值交易组合在一起，将组合策略受中长期因子的影响降到最低。此外，交易员可以通过均值回归交易实现多样化。例如，实证数据表明，9 年期远期利率和 5 年期远期利率的拟合误差往往是正相关的。这一事实使得支付一种利率并收取另一种利率的策略具有吸引力。图 9-9 显示，实际上，9 年期和 5 年期信号之间的差异表现出强烈的均值回归，这是相对价值交易最重要的特性之一。

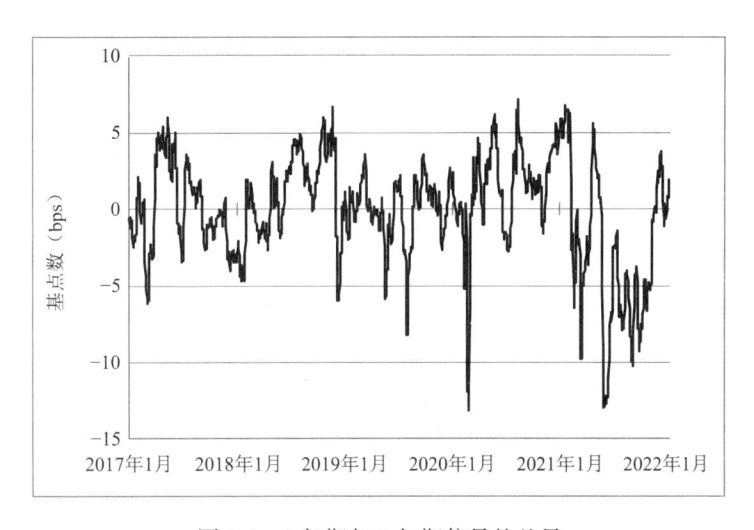

图 9-9　9 年期与 5 年期信号的差异

注：每个信号都是市场利率与 Gauss+模型估计的利率的偏差的移动平均值之差。

相对价值交易要在没有承担因子风险的情况下获得价值。与相对价值交易不同的是，宏观风格交易直接或间接地依赖于对因子变化的判断。简单的例子包括基于利率或期限结构斜率变化与市场定价不同的预测建立的头寸。一个更复杂的例子是试图交易短期利率的长期水平，该策略近年来吸引了越来越多的兴趣。如前所述，长期远期利率是预期、风险溢价和凸性的组合。在 Gauss+模型的结构中，在一定的战略性假设下，长期远期利率可以分为这三个组成部分。宏观交易员可以判断长期远期价格是太低还是太高，并据此进行交易。远期利率分解的详细情况很复杂，有兴趣的读者可以参阅本章的附录。本节继续用一种基于直觉的方法说明该问题。

在任何期限结构模型下，确定凸性对远期利率的影响是相对直接简单的。但将预期与风险溢价分开要难得多。学术文献中出现了许多种方法，但这些方法各有各的缺点。⊖下面提出的方法依赖于一个关键的假设：对未来短期利率的预期在期限超过某个阈值后不会改变。例如，对15年期短期利率做出判断的人，对20年期或30年期短期利率的判断跟15年期是一样的。因此，超过某个期限的远期利率的任何差异都不能归因于对利率的预期，而只能归因于风险溢价和凸性。这样，预期和风险溢价就可以从可观察到的利率中分离并计算出来。

使用刚才描述的假设和之前估计的Gauss+模型的参数，图9-10绘制了10年期远期利率的风险溢价随时间的变化，其刻度在左轴。例如，如果任何一天的这一利率值为60个基点，意味着当天10年期远期利率中的60个基点可以归因于风险溢价。较浅的线是10年期远期利率水平，其刻度在右轴。风险溢价的走势往往与利率的走势相反。当利率下降时，期限结构通常会变陡，该模型将其解释为风险溢价的增加。图中观察到的行为与过去几十年的低通胀状态是一致的，在该状态下，当其他风险资产贬值时，政府债券价格就会上涨。在这种环境下，随着利率下降，其进一步下降的空间越来越小，债券对冲其他资产价值下降风险的能力也越来越弱，因此，债券本身的价值也就更低了。

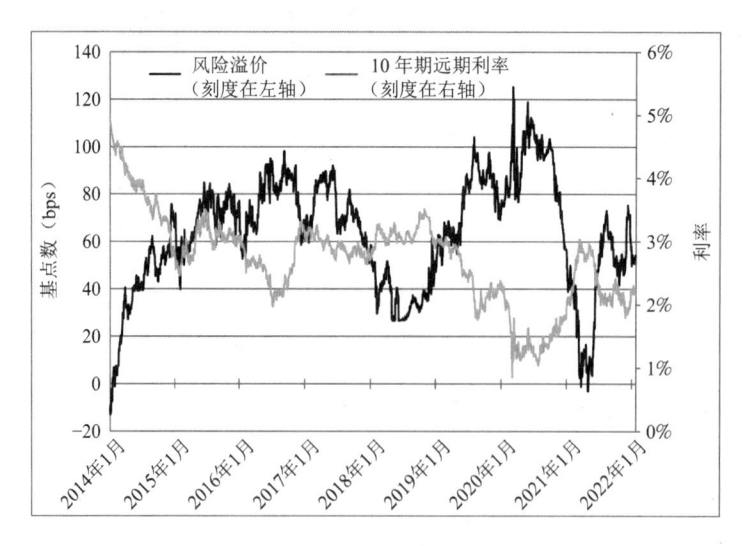

图9-10 10年期远期利率的风险溢价估计

⊖ 参见 Adrian T., Crump R.和 Moench E.（2013），"Pricing the Term Structure with Linear Regressions,"《金融经济学》第110（1）期，是年12月出版；Ang A.和 Piazzesi M.（2003），"A No-Arbitrage Vector Autoregression of Term Structure Dynamics with Macroeconomic and Latent Variables,"《货币经济学》第50（4）期；Cieslak A.（2018），"Short-Rate Expectations and Unexpected Returns in Treasury Bonds,"《金融学评论》第31（9）期；Kim D.和 Orphanides A.（2012），"Term Structure Estimation with Survey Data on Interest Rate Forecasts,"《金融和数量分析》第47（1）期。

将上述确定风险溢价的过程反过来用，当然可以估计 Gauss+模型中短期利率的长期预期值。更具体地说，该长期预期值是 10 年期远期利率减去期限合适的风险溢价加上期限合适的凸性。这一预期值的时间序列如图 9-11 所示，图中还展示了由克利夫兰联邦储备银行根据实际利率预测和通货膨胀估计形成的不同预测值。⊖虽然模型预测和外生的序列随着时间的推移相互跟踪得相当好，但两个序列之间的差异可以作为价值度量用于寻找交易机会。换句话说，一个是通过 Gauss+模型得到的市场隐含的利率的观点，即市场定价的长期利率；一个是外生的、由经济学家给出的基本面观点，即人们认为长期利率应该是多少，后者可以作为直接建立债券多头或空头头寸的基础。

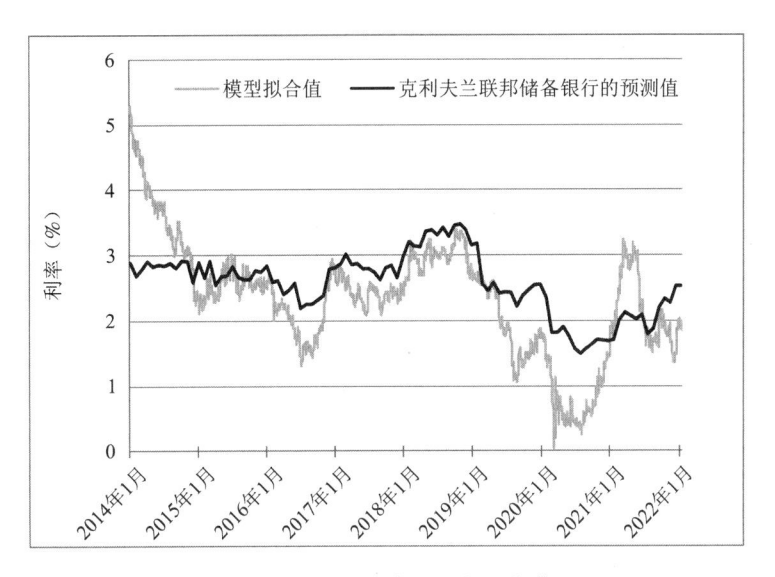

图 9-11　短期利率的长期预期值

注：由 Gauss+模型拟合的市场利率和克利夫兰联邦储备银行的基本面分析隐含的市场利率。

附录 9A　二叉树中的 Vasicek 模型

本节演示 Vasicek 模型在二叉树中的实现。假设参数为 $r_0 = 2\%$，$\theta = 11\%$，$k = 0.0165$，$\sigma = 0.95\%$，时间步长是 1 年。构建的第一阶段如图 9A-1 所示。根据定义，初始短期利率是 2%。根据式(9-1)中对风险中性过程动态的离散的时间近似，1 年后的预期短期利率为：

⊖　克利夫兰联邦储备银行序列的具体构造在本章的附录中有进一步描述。

$$r_0 + k(\theta - r_0)\mathrm{d}t = 2\% + 0.016\,5 \times (11\% - 2\%) \times 1 = 2.148\,5\% \tag{9A-1}$$

注意，如果时间步长是 1 个月，而不是 1 年，那么dt因子将是 1/12 而不是 1。在式(9A-1)的期望周围添加 0.95%的上下波动率，就得到了图 9A-1 中日期 1 的上下状态。

由于 Vasicek 模型中加入了均值回归，计算下一个日期的短期利率的演化过程比第 7 章中的例子要复杂得多。更具体地说，因为日期 1 的两个状态的漂移项与日期 0 的漂移项不同，所以二叉树不一定会重组。构建重组二叉树的一种方法如下所示，虽然对数值问题的全面分析超出了本章能处理的范围。

假设日期 1 的预期短期利率为 2.148 5%，如式(9A-1)所示，则日期 2 的预期短期利率为：

$$2.148\,5\% + 0.016\,5 \times (11\% - 2.148\,5\%) \times 1 = 2.294\,5\% \tag{9A-2}$$

它是分配给图 9A-1 的日期 2、状态 1 节点的短期利率。

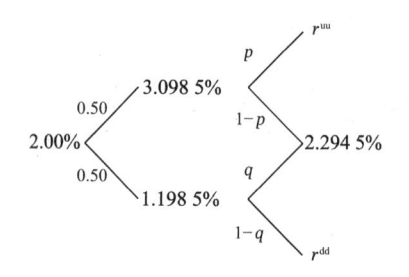

图 9A-1　三个日期的 Vasicek 模型的二叉树构建

构建的下一个阶段是找到图 9A-1 中的违约率和概率。从日期 1 向上状态开始，未知数r^{uu}和p必须满足模型要求的对应漂移项和波动率条件。从数学上讲，漂移项条件为：

$$3.098\,5\% + 0.016\,5 \times (11\% - 3.098\,5\%) = 3.228\,9\%$$
$$= p \times r^{\mathrm{uu}} + (1-p) \times 2.294\,5\% \tag{9A-3}$$

波动率条件为：

$$0.95\% = \sqrt{p(r^{\mathrm{uu}} - 3.228\,9\%)^2 + (1-p)(3.228\,9\% - 2.294\,5\%)^2} \tag{9A-4}$$

同时求解式(9A-3)和式(9A-4)可得$p = 0.491\,7$，$r^{\mathrm{uu}} = 4.194\,9\%$。图 9A-2 给出了这些值以及$q$和$r^{\mathrm{dd}}$的类似方程的解。○

○　p和$1-q$的值在小数点后的前 4 位是相同的，但两者并不相等。

```
                              0.491 7    4.194 9%
                   3.098 5%
          0.50              0.508 3
2.00%                                    2.294 5%
          0.50              0.508 3
                   1.198 5%
                              0.491 7    0.394 3%
```

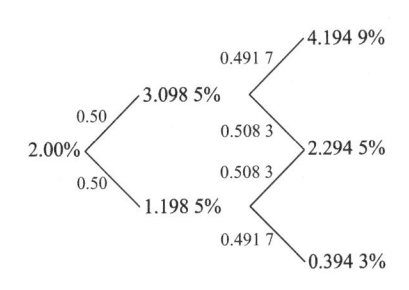

图 9A-2　三个日期的 Vasicek 模型的二叉树的解

附录 9B　Gauss+模型

附录 9B.1　模型求解

回想一下本书中以级联形式呈现的短期利率的动态，级联形式意味着一个因子的平均值会回归到第二个因子，第二个因子的平均值又回归到第三个因子，按照级联的顺序。使用简化形式的因子（意味着每个因子的平均值会回归到一个常数）求解该模型（意味着建立从因子到远期利率的映射）会很方便。在我们解出这个模型之后，再把它以链式形式写回来，以便继续估计其他参数。将参数向量 $\boldsymbol{P} = (\alpha_s, \alpha_m, \alpha_l, \sigma_l, \sigma_m, \rho, \mu)$ 划分为 $\boldsymbol{\alpha} = (\alpha_s, \alpha_m, \alpha_l)$、$\boldsymbol{\sigma} = (\sigma_l, \sigma_m, \rho)$ 和 $\boldsymbol{\mu}$ 三个部分是很方便的。在简化表达式中，我们有 $r_t = \mu + \mathbf{1}'\boldsymbol{X}_t$，因子的简化表达式与级联式表达式的关系为：

$$\boldsymbol{x}_t = \boldsymbol{A}(\boldsymbol{\alpha})\boldsymbol{X}_t + \boldsymbol{\mu} \tag{9B-1}$$

其中：

$$\boldsymbol{A}(\boldsymbol{\alpha}) = \begin{pmatrix} 1 & 1 & 1 \\ 0 & \dfrac{\alpha_r - \alpha_m}{\alpha_r} & \dfrac{\alpha_r - \alpha_l}{\alpha_l} \\ 0 & 0 & \dfrac{(\alpha_r - \alpha_l)(\alpha_m - \alpha_l)}{\alpha_r} \end{pmatrix} \tag{9B-2}$$

因子的简化表达式的动态为：

$$d\boldsymbol{X}_t = -\operatorname{diag}(\boldsymbol{\alpha})\boldsymbol{X}_t dt + \boldsymbol{A}(\boldsymbol{\alpha})^{-1}\boldsymbol{\Omega} d\boldsymbol{W}_t \tag{9B-3}$$

为了方便起见，我们在二维随机过程 $d\boldsymbol{W}_t$ 和后面加了一个零向量，得到：

$$\boldsymbol{\Omega}(\boldsymbol{\sigma}) = \begin{pmatrix} 0 & 0 & 0 \\ \rho\sigma_m & \sqrt{1-\rho^2}\sigma_m & 0 \\ \sigma_l & 0 & 0 \end{pmatrix} \tag{9B-4}$$

设 $P_t(\tau)$ 表示在 t 时刻，到期时间为 τ 的零息票债券价格。对以简化形式表示的因子为条件的未来短期利率路径的指数取期望值，可以证明：

$$P_t(\tau) = E^Q\left(e^{-\int_0^\tau r_s ds}\right) = \exp(-y_t(\tau)\tau) \tag{9B-5}$$

t时刻，到期时间为τ的零息票债券收益率是：

$$y_t(\tau) = \mu - C(\tau, \boldsymbol{\alpha}, \boldsymbol{\sigma}) + \boldsymbol{B}(\tau, \boldsymbol{\alpha})\boldsymbol{X}_t \tag{9B-6}$$

其中$\boldsymbol{B}(\tau, \boldsymbol{\alpha})$是一个三维向量，当$i = 1$，2，3 时，$B_i(\tau) = (1 - \exp(-\alpha_i\tau))/\tau$，而$C(\tau, \boldsymbol{\alpha}, \boldsymbol{\sigma})$可以写成：

$$C(\tau, \boldsymbol{\alpha}, \boldsymbol{\sigma}) = \sum_{i=1}^{3}\sum_{j=1}^{3}\frac{\sigma_{ij}}{2\alpha_i\alpha_j}\left(1 - B_i(\tau) - B_j(\tau) - \frac{1 - \exp(-(\alpha_i + \alpha_j)\tau)}{(\alpha_i + \alpha_j)\tau}\right) \tag{9B-7}$$

其中σ_{ij}表示波动率矩阵第i行第j列的元素，而波动率矩阵计算式为：

$$\boldsymbol{A}(\boldsymbol{\alpha})^{-1}\boldsymbol{\Omega}(\boldsymbol{\sigma})\boldsymbol{\Omega}(\boldsymbol{\sigma})'\boldsymbol{A}(\boldsymbol{\alpha})^{-1}$$

其中$\boldsymbol{A}(\boldsymbol{\alpha})^{-1}$满足：

$$\boldsymbol{A}(\boldsymbol{\alpha})^{-1} = \begin{pmatrix} 1 & -\dfrac{\alpha_r}{\alpha_r - \alpha_m} & \dfrac{\alpha_r\alpha_m}{(\alpha_r - \alpha_m)(\alpha_r - \alpha_l)} \\ 0 & \dfrac{\alpha_r}{\alpha_r - \alpha_m} & \dfrac{\alpha_r\alpha_m}{(\alpha_r - \alpha_m)(\alpha_m - \alpha_l)} \\ 0 & 0 & \dfrac{\alpha_r\alpha_m}{(\alpha_r - \alpha_l)(\alpha_m - \alpha_l)} \end{pmatrix} \tag{9B-8}$$

将式(9B-6)中的简化形式因子映射为级联形式因子，我们最终得到：

$$y_t(\tau) = \mu(1 - \boldsymbol{\Upsilon}(\tau, \boldsymbol{\alpha})\boldsymbol{1}) - C(\tau, \boldsymbol{\alpha}, \boldsymbol{\sigma}) + \boldsymbol{\Upsilon}(\tau, \boldsymbol{\alpha})\boldsymbol{x}_t \tag{9B-9}$$

其中$\boldsymbol{1}$是所有元素均为1的三维列向量，$\boldsymbol{\Upsilon}(\tau, \boldsymbol{\alpha})$的定义为：

$$\boldsymbol{\Upsilon}(\tau, \boldsymbol{\alpha}) = \boldsymbol{B}(\tau, \boldsymbol{\alpha})\boldsymbol{A}(\boldsymbol{\alpha})^{-1} \tag{9B-10}$$

其中$\boldsymbol{\Upsilon}(\tau, \boldsymbol{\alpha}) = (\Upsilon_s(\tau, \boldsymbol{\alpha}), \Upsilon_m(\tau, \boldsymbol{\alpha}), \Upsilon_l(\tau, \boldsymbol{\alpha}))$，而$\Upsilon_s$、$\Upsilon_m$和$\Upsilon_l$表示到期期限为$\tau$的零息票债券的收益率对短期、中期和长期利率因子变化的偏导数。将期限为τ'的（连续复利）远期利率表达为级联形式的因子的仿射函数，可以得到类似的表示形式：

$$f_t(\tau) = \mu(1 - \boldsymbol{\Upsilon}'(\tau, \boldsymbol{\alpha}, \tau')\boldsymbol{1}) + \boldsymbol{\Upsilon}'(\tau, \boldsymbol{\alpha}, \tau')\boldsymbol{x}_t - C'(\tau, \boldsymbol{\alpha}, \boldsymbol{\sigma}, \tau') \tag{9B-11}$$

其中：

$$\boldsymbol{\Upsilon}'(\tau, \boldsymbol{\alpha}, \tau') = \left(\boldsymbol{B}(\tau + \tau', \boldsymbol{\alpha}) - \boldsymbol{B}(\tau, \boldsymbol{\alpha})\right)\boldsymbol{A}(\boldsymbol{\alpha})^{-1}/\tau' \tag{9B-12}$$

$$C'(\tau, \boldsymbol{\alpha}, \boldsymbol{\sigma}, \tau') = (C(\tau + \tau', \boldsymbol{\alpha}, \boldsymbol{\sigma}) - C(\tau, \boldsymbol{\alpha}, \boldsymbol{\sigma}, \tau'))/\tau' \tag{9B-13}$$

式(9B-11)可以解释为：在t时刻，时间τ之后的，期限为τ'的远期利率，可以分解为一个表示$t + \tau$时刻的期限为τ'的到期收益率的风险中性预期的分量（等式右侧的前两项），减去一个表示接受（即做多）该利率的凸性优势的分量（等式右侧的第三项）。右侧的第一项在$\tau = 0$时为零，并随着τ趋向于无穷大而收敛于μ。对于从零到无穷大之间的期限，在该期限的零息票债券收益率的风险中性预期将取决于因子在t时刻的值，即$\boldsymbol{x}_t = (r_t, m_t, l_t)$，这就是等式右侧第二项所表示的内容。我们也可以把右侧前两项的和看作t时刻的公平期货利率，对应在$t+\tau$时刻的零息票债券收益率的按市价计价的期货合约的利率。按估计参数值计算的斜率$\Upsilon'(\tau,\alpha,\tau')$的图形如图9-7所示。

式(9B-11)右边的最后一项在$\tau=0$时为零，增长速度正比于到期期限τ的平方。这个凸性项使得期货利率和远期利率之间存在差异。假设一个投资者可以在两种不同的合约中押注$t+\tau$时刻的收益率。第一种是每日盯市结算的期货合约。市场预期未来利率的上升（下降）将由做多（做空）期货的投资者今天支付（收到）。第二种是标准远期合约。市场预期未来利率的上升（下降）将由做多（做空）远期的投资者支付（收到），但不是在今天或今后的每一天，而是在合约到期时间$t+\tau$。现在，如果期货利率和远期利率相等，多头投资者将在通过远期合约而不是期货合约进行交易时处于优势：当市场预期未来利率上升（下降）时，他们未来的损失（收益）将以相对较高（较低）的利率贴现到今天，从而产生相对较小（较大）的现值损失（收益）。因此，为了防止远期利率和期货利率之间的套利，现在的远期利率应该低于现在的期货利率。两者之间的区别就是我们所说的凸性修正或凸性优势项，也就是右边的最后一项。

附录9B.2 一种实用的估算方法

目前已有大量关于高斯期限结构模型的估计的文献，Gauss+模型是其中一个特例。这些方法通常依赖于极大似然估计，通常不容易实现。在下一节中，我们将讨论一个快速直观的估计过程，目的是为 Gauss+模型的参数向量$\boldsymbol{P}=(\alpha,\sigma,\mu)$确定合理的值。给定这个参数向量，对于任何时间$t$，我们将提取因子$\boldsymbol{x}_t=(r_t,m_t,l_t)$，以便使模型得到的零息票债券收益率接近市场的零息票债券收益率。短期利率r_t不需要过滤，因为它将被设置为与观察到的短期政策利率相等。

为了估计参数α、σ、μ，我们首先得到一个不同期限的零息票债券价格（贴现因子）的时间序列。这可以通过使用基于债券收益率或平价互换利率的外部曲线构造"靴襻法"获得。为了拟合 Gauss+模型，这些贴现因子是来自互换利率曲线（指数或贴现因子曲线）还是来自债券收益率曲线并不重要。这里我们将使用美联储纽约分行公布的零息票债券价格的时间序列，它是通过对美国国债运用著名的"尼尔森-西格尔-斯文森"（Nelson-Siegel-Svensson）平滑利率曲线构建法得到的。[⊖]

在选择用于模型估计的样本时，总是要进行一番权衡取舍的。更长期限内的样本将导致统计意义上更可靠的估计，但也会反映不同的市场条件，导致无法反映我们打算通过模型预测的时间段的情况。我们发现，在实践中一个很好的折中方法是

⊖ 参见 Gürkaynak R.、Sack B.和 Wright J.（2006），"The US Treasury Yield Curve: 1961 to the Present"。

使用8年期限的样本量和0.8的衰减因子。这意味着在与接下来的优化问题相关的损失函数中，我们将赋给最后一期观测值1的权重，赋给最后一期前一期的观测值0.8的权重，赋给最后一期前两期的观测值0.64的权重，依此类推。因此，我们的样本期从2014年1月5日开始，到2022年1月21日结束。

虽然Gauss+模型涉及三个因子，但只有两个是真正的因子，因为我们将短期利率设定为与观测到的短期利率相等，而该短期利率往往会在可预测的日期发生变化。出于这个原因，我们将把短期利率r_t设定为联邦基金目标利率。尽管一般抵押回购利率将接近美国国债的实际隔夜融资利率，但该系列利率也可能因为具体融资条件的变化而飙升，通常与货币政策无关，因此也与对短期利率未来走向的预期无关。

在接下来的内容中，我们将用Y表示T个时期和N个期限观察到的零息票债券收益率的$T \times N$矩阵，用Y_t表示t时刻观察到的N个期限的收益率的向量。同样，我们将用y表示T个时期和N个期限的模型隐含的零息票债券收益率的向量。y是x的函数，而x是级联形式的因子的$T \times 3$向量。此外，如式(9B-9)所述，y_t表示N个期限在t时刻作为级联形式因子函数的收益率向量，即$x_t = (r_t, m_t, l_t)$。最后，设$y_t(\tau)$表示t时刻的到期期限为τ的到期收益率，$y_t(\tau)$是因子和参数向量P的函数。

估计过程包括一个数据准备步骤和三个参数优化步骤。数据准备步骤包括从观察到的零息票债券收益率扣除（观察到的）短期利率因子的净影响。它的工作原理如下。取α_r的一个候选参数值，然后给定$\Upsilon(\tau, \alpha)$的结构，从式(9B-9)的两边减去$\Upsilon_s(\tau, \alpha) \times r_t$。为防止符号的滥用，我们将把$y_t(\tau)$命名为零息票债券收益率扣除短期利率的净额，我们将短期利率r_t从因子级联形式的向量中去掉，所以从现在开始我们有$x_t = (m_t, l_t)$，顺便说一句，可以证明$\Upsilon_s(\tau, \alpha)$只依赖于参数α_r。

下一步是对式(9B-9)进行逆变换，并将因子x_t表示为观察到的2年期和10年期收益率的线性函数。我们假设这两种到期期限的债券收益率完全按照模型定价，这与其他到期期限的债券不同。t时刻的基准收益率可以表示为$yb_t = (y_t(2), y_t(10))$。然后，我们可以根据式(9B-9)对2年和10年到期的债券进行逆变换，并将这些级联形式的因子表示为基准收益率向量的线性函数。然后我们替换式(9B-9)中因子的结果表达式。最后，将基准收益率的结果表达式写成因子的函数，得到：

$$\Delta yb_t(\tau) = \Upsilon_b(\alpha) \Delta x_t \tag{9B-14}$$

其中$\Upsilon_b(\alpha)$表示由期限$\tau = 2$、10对应的向量式(9B-14)构成的矩阵，并去掉了一列。现在，对Δx_t进行求解，并将得到的表达式代入以变化量形式表示的式(9B-9)中，我们得到了一个将任意期限的收益率变化与两个基准期限的收益率变化联系起来的线性表达式，其中斜率仅为参数α的非线性函数：

$$\Delta y(\tau) = \Upsilon(\alpha)\Upsilon_b(\alpha)^{-1}\Delta yb_t(\tau) \qquad (9\text{B-}15)$$

然后我们可以通过求解下式得到α：

$$\min_\alpha \| \Upsilon(\alpha)\Upsilon_b(\alpha)^{-1} - \hat{\beta} \| \qquad (9\text{B-}16)$$

其中符号|| ||表示 L2 范数，$\hat{\beta}$为用$\Delta y(\tau)$对$\Delta yb_t(\tau)$的普通最小二乘回归的系数估计值，即：

$$\hat{\beta} = (\Delta yb'\Delta yb)^{-1}\Delta yb'\Delta y \qquad (9\text{B-}17)$$

正文中的图 9-5 给出了对 2 年期和 10 年期美国国债收益率变化进行不同期限收益率变化回归的 OLS 参数估计。图中还显示了模型斜率$\Upsilon(\alpha)\Upsilon_b(\alpha)^{-1}$的值，是在式(9B-16)取得最优解的条件下估计的。该参数可以反映因子r_t、m_t、l_t的变化对瞬时远期利率和收益率的影响。这可以让我们清楚地解释每个因子：中间期限利率因子m_t对 2 年、3 年期限左右的债券收益率影响最大，因此，它可以被解释为货币政策因子（正如正文中所讨论的那样）。另外，长期因子对 7 年期左右的远期债券（零息票债券为 15 年期）收益率表现出最大的影响。

有了能求解式(9B-16)的估计参数$\hat{\alpha}$，我们可以通过求解式(9B-18)来估计使恒定期限收益率模型隐含收益率波动率与实际收益率波动率之间的差异最小的向量σ：

$$\min_\sigma \| \Upsilon_b(\hat{\alpha})\Omega(\sigma)\Omega(\sigma)'\Upsilon_b(\hat{\alpha})' - \text{diag}(\Delta y'\Delta y)\,252/T \| \qquad (9\text{B-}18)$$

其中Δy是所有期限收益率变化的$T \times N$向量。正文中的图 9-6 显示了它拟合的零息票债券收益率波动率与直接用观察到的恒定到期收益率变化计算的收益率波动率的对比。

最后，利用能求解式(9B-16)的$\hat{\alpha}$和能求解式(9B-18)的$\hat{\sigma}$，我们可以通过最小化收益率拟合误差的平方和来估计参数，即：

$$\min_\mu \sum_{t=1}^{T} \| Y_t - y_t \| \qquad (9\text{B-}19)$$

其中y_t为t时刻模型估计的所有期限收益率的向量。估计使用的参数如正文中表 9-1 所示。

一旦估计了参数向量P，我们就可以求解因子(m_t, l_t)，以确保模型在每个日期上准确地拟合了 2 年后和 10 年后的远期利率（期限均为 1 年）。滤波算法，如最小二乘法或卡尔曼滤波可以用来计算这些因子，但我们发现在实际交易应用中，对曲线上两点的精确拟合法更可取。我们在图 9-8 中显示了拟合的因子，以及 2 年后的远期利率。[⊖]

请注意，在本书中，我们画的是l_t的仿射函数$L(l_t)$，而不是l_t本身，因此我们可

⊖ 虽然我们用于参数估计的样本从 2014 年 1 月开始，但为了便于解释，我们向后扩展了提取滤波因子的样本时间范围（保持估计参数不变），从而创建了图 9-8。

以将推导出的长期因子解释为 10 年后短期利率预期的近似。这是必要的，因为因子 l_t 的极端持久性（或较长的半衰期、较低的平均回归参数）使得对它对 l_t 的拟合水平的解释不那么直观。如你所见，长期因子与之前的 10 年后远期利率密切相关（两者之间的差异是由凸性修正解释的）。仿射函数 $L(l_t)$ 的形式为：

$$L(l_t) = \mu(1 - e^{-10\alpha_l}) + l_t e^{-10\alpha_l} \tag{9B-20}$$

模型的时间序列特性可以用它的因子随时间变化的曲线来描述。如前所述，短期利率是根据联邦基金目标利率每天设定的，中长期因子设定为匹配未来 2 年和 10 年的远期利率。正文中的图 9-8 绘制了从 2007 年 1 月到 2022 年 1 月的实证数据获得的这些市场因子。⊖

附录 9B.3　隐含风险溢价计算

用 $P(t,\tau)$ 表示在未来的 τ 时刻到期的零息票债券在 t 时刻的价格，令 $P(t,\tau) = \log(P(t,\tau))$。注意，这里 τ 表示未来的固定日期，而不是日期间隔。

我们假设从现在开始只有长期因子的风险已被定价。这对于我们所考虑的应用来说是合理的，它将涉及提取对 10 年期美国国债的预期，在 10 年期美国国债到期时，远期利率载荷相对于中短期国债的收益率是可以忽略不计的。现在，将伊藤引理应用到零息票债券价格上，作为使用式(9B-9)的级联形式式因子的式(9B-5)的指数仿射函数，并沿用到真实测度中，我们可以写出零息票债券瞬时收益的动态如下：

$$\frac{dP(t,\tau)}{P(t,\tau)} = (r_t + \lambda_t(\tau-t)\Upsilon_3(\tau-t,\boldsymbol{\alpha})\sigma_l)dt - (\tau-t)\boldsymbol{\Upsilon}(\tau-t,\boldsymbol{\alpha})\boldsymbol{\Omega}dW_t^* \tag{9B-21}$$

其中载荷向量 $\boldsymbol{\Upsilon}(\tau,\boldsymbol{\alpha})$ 在式(9B-10)中定义，$\Upsilon_3(\tau,\boldsymbol{\alpha})$ 代表它的最后一个元素，即期限为 $\tau - t$ 的零息票债券收益率对长期因子的载荷。$\boldsymbol{\Omega}$ 在式(9B-4)中定义，W_t 代表真实测度下的维纳过程。

式(9B-21)右边的 dt 项有一个很清楚的解释：从时刻 t 到时刻 $t + dt$ 持有到期日为 τ 的零息票债券 t 的预期收益等于时刻 t 的无风险利率，加上一个风险溢价项，该风险溢价项等于时刻 t 的零息票债券的久期（其期限）乘以期限为 $\tau - t$ 的零息票债券的收益率的载荷，乘以长期利率的波动率，乘以时刻 t 的风险价格，即 λ_t。我们将假设风险价格确实会随时间变化。我们不具体说明它的动态，但我们假设 λ_t 的变化是一个非常持久的过程，因此对于 $\Delta t = 1$，$E_t(\lambda_{t+\Delta t}) \approx \lambda_t$，即明年的风险价格的预期等于今年的风险价格。如果我们将度量更改为风险中性度量，这一项将从式(9B-21)的右侧消

⊖ 该模型使用 2014 年 1 月的数据进行估计，但得到的参数用于计算 2007 年以来的模型因子。此外，图表中的长期因子是向前移动了 10 年的取值，而不是长期因子本身。这使得该序列更容易被解释为对 10 年后短期利率预期的近似值。

失，也就是说，我们的零息票债券的预期瞬时回报率将等于无风险利率。

再回想一下t时刻，时间τ之后的，期限为$\Delta\tau$的远期利率的定义：$f_t(\tau) = (p(t,\tau) - p(t,\tau+\Delta\tau))/\Delta\tau$，我们将省略作为$f_t(\cdot)$的显式参数的期限。现在，考虑以下策略：在时刻$t$，购买一只到期日为$\tau+\Delta\tau$的零息票债券，同时卖出一只到期日为$\tau$的零息票债券。首先，我们证明该策略的收益率等于在时刻t，时间τ之后的，期限为$\Delta\tau$的远期利率，减去期限为$\Delta\tau$的到期收益率。为了理解这一点，用R_t^τ表示时间t和时间τ之间的累计实现收益。然后，我们有：

$$\begin{aligned} R_t^\tau &= \big(p(\tau,\tau+\Delta\tau) - p(t,\tau+\Delta\tau)\big) - \big(p(\tau,\tau) - p(t,\tau)\big) \\ &= \big(p(t,\tau) - p(t,\tau+\Delta\tau)\big) - \big(0 - p(t,\tau)\big) \\ &= \big(f_t(\tau) - f_\tau(\tau)\big)\Delta\tau \end{aligned} \qquad (9\text{B-}22)$$

其中$f_\tau(\tau)$等于τ时刻到期期限为$\Delta\tau$的零息票债券收益率，对于足够小的$\Delta\tau$，近似等于τ时刻的即期利率。因此，该策略在t时刻的预期收益率（在真实测度下）等于t时刻的远期利率减去τ时刻的预期短期利率。让我们先把这个结果放在一边。

现在我们将计算该策略的预期收益（同样在真实测度下）。注意，除了时间段$(t,t+\Delta\tau)$和$(\tau-\Delta\tau,\tau)$外，在整个持有期间多头和空头的预期收益相互抵消了，因为在模型中风险溢价只取决于到期时间。将伊藤引理应用到式(9B-21)，抵消短期利率，进行积分运算并取预期，并忽略时间段$(\tau-\Delta\tau,\tau)$的贡献，因为只有长期因子被定价，我们得到

$$\begin{aligned} E_t(R_t^\tau) &= \int_0^{\Delta\tau} \lambda_t(\tau+\Delta\tau-t-s)\Upsilon_3(\tau+\Delta\tau-t-s,\boldsymbol{\alpha})\sigma_l - \\ & \quad \frac{1}{2}(\tau+\Delta\tau-t-s)^2\boldsymbol{\Upsilon}(\tau+\Delta\tau-t-s,\boldsymbol{\alpha})\boldsymbol{\Omega}\boldsymbol{\Omega}'\boldsymbol{\Upsilon}(\tau+\Delta\tau-t-s,\boldsymbol{\alpha})'\mathrm{d}s \\ &= \lambda_t RP(t,\tau,\Delta\tau) \end{aligned} \qquad (9\text{B-}23)$$

需要注意的是，预期风险溢价式(9B-23)是未知的λ_t和一个容易计算的"风险量"$RP(t,\tau,\Delta\tau)$的乘积。正如我们在书中提到的，为了从观察到的远期利率和模型的参数中推断出λ_t，我们假设存在一个时刻τ，使得时刻τ的短期利率的（真实）期望等于在任何大于τ的时刻τ'的短期利率的（真实）期望值；有了这个假设，我们可以将这个推理细化到两个满足$\tau' > \tau$的长期期限，将两个等式相减，求解风险价格λ_t为：

$$\lambda_t = \frac{f_t(\tau') - f_t(\tau)}{RP(t,\tau',\Delta\tau)/\Delta\tau - RP(t,\tau,\Delta\tau)/\Delta\tau} \qquad (9\text{B-}24)$$

有了λ_t的估计之后，我们可以在式(9B-22)的两边取在到期日$\tau-\Delta\tau$的期望，并使用式(9B-23)来求解足够长的到期日$\tau-\Delta\tau$的期望利率，求解得到：

$$E_t(r_\tau) = f_t(\tau) - \lambda_t RP(t,\tau,\Delta\tau) \qquad (9\text{B-}25)$$

为了直观理解式(9B-25)，假设我们之前求解的风险λ_t的价格为0.09。10年期零

息票债券收益率对长期因子的载荷为 0.7，长期因子波动率约为 100 个基点，则 10 年期风险溢价约为 0.09 × 0.01 × 10 × 0.7 = 0.006 3，即 63 个基点。10 年期利率的凸性优势项约为 24 个基点。这些数字与根据使用估计参数的模型计算得到的数字非常接近，0.09 是根据样本计算的风险的平均价格。⊖ 如果我们假设 10 年期远期利率为 3%，那么隐含的预期 1 年期利率，即在真实测度下的 9 年期利率将为 0.03 + 0.002 4 − 0.006 3 = 2.61%。

我们用已经描述过的方法计算了风险价格，使用 14 年和 15 年后的远期利率来计算样本中每天的 λ，然后使用这个估计来计算隐含的 10 年远期利率的 10 年期利率的预期值。结果对使用其他更长的期限敏感性不高。

通过这种方式计算的隐含 10 年期利率的预期值在文中与模型外得到的长期的短期利率预期值的估计值进行了对比，模型外的估计值只需要将克利夫兰联邦储备银行的实际利率预测与长期通胀指标相加即可得出，我们使用克利夫兰联邦储备银行的 10 年期通胀预测的平均值，费城联邦储备银行的 ATSIX 模型的 10 年期预测的平均值，以及衰减参数为 0.987 的简单指数移动平均规则得到长期通胀指标，该衰减参数在其他文献也被使用过。⊜ 估计长期利率预期还有其他可行方式（例如，美联储纽约分行每年进行几次的市场参与者调查，或长期存在的蓝筹股金融预测 shi 调查）。

⊖ 与通常对风险资产夏普比率的估计值相比，这个值可能看起来偏低了。但要注意，在过去的几十年里，债券价格与风险资产一直呈负相关关系，因此在正向供给（如股票市场）的情况下，利率风险的价格相对于风险资产的价格偏低，有时甚至是负的，这是可以预期的。

⊜ 可参见 Cieslak A. 和 Povala P.（2015），"Expected Returns in Treasury Bonds,"《金融研究评论》第 28(10) 期。

第 10 章

回购协议和回购融资

"回购协议"或回购市场可能是大多数人所知甚少或一无所知的最重要的市场。货币市场基金（MMF）和其他投资者都将回购作为一种短期的高流动性资产；经纪商、交易商和其他金融实体利用回购为其证券库存提供资金；回购还让市场参与者能够在固定收益市场建立空头头寸；正如绪论所述，美联储在历史上和现在都一直在使用回购来执行货币政策。最后一点，也是最近正在发生的事情，利率衍生品采用的利率和许多贷款产品的定价利率正从"伦敦银行间同业拆借利率"（LIBOR）转向"有担保隔夜融资利率"（SOFR），后者就是一个源自回购交易的利率。

本章的前几节介绍了回购协议、回购的用途以及回购市场的结构和规模。下面一节描述了最近热门的 SOFR 的计算，该利率在第 2 章、第 12 章和第 13 章中都有登场。接下来的一节将解释"一般抵押品"（GC）和"特殊抵押品"回购交易中对回购交易利率的一些影响因素。倒数第二节讨论了回购在存在金融风险背景下的应用，以及银行监管的相关变化。最后一节是一个案例研究，用以说明明富环球公司（MF Global）的灾难在很大程度上是由其规模不适当的"到期回购"交易导致的。

10.1 回购协议

对回购协议最直接的描述就是以债券或其他金融工具作为抵押品的担保贷款。图 10-1 和图 10-2 描述了一个这样的例子，其中一个回购卖方以 0.015% 的利率在 44 天内借款 109 898 438 美元，同时将 1 亿美元票面价值的美国国债 "2.75s of 02/15/2028" 作为抵押品。在交易时，债券的价格为 "109-28 3/4" 美元，即每 100 美元票面价值，债券价格为 $109 + 28.75/32 = 109.898\,438$（美元）。这意味着在交易开始时抵押品的价值等于贷款的金额。在实践中，抵押品的价值通常会超过贷款金额，后面我们会讨论回购的这一特点。回到本节的例子，图 10-1 显示了交易开始时现金和债券的现金流,图 10-2 显示了交易到期或平仓时的现金流。在图 10-2 中,回购卖方支付本金加利息 109 900 452[= 109 898 438 × (1 + 0.015% × 44/360)]美元,以解除回购协议,然后收回其 1 亿美元票面价值的债券。

图 10-1 回购协议的启动

图 10-2 回购协议的解除

图 10-1 和图 10-2 中的现金出借人受到作为贷款抵押品的债券的保护:如果现金借款人违约,现金出借人将获得作为抵押品的这些债券。但实际上回购市场上的现金出借人受到的保护力度更大,因为他们有一个不受美国破产法影响的"安全港",还可以通过抵押品折扣(haircut)、初始保证金和变动保证金等方式保护自己的利益。

在"安全港"方面,如果现金借款人不履行其还款义务,出借人可以立即清算作为抵押品的债券以收回贷款金额,并将兑现得到的多余现金返还给借款人。这与有担保贷款的一般处理方式截然不同。在有担保贷款的一般处理方式中,贷款机构被禁止或阻止清算违约借款人的抵押品,除非得到美国破产法院的许可。事实上,正是由于这个原因,回购交易在法律上被定义为回购协议,而不是担保贷款。从法律上讲,现金的借款人,也就是回购卖方,在交易开始时将债券出售给回购买方,并同意在平仓时以略高的约定价格回购该债券。虽然从经济意义上看与担保贷款相同,但从法律意义上看,这种结构将平仓视为证券交易的结算,使得这类交易享有

豁免破产规则的"安全港"。⊖

除了"安全港",回购市场上的现金出借人通常还会受到抵押品折扣或初始保证金的保护。例如,如果折扣率为3%,同样的抵押品价值能获得的贷款金额就会减少3%。因此,回购卖方只能用价值100美元的债券借到97美元,留下3美元的保证金,也就是说抵押品的价值比贷款价值多出3美元。在本节的例子中,扣减3%后,抵押1亿美元面值的"2.75s of 02/15/2028"债券后,现金借款人只借到109 898 438美元的97%,即106 601 485美元,并留下3 296 953美元的初始保证金。有了这个缓冲,如果现金借款人违约,且抵押债券价值从1.099亿美元下降到1.08亿美元,现金出借人仍然有足够的抵押品价值来覆盖1.066亿美元的未偿贷款金额。

可变保证金是前面提到的最后一种保护措施,它要求现金借款人在抵押品价格变化时追加抵押品的价值,以维持保证金不变。继续上段的例子,如果用于抵押的债券价值从1.099亿美元降至1.08亿美元,而贷款金额为1.066亿美元,现金借款人就会收到追加保证金通知,要求其追加190万美元的债券,以将保证金水平恢复到原来的330万美元。现金借款人也可以通过向现金出借人支付180万美元现金来满足该要求,这实际上将贷款金额从1.066亿美元减少到了1.048亿美元,并由价值1.08亿美元的债券以3%的折扣率作为抵押品。另外,如果债券价值增加,现金借款人可以收回超过保证金要求的抵押品或现金。回购市场的可变保证金催缴通知一般是当天发出的。

总结一下回购协议中的保护性条款,只有在现金借款人违约的同时,抵押品的价值下跌幅度超过了保证金余额的情况下,现金出借人才会蒙受损失。⊜

10.2 回购的应用

本节介绍回购协议的四种主要用途:投资和现金管理、多头融资、融券或空头融资以及抵押品互换。

回购作为一种短期投资对象和短期存放现金的方式很受欢迎。通过回购将现金

⊖ 要理解普遍破产延期的逻辑,不妨考虑一下这样一个案例:一家商品制造商以其工厂中的机器作为抵押品借款。如果在发生违约的情况下,有担保的债权人可以立即没收这些机器,那所有其他债权人和股权持有人都可能会受到不可挽回的损害;而一定的延迟处理很可能带来有序的重组,使制造商持续经营或清算价值最大化。相反,也有人认为对金融市场最好的是"安全港"规则,因为它最大限度地降低了结算的不确定性。

⊜ 有了政府债券作为抵押品,可以说这种风险敞口是"方向正确的风险":政府债券往往在市场动荡期间表现良好,而市场动荡通常是交易对手违约的典型情景,而对于公司债券或其他一些抵押贷款抵押品,可以认为回购违约风险是"方向错误的风险",因为交易对手违约往往发生在抵押品价值下降的情景下。

借出不仅特别安全（如 10.1 节所述），而且出借人可以通过抵押品折扣（例如国债 2%的折扣率，投资级公司债券 5%的折扣率）、设定可接受的抵押品（例如剩余期限少于 2 年的政府债券、任何政府债券、政府债券组合和投资级公司债券）以及回购交易对手方，来控制他们愿意承担的违约风险。此外，通过选择回购协议的期限（如隔夜或 30 天），出借人可以选择他们想要的流动性，即他们可以再次使用现金的时间。基于这些特征，回购成为银行存款的一种重要替代方式。虽然回购和银行存款都具有很高的流动性，但尽管 25 万美元以下的银行存款是由联邦政府担保的，许多银行的大额存单可能仍被认为不如有抵押物的回购投资安全。

由于回购作为短期投资很受欢迎，许多回购市场常客被称为回购投资者。这类投资者中最重要的一类是货币市场基金，我们在绪论中做过详细介绍。因为这些基金的股东可以很容易地将手中的基金份额赎回为现金，所以除非遇到巨大的收益率压力，否则货币市场基金的基金经理都会通过将大部分资产投资于特别具有流动性的产品——比如回购，来保持较高的流动性。共同基金也将回购作为一项高流动性投资，因为它们也必须为一定数量的股东赎回做好计划。其他回购投资者包括市政当局和非金融公司，它们由管理现金流入和流出的需求驱使。市政当局全年都在收税和支出，但收税的时间通常与支出的时间不一致，因此手中的现金需要投资于短期、安全的产品，比如回购。同样，由于非金融公司的应收账款和应付账款通常不一致，回购也通常被非金融公司用来暂时存放手中多余的现金。

回购的第二个常见用途是多头融资，也就是用借来的钱购买金融工具的行为。图 10-3 展示了一个重要的例子，一个经纪交易商利用回购为其债券做市业务融资。如图 10-3 的上半部分所示，一位客户向经纪交易商的交易部门出售了债券，交易部门为此支付现金。但交易部门的业务模式是，用最少的资本投入，相对频繁地每次赚取相对较少的费用。因此，交易部门选择利用回购市场融资，而不是用自有资金来购买客户的债券，这可以通过对债券发起回购交易，即将回购出售给回购买家来实现。但请注意，由于抵押品折扣的影响，交易部门筹集的资金无法覆盖它在回购市场上购买的债券的全部价值。因此，交易部门确实需要使用一小部分自有资金作为边际资金，也就是说，向客户支付的购买价格中回购融资不能覆盖的那部分。简而言之，固定收益做市部门主要通过回购为其库存管理提供资金，但也有一小部分资金是通过自有资本提供的。

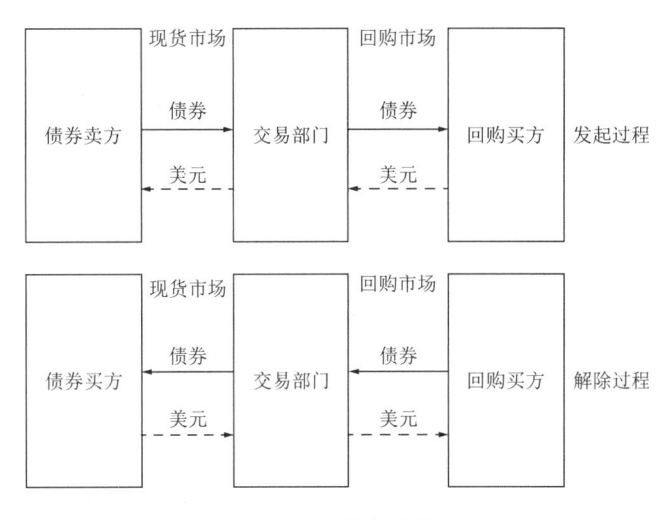

```
现货市场            回购市场
        债券              债券
债券卖方  ──→  交易部门  ──→  回购买方      发起过程
        ←──              ←──
        美元              美元

        现货市场            回购市场
        债券              债券
债券买方  ←──  交易部门  ←──  回购买方      解除过程
        ──→              ──→
        美元              美元
```

图 10-3 多头融资

图 10-3 的下半部分显示了交易部门如何退出其在现金市场和回购市场的头寸。在最初购买债券后的某个时候，另一个客户过来想购买同样的债券。交易部门将债券出售给该客户，用所得资金偿还回购借款，然后收回抵押出去的债券交割给该客户。在这里需要指出的是，如果两个客户购买和出售特定债券的操作发生在同一天，就不需要通过回购融资。只有从第 1 天到第 2 天的剩余库存需要融资。

另一个多头融资的例子是某个交易员或投资者想通过借钱购买债券来提高收益率。在交易发起阶段，投资者在现货市场上购买某债券，然后通过回购将其抵押出去，以回笼大部分购买债券的资金。为了解除交易，投资者在现货市场上出售债券，并用所得资金偿还回购贷款。当然，如果债券价格在此期间下跌，投资者必须从其他地方筹集现金来偿还贷款。虽然前段所述的做市商似乎也承受着价格下跌的风险，但做市商往往会对冲其存货的利率风险。因此，做市商在多头头寸遭受的任何导致回购贷款头寸出现亏损的损失，都很可能会被用于对冲的空头头寸的相应利润所弥补。

有时候债券的购买者知道该债券需要融资的确切期限，但在大多数情况下融资的期限是未知的。在做市商的例子中，最终从库存中购买债券的客户可能在做市商购买该债券后不久或几天后出现。在杠杆投资者的例子中，市场状况的变化可能会导致投资者忽然终止持仓。因此，用于多头融资交易的回购协议可能在融资交易结束前到期。在这种情况下，回购卖方需要将回购展期或滚动展期。考虑一个回购卖方，按照图 10-1 所示的方式，通过隔夜回购融资购买了 1 亿美元面值的 "2.75s of 02/15/2028" 债券。如果该回购卖方想在交易中多待一天，也就是说还不想偿还回购贷款，就必须让回购买方同意将贷款展期一天。如果回购买方同意，抵押品或现金将进行相应调整，以保持适当的保证金数额，而回购卖方可以将借到的钱再保留一天。如果回购买方不同意，回购卖方必须找到另一个回购交易对手为自己的债券仓位融资，并使用从该交易对手借入的资金偿还对原回购买方欠下的贷款。滚动回购的具体过程如图 10-4 所示。请注意，由于债券的价格可能在一天内发生变化，回购卖方从新的回购买方那里收到的现金可能多于或少于偿还原回购买方贷款所需的现金。

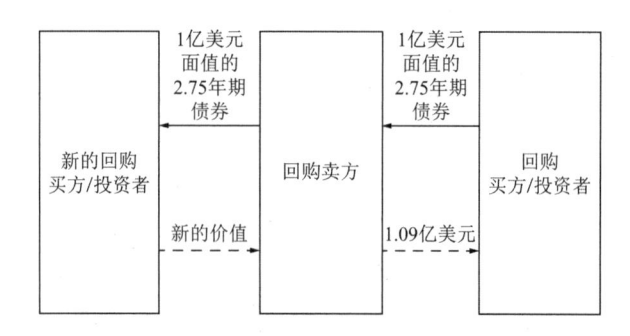

图 10-4 回购协议的滚动展期

回购协议的期限可以是隔夜[一]、定期（即任何超过一天的固定期限）或不定期等形式。不定期回购相当于可以自动滚动展期一天的隔夜回购，直到该回购被现金出借人取消为止。这种合同形式的流行反映了一种普遍的市场情况：交易对手方不确定融资需要多长时间。

到目前为止，读者可能已经注意到了回购市场在操作上是非常复杂的。考虑图 10-4 中的滚动展期。回购卖方需要将债券递交给新的回购买方以获得现金，但最初的回购买方不太可能在其贷款得到偿还之前归还这些债券——毕竟保证得到偿付是持有抵押品的全部意义所在。这类问题可以通过第三方代理服务等形式解决，下一节会做详细介绍。

回购的第三个常见用途是融资建立做空头寸或融券。做空是指在不拥有某债券的情况下卖出该债券，无论目的是押注债券价格将下跌，还是将交易作为对冲特定多头头寸的更大规模交易的一部分。在图 10-5 的上半部分中，一家对冲基金将其不拥有的某个债券出售给现货市场上的某个买家。然后，对冲基金又从回购市场上的经纪交易商手中买入该债券，将这些债券交割给买家，获得债券出售的收益，然后将这些收益交给经纪交易商。为了解除空头头寸，如图 10-5 的下半部分所示，对冲基金需要在现货市场上购买债券，将债券返还给经纪交易商，从经纪交易商收取贷

[一] 市场参与者称其为"隔夜回购"而不是"一天回购"，因为从历史上看借款人可能在从一天结束到第二天开始前的任何时刻获得现金。但考虑到自 2007～2009 年金融危机以来的改革，事实上这些协议现在用"一天回购"来描述更加准确。

款还款，并使用这些资金支付在现金市场购买债券的费用。

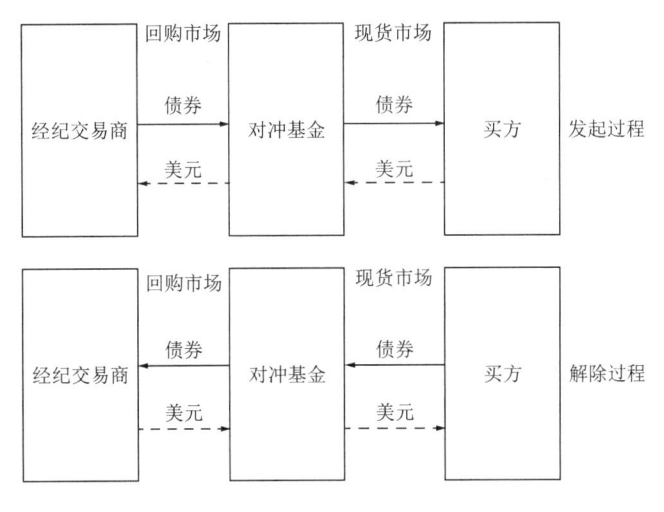

图 10-5　做空融资

用本章的语言来说，对冲基金确实购买了回购，但其动机与现金型资产管理人或其他购买回购的投资者截然不同：对冲基金的动机不是存放现金或投资，而是借入的债券本身。因此，更常见的说法是，对冲基金进行的是"逆回购"，或者说，对债券进行了反向回购。注意这个行业术语的使用方法，根据交易对手的不同，比如从经纪交易商的角度或对冲基金的角度来看，同一笔交易的回购协议的名称会不同：经纪交易商进行的是回购或债券回购，而对冲基金进行的则是逆回购或债券逆回购。

购买回购的不同动机引入了回购市场的另一个方面。如前所述，当现货市场的基金经理和投资者购买回购时，可以选择他们愿意接收的符合要求的抵押品的一般资产类别和期限，但他们并不关心他们收到的是哪种债券。由于这个原因，这些交易被称为"一般抵押品"交易或"GC"交易，回购卖方可以根据一些一般性参数选择交割哪些债券。而做空债券并进行逆回购的市场参与者需要的就是它们想在现货市场上卖空的那种债券。因此，这些交易被称为"特殊抵押品"交易或"特殊"交易。GC 和特殊抵押品利差的定价将在本章后面讨论。

下面讨论回购的第四种也是最后一种用途：抵押品互换，具体过程如图 10-6 所示。经纪交易商可能会持有公司债券的库存，但希望其持有的债券总体而言具有更强的流动性，也就是说，在需要的时候更容易以更低的成本转化为现金。这种对额外流动性的偏好可能来自审慎管理或监管要求，或两者兼而有之。与此同时，长期持有美国国债的保险公司或养老基金可能乐意暂时牺牲流动性，以赚取一些额外回报。因此，经纪交易商和保险公司或养老基金可能就抵押品互换达成以下协议：经纪交易商愿意在公司债券存续期间将其公司债券换成美国国债，并为此支付一定的费用（例如，交换价值乘以 25 个基点）。

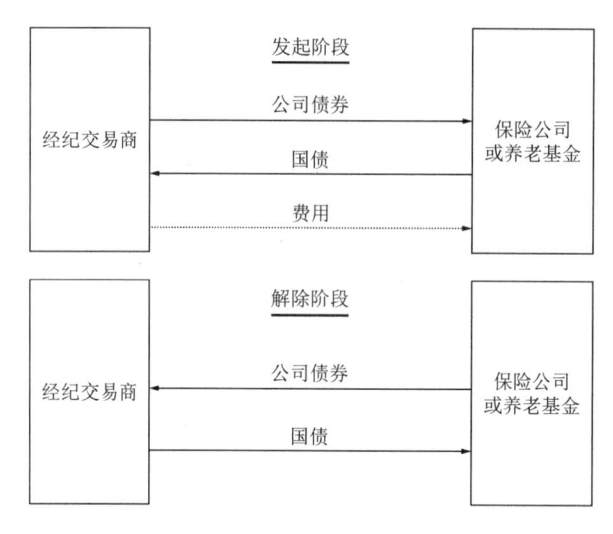

图 10-6　抵押品互换

10.3　市场结构和市场规模

表 10-1 总结了在 2021 年 7 月回购市场的结构和规模。[⊖] 回购市场可以被划分为三方交易市场和双方交易市场。在三方交易中，交易双方依赖第三方代理人提供各种担保管理服务。在双方交易中，每笔回购交易的所有操作细节都由交易双方负责管理。

表 10-1　美国回购市场结构

	三方交易	双方交易
无清算	2 964	？？
有清算	238	1 181
	（GCF）	（DVP）

注：时间为 2021 年 7 月，单位为 10 亿美元。
资料来源：纽约联邦储备银行、金融研究办公室、美国证券业与金融市场协会以及作者自行计算。

三方交易中的关键服务之一是消除抵押品发出而未收到现金或现金发出而未收到抵押品的风险。在交易发起阶段，该服务是按以下步骤完成的。回购买方发送现

⊖　表 10-1 中的"三方交易"数据为市场未偿付抵押品价值；DVP 数据为未偿付贷款余额。

金的同时回购卖方发送抵押品，但不是付给对方，而是付给第三方回购代理人。代理人在确认收到现金和抵押品后，将现金转入回购卖方账户，将抵押品转入回购买方账户。同样，在回购到期时，代理人也会先确认是否有适当数量的现金和抵押品，然后才将现金转入回购买方账户，将抵押品转入回购卖方账户。

三方交易中第二个重要的第三方服务是确保按照本章前面介绍的方式执行回购保证金制度。更具体地说，对于每一笔交易，代理人会核实所收到的抵押品是否满足回购买方设定的可接受抵押品参数要求，并以当前市场价格对抵押品进行估值，再根据回购买方的抵押品估值折扣时间表发出每日可变保证金通知。

第三个重要的第三方服务是优化一般抵押品的使用。如前所述，每个回购买家接收的抵押品必须符合一定的条件，例如资产类别、信用评级和期限等方面满足的特定条件。与此同时，每个回购卖方都有一个多样化的投资组合组成它想要作为抵押品的证券。此外，当用不那么理想的抵押品作为回购抵押品时，回购贷款的利率会更高，这并不奇怪。于是就有了第三方代理人的操作空间。第三方代理人在考虑客户之间的约束条件、它们在特定日期的回购需求、当前的市场价格和回购利率等因素后，向每个回购卖方建议其可用抵押品的最优配置，也就是说，应该向哪个回购买方提交哪个抵押品。

表 10-1 显示，回购的三方交易市场分为两个部分。规模较大的部分有近 3 万亿美元的流通抵押品价值，主要由回购投资者（如货币市场基金）和交易商之间的 GC 交易组成，其中交易商需要通过回购为其证券头寸提供资金。规模较小的部分为"一般抵押融资"（GCF）回购交易，规模为 2 380 亿美元。这个市场被称为"盲眼交易商"市场，交易商彼此匿名交易，以重新分配从回购投资者那里获得的资金。GCF 回购交易由固定收益清算公司（FICC）进行"清算"，这意味着 GCF 回购交易的每一个交易对手直接面对的都是固定收益清算公司，而不是它原来的交易对手。⊖这部分市场还包括"担保回购"，即在固定收益清算公司会员的支持下，非会员回购交易方也可以在自己的账户上进行 GCF 回购交易。⊜

双方交易市场的情况总结在表 10-1 最右边一列中。三方交易市场能够提供有效管理 GC 交易抵押品的手段，而双方交易市场多被用于那些由于各种原因不能参与三方交易的 GC 交易方，以及其他特殊交易。与三方交易市场一样，双方交易市场

⊖ 需要注意的是，这种清算的力度远大于三方交易方式，三方交易只能确保在回购卖方送出担保物且回购买方送出现金的情况下，担保物和现金可以交换。

⊜ 担保回购的一个优势是可以降低经纪交易商资产负债表的规模。如果经纪交易商向货币市场基金卖出回购，然后从资产管理公司买入回购，则经纪交易商的资产负债表会产生一项负债和一项资产。然而，如果经纪交易商只为基金和资产管理公司提供支持，以便它们能够相互交易，那么这些交易不会出现在经纪交易商的资产负债表上。但这种支持带来的成本和风险可能会在会计处理上造成负面影响。

也分为无清算和有清算两个部分。无清算部分的汇总数据相对较少，因为其交易细节完全由各交易对手方自行管理，所以表中没有报告该数据。有清算的双方交易主要包括固定收益清算公司的"货银对付"（DVP）服务，这是一个交易商间市场的交易，可以采用事先安排或"盲眼交易商"的形式，并由固定收益清算公司负责清算。DVP 市场的贷款价值约为 1.2 万亿美元。

图 10-7 从参与市场的各个部门的角度总结了回购市场的情况。注意，在会计术语中，借出现金或购买回购被视为一种资产，而借入现金或出售回购被视为一种负债。虽然经纪交易商确实会出售回购来为证券持仓融资，但在为回购做市的过程中它们也会积累规模大致匹配的回购买卖账簿，也就是说它们会从一些客户那里购买回购，然后将数量大致相同的回购卖给另一些客户。匹配账簿和多头融资两种仓位的叠加导致了图中所示的图形，即大量的回购资产被回购负债抵消后，还存在额外数量的回购负债。前面提到过，货币市场基金的业务是将现金投资为短期资产，当然可以利用回购来实现这一目的。外国机构（不包括在美国的外国银行办事处）的回购资产和回购负债大致平衡，而银行的回购负债略大于其回购资产。美联储通过逆回购等工具在回购市场上借入现金，这在绪论中已经介绍过了。房地产投资信托基金（REITs）通过回购借入资金，而图中的其余部门将回购作为一种流动性较强的短期投资品种，相关机构包括市政当局、政府支持机构（如 FNMA 和 FHLMC）以及共同基金（MF）。

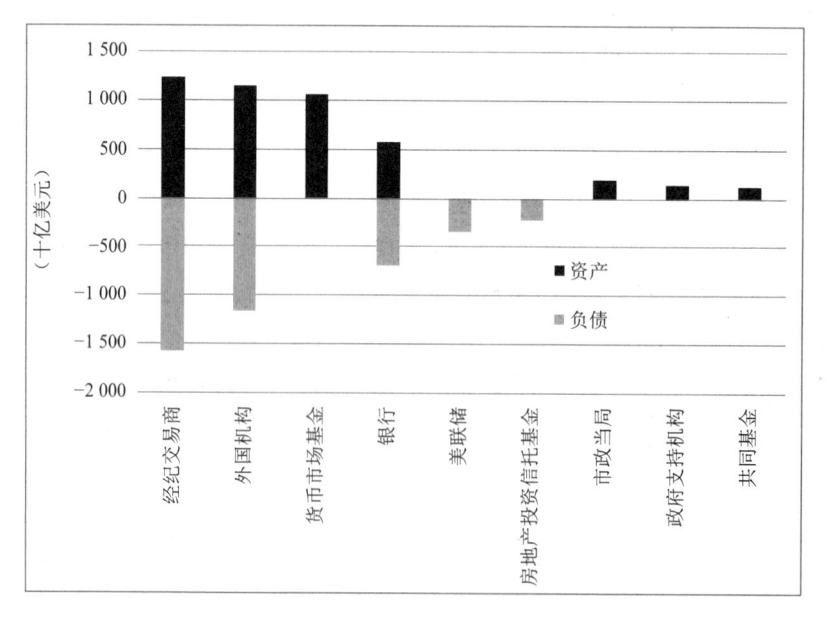

图 10-7　截至 2021 年 3 月按部门分列的美国回购市场资产和负债统计

资料来源：美国联邦政府金融账户、美联储管理委员会。

继续讨论回购市场的结构，表 10-2 给出了三方交易回购（不包括 GCF）中的抵押品构成。为了保证回购交易的安全性，很大一部分抵押品是有政府担保的证券，其中 62%是国债，21%是政府担保的抵押贷款支持证券（MBS）。此外，尽管没有在表中显示，GCF 总额 2 380 亿美元的抵押品完全由美国财政部、政府机构和政府支持机构的 MBS 组成。但如表 10-2 所示，三方市场回购确实会使用一些风险更高的抵押品。

表 10-2 三方交易回购（不包括 GCF）中的抵押品构成

资产类别	抵押品价值	百分比
美国国债	1 847	62.3
政府机构和政府支持机构 MBS	627	21.1
股权	209	7.1
公司债券（投资级）	74	2.5
政府机构和政府支持机构 CMO	52	1.8
公司债券（高收益级）	42	1.4
政府机构和政府支持机构债务	33	1.1
其他	80	2.7
总计	2 964	100

注：时间为 2021 年 7 月，抵押品价值单位为 10 亿美元。
资料来源：纽约联邦储备银行、美国证券业与金融市场协会和作者自行计算。

作为本节的总结，表 10-3 给出了三方交易（不包括 GCF）抵押品折扣率中位数。回忆一下，现金出借人只有在交易对手违约且抵押品价值下跌幅度超过抵押品折扣幅度时才会亏钱，所以现金出借人会对风险更高的抵押品要求更高的折扣率。在这种情况下，衡量风险的标准不仅包括抵押品价格波动和价格大幅下跌的可能性，还包括抵押品流动性不足的可能性。因为一旦发生违约，现金出借人只能通过出售所持抵押品获得收益。与上述考虑相一致的是，表 10-3 中的抵押品折扣率中位数确实随着风险的增加而增加。流动性最强、由政府担保的抵押品只需要提供 2%的折扣率，而风险最高、流动性最差的证券则需要提供 8%的折扣率。

表 10-3 三方交易回购抵押品折扣率中位数（不包括 GCF）

资产类型	折扣率
国债、机构债务和 MBS	2
政府机构和政府支持机构 CMO	4
公司债券（投资级）、货币市场、私人公司 CMO（投资级）	5
国际 ABS（投资级）	7
股权、公司债券（高收益级）、ABS（高收益级）、私人公司 CMO（高收益级）、市政债券	8

注：时间为 2021 年 7 月，折扣率单位为百分比。
资料来源：纽约联邦储备银行和美国证券业与金融市场协会。

10.4　SOFR

在金融市场的参考利率去 LIBOR 化的过程中，美国的监管机构和其他一些市场参与者主张将参考利率逐渐过渡到有担保隔夜融资利率（SOFR），我们将在第 12 章中做详细讨论。SOFR 是有担保的隔夜借款利率的代表，纽约联邦储备银行每天会利用三方交易市场和 DVP 市场的回购交易数据计算 SOFR。但部分 DVP 回购交易会被去除，以排除利率较低的、可能是特殊券回购的交易，后者只会反映针对单只证券特性的贷款利率。特别值得一提的是，在计算 SOFR 的数据中，DVP 回购交易中最低的利率 25% 会被排除在外。

给定某一天的所有回购交易，当天的 SOFR 为所有回购利率的"成交量加权中位数"。这意味着 SOFR 是这样确定的，贷款总额的 50% 以比该利率更低的利率成交，其余 50% 以比该利率更高的利率成交。表 10-4 提供了 2021 年 5 月 14 日计算 SOFR 需要使用的信息。当天的回购交易量为 8 650 亿美元，SOFR 为成交量加权中位数利率，在该交易日为 1 个基点。从 25% 分位数到 75% 分位数之间的交易量占总交易量的 50%，包括所有利率在 -1 到 +1 个基点之间的交易。

表 10-4　SOFR 和国债回购利率

1%分位数	25%分位数	中位数/SOFR	75%分位数	99%分位数	交易量（10 亿美元）
-4	-1	1	1	15	865

注：时间为 2021 年 5 月 14 日，利率单位为基点数。
资料来源：纽约联邦储备银行。

10.5　GC 和特别券回购利率

本节讨论回购贷款的利率。从概念上讲，不同期限或类型抵押品的回购有不同的利率：以投资级公司债作为抵押品的隔夜回购利率是一个利率，以政府担保的抵押贷款支持证券作为抵押品的一个月期回购又是另一个利率，诸如此类。但存在一个基准回购利率，称为"一般国债抵押回购利率"或"GC 利率"，其定义为愿意接受任何美国国债作为抵押品的贷款人能获得的隔夜利率。

通过比较有效联邦基金利率（EFFR）和 GC 利率，可以让读者对 GC 利率的确定有一些了解。用于银行间市场的有效联邦基金利率是一种高信用的、隔夜的、无担保的利率,与之相比,GC 利率是一种高信用的、隔夜的、有担保的利率。表 10-5 显示了 2001 年 1 月至 2021 年 7 月间有效联邦基金利率与 GC 利率之间每日利差的百分位数。

表 10-5　有效联邦基金利率与一般国债抵押回购利率每日利差的百分位数

百分位数	利差
0.5	−37.4
5.0	−13.0
25.0	−4.0
50.0	1.0
75.0	5.0
95.0	15.0
99.5	112.6

注:时间为 2001 年 1 月 2 日至 2021 年 7 月 12 日间,利差单位为基点数。
资料来源:纽约联邦储备银行、巴克莱资本和作者自行计算。

利差的中位数,或者说第 50 个百分位数,是 1 个基点。隔夜无担保利率(如 EFFR)通常高于隔夜有担保利率(如 GC 利率),这并不奇怪。这一利差相对较小也不足为奇,因为作为银行间的隔夜拆借利率,EFFR 代表一个极高信用等级机构的贷款利率。但什么是令人惊讶和有启发性的呢?那就是这两个利率在不同方向的偏离程度的差异。例如,在第 95 个百分位,EFFR 比 GC 利率高了 15 个基点;而在第 5 个百分位,EFFR 比 GC 利率低了 13 个基点。在更极端的情况下,比如第 0.5 个和第 99.5 个百分位,EFFR 分别比 GC 利率高了约 113 个基点和低了约 37 个基点。⊖

为了探究产生这么大偏差的原因,我们在图 10-8 中绘制了 EFFR-GC 利差在不同时期的分布。GC 利率发生过 5 次大幅和突然的上涨,这导致了大而负的利差。总的来说,这些事件都是国债回购市场上融资需求相对迫切以及融资方愿意为此支付高利率的表现。第一次是在 2001 年 9 月,世贸中心遭受恐怖袭击后不久,纽约市中心的基础设施遭到破坏,暂时打乱了正常的融资市场秩序,让包括银行在内的市场参与者争相筹集现金。美联储提供的流动性和基础设施的修复让市场秩序在几周后得到了恢复。

接下来的事件时点包括 2016 年 9 月 30 日和 2018 年 12 月 31 日,分别发生在季度末和年底——许多市场参与者会在财务报告期结束时进行报表粉饰,可能是为了给投资者留下深刻印象,也可能是为了满足各种监管要求。这需要采取某些增加流动性和削减贷款的临时措施,如果采用这些措施的机构足够多,就会推高当时的回购利率,因为更多的借款人会追逐有限数量的有意愿贷款人的现金。在过去几十年

⊖　此处原书疑有误,应为"EFFR 分别比 GC 利率低了约 37 个基点和高了约 113 个基点"。——编者注

里，季度和年底的市场动荡已经变得不那么频繁了，因为美联储成功地预见该现象并采取了措施来应对随之而来的现金短缺。然而，正如图 10-8 所表明的那样，季度和年底的融资利率突变现象并未完全消失。

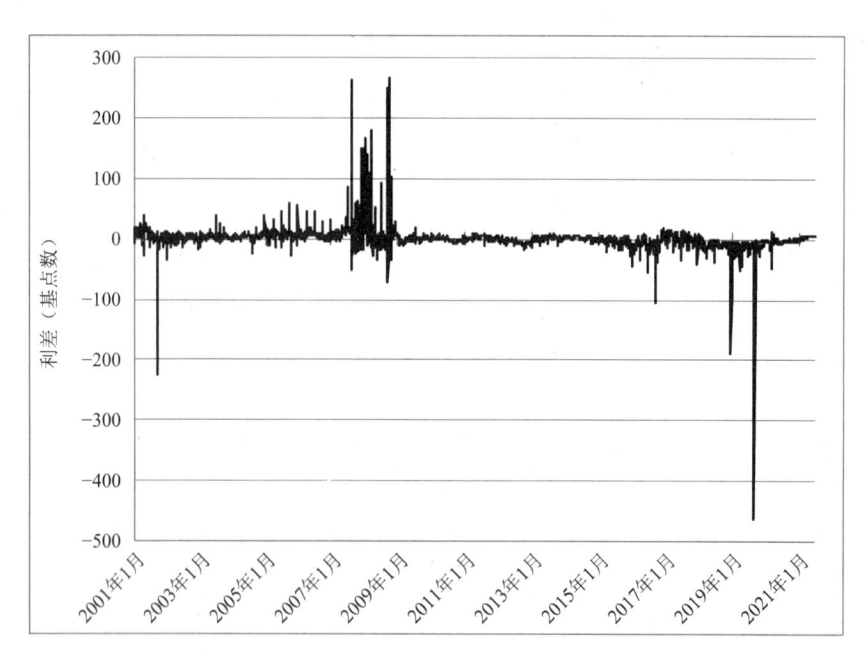

图 10-8　有效联邦基金利率与一般国债抵押回购利率的每日利差
（2001 年 1 月 2 日至 2021 年 7 月 12 日）

资料来源：纽约联邦储备银行、巴克莱资本和作者自行计算。

继续看图 10-8 中的下一个负利差事件，出现在 2019 年 9 月。当时一些现金枯竭事件几乎同时发生，包括每季度公司税的缴纳、新发行国债的结算以及日本的法定假期，后者让一些日本投资者暂时退出了美国回购市场。但是，这些事件的影响规模与实际发生的现金短缺规模，以及美联储随后大规模、长期性注入的流动性相比似乎微不足道。此外，虽然银行当时拥有大量准备金，但它们并没有利用异常高的回购利率放贷。另一个规模较小的负利差事件发生在 2020 年 3 月，当时银行也没有在看似有利的利率下放贷，同时也没有购买看似定价过于便宜的国债，后者代表了当时一场更大的金融混乱。为什么银行不愿意在这些市场混乱期间投入资金，这一问题将在本章后面讨论。

除了巨大的负利差，图 10-8 还显示了几个非常大的正利差事件，比如在 2007～2009 年金融危机期间。这类事件中规模最大的两次发生在 2007 年 8 月下旬和 2008 年 9 月中旬，第一次标志着次贷危机的开端，第二次是雷曼兄弟宣告破产的日子。

在信用危机期间，如果市场参与者担心对手方的债务履行能力，就会出现市场参与者从风险资产转向 GC 回购等安全资产的现象。结果会导致 GC 利率下降，而 EFFR-GC 利差会变大。

在概述了 GC 利率后，我们再来讨论特别回购利率，也就是当要求以特定债券作为抵押品时，贷款所能获得的利率。要求特定债券的目的通常是为了卖空。虽然任何债券都可以用于"特殊交易"，即在特殊回购中被要求作为抵押品，但美国回购市场上最常见的特殊交易债券是最近发行的美国国债。正如前面章节所提到的那样，最近发行的美国国债往往是最具流动性的，因此交易价格通常高于其他特征类似的债券。所以想做空债券的市场参与者更愿意交易这些债券，并愿意为此付费。他们的付费方式是以相对较低的回购利率借出这些债券作为回购抵押品。

特定期限债券的 GC 被定义为 GC 利率与该期限债券的特别利率之间的差额。表 10-6 显示了近期发行的各种债券的隔夜特别利差。每种期限的新券（on-the-run，OTR）是指该期限最近发行的债券，旧券是指发行时间第二近的债券，依此类推。例如，5 年期新券的隔夜特别利率比 GC 利率低了 13 个基点，而 10 年期旧券的特别利率比 GC 利率低了 11 个基点。每一种债券的特别利差都是特质的，而且是随时间变化的，这取决于作为抵押品的债券的供求关系。顺便说一下，这通常涉及不同的市场参与者群体，而不仅仅是买卖债券的供需关系。虽然特别利差具有特质性，但从国债拍卖周期的角度来思考，可以对它们有更多的了解。

表 10-6 国债特别利差

	2 年期	3 年期	5 年期	7 年期	10 年期	20 年期	30 年期
新券	5	1	13	9	3	2	4
旧券	2	2	2	1	11	2	12
两朝旧券	2	10	6	8	10	2	3
三朝旧券	2	12	2	3	3	2	2

注：时间为 2021 年 5 月 27 日，单位为基点数。
资料来源：花旗银行。

图 10-9 绘制了 10 年期 OTR 国债的隔夜特别利差随时间的变化。回顾一下绪论中的内容可以知道，新的 10 年期国债每年 2 月、5 月、8 月和 11 月发行，一个月后第一次增发，两个月后再次增发。因此，当新的 10 年期债券发行时，图 10-9 中的特别利差对应的是不同的债券。垂直的灰色点线代表这些新券发行的日期，灰色实线代表它们的第一次增发，灰色虚线代表它们的第二次增发。从该图中得到的第一个教训是，跟前段所述一致，特别利差的行为是非常具有特质性的：一些 10 年期

OTR 债券的利差显得非常特别，而另一些则没有。㊀第二个教训是，OTR 债券在第一次增发时往往会变得更加"特别"。在图中显示的债券历史利差中，只有一次明显违反了这一规则：2021 年 1 月的峰值对应的是新券的第二次增发。

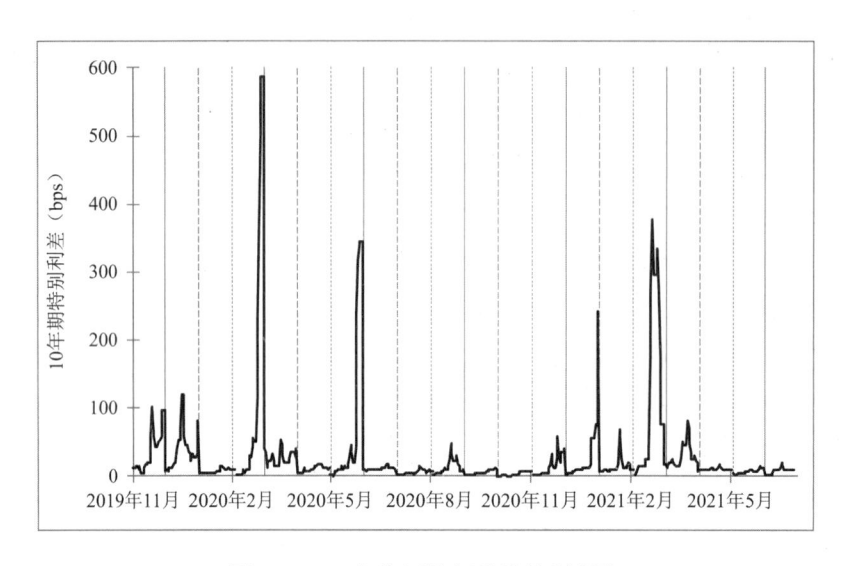

图 10-9　10 年期国债新券的特别利差

资料来源：巴克莱资本和作者自行计算。

图 10-10 描述了从 2008 年 11 月到 2021 年 7 月的拍卖周期中特别利差的平均表现，在该周期开始时，国债拍卖首次被确定为每季度发行和每月增发的模式。这段时间共发行了 51 只 10 年期国债。图中的粗黑线表示这 51 个债券的平均特别利差对距离第一次增发日期的天数的函数。例如，在距离第一次增发日期的 13 天内，样本中 10 年期国债的平均特别利差为 85 个基点。图中的粗深灰色线给出了平均特别利差对距离第二次增发日期的天数的函数，粗浅灰色线给出了平均特别利差对下一个新发行日期的天数的函数。㊁

图 10-10 中显示，平均而言，特别利差在国债拍卖结束后相对较低，而在国债拍卖前会逐渐上升。此外，第一次增发前特别利差的涨幅最高，在第一次增发前一天达到了 156 个基点。第二次增发前的涨幅较小，在第二次增发的前一天达到了 48 个基点。新债券发行时的涨幅最小，在新债券发行前几天约为 20 个基点。

㊀ 在 2020 年 3 月出现的巨大的特别利差实际上意味着负的特别利率。在 2009 年 5 月之后，如果未能以 0% 和 3% 与联邦基金利率之差中的较大值的利率出售债券，交易者就会受到惩罚。因此，交易者可能愿意以负利率借出现金并借入相应的债券，以避免因为无法交割而被罚款。

㊁ 更准确地说，天数可能指距离债券的第一次增发、第二次增发或首次发行的结算日的天数。

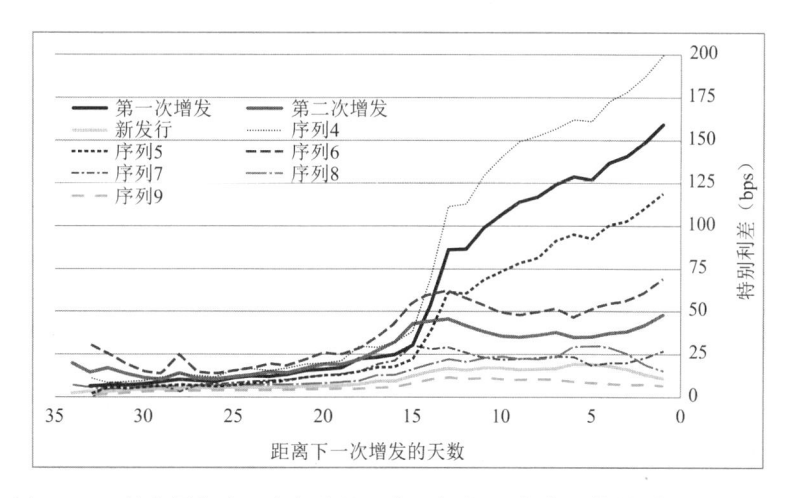

图 10-10　拍卖周期中两个标准差置信区间的 10 年期国债特别利差平均值
（2008 年 11 月至 2021 年 7 月期间）

资料来源：巴克莱资本和作者自行计算。

这些结果背后代表了怎样的市场行为呢？当债券首次发行时，之前发行的债券仍然是该期限范围内最具流动性的债券，也是最受欢迎的做空选择。随着第一次增发临近，发生了两件事。其一，流动性从之前发行的债券转移到了新的 OTR 债券。其二，交易商会增加 OTR 债券的空头头寸，以对冲他们在下次拍卖中为履行做市义务将要买入的新债券。这部分需求短缺在第一次增发结束后消失，在第二次增发前再次增加。但第二次增发中特别利差的增加幅度没有第一次增发时那么大，因为 OTR 债券的供应量现在明显更大了。然后这个循环会再次重复，进入下一个 OTR 债券的发行周期，但由于当前的 OTR 债券的供应量太大，特别利差不会增加很多。

虽然上一段描述的是市场的一般行为，但两幅图也描述了市场行为的波动性。图 10-9 说明了特别利差的行为在债券发行周期中是如何变化的，图 10-10 通过在平均值周围加入用虚线显示的两个标准差置信区间来强调这一点。例如，平均特别利差在 10 年期 OTR 第一次增发前一天为 156 个基点，而围绕这一平均值两个标准差范围为 116～196 个基点。

最后我们总结一下对特别利差的讨论，最近发行的债券之所以能够获得溢价，不仅因为它们的流动性相对较好，还因为它们在回购市场上具有特别的抵押品价值。换句话说，近期发行的债券的持有者不仅可以轻松地出售所持债券，还可以将这些债券作为抵押品，以较低的成本借入资金。事实上，沿着图 10-10 的思路，交易员可以对新券发行随时间变化的特别利差进行建模，从而估计新券在整个生命周期内的价值，该价值源于对其回购特殊性的预期。

10.6 流动性管理与最新监管政策

金融机构可以通过多种方式融资，其中一些方式比其他方式更稳定。也就是说，有些融资方式可以在金融动荡中轻松维持，而有些则不能。最稳定的资金来源是权益资本，因为权益持有人没有任何获得报酬的时间表，也不能强制赎回他们的股份。稍微不稳定一点儿的是长期债券，因为债券持有人有权要求金融机构按债券契约支付利息和本金。另一个极端不稳定的资金来源是短期无担保融资，如商业票据，以这种方式借入的资金必须在几周或几个月的时间内到期偿还，而在不利条件下，融资机构可能无法在其他地方借入资金。毫不奇怪，就资金提供者所要求的预期收益率而言，较稳定的资金来源通常较昂贵。通过"流动性管理"，公司可以在资金成本与无法保证足够生存资金的风险之间取得平衡。

在融资选择的谱系中，回购融资是廉价的，但相对不稳定。这种不稳定性在以信用敏感和流动性相对较差的资产作为抵押品的短期回购上表现得非常明显。在金融危机时期，许多市场参与者会出售这些低质量的资产，以降低风险、提高流动性。与此同时，在回购市场中，贷款机构既提高了这些资产的折扣率，又减少了对低质量抵押品的放贷金额。这使得这些抵押品的回购卖家（如为库存融资的交易部门或利用回购交易来筹集现金的对冲基金）的融资变得困难起来。事实证明，如果它们无法及时筹集足够的资金，可能会被迫抛售所持有的资产，从而遭受重大损失。

以高质量资产（如国债）为抵押品的回购融资的不稳定性就不那么明显了。在2007～2009年的金融危机之前，人们普遍认为市场机构总能为其购买的国债融资。第一，在金融压力时期贷款机构纷纷寻找流动性和安全的投资，让国债变得更受欢迎。第二，即使现金借款人的信用受到质疑，现金出借人也有美国国债作为抵押品，如果有必要，这些抵押品可以相对容易地清算债务。金融危机打破了这一神话。当时贷款机构试图最大限度地降低自己与陷入困境的金融机构的联系，包括减少以它们为交易对手的国债回购。虽然在出现违约的情况下，贷款机构确实可以合法地清算这些国债，但在破产的法律程序中，清算的时机和方式可能会受到质疑，贷款机构可能被拖入长达数年的诉讼中。

在2007～2009年的金融危机中，许多金融机构在抵押贷款相关资产上持有高杠杆头寸。随着这些资产的贬值，金融机构对"批发融资"（包括各种形式的商业票据和回购）⊖的过度依赖加速了金融危机的爆发。作为回应，银行监管制度发生了重大

⊖ 批发融资指的是由机构的、专业的、特别老练的投资者提供的融资，与之对应的是存款等零售融资。

变化，对回购参与者和回购市场都产生了重大影响。

第一，银行必须满足一定的流动性比率，包括"流动性覆盖比率"（LCR）和"净稳定资金比率"（NSFR）。LCR 要求银行持有足够数量的高质量流动性资产（HQLA），以满足 30 天压力测试情景下的净现金流支出。联邦储备体系中的准备金和美国国债可以以全额的方式满足 HQLA 的要求，而质量较低的资产只能以"折扣"的方式满足 HQLA 的要求。NSFR 则要求银行为流动性相对较差的资产采取的融资措施在一年内保持稳定。这些比率监管要求的直接和预期效果是限制了短期批发融资（包括回购）的数量。监管机构实施的 LCR 监管要求，再加上对银行流动性的其他压力测试要求，导致银行严重依赖准备金来满足 HQLA 的要求。⊖这意味着目前实施的监管措施不鼓励银行使用准备金放贷，也不鼓励将美国国债作为回购抵押品去融资。这一点不那么直接，或许也不是有意为之。

第二，银行必须满足一定的杠杆比率，比如在美国被称为"补充杠杆率"（SLR）的比率。杠杆率与基于风险的资本金要求不同，后者要求银行根据其资产的可感知风险按一定比例持有资本，杠杆率则要求银行资本必须超过总资产价值的一定百分比，而不管其资产的风险情况如何。但不计风险地惩罚大额头寸会严重打击大额回购头寸的建仓，因为这类头寸单位美元价值的风险很小，相应地，单位美元价值的回报也很低。举例来说，考虑前面提到的从事国债回购做市商业务的经纪商，它以国债为抵押品，利用回购进行资金借入和贷出，账户中的回购多头和空头头寸大致相当。这种在极其安全的交易中做市的业务，只有在规模足够大的情况下才能覆盖固定成本并获利，但杠杆比率监管要求限制了其业务规模。

这两套监管规则可能是前面提到的 2019 年 9 月和 2020 年 3 月回购利率波动事件的部分原因。在这两起事件中，银行没有利用其充裕的准备金以极高的利率在国债回购市场放贷，换句话说，在相对较新的监管规则实施后，监管机构仍在校准必要的准备金数量。事实上，美联储和其他监管机构对 2020 年 3 月的回购利率波动有所应对，方法之一是从 2020 年 5 月 15 日～2021 年 3 月 31 日期间，将准备金和国债持仓暂时排除在 SLR 限制之外。

10.7　案例分析：明富环球公司的到期回购交易

2010 年 3 月，明富环球公司（MF Global）是一家经纪交易商和期货代销商，从

⊖ 参见 Nelson B. 和 Covas F.（2019），"Bank Regulations and Turmoil in Repo Markets，"银行政策研究所，9 月 26 日发布。

事在交易所和场外交易的衍生品做市业务。㊀由于业绩不佳，特别是核心业务一年来亏损 1.95 亿美元，该公司聘请了乔恩·科尔津担任首席执行官。科尔津 1976～1999 年在高盛集团工作，1994～1999 年担任高盛集团董事长兼首席执行官。他于 2001～2006 年担任美国新泽西州参议员，于 2006～2010 年任美国新泽西州州长。

信用评级机构告诉科尔津，明富环球公司需要增加盈利以避免信用评级下调。穆迪指定的目标是在 2011 年 9 月 30 日之前实现 2 亿～3 亿美元的税前年度利润。面对这一时间，为了实现公司更大的目标，科尔津把目光转向了自营交易，并在欧洲政府债券中发现了一个特别有吸引力的机会。

当时欧洲正处于主权债务危机的阵痛之中，人们越来越担心那些财政状况较差的国家的偿付能力。为应对此种局面，欧盟设立了"欧洲金融稳定基金"（EFSF），事实上是让所有欧盟成员国互相为彼此的债务担保，从 2010 年 5 月开始，到 2013 年 6 月末结束。

在这种情况下，科尔津建议对信用较差的欧洲主权国家的短期债券进行到期回购（RTM）交易。更具体地说，明富环球公司将购买信用较差的欧洲主权国家的短期债券，并通过回购市场在债券到期时出售债券。表 10-7 列出了当时欧洲短期政府债券的现行市场利率。这些债券的定期回购利率基本上是无风险利率，接近于德国的短期债券利率。此外，欧洲主权债券回购的抵押品折扣率约为 3%。因此，在这些 RTM 交易中，明富环球公司可以从其购买的债券中获得如表 10-7 所示的利率，利用回购融资的成本约为 0.70%。

表 10-7 欧洲短期政府债券利率

国家	短期政府债券利率
德国	0.70
意大利	2.25
西班牙	3.32
葡萄牙	4.50
爱尔兰	6.00

注：时间为 2010 年 12 月，利率单位为百分比。

这些 RTM 交易的一些具体设计旨在将风险降至最低。首先，不允许投资希腊的政府债券，因为希腊是当时信用最差的主权国家。其次，只能投资于短期债券，特指那些在 2013 年 6 月，即 EFSF 到期之前到期的债券，这些债券的违约风险是最小

㊀ 该案例大量借鉴了 Skyrm S.（2013），"The Money Noose，"布里克塔沃出版社；以及 Freeh L.（2013），"Report and Investigation of Louis J. Freeh，"美国纽约南区破产法院发布。该案例也出现在 Tuckman, B.（2017），"Survive the Droughts, I Wish You Well: Principles and Cases of Liquidity Risk Management"，《金融市场、机构和工具》中。

的：只有在整个欧洲违背其 EFSF 承诺的情况下，债券持有人才会损失本金，而这种情况被认为极不可能发生。最后，回购正好在债券到期时到期，所以在交易过程中没有损失资金的风险。㊀相比之下，用隔夜回购为这些交易提供资金则面临着额外风险，比如随着主权国家信用状况恶化和债券价格下跌，投资者可能会拒绝为回购提供滚动展期。在这种情况下，明富环球公司可能会被迫在债券到期前亏本出售，以偿还回购贷款，而无法在债券到期时兑现全部本金。

从会计角度看，RTM 交易也很有吸引力。假设明富环球公司今天持有某债券，通过出售该债券的回购，可以放弃未来的现金流，在今天就获得资金：到期时收到的债券本金将用于偿还回购贷款。根据这种推理，当时的会计准则将出售回购视同为在当天出售债券。因此，当明富环球公司购买债券并出售回购后，它可以立即从交易中获得利润（即债券息票和回购利息之间的差额），而不必向投资者披露具体交易。立即实现利润的可能性对科尔津特别有吸引力，因为当时他面临着向信用评级机构展示收益的压力。但未能披露这些交易将导致该公司日后的问题。无论如何，明富环球公司在 RTM 交易上的仓位迅速增加，帮助其在 2010 年第 3 季度获得 1 500 万美元的利润，2010 年第 4 季度利润为 4 700 万美元，2011 年第 1 季度利润为 2 500 万美元，第 2 季度利润超过了 3 800 万美元。

明富环球公司的风险经理迈克尔·罗斯曼明白 RTM 交易存在一个重大风险。如果回购交易的对手是经纪商，抵押品折扣率在回购期限内很可能是固定的。当然，可能会有追加保证金的要求，但只需要恢复到初始折扣率水平。但是，明富环球公司的回购是在伦敦清算所（LCH）进行的，而伦敦清算所有权随时改变折扣率。罗斯曼认识到，如果债券发行国的主权信用状况恶化，伦敦清算所会增加抵押品折扣率，可能会导致明富环球公司手头没有足够的现金维持交易。也就是说，可能被迫亏本出售债券，以筹集现金满足额外的保证金要求。因此，他支持设立 47.5 亿美元的仓位限额，因为在这个规模的头寸下，即使假设的最坏情况发生——在 15% 的平均抵押品折扣率水平下，明富环球公司仍然能够用手中的流动现金满足未来的保证金要求。

明富环球公司的 RTM 仓位迅速增加，在 2010 年底达到了 47.5 亿美元的上限。但明富环球公司仍然希望进一步增加仓位，并在 2011 年 1 月底解雇了罗斯曼。明富环球公司的仓位走势如图 10-11 所示。可以看到，回购仓位在 2011 年大幅增加，在 6 月份达到了 115 亿美元的峰值。这一高仓位中包括了大量的反向 RTM 交易，即明富环球公司做空了法国政府债券，并用获得的收益建立了更高的回购仓位。这些反

㊀ 回购的实际到期日是债券到期前两天，这个细节在本书中没有进一步讨论。

向 RTM 交易可以降低预期保证金要求和追加可变保证金通知的波动性，因为欧洲主权债务危机涉及国家的主权债券和法国债券的价格会同向波动，所以明富环球公司公布的弱信用国家主权债券抵押品价值的变化会被明富环球公司持有的法国债券抵押品价值的变化所对冲。当然，从弱信用国家主权债券的价格下跌幅度会超过法国债券的价格下跌程度的角度来看，反向 RTM 交易并不能对冲 RTM 交易的风险，而且，无论如何，反向 RTM 交易都不会降低弱信用国家主权债券回购抵押品折扣率增加的风险。

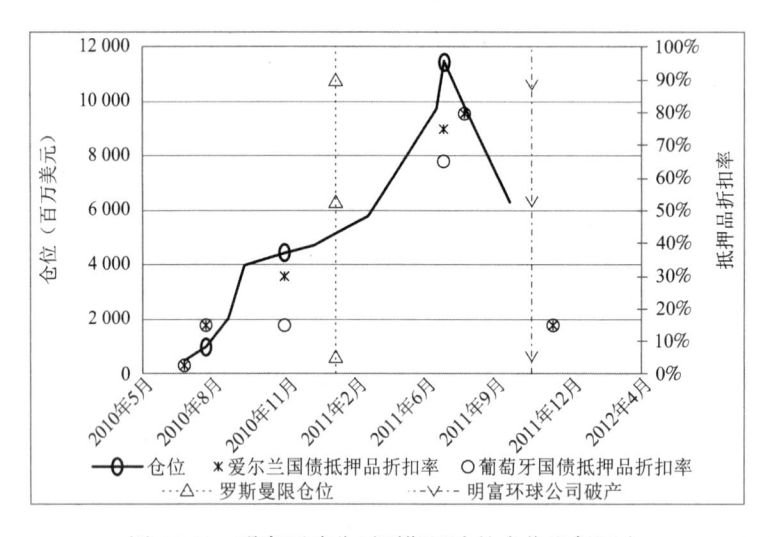

图 10-11　明富环球公司到期回购的仓位和保证金

与明富环球公司的头寸规模一起，图 10-11 还显示了两个面临更大挑战的欧洲国家——爱尔兰（IE）和葡萄牙（PT）的主权债券回购抵押品折扣率随时间的变化。可以看到，折扣率从明富环球公司首次进行交易时的 3% 增加到 2011 年 7 月的 80%。换句话说，对于这些国家的主权债券来说，抵押品价值为 100 单位货币的回购，保证金要求从 3 单位货币上升到了 80 单位货币。折扣率急剧增加的一部分原因可能是主权国家信用恶化，另一部分原因可能是明富环球公司仓位的规模和其可被察觉的不稳定性。

上述变化对明富环球公司现金的影响总结在表 10-8 中，表中显示了该公司在所有主权国家债券上的 RTM 仓位、美元保证金和百分比保证金随时间的变化。随着仓位规模在 2011 年 6 月达到峰值，百分比保证金较初始值有所上升。但此后伦敦清算所提高了对弱信用国家的主权债券的抵押品折扣率，虽然此时明富环球公司大幅降低了仓位，但百分比保证金却在不断增加。相应地，对于约 60 亿美元的仓位而言，所需的保证金由 6 月初的 1.7 亿美元增至 10 月底的 6.65 亿美元。该表还显示，明富环球公司的仓位如果能很好地保持在罗斯曼设定的持仓限制内，即使平均抵押品折扣率增加到 15%，也是可持续的。

表 10-8 明富环球公司到期回购仓位和保证金

日期	仓位 （10 亿美元）	保证金 （百万美元）	保证金 （%）
2011 年 6 月 6 日	≥5.8	170	2.9
2011 年 6 月 20 日	11.5	550	4.8
2011 年 9 月 30 日	6.3	417	6.6
2011 年 10 月 27 日	6.3	665	10.6

资料来源：Skyrm, S. (2013), *The Money Noose*, Brick Tower Press。

在 2011 年第 2 季度和第 3 季度，除了不断增加的抵押品折扣率造成的现金流失，还有其他问题导致交易对手和债权人撤回对明富环球公司的资金支持。第一，监管机构和会计师事务所认定，出售回购不能再当作出售债券来处理。⊖这一变化导致监管机构大幅提高了对明富环球公司的资本金要求，并迫使明富环球公司披露其 RTM 头寸，这在欧洲主权债务危机期间出乎了市场的意料。第二，明富环球公司在与 RTM 交易无关的核心业务上损失了 1.92 亿美元。在这些原因的共同作用下，明富环球公司的信用评级被下调至投资级以下，并于 2011 年 10 月底申请破产保护。

明富环球公司在清算其 RTM 头寸时损失了超过 4 亿美元，相对于此前获得的利润，这是一个巨大的数字。尤其值得一提的是，RTM 投资组合的 50%，包括超过 90% 的意大利主权债券头寸，都在破产后的两个月内到期。并且，如图 10-11 所示，到 2011 年 11 月底，爱尔兰和葡萄牙的主权债券回购的抵押品折扣率降至了 15%。简而言之，如果明富环球公司对其仓位进行了控制，以考虑到抵押品折扣率增加带来的融资风险，它的结局可能是获利，而不是被 RTM 交易摧毁。

⊖ 这一变化的部分原因是回购在债券到期前两天到期。

第11章

中长期国债期货

政府债券期货是全球最具流动性的固定收益产品之一,被广泛应用于对冲利率风险,或针对债券价格变化的各种预期建立头寸。图 11-1 显示了所有美国国债和国债期货交易的总 DV01 是如何在不同工具之间分配的。⊖根据这一指标,10 年期国债期货合约是交易量最大的单一工具,其他期货合约的交易规模也与流通中的美国国债规模相当。国债期货合约之所以具有这么强的吸引力,一方面是因为其流动性较高,另一方面是因为建立大量头寸所需的现金相对较少。本章所讨论的美国国债期货均在芝加哥期货交易所(CBOT)交易,该交易所现在是 CME 集团的一部分。

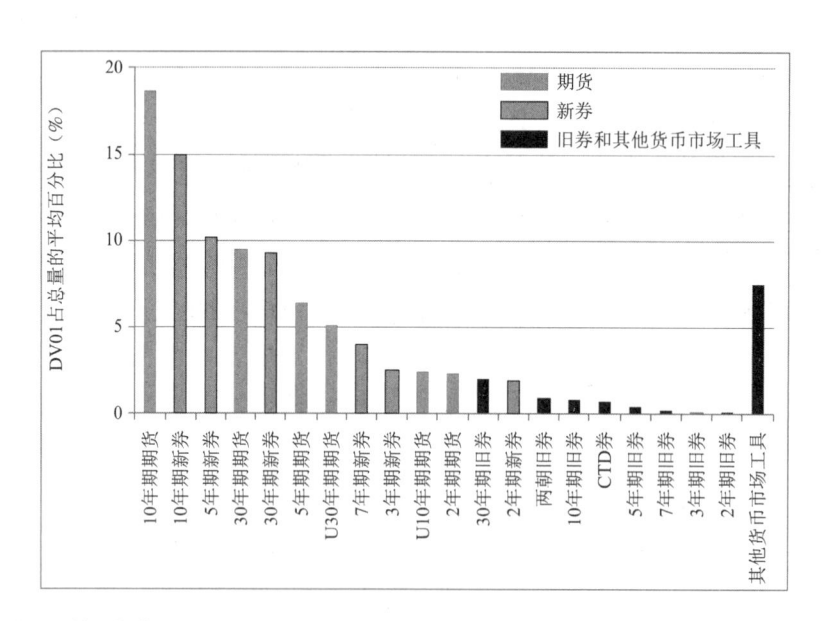

图 11-1 美国国债和期货交易的总 DV01 在不同工具上的分布(2017 年 7 月 10 日~2018 年 6 月 1 日)

注:"U30 年期期货"和"U10 年期期货"是指超级 30 年期期货合约和超级 10 年期期货合约;"新券"表示某一期限上发行日期最近的国债;"旧券"表示发行日期仅次于新券的债券;"两朝旧券"表示发行时间在旧券之前的较新债券;"CTD 券"是指国债期货的最便宜可交割券;"其他货币市场工具"指所有其他短期国债。

⊖ 该图来自以下文献的图 1:Baker L., McPhail L.和 Tuckman B.(2018),"The Liquidity Hierarchy in the US Treasury Market,"商品期货交易委员会,12 月 3 日发布。

债券"远期"合约是一种约定在未来某一天以固定价格买卖某债券的协议。债券远期合约本身在美国的交易很少，因为通过交易债券和回购也可以达到同样的经济效果，具体原理我们在后面会解释。但理解债券远期合约是非常重要的，因为期货本质上是具有复杂的每日盯市结算机制和各种交割期权的远期。因此本章首先介绍债券远期合约，然后再逐渐引入期货合约中那些多出来的复杂特征。本章的内容还包含对"基差交易"的讨论，以期货与合成远期债券头寸的配对交易为例。本章最后一节结合 2020 年 3 月的新冠疫情暴发和经济停摆时的市场波动，介绍了基差交易的一个案例研究。

为了将重心放在解释具体概念上，本章重点介绍 10 年期美国国债合约。其他美国债券期货与之类似，世界各地的许多政府债券期货也是如此。例如，英国和中国的政府债券期货合约与美国国债期货合约特别相似，也嵌入了择券期权和择时期权。欧洲和日本的国债期货合约也很类似，但更简单，因为它们没有嵌入择时期权。

附录 11B 介绍了如何使用利率期限结构模型为债券远期和期货合约定价。

11.1 远期合约和远期价格

在远期债券合约中，交易双方商定在未来某个时间以约定的价格交易某债券。考虑一份远期合约，交易于 2021 年 5 月 14 日，约定在 2021 年 9 月 30 日以 109.72 美元的价格，购买票面价值为 10 万美元的美国国债 "2.875s of 05/15/2028"。在这个例子中，远期发起或交易的日期是 2021 年 5 月 14 日；标的证券是美国国债 "2.875s of 05/15/2028"；远期结算日、到期日、交割日均为 2021 年 9 月 30 日；远期价格为 109.72 美元。承诺在远期日购买该债券的交易对手方被称为远期合约的买方或远期多头；而另一边的交易对手方是远期合约的卖方或远期空头。表 11-1 总结了该远期交易的各种术语，并给出了需要用到的其他数据。

表 11-1 美国国债 "2.875s of 05/15/2028" 的一份远期合约

标的资产	美国国债 "2.875s of 05/15/2028"
名义本金	10 万美元
交易日	2021 年 5 月 14 日
现货结算日	2021 年 5 月 17 日
现货价格	110.773 44 美元
应计利息，现货交易日（2/184 天）	0.015 62 美元
远期结算日	2021 年 9 月 30 日
应计利息，远期结算日（138/184 天）	1.078 13 美元
远期结算日的回购利率	0.015%
现货结算日和远期结算日相差的天数	136
远期价格	109.717 21 美元

根据定义，远期价格的设定使得买方和卖方在签订远期协议时不需要进行任何现金交换。这意味着远期合约的初始价值为零。但随着时间的推移，远期头寸的价值可能会上升或下降。继续我们前面的例子，假设在协议达成后，市场上的远期价格上升到了110美元。以109.72美元购买债券的合同现在对买方来说价值是正的，对卖方来说价值是负的。买家可以立即通过进入一个新的远期合约，约定以110美元的价格出售债券，这使得该合约在2021年9月30日的价值为（110 – 109.72）美元，即0.28美元，或者说，在今天的价值为0.28美元的现值。然而，原合同的卖方锁定了远期价格109.72美元，因此必须向买方支付费用才能退出该合约。请注意，在任何情况下，"远期合约的价值"是指已有远期合约在当前市场条件下的价值，而"远期价格"则是指标的债券在远期结算日的交易价格。⊖

远期债券价格可以由无套利原理确定。作为演示，在上面例子的基础上考虑下面的交易策略，使用表11-1中的数据并参考图11-2中的时间轴。

图 11-2 美国国债 "2.875s of 05/15/2028" 的一份远期合约

在2021年5月14日：

（1）以110.773 44美元加应计利息0.015 62美元的价格购买总票面价值为10万美元的美国国债"2.875s of 05/15/2028"，于2021年5月17日结算，发票价格为110.789 06美元，美元结算金额为110 789.06美元。

（2）卖出到期日和远期结算日相同的回购，也就是说，在2021年5月17日到2021年9月30日期间，以0.015%的回购利率借入110 789.06美元，并将票面价值为10万美元的美国国债"2.875s of 05/15/2028"作为抵押品。

（3）注：在这一天不产生现金流动。

在2021年9月30日：

（1）偿还回购贷款，本金加利息现在增长到110 789.06 × (1 + 0.015% × 136/

⊖ 这些术语可能会令人困惑，因为它们与现货结算的术语不同。最值得注意的是，在现货中"债券价值"常常与"债券价格"互换使用。

360) = 110 795.34美元。

（2）收回票面价值为 10 万美元的国债 "2.875s of 05/15/2028"。

（3）注：债券实际以 110.795 34 美元的全价购买，全价减去截至当日 1.078 13 美元的应计利息后，等于最新的净价 109.717 21 美元。

这种策略买入债券、卖出回购，相当于建立了一个远期多头的头寸，因此被称为合成远期头寸：在交易日没有任何现金流，债券实际上是在远期日被购买。因此，根据无套利原理，远期价格或者说通过远期合约购买债券的价格，必须等于通过合成远期购买债券的价格，即 109.717 21 美元。用更正式的术语说，如果远期价格 F 大于 109.717 21 美元，套利者可以以 F 的价格卖出远期合约，通过上述策略以 109.717 21 美元的价格买入远期债券，从而锁定远期结算日的无风险利润，大小等于（F – 109.717 2）。同样，如果 F 小于 109.717 21 美元，套利者可以买入远期合约，再通过该策略卖出远期债券，锁定（109.717 21 – F）的无风险利润。因此，唯一符合无套利原理的远期价格是 109.717 21 美元。

用数学式表示，远期价格可以写成式(11-1)：

$$109.717\,21 + 1.078\,13 = (110.773\,44 + 0.015\,62)\left(1 + \frac{0.015\% \times 136}{360}\right) \quad (11\text{-}1)$$

也就是说，远期价格全价等于远期结算日的即期价格全价以债券的回购利率贴现的现值。

如果有中间息票支付，或者说在现货结算日和远期结算日之间有息票支付，那么无套利远期价格的推导需要一个额外的步骤。为了举例说明，再次考虑美国国债 "1.125s of 02/15/2031" 的一份远期合约，除了息票支付日期，其他日期与前面的例子相同。表 11-2 和图 11-3 给出了这个例子的数据。

表 11-2 美国国债 "1.125s of 02/15/2031" 的一份远期合约

标的资产	美国国债 "1.125s of 02/15/2031"
名义本金	10 万美元
交易日	2021 年 5 月 14 日
现货结算日	2021 年 5 月 17 日
现货价格	95.507 81 美元
应计利息，现货结算日（91/184 天）	0.282 80 美元
远期结算日	2021 年 9 月 30 日
应计利息，远期结算日（46/184 天）	0.140 63 美元
远期结算日的回购利率	0.015%
现货结算日和远期结算日相差的天数	136
远期价格	95.092 90 美元

```
                181天（2月15日到8月15日）   184（2021年8月15日到2022年8月15日）
     息票支付日              息票支付日                   息票支付日
     2021年2月15日           2021年8月15日                2022年2月15日
                    ├────136天（5月17日到9月20日）────┤
          91天        90天    46天
        (2月15日到5月17日)(5月17日到8月15日)(8月15日到
                                9月30日)
         交易日    现货结算日                远期结算日
         2021年5月14日 2021年5月17日          2021年9月30日
```

图 11-3　美国国债"1.125s of 02/15/2031"的一份远期合约

要复制这个远期合约的多头，可以执行以下策略。

在 2021 年 5 月 14 日：

（1）以 95.507 81 美元加应计利息 0.282 80 美元的价格购买票面价值为 10 万美元的美国国债"1.125s of 02/15/2031"，于 2021 年 5 月 17 日结算，发票价格为 95.790 61 美元，美元结算金额为 95 790.61 美元。

（2）卖出到期日和远期结算日相同的回购，即在 2021 年 5 月 17 日至 2021 年 9 月 30 日期间，以 0.015%的回购利率借入 95 790.61 美元，并将票面价值为 10 万美元的美国国债"1.125s of 02/15/2031"作为抵押品。

（3）注：在这一天不产生现金流动。

在 2021 年 8 月 15 日：

（1）利用债券的息票支付可以偿付部分回购借款，息票支付额为$100\,000 \times 1.125\%/2 = 562.50$美元。更具体地说，从 2021 年 5 月 17 日到 2021 年 8 月 15 日的 90 天内，回购贷款本息余额增长到了$95\,790.61 \times (1 + 0.015\% \times 90/360) = 95\,794.20$美元。从该本息余额中减去债券的息票支付，剩下的本息余额为 95 231.70 美元。

（2）注：在这一天不产生现金流动。

在 2021 年 9 月 30 日：

（1）偿还回购贷款，在 2021 年 8 月 15 日至 2021 年 9 月 30 日期间，回购贷款本息余额增长到$95\,231.70 \times (1 + 0.015\% \times 46/360) = 95\,233.53$美元。

（2）收回票面价值为 10 万美元的债券"1.125s of 02/15/2031"。

（3）注：债券实际上是以 95.233 53 美元的全价购买的，全价减去目前 0.140 63 美元的应计利息，等于 95.092 90 美元的净价。

那么，从代数上来说，债券"1.125s of 02/15/2031"的远期价格全价 95.233 53 美元可以写成式(11-2)：

$$95.23353 = \left[(95.50781 + 0.28280) \times \left(1 + \frac{0.015\% \times 90}{360}\right) - \frac{1.125}{2}\right] \times \left(1 + \frac{0.015\% \times 46}{360}\right) \tag{11-2}$$

重新排列各项，并注意到两个利率的乘积通常非常小，得到以下近似式：

$$95.23353 \approx \left[(95.50781 + 0.28280) - \frac{1.125/2}{\left(1 + \frac{0.015\% \times 90}{360}\right)}\right] \times \left(1 + \frac{0.015\% \times 136}{360}\right) \tag{11-3}$$

换句话说，在存在中间息票支付的情况下，远期价格大致等于现货全价减去息票支付现值的未来价值。更一般地说，如果有多个中间息票支付，远期价格将近似等于现货价格的全价减去所有这些中间息票支付的现值的未来价值。

在这两个例子中，远期债券价格都低于现货价格：对于美国国债"2.875s of 05/15/2028"，远期债券价格 109.72 美元低于现货价格 110.77 美元；对于美国国债"1.125s of 02/15/2031"，远期债券价格 95.09 美元低于现货价格 95.51 美元。这种关系非常典型，通常被称为"远期下落"。

为了理解远期下落背后的经济学直觉，想象一个交易者拥有与现货债券价格相等的资金，并希望在远期结算日拥有该债券。要实现上述要求有两种可能的策略，根据无套利原理，它们必须具有同样的吸引力：①用资金购买债券现货，赚取从现在到远期结算日期间的债券票面利息；②购买债券远期，并以回购利率将资金贷出去。如果策略①的票面利息超过策略②的回购利息，那么只有当远期价格低于现货价格时，两种策略才具有相同的吸引力。通常债券的票面利率都会超过回购利率，因为利率的期限结构一般是向上倾斜的。因此，债券的远期价格通常低于现货价格，远期下落是一种常态。当然，如果回购利率超过了票面利率，上述关系就会逆转，远期价格会超过现货价格。

附录 11A 的理论推导与上述直观讨论是一致的，债券的远期下落幅度大约等于债券的利息收入与从现货结算日到远期日的融资购买成本之间的差额。按照第 3 章的术语，这一差额可以称为"现金持有损益"，所以远期下落的幅度近似等于现金持有损益，或者用远期和期货市场的术语来说等于"持有收益"。可以用前面的两个例子来说明。对于债券"2.875s of 05/15/2028"，现货价格与远期价格的差额为（110.77344 − 109.71721）美元，即约 1.06 美元。同时，按"实际/实际"天数计算惯例，该债券的半年期票面利率为 2.875%；而按"实际/360"天数计算惯例，回购利率为 0.015%，因此持有债券获得的利息收入与融资成本之间的差额为(2.875/2) × 136/

184 − 0.015 × 136/360 = 1.06美元，两者大致相等。对于债券"1.125s of 02/15/2031"，远期下落幅度为（95.507 81 − 95.092 90）美元，即 0.41 美元；而票面利息与融资成本之差为(1.125/2) × 136/184 − 0.015 × 136/360 = 0.41美元，两者也大致相等。

11.2 远期债券收益率

如第 3 章所述，债券的到期收益率是一种单一利率，以该利率对债券从现货结算日至债券到期日的所有现金流贴现，可以还原出债券的市场价格（全价）。债券的远期收益率的定义与之类似，也是一个单一利率，用该利率对债券从远期结算日至债券到期日的所有现金流贴现，可以得到债券的远期价格（全价）。

图 11-4 给出了即期收益率、回购利率和远期收益率之间的关系，表 11-3 给出了债券"2.875s of 05/15/2028"和"1.125s of 02/15/2031"的即期收益率和远期收益率，这些收益率是根据式(3A-5)和前一节表格中给出的数据计算得出的。正如在上一节中所解释的，当票面利率超过回购利率时，市场价格之间会保持一定的内在关系，使得投资者做出的以下两个选择是无差异的：①以现货价格购买债券；②投资于回购直至远期结算日并以较低的远期价格购买债券。图 11-4 和表 11-3 从收益率的角度表明了同样的观点，即投资者做出的以下两个选择是无差异的：①投资于即期收益率；②投资于回购直至远期交割日，然后投资于更高的远期收益率。换句话说，即期收益率是相对较低的回购利率和相对较高的远期收益率的复合加权平均值，其权重反映了相对持有期的长度，如图 11-4 所示。

图 11-4 即期收益率、回购利率和远期收益率

表 11-3 美国国债"2.875s of 05/15/2028"和"1.125s of 02/15/2031"的即期收益率和远期收益率

债券	即期收益率	远期收益率
2.875s of 05/15/2028	1.260	1.337
1.125s of 02/15/2031	1.625	1.693

注：报告时间为 2021 年 5 月 14 日，现货结算日为 2021 年 5 月 17 日，远期结算日为 2021 年 9 月 30 日，回购利率为 0.015%，收益率单位为百分比。

11.3 远期合约的利率敏感性

远期合约的利率敏感性或 DV01 是什么含义？就 DV01 而言，可以参照图 11-4，但 DV01 是针对即期收益率、远期收益率、回购利率，还是三者的某种组合来计算的？表 11-4 显示了本章示例中的远期合约对于每种利率的 DV01。为了计算相对于即期收益率的 DV01，可以采用以下步骤：将即期收益率向下移动一个基点，计算新的债券现货价格，使用新的现货价格计算新的远期价格，计算新的远期价格与初始远期价格之间的差额。为了计算相对于远期收益率的 DV01，可以采用以下步骤：将远期收益率向下移动一个基点，使用新的远期收益率计算新的远期价格，计算新的远期价格与初始远期价格的差额。最后，为了计算相对于回购利率的 DV01，可以将回购利率向下移动一个基点，使用新的回购利率计算新的远期价格，计算新的远期价格和初始远期价格之间的差额。

表 11-4 美国国债 "2.875s of 05/15/2028" 和 "1.125s of 02/15/2031" 的远期价格的 DV01 度量

债券 "2.875s of 05/15/2028"	
收益率或利率变化	DV01
即期收益率	0.070 8
远期收益率	0.066 6
回购利率	−0.004 2
债券 "1.125s of 02/15/2031"	
收益率或利率变化	DV01
即期收益率	0.087 6
远期收益率	0.084 1
回购利率	−0.003 6

注：报告时间为 2021 年 5 月 14 日，现货结算日为 2021 年 5 月 17 日，远期结算日为 2021 年 9 月 30 日，回购利率是 0.015%。

这两种债券相对于即期收益率的 DV01 与它们各自的期限 7.0 年和 9.75 年是一致的。两种债券相对于回购利率的 DV01 是负的并且绝对值很小。它们是负的，因为根据式(11-1)、式(11-2)或式(11-3)等远期价格决定式，远期价格会随着回购利率的增加而增加。它们的绝对值很小，因为现货结算日和远期结算日之间的标的回购期限仅有 136 天，略长于 0.37 年。最后，相对于远期收益率的 DV01 可以被理解如下：远期头寸多头相当于现货头寸多头和用回购空头（因为要借入现金）头寸的组合。因此，相对于远期收益率的 DV01 等于对即期收益率的 DV01（正）和对回购利率的

DV01（负）之和。

现在回到应该使用哪种 DV01 的问题上，继续参考图 11-4。如果即期收益率变化而回购利率保持不变，那么考虑即期收益率曲线的平移是有意义的。如果即期收益率和回购利率同时发生相同幅度的变化，那么考虑远期收益率的变化是有意义的。将这种想法进一步推进，在认识到长期收益率比短期回购利率更不稳定的经验规律后，一些从业人员假设回购利率的变化是即期收益率变化的固定百分比。例如，在 30%的固定百分比下，远期合约的 DV01 估计值为 30%乘以其对回购利率的（负）DV01 加上对即期收益率的（正）DV01，对于债券"2.875s of 05/15/2028"的远期为 0.069 5，对于债券"1.125s of 02/15/2031"的远期为 0.086 5。当然，让这个百分比从 0%到 100%变化，估计值就会从表 11-4 中给出的对即期收益率的 DV01 变化到对远期收益率的 DV01。但最好的办法是接受回购利率和远期收益率可以独立变动的事实，从而在一个双因子框架中进行对冲。回购利率敞口可以用其他短期固定收益工具对冲，远期收益率敞口可以用长期工具对冲。

11.4 美国中长期国债期货的交易机制

正如本章开头所提到的那样，期货和远期在本质上是相似的，它们都需要在未来某个时点购买或出售债券，但期货嵌入了各种"交割期权"，并且需要"每日盯市"。为了展现相关材料，我们以 2021 年 9 月到期的代号为"TYU1"的 10 年期美国国债期货合约为例。其中"TY"代表 10 年期美国国债期货合约；"U"代表 9 月到期；"1"代表到期年份，即 2021 年的最后一位。该合约的卖方或卖空者承诺在交割月份（在本例中为 2021 年 9 月）的某个时间出售或交割面值为 10 万美元的可交割债券中的一种，债券列表如表 11-5 所示。合约的买方或多头承诺在卖方选定的时间购买或接受面值为 10 万美元的相应国债。因此，卖方拥有两种交割期权：择券期权，即选择出售或交割哪种可交割债券的期权；择时期权，即选择在交割月份中的哪个交易日出售债券的期权。实际上，还有另外两种交割期权，我们将在本章后面讨论，包括"月末期权"，它的出现是因为期货合约的最后一个交易日（本例为 2021 年 9 月 21 日）在最后交割日（本例为 2021 年 9 月 30 日）的 7 个工作日之前；还有"通配符期权"，它的出现是因为给定交易日的期货结算价格是在交割意愿宣布前几个小时设定的。

表 11-5　TYU1 的可交割债券列表

票面利率（%）	到期日	转换因子
2.875	2028 年 5 月 15 日	0.833 8
2.875	2028 年 8 月 15 日	0.828 6
1.250	2028 年 4 月 30 日	0.747 4
1.250	2028 年 3 月 31 日	0.747 4
3.125	2028 年 11 月 15 日	0.837 6
2.625	2029 年 2 月 15 日	0.803 9
2.375	2029 年 5 月 15 日	0.783 6
1.625	2029 年 8 月 15 日	0.732 0
1.750	2029 年 11 月 15 日	0.733 1
1.500	2030 年 2 月 15 日	0.710 5
0.625	2030 年 5 月 15 日	0.646 2
0.625	2030 年 8 月 15 日	0.638 2
0.875	2030 年 11 月 15 日	0.647 6
1.125	2031 年 2 月 15 日	0.657 7

如果卖家选定了用于交割的债券和交割时间，那么债券的出售价格就等于交割时的期货价格乘以该债券的转换因子，如表 11-5 所示。这些转换因子在期货合约的整个生命周期内都是固定的。转换因子的使用原因和计算方法将在后文中讨论。现在我们重点关注其使用机制，假设期货到期时的价格为 133.86 美元。如果卖方选择交割的债券是"2.875s of 05/15/2028"，转换因子为 0.833 8，则收到的价格是每 100 美元票面价值 133.86 × 0.833 8 = 111.61 美元。如果卖家选择交割的债券是"1.125s of 02/15/2031"，转换因子为 0.657 7，那么收到的价格为每 100 美元票面价值 133.86 × 0.657 7 = 88.04 美元。此外，与其他债券出售的情况一样，期货合约的卖方在交割时可以获得债券的应计利息。

期货合约需要进行每日盯市结算。在整个交易日中，由市场力量来决定期货价格；在每一天交易结束时，由期货交易的交易所决定当天的结算价格。对于流动性较高的合约，如国债期货，结算价格通常是当天的最后交易价格。但对于某些合约或在特殊情况下，交易所可能会根据自己的判断替换该价格，使每日盯市结算价格更好地反映当天的市场价格水平。表 11-6 报告了从 2021 年 5 月 10 日至 28 日 TYU1 的每日盯市结算价格，均为每 100 美元票面价值的价格。请注意，价格是用最小报价单位或 1/32 美元报价的，因此 131-24 表示的价格是 131 + 24/32，即 131.75 美元。还要注意的是，报价中的"+"表示半个最小报价单位，所以 131-17+ 表示 131 + 17.5/32，或 131.546 875 美元。表中的第 3 列显示了每日盯市结算价格的变化，也是用最小报价单位数衡量的，因此从 2021 年 5 月 10 日到 11 日，结算价格下降了 5 个最小报价单位。

表 11-6　TYU1 的结算价格和该合约多头头寸的每日盯市结算金额

日期	价格	变化	每日盯市结算金额
2021 年 5 月 10 日	131-24		
2021 年 5 月 11 日	131-19	−5	−156.25
2021 年 5 月 12 日	131-01	−18	−562.50
2021 年 5 月 13 日	131-10	9	281.25
2021 年 5 月 14 日	131-17 +	7.5	234.38
2021 年 5 月 17 日	131-15 +	−2	−62.50
2021 年 5 月 18 日	131-16 +	1	31.25
2021 年 5 月 19 日	131-04	−12.5	−390.63
2021 年 5 月 20 日	131-19	15	468.75
2021 年 5 月 21 日	131-17 +	−1.5	−46.88
2021 年 5 月 24 日	131-23 +	6	187.50
2021 年 5 月 25 日	132-02 +	11	343.75
2021 年 5 月 26 日	132-01	−1.5	−46.88
2021 年 5 月 27 日	131-25	−8	−250.00
2021 年 5 月 28 日	131-30	5	156.25

注：2021 年 5 月 10 日至 28 日期间，变化单位为最小报价单位或 1/32 美元，每日盯市结算金额单位为美元。

期货合约的每日盯市结算特性要求合约价格的变动按日结算。对于 TYU1 的一个期货合约的多头头寸，这些日支付在表 11-6 的最后一列中给出。例如，从 2021 年 5 月 10 日到 11 日，因为 TYU1 的结算价格下降了 5 个最小报价单位（每 100 美元票面价值），买方的合约价值下降了，必须支付 $(5/32)\% \times 100\,000 = 156.25$ 美元。交易所在收到该支付后，会将其转给卖方。而从 2021 年 5 月 12 日到 13 日，TYU1 的结算价格上涨了 9 个最小报价单位，这意味着卖方的合约价值下降了，必须支付 $(9/32)\% \times 100\,000 = 281.25$ 美元，交易所会将这笔钱转给买方。所有期货市场参与者都必须缴纳维持保证金，通常是每份期货合约缴纳固定金额，以保护交易所免受每日盯市结算付款违约的影响。

在解释了这些机制之后，远期合约和期货合约之间的区别可以总结如下。第一，远期合约要求在特定日期买卖一种特定的标的证券，而期货合约则赋予卖方选择用于交割的证券（从一篮子可交割债券中）和交割日期（在交割月份中）的权利。第二，远期合约的利润或损失在合约到期时实现，而期货合约的利润或损失是随着时间的推移逐渐实现的。考虑表 11-6 中的期货价格，在这段时间内，它总共上涨了 6 个最小报价单位，从 131-24 增加到 131-30。如果是远期合约，卖方会在 2021 年 9 月 30 日获得 6 个最小报价单位的利润。但因为这是每日盯市结算的期货合约，买家会在每次价格变化时收付现金，有时收取现金，有时支付现金，累计起来，从 2021 年 5 月 10 日到 28 日期间总共收到了 6 个最小报价单位的利润。上述逻辑的一个隐含结论是，在 2021 年 5 月 28 日，远期合约是有价值的，等于到期时 6 个最小报价单位的价值索取权，而期货合约的价值为零，因为它的利润已经被完全支付了。换句话说，在 2021 年 5 月 28 日结算付款后，于 2021 年 5 月 10 日以 131-24 的价格购买期货合约的买家拥有一份零价值的头寸，和于 2021 年 5 月 28 日以 131-30 的价格购买期货合约的新买家一样。㊀

11.5　每日盯市制度对价格和对冲的影响

每日盯市制度对期货相对于远期的定价和使用期货而非远期的对冲都有影响。本节将依次讨论这两个问题。

考虑同一种标的债券的远期合约和期货合约，并暂时假设初始远期价格和期货价格相同。从上一节的讨论可知，远期合约的价格变化实现为到期日的累计损益（P&L），而期货合约的价格变化则实现为每天的损益。哪种损益实现模式对合同的买方而言更可取？

由于债券价格在利率下降时上涨，在利率上升时下跌，所以当利率下降时，或者说当再投资机会相对较差时，期货合约的买方能提前实现利润。同样地，当利率上升时，或者说当为遭受的损失融资的成本相对较高时，期货合约的买方会较早地遭受损失。换句话说，无论利率下降还是上升，债券期货多头头寸都会在较为不利的形式下提前兑现损失。因此，买方只愿意以较低的价格通过期货购买债券，所以同一个债券的期货价格会低于其远期价格。附录 11C 正式证明了这一结果。

在实际操作中，债券期货价格和远期价格之间的差异往往很小。从上一段的分析和本章附录的证明可以明显看出，两者差异的大小取决于至合约到期为止基础债券价格与再投资利率或融资利率的协方差。㊁但对于票据和债券期货，该协方差往往很低：因为合约到期的时间相对于标的债券的到期时间而言通常较短、短期利率波动率相对较低，并且短期利率与长期利率并不会完全相关。

虽然期货与远期的价格差异往往很小，但交易员在计算对冲比率时通常确实需要考虑两者在带来损益现金流的时点上的差异。这被称为对冲比率的"尾部修正"，在基差交易中尤其常见和有用。正如我们前面讨论过的，基差交易是同时涉及期货与合成债券远期的交易。

㊀ 实行每日盯市结算制度的历史原因是为了降低交易对手风险。由于远期头寸可能随着时间的推移积累价值，交易对手违约的风险很大。相比之下，期货的风险敞口仅限于当天结算的付款，因为如果任何交易对手方违约则合约将被取消。然而，由于现在实践中通常要求对远期合约提供适当的保证金，这两类合约在交易对手风险方面不再有质的区别。

㊁ 两个随机变量的协方差等于它们的相关系数与二者标准差的乘积。因此，要让协方差更高，变量必须是高度相关和高度波动的。

考虑同一标的证券的远期合约和期货合约,在 d 天后交割,定期回购利率为 r。再做一个简化性假设,在给定的一天内,远期价格和期货价格会上涨相同的数额 Δ。那么根据每日盯市制度,期货合约会立刻支付 Δ 给多头。相比之下,远期合约多头在交割日的价值增加了 Δ,或者说,按现值计算增加了 $\Delta/(1 + rd/360)$。因此,对于正的 r,不到一份期货合约可以对冲一份远期合约的价值变化。更具体地说,假设要对冲 N^{fwd} 份远期合约需要用到 N^{fut} 份期货合约,那么:

$$N^{\text{fut}} = \frac{N^{\text{fwd}}}{1 + \dfrac{rd}{360}} \tag{11-4}$$

其中,N^{fwd} 和 N^{fut} 之间的差异被称为对冲的"尾部差异"。

本节最后评论一下用到的一些术语。"按市值计价""可变保证金"和"每日盯市结算"这三个术语经常互换使用,但严格地说它们有不同的含义。按市值计价是在会计框架中调整证券价格以匹配市场价值的过程。例如,银行交易账户中的证券在资产负债表上报告时必须按市值计价,而指定持有至到期的证券可以按成本价报告。因此,按市值计价一词并不意味着任何现金交易。可变保证金是指为保证履行合同义务的能力而必须作为抵押品的现金或证券。例如第 10 章所讨论的,回购市场上的现金借款人必须在现有抵押品价值下降时,以额外现金或证券的形式支付可变保证金。提交抵押品的交易对手方保留对该抵押品的所有权,这意味着:①该对手方可以获得抵押品的利息,包括收取现金抵押品的利息或保留作为抵押品的证券的利息;②当相关的合同义务履行完毕后,抵押品将被返还。本节提到的"每日盯市结算"是指每日收益或损失的即时支付,这种支付是不可撤销的,也就是说,它们不能赚取利息,而且永远不会被归还。⊖

11.6 交割成本和最终结算价格

"交割成本"衡量了期货合约的卖方履行合约义务并交割债券所需的成本。决定用债券 i 交割后,期货合约卖方首先必须以该债券的市场价格加上应计利息买入该债券,然后通过期货合约以期货价格乘以转换因子,再加上应计利息的价格交割该债券。假设 p_t^i 表示债券 i 在 t 时刻的净价,AI_t^i 表示其应计利息;它的转换因子为 cf^i;期货价格为 F_t,则交割成本为:

$$p_t^i + \text{AI}_t^i - (\text{cf}^i \times F_t + \text{AI}_t^i) = p_t^i - \text{cf}^i \times F_t \tag{11-5}$$

⊖ 随着利率互换要么按市值抵押,要么按市值结算,这个术语变得更加令人困惑。参见第 13 章。

期货卖方有权选择交割何种债券来使交割成本最小化。能够将交割成本降至最低的债券被称为最便宜可交割券,简称为 CTD 券。表 11-7 显示了截至 2021 年 9 月 21 日最后一个交易日的 TYU1 价格、可交割债券的市场价格,以及每种债券的交割成本。例如债券 "2.875s of 05/15/2028" 的交割成本是:

$$111.617\,19 - 0.833\,8 \times 133.859\,38 = 0.005\,24 \tag{11-6}$$

因为这是表中最低的交割成本,该债券就是 TYU1 的 CTD 券。

表 11-7 最后交易日的 TYU1 价格及各可交割券的价格

TYU1	价格:133.859 38 美元				
票面利率(%)	到期日	转换因子	价格(美元)	交割成本(美元)	价格/转换因子(美元)
2.875	2028 年 5 月 15 日	0.833 8	111.617 19	0.005 24	133.865 66
2.875	2028 年 8 月 15 日	0.828 6	111.828 13	0.912 25	134.960 32
1.250	2028 年 4 月 30 日	0.747 4	101.140 63	1.094 13	135.323 29
1.250	2028 年 3 月 31 日	0.747 4	101.179 69	1.133 19	135.375 55
3.125	2028 年 11 月 15 日	0.837 6	113.765 63	1.645 01	135.823 33
2.625	2029 年 2 月 15 日	0.803 9	110.500 00	2.890 45	137.454 91
2.375	2029 年 5 月 15 日	0.783 6	108.828 13	3.935 92	138.882 24
1.625	2029 年 8 月 15 日	0.732 0	103.343 75	5.358 69	141.179 99
1.750	2029 年 11 月 15 日	0.733 1	104.335 94	6.203 63	142.321 56
1.500	2030 年 2 月 15 日	0.710 5	102.203 13	7.096 04	143.846 76
0.625	2030 年 5 月 15 日	0.646 2	94.890 63	8.390 70	146.844 05
0.625	2030 年 8 月 15 日	0.638 2	94.648 44	9.219 38	148.305 29
0.875	2030 年 11 月 15 日	0.647 6	96.570 31	9.882 98	149.120 31
1.125	2031 年 2 月 15 日	0.657 7	98.585 94	10.546 63	149.894 99

注:时间为 2021 年 9 月 21 日。

为了分析择券期权,暂且假设日期 T 是最后一个交易日和最后一个交割日。根据无套利原理可以得到:

$$p_T^{\text{CTD}} - \text{cf}^{\text{CTD}} \times F_T = 0 \tag{11-7}$$

且

$$F_T = \frac{p_T^{\text{CTD}}}{\text{cf}^{\text{CTD}}} \leqslant \frac{p_T^i}{\text{cf}^i} \tag{11-8}$$

式(11-7)表示,CTD 券到期时的交割成本为零。式(11-8)表示,到期时的期货价格,即最后结算价,等于 CTD 券的价格与其转换因子之比,并且该比值小于或等于所有其他债券的价格与其转换因子之比。从表 11-7 可以看出,这些理论预测式提供了 TYU1 最后一个交易日价格的一个非常好的近似值。用表中的数据可以验证,CTD 券的交割成本非常接近于零,其价格与转换因子之比非常接近于期货价格,其他所有债券的这一比值都比 CTD 券的这一比值大。本节最后给出式(11-7)和式(11-8)符合无套利原理的证明。

假设式(11-7)不成立，那么，$F_T > p^{\text{CTD}}/\text{cf}^{\text{CTD}}$。在这种情况下，套利者可以购买CTD券，卖出期货，并在期货到期时交割CTD券，赚取的利润为：

$$\text{cf}^{\text{CTD}} \times F_T - p_T^{\text{CTD}} \tag{11-9}$$

如果初始假设$F_T > p^{\text{CTD}}/\text{cf}^{\text{CTD}}$成立的话，那么该利润是一个正值。因此，要让期货和CTD券的市场价格使市场不存在无风险套利的机会，那么这种假定的定价关系一定不成立。接下来再假设$F_T < p^{\text{CTD}}/\text{cf}^{\text{CTD}}$。在这种情况下，套利者可以卖出CTD券，购买期货，并在交割时接受空头交割的债券。如果期货空头交割了CTD券，那么套利者的利润是：

$$p_T^{\text{CTD}} - \text{cf}^{\text{CTD}} \times F_T \tag{11-10}$$

在初始假设$F_T < p^{\text{CTD}}/\text{cf}^{\text{CTD}}$下该利润是一个正值。如果卖空者交割其他债券$i$，套利者可以买回刚刚卖出的CTD券，然后卖出债券$i$，总利润为：

$$p_T^i - \text{cf}^i \times F_T \geqslant p_T^{\text{CTD}} - \text{cf}^{\text{CTD}} \times F_T > 0 \tag{11-11}$$

第一个不等号源自CTD券的定义，说明交割CTD券以外的任何债券的成本至少与交割CTD的成本一样大；第二个不等号源自$F_T < p^{\text{CTD}}/\text{cf}^{\text{CTD}}$的假设。因此，如果空头提供的是CTD以外的债券，套利者的利润甚至会更大，虽然这并非空头的最优选择。但无论空头交割何种债券，套利者的利润都是正的，那么要排除无风险套利机会就必须排除假设$F_T < p^{\text{CTD}}/\text{cf}^{\text{CTD}}$。最后，排除了$F_T > p^{\text{CTD}}/\text{cf}^{\text{CTD}}$和$F_T < p^{\text{CTD}}/\text{cf}^{\text{CTD}}$两个假设，证明了式(11-8)和式(11-7)中的等号是成立的。式(11-8)中的不等式可以由式(11-7)与CTD券具有的最便宜可交割特性推导得到，具体推导过程如下：

$$p_T^i - \text{cf}^i \times F_T \geqslant p_T^{\text{CTD}} - \text{cf}^{\text{CTD}} \times F_T = 0$$

$$p_T^i - \text{cf}^i \times F_T \geqslant 0$$

$$F_T \leqslant \frac{p_T^i}{\text{cf}^i} \tag{11-12}$$

11.7 使用多个可交割债券的动机和转换因子的作用

从历史的角度看，债券期货合约的设计是有意避免出现以单个证券作为标的的情况的。原因之一是要确保期货合约的流动性不依赖于单一标的债券的流动性，单一标的债券可能会因为一些特殊的原因而失去流动性，例如被几个大型机构买入并持有。原因之二是为了避免"逼仓"导致的流动性紧缩威胁。交易员通过同时买入大量期货合约和大部分可交割债券可以实现逼仓，那些卖出期货合约的交易员找不到足够的可供交割的债券，不得不支付高价从实施逼仓的人手中购买可交割债券或买回期货合约。逼仓的威胁会让做空者不敢建仓，这可能会降低期货合约的吸引力、交易量和流动性。

使用一篮子可交割债券避免了单一可交割债券的逼仓问题，只要其他债券的交割成本不会比 CTD 券的交割成本高太多。在表 11-7 中，交割债券"2.875s of 08/15/2028"比交割 CTD 券的成本高了约每 100 票面价值 91 美分，交割债券"1.250s of 04/30/2028"比交割 CTD 券的成本高了约每 100 票面价值 18 美分。这些相对廉价的 CTD 券的可替代债券限制了逼仓者的利润潜力。即使逼仓者购买了大量合约和大多数流通中的 CTD 券并承担了所有的麻烦、费用和风险，做空者也将拒绝支付每 100 票面价值超过 100 美分的溢价，因为刚才提到的两种债券可以作为 CTD 券的替代。

通过合理设置转换因子，至少可以限制部分 CTD 以外的债券的交割成本。在表 11-7 中，交割成本最低的 5 只债券的交割成本大约在 0 到 1.65 美元。但如果没有设置转换因子，或者更准确地说，如果将所有债券的转换因子设为 1.0，那么交割成本的取值范围就会大得多。在这种情况下，卖方会比较所有可供交割的债券对应的期货价格，并选择交割最低期货价格对应的债券，因此市场上的期货价格将等于上述最低价格。回头再来看表 11-7，CTD 券为"0.625s of 08/15/2030"，其最低价格约为 94.65 美元，对应的期货价格为 94.65 美元。此外，5 个最低的债券价格，从 CTD 券的 94.65 美元到债券"1.25s of 04/30/2028"的 101.14 美元之间，意味着交割成本范围从 0 到（101.14－94.65）美元，即 6.49 美元之间，这比 TYU1 有转换因子的情况下的范围要大得多。

转换因子根据债券票面利率的差异调整债券交割价格，从而减少交割成本的差异。鉴于国债期货 TYU1 的可交割债券的期限范围有限，不同债券之间价格差异的一个主要决定因素就是票面利率。在表 11-7 中，价格最贵的债券是票面利率最高的债券，即"3.125s of 11/15/2028"，价格为 113.77 美元。最便宜的可交割债券是票面利率最低的债券之一，即"0.625s of 08/15/2030"，价格为 94.65 美元。转换因子实际上有利于期货卖方用价格昂贵的高息债券，而不是价格低廉的低息债券来交割。例如，债券"3.125s of 11/15/2028"的转换因子为 0.837 6，而债券"0.625s of 08/15/2030"的转换因子为 0.638 2。观察一下表 11-7 就会发现，票面利率更高的债券往往有更高的转换因子。

转换因子由交易所计算并公布，很容易获得。其基本思想可以用下面的近似方法简单解释：债券的转换因子等于债券每 1 美元票面价值的价格，但用于计算的收益率必须等于最后交割日结算标准券的"名义票面利率"。目前，美国国债期货的名义票面利率为 6%。因此，作为例子，债券"1.25s of 03/13/2028"转换成期货 TYU1

的转换因子可以用价格收益率方程式(3-8)来近似计算，对于票面价值为 1 美元，收益率为 6%，于 2021 年 9 月 30 日结算，剩下 13 次息票支付的债券，其转换因子的具体计算式为：⊖

$$\frac{1.25\%}{6\%}\left[1-\frac{1}{\left(1+\frac{6\%}{2}\right)^{13}}\right]+\frac{1}{\left(1+\frac{6\%}{2}\right)^{13}}=0.747\,4 \tag{11-13}$$

这一计算规则清楚地将更高的转换因子分配给了票面利率更高的债券，但制定这一规定还有更充分的理由。假设收益率的期限结构实际上就是平坦的 6%，在这种情况下，每种债券的转换因子等于 1 美元面值该债券的市场价格，并且所有债券的市场价格（每 100 美元票面价值）与转换因子的比率都等于 100。此外，根据前一节的论证，期货价格为 100 美元，每只债券的交割成本均为零，所有的债券都是 CTD 券。简而言之，如果所有债券的市场收益率都等于名义票面利率，转换因子会使每一种债券都具有和其他债券一样的吸引力，从而降低期货合约流动性对任何单一债券流动性的依赖，也会减少（即使不能完全消除）逼仓的潜在利润。

然而，由于收益率曲线并不平坦且等于名义票面利率，实践中的转换因子可以限制，但不能消除不同债券之间的交割成本差异，如表 11-7 所示。研究为何特定债券会成为 CTD 券是下一节的主题。

11.8 到期日的择券期权

为了说明在期货合约到期时的择券期权是如何起作用的，我们暂时假设国债期货 TYU1 只有两只可交割债券，分别是 "2.875s of 05/15/2028" 和 "1.125s of 02/15/2013"〇。图 11-5 绘制了这两种债券在 2021 年 9 月 21 日，也就是在最后一个交易日 TYU1 的价格与转换因子之比和债券到期收益率的关系。在该图中我们假设收益率的期限结构是平坦的，即两种债券具有相同的到期收益率。当到期收益率为 6% 时，两只债券的价格与转换因子之比约为 100，因为如前一节所述，转换因子约等于在最后交割日（与最后交易日仅相隔几天）以名义票面利率（6%）作为到期收益率的债券价格（每 1 美元票面价值）。因此，两只债券的价格（每 100 票面价值）与转换因子的比率均为 100，国债期货价格为 100 美元，任意一只债券的交割成本

⊖ 之所以选择这个债券作为例子，是因为该债券的到期期限恰好为半年的整数倍。对于其他可交割债券，需要使用价格收益率方程式（3A-5）。

〇 此处原书疑有误，应为 "1.125s of 02/15/2031"。——编者注

均为零，且两种债券均为 CTD 券。

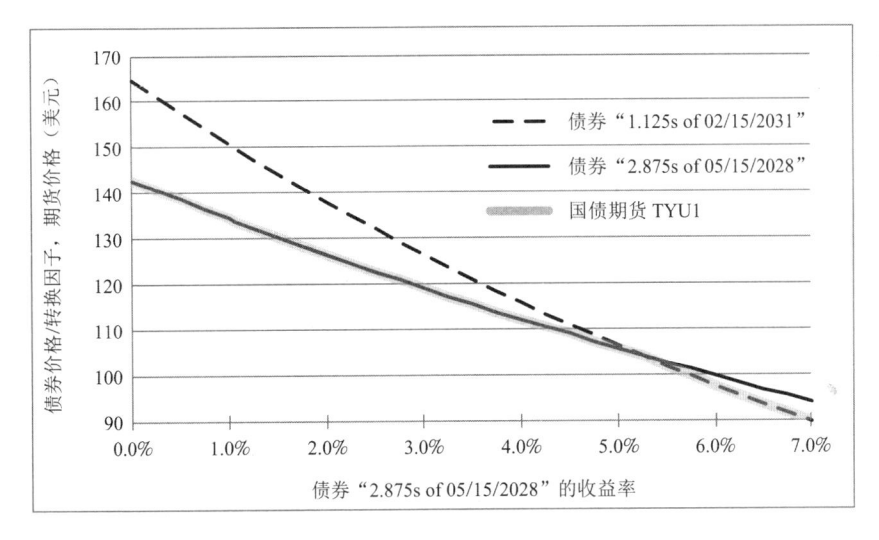

图 11-5 收益率期限结构平坦条件下 TYU1 的择券期权（最后一个交易日）

然而，当到期收益率偏离 6% 时，两种债券的交割成本就会产生差异。转换因子是固定的，等于到期收益率为 6% 时两种债券的价格转换因子比。但当到期收益率降至 6% 以下时，久期较短的债券 "2.875s of 05/15/2028" 的价格和价格转换因子比的增速均低于久期较长的债券 "1.125s of 02/15/2031"。因此，当收益率低于 6% 时，债券 "2.875s of 05/15/2028" 为 CTD 券；而当收益率升至 6% 以上时，债券 "1.125s of 02/15/2031" 的价格和价格转换因子之比下降得更快，因而成为 CTD 券。

期货价格等于可交割债券中最低的价格转换因子比。从图 11-5 看，本例中 TYU1 的价格等于两条价格转换因子比曲线中的较低值，或者说两条价格转换因子比曲线的最低包络线，在图 11-5 中用半透明的灰色带线表示。在到期时，期货价格跟踪的是利率较低时较短久期债券的价格和利率较高时较长久期债券的价格。

图 11-5 中做了两个简化。第一个简化是，由于有许多可交割债券，到期时不同的收益率区间可能会导致不同的债券成为 CTD 券。但根据与这里类似的讨论，久期最短的可交割债券通常是低收益率区间的 CTD 券；中间久期的可交割债券可能会成为中收益率区间的 CTD 券；而久期最长的可交割债券通常是高收益率区间的 CTD 券。

图 11-5 中做的第二个简化是假设两种债券的收益率相等，且收益率只会平行上升或下降。在现实中，利率期限结构和单只债券的收益率会以多种方式变化，从而影响 CTD 券的确定。最普遍的情况是，在发生任何使某种债券相对于可交割债券篮子中其他债券贬值的变化后，该债券就更有可能成为 CTD 券。如果期限结构变平，

较短久期的债券更有可能成为 CTD 券。如果期限结构变陡，较长久期的债券更有可能成为 CTD 券。如果任何债券的收益率相对于其他可交割债券的收益率以特别的方式增长，那么该债券就更有可能成为 CTD 券。

11.9 总基差、净基差和基差交易

可交割债券的"总基差"和"净基差"衡量的是该债券与相关期货合约之间的价差。债券的总基差在为一揽子债券和期货间的基差交易报价时很方便，可以作为交易员判断是否可以购买期货合约并做空可交割债券，或是否可以反过来卖出期货合约并做多可交割债券的依据。净基差是衡量债券是否接近 CTD 券的一个指标，并且债券净基差的变化可以反映基差交易的损益。最后，"基差交易"是购买期货合约并远期出售可交割债券，或反过来出售期货合约并远期购买可交割债券的操作，通常用于期货相对于可交割债券出现错误定价时。

假设 p_t^i 表示 t 时刻债券 i 的现货价格，$p_t^i(T)$ 表示 t 时刻的最后交割日 T 的远期价格，cf^i 表示该债券的转换因子。假设 F_t 表示 t 时刻的期货价格，那么债券 i 在 t 时刻的总基差 GB_t^i 和净基差 NB_t^i 的定义分别为：

$$\mathrm{GB}_t^i = p_t^i - \mathrm{cf}^i \times F_t \tag{11-14}$$

$$\mathrm{NB}_t^i = p_t^i(T) - \mathrm{cf}^i \times F_t \tag{11-15}$$

表 11-8 给出了期货 TYU1 的每个可交割债券的期货价格、现货价格和远期价格，以及其总基差、持有损益和净基差。⊖例如，债券"2 7/8s of 05/15/2028"的总基差为：

$$(110\text{-}24\ 3/4) - 0.833\ 8 \times 131\text{-}17 +$$
$$= 110.773\ 4 - 0.833\ 8 \times 131.546\ 9$$
$$= 1.089\ 6 \tag{11-16}$$

用最小报价单位表示也就是 32 乘以 1.089 6，即 34.9 个最小报价单位。该债券的净基差是：

$$109.717\ 2 - 0.833\ 8 \times 131\text{-}17 +$$
$$= 0.033\ 4 \tag{11-17}$$

即约 1.1 个最小报价单位。

⊖ 如前所述，在期货中的"持有损益"就是指第 3 章定义的"现金持有损益"。

表 11-8 国债期货 TYU1 的可交割债券的总基差和净基差

国债期货 TYU1	价格：131－17+美元						
票面利率（%）	到期日	转换因子	现货价格（美元）	总基差	远期价格（美元）	持有损益	净基差
2.875	2028年5月15日	0.833 8	110-24 3/4	34.9	109.717 2	33.8	1.1
2.875	2028年8月15日	0.828 6	110-27	59.0	109.775 9	34.2	24.8
1.250	2028年4月30日	0.747 4	99-26 1/4	48.1	99.361 5	14.7	33.4
1.250	2028年3月31日	0.747 4	99-29 1/4	51.1	99.457 8	14.6	36.5
3.125	2028年11月15日	0.837 6	112-22 1/4	80.4	111.546 8	36.8	43.6
2.625	2029年2月15日	0.803 9	109-03+	107.5	108.134 8	31.2	76.3
2.375	2029年5月15日	0.783 6	107-07 1/4	132.7	106.354 9	27.9	104.8
1.625	2029年8月15日	0.732 0	101-13+	164.1	100.820 5	19.2	144.9
1.750	2029年11月15日	0.733 1	102-07+	185.5	101.593 4	20.5	165.0
1.500	2030年2月15日	0.710 5	99-27 1/4	204.4	99.296 8	17.8	186.6
0.625	2030年5月15日	0.646 2	92-05 1/4	229.1	91.938 3	7.2	221.8
0.625	2030年8月15日	0.638 2	91-24 3/4	250.2	91.545 1	7.3	242.9
0.875	2030年11月15日	0.647 6	93-20 1/4	270.2	93.314 7	10.2	260.0
1.125	2031年2月15日	0.657 7	95-16 1/4	287.7	95.092 9	13.3	274.4

注：时间为 2021 年 5 月 14 日，从现货结算日到最后交割日期间的回购利率为 0.015%，总基差、持有损益和净基差单位均为最小报价单位或 1/32 美元。

根据定义，债券的总基差和净基差的差异等于其现货价格和远期价格之差，根据前文的分析，也就等于其持有损益。这也是净基差这一术语的来历：总基差减去持有损益等于净基差。继续上面的例子，债券 "2.875s of 05/15/2028" 从 2021 年 5 月 17 日（现货结算日）到 9 月 30 日（最后交割日）的持有损益，根据本章前面的计算为 1.057 美元或 33.8 个最小报价单位。因此，该债券 34.9 个最小报价单位的总基差，减去其 33.8 个最小报价单位的持有损益，等于 1.1 个最小报价单位的净基差。同样，遵循上述定义可知，因为在合约到期时远期结算价格和期货结算价格都等于现货价格，所以总基差和净基差相等，且都等于债券的交割成本，如式(11-5)所定义的那样。此外，由于 CTD 券在到期日的交割成本为零，因此在到期日的总基差和净基差也为零。

总基差和净基差在基差交易中特别有用。要买入或做多某债券的基差，交易者可以买入债券远期合约并持有至到期，同时卖出转换因子加权数量的期货合约。要卖出或做空某债券的基差，交易者可以出售债券的远期合约至到期，并购买转换因子加权数量的期货合约。在美国国债市场上，因为现货市场和回购市场的流动性远高于远期市场，如本章前面所述，所以通常用债券的合成远期交易来代替远期合约的直接买卖。转换因子加权数量的期货合约等于债券的票面价值对应的期货合约数乘以债券的转换因子。例如，一个交易者要买入 1 亿美元的债券 "2.875s of 05/15/2028" 相对于 TYU1 合约的基差，需要购买 1 亿美元面值的债券远期，并卖出 0.833 8 乘以 1 亿美元再除以 10 万美元份期货合约，即约 834 份期货合约。

总基差经常被用来为一揽子债券与期货的基差交易报价。例如，一个交易者可能会下一个订单，要求购买 1 亿美元面值的 "2.875s of 08/15/2028"，并以 34.9 个最小报价单位或更低的总基差卖出 834 份 TYU1。如果随后的价格关系使得债券价格减去 0.833 8 乘以期货价格的差小于或等于 34.9 个最小报价单位，则执行交易。执行交易后，交易者再卖出期限与 TYU1 合约到期日一致的回购，就完成了基差交易。

如果不考虑每日盯市结算的利息支出或收益，基差多头的损益等于远期债券头寸和期货头寸的损益之和。从数学上讲，假设债券 i 的票面价值为 G^i，基差交易期限为从时刻 t 到时刻 s，那么基差多头的损益 L 为：

$$G^i \times [P_s^i(T) - P_t^i(T)] - G^i \times \mathrm{cf}^i \times [F_s - F_t] \tag{11-18}$$

根据式(11-15)中对净基差的定义，式(11-18)可改写为：

$$G^i \times [\mathrm{NB}_s^i(T) - \mathrm{NB}_t^i(T)] \tag{11-19}$$

换句话说，基差多头的损益等于债券的票面价值乘以债券的净基差变化量。基差空头的损益是上式结果的相反数。那么，假设一个交易员确信某只债券在期货合约到期时将成为 CTD 券，但发现该债券目前的净基差为 5 个最小报价单位。这个交易者很可能会卖出基差，希望赚到这 5 个最小报价单位的利润：如果该债券最终被证明是 CTD 券，那么到期时它的净基差将为零，交易者的利润将是初始的 5 个最小报价单位的净基差和最终的 0 个最小报价单位的净基差之间的差值。因此，债券的净基差是衡量债券是否有机会成为 CTD 券的指标。对于 2021 年 5 月 14 日的 TYU1，表 11-8 中的净基差显然表明，债券 "2.875s of 05/15/2028" 将在到期时成为 CTD 券。但在目前的价格下，交易员们无法通过押注债券 "2.875s of 05/15/2028" 将成为 CTD 券而赚到很多钱，因为基差交易仅能提供 1.1 个最小报价单位的利润。但他们有机会通过相反的观点（如果事后证明是正确的话）来赚很多钱，例如，以 24.8 个最小报价单位的价格卖出债券 "2.875s of 08/15/2028" 的基差，希望这只债券最终会是 CTD 券。

前面对净基差的解释隐含了一个假设，那就是期货价格相对于标的债券的价格及其波动率而言是公平的，或者说估值是正确的。就 2021 年 5 月 14 日的 TYU1 合约而言，假设期货价格是公平的，相当于说债券 "2.875s of 05/15/2028" 的净基差就是 1.1 个最小报价单位而不是零，因为仍有出现另一个债券在交割时成为 CTD 券的情况的可能性。但某交易员可能认为，从 2021 年 5 月 14 日到 9 月 30 日，债券价格可能发生的波动太小，CTD 券不可能发生变化。从该交易员的视角来看，债券 "2.875s of 05/15/2028" 的 1.1 个最小报价单位的市场净基差太高了；也就是说，债券 "2.875s of 05/15/2028" 的价格相对于期货价格而言过高了。从这个意义上看，净基差可以看作衡量相对价值的一个指标。

本节以两个关于总基差、净基差和基差交易的细节结束。第一，式(11-18)和式

(11-19)并不是关于基差交易的损益完全准确的表达式，因为期货合约的利息是在每日盯市结算过程中支付或赚取的。但正如前面提到的，可以用尾部修正来处理每日盯市结算。因此，这些损益方程是带有尾部修正的基差交易损益的精确表达式，即不使用转换因子加权期货合约数量，而是使用考虑尾部修正的转换因子加权期货合约数量。第二，一些交易者没有卖出或买入与期货合约期限相同的回购，而是卖出或买入隔夜回购。这些交易者实际上并不是针对期货头寸买入或卖出远期债券，因此得到的损益不同于式(11-18)和式(11-19)给出的结果。本章最后一节的案例研究将讨论用隔夜回购而不是固定期限回购进行基差交易的风险。

11.10 隐含回购利率

表 11-1 和式(11-1)计算了在给定现货结算价格和从现货结算到远期结算期间的回购利率的条件下，债券"2.875s of 05/15/2028"的远期价格。当然，在给定债券远期价格和现货价格的情况下，同样的相对定价公式也可以用于计算回购利率。在假设某一债券将成为某期货合约的 CTD 券的情况下，按这种方法计算的回购利率称为该债券的"隐含回购利率"。

为了说明这一点，再次考虑债券"2.875s of 05/15/2028"和表 11-8 中的数据。如果该债券将成为 CTD 券，其远期价格与转换因子的比值应等于期货价格，也就是说，其远期价格应该等于131-17 +/0.833 8，即 109.683 79 美元。⊖那么，根据式(11-1)的逻辑，债券的现货价格、远期价格与回购利率r的关系为：

$$109.683\ 79 + 1.078\ 13 = (110.773\ 44 + 0.015\ 62)\left(1 + \frac{r \times 136}{360}\right) \tag{11-20}$$

解方程可得隐含回购利率为$r = -0.065\%$。

由式(11-1)和式(11-20)可以明显看出，回购利率越低，远期价格越低。因此，如果某债券确定将成为 CTD 券，并且隐含回购利率低于实际回购利率，那么期货价格相对于现货价格而言偏低了。同样，如果一个债券确定将成为 CTD 券，并且债券的隐含回购利率高于它的实际回购利率，那么期货价格相对于现货价格而言偏高了。在该例子中，假设债券"2.875s of 05/15/2028"将成为 CTD 券，隐含回购利率为-0.065%，实际回购利率为 0.015%，意味着 TYU1 合约相对于 CTD 券的现货价格是便宜的。

另一种理解隐含回购利率的方式是将其视为买入债券现货并通过期货合约将其

⊖ 隐含回购的定义忽略了期货和远期的价格差异。

卖出的收益率。重写式(11-1)，当现货价格为 110.773 44 美元，远期价格为 109.717 21 美元时，买入现货和卖出远期的收益率即为隐含回购利率：

$$\frac{109.717\,21 + 1.078\,13 - (110.773\,44 + 0.015\,62)}{(110.773\,44 + 0.015\,62)} \times \frac{360}{136} = 0.015\% \quad (11\text{-}21)$$

同样，以期货价格隐含的远期价格 109.683 79 美元买入债券现货并卖出远期的收益率为 –0.065%。从这个角度来看，只要该债券是 CTD 券，TYU1 合约相对于债券 "2.875s of 05/15/2028" 的现货价格而言就太低了。隐含回购利率作为相对价值的衡量标准将在本章末尾的案例研究中重新讨论。

11.11 到期前的期货价格和择券期权

前面的分析和表 11-7 说明，到期时的期货价格等于可交割债券价格与其转换因子的最小比值。本节将分析到期前的期货价格，基本思想如下：如果 CTD 券是确定的，那么（从期货远期利差中得到的）期货价格将等于 CTD 券的远期价格除以它的转换因子。但由于 CTD 券是不确定的，而且期货合约的卖方有权选择交割哪种债券，所以实际上期货价格还要扣除交割期权的价值，因而会变得更低。

为了直观地说明这一想法，图 11-6 显示了 2021 年 5 月 14 日 TYU1 合约的收益率和价格曲线，以及两种可交割债券的远期价格与转换因子之比，包括一揽子债券中久期最短的债券 "2.875s of 05/15/2028" 和久期最长的债券 "1.125s of 02/15/2031"。横轴给出了 2021 年 5 月 14 日债券 "2.875s of 05/15/2028" 的收益率，为了提高图形的可视性，收益率被限制在 4.00% 至 5.50% 的范围内。债券 "1.125s of 02/15/2031" 的收益率和回购利率被设定为债券 "2.875s of 05/15/2028" 的收益率加上某固定利差。㊀ 债券 "2.875s of 05/15/2028" 的每一个收益率对应的期货价格都用一个非常简单的模型计算得到，该模型假设：①债券 "2.875s of 05/15/2028" 至到期日 2021 年 9 月 30 日为止的收益率，沿横轴的变化服从以其起始值为均值的正态分布，波动率为每年 100 个基点；②债券 "1.125s of 02/15/2031" 的收益率和回购利率与债券 "2.875s of 05/15/2028" 的收益率的利差是固定的；③交割日为 2021 年 9 月 30 日，也就是说，只需要考虑择券期权。本章的附录更详细地描述了在期限结构模型下如何为期货定价。

㊀ 在 2021 年 5 月 14 日，债券 "2.875s of 05/15/2028" 的收益率为 1.26%；债券 "1.125s of 02/15/2031" 的收益率比它高 36.5 个基点，为 1.625%；回购利率则比它低 124.5 个基点，为 0.015%。这些利差在图中是保持不变的。

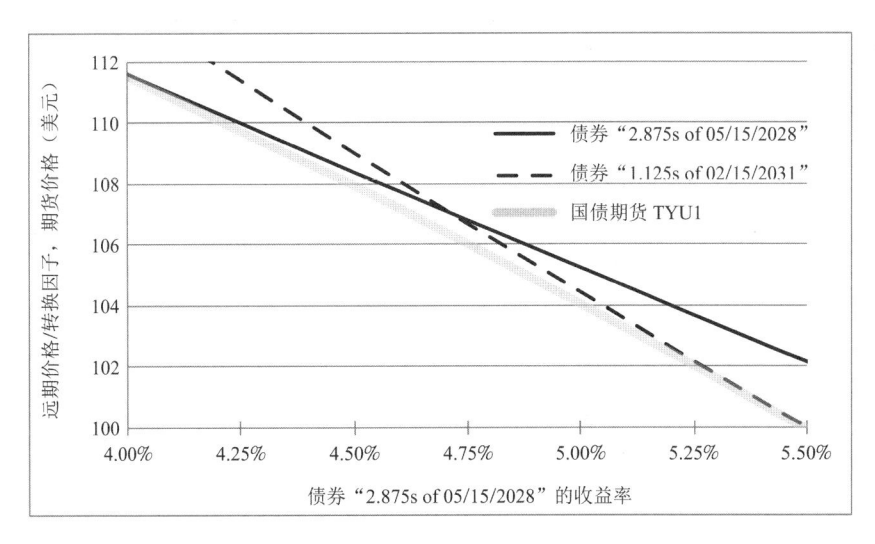

图 11-6　有两个可交割债券的国债期货 TYU1 合约定价

注：定价时间为 2021 年 5 月 14 日，假设收益率平行移动，波动率为每年 100 个基点。

从 2021 年 5 月 14 日的定价日期到 2021 年 9 月 30 日的最后交割日只有四个半月。因此，如果收益率在 2021 年 5 月 14 日非常低，那么久期相对较短的债券"2.875s of 05/15/2028"极有可能在到期时成为 CTD 券。或者换句话说，因为时间太短，利率不太可能上升到让久期相对较长的债券"1.125s of 02/15/2031"成为 CTD 券。基于这样的认知，市场假定债券"2.875s of 05/15/2028"将被交割，并将该债券的净基差设定为非常接近于零，或者换一种说法，市场将期货价格设置为非常接近该债券的远期价格与转换因子的比率。这可以在图 11-6 中看到：当利率较低时，代表期货价格的半透明灰色线收敛于债券"2.875s of 05/15/2028"的远期价格转换因子比。同样的道理，当 2021 年 5 月 14 日的利率非常高的时候，久期相对较长的债券"1.125s of 02/15/2031"极有可能为 CTD 券，因此其净基差接近于零，同时期货价格收敛于该债券的远期价格转换因子比。

从图中还可以看到，对于中间水平的利率，期货价格同时小于两种债券的远期价格转换因子比。买方不会在确定交割债券"2.875s of 05/15/2028"的假设下为期货定价，因为最小化期货价值的卖方可能会用债券"1.125s of 02/15/2031"代替债券"2.875s of 05/15/2028"进行交割，尤其是会在对期货买方不利的情况下这么做。因此，期货价格必须低于卖方一定会交割债券"2.875s of 05/15/2028"的假设下的价格。按照同样的逻辑，期货价格也必须低于卖方一定会交割债券"1.125s of 02/15/2031"的假设下的价格。事实上，在给定收益率下，债券价格曲线和期货价格曲线之间的距离，代表了期货卖方从交割一种债券改为交割另一种债券的择券期权的价值。当利率非常高或非常低时，该期权价值就很低，因为其中一种债券几乎肯定会被交割。此外，收益率的波动率越高，收益率就越有可能偏离定价日的水平，择券期权的价值就会越高，期货价格曲线相对于债券价格曲线就会越低。

图 11-7 显示了 2021 年 5 月 14 日择券期权的价值，假定该定价日的收益率在 0% 和 7% 之间，基于三种债券的净基差：除了前面描述的久期较短和久期较长的债券，还包括一种中等久期的可交割债券 "3.125s of 11/15/2028"。这些价格曲线是根据与图 11-6 中相同的模型计算的。

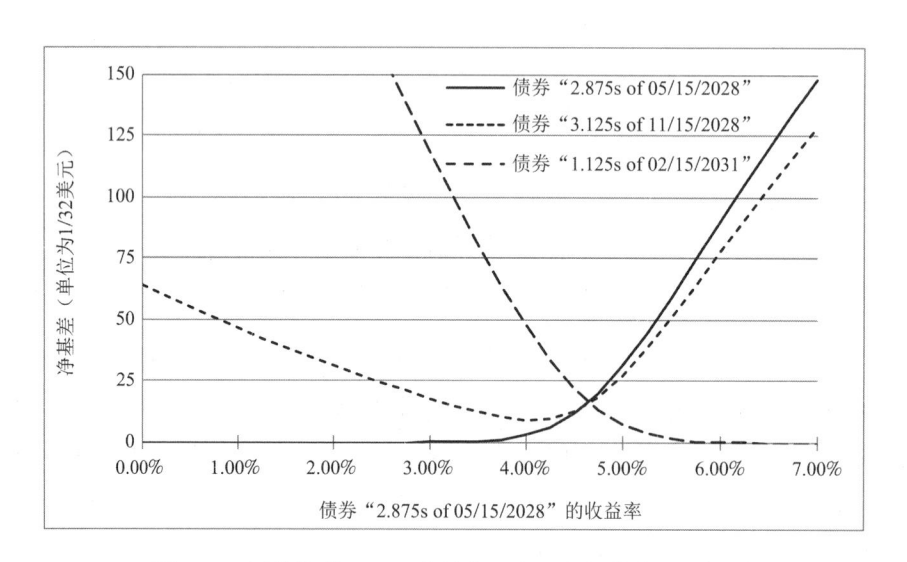

图 11-7 国债期货 TYU1 合约的三个可交割债券的净基差

注：定价日为 2021 年 5 月 14 日，假设收益率平行移动，波动率为每年 100 个基点。

较短久期债券 "2.875s of 05/15/2028" 的净基差在收益率较低时接近于零，因为当 2021 年 5 月 14 日的收益率水平很低的时候，到期时的 CTD 券几乎就是该债券。然而，随着利率上升，因为债券 "1.125s of 02/15/2031" 成为 CTD 券的可能性越来越高，债券 "2.875s of 05/15/2028" 的净基差会上升。换句话说，这一净基差的增加是因为期货卖方放弃交割债券 "2.875s of 05/15/2028" 而改用其他债券的择券期权的价值增加了。相比之下，较长久期的债券 "1.125s of 02/15/2031" 的净基差在收益率较高时接近于零，因为这种情况下到期时该债券几乎就是 CTD 券。但随着收益率下降，它成为 CTD 券的可能性降低，其净基差也会上升。

中等久期的债券 "3.125s of 11/15/2028" 的净基差永远不会接近于零，因为它永远不可能成为 CTD 券。虽然对于一揽子可交割债券集合而言，通常会有一个到期收益率区间使得中等久期的债券成为 CTD 券，但对于上述在 2021 年 5 月 14 日定价的 TYU1 合约，在收益率平行移动的假设下，到期时的 CTD 券极有可能是久期最短的债券 "2.875s of 05/15/2028" 或久期最长的债券 "1.125s of 02/15/2031"。尽管如此，在定价日的收益率水平约为 4%的情况下，债券 "3.125s of 11/15/2028" 的净基差下降到了约 9 个最小报价单位，这是该债券最有可能在到期时成为 CTD 券的情况。在更低或更高的收益率下，债券 "3.125s of 11/15/2028" 更不可能在到期时成为 CTD 券，它的净基差也会相应地增加。

图 11-7 中的净基差作为择券期权价值的表现，可以用期权的术语更直接地描述。较短久期债券的净基差可以看作利率的看涨期权，或看作债券价格的看跌期权；中等久期债券的净基差类似于利率和债券价格的跨式期权组合；较长久期债券的净基差类似于利率的看跌期权或债券价格的看涨期权。

图 11-6 中 TYU1 合约的价格收益率曲线，反映了期货卖方的择券期权价值，可以用来推导期货合约的 DV01。DV01 可以采用第 4 章的定义，即利率下降 1 个基点导致的价格变化。债券 "2.875s of 05/15/2028" 和债券 "1.125s of 02/15/2031" 的 DV01 除以各自的转换因子，与 TYU1 合约的 DV01 一起被展示在图 11-8 中。正如预期的那样，较短久期债券的 DV01 曲线相对较低且较平坦，较平坦表明其凸性较低；而较长久期债券的 DV01 曲线相对较高且较陡峭，较陡峭表明其凸性较高。然而，期货价格和收益率的关系，与附息债券的价格和收益率的关系明显不同。在定价日的收益率较低的情况下，期货合约的 DV01 近似等于最有可能在到期成为 CTD 券的债券，即较短久期的债券 "2.875s of 05/15/2028" 的 DV01 除以其转换因子。根据同样的道理，在定价日的收益率较高的情况下，期货合约的 DV01 近似等于较长久期债券 "1.125s of 02/15/2031" 的 DV01 除以其转换因子。在收益率处于中等区间的情况下，期货合约的 DV01 由跟随较短久期债券逐渐变化为跟随较长久期债券。因此期货合约的 DV01 随着到期收益率的增加而增加，这意味着 TYU1 在中间收益率区间呈现负凸性。当然，从图 11-6 中 TYU1 的价格-收益率曲线的形状中也可以看出这种负凸性。

在 2021 年 5 月 14 日，债券 "2.875s of 05/15/2028" 的实际收益率为 1.26%。在这种低利率环境下，从图 11-6、图 11-7 和图 11-8 中可以清楚地看到，债券 "2.875s of 05/15/2028" 最有可能成为 CTD 券。证据包括：择券期权的价值非常低；不考虑每日盯市结算的话，期货合约基本上相当于债券 "2.875s of 05/15/2028" 的远期合约；期货价格大约等于该债券的远期价格除以转换因子。这些结论在表 11-8 中都很明显，从表中可以看到，截至 2021 年 5 月 14 日，债券 "2.875s of 05/15/2028" 的净基差是 1.1 个最小报价单位，因此，131-17 +，即约 131.55 美元的期货价格，非常接近该债券的远期价格与其转换因子的比值 109.717 2/0.833 8，即约 131.59 美元。

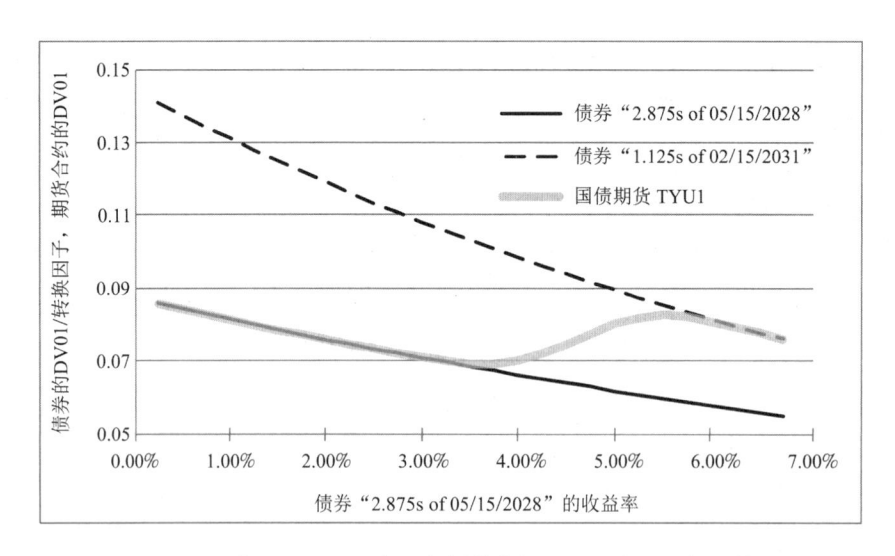

图 11-8　TYU1 的 DV01 和两个可交割债券的 DV01 除以它们的转换因子

注：定价日为 2021 年 5 月 14 日，假设收益率平行移动，波动率为每年 100 个基点。

这些观察引出了一个问题，为什么国债期货合约的名义票面利率仍然为 6% 而没有降低呢？如前所述，当收益率曲线接近 6% 且平坦时，转换因子可以使所有债券具有同等的可交割性，这反过来降低了对单一 CTD 券的流动性依赖，并降低了逼仓的可能性。但现实中的期限结构不是平坦的，而且不同债券以特质性的可变收益率出售，这意味着转换因子在实现这些目标方面并不完美。但如果能将名义票面利率设置在接近当前市场收益率的水平，确实能显著减少不同债券的可交割性差异。那么，为什么名义票面利率没有被设定得更接近目前的市场利率水平，也就是 1% 到 2% 之间的某个值呢？毕竟，目前 6% 的名义票面利率曾经从此前 8% 的水平上下调过，目的就是为了应对当时市场利率的下降。

一个可能的答案包括两个部分。第一，随着美国国债和国债期货交易量和流动性的增加，流动性下降或逼仓的风险已经降低。第二，从本章的讨论可以明显看出，择券期权的估值是相当复杂的。总体而言，除基差套利交易者外，市场参与者似乎更喜欢一种更简单的合约，或者说一种实际上没有交割期权的合约，这样可以更容易地定价和对冲。

11.12　择时期权、月末期权和通配符期权

如前所述，择时期权允许卖方在交割月份的某个具体时间完成交割。例如，对于 TYU1 合约，卖方被允许在 2021 年 9 月 1 日至 30 日之间的任何日期交割。要理

解卖方应该提前还是延迟交割，可以考虑一个做多债券并做空期货的交易者。延迟交割可以获得从当前到交割日期间的债券利息，并保留在合适的时候使用择券期权的权利。如果提前交割并将收益按回购利率再投资，则放弃了债券的持有收益和择券期权的剩余价值。因此，只要总持有损益是正的，延迟交割就是最优的。由于债券的票面利率通常高于回购利率，因此总持有损益通常是正的，延迟交割通常是最优的选择。但如果总持有损益为负，对于期限较短的期货合约而言，当期限结构的短端向下倾斜时这是有可能的，那么必须在提前交割的持有收益优势和期权价值的损失之间进行权衡。

在分析月末期权之前，我们先讨论这样一个事实：美国中期国债和国债期货的最后交易日都在期货最后交割日的 7 个工作日之前。以 TYU1 合约为例，最后交易日是 2021 年 9 月 21 日，而最后交割日是 2021 年 9 月 30 日。期货合约的这一特性使得交易员有必要在最后一个交易日后调整期货对冲。要了解这一点，请考虑最后交易日的基差头寸。为了简单起见，继续使用 TYU1 的例子，假设债券 "2.875 of 05/15/2028" 几乎会成为 CTD 券，并且由于交割日期如此近，其远期价格和现货价格大致相等。现在该 CTD 券的 10 亿美元名义本金的基差多头头寸，也就是做多 10 亿美元票面价值的债券，做空 8 338 份 TYU1 合约。该头寸是对冲过的，因为期货合约价格等于 CTD 券价格除以其转换因子 0.833 8。例如，如果债券价格从 111.62 美元跌至 110.62 美元，给交易头寸的债券现货部分造成 10 亿美元 ×(111.62% − 110.62%)，即 1 000 万美元的损失，而期货价格下跌 8 338 × 10 万美元 ×(111.62%/0.833 8 − 110.62%/0.833 8)，即交易头寸的期货部分获得 1 000 万美元的收益，恰好抵消了债券现货部分的损失。但在最后交易日之后，期货价格被冻结在其最后一天的结算价格，比如 111.62/0.833 8，即约 133.869 0 美元；而 CTD 券的交割价格被冻结在 133.869 0 × 0.833 8 = 111.62 美元。如果 CTD 券的价格现在跌至了 110.62 美元，那么债券现货多头头寸的价值将再次下跌 1 000 万美元，但期货空头头寸却没有获得任何收益来弥补该损失。换句话说，由于基差交易者只做空了 8 338 份期货合约，所以只能保证 8 338 乘以 10 万美元，即 8.338 亿美元票面价值的 CTD 券以 111.62 美元的固定期货结算价格卖出。剩余的 1.662 亿美元票面价值的 CTD 券头寸将因价格下跌而遭受损失，损失金额为 1.662 亿美元 ×(111.62% − 110.62%)，即 166.2 万美元。

考虑到期货价格被冻结为最后交易日价格的影响，期货对冲比例必须从转换因子加权合约数量更改为名义金额匹配的期货合约数量。在上面的例子中，在 2021 年 9 月 21 日的最后一个结算日后，期货价格为 133.869 0 美元，基差多头交易者可以额外卖出 1 662 份 TYU1 合约，总共卖空 1 000 份合约。从那时起，交易者可以通过期货合约以133.869 0 × 0.833 8 = 111.62美元的固定价格出售所有 10 亿美元票面价值的债券，因此总头寸是完全对冲的。⊖

下面回到月末期权的讨论，假设在最后交易日之后，期货价格被冻结在F_S，基差多头交易者可以做多债券i、做空名义金额匹配的期货合约。该交易者计划交割债券i，并且锁定了cf^i乘以F_S的交割价格。如果在交割之前有一种债券j满足以下条件：

$$p^i - p^j + cf^j \times F_S > cf^i \times F_S \tag{11-22}$$

$$p^i - cf^i \times F_S > p^j - cf^j \times F_S \tag{11-23}$$

那么交割债券j来代替债券i可以获得利润，也就是说，该交易者可以出售债券i、购买债券j，并在到期时交割债券j。式(11-22)表明该转换是有利可图的，而式(11-23)表明债券j的交割成本比债券i低，两个式子是等价的。

月末期权，即上一段介绍的从交割债券i更改为交割债券j的期权，是具有潜在价值的，但在实践中往往被证明价值不大。第一，由于最后交易日和最后交割日之间的间隔相对较短，债券的相对价格往往不会发生太大变化。第二，做多基差的交易员会积极监控交易机会，通过寻找交割成本较低的债券获利。因此，每当某只可交割债券相对于其他债券贬值时，许多交易员就会有购买该债券的动机，从而使债券贬值戛然而止。

最后要介绍的一种交割期权是"通配符期权"。之所以出现该期权，是因为期货价格在美国标准时间每天 14：00 结算，但交割通知要在几小时后才到期，在这段时间内期货结算价格被冻结了。考虑一个 10 亿美元票面价值的 TYU1 合约的 CTD 券（比如债券"2.875s of 05/15/2028"）的基差多头，建仓时间为交割月的某个时点，并且在最后交易日之前。如前所述，在最后交易日之前，对于基差多头中的 CTD 券多头头寸，可以通过做空 8 338 份期货合约来对冲价格变动的风险。现在假设在期货交割价格确定后、交割通知到期前的某个时点，CTD 券的价格出现了明显上涨，也就是说，债券价格出现了上涨但期货的交割价格仍然为 14：00 时确定的结算价格，那么交易者可以通过以现时较高的价格出售 1.662 亿美元面值的 CTD 券，并发出期货交割通知，以被冻结的期货结算价格交割剩余的 8.338 亿美元面值的债券。此次平仓带来的利润是 1.662 亿美元票面价值的 CTD 券的价值增加量。是否应该执行通配符期权，取决于 CTD 券价格的上涨幅度与提前执行期权所牺牲的债券持有收益的相对大小。

⊖ 为了避免术语上的混淆，请注意，许多从业人员将匹配的名义金额和转换因子加权合约数量之间的差异称为"尾部"，但这种对冲调整与"尾部修正"完全无关，后者是对每日结算支付时点差异的处理。

11.13 案例分析：2020 年 3 月的基差交易

随着新冠疫情暴发和经济停摆，在一波温和有序的市场资金"逃向安全资产"的过程中，美国国债收益率在 2020 年 2 月下旬和 3 月初出现了下降。但从 3 月 9 日开始，许多市场参与者抛售美国国债以筹集现金，暂时扭转了收益率的下跌趋势，并开启了一段市场利率波动加剧的时期。图 11-9 显示了市场的上述变化，图中展示了在 2020 年 6 月开始的 2 年期（TUM0）、5 年期（FVM0）和 10 年期（TYM0）国债期货合约的 CTD 券的收益率。

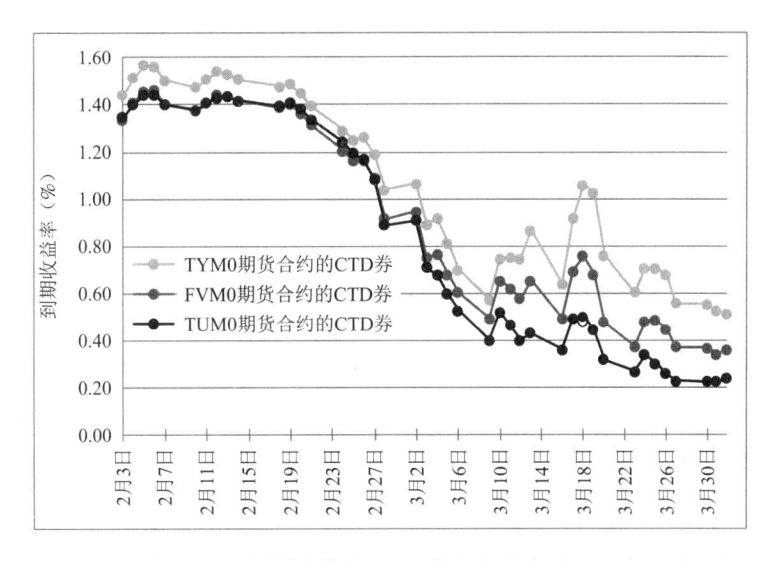

图 11-9 TYM0、FVM0 和 TUM0 期货合约的 CTD 券的收益率（2020 年 2 月 3 日至 4 月 1 日）

在新冠疫情暴发前的几年里，美国国债期货的交易价格往往高于其标的债券。许多人将这种相对错误的定价归因于受监管的金融机构对期货的偏好高于债券，因为这些机构希望限制自己资产负债表的规模。期货多头头寸不会出现在资产负债表上，而购买的债券会出现在上面。无论因为什么原因，图 11-10 显示，在 2020 年 2 月的大部分时间里，TYM0 合约相对其 CTD 券而言价格偏高，因为 CTD 券对 TYM0 合约的净基差在 0 和 −5 个最小价格变动单位之间波动。从图 11-11 可以看出，和 TYM0 合约的情况一样，TUM0 合约和 FVM0 合约的交易价格也偏高，因为 CTD 券相对于这些合约的隐含回购利率超过了以 SOFR 表示的实际回购利率。㊀

㊀ 请注意，图 11-10 中的净基差和图 11-11 中的隐含回购利率都假设每天的定期回购利率等于当天的隔夜回购利率。这不是一个很好的假设，但在缺乏定期回购利率数据的情况下，我们不得不这么做。

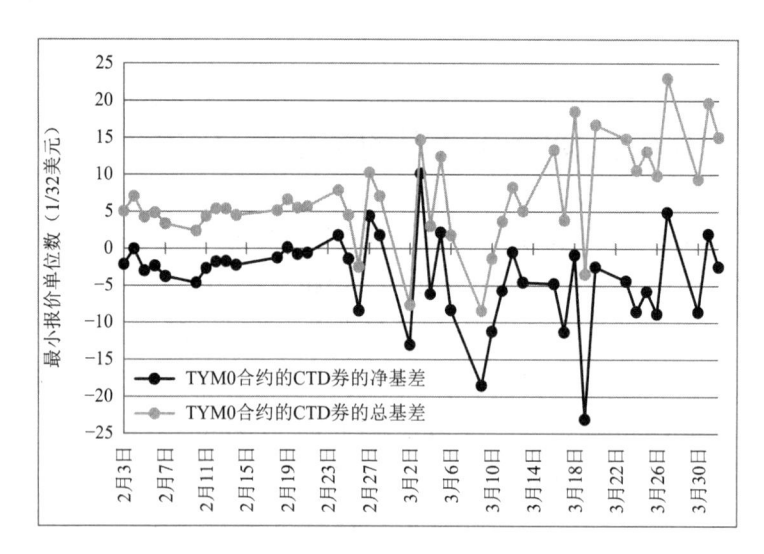

图 11-10　TYM0 合约的 CTD 券的净基差和总基差（2020 年 2 月 3 日至 4 月 1 日）

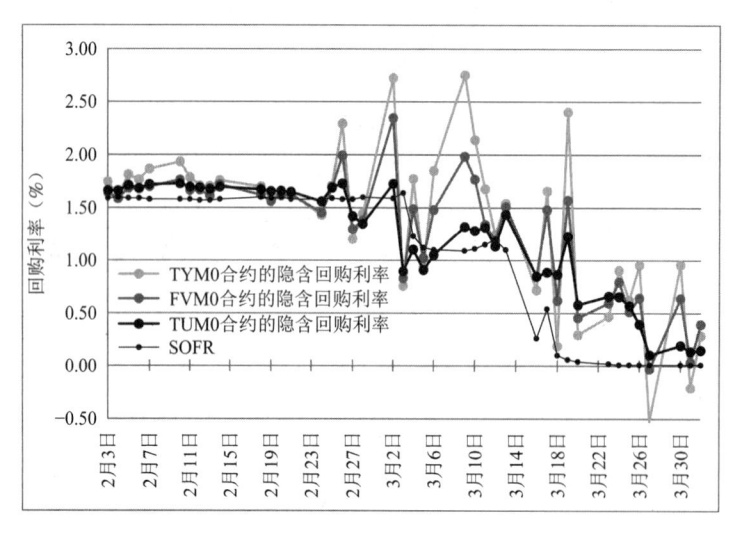

图 11-11　TYM0 合约、FVM0 合约、TUM0 合约的 CTD 券的隐含回购利率和 SOFR（2020 年 2 月 3 日至 4 月 1 日）

为了应对期货合约价格长期偏高的问题，对冲基金和相对价值交易员会持续买进 CTD 券的基差。为了理解这一交易的吸引力，假设一家对冲基金在 2020 年 2 月 10 日以 −4.0 个最小报价单位的价格买入了 10 亿美元票面价值的 TYM0 合约及其 CTD 券的基差，这与图 11-10 所示的基差水平一致。鉴于利率几乎不会上升到足以改变 CTD 券的水平，到期时净基差将为零，而交易利润为（4/32）%乘以 10 亿美元，即 125 万美元。如果杠杆率为 20∶1（这是此类交易的典型水平），该对冲基金需要分配 5 000 万美元的资金用于该交易，并在 2 月 10 日至 6 月 30 日（共 141 天）期间获得 125 万美元/5 000 万美元，即 2.5%的资本回报率，折合成年化回报率约为 6.5%。如果杠杆率

为 40∶1，那么交易需要的资本为 2 500 万美元，折合成年化回报率约为 13%。[一]

在一段时间内，以负价格买入基差并持有头寸直至净基差趋近于零，这样的策略的确是一种相对可靠而稳定的"造钱"机器。但从 3 月 9 日起，在美国国债收益率大幅波动后，基差多头的损益也随之大幅波动。从图 11-10 中 TYM0 合约的净基差和总基差，以及图 11-11 中 TYM0 合约、FVM0 合约和 TUM0 合约的隐含回购利率中，都可以看到新出现的基差多头损益的波动。当时的市场混乱还可以从 CTD 券的收益率与不可交割债券的收益率之间的利差扩大中看出。图 11-12 中代表 TUM0 期货合约的折线显示了债券"1.875s of 02/28/2022"与 TUM0 期货合约的 CTD 券"2.375s of 03/15/2022"的收益率之差。虽然这两种债券在 2 月和 3 月初的收益率利差处于较低且稳定的水平，但在 3 月剩下的时间里，这一利差有所扩大，并变得更加动荡。FVM0 合约和 TYM0 合约的 CTD 券的利差表现与之类似，前者是债券"1.875s of 08/31/2024"与 FVM0 合约的 CTD 券"1.25s of 08/31/2024"之间的收益率利差，后者是债券"2s of 11/15/2026"与 TYM0 合约的 CTD 券"2.25s of 02/15/2027"之间的收益率利差。一般来说，当市场出现波动时，流动性需求旺盛，流动性最强的债券往往以溢价交易。CTD 券继承了相关期货合约的流动性，在动荡的市场上交易溢价高于正常的债券。但这种溢价就像对流动性的需求一样，是相当不稳定的，这一点从图 11-12 中也可以明显看出。

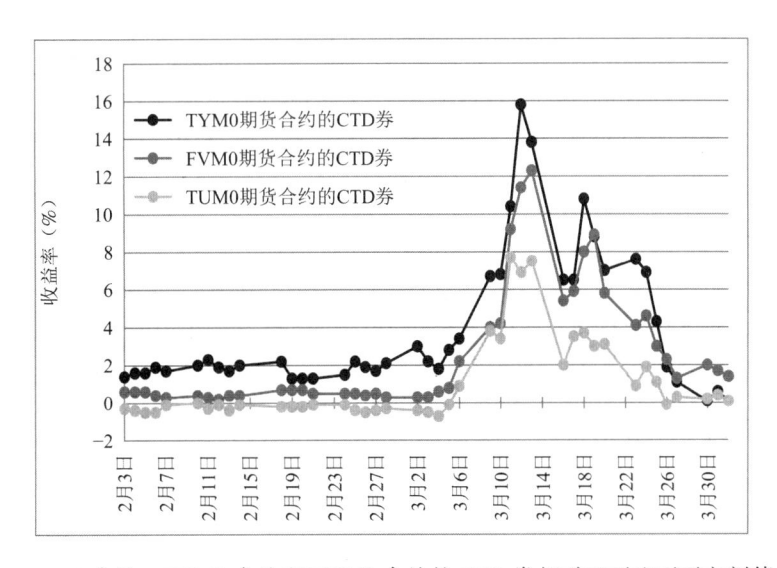

图 11-12 TYM0 合约、FVM0 合约和 TUM0 合约的 CTD 券相对于可比不可交割债券的价格高低（从 2020 年 2 月 3 日到 4 月 1 日）

[一] 在这个语境中，分配给交易的资本是将基金有限的可承受风险和资金资源分配到各种交易或投资策略的一种方式。下面的讨论将表明，以这种方式分配的资本必须随时可用，以备不时之需。

做多基差的交易似乎没有风险，只要能持有至到期。但在动荡的市场中，交易员实际上可能无法维持他们的头寸。为了说明这一点，表 11-9 描述了一笔名义金额为 10 亿美元的 TYM0 合约的 CTD 券的基差交易，交易成本为 2020 年 3 月 6 日的 −8.33 个最小报价单位，交易一直持续到 2020 年 3 月 12 日。表格中假设一个对冲基金的交易者购买了面值为 10 亿美元的债券，卖出转换因子加权、经过尾部修正数量的期货合约，具体为 7 978 份期货合约；⊖交易者又通过回购市场出售所有 CTD 券回购至期货合约到期。因此，如本章前面所述，该交易按交割日计算的每日损益等于净基差的变化乘以债券头寸的 10 亿美元面值。

表 11-9　10 亿美元名义金额的 TYM0 合约的 CTD 券的基差多头交易

日期	净基差	每日损益	累计损益	每份合约的保证金	需补交保证金	累计现金
2020 年 3 月 6 日	−8.33			1 275		−10 171 597
2020 年 3 月 9 日	−18.48	−3 172 148	−3 172 148	1 375	−797 772	−14 141 517
2020 年 3 月 10 日	−11.22	2 268 613	−903 535	1 375	0	−11 872 904
2020 年 3 月 11 日	−5.70	1 725 636	822 101	1 600	−1 794 988	−11 942 256
2020 年 3 月 12 日	−0.47	1 633 228	2 455 330	1 600	0	−10 309 028

注：2020 年 3 月 6 日至 12 日期间，净基差的单位为最小报价单位，所有其他列的单位均为美元。

3 月 9 日，净基差收于约 −18.5 点，上述头寸亏损约 320 万美元。这是一笔相当大的损失，因为该交易的到期利润目标只有期初的 8.33 个最小报价单位，即 (8/32)% × 10 亿美元 = 250 万美元。许多对冲基金至少在一定程度上通过设置止损线来管理风险，这种规模的损失可能会导致交易员被迫退出该头寸。在表 11-9 中，3 月 9 日之后的交易日该头寸都是赚钱的，因为净基差逐渐上升到接近于零。但由于该表只报告了每日的收盘价，实际上低估了真实的波动率：交易员可能会因为日内净基差出现较大的不利变化而被迫出清头寸。

另一种可能迫使交易员退出基差交易的方式是突然的现金需求。在 3 月 6 日，每份期货合约的维持保证金为 1 275 美元，做空 7 978 份合约需要向交易所提交略高于 1 000 万美元的保证金。⊜由于交易在 3 月 9 日出现亏损，该对冲基金需要对期货合约进行每日盯市结算付款，并为定期的回购头寸支付可变保证金，这加起来相当于当天的损益，即约 320 万美元。此外，由于市场波动加剧，交易所将每份合约的

⊖ 按每份合约面值 10 万美元计算，1 万份合约相当于面值为 10 亿美元的债券。CTD 券对 TYM0 的转换因子为 0.800 6，回购利率为 1.10%，2020 年 3 月 6 日至 6 月 30 日之间共 116 天。因此，转换因子加权尾部修正数量为 10 000 × 0.800 6/(1 + 1.10% × 116/360) = 7 978。

⊜ 国债回购通常需要保证金，表 10-3 中给出的数字为约 2%。但由于基差交易中期货头寸和债券头寸的风险在很大程度上可以相互抵消，主经纪商可能——至少在正常时期，不必要求对冲基金缴纳远远超过交易所所需的期货保证金。尽管对于部分客户，主经纪商会要求缴纳高于交易所规定的保证金作为风险缓冲，但本书还是假设它们没有这么做。

保证金要求从 1 275 美元提高至 1 375 美元，产生了近 80 万美元的追加保证金通知，所以该对冲基金必须在 3 月 9 日再筹集 400 万美元。与 250 万美元的目标利润相比，这又是一笔非常大的金额。这些现金要求也解释了为何要为该交易分配资金，因为确实需要这些资金来满足交易的现金要求。当交易在 3 月 9 日以后赚钱时，现金需求就会下降，但不会像表中显示的那么快。因为在 3 月 11 日，交易所再次提高了每份合约的保证金要求。

最后一种可能迫使交易员退出基差交易的方式只适用于那些以隔夜回购而非定期回购为购买债券融资的交易员。在平稳的市场中，不断展期的隔夜回购几乎等同于定期回购。更准确地说，如果未来的隔夜回购利率保持不变，并且能提供充足的融资金额，那么隔夜回购融资和定期回购融资就没有太大的区别。但在波动较大的市场中，隔夜回购比定期回购多了两个重要的风险来源。

第一，隔夜回购利率相对于锁定的定期利率可能会上升或下降。如图 11-13 所示，在 2020 年 3 月，随着美联储为适应市场状况而下调利率，以 SOFR 为代表的隔夜回购利率急剧下降。承担这种风险实际上有利于那些没有锁定定期回购利率的交易员（虽然仍有有待讨论的风险），因为他们可以以越来越低的隔夜回购利率滚动融资。另一种分析不锁定定期利率优势的方法是比较图 11-10 中 TYM0 合约的总基差和净基差。当回购利率下降时，该合约的 CTD 券的持有收益增加，这意味着它的总基差相对于净基差而言增大了。

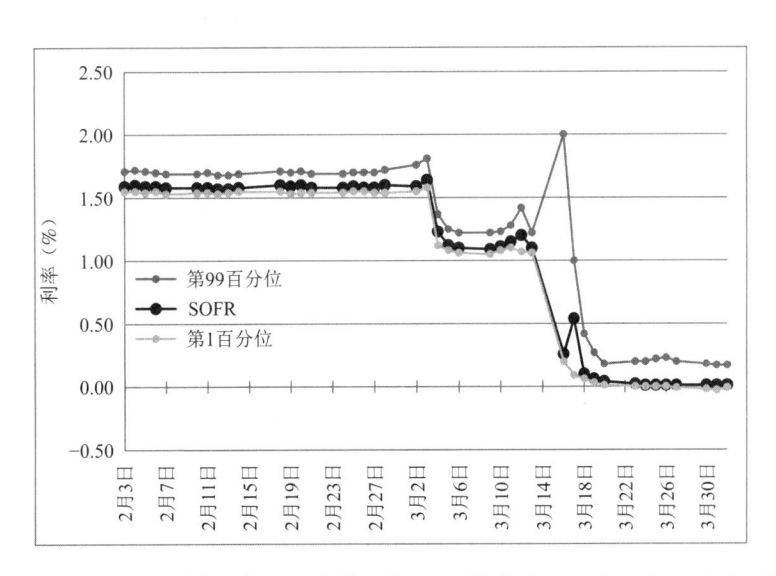

图 11-13　SOFR 和回购利率的第 1 百分位和第 99 百分位（2020 年 2 月 3 日至 4 月 1 日）

第二，在市场压力较大的情况下，主做市商可能会通过降低向从事基差交易的对冲基金的贷款额来降低风险，或者通过增加回购抵押品折扣率来达到类似的效果。

在这种情况下，没有锁定定期回购利率的基差交易者可能不得不减小他们的头寸规模，甚至在亏损的情况下退出头寸。从图11-13中回购利率的第99百分位和SOFR之间的差异可以看出，在2020年3月之前都存在这种融资风险。在整个2月，回购利率的最高百分位与SOFR利率中值之间的利差通常仅为10到11个基点。但在3月，这一利差有几天在20到50个基点之间徘徊，并在3月16日触及174个基点的峰值。这些数据强有力地表明，至少有一部分隔夜回购借款人在为美国国债融资时遇到了困难。此外，没有锁定长期利率的基差交易者，很可能不得不以远高于他们早些时候可以锁定的利率值的短期利率滚动借款。

附录11A 远期下落约等于现金持有损益

假设用以下符号表示面值为100美元的债券的各种参数：

p：现货结算的净价。

c：每年支付的息票。

d_1：从现货结算日到付息日的天数。

d_2：从付息日到远期结算日的天数。

$d = d_1 + d_2$：从现货结算日到远期结算日的天数。

AI_0，AI_d：分别表示现货结算日和远期结算日的应计利息。

r：从现货结算日到远期结算日的回购利率。

$p_0(d)$：远期结算日的净价。

有了上述符号，根据正文中的讨论，债券的远期价格可以写成：

$$p_0(d) = \left[(p_0 + AI_0)\left(1 + \frac{rd_1}{360}\right) - \frac{c}{2}\right]\left(1 + \frac{rd_2}{360}\right) - AI_d \tag{11A-1}$$

$$p_0 - p_0(d) \approx \frac{c}{2} + AI_d - AI_0 - (p_0 + AI_0)\frac{rd}{360} \tag{11A-2}$$

根据式(11A-1)，式(11A-2)去掉了数量级较小的项，因为它们代表利息乘以利息。特别地，可以得到以下近似：$(1 + rd_1/360)(1 + rd_2/360) \approx (1 + rd/360)$；$(c/2)(1 + rd_2/360) \approx c/2$。

附录11B 在期限结构模型下的远期价格和期货价格

本节重点介绍期限结构模型下远期合约和期货合约定价的区别。为了关注这个差异，我们假设期货合约只有一个可交割日期和一个可交割债券，其转换因子为1。附录11D将讨论期限结构模型下期货的交割期权的定价。此外，为了简单起见，这里假设现货交割日和远期交割日之间没有中间付息日。

使用第7章的方法，从一个重组的二叉树开始，该二叉树有3个日期，分别标记为日期0、日期1和日期2，其中远期合约和期货合约在日期2到期。假设以下符号：

r_0、r_1^u和r_1^d：日期0的初始单周期利率，日期1的分别处于"向上"和"向下"状态的单周期利率。

P_0，P_2^{uu}，P_2^{ud}和P_2^{dd}：标的债券的初始全价，标的债券在日期2的"向上向上""向上向下"和"向下向下"状态下的全价。

p_0，p_2^{uu}，p_2^{ud}和p_2^{dd}：标的债券在指定日期和状态下的净价。

$P_0(2)$：初始的远期全价。

$p_0(2)$：初始的远期净价。

F_0、F_1^u和F_1^d：分别为期货初始价格、日期1的"向上"和"向下"状态下的期货价格。

q、$1-q$：分别表示在所有日期的从当前状态向上和向下移动的风险中性转移概率。

根据风险中性二叉树的定义，债券的初始价格可以计算为：

$$P_0 = \frac{1}{1+r_0}\left[q \times \frac{qP_2^{uu}+(1-q)P_2^{ud}}{1+r_1^u} + (1-q) \times \frac{qP_2^{ud}+(1-q)P_2^{dd}}{1+r_1^d}\right] \tag{11B-1}$$

或重新排列为：

$$P_0 = q^2\frac{P_2^{uu}}{(1+r_0)(1+r_1^u)} + q(1-q)\frac{P_2^{ud}}{(1+r_0)(1+r_1^u)} +$$
$$q(1-q)\frac{P_2^{ud}}{(1+r_0)(1+r_1^d)} + (1-q)^2\frac{P_2^{dd}}{(1+r_0)(1+r_1^d)} \tag{11B-2}$$

式(11B-2)中的每一项都是经过二叉树的特定路径的概率乘以该路径末端债券价格的贴现值，其中贴现是使用沿路径的短期利率进行的。因此，将所有项考虑在内，P_0是预期的债券贴现价格。更一般地，设n为周期数，P_n为周期n的债券随机全价，r_i表示i到$i+1$时期的随机短期利率，那么：

$$P_0 = E\left[\frac{P_n}{\prod_{i=0}^{n-1}(1+r_i)}\right] \tag{11B-3}$$

周期n的贴现因子$d(n)$是式(11B-3)的一个特例，也就是当最终价格在所有状态下都等于1美元时的P_n。因此：

$$d(n) = E\left[\frac{1}{\prod_{i=0}^{n-1}(1+r_i)}\right] \tag{11B-4}$$

根据文中的讨论，债券的远期全价就是债券现货全价在远期结算日的未来价值。因此，利用式(11B-3)和式(11B-4)有：

$$P_0^{\text{fwd}} = \frac{P_0}{d(n)} \tag{11B-5}$$

下面讨论期货价格，从重组的风险中性二叉树开始。在日期2到期时，期货价格等于最后的债券价格。(期货合约到期时，债券按期货价格加上应计利息交割。)在日期1的"向上"状态下，期货价格为F_1^u，也就是说为一份期货合约的多头头寸支付的每日盯市结算金额，在日期2的"向上向上"状态下为$p_2^{uu} - F_1^u$，在"向上向下"状态下为$p_2^{ud} - F_1^u$。但是，由于期货合约在任何日期的初始价值均为零，从日期1起的每日盯市结算金额的期望贴现值必须为零，因此：

$$\frac{q(p_2^{uu} - F_1^u) + (1-q)(p_2^{ud} - F_1^u)}{1 + r_1^u} = 0 \tag{11B-6}$$

求解期货价格可得：

$$F_1^u = qp_2^{uu} + (1-q)p_2^{ud} \tag{11B-7}$$

类似地，期货价格在日期1的向下状态下为：

$$F_1^d = qp_2^{ud} + (1-q)p_2^{dd} \tag{11B-8}$$

在日期0，期货价格为F_0，日期1的结算金额的期望贴现值必须为零，因此：

$$\frac{q(F_1^u - F_0) + (1-q)(F_1^d - F_0)}{1 + r_0} = 0 \tag{11B-9}$$

整理可得：

$$F_0 = qF_1^u + (1-q)F_1^d \tag{11B-10}$$

最后，将式(11B-7)和式(11B-8)代入式(11B-10)，得到：

$$F_0 = q^2 p_2^{uu} + 2q(1-q)p_2^{ud} + (1-q)^2 p_2^{dd} \tag{11B-11}$$

因此，在风险中性二叉树中，期货价格是债券价格在合约到期日的期望值。或更一般的有：

$$F_0 = E[p_n] \tag{11B-12}$$

这个结果将在附录16E中得到更正式的证明。

附录11C 期货和远期的差异

回想一下，对于任意两个随机变量X和Y，它们的协方差可以写成：

$$\text{cov}(X, Y) = E[XY] - E[X]E[Y] \tag{11C-1}$$

将此应用于前一节中的两个随机变量，即P_n和$\prod_{i=0}^{n-1}(1+r_i)$：

$$\text{cov}\left(P_n, \frac{1}{\prod_{i=0}^{n-1}(1+r_i)}\right) = E\left[\frac{P_n}{\prod_{i=0}^{n-1}(1+r_i)}\right] - E[P_n]E\left[\frac{1}{\prod_{i=0}^{n-1}(1+r_i)}\right] \tag{11C-2}$$

设AI_n为截止日期n的债券应计利息。由于应计利息不是随机变量，所以$E[P_n] = E[p_n] + \text{AI}_n$。接下来，将式(11B-3)、式(11B-4)、式(11B-12)中P_0、$d(n)$、F_0的定义代入式(11C-2)中，得到：

$$\text{cov}\left(P_n, \frac{1}{\prod_{i=0}^{n-1}(1+r_i)}\right) = P_0 - (F_0 + \text{AI}_n)d(n) \tag{11C-3}$$

重新排列各项，并从式(11B-5)中代入远期价格，注意$P_0^{\text{fwd}} = p_0^{\text{fwd}} + \text{AI}_n$：

$$F_0 + \text{AI}_n = \frac{P_0}{d(n)} - \frac{1}{d(n)}\text{cov}\left(P_n, \frac{1}{\prod_{i=0}^{n-1}(1+r_i)}\right)$$

$$= P_0^{\text{fwd}} - \frac{1}{d(n)}\text{cov}\left(P_n, \frac{1}{\prod_{i=0}^{n-1}(1+r_i)}\right)$$

$$F_0 = p_0^{\text{fwd}} - \frac{1}{d(n)}\text{cov}\left(P_n, \frac{1}{\prod_{i=0}^{n-1}(1+r_i)}\right) \tag{11C-4}$$

最后，由于债券价格与利率负相关，式(11C-4)中的协方差项为负，因此：

$$F_0 < p_0^{\text{fwd}} \tag{11C-5}$$

也就是说，期货价格要低于远期价格。

附录11D 期限结构模型下的期货交割期权

建立了二叉树期限结构模型后，择券期权的定价思路如下。从交割日开始向前倒算，在每个节点上，计算每只可交割债券的价格与转换因子之比。找到比值最小的债券，让期货价格等于这一比值。然后，给定期货价格的这些最终值，可以按照附录11B所述的方法计算较早日期的价格。对于择时期权、月末期权和通配符期权等期货卖方可以执行的美式期权而言，二叉树中每个节点的期货价格都是期权执行情况下和期权未执行情况下期货价格的较小值。

前一段假设债券价格在二叉树上是截至最后交割日的可用价格。这些债券价格有两种计算方法。如果使用的是具有即期利率的封闭解的模型，那么可以根据需要使用这些利率来计算债券价格。否则，该二叉树必须扩展到一揽子可交割债券中期限最长的债券的到期日，债券价格必须使用通常的二叉树方法计算。第一种计算方法更快，而且较少受到数值误差的影响，但是一个具有封闭解的模型可能不适用于手头的问题。

无套利定价模型通常假设某组证券的定价是公平的。就期货而言，标准假设是可交割篮子中所有债券的远期价格都是公平的。从技术上讲，这种校准可以通过为每个债券分配一个利差来完成，使其用模型算得的远期价格与市场上的远期价格相匹配。假设债券价格是公平的，这是基于期货相对于现金的定价是合理的。还有一种方法可以用来判断标的债券的定价是否合理。

通常用于期货定价的期限结构模型分为两大类。第一类是第7章至第9章所述的单因子或双因子短期利率模型。这些模型相对容易实现，而且在很大程度上足够灵活，能够捕捉到推动期货价格的收益率曲线动态。然而，由于只有一两个因子，这些模型无法捕捉到任何可交割债券相对于其他债券的特殊价格波动。

第二种模型允许更丰富的相对价格变动，即可交割篮子中的债券之间的价格变动。这些模型基本上允许每只债券遵循自己的价格或收益率变化过程。然而，这种灵活性是有代价的。其一，确保这些模型符合无套利原理需要一些努力。其二，用户必须指定所描述的篮子中所有债券价格的随机行为的参数，例如，篮子中每只债券的波动率以及每对债券之间的相关系数。

期货交易员通常根据篮子中每种债券相对于篮子中基准债券的"贝塔值"（beta）来描述他们的模型。债券的贝塔值表示在基准收益率变化1个基点的情况下，该债券收益率的预期变化。例如，贝塔值为1.02，意味着该债券的收益率比基准债券的收益率多变化2%。债券的贝塔值可以理解为债券收益率变化与基准债券收益率变化的回归系数。请注意，在单因子模型中，债券的贝塔值只是该债券收益率波动率与基准收益率波动率的比值。

第 12 章

短期利率及其衍生品

在"货币市场"上短期资金以不同的利率被大量交易。当然,不同货币的利率是不同的,但即使是同一种货币,通常也会有几种不同的短期利率,与抵押品、市场参与者和期限的差异等有关。本章将介绍一些最重要的货币市场短期利率,描述全球货币市场去 LIBOR 化的趋势。本章将介绍一系列短期利率衍生品合约,包括 1 个月期 SOFR 期货合约、联邦基金利率期货合约、3 个月期 SOFR 期货合约、Euribor 远期利率合约和 Euribor 期货合约,解释它们在对冲短期利率风险敞口方面的用途。我们还将看到如何将联邦基金利率期货价格与美国联邦储备委员会会议日期结合起来分析,以得到对联邦储备委员会目标利率的预期,并构建通用的基准利率曲线。本章最后将简要讨论期货和远期利率之间的区别。关于在期限结构模型下对利率远期和期货定价的说明见第 12 章的附录。

12.1 短期利率和去 LIBOR 化趋势

自 1969 年首次交易以来,㊀伦敦银行间同业拆借利率(LIBOR)逐渐成为银行间短期同业拆借的主要参考利率。在各种各样的贷款和利率衍生品中,大量的现金流都是与 LIBOR 挂钩的。LIBOR 每日公布 5 种货币(瑞士法郎、欧元、英镑、日元、美元)的 7 种期限(隔夜、1 周、1 个月、2 个月、3 个月、6 个月、12 个月)的利率,其中 3 个月期利率是最受欢迎的,1 个月期利率也较为常用。针对每种货币,由 16 家"入选金融机构"组成的小组会接受调查并回答下面的问题:"在伦敦时间上午 11 点之前,如果要在银行间市场拆借合理规模的资金,你愿意接受多高的利率?"每一种货币和期限的 LIBOR 被设定为去掉极端值后的调查利率的平均值。

2007~2009 年金融危机后,各国中央银行纷纷出台量化宽松政策,调查的方法

㊀ 参见路透社的文章"Insight: A Greek Banker, the Shah and the Birth of LIBOR,"2012 年 8 月 7 日发布。

开始失去可信性。第一，由于准备金充足的银行不需要从其他银行借入资金，银行间同业拆借的交易量大幅下降，使得调查结果变得更加主观。第二，调查显示，从 2012 年到 2016 年，一些入选金融机构的交易员串通操纵 LIBOR 为自己牟利。后续处理结果是一些交易员被判入狱，涉事金融机构总共支付了超过 90 亿美元的罚金。

2017 年，监管机构做出决定，将在 2021 年底前终止使用 LIBOR。此外，在与行业代表协商后，监管机构认为未来的金融合约应该以某种隔夜"无风险"（RFR）基准作为参考利率，具体采用哪种基准可以根据大量交易数据客观设定。这里的无风险利率一词的含义并不准确，因为只有两个新基准利率是抵押回购利率，包括 SARON（用于瑞士法郎）和 SOFR（用于美元）；而其他三个新基准利率仍然是银行间利率，包括€STR（用于欧元）、SONIA（用于英镑）和 TONAR（用于日元）。尽管所有的新基准利率都是隔夜利率，但在方法改革之后，监管机构允许继续使用两个有期限的利率指数，包括用于欧元的 Euribor 和用于日元的 TIBOR。表 12-1 和下面的讨论介绍了过渡前使用的利率，以及符合过渡后监管原则的无风险利率。表中用粗体字突出显示了监管机构首选的每种货币的隔夜基准利率。

表 12-1 去 LIBOR 化转型前后全球市场的短期利率

货币	转型前	转型后		
		回购利率	银行间利率（无担保）	
			隔夜利率	期限利率
瑞士法郎	LIBOR	SARON（2009）		
欧元	EONIA、Euribor		€STR（2019）	Euribor
英镑	LIBOR、SONIA		SONIA	
日元	LIBOR、TIBOR、欧洲日元 TIBOR		TONAR（2016）	TIBOR
美元	联邦基金利率，LIBOR	SOFR（2017）	联邦基金利率	Ameribor、BSBY

瑞士法郎（CHF）。瑞士法郎的基准利率从 LIBOR 改为 SARON（瑞士隔夜平均利率，ON 代表隔夜）。SARON 是使用一般抵押品的固定收益回购利率的成交量加权平均值。SARON 每天被计算几次，同时也会计算其他几个期限的指数（如期限为 1 周的 SAR1W 和期限为 3 个月的 SAR3M），但每天收盘时的 SARON 是主要的基准利率。

欧元（EUR）。欧洲隔夜平均指数（EONIA）是银行间隔夜拆借利率的成交量加权平均值，根据一组入选银行提供的交易数据计算得出。随着时间的推移，用于计算该指数的交易总量以及交易量较大的银行数量都已大幅下降，所以该指标作为参考利率的地位难以维持。欧洲银行间同业拆借利率（Euribor）与 LIBOR 类似，是一套包括 5 个期限的利率（1 周、1 个月、3 个月、6 个月、12 个月），都是根据入选金融机构提交的报价制定的，只不过管理者不同。作为去 LIBOR 化转型的一部分，2019 年 Euribor 也进行了改革，采用的是一种"混合方法"，设定了 3 个数据优先级。第 1 级数据由入选金融机构特定日期和特定期限的批发融资交易组成，在第 1 级数据可得的情况下将尽量用该数据计算 Euribor。入选金融机构数量在撰写本书时为 18 家。在没有此类交易的情况下，Euribor 可以用第 2 级数据计算，即近期进行的其他相近期限交易的数据。在必要时使用第 3 级数据计算，即来自其他相关市场的相关交易的数据。考虑到近期要求充足准备金的货币制度，相当大一部分数据实际上属于第 3 级，这或许并不令人意外。⊖ESTR、ESTER、€STR（欧元短期利率）是监管机构青睐的其他几个指数。这些指数是在撰写本书时欧元区 32 家规模较大的银行进行隔夜融资交易的利率的交易量加权平均值，计算中去除了数据中的极端值。

英镑（GBP）。英镑隔夜银行间平均利率（SONIA）自 1997 年以来一直存在，并有作为衍生品交易参考利率的历史。2018 年该指标经历了改革，与€STR 一样，改革后的 SONIA 是英国规模较大的银行进行隔夜融资交易的利率的交易量加权平均值，计算中同样去除了数据中的极端值。

日元（JPY）。东京银行间同业拆借利率（TIBOR）有两个版本，都是基于日本的规模较大的银行提交的数据计算的。第一个版本是欧洲日元 TIBOR，代表在日本以外的日元同业拆借利率（和日元 LIBOR 一样），第二个版本被称为日元 TIBOR 或简称为 TIBOR，代表日本国内的日元同业拆借利率。虽然欧洲日元 TIBOR 已经被放弃使用，但 TIBOR 在 2017 年后以各种方式进行了改革，包括按照 Euribor 改革的路线设定了分层式数据优先级，按照优先级从高到低的顺序，依次使用实际的银行间拆借或融资交易数据、来自类似或相关市场的交易数据，最后还可以使用所谓的"专家判断"，尽管这种最后的手段并不是必不可少的。TIBOR 共分为 5 个期限：1 周、1 个月、3 个月、6 个月和 12 个月。东京隔夜平均利率（TONAR）也称为 TONA，创建于 2016 年，是隔夜拆借市场利率的交易量加权平均值。

美元（USD）。联邦基金利率是各大银行在联邦储备系统进行准备金交易的隔夜利率，后面将对该市场做进一步介绍。有担保隔夜融资利率（SOFR）是除去极端值的隔夜回购利率的交易量加权中位数，具体计算方法在第 10 章中做过详细描述。后面我们会讨论表 12-1 中列出的其他美元利率。

鉴于现有的大量贷款和衍生品都是参照 LIBOR 定价的，从操作角度来看，向新利率的过渡既耗时又费钱。衍生品市场的改革从组织的角度看是相对直接的，因为监管机构可以通过少数清算所和大型交易商推动改革。相比之下，贷款市场的变化需要大量规模较小的银行采取行动。但在这两个市场上尤其具有挑战性的是，那些 LIBOR 时代留下来的遗留物或者说存量合约由于各种原因难以更改，比如它们的结构难以修改，或者交易对手方反应迟钝。由此导致的遗留合约的积压最终迫使监管机构推迟了去 LIBOR 化进程。美元 LIBOR 的 5 种期限（隔夜、1 个月、3 个月、6

⊖ 参见 Amor, J. (2021), "The New EURIBOR Gets Through a Challenging 2020," Funcas SEFO 10(1), pp. 49-61, January。

个月和 12 个月）利率将持续发布到 2022 年 6 月 30 日，但仅用于某些遗留合约。英镑 LIBOR 和日元 LIBOR 的 3 个利率期限（1 个月、3 个月和 6 个月）将继续以某种"合成"形式公布并被用于遗留合约，"合成"意味着现在这些 LIBOR 不像过去那样是根据调查结果计算的，而是被设定为偏好的、过渡后的基准利率，比如 SONIA 和 TONAR 的某种固定函数。

转型面临的更实质性的挑战，尤其是在贷款市场，源自新基准利率的两个关键特征。其一，它们大多是隔夜利率而不是定期利率。其二，这些利率几乎没有银行的信用风险。从定期利率基准转型到隔夜利率基准的挑战可以参考图 12-1。图 12-1a 描述了按照旧基准，以 1 个月期 LIBOR 作为参考利率的较长期限浮动利率贷款的情况。在 2021 年 10 月 1 日至 11 月 1 日期间借款 100 万美元的借款人，知道期限开始时的利率，因此可以计算期限结束时的到期利息，在图中的参数下为 100 万美元 × 0.075 25% × 31/360 = 64.80 美元。

图 12-1　根据旧基准计算浮动利率贷款每月利息支付的例子

注：时间为 2021 年 9 月至 11 月，贷款额为 100 万美元，浮动利率每月设定一次。

在这个惯例中，利率被称为"前定利率"，是在每期贷款开始之前设定的，而利息是在贷款期末才支付的。但在隔夜利率基准代替定期利率基准后，借款人在贷款期限开始时通常并不知道最终的利息金额。图 12-1b 显示了以隔夜利率为基准的定期贷款最直接的结构，即后定利率加期末支付。在 2021 年 10 月 1 日至 2021 年 10 月 31 日的 31 天内，SOFR 为 3 个基点的日期有 3 天，SOFR 为 4 个基点的日期有 1 天，SOFR 为 5 个基点的日期有 27 天。因此，对于一笔 100 万美元的贷款，按日复

利计算，到期时应支付的利息为：㊀

$$1\,000\,000 \times \left[\left(1+\frac{0.03\%}{360}\right)^3\left(1+\frac{0.04\%}{360}\right)\left(1+\frac{0.05\%}{360}\right)^2 - 1\right]$$
$$= 41.11\,（美元）\tag{12-1}$$

但借款人直到贷款期限结束时才知道这个金额，那时所有相关的 SOFR 都已被实现。许多以货币市场为主要业务的金融机构可能完全可以接受这种不确定性。但非金融公司的借款人可能不愿意接受在 1 个月、3 个月或更长时间的利率重置期结束时才能确定需要支付的利息金额。

有几种操作方法能让借款人有更多时间计算和支付利息。"延迟支付"可以给借款人多一天左右的时间来支付利息。通过不使用最后几天的基准利率，"锁定"允许借款人更早地计算支付的利息。例如，一天的锁定可能允许将 10 月 30 日的利率用于计算 10 月 30 日和 10 月 31 日的利息。而"回溯"允许使用更早而不是最新的利率。在本例中，使用回溯后观察期可能从 10 月 1 日至 31 日改为 9 月 30 日至 10 月 30 日。然而，这些微小的调整并不能改变这样一个事实：借款人直到接近期限结束的某个时候才知道他们将支付多少利息。

针对这一重大挑战，一种解决方案是在一套前定利率、期末支付的结构中使用隔夜拆借利率，如图 12-1c 所示。例如，要确定 2021 年 11 月 1 日的利息支付，可以使用 9 月 1 日至 10 月 1 日（含）的利率。在此期间，假设 SOFR 为每天 5 个基点，则支付的利息为100 万美元 × $\left[(1 + 0.05\%/360)^{31} - 1\right]$ = 43.06美元。这样，借款人在 10 月 1 日就知道了 11 月 1 日到期时需要支付的利息。但是问题在于参考利率并不对应于借款期限，这可能很重要，也可能不重要，取决于具体情况和补充头寸的结构。

从理论角度来看，最自然的解决方案是让市场在新隔夜利率基准的基础上自行制定定期利率，用于向希望获得确定的还款的借款人发放贷款。事实上，一些这样的定期利率已经存在并被用于某些目的，包括上文提到的英镑 LIBOR 和日元 LIBOR 的合成版本。美国主要的衍生品结算机构芝加哥商品交易所（CME）也受到鼓励，为有限用途制定定期 SOFR。但就目前的情况而言，监管机构并不鼓励大规模使用这种在大量市场交易中无法直接观察到的定期利率，导致最近出现不得不重新部分使用 LIBOR 的情况。在未来，本章后面描述的利率衍生品可能会以足够的流动性进行交易，以提供市场可接受的定期利率。

去 LIBOR 化转型面临的第二个实质性挑战是，新的无风险利率基准几乎没有嵌入银行信用风险。在 LIBOR 的全盛时期，银行会以 LIBOR 或 LIBOR 加一定的利差

㊀ 此处原书疑有误，应为$1\,000\,000 \times \left[\left(1+\frac{0.03\%}{360}\right)^3\left(1+\frac{0.04\%}{360}\right)\left(1+\frac{0.05\%}{360}\right)^{27} - 1\right]$。——编者注

借入资金，然后以 LIBOR 加一定的利差向客户放贷。因此，对于整个银行部门资金成本的增加，银行在利率设定过程中进行了自然的对冲。一些新的隔夜基准利率仍然是银行间利率，比如€STR、SONIA 和 TONAR，但与定期银行间利率相比，隔夜银行间利率通常不会因为市场信用状况而发生很大变化，除非在金融危机期间。另外两个新的基准是基于回购利率的，包括 SARON 和 SOFR，当银行的信用环境恶化时，"逃向安全资产"的现象导致资金更青睐有抵押的安全贷款，回购利率可能反而会下降。因此，去 LIBOR 化转型的问题在于，银行是否能将手中大量的客户贷款的利率转向基准无风险利率，或者说，即使它们在正常时期可以这样做，在市场承受压力的时期还能继续这样做吗？

在欧元和日元市场，继续使用不同期限的 Euribor 和 TIBOR 使得使用"信用敏感利率"（CSR）成为可能。在美国，独立审计师认为有两套基准利率符合国际监管原则。美国银行间同业拆借利率（Ameribor）是针对一系列期限，根据美国金融交易所（AFX）的融资交易和大量美国小型地区性银行的可执行报价计算得到的。彭博短期银行收益率指数（BSBY）是根据彭博交易平台上大型银行的融资交易和可执行报价计算得出的一系列期限的利率。以 Ameribor 和 BSBY 为标的利率的期货合约都可以上市交易。此外还有跨曲线信用利差指数（AXI），该利率没有列在表 12-1 中，因为在撰写本书时它还没有被认为是符合监管原则的基准利率。该指数可以作为信用利差添加到 SOFR 中，可以用于一系列期限，是基于无担保的银行融资交易计算的。从商业角度来看，Ameribor、BSBY 和 AXI 要成为基准利率不仅面临将新产品推向市场的常规挑战，还面临来自支持广泛采用 SOFR 的监管部门的阻力。⊖

12.2 1 个月期 SOFR 期货

1 个月期 SOFR 期货合约在芝加哥商品交易所交易，设计目的为用于建立和对冲 SOFR 敞口或其他被认为与 SOFR 高度相关的利率的风险敞口。部分 1 个月期 SOFR 期货合约，以及截至 2022 年 1 月 14 日的价格和利率见表 12-2。每个合约的代码由代表 SOFR 期货的"SER"、一个表示合约交割月份的字母和一个对应合约起

⊖ 例如，美国货币监理署（OCC）曾指出："虽然银行可以使用它们认为适合其融资模式和客户需求的任何利率（来替代 LIBOR），但 OCC 的监管措施目前将主要针对非 SOFR 利率。"参见文献 OCC（2011），"LIBOR Transition: Updated Self-Assessment Tool for Banks"，OCC 公告 2021 年第 46 期，10 月 18 日。美联储纽约分行的一位执行副总裁兼总法律顾问也表示："如果你的公司正打算转向 SOFR 以外的利率，那你需要准备一些额外的工作，以证明你确实做出了一个负责任的决定。因为别人会问你为何做出这样的决定。"参见 Held M.（2021），"Prepare for Landing"，美联储纽约分行 ISDA 基准战略论坛上的讲话，是年 9 月 15 日发布。

算年份最后一位的数字组成。例如，SERG2 是 2022 年 2 月起算的期限为 1 个月的 SOFR 期货合约的代码，G 代表合约在 2 月份交割。它目前的报价是 99.935 美元，代表其百分比利率为 100 – 99.935，或 0.065。将百分比利率表示为 100 减去价格只是一种报价惯例：并不代表在 0.065% 的利率下，特定债券或其他工具的价格就等于 99.935 美元。⊖

表 12-2　部分 1 个月期 SOFR 期货合约

代码	月份	价格（美元）	利率
SERF2	1 月	99.947 5	0.052 5
SERG2	2 月	99.935	0.065
SERH2	3 月	99.815	0.185
SERJ2	4 月	99.685	0.315
SERK2	5 月	99.585	0.415

注：截至 2022 年 1 月 14 日，利率单位为百分比。

每一份期货合约都可以交易到到期月份的最后一个工作日，该月份被称为交割月。这里的"交割"一词是从其他期货合约那里借用的，在到期时它们要求交割某种标的商品或标的金融工具，以换取一些支付。但 SOFR 期货合约是以现金结算的，也就是说，它们在到期时不需要进行实物交割。

1 个月期 SOFR 期货合约的最终结算利率等于该月的平均 SOFR。该月每一天的利率都包含在平均 SOFR 计算中，非交易日的利率按照上一个交易日的利率计算。因此，2022 年 2 月 4 日这一星期五的 SOFR 在计算 2 月平均值中被计算了三次：2 月 4 日星期五、2 月 5 日星期六和 2 月 6 日星期日。合约的最终结算价格等于 100 减去百分比利率。例如，如果 2022 年 2 月的平均 SOFR 为 0.09%，那么最终结算价格为 100 – 0.09，即 99.91 美元。⊜

1 个月期 SOFR 期货合约的规模设定是为了对冲 500 万美元的 30 天投资。更具体地说，合约利率下降 1 个基点造成的每份期货合约的损益为：

$$5\,000\,000 \times 0.01\% \times \frac{30}{360} = 41.67\,（美元）\tag{12-2}$$

为了详细说明买入、持有和卖出期货合约的损益，假设一个交易者在 2022 年 1 月 14 日以 99.935 美元的价格买入一份 2 月份合约，对应的利率为 0.065%。再假设价格下降到了 99.910 美元，或者等价地假设利率上升到了 0.09%，交易者要

⊖ 因此最小价格增量，即每份合约价格的精度或者说小数点后的位数，取决于结算月的第一天是星期几，以及距离合约到期的剩余时间。

⊜ 美联储纽约分行会在下一个工作日的上午发布某一天的 SOFR，这决定了得知每月平均利率水平的最早时间。例如，2022 年 2 月 28 日是星期一，这意味着 2 月的平均利率水平可以在 3 月 1 日得知。

么卖出期货合约，要么在这个利率水平上持有期货至到期。因为交易者是期货合约多头而期货价格下跌了，所以他是亏损的，实际损失由式(12-2)确定。因为合约利率从 0.065% 上升到了 0.09%，上涨了 2.5 个基点，所以该交易员损失了 2.5 乘以 41.67 美元，即 104.175 美元。反之，如果期货价格上涨，期货合约多头就会获利。更具体地说，如果期货价格从 99.935 美元上升到 99.995 美元，或者等价地利率下降了 6 个基点，那么购买一份期货合约的盈利是 6 乘以 41.67 美元，即 250.02 美元。

与其他期货合约一样，1 个月期 SOFR 期货合约须每日支付盯市结算费用。期货价格受市场力量影响发生日内波动，在每个交易日结束时，交易所设定当天的结算价格，通常等于最后一笔交易的价格。所有市场参与者根据结算价格计算当天的收益和损失。那些持有 1 个月期 SOFR 期货合约多头的投资者，当天利率每上升 1 个基点就要支付 41.67 美元，当天利率每下降 1 个基点就会收到 41.67 美元。相应地，当天利率每上升 1 个基点，持有 1 份合约空头的人会收到 41.67 美元；当天利率每下降 1 个基点，他们就需要支付 41.67 美元。⊖

由于每日盯市结算，期货头寸的损益在持仓期间每天都会兑现，而不用等到头寸全部平仓或最终结算时才实现。在之前的一个例子中，投资者在 1 月 14 日以 0.065% 的利率买入 2 月份的期货合约，到期时以 0.005% 的利率卖出，获得了 6 个基点或者说 250.02 美元的收益。这种收益是随着时间的推移逐渐实现的：在利率上升的时候支付每日盯市结算付款，在利率下降的时候收到付款。无论如何，所有这些每日盯市结算付款的总收支对应着利率整体下降 6 个基点的损益，也就是说总利润固定为 250.02 美元。当利率很低时（最近几年一直如此），持有期间的收益和损失的具体变化模式并不太重要。但在较高的利率环境中，具体模式就非常重要。对于盈利的头寸，再投资可以赚取较高的利息，早期的收益可能比后期的收益更有价值。同样，对于亏损的头寸，早期的损失（必须以较高的利率进行融资）可能比后期的损失要严重得多。后面会进一步讨论每日盯市结算的影响。

下面介绍用 1 个月期 SOFR 期货合约进行对冲的一个简单例子。假设有一只货币市场基金计划在 2022 年 1 月 14 日至 3 月 14 日期间投资 5 000 万美元于隔夜回购市场。该基金选择隔夜回购的原因是其高流动性，即在面对超过预期的基金赎回要求时，可以随时得到现金。但与此同时，该基金决定用 1 个月期 SOFR 期货合约来对冲回购利率下降的风险，更具体地说，是抵消由于回购利率下降而遭受的损失。该基金购买的 1 个月期 SOFR 期货合约可以从回购利率下降中获利。那么该基金面

⊖ 有关交易所及其关联的清算所的操作风险及风险管理的更多资料，请参阅第 13 章。

临的问题是应该买入哪些合约,以及买入多少合约。

该基金面临的最大风险是 2 月份回购利率下跌的风险,因此应该买入 2 月份的期货合约作为对冲。因为每一份期货合约可以对冲 500 万美元的 30 天期投资,而该基金在 2 月份的 28 天中投资 5 000 万美元,因此需要买入的合约份数为:

$$\frac{50\,000\,000 \times 28}{5\,000\,000 \times 30} = 10 \times \frac{28}{30} = 9.33 \qquad (12\text{-}3)$$

在稍后要讨论的一些简化假设下,上述对冲的效果如表 12-3 所示。表中第 1 列给出了 2 月份的已实现平均回购利率。第 2 列是 2 月份从回购中获得的单利投资收益。例如,按平均回购利率 0.09%计算,该基金的收益为5 000 万美元 × 0.09% × 28/360 = 3 500美元。第 3 列给出了 9.33 份期货合约多头的总损益。再按 0.09%的已实现平均回购利率计算,比 0.065%的买入利率高出了 2.5 个基点,期货多头头寸的总损失为9.33 × 2.5 × 41.67 美元 = 971.95 美元。第 4 列是净损益,即基金的投资收益和 SOFR 期货对冲的损益之和。从表中可以看到,这种对冲非常有效,因为无论已实现平均回购利率是多少,净损益都大致相同。具体来说,以 0.065%的利率购买 SOFR 期货,将净损益锁定在了 2 528 美元附近。如果已实现平均回购利率低于 0.065%,基金投资收益较低,但期货的收益补偿了差额。如果已实现平均回购利率高于 0.065%,则基金投资收益较高,但期货的损失会抵消差额。读者可以自行验证,在本段最后的虚构假设下对冲是完美的,即净收益总是等于 2 527.78 美元。具体假设为:①基金正好购买了 9 1/3 份期货合约,这是式(12-3)的精确解;②期货合约的损益恰好为每基点利率变化41 2/3 美元,即式(12-2)的确切表达式。

表 12-3　用 9.33 份 1 个月期 SOFR 期货的 2 月合约对冲 5 000 万美元隔夜回购投资

已实现平均回购利率	投资收益	期货损益	净损益
0.050	1 944.44	583.17	2 527.62
0.065	2 527.78	0.00	2 527.78
0.090	3 500.00	−971.95	2 528.05

注:时间为 2022 年 1 月 14 日,期货买入利率为 0.065%。利率单位为百分比,其他项单位为美元。

表 12-3 中的对冲从几个方面进行了简化。第一,基金必须购买整数数量的合约,即 9 份或 10 份合约,而不是 9.33 份。当然,对于规模更大的对冲,这不是什么大问题,后面我们还会讨论四舍五入问题的另一个实际解决方案。第二,该表格忽略了每日盯市结算付款的利息,当利率非常低且期限很短时,该利息可以忽略不计。第三,表中假设投资获得单利收益,但实践中利息更有可能是复利的。当利率较低、期限较短时,这种影响也很小。第四,该表格假设决定基金投资收益的平均回购利

率与决定期货合约最终结算利率的平均 SOFR 完全相同。尽管这个假设相对合理，但在实践中可能并不会完全成立。因为任何一天的 SOFR 都是当天所有交易的中位数利率，而该基金每天只在特定的时间与某个特定的交易商进行回购交易。

回到完整的例子，该货币市场基金希望对冲的是 1 月 14 日至 3 月 14 日的隔夜回购投资。对 2 月份的对冲已在上面讨论过了。关于 1 月份的对冲，请注意 1 月前 13 天的 SOFR 已经可以观测到了，所以是固定值。因此，在 1 月剩下的 18 天中，回购利率每改变 1 个基点，当月 SOFR 的平均值仅改变 18/31 个基点。同样，该基金在 1 月份仅投资了 18 天的回购。因此，准确的对冲合约数量是：

$$\frac{50\,000\,000 \times 0.01\% \times \frac{18}{360}}{5\,000\,000 \times \left(0.01\% \times \frac{18}{31}\right) \times \frac{30}{360}} = 10 \times \frac{31}{30} = 10.33 \tag{12-4}$$

换句话说，因为这个月的剩余天数对投资收益和期货合约损益的影响是一样的，所以可以忽略这个月是从月中开始对冲的事实。因此，就像 2 月对冲的式(12-3)一样，1 月对冲的合约数是 31 天 5 000 万美元的投资除以 30 天 500 万美元的有效对冲合约数，等于 10 乘以 31/30，结果约为 10.33 份。表 12-4 说明了 1 月份对冲的效果，注意 1 月份前 13 天的 SOFR 均为 5 个基点。该表的格式与表 12-3 相似，但第 1 列是整个月的平均回购利率，它决定了期货的损益；而第 2 列是这个月最近 18 天的平均回购利率，它决定了投资收益。例如，从第 1 行中可以看出，根据前 13 天的 5 个基点和后 18 天的 2.85 个基点计算的当月回购利率平均值为(5 × 13 + 2.85 × 18)/31 = 3.75 个基点。

表 12-4　用 10.33 份 1 个月期 SOFR 期货的 1 月合约对冲 5 000 万美元隔夜回购投资

1 月 1 日至 1 月 31 日已实现平均回购利率	1 月 14 日至 1 月 31 日已实现平均回购利率	投资收益	期货损益	净损益
0.037 5	0.028 5	711.81	645.68	1 357.48
0.052 5	0.054 3	1 357.64	0.00	1 357.64
0.077 5	0.097 4	2 434.03	−1 076.13	1 357.90

注：时间为 2022 年 1 月 14 日，1 月 1 日至 1 月 13 日的每日 SOFR 均为 0.05%。利率单位为百分比，其他项单位为美元。

表 12-4 显示 1 月份对冲的表现与预期一致。1 月份 SOFR 期货价格对应的利率为 0.052 5%，这意味着该月最后 18 天的平均回购利率为 0.054 3%。货币市场基金可以按此利率锁定投资收益，即 5 000 万美元 × 0.054 3% × 18/360，结果为约 1 358 美元。在较低的已实现平均回购利率下，投资收益较低，但期货的收益可以弥补。在较高的已实现平均回购利率下，投资收益较高，但会被期货损失抵消。请注意，如

表 12-2 的分析类似，在 10 1/3 的期货合约数量和每基点变化 41 2/3 美元的期货合约损益下可以达成完美对冲。

对 1 月份对冲的讨论更普遍地表明，使用 1 个月期 SOFR 期货进行从月内任何日期到月底的对冲，不需要进行特别的日期处理。对冲比率的计算与整个月都进行了对冲一样，因为对冲比率在整个合约月中不会发生变化。将这一结论应用到之前描述的 2 月份对冲部分可以看到，该基金在整个 2 月份保持了 9.33 份期货合约多头的初始头寸，之后持有这些期货合约至到期。

该货币市场基金对冲的剩余部分是利用 3 月期货合约对冲 3 月 1 日至 13 日的回购利率风险，该利率会影响该基金从 3 月 1 日至 14 日的投资收益。与 1 月和 2 月的做法相同，该基金将在 13 天内对冲 5 000 万美元的投资，每份期货合约可以在 13 天内对冲 30 天的 500 万美元头寸，所以需要购买 10 乘以 13/30 份，即 4.33 份 3 月合约。截至 1 月 14 日，3 月合约利率为 0.185%，所以这种方法将回购投资利率锁定在 0.185% 附近。读者可以自行构建一个与表 12-3 和表 12-4 类似的表格来说明这一点。然而，3 月份的对冲实际上比 1 月份和 2 月份的对冲更为复杂，原因有二。第一，持有 4.33 份 3 月合约，在从 1 月 14 日到 3 月 1 日 SOFR 设定之前是合适的，但在 3 月剩余的时间就不合适了。例如，考虑在 3 月 4 日当日的 SOFR 设定之前如何进行对冲。因为基金投资还剩余 10 天的风险敞口，即 3 月 4 日至 13 日（包括起始日和结束日），而期货合约还剩余 28 天的风险敞口，即 3 月 4 日至 31 日（包括起始日和结束日），因此，对冲比率由下式决定：

$$\frac{50\,000\,000 \times 0.01\% \times \frac{10}{360}}{5\,000\,000 \times \left(0.01\% \times \frac{28}{31}\right)} = 10 \times \frac{31}{28} \times \frac{10}{30} = 3.69 \tag{12-5}$$

简而言之，合适的对冲合约数量在 3 月逐渐从 3 月 1 日回购利率设定前的 4.33 下降至 3 月 14 日的 0。更普遍地说，对冲所需的 1 个月期 SOFR 期货合约的数量，在当月的整个对冲过程中呈下降趋势。

3 月对冲策略的第二个也是更为严重的问题是，它隐含假设 3 月前 13 天的回购利率与整个月的利率同步变动。事实上，美联储将在 2022 年 3 月 16 日宣布是否上调短期政策利率。那么，例子中的货币市场基金面临的问题是，市场出现了对 3 月 16 日加息政策的预期。在这种情况下，3 月下半个月的利率预期将上升，所以 SOFR 期货 3 月合约的利率将上升，期货价格将下降，货币市场基金在其期货对冲上会遭遇亏损。但是由于回购利率在政策调整前没有上升，所以 3 月上半个月基金的投资收益没有上升。

在这个特殊的例子中，有一个合理的解决 3 月的对冲问题的方法：用 2 月的 SOFR 期货合约对冲 3 月 1 日到 13 日回购利率的风险。美联储将于 1 月 26 日公布政策利率。因此，该基金在 3 月上旬对回购利率的风险敞口大部分可以体现在 SOFR 期货的 2 月合约上，因为这些合约包含了 1 月份美联储会议的预期和已实现的政策决定。因此，该基金可以在 1 月 14 日额外购买 4.33 份 2 月合约，而不是在对冲开始时购买 4.33 份 3 月合约。当然，到 2 月底合约到期时，该基金将面临另一个决策。它可以将对冲从 2 月合约滚动到 3 月合约，即在 4.33 份 2 月合约到期时购买 4.33 份 3 月合约。或者该基金可能认为，相对于回购利率在 3 月的政策会议前大幅变化的风险，3 月上旬的利率变动与 3 月整个月的利率变动之间的基差风险会更大。在这种情况下，该基金可能会选择不对冲。无论如何，用期货的 2 月合约对冲基金的 3 月利率风险的策略并非万能的：一些经济和金融意外事件可能会影响 2 月的回购利率，但不会影响 3 月上旬的利率；而其他意外事件可能会影响 3 月上旬的回购利率，但不会影响 2 月的利率。总而言之，政策会议导致的利率变动风险可能是最重要的考虑因素，这是额外使用 2 月合约的一个理由。

作为总结，表 12-5 描述了本例中货币市场基金的总体对冲策略。将 5 000 万美元的对冲金额、每个月的天数，与能对冲 500 万美元 30 天期利率风险的 SOFR 期货合约相比较，就得到了"逐月计算合约数量"的逐月策略中的合约数量。为了规避用 3 月全部时间的利率对冲 3 月上旬的利率风险，在几乎所有回购利率变化都源于政策目标利率变化的假设下，可以采用"3 月叠加至 2 月"的对冲策略，使用 2 月合约来对冲 3 月上旬的利率风险。

表 12-5 用 1 个月期 SOFR 期货合约对冲 5 000 万美元隔夜回购投资的两种策略

期货代码	合约月份	逐月计算合约数量	3 月叠加至 2 月的合约数量
SERF2	1 月	$10.33 = 10 \times \frac{31}{30}$	10.33
SERG2	2 月	$9.33 = 10 \times \frac{28}{30}$	13.67
SERH2	3 月	$4.33 = 10 \times \frac{13}{30}$	0.00
总计		24.00	24.00

注：截至 2022 年 1 月 14 日，美联储计划于 2022 年 3 月 16 日宣布目标利率政策。

不同月份期货合约可以进行风险叠加的概念，可以让我们回头讨论非整数份合约的处理问题。表 12-5 显示，两种对冲方式所需的合同总数均为 24 份。为了避免非整数份合约的情况，在保持整体敞口不变的同时，可以将一些月份的非整数份合约叠加到其他月份非整数份合约中。例如，在逐月策略中，基金可以将 24 份合约拆成10份1月合约、10份2月合约和4份3月合约。在3月叠加至2月的策略中，该基金可能会购买11份1月合约和13份2月合约，以避免过多暴露于2月合约的风险中。但任何叠加策略都会使该基金面临某个月份利率的特别风险，即那些只会影响某个月利率而不会影响其他月份利率的特别利率变化。

12.3 联邦基金利率期货

在美联储系统有账户的银行可以互相交易联邦基金，也就是说，在联邦基金市场上，它们可以向其他机构借钱，也可以借钱给其他机构，利率由市场决定。这些交易以隔夜拆借为主，"有效联邦基金利率"是当天交易的联邦基金隔夜拆借利率的成交量加权平均值，每天计算一次。

在2007~2009年金融危机之前，在准备金稀缺的货币政策环境下，美国国内的商业银行积极在联邦基金市场进行交易，以管理各自的准备金短缺或盈余。此外，美联储也会通过从系统中增加或减少准备金的方式来执行货币政策，以保证有效联邦基金利率处于或非常接近其政策目标利率。然而，最近在准备金充裕的环境下，美国国内的商业银行不再需要频繁地相互拆借资金，它们在各种监管的激励和要求下持有大量的准备金余额，并且可以从美联储的准备金中赚取利息。由此带来的联邦基金市场的变化非常剧烈，无论是从交易量的显著下降，还是从市场参与者构成的变化来看。目前市场贷方由联邦住房贷款银行（FHLB）主导，此类机构无法从美联储的账户上赚取利息；市场借方则由外国银行的美国子公司主导，这些银行通常不能在美国吸收存款，也不完全受美国银行监管的限制。联邦基金市场因此成为联邦住房贷款银行从其在美联储系统的盈余现金中赚取利息的一种手段，而外国银行可以通过从联邦住房贷款银行借款并存入美联储的有息账户来赚取利差。⊖

虽然美联储不再通过改变系统中的准备金数量来影响短期利率，但它会使用其他政策工具将有效联邦基金利率维持在一个有上限和下限的目标区间内。图12-2绘制了2010年1月至2022年1月的区间上限和下限，以及有效联邦基金利率的水平。可以看到，有效联邦基金利率虽然有波动，但几乎总是在政策利率目标区间内。

⊖ 如需了解更多的制度性细节，请参见Craig B.和Millington S.（2017），"The Federal Funds Market Since the Financial Crisis，"《经济评论》2017年第7期，克利夫兰联邦储备银行4月5日发布。

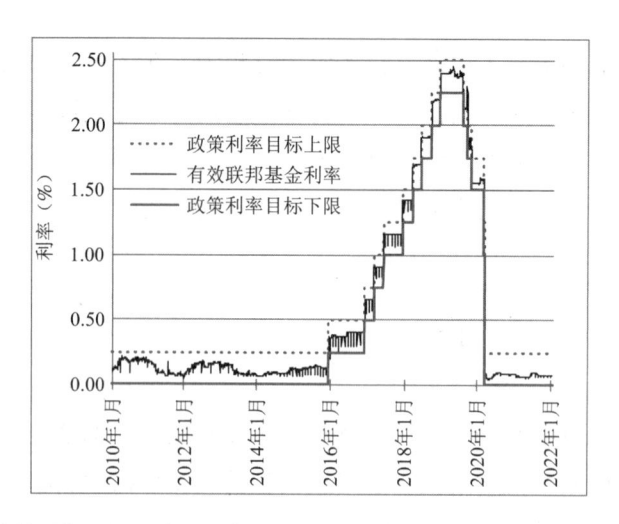

图 12-2　有效联邦基金利率和政策利率目标区间（2010 年 1 月至 2022 年 1 月）

对有效联邦基金利率感兴趣的不仅包括联邦基金市场的直接参与者，还包括那些以有效联邦基金利率加一定利差进行借贷的人、交易与有效联邦基金利率挂钩的衍生品的人，以及任何想要对美联储未来政策利率走向做判断的人。对于这些人来说，"联邦基金利率期货"可以有效地管理有效联邦基金利率的风险敞口。对于这种期货合约，这里只做简单的解释，因为上一节描述的 1 个月期 SOFR 期货也是按照同样的思路设计的。联邦基金利率期货合约在特定交割月份的最终结算利率是当月有效联邦基金利率的平均值，非工作日以前一个工作日的利率参与计算。就像 1 个月期 SOFR 期货合约一样，合约价格是 100 减去百分比利率，合约每日盯市结算，合约的规模设计为一个基点的利率变化会导致每日盯市结算价格降低 41.67 美元。由于所有这些特征都与 1 个月期 SOFR 期货合约很相似，用联邦基金利率期货进行对冲的过程与上一节介绍的相同。下面我们继续介绍如何使用联邦基金利率期货来推断市场对美联储利率政策决策的预期。

表 12-6 列出了两个日期的联邦基金利率期货合约的代码、价格和利率，日期分别为 2021 年 10 月 1 日和 2022 年 1 月 17 日。表格最右边列出了联邦公开市场委员会（FOMC）的会议日期，该委员会在每次会议的第 2 天宣布是否有任何货币政策的变化，包括联邦基金目标利率的变化。在第 8 章中我们解释过，远期利率是未来即期利率预期和风险溢价的组合，但一年的风险溢价可能相对较小。此外，正如本章后面所解释的，短期的远期利率和期货利率非常接近。因此，大致说来，表 12-6 中的 1 个月期联邦基金利率期货的利率可以看作市场对未来 1 个月平均有效联邦基金利率的预期。从这个角度来看，从该表能得到的主要信息是，从 2021 年 10 月 1 日到 2022 年 1 月 17 日，对美联储政策的预期发生了显著的变化。在 10 月 1 日，

联邦基金利率期货预计到 2022 年底有效联邦基金利率将从 8 个基点上升至 28 个基点。但在 2022 年 1 月 17 日，尽管美联储官员已经开始担心通货膨胀率飙升，但联邦基金期货预计到 2022 年底有效联邦基金利率将从 8.25 个基点上升至 99.5 个基点。

表 12-6 部分联邦基金利率期货合约的代码、价格和利率

代码	月份	2021 年 10 月 1 日 价格（美元）	利率	2022 年 1 月 17 日 价格（美元）	利率	FOMC 会议日期
FFV1	10 月（2021 年）	99.920	0.080			
FFX1	11 月	99.920	0.080			11 月 2 日、11 月 3 日
FFZ1	12 月	99.920	0.080			12 月 14 日、12 月 15 日
FFF2	1 月（2022 年）	99.925	0.075	99.917 5	0.082 5	1 月 25 日、1 月 26 日
FFG2	2 月	99.920	0.080	99.905 0	0.095 0	
FFH2	3 月	99.920	0.080	99.780 0	0.220 0	3 月 15 日、3 月 16 日
FFJ2	4 月	99.920	0.080	99.645 0	0.355 0	
FFK2	5 月	99.915	0.085	99.550 0	0.450 0	5 月 3 日、5 月 4 日
FFM2	6 月	99.900	0.100	99.450 0	0.550 0	6 月 14 日、6 月 15 日
FFN2	7 月	99.885	0.115	99.345 0	0.655 0	7 月 36 日、7 月 27 日
FFQ2	8 月	99.865	0.135	99.280 0	0.720 0	
FFU2	9 月	99.845	0.155	99.235 0	0.765 0	9 月 20 日、9 月 21 日
FFV2	10 月	99.800	0.200	99.145 0	0.855 0	
FFX2	11 月	99.775	0.225	99.065 0	0.935 0	11 月 1 日、11 月 2 日
FFZ2	12 月	99.720	0.280	99.005 0	0.995 0	12 月 13 日、12 月 14 日

注：日期分别为 2021 年 10 月 1 日和 2022 年 1 月 17 日，表中还列出了 2022 年的 FOMC 会议日期，利率单位为百分比。

事实上，许多市场参与者会利用联邦基金利率期货利率和联邦公开市场委员会会议日期来构建有效联邦基金利率的期限结构。关键的假设是，美联储只会在其预定的会议上改变其政策利率目标。这是对最近的历史的合理描述，只有少数例外，如 2001 年 9 月 11 日恐怖袭击后、2008 年金融危机期间以及 2020 年 3 月应对新冠疫情和经济停摆时。基于这一假设，我们的想法是找到一套远期利率，期限为从上一次会议到临近的下一次会议，并能够大致与联邦基金利率期货价格保持一致。

为了说明这个过程，我们来看看 2022 年 1 月 17 日的数据。注意，从 1 月 1 日

到 17 日，有效联邦基金利率为 8 个基点（表中未显示）。FOMC 可能会在 1 月 26 日下午宣布新的目标利率，由于 2 月没有 FOMC 会议，因此 FOMC 在 1 月 26 日设定的利率将是 2 月份有效联邦基金利率的平均利率。但是 2 月份的期货合约利率是 0.095%。⊖因此，市场对 1 月 26 日会议后有效联邦基金利率的预期就是 0.095%。为了弄清这一预期的意义，我们可以根据最近的历史做进一步假设。最近美联储的目标利率调整幅度为 0 或 25 个基点，在给定会议后预期利率为 0.095% 的情况下，假设 1 月 26 日加息 25 个基点的隐含概率为 p，即有效联邦基金利率从 8 个基点上涨到 33 个基点的概率为 p，那么 p 满足：

$$0.095\% = p \times (0.08\% + 0.25\%) + (1-p) \times 0.08\%$$
$$p = 6\% \tag{12-6}$$

换句话说，美联储将有效联邦基金利率从 8 个基点提高到 33 个基点的概率为 6%，而将有效联邦基金利率维持在 8 个基点不变的概率为 94%。根据 2 月份的期货合约价格，有效联邦基金利率预期值为 9.5 个基点。

再看下次会议，由于 3 月 16 日有可能宣布政策利率目标而 4 月没有 FOMC 会议，所以 4 月的期货利率为 0.355% 表明市场预期 3 月 16 日宣布的利率为 0.355%。5 月会议的隐含结果则更为复杂，因为 6 月还有一次会议。为了计算市场对 5 月会议的预期，设 f^{May} 表示 5 月会议后的有效联邦基金利率预期值，从 5 月 5 日（含）开始生效，则 5 月的联邦基金利率期货利率为 0.450%，是 4 天的上次会议预期利率 0.355% 和 27 天的 5 月期货利率 f^{May} 的平均利率。用数学式子表示为：

$$0.450\% = \frac{4 \times 0.355\% + 27 \times f^{May}}{31}$$
$$f^{May} = 0.4641\% \tag{12-7}$$

按照上述思路，可以计算出对未来每一天的有效联邦基金利率的预期。图 12-3 显示了 10 月 1 日和 1 月 17 日的预测结果，使用的是表 12-6 中的联邦基金利率期货的利率。该表与期货利率传达了相同的信息，即从 10 月 1 日到 1 月 17 日，市场向上修正了利率预期，而依赖于会议日期的图表明确展示了预期利率的变化路径。

本节以一个关于曲线构建的题外话结束，即如何用数学的方法表示利率的期限结构。不考虑短期期货利率和远期利率之间的微小差异，图 12-3 可以被理解为一个"阶梯式远期利率"期限结构。换句话说，远期利率的期限结构被表示为一系列固定远期利率的序列。虽然完全从经济的角度来看，这种结构可能看起来很奇怪，因为远期利率更有可能会随着期限的推移而平稳变化，但这种阶梯式远期利率往往已经

⊖ 还可以通过另一种方法来推算 1 月份会议后的预期利率，那就是将 1 月份期货利率看作该月前 26 天的利率（也就是 8 个基点）和后 5 天的由会议决定的预期利率的平均值，然后根据期货利率求解预期利率。但本节的目的只是说明这一程序，所以暂时不推荐任何特定的计算方法。

代表了所有可用的市场信息。可用的市场信息是有限制的，比如联邦基金利率期货每月只提供一个利率。此外，虽然阶梯式远期利率是不连续的，或者说它们会在特定条件下跳跃，但也能提供相对平稳的即期利率和贴现因子。为了说明这一点，我们使用第 1 章和第 2 章介绍的关系式，从图 12-3 的阶梯式远期利率出发，构建每周的即期利率和贴现因子，其结果如图 12-4 所示。这些曲线可以合理地用于其他具有同等信用风险的短期工具的现金流的贴现，或者作为基础利率曲线，在其上添加一定的利差并用于风险更高的现金流的贴现。

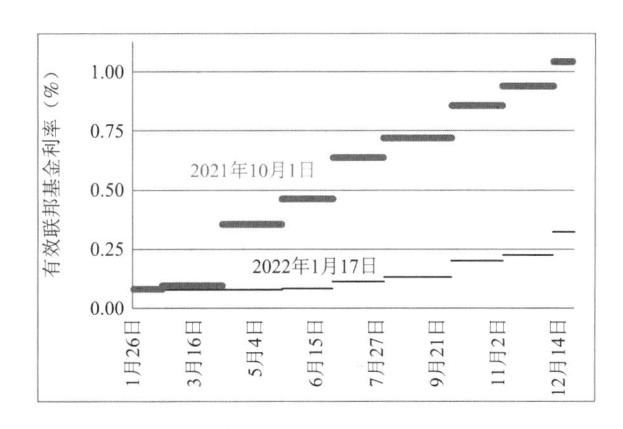

图 12-3　2022 年联邦基金期货的隐含有效联邦基金利率（时间为 2021 年 10 月 1 日和 2022 年 1 月 17 日）

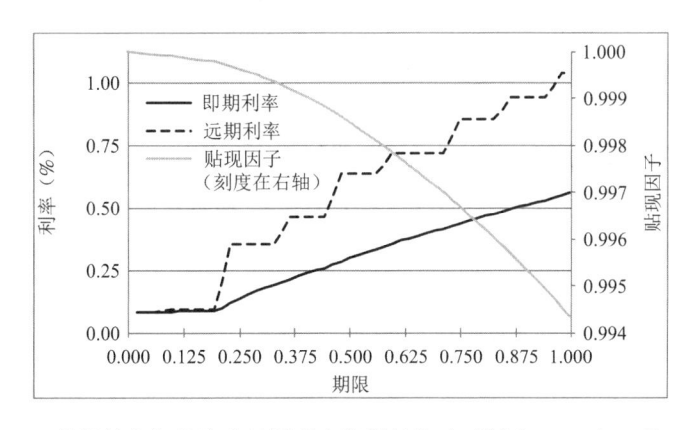

图 12-4　联邦基金期货隐含的周利率期限结构（时间为 2022 年 1 月 17 日）

在构建曲线时，总是要在稳定性和平滑度之间做权衡。阶梯式远期利率非常稳定，因为联邦基金利率期货利率的微小变动，会以合理的方式使阶梯式远期利率和相应的即期利率或贴现因子发生小幅度的变化。而利率曲线的平滑表示方法出了名的不稳定，比如本书中没有描述的三次样条曲线。该曲线某一段上市场利率的微小变化，往往会导致曲线上相对较远的另一段的市场利率发生较大变化。目前的行业实践倾向于使用更稳定的方法，比如阶梯式远期利率，并努力收集尽可能多的市场数据点，特别是在利率曲线的短端。一般来说，市场数据越多，阶梯式远期利率曲线的不连续或跳跃越不显著。但正如图12-3显示的那样，FOMC会议日期之间的跳跃实际上是该方法的一个特点，因为它们捕捉到了FOMC会议后短期利率跳跃的事实。

12.4　3个月期SOFR期货

与1个月期SOFR期货合约类似，3个月期SOFR期货合约也是为了对冲SOFR风险敞口而设计的，同样采用每日盯市结算的机制，但两者有三个不同之处。首先，也是最明显的一点是，3个月期SOFR期货合约可以用来对冲3个月的SOFR风险敞口，具体日期的确定后面会介绍。其次，3个月期SOFR期货合约的结算利率参考的不是期间每日SOFR的算术平均值，而是每日SOFR的复利值或者说几何平均值。最后，3个月期SOFR期货合约的规模被设计为可以对冲100万美元的90天期投资，这意味结算利率最终下降一个基点对应的一份期货合约的损益为：

$$1\,000\,000 \times 0.01\% \times \frac{90}{360} = 25（美元） \tag{12-8}$$

表12-7列出了在2022年1月14日，几个3个月期SOFR期货合约的代码、价格和利率等信息。代码的前三个字母"SFR"表示该合约为3个月期SOFR期货合约，后面的字母和数字像1个月期SOFR期货合约一样，表示合约的交割月份和参考期开始年份的最后一位。表中的"开始日期"是期货合约参考期的起始日，为合约月份对应的"国际货币市场日"（IMM日）。国际货币市场日的定义是3月、6月、9月和12月的第三个星期三。合约的"最后交易日"，也就是参考期的最后一天，是下一个国际货币市场日日期之前的最近一个工作日。合约的"估值日"是期货合约最后结算支付的日期，为最后一个交易日之后的第一个工作日。例如，对于3个月期SOFR期货的6月合约而言，计算最终结算利率的参考期从6月的IMM日开始到9月的IMM日结束（含前后两日），即从2022年6月15日到9月20日。该合约最后一个交易日为2022年9月20日，最后结算支付日是2022年9月21日，这也是2022年9月20日的SOFR发布的日期。

表 12-7　部分 3 个月期 SOFR 期货合约

代码	交割月	开始日期（含）	最后交易日	估值日	价格（美元）	利率
SFRZ1	12 月	2021 年 12 月 15 日	2022 年 3 月 15 日	2022 年 3 月 16 日	99.940	0.060
SFRH2	3 月	2022 年 3 月 16 日	2022 年 6 月 14 日	2022 年 6 月 15 日	99.640	0.360
SFRM2	6 月	2022 年 6 月 15 日	2022 年 9 月 20 日	2022 年 9 月 21 日	99.350	0.650
SFRU2	9 月	2022 年 9 月 21 日	2022 年 12 月 20 日	2022 年 12 月 21 日	99.125	0.875

注：数据日期为 2022 年 1 月 14 日，利率单位为百分比。

设 r_i 为日期 i 的 SOFR，设 D 为参考期的总天数。与 1 个月期 SOFR 期货和联邦基金利率期货一样，任何非工作日的 SOFR 都用上一个工作日的 SOFR 计算。3 个月期 SOFR 期货合约的最终结算利率 R 由下面的式子定义：

$$1 + \frac{RD}{360} = \left(1 + \frac{r_1}{360}\right)\left(1 + \frac{r_2}{360}\right)\cdots\left(1 + \frac{r_D}{360}\right) \qquad (12\text{-}9)$$

$$R = \left[\left(1 + \frac{r_1}{360}\right)\left(1 + \frac{r_2}{360}\right)\cdots\left(1 + \frac{r_D}{360}\right) - 1\right]\frac{360}{D} \qquad (12\text{-}10)$$

式(12-9)的右边给出了从第 1 天到第 D 天，滚动投资 1 美元的最终价值，按已实现的 SOFR 逐日计算复利。左边是 1 美元在 D 天内以对应期限的利率 R 投资的价值。因此，使这个方程的两边相等，意味着 R 是在参考期间的已实现期限利率，等价于所有每日 SOFR 的复利总和。求解 R 得到式(12-10)。举一个非常简单的例子，注意到 3 个月期 SOFR 期货的 6 月合约的参考期有 98 天。假设从 6 月 15 日到 7 月 26 日的 42 天的 SOFR 均为 0.51%，包括前后两天；而 7 月 27 日到 9 月 20 日的 56 天的 SOFR 为 0.76%，同样包括前后两天。顺便提一下，这两个时间段对应的是表 12-6 所列的两次 FOMC 会议之间的时间段。根据式(12-10)：

$$R = \left[\left(1 + \frac{0.51\%}{360}\right)^{42}\left(1 + \frac{0.76\%}{360}\right)^{56} - 1\right] \times \frac{360}{98}$$
$$R = 0.653\% \qquad (12\text{-}11)$$

最终结算价格为 100 减去百分比为单位的结算利率，即 $100 - 0.653 = 99.347$ 美元。这个价格和式(12-11)中的利率，基本等于表 12-7 中给出的 6 月期货合约的价格和利率。

为了说明如何用 3 个月期 SOFR 期货进行对冲，考虑一个简单的例子。假设在 2022 年 1 月 14 日，一家公司计划从银行贷款 1 000 万美元，贷款期限为从 2022 年 6 月 15 日至 9 月 21 日的 98 天，复利利率按每日 SOFR 加固定利差计算。为了对冲这段时间内 SOFR 上升的风险，该公司可以出售 6 月期货合约。由于贷款期限为 98 天，名义本金为 1 000 万美元，而每份期货合约可以对冲 100 万美元的 90 天期贷款，因此需要出售的合约数量为：

$$\frac{10\,000\,000 \times 98}{1\,000\,000 \times 90} = 10.89 \qquad (12\text{-}12)$$

表 12-8 描述了三种情景下的对冲效果，其中每个情景又包括了三个可能的已实现利率。先看第一个情景，在期货已实现利率为 0.35% 的情况，根据式(12-9)和式(12-10)中对该利率的定义，SOFR 部分（即忽略固定利差）带来的银行贷款利息在 9 月 21 日结束的 98 天期间为 $-10\,000\,000$ 美元 $\times 0.35\% \times 98/360 = -9\,527.78$ 美元。因为到期时的期货结算利率为 0.35%，每份期货合约损失了 30 个基点，所以对冲头寸的损益，即以 0.65% 的利率卖出的 10.89 份期货合约的损益为 -30×25 美元 $\times 10.89 = -8\,167.50$ 美元。如果忽略每日盯市结算的影响，该表假定期货合约的损益在 6 月合约的估值日，即 9 月 21 日实现。总结上述情景，该公司相对较低的利息成本加上它在期货对冲上的损失，总共带来了约 17 695 美元的总支出。如果最终结算利率为 0.65%，利息成本约为 17 694 美元，期货损益为零；而如果最终结算利率为 0.95%，那么已实现的利息成本相对较高，但被来自期货的收益抵消后，净成本仍约为 17 694 美元。因此，通过用 3 个月期 SOFR 期货对冲，利息成本被成功锁定在 0.65% 附近，即最初卖出期货合约时的利率。如果将式(12-12)中的合约数精确到小数点后几位，那么在每种情况下的净成本都正好是 17 694.44 美元。

表 12-8 使用 3 个月期 SOFR 期货 6 月合约对冲 1 000 万美元借款的利息成本

最终结算利率	贷款利息	期货损益	净损益
最终已实现期货损益——不含尾部对冲			
0.35	−9 527.78	−8 167.50	−17 695.28
0.65	−17 694.44	0.00	−17 694.44
0.95	−25 861.11	8 167.50	−17 693.61
最初已实现期货损益——不含尾部对冲			
0.35	−9 527.78	−8 187.35	−17 715.13
0.65	−17 694.44	0.00	−17 694.44
0.95	−25 861.11	8 221.38	−17 639.73
最初已实现期货损益——包含尾部对冲			
0.35	−9 527.78	−8 149.76	−17 677.54
0.65	−17 694.44	0.00	−17 694.44
0.95	−25 861.11	8 183.64	−17 677.48

注：计息期间为 2022 年 6 月 15 日至 9 月 21 日，数据报告日为 2022 年 1 月 14 日，初始期货合约利率为 0.650%。不含尾部对冲情景卖出 10.89 份合约；包含尾部对冲情景卖出 10.84 份合约。利率单位为百分比，其他项单位为美元。

要讨论该表的第二个和第三个情景需要回到本章前面关于每日盯市结算对对冲比率影响的讨论。第二个情景的第一行用一个极端的假设说明了这个问题，即 6 月合约在 6 月 14 日以 0.65% 的利率卖出后，期货利率立即跳跃到其最终结算利率，并保持在该水平，直到 9 月 21 日贷款期限结束。在最终结算利率为 0.35% 的情况下，期货头寸损失了 8 167.50 美元，并在 6 月 14 日营业结束时的每日盯市结算付款中完全实现。假设该头寸可以在截至 9 月 21 日的 250 天内以 0.35% 的利率进行融资，则期货总损失为 8 167.50 美元 $\times (1 + 0.35\% \times 250/360) = 8\,187.35$ 美元。在最终结算利率为 0.65%的情况下，没有期货损益，因此与第一个情景相比没有任何变化。在最终结算利率为 0.95%的情况下，期货头寸的收益为 8 167.50 美元，并在 6 月 14 日完全实现，可以在 9 月 21 日之前以 0.95%的收益率进行再投资，总收益为 8 221.38 美元。可以看到，在第二个情景下，期货损益一列的数字和表中第二列的贷款利息数字相加后，得出的三个实际净损益不再相同。利率下降后每日盯市结算损失的融资成本和利率上升后每日盯市结算获得的利息收益，导致净头寸没有第一个情景下那么好对冲。但差别不是特别大，因为总体来看利率都很低。但未来的利率最终可能回到更高的水平，所以本文将继续描述如何调整对冲比率。

表 12-8 的第二个情景显示，如果考虑每日盯市结算付款的影响，卖出 10.89 份合约太多了。当利率下降且期货损益为负时，盯市损失的融资成本会使整体损失过高；当利率上升且期货损益为正时，盯市获得的再投资利息会将整体收益推得过高。粗略地说，每日盯市结算将期货合约当前的损益 "P&L" 放大为到期日的更大的损益：P&L $\times (1 + R_0 D/360)$，其中 R_0 是今天的期货利率。为了抵消这种放大，在实践中可以使用一种修正方法，具体操作只要简单地将合约数量除以$(1 + R_0 D/360)$。在本例中，如果采用尾部修正法，合约数量将从 10.89 份减少到：10.89/(1 + 0.65% × 250/360) = 10.84 份。表中的第三个场景显示了使用尾部修正法的净损益。例如，在已实现利率为 0.95%的情况下，期货头寸的损益为：30 × 25 美元 × 10.84 = 8 130.00美元，假设立即盯市结算并以 0.95%的利率再投资，总收益可以增长为：8 130.00 美元 × (1 + 0.95% × 250/360) = 8 183.64美元。总而言之，对比表中第二组和第三组利率下的净损益，尾部修正法确实减小了结果的方差。当然，这种修正并不是完美的，因为尾部修正是根据今天的期货利率来调整合约数量，而每日结算损益的扩大和对应期限的利率有关，两者并不完全一致。还需要注意的是，随着期货利率的变化和合同到期天数的减少，尾部修正系数需要随着时间的推移进行调整。

本节的对冲例子是简化过的，因为公司的借款日期与期货 6 月合约的参考期完全一致。如果该公司借款的天数相同，但期限不同，比如从 4 月 15 日到 7 月 22 日，那么期货对冲仍需要大约 11 份合约，但必须分配在 3 月合约和 6 月合约之间。不考虑 3 月合约所涵盖的 61 天（4 月 15 日至 6 月 14 日，含头尾日）和 6 月合约所涵盖的 37 天（6 月 15 日至 7 月 22 日，含头不含尾）的利率风险差异，最直接的分配方法是使用 11 乘以 61/98，即约 7 份 3 月合约，以及 11 乘以 37/98，即约 4 份 6 月合约。

12.5 Euribor 远期利率协议和期货

前面介绍过，Euribor 是一套包含不同期限的报价利率，但在去 LIBOR 化转型后仍然被继续使用。具体来说，特定日期的 3 个月期 Euribor 报价，是在两个工作日后起算的 3 个月期银行间贷款的代表性利率。此外，该市场上的"3 个月期"指的是 3 个月后的同一日历日。因此，2022 年 6 月 13 日报价的 3 个月期 Euribor，代表了从 2022 年 6 月 15 日至 9 月 15 日这 92 天内的利率。

"远期利率协议"简称为 FRA，是一种场外交易协议，可以用于对冲未来借贷的利率风险。表 12-9 给出了一份 Euribor 远期利率协议的条款，协议签订时间为 2022 年 1 月 14 日，名义本金为 1 000 万欧元，协议固定利率，或者说合同利率为 −0.47%，参考期为 2022 年 6 月 15 日到 9 月 15 日。借款人（固定利率支付人）同意于 6 月 15 日向贷款人（固定利率接收人）支付表中所列金额。FRA 的固定利率被设定为交易时的 Euribor 远期利率，远期利率的定义详见第 2 章。在这个例子中，上述条款意味着，在 1 月 14 日的时候，市场参与者愿意承诺在 6 月 15 日至 9 月 15 日期间以 −0.47% 的利率借贷。为了验证 FRA 设定为该固定利率的定价是公平的，注意，约定在 6 月 15 日时以当时的市场主流利率 R 借入或借出 3 个月资金的承诺是公平的。因此，承诺在 6 月 15 日以 −0.47% 的利率放贷，并在 6 月 15 日以 R 借款也是公平的，而上述承诺在 9 月 15 日的利息支付金额总计为：100 万欧元 × (92/360) × (−0.47% − R)。最后，该金额在 6 月 15 日的现值等于表 12-9 中的数额，因此，上面描述的 FRA 是合理定价的。

为了说明如何用 FRA 来对冲，考虑一个公司，在 2022 年 1 月 14 日与银行达成协议，约定在 2022 年 6 月 15 日至 9 月 15 日期间，以 Euribor 平价借款 1 000 万欧元，平价意味着不用加利差。如果 6 月 13 日的 Euribor 为 R，那么该公司在 9 月 15 日的欠款为：1 000 万欧元 × [1 + (92/360)R]。因此，从 1 月 14 日到 6 月 13 日期间，该公司将面临利率上调的风险。

公司可以通过锁定 −0.47% 的远期利率来对冲这种风险，具体方式如下所示。在 2022 年 1 月 14 日，公司同意支付表中 FRA 的固定利率。然后，在 6 月 15 日，公司借入它需要的 1 000 万欧元加上它在 FRA 上的损益，再按当时的市场利率 R 计算利息，那么在 9 月 15 日该公司的总欠款为：

$$\left[10\,000\,000 + \frac{10\,000\,000 \times \frac{92}{360} \times (-0.47\% - R)}{1 + \frac{92}{360}R}\right]\left(1 + \frac{92}{360}R\right) \quad (12\text{-}13)$$

$$= 10\,000\,000 \times \left[1 + \frac{92}{360}R + \frac{92}{360} \times (-0.47\% - R)\right] \quad (12\text{-}14)$$

$$= 10\,000\,000 \times \left[1 + \frac{92}{360} \times (-0.47\%)\right] \quad (12\text{-}15)$$

这与以 −0.47% 的利率借入 1 000 万欧元的成本完全相同。直观地说，如果 6 月

15 日的已实现 Euribor 低于 −0.47%，该公司就能以相对较低的利率借款，但会在 FRA 上亏钱。而如果已实现的 Euribor 高于 −0.47%，则该公司必须以相对较高的利率借款，但可以从 FRA 头寸上获得补偿。⊖

表 12-9 1 000 万欧元名义本金的 Euribor 远期利率协议

日期	描述
2022 年 1 月 14 日	交易日
2022 年 6 月 13 日	观察到的 3 个月期 Euribor 为 R
2022 年 6 月 15 日	借款人（净）支付：$\dfrac{1\,000\,\text{万欧元} \times \dfrac{92}{360} \times (-0.47\% - R)}{1 + \dfrac{92}{360} R}$

注：协议签订日为 2022 年 1 月 14 日，协议参考期为 2022 年 6 月 15 日至 9 月 15 日，协议利率为 −0.47%。

Euribor 远期利率协议的交易所交易中的替代产品是 Euribor 期货合约，表 12-10 列出了部分期货合约，数据报告时间为 2022 年 1 月 14 日。这些期货的代码都以 "ER" 开头，后面的字母和数字代表合约的月份和年份。该合约采用每日盯市结算，最终结算利率被设定为最后一个交易日的 3 个月期 Euribor。例如，6 月合约的最终结算利率是 2022 年 6 月 13 日的 3 个月期 Euribor，根据前面的介绍，它代表 6 月 15 日至 9 月 15 日的贷款利率。3 个月期 Euribor 期货被设计为每份合约可以对冲 100 万欧元名义本金的 90 天期贷款的利率变动。因此一个基点的利率变化带来的每份合约的每日盯市结算现金流变化为：100 万欧元 × 0.01% × 90/360，即 25 欧元。

表 12-10 部分 3 个月期 Euribor 期货合约

代码	交割月	最后交易日	价格（欧元）	利率
ERH2	3 月	2022 年 3 月 14 日	100.540	−0.540
ERM2	6 月	2022 年 6 月 13 日	100.470	−0.470
ERU2	9 月	2022 年 9 月 19 日	100.375	−0.375
ERZ2	12 月	2022 年 12 月 19 日	100.260	−0.260

注：数据报告日期 2022 年 1 月 14 日，利率单位为百分比。

FRA 案例中的公司要对冲一笔 1 000 万欧元名义本金的 92 天期贷款，贷款期为 2022 年 6 月 15 日至 9 月 15 日。这段时间正好对应 6 月 13 日的 Euribor 期货所涵盖的时间，这也是 3 个月期 Euribor 期货的 6 月合约的到期时间。此外，当市场利率处于表 12-10 所示的水平，即 −0.47% 时，公司可以出售 6 月份到期的 Euribor 期货合约，

⊖ 信用最好的公司可能够以和 Euribor 相同的利率借款，就像前面的例子一样。信用较差的实体借款时需要支付 Euribor 加上一定的利差，尽管 Euribor 本身是负的，但整体的利率可能是正的。无论如何，因为银行可以在贷款时设定利差的水平，所以公司都会面临利差风险。

以将公司计划借款的利率锁定为-0.47%。名义本金为 1 000 万欧元、期限为 92 天的贷款用每份对应 100 万欧元本金、90 天期限的期货合约来对冲,需要的合约数量是:

$$\frac{10\,000\,000 \times 92}{1\,000\,000 \times 90} = 10.22 \tag{12-16}$$

对冲结果见表 12-11。如果利率上升,导致 6 月 13 日的 Euribor 为-0.17%,该公司的贷款需要支出的利息为:1 000 万欧元×(92/360)×(-0.17%),即获得约 4 344.44 欧元的收益;不考虑每日盯市结算的影响,该公司的期货头寸在利率上升 30 个基点后的损益为:30×25 欧元×10.22,即获得 7 665.00 欧元的收益;加起来总共是 12 009.44 欧元的总收益。整体来看,期货头寸成功对冲了借款成本的波动,锁定了约 12 011 欧元的净收益。如果将式(12-16)中的合约数量精确到小数点后几位,可以实现完美的对冲。

表 12-11　使用 3 个月期 Euribor 期货合约对冲 1 000 万欧元贷款的利息成本

最终结算利率	贷款利息	期货损益	净损益
-0.77	19 677.78	-7 665.00	12 012.78
-0.47	12 011.11	0.00	12 011.11
-0.17	4 344.44	7 665.00	12 009.44

注:数据报告时间为 2022 年 1 月 14 日,贷款期为 2022 年 6 月 15 日至 9 月 15 日;期货为 6 月合约,共卖出 10.22 份合约,初始期货利率为-0.47%,未进行尾部修正;利率单位为百分比,其他项单位为欧元。

这个对冲的例子相对简单,因为该公司计划借款的时间与 Euribor 期货的 6 月合约的参考期完全一致。与用 SOFR 期货对冲的讨论类似,如果借款期限比 Euribor 期货 6 月合约涵盖的期限更短或更长,则需要更少或更多的合约,并且可能会使用 6 月合约以外的合约。

本节的例子是为了说明 Euribor 远期利率协议(FRA)和期货之间的相似性,但它们也有显著的区别。FRA 可能受双边保证金协议的约束,但不像期货一样受每日盯市结算的约束。FRA 作为场外交易产品,可以根据需要针对涵盖日期和名义金额设计定制化方案,期货合约的条款则高度标准化。然而,也部分由于 FRA 是定制的,其流动性不如期货。因此对冲者通常需要决定,在他们面临的特定情况下,是定制化更重要,还是流动性更重要。

本节最后以比较前瞻性远期利率基准(如 Euribor)的期货和 SOFR 这样的后顾性隔夜复利基准利率的期货结尾。图 12-5 的上半部分描绘了 3 个月期 Euribor 期货的 6 月合约 ERM2,下半部分描绘了 3 个月期 SOFR 期货的 6 月合约 SFRM2。两份合同都涵盖 6 月中旬至 9 月中旬的已实现利率,但终止日期有所不同,这在前文中已经介绍过了。但两者最大的区别在于,ERM2 参照的是 6 月 13 日设定的期限利率，在 6 月 13 日就可以知道其取值。SFRM2 参照的是一个复利日利率，要到 9 月 21 日才会明确知道其取值，它要到 9 月 21 日才会到期。

```
                  3个月期Euribor期限利率
最后交易日  ┌─────────────────────────┐
6月13日 6月15日          ERM2              9月15日
    ├──┼─────────────────────────────┼──┬──┤
                                              9月20日 9月21日
                         SFRM2              最后交易日 最后估值日
       └─────────────────────────────────────┘
       SOFR的3个月参考期，从6月15日到9月21日（含首尾日）
```

图 12-5　3 个月期 Euribor 期货和 3 个月期 SOFR 期货的 2022 年 6 月合约的比较

12.6　远期和期货的差异

根据定义，借款人和贷款人可以用 FRA 锁定市场远期利率，而本章前面的分析表明，如果不考虑每日盯市结算，借款人和贷款人也可以用期货锁定市场期货利率。本节将解释，由于每日盯市结算制度的影响，市场期货利率会高于市场远期利率。但除了期限很长的合约，两者的差别是很小的。

如果交易者通过远期协议获得了 2% 的固定利率，则该协议的所有损益会在合约到期时实现。但如果交易者以 2% 的利率买入一份其他情况相同的期货合约，那么总损益将随着时间的推移而逐日实现。更具体地说，当利率下降而期货合约赚钱时，每日盯市结算的利润会以相对较低的利率进行再投资。当利率上升而期货合约亏损时，每日盯市结算的损失必须以相对较高的利率进行融资。因此，在利率下降和上升两种情况下每日盯市结算都不利于期货买方，所以与到期才实现所有损益的远期买方相比，每天收到或支付盯市损益的期货买方的情况会更差。因此，交易者在购买期货合约时要求的利率就必然高于签订远期合约的利率。或者，反过来说，其他交易者愿意在卖出期货合约时接受支付比远期合约更高的利率。在本例中，期货利率将高于 2% 的远期利率。此外，根据该分析的逻辑，两种利率之间的差异会随着合同到期时间的变长和利率波动的增大而变大。

一般而言，期货利率都超过同样条件的远期利率，附录 12A 将给出严格证明。⊖ 为了让大家理解差异的数量级，表 12-12 给出了一些没有提供证明的结果，这些结果来自一个常见的单因子期限结构模型，具有恒定的漂移项和每年 80 个基点的恒定的波动率。选择这个波动率是为了与第 16 章将要展示的水平大致一致。表格的第一

⊖　这个结果类似于第 11 章的结果，即期货价格为何会小于远期价格。

个部分和第二个部分的各行分别对应本章描述的三种不同的期货合约：以 3 个月期期限利率为标的的期货合约（Euribor 期货）、以 1 个月期隔夜利率算术平均为标的的期货合约（联邦基金利率期货和 SOFR 期货），以及以 3 个月期隔夜利率几何平均为标的的期货合约。第一个部分给出了计算刚才描述的模型中期货利率和远期利率之间差异的公式，其中 σ 表示年化的正态波动率（例如，80 个基点对应的是 0.8%）；β 表示合约标的利率的期限，以年为单位，对于表中的合约而言可能取值为 0.25 或 1/12；t 表示利率参考期开始日距离交易日的时间。以前文中的例子来看，对于图 12-5 所示的 3 个月期 Euribor 期货的 6 月合约和 3 个月期 SOFR 期货的 6 月合约，参考期的开始日是 6 月 15 日，从 1 月 14 日的交易日算起还有 152 天，所以 $t = 0.42$ 年。

表 12-12 某单因子模型下部分合约的期货和远期利差

标的利率	合约例子	公式	β
期限利率	3 个月期 Euribor	$\dfrac{\sigma^2 t^2}{2} + \dfrac{\sigma^2 t \beta}{2}$	0.25
隔夜利率算术平均	1 个月期联邦基金利率/SOFR	$\dfrac{\sigma^2 t^2}{2} + \dfrac{\sigma^2 t \beta}{2} + \dfrac{\sigma^2 \beta^2}{6}$	$\dfrac{1}{12}$
隔夜利率几何平均	3 个月期 SOFR	$\dfrac{\sigma^2 t^2}{2} + \dfrac{\sigma^2 t \beta}{2} + \dfrac{\sigma^2 \beta^2}{3}$	0.25

标的利率	合约例子	期货和远期利差（基点数）			
		$t=1$	$t=2$	$t=5$	$t=10$
期限利率	3 个月期 Euribor	0.4	1.4	8.4	32.8
隔夜利率算术平均	1 个月期联邦基金利率/SOFR	0.3	1.3	8.1	32.3
隔夜利率几何平均	3 个月期 SOFR	0.4	1.5	8.4	32.8

注：波动率为每年 80 个基点。

表 12-12 的第二个部分给出了模型中每种合约类型和 4 个不同 t 值下期货利率与远期利率之间的差异，以基点为单位。第一个值得注意的地方是，对于给定的 t，期货利率和远期利率的差异在不同的合约中变化不大，原因可以从第一个部分中的公式上看出。由于 β 相对较小，所有公式中的主导项都是公共项 $\sigma^2 t^2 / 2$。第二点需要注意的是，除了 t 值最大的那一列，期货利率与远期利率的差异相对较小。这仍然可以用占主导地位的项 $\sigma^2 t^2 / 2$ 来解释，它随着 t 的平方而增加。事实上，如果只使用这一项，已经得到了给定公式中的所有项的一个很好的近似。例如，对于 $t = 10$，$\sigma^2 t^2 / 2$ 等于 32 个基点，它近似等于所有合约类型的精确解。

附录 12A

本章附录在附录 11B 和附录 11C 的基础上进一步解释了远期利率和期货利率的

定价差异，以及期限结构模型下远期利率和期货利率的差异。本附录的所有预期也都是在风险中性测度或其他一些定价测度下进行的。

本附录的第一步是证明以期限利率为标的的期货利率，如文本中的 Euribor 期货利率，大于相应的远期期限利率。

假设t年后期限为β年的远期利率为r_t^{fwd}，该利率可以使得在t时刻约定在$t + \beta$时刻接受的 1 单位货币现金流的现值，等于t年后的β年期零息票债券的价格$p_0^{\text{fwd}}(t)$。如果使用连续复利率，那么：

$$p_0^{\text{fwd}}(t) = e^{-\beta r_t^{\text{fwd}}} \tag{12A-1}$$

由式(11C-5)可知：

$$p_0^{\text{fwd}}(t) = e^{-\beta r_t^{\text{fwd}}} > F_0 \tag{12A-2}$$

其中F_0是零息票债券的期货价格。

设r_t为t时刻的β年期已实现即期利率。那么根据定义，当时的零息票债券价格p_t为：

$$p_t = e^{-\beta r_t} \tag{12A-3}$$

由式(11B-12)可得：

$$F_0 = E[p_t] = E\left[e^{-\beta r_t}\right] \tag{12A-4}$$

由于期货合约的每日盯市结算，如果遵循与附录 11B 中推导式(11B-12)相同的论证，可以证明期货利率r_t^{fut}与β年期零息票债券利率一致，仅仅是今天的债券利率在t时刻的期望：

$$r_t^{\text{fut}} = E[r_t] \tag{12A-5}$$

根据詹森不等式和式(12A-5)：

$$E\left[e^{-\beta r_t}\right] > e^{-\beta E[r_t]} = e^{-\beta r_t^{\text{fut}}} \tag{12A-6}$$

将式(12A-2)、式(12A-4)和式(12A-6)串在一起，可以得到：

$$e^{-\beta r_t^{\text{fwd}}} > F_0 = E\left[e^{-\beta r_t}\right] > e^{-\beta r_t^{\text{fut}}} \tag{12A-7}$$

最后，注意式(12A-7)的最左项和最右项：

$$r_t^{\text{fut}} > r_t^{\text{fwd}} \tag{12A-8}$$

这正是要证明的结论。

本附录的下一步是要证明标的为平均利率的期货利率，如 1 个月期 SOFR 期货利率或联邦基金利率期货利率，大于定期利率的期货利率。这一事实，结合刚刚证明的结果，就意味着平均利率的期货利率也大于相应的远期利率。

设$R(t, t + \beta)$为从t时刻到$t + \beta$时刻的连续复利隔夜利率的积分，那么平均利率为

$R(t, t+\beta)/\beta$。同样，由于期货合约的每日盯市结算，今天的平均利率期货利率A_t^{fut}等于今天对t时刻的平均利率的期望：

$$A_t^{\text{fut}} = E\left[\frac{1}{\beta}R(t, t+\beta)\right] \tag{12A-9}$$

根据t时刻的β年期利率的定义，r_t必须满足：

$$e^{-\beta r_t} = E_t\left[e^{-R(t, t+\beta)}\right] \tag{12A-10}$$

其中$E_t[\cdot]$给出了在t时刻的期望。将詹森不等式应用于式(12A-10)并重新排列：

$$e^{-\beta r_t} > e^{-E_t[R(t, t+\beta)]}$$

$$r_t < \frac{1}{\beta}E_t[R(t, t+\beta)]$$

$$r_t^{\text{fut}} < \frac{1}{\beta}E[R(t, t+\beta)] = A_t^{\text{fut}} \tag{12A-11}$$

第三个不等式对第二个不等式取到今天为止的期望，最后一个等式由式(12A-9)推导而来。式(12A-11)表明，平均利率的期货利率大于定期利率的期货利率，这正是需要证明的结论。

本附录的最后一步是说明复利利率的期货利率，如3个月期SOFR期货利率，大于平均利率的期货利率。同样，由于每日盯市结算，今天的复利利率的期货利率C_t^{fut}是未来复利利率的期望值。用数学式子表示，正文中式(12A-10)的连续复利版本为：

$$C_t^{\text{fut}} = \frac{1}{\beta}\left(E\left[e^{R(t, t+\beta)}\right] - 1\right) \tag{12A-12}$$

根据詹森不等式和指数函数的性质：

$$E\left[e^{R(t, t+\beta)}\right] - 1 > e^{E[R(t, t+\beta)]} - 1 > E[R(t, t+\beta)] \tag{12A-13}$$

最后结合式(12A-12)、式(12A-13)和式(12A-9)中期货平均利率的定义：

$$C_t^{\text{fut}} = \frac{1}{\beta}\left(E\left[e^{R(t, t+\beta)}\right] - 1\right) > \frac{1}{\beta}E[R(t, t+\beta)] = A_t^{\text{fut}} \tag{12A-14}$$

因此，正如将要证明的那样，复利利率的期货利率要大于平均利率的期货利率。

总而言之，从金融角度看，由于每日盯市结算的影响，零息票债券的远期价格要高于该债券的期货价格。从第11章得出的这个结果，加上从价格移动到利率移动的凸性效应，表明期限利率的期货利率要大于相应的远期期限利率。然后，考虑到相对于平均利率或相对于复利利率的凸性效应，这些利率的期货利率也超过了期限利率的期货利率。那么自然可以得出的一个基本结论就是，本章中讨论的所有期货利率都大于相应的远期利率。

第13章

利率互换

"利率互换"（IRS）是一种金融合约，合约的两个交易对手同意就某种名义货币交换一系列的利息支付。在"隔夜指数互换"（OIS）中，基于固定利率的支付被交换为基于浮动隔夜利率的支付，而浮动隔夜利率会随市场情况每天变化。第2章介绍过的互换是OIS，其浮动利率是第10章和第12章定义和讨论过的有担保隔夜融资利率（SOFR）。"固定换浮动互换"与之类似，只是交割利率是一种期限利率，而不是隔夜利率。Euribor互换都属于固定换浮动互换，最常见的浮动利率是第12章所述的3个月期Euribor。历史上最常见的跨货币利率互换是LIBOR固定换浮动互换，其中的浮动利率是某一期限的LIBOR。然而，正如第12章所述，随着去LIBOR化转型的推进，这些互换正在逐渐消失。OIS和固定换浮动互换是本章的主要重点内容。

还有几种与IRS密切相关的衍生品，包括远期利率协议（FRA）（见第12章）、利率顶、利率底和互换期权（见第16章）。尽管金融行业传统上不将这些产品称为"互换"，但《多德-弗兰克法案》将这些产品定义为了互换，这可能造成一些术语的混淆。无论如何，虽然本书的其他部分也会讨论这些产品，但本章所介绍的互换市场规模统计中也会将这些产品包括在内。

本章的第一节描述了IRS市场的规模以及不同市场部门如何使用互换。第二节在第2章对IRS的介绍和第12章对短期利率的介绍的基础上，详细介绍了IRS的现金流、定价和风险指标。第三节用几个例子和案例来说明如何使用IRS进行风险管理。第四节讨论互换交易对手方违约的风险，即交易对手方信用风险，并描述了如何通过抵押品或保证金降低这种风险。第五节解释了互换的清算过程，该过程中互换交易双方在法律上以某个清算所，而不是彼此作为对手方。第六节介绍了"基差互换"和"基差互换利差"，并解释了参照几乎无风险浮动利率指数（如SOFR）的互换与参照其他浮动利率指数的互换的定价差异。

13.1 市场规模和主要参与者

表 13-1 列出了利率互换的市场流通金额。㊀ 具体产品包括 OIS、固定换浮动互换、FRA、利率顶、利率底和互换期权。交易对手方包括所有向美国商品期货交易委员会（CFTC）报告头寸的实体，即美国实体、外国实体的美国子公司以及在 CFTC 注册以便与美国人做生意的外国互换交易商。表的第一列将这些报告实体划分为了几个部门。第二列和第三列给出了每个部门的多头和空头的名义金额。如第 2 章所述，互换的名义金额是计算合约支付所依据的金额。为了与债券的术语相一致，多头头寸是指那些在利率下降时价值会增加的头寸（例如固定利率收取方），而空头头寸是指那些在利率上升时价值会增加的头寸（例如固定利率支付方）。因为每一个互换合约都有一个空头和一个多头，所以整个市场的总多头头寸一定等于总空头头寸。根据表 13-1，市场的总名义金额为 210.7 万亿美元。这一数字与绪论所述的市场规模相比是巨大的：图 0-4 所示的美国流通中债务和贷款总额仅为 76 万亿美元。但事实证明，上述名义金额大大夸大了 IRS 市场的规模。

表 13-1 美国报告实体的利率互换实体净名义金额（ENNs）

(1)	名义金额		5 年期等价名义金额		ENNs		ENNs 净头寸 (8)
	多头 (2)	空头 (3)	多头 (4)	空头 (5)	多头 (6)	空头 (7)	
互换交易商	158.7	158.8	100.6	98.9	9.3	7.6	−1.7
对冲基金	19.5	16.8	6.3	6.2	0.9	0.7	−0.1
银行	18.2	19.5	15.2	17.2	1.3	3.2	−1.9
其他金融机构	6.3	6.2	5.4	5.2	0.8	0.6	−0.2
资产管理机构	2.6	2.8	1.9	2.2	0.7	1.0	−0.2
养老基金	1.6	1.2	3.0	2.1	1.2	0.3	−0.9
政府机构和准政府机构	1.6	1.7	1.4	1.7	0.4	0.7	−0.3
非金融公司	0.3	1.4	0.2	1.0	0.2	1.0	−0.8
保险公司	1.1	0.9	2.4	1.7	1.0	0.3	−0.7
其他	0.9	1.4	0.8	1.1	0.5	0.8	−0.4
总计	210.7	210.7	137.1	137.1	16.1	16.1	0.0

注：产品包括固定浮动互换、远期利率协议、隔夜指数互换、互换期权以及利率顶和利率底。报告时间为 2020 年 9 月，单位为万亿美元。

资料来源：美国商品期货交易委员会首席经济顾问办公室，9 月 11 日更新。Baker, L., and Mixon, S.(2020), "Introducing ENNs: A Measure of the Size of Interest Rate Swap Markets"

㊀ 引发本节讨论的文献是 Baker L. 等（2021），"Risk Transfer with Interest Rate Swaps,"《金融市场，机构与市场》第 30（1）期，纽约大学所罗门中心和威利出版社出版。

表格的第四列和第五列给出了的多头和空头的"5年期等价名义金额",这一概念是指与初始名义金额具有相同风险的5年期互换的名义金额。互换的风险敏感性将留待下一节讨论,这里简要说明,某部门做多了1亿美元的10年期互换,其DV01为0.090;也就是说,利率每下降1个基点,该头寸的价值就增加1亿美元乘以0.090/100,即9万美元的收益。再假设5年期互换的DV01为0.045。那么,1亿美元的10年期互换头寸与2亿美元的5年期互换头寸的风险相同,所以上述10年期互换的"5年期等价名义金额"为2亿美元。另外,1亿美元2年期互换头寸的DV01为0.018,转换为"5年期等价名义金额"为1亿美元乘以0.018/0.045,即4 000万美元。回到表13-1,市场上的"5年期等价名义金额"总额为137.1万亿美元,大大低于210.7万亿美元的初始名义金额总额。原因有两个。第一,这里包含的互换期权的风险低于其潜在名义金额的风险。㊀第二,大部分互换交易的期限都在5年以下。事实上,由于债券市场(与美国国债市场和公司债券市场一样)的期限集中在5~10年,因此,在比较不同市场的规模时,"5年期等价名义金额"要优于初始名义金额。

表13-1第六列和第七列报告了"实体净名义本金"(ENNs),即每一对交易对手之间以同一货币计价的5年期等价名义金额的净多头和空头头寸。例如,如果A方从B方收取1亿美元的5年期等价名义金额,同时向B方支付6 000万美元的5年期等价名义金额,则A方对B方有4 000万美元的ENNs多头,对称地,B方对A方有4 000万美元的ENNs空头。将一个部门或整个市场对所有交易对手的ENNs多头或空头相加,就得到表格中相应的数字。市场的ENNs总额为16.1万亿美元,远低于5年期等价名义金额。原因正如下一节所解释的,IRS市场的参与者经常通过建立新的能抵消原有风险的头寸来规避风险,而不是通过解除现有的合约。因此,成对的交易对手往往互为多头和空头,而且它们的ENNs远低于它们的5年期等价名义金额。以ENNs衡量,16.1万亿美元的IRS市场规模与美国其他固定收益市场规模相当,如绪论所述。

互换交易商的业务是在互换交易中做市,它们很可能同时对客户积累多头和空头头寸,更有可能对互换清算所这样做,因为它们是所有已清算交易的合法对手方。事实上,互换交易商的多头头寸和空头头寸的5年期等价名义金额均约为100万亿美元,在转化为ENNs后多头头寸减少为约9.3万亿美元,空头头寸减少为约7.6万亿美元,减少的部分占了5年期等价名义金额的大部分。从事互换交易的对冲基金和银行(如后面所述)也出现了大幅减少,其中银行会利用对冲互换头寸来为其客户贷款业务服务。

表13-1的最后一列是ENNs多头头寸和空头头寸的差异,它揭示了一个部门整

㊀ 互换期权的利率敏感性风险等于标的互换的名义金额乘以期权Delta值,除了一些不包括在本分析中的特殊产品,期权的Delta值总是小于1的。

体上是互换多头还是互换空头。由于四舍五入的原因，部分差异值并不精确。对冲基金和资产管理机构中实体间的差异可能太大了，这两种实体都追求自己的投资策略，难以解释整个行业净 ENNs 的表现。银行业作为一个整体是互换的空头，这可能是对冲其抵押贷款资产的利率风险的结果，但正如接下来将要讨论的那样，银行和其他金融机构收取了大量固定利率现金流，有动力将其长期固定利率债务转换为合成的浮动利率债务。养老基金和保险公司可能会整体做多互换，如下文所述，以对冲其长期负债的利率风险。最后，正如后面所讨论的，非金融公司支付固定利率，一方面是为了将其浮动利率银行贷款转换为合成固定利率贷款，另一方面是为了在预期要进行的长期债务出售之前对冲利率上升的风险。

13.2 利率互换的现金流及其分解

第 2 章描述了 SOFR 互换的现金流和定价，第 12 章解释了以滚动隔夜利率借贷和以定期利率借贷之间的区别。本节的讨论建立在这些内容的基础之上。

13.2.1 OIS 与固定换浮动互换的现金流

图 13-1 显示了 1 亿美元名义金额的 3 年期 SOFR 换 1.64%固定利率的互换的现金流，这是一个 OIS；而图 13-2 显示了 1 亿美元名义金额的 3 年期 Euribor 换 0.36%固定利率的互换的现金流，这是一个固定换浮动互换。两种互换都在 2022 年 2 月 16 日结算，两幅图都是从固定利率接收方的角度出发的。SOFR 互换的固定端和浮动端都使用"实际/360"的天数计算惯例，每年支付一次现金流。因此，从 2022 年 2 月 16 日到 2023 年 2 月 16 日，以及从 2023 年 2 月 16 日到 2024 年 2 月 16 日，每个 365 天获得的固定利息均为 1 亿美元 × 1.64% × 365/360 = 1 662 778 美元。同样，从 2024 年 2 月 16 日到 2025 年 2 月 16 日的 366 天获得的固定利息为 1 亿美元 × 1.64% × 366/360 = 1 667 333 美元。⊖如第 2 章所述，SOFR 互换在某一特定年份的浮动端现金流，等于 1 亿美元名义金额按当年实现的每日 SOFR 计算的复利值。因为这个互换每年的开始和结束日期都是 2 月 16 日，所以相关的 SOFR 是第 1 年的 2 月 16 日到第 2 年的 2 月 15 日之间的利率。此外，由于 2 月 15 日的 SOFR 在 2 月 16 日上午才公布（见第 12 章），互换交易双方被要求在 2 月 17 日之前对互换两端进行支付。在图中，每年 2 月 16 日右侧的浅色虚线和 2 月 16 日右侧的支付箭头表示的就是这种支付延迟。

⊖ 这种计算方式在某种程度上简化了支付的实际约定。例如，由于 2025 年 2 月 16 日是星期日，因此计划在当天支付的款项实际上是在下一个工作日支付的，也就是 2025 年 2 月 17 日，需要为多出来的那一天支付额外的利息。

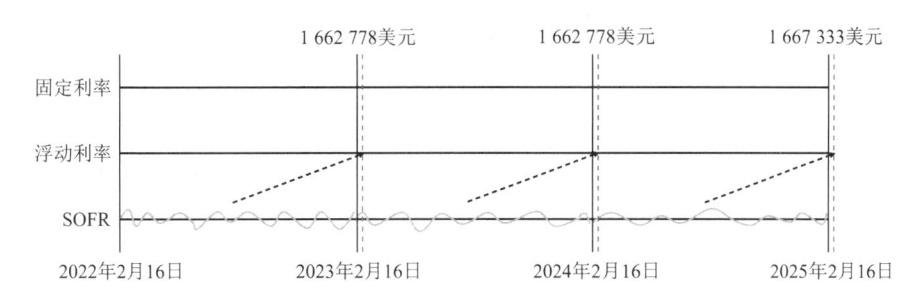

图 13-1 固定利率换 3 年期 SOFR 互换的固定接收端现金流

注：名义本金为 1 亿美元，固定利率为 1.64%。

固定换浮动互换使用已实现的期限利率来确定浮动利率支付。这些互换交易的固定端的支付频率可以是一年一次或半年一次，而浮动端的支付频率通常与指数利率的期限相匹配。图 13-2 显示了 0.36% 的固定利率换 6 个月期 Euribor 的互换现金流。该互换的固定端每年支付一次，并遵循 "30/360" 的天数计算惯例。回想一下，"30/360" 天数计算惯例将每年的天数都计为 360 天，所以固定端的年付款就是：1 亿欧元 × 0.36% × 360/360，即 36 万欧元。互换的浮动端遵循 "实际/360" 天数计算惯例，每半年支付一次，以匹配浮动利率指数 6 个月期 Euribor 的期限。用于确定每次浮动利率支付的利率是在支付期开始前两个工作日设定的 Euribor。⊖由于 2022 年 2 月 14 日的 6 个月期 Euribor 为 −0.46%，并且 2022 年 2 月 16 日至 8 月 16 日共有 181 天，所以图 13-2 中该互换的第一次浮动端支付为：1 亿欧元 × (−0.46%) × 181/360，即 −231 278 欧元。这意味着固定利率接收端实际上可以从互换的浮动端额外接收 231 278 欧元。请注意，在固定换浮动互换中不存在延迟支付，因为在每个付款日之前现金流就已经很清楚了。

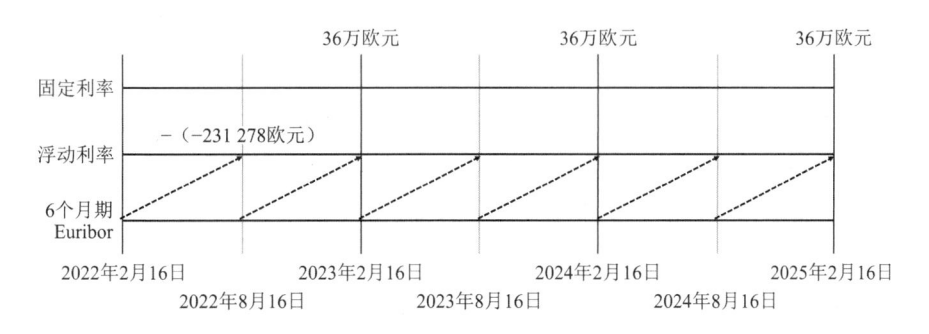

图 13-2　0.36% 的固定利率与 6 个月期 Euribor 互换的固定收取端现金流

注：名义本金为 1 亿欧元，Euribor 初始值为 −0.46%，固定利率为 0.36%。

⊖ Euribor 代表的是欧元存款在两天后结算的利率。因此，最适合的 6 个月期浮动利率是该支付期开始前两天公布的 6 个月期 Euribor。

13.2.2 互换估值：关于浮动端的更多内容

第 2 章解释了 SOFR 互换估值的技巧，即在到期时为互换的两端分别增加一个虚构的名义本金支付。这一技巧是互换估值的重要组成部分，因此互换的"固定端"和"浮动端"两个术语通常都包含了这些虚构的金额。在这样处理以后，互换交易的固定端现在看起来像一只附息债券，定期支付利息并到期支付本金，可以用本书前几章的工具进行定价。互换的浮动端现在看起来像一只浮动利率债券。就估值而言，这意味着在所有重置日期上，浮动端的价值就等于其面值或名义金额。

为了详细说明最后一点，在图 13-1 的例子中，我们在 2022 年、2023 年和 2024 年的每个 2 月 16 日，在浮动端的价值上增加 1 亿美元。直观地说，因为 SOFR 是公平的、无风险的市场利率，所以投资者愿意在每年期初为每年年底支付 SOFR 复利的浮动利率债券支付的价格刚好为 1 亿美元。在重置日期之间，互换的价值等于按已实现的 SOFR 计算的名义金额的应计价值。例如，假设互换的前 100 天的 SOFR 为 0.05%，则应计价值为：1 亿美元 × $(1 + 0.05\%/360)^{100}$ = 100 013 890 美元。从那时起，浮动端将继续按公平的市场利率（即 SOFR）累积价值，在 2023 年 2 月 16 日支付利息后，其价值将回到 1 亿美元。因此，在 100 天之后，投资者愿意为假设的浮动利率债券支付 100 013 890 美元。总而言之，如果将虚构的名义本金包含在内，SOFR 互换的浮动端就像支付公平的市场利率的存款一样。它会一直增值，直到所有的利息都被取出（即在重置日期），这时它的价值就会回落到原来的存款金额。

Euribor 互换的浮动端估值略有不同。与 OIS 不同的是，固定换浮动互换在每一时期开始时就确定了浮动端支付的金额。这不会影响重置日的估值，但会改变重置日之间的估值。为了解释这一点，再次回到图 13-2 中的互换。该互换在 2025 年 2 月 16 日的现金流为 1 亿欧元加上从 2024 年 8 月 16 日起生效的 6 个月期 Euribor 带来的利息。但如果 Euribor 也是为互换现金流贴现的适合利率，那么根据定义，在 2024 年 8 月 16 日该现金流的现值就是 1 亿欧元。现在回到 2024 年 2 月 16 日，如图 13-2 所示，在 2024 年 8 月 16 日，该资产价值为 1 亿欧元加上从 2024 年 2 月 16 日起生效的 6 个月期 Euribor 带来的利息。再一次，根据定义，到 2024 年 2 月 16 日的现值是 1 亿欧元。沿着这些分析往回走可以看到，在每个重置日期，浮动端的价值都是 1 亿欧元。但在重置日期之间，浮动端的价值是 1 亿欧元的现值加上在前一个重置日期已经确定的利息支付。换句话说，在重置日期之间的浮动端价值等于在下一个重置日期到期的零息票债券的价值，票面价值为名义金额加上在前一个重置日期设定的利息。SOFR 互换定价与 6 个月期 Euribor 互换定价的另一个区别在于，6 个月期 Euribor 并非无风险利率：作为银行间的期限利率，它包含了由于银行业的信用风险而产生的利差。因此，从 Euribor 互换提取的贴现因子和利率可能不适合对这些互换的现金流的估值。我们暂时忽略这一问题，但在本章的最后一节中会重新讨论它。

13.2.3 净现值

在互换开始时，它的价值为零。事实上，对于新的互换而言，市场上任何时刻的固定利率都是这样设定的：能够使固定端和浮动端的价值相等的利率，或者等价地说，互换开始时不需要预先相互支付的利率。然而，随着时间的推移，互换对一个交易对手方的价值增加，对另一个交易对手方的价值减少。为了说明这一点，回到图 13-1 中的 3 年期 SOFR 互换。在初始阶段，它的固定利率为 1.64%，这使得固定端和浮动端的现值都为 1 亿美元。假设一年后，就在互换固定端和浮动端的第一次利息支付之后，公平的 2 年期 SOFR 互换利率变成了 1%。由于市场利率下降，1.64%固定利率的互换协议剩余现金流的现值增加了，比如达到了 101 280 000 美元。在重置日期，互换的浮动端的价值为 100 000 000 美元。因此，互换固定利率接收方的 NPV 为 101 280 000 美元减去 100 000 000 美元，即 1 280 000 美元。1.64%固定利率互换的固定利率接收方拥有一份处于实值状态的 2 年期互换，因为发起新的 2 年期互换的交易者只能得到 1%的收益。相反，互换对固定利率支付方的净现值为 −1 280 000 美元，因为固定利率支付方的 1.64%固定利率的 2 年期互换头寸是处于虚值状态的，因为新的交易者只需要支付 1%。

定义了 NPV 后，我们可以讨论"总市值"这一概念，它的定义是给定市场中所有互换的 NPV 的绝对值之和。总市值有时被用作衡量市场上风险敞口的指标，但它在这方面存在两个缺点。其一，一对交易对手的正负 NPV 是按绝对值相加，而不是按净值相加的。其二，鉴于保证金是根据净现值公布的，总市值指标可能会显著夸大交易对手的风险敞口。

13.2.4 互换的 DV01

将互换的固定端看作一只附息债券，其 DV01 可以按照第 4 章的思路计算，即将适当的利率曲线向下移动 1 个基点并重新估值。因为 SOFR 互换的浮动端在任何时候的价值都等于它的应计价值，所以无论当时的利率如何变动，它的 DV01 都是 0。而且，由于 Euribor 互换浮动端的价值等于在下一个重置日到期的附息还本债券的价值，其 DV01 也可以按照第 4 章的方法计算。用一些例子来说明一下数量级，在利率期限结构平坦且为 2%的情况下，10 年期 2%固定利率互换的固定端的 DV01

与 10 年期债券相似，约为 0.09；SOFR 互换的浮动端的 DV01 为 0；固定换 6 个月期 Euribor 互换的 DV01 与期限为 6 个月的零息票债券相似，约为 0.005。对于 Euribor 互换，可以这样说，固定接收方的 DV01 等于固定端的 DV01 减去浮动端的 DV01，在本例中为 0.09 − 0.005 = 0.085。然而，正如第 5 章所述，债券受期限结构不同部分的影响远非完全一致的。因此，10 年期的固定端和实际上为 6 个月期的浮动端应分开对冲，前者用其他约 10 年到期的工具对冲，后者用其他约 6 个月到期的工具对冲。顺便提醒，可以回顾以下 5.5 节讨论的 PV01 和局部基点价值，它们非常适合用于处理互换的利率敏感性。

13.2.5 解除 IRS 风险头寸

假设图 13-1 中 3 年期 SOFR 互换的交易对手方是收取固定金额的交易对手 A 和支付固定金额的交易对手 B。进一步假设，交易对手 A 决定在一年后解除互换的利率风险。根据前面已经描述过的场景，现行的 2 年期 SOFR 互换利率为 1%，目前互换对于交易对手 A 的 NPV 为 1 280 000 美元。通常可以通过三种方式解除互换的利率风险。第一，A 可以要求 B 解除交易。因为互换的 NPV 对于 A 而言是正的，所以 B 需要向 A 支付该 NPV，然后双方将解除交易。这种方法的一个优点是，可以让交易真的从账户上消失，就像一个特定的债券或期货合约被购买和随后出售。但对 A 来说不幸的是，B 可能想让交易继续进行，原因有很多：这种互换可能是其更大的交易组合的一部分，立即支付 NPV 可能需要资金成本，交易的取消可能会增加 B 对 A 的整体风险敞口。此外，由于只有 B 可以解除这一特定交易，所以 B 拥有谈判筹码，可能会要求支付低于理论上公平的 NPV 的价格。无论如何，在实践中，像 A 这样的交易对手方很难解除现有交易。

第二种方法是，A 为消除与 B 的互换的利率风险，选择和另一交易对手方签订一个相反方向的互换，在两年的时间内支付 1.64% 的固定利率，收取在 1% 的市场利率下支付 1.64% 的利率的、初始价值等于 1 280 000 美元的 NPV。这种交易将抵消现有互换的利率风险：向新对手方支付 1.64% 并从新对手方收取 SOFR 恰好抵消了从对手方 B 获得的 1.64% 和向 B 支付的 SOFR。然而，这种方法也有问题。当市场利率为 1% 时，很难找到一个愿意在 2 年期互换中收取 1.64% 的固定收益，并愿意为此支付一些净现值的交易对手。换句话说，最具流动性的 2 年期互换合约的固定利率等于当时的市场利率，因为这可以让互换发起时价值为零。这种方法的另一个问题是原来的互换不会消失。在接下来的两年里，与 B 的互换和与新交易对手的互换并存，A 方需管理或承担来自两个交易对手的风险。

A 规避互换利率风险的第三种方法，也是实践中最常见的方式，就是签订新的 1.0% 的固定利率的 2 年期互换，并调整互换的名义金额，以对冲现有互换的利率风险。在这个例子中，由于这些 2 年期互换只在固定利率上有差异，而且差异只有 0.64%，调整将非常小。因此，为了说明问题，假设 A 通过进入新的 30 年期互换（DV01 为 0.225）并支付固定利率，来对冲现有的 1 亿美元的 25 年期互换（DV01 为 0.196）的接收固定利率的风险。在这种情况下，A 将支付 1 亿美元乘以 0.196/0.225，即进入约 8 710 万美元名义金额的 30 年期互换。这种方法的优点是，通过选择交易流动性最强的互换，交易对手 A 可以相对容易地获得具有竞争力的利率。这种方法的问题是，两种互换的风险不能完全相互对冲，也就是说，对冲可能需要随着时间的推移进行调整，而且，与第二种方法一样，保留了原来的互换和新的互换各自的对手方风险。

消除互换利率风险的常用做法不是平仓交易，而是发起新的交易来对冲风险，这产生了会夸大互换利率风险的名义金额，并增加了 IRS 市场的操作复杂性。此外，如果持有的净多头头寸与持有的净空头头寸对应的对手方不同，则必须同时管理或承担多头和空头的对手方风险。该行业确实会通过定期的"仓位压缩"程序来减少交易的激增。仓位压缩程序会以一种最低限度地改变各交易对手的风险状况的方式，并以相对较少的现金支付来取消整个系统的交易。IRS 清算所的引入也减轻了交易扩张带来的对手方信用风险的影响，因为每个交易对手都将清算所视为其合法的交易对手。

一个根本的问题是，为什么该行业还没有转向更有利于互换平仓的做法。正如在第 14 章中所解释的，在合约票面利率和期限的标准化趋势下，信用违约互换（CDS）的交易扩张得到显著缓解。类似的标准化 IRS 也存在，比如"市场协议息票"（MAC）互换，但交易量很少。标准化互换期货是另一种可能的方案，它们确实存在，但交易量也相对有限。对于 IRS 市场没有向这些方向发展的一个解释是，市场参与者积极地希望获得特定的票面利率和期限。在一些对冲应用中，定制化互换是首选。但最近的一项研究认为，占交易量大约 60%~80% 的 IRS 交易可以被标准化，这意味着有机会大幅减少交易量并阻止交易的无序扩张。⊖

13.3 利率互换的应用

可以从两个角度来解释 IRS 的应用：建立债券杠杆头寸的手段（见第 2 章）和

⊖ 参见 Haynes R.，Lau M.和 Tuckman B.（2020），"How Customized Are Interest Rate Swaps？"商品期货交易委员会首席经济学家办公室，是年 6 月发布。

作为利息收益的交换手段。第一个角度能很好地解释市场参与者利用 IRS 增加或减少其利率风险敞口的行为。决定成为 IRS 固定支付方的资产管理公司可能是押注利率将上升，也可能是想对冲公司债券投资组合的利率风险，它们更感兴趣的是互换的 DV01，而不是被交换的特定现金流。本节中描述的前三个应用案例——养老金、希腊政府和布伦瑞克公司，都属于这一类应用。第二个角度能更好地解释市场参与者通过 IRS 改变特定现金流的行为。在第 14 章将要介绍的资产互换交易中，公司债券的投资者特别希望将未来将收到的债券票面利率换成浮动利率加上一定的利差。本节要介绍的最后两个应用案例——银行贷款和合成浮动利率债务，都属于这一类应用。

13.3.1 养老金负债

假设一只养老基金的长期负债的现值为 10 亿美元，DV01 为 200 万美元。与此同时，根据对公司债信用利差的研究，该养老基金在公司债券投资组合中投资了 10 亿美元。然而，由于公司债券的期限大多在 5～10 年，而且养老基金在根据信用利差选择债券的过程中并没有特别关注期限，因此所选资产投资组合的 DV01 只有 50 万美元。这种配置使养老基金暴露在利率下降的风险之中：利率每下降 1 个基点，负债价值增加 200 万美元，而资产价值只增加 50 万美元，会造成 150 万美元的资金缺口。为了对冲风险，养老基金可以作为 IRS 的固定收取方，进入一个总 DV01 为 150 万美元的长期 IRS 投资组合。可以选择不同期限的互换来对冲养老金对利率期限结构不同部分的风险敞口，具体方法如第 5 章所述。在任何情况下，作为互换的固定利率接收方，都不能从养老基金中提取现金，后面将要介绍的保证金需求除外。换句话说，养老基金只能用它自有的现金购买它真正想要的资产，在这个例子中是公司债券，然后通过互换来调整由此产生的风险。

13.3.2 希腊政府对冲其浮动利率债务

在 2010 年的主权债务危机期间，希腊政府以 Euribor 加上一定的利差向其他欧元区国家借款。⊖截至 2018 年底，贷款余额超过了 500 亿美元，同时 10 年期互换利率已降至 1.60% 左右。因此，希腊政府选择通过成为 10 年期 Euribor 互换的固定利率支付方，来对冲 Euribor 未来上升的风险。但问题是，希腊政府的信用评级低于投资级，而且作为一个主权国家，希腊政府没有提供抵押品的能力。这意味着希腊政

⊖ 本案的事实可以参见以下文献：Becker L.（2018），"Greece Slashes Rates Exposure with €35 Billion Swap Programme，" 11 月 28 日发布。

府不是一个特别有吸引力的互换交易对手方，尤其是对那些与希腊政府现有互换交易的 NPV 为正的交易商而言。更具体地说：①在没有抵押品的情况下，交易商的正 NPV 实际上转化为了对希腊政府的直接信用贷款敞口；②这些交易商在对希腊政府的对冲头寸上的 NPV 为负，它们通常需要为此提供抵押品，并承担融资成本。⊖ 为了让这些交易商愿意交易，希腊政府允许它们将正 NPV 的互换"替代"给持有负 NPV 互换的交易商。例如，如果交易商 X 与希腊政府进行了互换交易，NPV 为 100 万，而交易商 Y 也与希腊政府进行了互换交易，NPV 为 –100 万，那么交易商 Y 可以向交易商 X 支付 100 万，并接管其互换交易。替代过后，这两家交易商将都没有当前对希腊政府的互换 NPV 敞口，交易商 X 可以解除其对冲头寸，不再承担相关融资成本。因此，交易商 X 可能将不再不愿意与希腊政府进行新的互换交易。⊜

13.3.3　对冲未来的债券发行

本应用案例首先从描述"远期互换"或"远期开始互换"的概念开始，图 13-3 展示了一个 1 年远期 3 年期互换的结构。通过这种远期互换，一个交易对手同意在 1 年后开始的 3 年时间内，支付固定利率并接收浮动利率；另一个交易对手同意接收固定利率并支付浮动利率。一个重要的细节是，固定利率是在图中的交易日商定的。

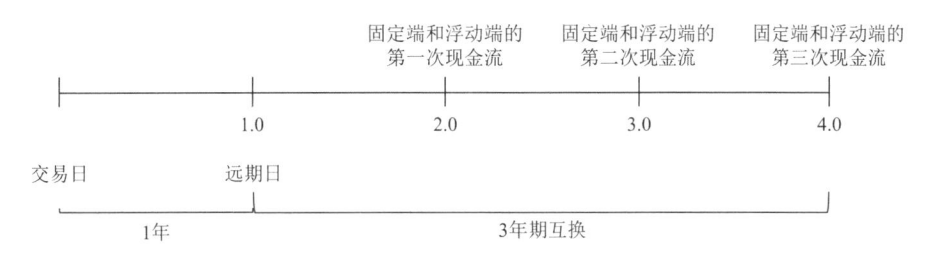

图 13-3　一个 1 年远期 3 年期互换的结构（每年支付一次利息）

现在我们来考虑一个计划发行名义金额为 1 亿美元的 3 年期债券的公司，但发行时间是在 1 年以后。假设目前市场上流行的 3 年期互换利率为 1.5%，而 1 年后开始的 3 年期远期互换利率为 1.0%。再假设在 1 年后该公司将能够以当时流行的 3 年期互换利率出售这些债券。该公司可以通过在今天进入一份 1 年后开始的，名义本

⊖ 这是一个非常典型的案例，能说明为什么需要通过融资价值调整（FVA）来评估互换头寸。交出和接收抵押品的净成本或收益必须与互换的现金流一并考虑。
⊜ 对希腊政府净现值为负的经销商 Y，可能需要受到额外的激励才会接受新的交易。它可能并不介意欠希腊政府钱，而且由于它用于对冲抵押品的金融工具可能有正的净现值，所以总体融资成本可能还有所降低。

金为1亿美元,支付1.0%的固定利率的3年期远期互换,从而锁定1% + 1.5% = 2.5%的融资成本。表13-2显示了上述对冲的效果。假设一年后,3年期互换利率已升至1.5%,该公司以3.0%的利率发行1亿美元的3年期债券,并以1.5%的利率成为1亿美元3年期互换的固定利率接收方。手中的1.0%远期互换(已成为3年期互换)加上债券发行成本,加上新互换的净利率为:−1.0% − 3.0% + 1.5% = −2.5%。或者,假设一年后3年期互换利率降至0.5%,然后公司以2.0%的利率发行债券,并以0.5%的利率在3年期互换中获得相同的净利率:−1.0% − 2.0% + 0.5% = −2.5%。从本质上说,如果利率上升,该公司将支出更多的债务利息,但通过远期开始互换锁定了目前较低的利率,抵消了债务上的损失。相反,如果利率下降,公司支付的债务利息就会减少,但会由于锁定了较高的远期开始互换利率而遭受损失。

表 13-2 使用远期开始互换对冲未来的债券发行

3个月期互换利率	1.5%	0.5%
交易	现金流	现金流
发行债务	−3.0%	−2.0%
接收固定利率	1.5%	0.5%
支付远期开始互换的固定利率	−1.0%	−1.0%
总计	−2.5%	−2.5%

注:通过利率互换发行1.5%的债务;远期互换1年后开始,期限为3年,固定利率1%;假设1年后的3年期互换利率为1.5%或0.5%。

在实践中,公司可以解除远期开始互换,并将已实现的NPV用于降低债务发行费用,而不是在债券发行后再进入新的互换。正的NPV将降低较高的债务成本,方式可能是通过使用正的NPV弥补资金缺口并发行更少的债务,而负的NPV将在利率较低的情况下增加债务成本,方式可能是通过发行更多的债务来偿还负的NPV。

债务发行人有时会发现远期互换的交易成本比即期互换高。在这种情况下,该发行人可以按预设的名义金额进入即期互换并支付固定利息,并让即期互换的DV01与公司远期发行的债券的DV01相匹配。不过,采用即期互换的对冲确实会面临一些利率曲线风险。例如,在上一段的场景中,为3年期即期互换支付固定利息会使债务(而不是对冲头寸)暴露在3年以后的1年期利率变化中。而为4年期即期互换支付固定利息会使对冲头寸(而不是债务)受到1年期利率变化的影响。在任何情况下,注意互换对冲只对冲互换利率变化的风险,而公司借款利率相对于互换利率的任何上升,在前几段的例子中都被忽略了,但显然该风险没有被互换头寸对冲掉。

生产船只和其他产品的布伦瑞克公司计划在2023年中发行3亿美元的固定利

率债务。2021年1月，该公司签订了1.5亿美元的远期互换，以对冲掉一半的债务发行风险。此外，该公司还选择用不同的开始日期和到期日期来构建对冲，以应对实际发行日期的不确定性。财务主管表示，如果发行日期也越来越确定的话，对冲合约的数量可能会随着时间的推移而增加。简而言之，确定哪些需要对冲可能比确定如何对冲要困难得多。[⊖]

13.3.4 银行贷款

银行更喜欢向客户发放浮动利率贷款。第一，从资产负债管理的角度来看，浮动利率资产可以自然对冲活期存款的风险，而活期存款是银行的主要浮动利率负债（构成了银行的绝大多数资金）。第二，正如第14章将讨论的那样，在二级市场上出售浮动利率贷款比出售固定利率贷款容易得多。然而，许多借款人希望在借款的某些期限内锁定固定利率。可以通过 IRS 实现银行和借款人目标的一致，具体原理如图 13-4 所示。银行向借款人发放一笔浮动利率贷款，借款人支付浮动利率。与此同时，银行可以建立一份"背靠背"互换，从借款人那里收到固定利率，并向交易商支付固定利率。对借款人来说，最终的结果是得到一笔固定利率的贷款，因为为贷款支付的浮动利率被从互换收取的浮动利率所抵消，只剩下为互换支付的固定利率。对银行来说，最终得到的结果就是最初想要的浮动利率贷款，因为从设计上讲，两次互换带来的现金流恰好互相抵消。虽然许多银行确实如图中所示，通过背对背互换交易来助力一对一客户贷款业务，但也有银行选择用数量较少的名义金额较大的互换来对冲客户互换投资组合的总风险。

图 13-4 利用利率互换便利银行贷款

13.3.5 合成浮动利率债务

正如刚才讨论的，银行以浮动利率吸收存款，然后发放浮动利率贷款。但银行通常确实需要一定数量的长期资金，因为过度依赖短期资金会产生一种脆弱性，即

[⊖] 对布伦瑞克对冲计划的描述参见文献 Turnstead R.（2021），"Corporates Pre-hedge Future Bond Sales as Inflation Rises，"8月17日发布。

忽然丧失获得这些资金的能力的风险，俗称挤兑。这种风险可能因为全行业普遍紧张的财务状况，也可能因为对特定银行的担忧。因此，银行可能会选择发行一些长期的浮动利率债务，从而获得一些较少受到挤兑影响的资金，作为对浮动利率融资风险的缓冲。然而，事实证明，这类债务的市场极其有限。因此，一种实际的解决办法是创造一种"合成"的长期浮动利率债务，具体过程如图 13-5 所示。银行可以在更传统的固定利率市场发行长期债务，然后通过 IRS 接收固定利率并支付浮动利率。最终的结果是，正如银行所希望的那样，合成了一份长期浮动利率债务。

图 13-5　浮动利率债务的合成发行

13.4　对手方信用风险

互换合约的每一个交易对手都要承担另一方违约的风险。缓解这一风险的一个关键手段是破产法中可以用于互换协议的"安全港"条款。在发生违约的情况下，大多数债权人无法立即采取行动收回欠款。例如，一家银行有一笔以生产设备为抵押品的未偿还商业贷款，在客户违约时，银行不能直接没收抵押品并将其出售，进而收回贷款，因为该银行面临破产"冻结"。根据破产保护机制，违约公司被给予了一定的时间进行重组，在此期间它可以继续使用生产设备。经过一定的时间之后，如果得到破产法院的许可，银行的贷款可能会得到偿还或重组，有可能但并不一定是通过出售抵押品的方式进行的。但如果是带有"安全港"条款的互换协议，就可以不受破产冻结的限制。⊖更具体地说，如果一个交易对手方不履行其在互换协议下的义务，另一个交易对手方可以终止该协议以及与违约的交易对手方签订的主协议中包含的任何其他协议，然后可以对互换主协议中包括的所有协议条款下的应收账款和应付账款进行净额处理，并可以根据协议清算任何可得的抵押品，以支付互换结算的成本。

因此，如果没有安全港条款，幸存（没有违约）的交易对手方将不得不继续支付互换协议要求的付款，同时不会再从已违约的交易对手方收到付款，直到法院解决此事。但有了安全港条款，幸存的对手方可以终止协议并停止付款。因此，在违

⊖　其他可能涉及安全港条款的金融交易包括买卖证券的协议、各类实物交割远期合约和政府担保证券的回购协议。

约情况下，幸存的交易对手方面临的风险敞口是与违约交易对手方的所有互换协议的总 NPV。换句话说，幸存交易对手方对违约交易对手方的互换协议的任何正的 NPV 都可能因所有交易的违约和终止而受到损害。此外，在安全港条款下，幸存的对手方可以通过出售违约对手方提供的任何抵押品来收回可能损失的 NPV，如果这些抵押品价值不足，还可以通过法院向违约方提出无担保的索赔。顺便说一下，在交易清算后，幸存的一方必须支付负的 NPV，以解除它对违约方的净支付义务。衍生品安全港条款背后的政策理由是，杠杆率很高的金融机构可能会在破产过程中遭受巨大损失，而在破产过程中，它们并不知道自己的风险，因为它们不知道自己的哪些协议最终会得到兑现，而哪些协议不会。自 2007~2009 年的金融危机以来，安全港条款的覆盖范围有所缩小，以便政府当局在衍生品合约终止前有时间对破产的、具有系统重要性的金融机构进行清算，但这一过程在本章中不做进一步探讨。

交易商管理衍生品客户的交易对手方信用风险的一种方法是收取一定的费用或保险费，有时被称为"信用估值调整"（CVA）费用，该费用包含了违约的可能性和头寸的潜在风险。这些费用的收取方式通常是要求客户在支付利息时应用较高的利率，在收取利息时应用较低的利率，从而形成一定的准备金，可以弥补实际发生的少量违约所造成的损失。这种管理信用风险的方法特别适合拥有大量信誉良好的多元化客户群体的机构，因为这些客户既没有现成的现金，也没有提交和监控抵押品的基础设施。

但交易商管理交易对手方信用风险的最主要的方式，尤其是在与专业投资机构（如资产管理公司和对冲基金）以及其他交易商交易时，是用"可变保证金"（VM）和"初始保证金"（IM）作为抵押。㊀可变保证金追加通知让拥有正的净现值的交易对手方总是持有足够的抵押品以弥补对手违约造成的净现值损失。在这种情况下，违约造成的损失有时被称为互换的"当前风险敞口"。例如，考虑一个 IRS，其中交易对手 A 同意从交易对手 B 处接收固定利率。如前所述，在合约开始时互换的 NPV 为零。假设现在市场利率下降了，以至于交易对手 A 对交易对手 B 的净现值变为 100 万美元。在这种情况下，交易对手 B 必须向交易对手 A 提供 100 万美元的抵押品。随后利率又急剧上升，使得交易对手 B 的互换交易净现值为 200 万美元。此时交易对手 A 必须归还交易对手 B 已提供的 100 万美元的抵押品，并额外提供 200 万美元的抵押品。这样操作后，交易对手 B 持有的交易对手 A 提供的净抵押品总额，等于交易对手 B 的正的 NPV 或当前风险敞口。通常可变保证金追加通知每天发出一次，不过在市场波动加剧的时候可能会更频繁。

㊀ 该讨论类似于第 10 章中对回购交易抵押品的讨论。

由于 IRS 清算的保证金协议的最新变化，上一段介绍的可变保证金现在被改名为"按市值抵押"（CTM）可变保证金。对于对手方是清算所的头寸，IRS 的可变保证金现在被称为"按市值结算"（STM）可变保证金，这意味着该可变保证金不是通过提交抵押品来履行，而是将每日实现的利润或亏损以不可撤销的现金方式进行结算的，就像第 11 章中描述的期货合约的每日盯市结算一样。如果在前一段的例子中应用 STM 可变保证金，那么利率下降后，交易对手 B 必须直接向交易对手 A 支付 100 万美元的现金，而接下来利率又上升后，交易对手 A 也必须直接向交易对手 B 支付 300 万美元的现金。此时，交易对手 B 的互换交易的 NPV 为 200 万美元，但交易对手 B 已经从 STM 可变保证金支付中获得了这 200 万美元的净收入。⊖

作为对可变保证金为何能保护 NPV 为正的交易对手的最后解释，继续分析上面的例子，并假设交易对手 A 在其最后一次可变保证金付款后立即违约。在安全港条款下，交易对手 B 可以终止与交易对手 A 的互换，因此不再接收或支付该互换合约下的款项。但交易对手 B 需要更换互换合约，以恢复违约前头寸的经济效应。在 CTM 可变保证金制度下，交易对手 B 仍然要依赖安全港条款，通过可变保证金制度从交易对手 A 处获得 200 万美元的抵押品，并将这 200 万美元支付给某个交易对手 C，以获得条款与刚刚取消的互换相同的新互换。如果忽略交易成本，根据 NPV 的定义，交易方 C 愿意在互换中接收低于市场利率的固定利率和 -200 万美元的 NPV，是因为可以换取 200 万美元的保证金支付。最后，交易对手 C 必须立即将这 200 万美元作为其新获得的负 NPV 互换的抵押品，交还给交易对手 B。为了说明交易对手 C 参与该互换的条件是公平的，请注意，当交易对手 C 获得低于市场利率的互换后，如果利率保持不变，则互换带给交易对手 C 的 NPV 将从 -200 万美元逐渐增加到 0，而交易对手 C 将收回其从未支付的 200 万美元的抵押品价值。换句话说，通过参与互换，交易对手 C 实质上持有了一种票面利率低于市场水平、价格为 98 美元的债券，票面利率低于市场利率，但到期后债券价格会上升到 100 美元。

在 STM 可变保证金制度下，当互换的 NPV 上升到 200 万美元时，交易对手 B 随着时间的推移总共收取了 200 万美元，但在对手违约时不持有抵押品。新的交易对手 C 进入置换互换后，因为互换利率低于市场水平，因此 NPV 为负。然而，在 STM 可变保证金制度下，交易对手 C 只负责支付因 NPV 的后续变化而产生的付款。因此，在 STM 可变保证金制度下，交易对手 C 参与互换时不需要交换现金或抵押品。同样，随着时间的推移，交易对手 C 以低于市场的利率收取利息，但当 NPV 从 -200 万美元上升到零时，其结算付款现金流平均而言是正的。

⊖ 从资本用途的角度看，从 CTM 到 STM 的变化让我们可以将任何期限的 IRS 利率风险敞口都看作期限仅有一天的风险敞口。

虽然可变保证金足以在每次可变保证金通知补交的时候保护 NPV 为正的交易对手，但它不能保护两次可变保证金补交通知之间的 NPV 变化。继续上面的例子，假设利率再次上升，使交易对手 B 的 NPV 从 200 万美元增加到 300 万美元，而交易对手 A 在履行补交保证金通知之前就违约了。因此，交易对手 B 的风险敞口和可能的损失为 100 万美元。为了保护两次可变保证金补交通知之间的 NPV 变化，每个交易对手都持有对方提交的一定数量的初始保证金（IM）。初始保证金的金额通常被设定为足以覆盖一次大的市场波动，再加上替换违约头寸的交易成本和流动性成本。例如，统计分析可能表明，在 99% 的置信区间下，交易对手 A 和交易对手 B 之间的互换交易价值在被替换之前将变动不到 500 万美元，而市场专家认为替换一笔同样名义金额的互换交易将额外产生 25 万美元的交易成本和市场影响成本。因此，交易的初始保证金可能被设置为 5 250 000 美元。通过这种方式，只要两次可变保证金补交通知之间的 NPV 变化小于初始保证金，每个对手方就都有足够的抵押品来替换违约头寸。继续以 CTM 可变保证金制度为例，交易对手 B 持有 100 万美元的初始保证金抵押品，加上 200 万美元的可变保证金，足以支付给交易对手 C，说服其承担 -300 万美元的 NPV 头寸。剩余的 4 250 000 美元的初始保证金被返还给违约的交易对手方 A。在 STM 可变保证金制度中，交易对手 B 可以没收 100 万美元的初始保证金抵押品，使手中的总金额达到 300 万美元，这也是现在交易对手 B 在互换上的 NPV。剩余的初始保证金被返还给交易对手 A。新的交易对手 C 进入互换，虽然面临负的 NPV，但只需要支付未来的 STM 可变保证金。

一般来说，抵押品可以采用现金形式，在这种情况下抵押品提交方可以赚取一定的利率；也可以使用安全证券，如政府债券，在这种情况下抵押品提交方有权获得证券的收益。作为抵押品的证券可能只能以"折扣"价格，也就是说，以低于其市场价值的价格被接受，以便在发生违约的情况下规避价格风险。例如，如果折扣率为 3%，100 美元的证券作为抵押品只能算 97 美元。对于中央清算的交易，初始保证金由清算所设定和计算；而对于未使用中央清算的交易，初始保证金则使用公司内部模型或该行业的"标准初始保证金模型"（SIMM）设定和计算。确定初始保证金的一个重要变量是"风险保证金期间"（MPOR），其定义为一份互换违约后，对其进行对冲或替换的预期所需的时间。在对手方违约后，通常会先考虑对冲已违约的互换，如果有需要的话再进行替换，找一个愿意接手的交易对手来替换之前的互换，然后解除掉对冲头寸。例如，假设交易对手 A 没有履行其以 2.34% 的利率向交易对手 B 支付剩余期限为 12.3 年的互换现金流的义务。由于替换该互换可能需要一些时间，因此交易对手 B 应首先对冲其因 A 违约而可能遭受损失的风险敞口，比如以现行市场利率成为 DV01 中性金额的 10 年期互换的固定利率接收方。然后，如果有需要，交易对手 B 可以找到一个新的交易对手，按照之前讨论的方式替换原来的互换，在替换完成后解除对冲。不管怎么说，MPOR 越长，在对冲或替换之前的预期 NPV 变化幅度就越大，为确保有足够的资金用于对冲和替换已违约的互换，所需要的初始保证金就越多。

在 2007~2009 年金融危机之前，几乎所有的 IRS 都是在"场外交易"（OTC）的，并采用双边交易，也就是由交易双方自行管理。场外交易是指交易双方自行安排交易，不借助第三方平台或交易所。在双边交易中，交易双方自行制定保证金规则，交换抵押品，并承担对方违约的风险。尽管 IRS 在金融危机中没有扮演核心的角色，㊀但危机后的《多德-弗兰克法案》要求，所有流动性相对较高的互换交易都必须在"互换交易平台"上进行，并进行集中清算。互换清算所设置了保证金规则并管理抵押品，这将在下一节中进行更详细的描述。《多德-弗兰克法案》还要求，任何未清算的互换交易对手必须交换保证金，并且将所有互换交易和头寸情况通过"互换数据库"报告给监管机构。《多德-弗兰克法案》及其实施细则免除了利用互换进行对冲的"非金融商业终端用户"的清算和保证金要求。这意味着，举例来说，一家既没有能力为追加保证金要求提供资金，也没有管理保证金交易的操作能力的非金融公司，只要能找到一个有意愿的交易商，就可以采用双边交易的方式，利用互换来对冲债务。另外，保险公司和养老基金等商业实体的商业模式非常适合使用 IRS，但它们难以满足保证金要求的流动性需求。㊁除非这些实体规模非常小，否则不能免除清算和保证金要求。

《多德-弗兰克法案》的清算要求导致绝大多数 IRS 采用中央清算的模式，而就在不久前，市场还被 LIBOR 互换所主导。在撰写本书时，SOFR 互换还是一个市场新人，还没有被认为具有足够的流动性以满足清算要求。尽管如此，目前超过 70%的 SOFR 互换已经采用了清算交易，来自监管部门的清算要求很可能在 2022 年或不久后也会适用于它们。㊂

13.5 清算和中央对手方

图 13-6 说明了双边互换和清算互换之间的区别。图的顶部显示的是双边互换，

㊀ 参见 Tuckman B（2015），"In Defense of Derivatives: From Beer to the Financial Crisis，"《卡托研究所政策分析》第 781 期，是年 9 月 29 日出版。

㊁ 考虑一个养老基金，它通过成为 IRS 的固定利息接收方来对冲其长期负债。有了这种对冲，即使不支付可变保证金，该养老基金很可能也是一个安全的互换交易对手方。事实上，可变保证金可能会反过来增加该养老基金的风险：突然上升的利率不会改变该基金的净值——因为经过了对冲，但会引发追加可变保证金通知，这可能导致该基金在紧张的市场环境下被迫卖出证券。当然，该基金可以持有更多的现金余额以应对这种可能发生的情况，但这将拖累其总资产的收益率。

㊂ 参见 St. Clair B.（2021），"No Mandate, No Problem: SOFR Swaps Embrace Clearing，" 7 月 21 日发布。

交易对手 A 向交易对手 B 支付固定利息，并从交易对手 B 处接收浮动利息。交易的所有环节，从交易执行到现金流交换和保证金交换，都在两个交易对手之间发生，如果一方违约，另一个交易对手方承担所有风险。当只有两个交易对手方时，示意图看起来很简单，但管理与多个交易对手方进行的大量互换交易是非常复杂的。每一天，每一个交易对手都必须向所有交易对手支付或收取可变保证金，此外还必须支付或收取当天到期的合约的利息。此外，每一个交易对手都必须跟踪其对其他交易对手的风险敞口，并对对方的信用情况进行持续的尽职调查。

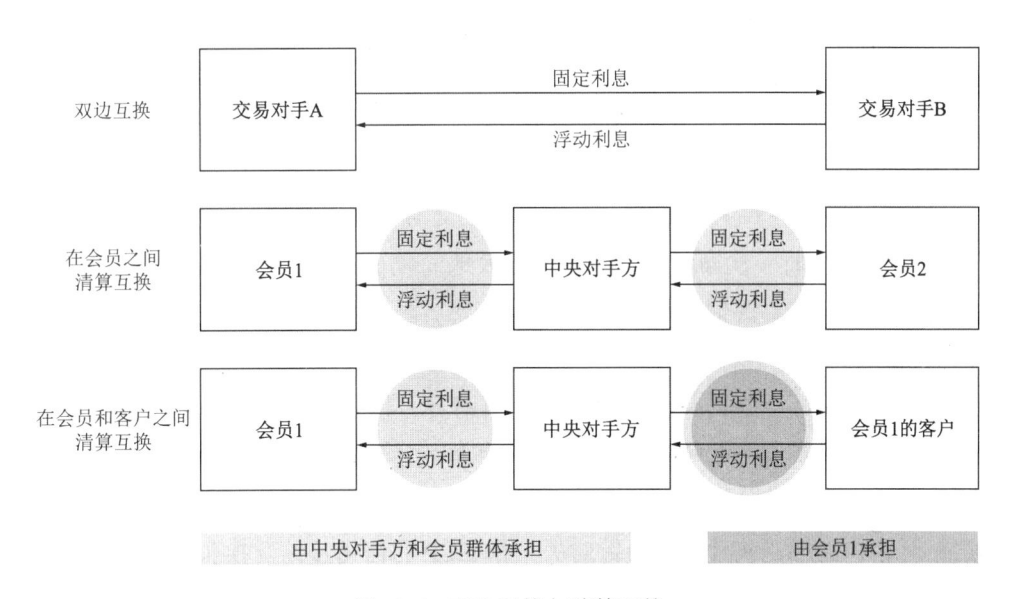

图 13-6 双边互换与清算互换

图 13-6 的中间部分演示了互换清算所的两个会员之间的互换清算过程。会员 1 和会员 2 首先相互签订互换合约，这没有在图中显示，其中会员 1 支付固定利息给会员 2。然后，该互换被"放弃"并进入清算，这意味着互换被取消，并被图中所示的两个互换所取代：一个是互换中会员 1 向清算所支付固定利息，清算所扮演了中央对手方（CCP）的身份；另一个是互换中 CCP 向会员 2 支付固定利息。请注意，CCP 不承担任何现金流风险或市场风险：从会员 1 处收到的任何金额都会直接转给会员 2，从会员 2 处收到的任何金额也会直接转给会员 1。每个会员现在都以 CCP 为直接对手方，并向 CCP 提交抵押品。如果其中一个会员违约，则由 CCP 管理违约过程并承担违约损失。但是，正如下面要进一步讨论的那样，大额的损失可能要由更大范围的会员群体来共同弥补。会员对损失的支援义务在图中表示为互换现金流周围的浅灰色圆圈。另外，如果 CCP 违约，会员 1 和会员 2 只能向 CCP 索赔，而不能相互索赔。

图 13-6 的底部演示了清算所会员和该会员的客户之间的互换清算过程。两者之间的初始互换（签订过程未显示）和上一段描述的一样，被转换为两个互换，每个互换的直接对手都是互换清算所。和前面一样，会员的违约损失由 CCP 和更大范围的会员群体共同承担；而客户的违约损失首先由会员 1 承担，因为客户是由会员 1 发起来面对 CCP 的。这种义务在图中由该互换现金流周围的深灰色圈表示。但如果会员 1 也违约，那么就像以前一样，损失将由 CCP 和更大范围的会员群体共同承担，这一递进式义务在图中由浅灰色圆圈包围深色圆圈表示。虽然该图的这一部分说明的是会员 1 和它的客户之间的交易，但这一段的逻辑可以扩展到其他交易：会员交易由 CCP 和更大范围的会员群体支持；而客户交易首先由发起会员支持，然后再由 CCP 和更大范围的会员支持。

相对于 IRS 的双边交易，清算交易大大简化了操作。无论仓位数量、交易对手和交易历史如何，在每天结束时，CCP 的每个交易对手只需要向 CCP 支付一次净付款，或从 CCP 接收一次净付款。清算还极大地简化了对手方信用风险的管理，因为每个交易对手只需要评估 CCP 的信用度，当然，虽然后者的信用度极高，但要精确地评估它可能也是具有挑战性的。虽然清算具有显著而广泛的优势，但这些优势是有一些机会成本的。在同一产品类别内进行清算，牺牲了跨产品类别清算的可能。例如，与一个特定客户同时拥有 IRS、回购和信用违约互换头寸的交易商，很可能更喜欢在公司内部计算这些头寸的净现金流，而不是计算针对一个 CCP 的 IRS 头寸、直接针对客户的回购头寸，以及针对另一个 CCP 的信用违约互换头寸。但清算的法律要求阻止了这种公司内部净额结算的选择。清算还将保证金管理和违约管理外包给了 CCP，这虽然有利于较小的交易对手方，但对业务范围更广的大公司可能不是最佳的选择。

CCP 的风险管理包含许多执行方面的要求。第一，CCP 必须制定会员标准，并在一段时间内监测会员的信用状况。第二，CCP 必须设定保证金要求。如前所述，追加可变保证金的金额设定从概念上讲是比较直接的，因为它们反映了 NPV 的变化。但适当的初始保证金金额设定取决于对市场波动性和流动性状况的复杂分析。第三，CCP 必须建立违约管理程序，并在违约发生时很好地执行这些程序。当会员的客户违约时，要通知该会员处理；当会员违约时，CCP 自己要负责处理。更具体地说，CCP 必须向互换的非违约方支付 STM 可变保证金，并按照前面描述的方式替换违约的互换。需要注意的是，虽然交易商可能决定用类似的敞口来替代遭受损失的敞口，但 CCP 的商业模式根本不承担任何市场风险。违约的互换最终必须被一个条款完全相同的互换所取代。无论如何，按照上述管理原则，CCP 的最重要的资金来源是违约会员的初始保证金。然而，如果这被证明是不够的，CCP 会根据预先设定的"瀑布式违约处置图"来收集必要的资金。

图 13-7 展示了一个瀑布式违约处置图，但没有按照标的资源的规模绘制。第一个资源是刚刚过讨论的由违约会员提交的初始保证金。然而，除了提交初始保证金，会员还必须按其对 CCP 的头寸规模的比例，向某只"违约基金"或"担保基金"缴款。一个经验法则是，违约基金的总额应该足够大，足以承受两个头寸最大的会员同时违约的冲击。在任何情况下，如果违约者的初始保证金不足以弥补 CCP 的损失，违约者的违约基金就会被提取。⊖如果这也不够，CCP 的资本金就会被动用。相对于所有会员的违约资金总额的规模而言，CCP 的资本金规模通常是相当小的。这种缓冲有时被称为 CCP 的"风险共担"，它的规模应该设为多大是很多争论的主题。简单来说，一方面，CCP 认为由于几乎所有的风险都来自会员的头寸，因此几乎所有的瀑布式保护措施都应该来自会员；另一方面，会员们认为，由于 CCP 以自身股东利益作为重要考虑因素来管理风险，因此它们也应该贡献一大笔缓冲资金。在任何情况下，如果 CCP 的资本金耗尽，而亏损仍需弥补，则要从幸存会员那里提取违约基金。到此为止的瀑布式措施解释了会员群体作为一个整体来支持其他会员的违约处理的意义，这也是 CCP 分担损失的意义。对清算的某些宽泛描述声称 CCP 消除了交易对手的信用风险，但这是不准确的。当一笔互换交易被清算时，其交易对手的信用风险从初始交易对手转移到 CCP 及其整个会员群体身上。

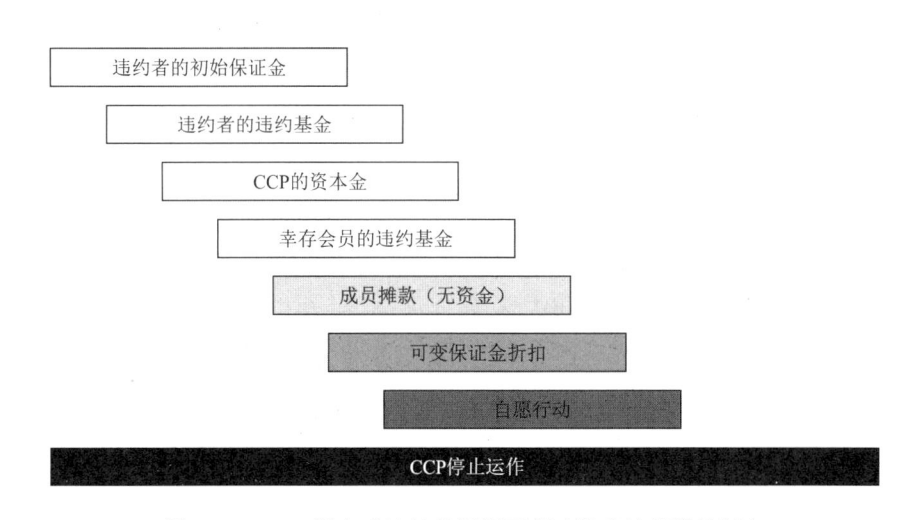

```
┌─────────────────────┐
│  违约者的初始保证金  │
└─────────────────────┘
  ┌─────────────────────┐
  │   违约者的违约基金   │
  └─────────────────────┘
    ┌─────────────────┐
    │   CCP的资本金    │
    └─────────────────┘
      ┌─────────────────────┐
      │   幸存会员的违约基金  │
      └─────────────────────┘
        ┌─────────────────────┐
        │   成员摊款（无资金）  │
        └─────────────────────┘
          ┌─────────────────┐
          │   可变保证金折扣  │
          └─────────────────┘
            ┌───────────┐
            │  自愿行动  │
            └───────────┘
              ┌─────────────┐
              │  CCP停止运作 │
              └─────────────┘
```

图 13-7 CCP 瀑布式违约处置图示例（没有按规模绘制）

⊖ 在管理已清算 IRS 的违约时，会员的未违约客户的保证金在法律上是没有风险的。因为他们的保证金是"在运营中混合但在法律上分开的"(LSOC)。也就是说，虽然为了操作方便而将他们的保证金与其他客户的保证金混合在一起运营，但如果某个会员违约并对 CCP 负有未偿义务，该会员的非违约客户的保证金不能被合法地转移给 CCP 用于偿付。这种处理方式不同于期货市场的客户，在期货市场中如果期货佣金交易商（FCM）对期货清算所负有违约但未偿付的义务，破产程序允许清算所获得未违约客户的保证金。这种可能性被称为"同行客户风险"。

可变保证金覆盖每天的市场波动，初始保证金覆盖两次追加可变保证金之间的所有市场波动，最大的市场波动除外，而违约基金的规模足以承受头寸最大的两个会员的违约，这两个会员几乎肯定是规模庞大且受到严格监管的金融机构。所以只有破纪录的金融海啸才会产生更大的损失，进一步走到瀑布的更下游。但如果继续向下走，那下一个资金来源的情况如下。如果瀑布到达了这一位置，会员们同意遵守某种摊款或追加资金要求。这被称为"无资金摊款"，因为 CCP 不像对初始保证金和违约基金摊款那样将它们作为储备。虽然有法律约束力，但总有人担心，在危机中，摊款可能不会及时和全部兑现。如果摊款不足以弥补损失，那么欠市场参与者的部分可变保证金将得不到支付，这一过程被称为可变保证金折扣。在此之后，最后求助的来源包括自愿捐款和会员采取的其他行动。如果事实证明这还是不够的，CCP 将停止运作。

本节最后简要介绍三个热门的公共政策问题。第一个政策问题，与各种替代方案相比，清算绝大多数 IRS 的这一转变可能显著降低了系统性风险，也可能没有，但它肯定集中了这种风险。几乎所有以英镑计价的 IRS 都在伦敦清算所（LCH）进行清算；绝大多数以美元计价的 IRS 也在伦敦清算所清算，芝加哥商品交易所（CME）只能远远排在第二位；绝大多数以欧元计价的互换交易都在伦敦清算所进行清算，规模较小但不断增长的"€STR 互换"交易除外，欧洲期货交易所（Eurex）在后者的清算中占据的市场份额不断增长；以日元计价的互换交易由伦敦清算所和日本证券清算公司（JSCC）共同完成清算。㊀从系统风险的角度来看，立法者和监管者似乎遵循了安德鲁·卡内基的建议："把所有的鸡蛋放在一个篮子里，然后看好这个篮子。"

第二个政策问题与 CCP 保证金有关。保证金与 CCP 的其他风险管理做法同样旨在使任何交易方因对手方的信用风险而蒙受损失的可能性降到最低。但能达成这一结果的部分原因是 CCP 有能力设定初始保证金，并在市场波动或财务压力增加时提高所需的初始保证金。从这个意义上说，降低对手方信用风险会增加流动性风险。许多人担心，不断增加的初始保证金可能会加大市场在金融危机期间面临的压力，即所谓的"保证金顺周期性"，但该问题没有简单的解决方案。在金融危机期间提高保证金要求是 CCP 一项重要的风险管理工具，但这可能会给其会员和其他市场参与者带来挑战，因为它们既要履行日益增加的对 CCP 的义务，又要继续履行非衍生品义务。

㊀ 参见 Khwaja A.（2021），"2020 CCP Volumes and Market Share in IRD，" 1 月 13 日发布。顺便说一句，信用违约互换也是集中清算的，几乎所有的美元计价合约的清算都在洲际交易所（ICE），欧元计价合约的清算大约 80%也在 ICE，其他 20%在伦敦清算所。参见 Khwaja A.（2022），"2021 CCP Volumes and Shares in CRD，" 2 月 1 日发布。

第三个政策问题涉及 CCP 的治理。在清算成为监管要求之前，市场参与者可以将清算视为多种处理手段之一，可以决定清算或不清算。随着清算成为监管要求，且集中在极少数 CCP 中，市场参与者（包括会员）在对 CCP 的风险管理和其他实践方面的影响力就小得多了。这个问题的解决也远非直截了当的。

13.6　基差互换

OIS 和以固定换浮动互换都在一端以固定利率支付利息，在另一端以浮动利率支付利息。相比之下，基差互换在一端按一个浮动利率支付利息，而在另一端按不同的浮动利率支付利息。在去 LIBOR 化之前，一个期限的 LIBOR 与另一个期限的 LIBOR 的基差互换的交易量特别大，有效联邦基金利率（见第 12 章）和不同期限的 LIBOR 的基差互换也很常见。在美元市场上，SOFR 与 LIBOR 的互换交易在过渡时期非常活跃，但随着去 LIBOR 化的完成将逐渐消失。跨货币基差互换一直并将继续非常受欢迎。这些互换以一种货币的短期利率交换另一种货币的短期利率，例如 SOFR 和€STR。本节重点介绍€STR 和 3 个月期 Euribor 之间的基差互换，以解释相关概念，因为 Euribor 仍然是一种活跃的市场利率，也因为外汇利率的内容超出了本书的范围。

假设有一家银行，它以€STR 平价（即没有利差）为自身融资，并以 3 个月期 Euribor 加 1%的利率贷款给客户。该银行面临的基差风险是，相对于 3 个月期 Euribor 同期复利，在相同时间段内的€STR 复利上升。顺便说一下，一般来说术语"基差风险"是指以某种固定或可预测的关系一起变化的两个利率或价格，以一种不寻常的和不利于当事人的方式互相偏离的风险。图 13-8 显示了银行如何通过€STR 与 3 个月期 Euribor 的基差互换对冲其基差风险。在 2022 年 2 月，2 年期€STR 与 3 个月期 Euribor 的利差为 13.8 个基点，如图所示，这意味着该银行可以以一定的名义金额收取€STR 加上 13.8 个基点，并支付 3 个月期 Euribor，为期 2 年。更具体地说，在这 2 年的每个季度末，银行按该季度内每日的€STR 加上 13.8 个基点的复利收取利息（可参考图 13-1），并按季度初设定的 3 个月期 Euribor 支付利息（可参考图 13-2）。总的来说，通过基差互换的对冲，图 13-8 中的银行锁定了 1.138%的固定利率，只要其客户不违约。换句话说，客户支付的相对€STR 而言的信用利差和流动性利差为 1.138%：因为其相对于 3 个月期 Euribor 的利差为 1%，而 3 个月期 Euribor 与€STR 的利差为 13.8 个基点。

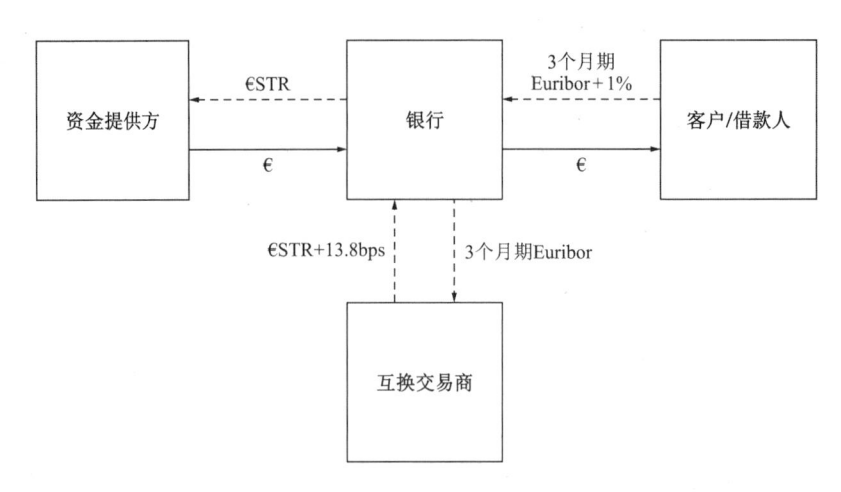

图 13-8　使用€STR 与 3 个月期 Euribor 基差互换对冲基差风险

从互换交易商的角度看，银行本身可能是信誉良好的机构，而且基差互换是有担保的，因此该交易几乎没有信用风险。不过，由于 Euribor 的风险高于€STR，因此一个季度的€STR 复利通常低于 3 个月期 Euribor。因此，支付高于€STR 的利差相对于收取 3 个月期 Euribor 而言是公平的，虽然市场如何确定准确的利差肯定是进一步分析的主题。

基差互换利差的存在表明，并非所有互换都可以使用第 2 章和本章前面给出的定价方法进行估值。该方法认为，当浮动利率被认为是无风险利率（即资金可以在无风险的情况下跨时间转移的利率）时，浮动利率端（包含虚构的名义本金后）是平价的，即价格等于其面值。将隔夜 SOFR 和隔夜€STR 归为无风险利率都是合理的，⊖然而，对于 3 个月期 Euribor 来说，情况并非如此。或者换句话说，以下几个观点不能同时为真：①支付€STR 的浮动端价值等于其面值；②€STR 加上 13.8 个基点相对 3 个月期 Euribor 的 2 年期互换是公平的；③支付 3 个月期 Euribor、为期 2 年的浮动端价值等于其面值。

当标的浮动利率不是无风险利率时（如 Euribor），为固定换浮动互换定价的合适方法如下。首先，用风险利率（如€STR）互换所隐含的贴现因子对固定现金流（包括名义金额）进行贴现。具体计算方法在第 2 章中介绍过。然后，浮动端的价值等于票面价值加上基差互换利差支付的现值，其中贴现率仍然使用无风险利率。例如，图 13-8 中的基差互换显示，收取 3 个月期 Euribor 的价值等于收取€STR 加上 13.8 个基点的价值，而收取€STR 的价值（包括象征性的名义金额）等于票面价值。因此，

⊖ 这句话的意思是，美元互换对 SOFR 互换浮动端定价的结果等于面值，欧元互换对€STR 互换浮动端定价的结果也等于面值。然而，在 SOFR 与€STR 的交叉货币基差互换中，只可能有一个浮动端的价值等于面值。此外，为了使互换公平，必须在其中一个浮动端上增加"交叉货币基点互换价差"作为补偿。从概念上讲，如果用于互换的抵押品获得的是等于 SOFR 的收益，那么 SOFR 就是用于估值的无风险利率，所以 SOFR 浮动端的价格应该等于面值。

在 2 年中每季度收取 3 个月期 Euribor 的价值等于票面价值加上 2 年中每季度支付 13.8 个基点的现值。

附录 13A 说明了上一段对 2022 年 2 月底代表性市场利率的计算过程，假设 3 个月期 Euribor 的 2 年期互换的固定利率为 0.078%，而€STR 与 3 个月期 Euribor 的 2 年期基差互换的利差为 13.8 个基点。经计算，固定端和浮动端的价值均为 100.281。总而言之，当浮动利率是无风险利率时，互换的固定端和浮动端的价值均等于面值。当浮动利率不是无风险利率，但对无风险利率的基差互换的交易利差为正时，互换的两端的初始价值仍然是相等的，但每一端的价值都超过其票面价值。注意，互换交易者可能只会关注新发起的利率互换交易是否公平，而不一定在乎每一端分别有多少价值。但仍然需要一种方法来计算交易账簿中已有互换的 NPV，这是在市场上无法观察到的。

刚刚描述的定价方法可以通过€STR 互换的利率和€STR 互换与 3 个月期 Euribor 互换的利差，来为 3 个月期 Euribor 互换定价。或者，该方法可以将€STR 互换和 3 个月期 Euribor 互换的固定利率作为给定条件，来求解公平的基差互换利差。后一种方法被称为"双曲线定价"，在各种期限的基差互换流动性不足的情况下，通常是首选方法。事实上，双曲线定价通常根本不需要明确计算基差。附录 13B 给出了该方法的简要说明。

附录 13A　2022 年 2 月 24 日的 Euribor 互换定价

本节要定价的是一种 2 年期的以固定利率换浮动利率的互换，其中浮动利率为 3 个月期 Euribor。输入是表 13A-1 所示的€STR OIS 的期限结构，2 年期 Euribor 互换利率为 0.078%，2 年期€STR 互换和 Euribor 互换的利差为 0.138%。假设所有的现金流都遵循"实际/360"的天数计算惯例，并假设所有相关日期都为工作日。

表 13A-1　截至 2022 年 2 月 24 日的€STR OIS 利率

期限（年）	期限（日期）	期限（天数）	利率（%）	贴现因子	远期利率（%）
0.25	2022 年 5 月 24 日	89	−0.569 5	1.001 409 9	−0.140 8
0.50	2022 年 8 月 24 日	181	−0.558 0	1.002 813 4	−0.140 0
0.75	2022 年 11 月 24 日	273	−0.511 0	1.003 890 2	−0.107 3
1.00	2023 年 2 月 24 日	365	−0.438 0	1.004 460 6	−0.056 8
1.25	2023 年 5 月 24 日	454	−0.338 0	1.004 278 4	0.108 1
1.50	2023 年 8 月 24 日	546	−0.233 0	1.003 545 5	0.073 0
1.75	2023 年 11 月 24 日	638	−0.140 0	1.002 488 8	0.105 4
2.00	2024 年 2 月 24 日	730	−0.060 0	1.001 220 1	0.126 7

表中第四列的 OIS 利率是在市场上观察到的。贴现因子的计算方法是，将每一个 OIS 的固定付款的现值（包括到期时的名义金额）设为票面价值，即支付复合日 €STR 的浮动端的价值。设 $d(t)$ 表示 t 年的贴现因子，则与第 2 章解释的 SOFR 互换相同，确定贴现因子的方程如下：

$$1 = (1 - 0.569\,5\% \times 89/360)d(0.25)$$
$$1 = (1 - 0.558\,0\% \times 181/360)d(0.50)$$
$$1 = (1 - 0.511\,0\% \times 273/360)d(0.75)$$
$$1 = (1 - 0.438\,0\% \times 365/360)d(1.00)$$
$$1 = -0.338\,0\% \times 89/360 \times d(0.25) +$$
$$[1 - 0.388\,0\% \times (454 - 89)/360]d(1.25)$$
$$1 = -0.233\,0\% \times 181/360 \times d(0.50) +$$
$$[1 - 0.233\,0\% \times (546 - 181)/360]d(1.50)$$
$$1 = -0.140\,0\% \times 273/360 \times d(0.75) +$$
$$[1 - 0.140\,0\% \times (638 - 273)/360]d(1.75)$$
$$1 = -0.060\,0\% \times 365/360 \times d(1.00) +$$
$$[1 - 0.060\,0\% \times (730 - 365)/360]d(2.00) \quad (13\text{A-}1)$$

对这组方程求解得出了表 13A-1 中的贴现因子，得到的远期利率也显示在表中，但在其余的计算中不需要。在任何情况下，有了这些贴现因子，将支付 Euribor 的互换固定支付方现值（包括名义金额）设定为 1（即，确定 €STR 的价值，包括名义金额）加上基差互换利差支付的现值，0.078% 的 2 年期 Euribor 互换利率和 0.138% 的 2 年期 €STR 互换与 3 个月期 Euribor 互换的利差之间就联系起来了。在数学上看：

$$0.078\% \times 365/360 \times d(1.00) + [1 + 0.078 \times (730 - 365)/360] \times d(2.00)$$
$$= 1 + 0.138\% \times \frac{89}{360} \times d(0.25) + 0.138\% \times (181 - 89)/360 \times$$
$$d(0.50) + \cdots + 0.138\% \times (730 - 638)/360 \times d(2.00) \quad (13\text{A-}2)$$

注意，式(13A-2)为定价条件。给定互换利率为 0.078%，可以求解 0.138% 的基差。或者，反过来，给定 0.138% 的基差互换利差，可以用来求解 0.078% 的互换利率。

附录 13B 双曲线定价

出于本节的目的，简单起见，假设每年支付发生在时点 $t = 1, \cdots, T$。为了便于说明，假设无风险利率指数是 €STR，非无风险利率指数是 Euribor。给定一组由 €STR OIS 派生的贴现因子 $d(t)$；一组 Euribor 互换利率 $c(t)$；以及 €STR 与 Euribor 的基差互换的利差 $x(t)$。对于每个 t，正文和附录 13A 中讨论的 Euribor 互换的公平定价条件为：

$$c(t)\sum_{s=1}^{t}d(s) + d(t) = 1 + x(t)\sum_{s=1}^{t}d(s) \tag{13B-1}$$

现在定义一组调整后的 Euribor 远期利率$L'(t)$，使 Euribor 互换浮动端的当前价值等于其公平价值，公平价值由式(13B-1)右侧给出。

$$\sum_{s=1}^{t}L'(s)d(s) + [1 + L'(t)]d(t) = 1 + x(t)\sum_{s=1}^{t}d(s) \tag{13B-2}$$

给定基差互换利差，式(13B-2)可以用来求解所有调整后的 Euribor 远期利率，每次一个，从$t = 1$开始，一直到$t = T$。这些$L'(t)$可以用来计算依赖于 Euribor 的支付价格。但是，注意到式(13B-1)和式(13B-2)的右边是相同的，这两个方程可以组合：

$$c(t)\sum_{s=1}^{t}d(s) + d(t) = \sum_{s=1}^{t}L'(s)d(s) + [1 + L'(t)]d(t) \tag{13B-3}$$

给定所有互换利率$c(t)$，通过式(13B-3)可以迭代地求解$L'(t)$。换句话说，只要 Euribor 互换的定价相对于€STR OIS 是公平的，就不需要知道基差互换的利差。

总之，为 Euribor 互换定价的双曲线方法如下。首先，解出调整后的远期利率$L'(t)$，如前所述。其次，将这些调整后的远期利率作为未来的 Euribor 交割利率，以确定浮动端的付款。最后，使用€STR 贴现因子对固定端和浮动端支付进行贴现。

第14章

公司债务和信用违约互换

公司借钱为其经营、交易（如合并和收购）和资本结构的改变（如现有债务的再融资和股票回购）提供资金。用于筹集这些资金的债务和债券受到公司的信用风险的影响，因为公司可能无法兑现支付利息和偿还本金的承诺，所以贷款机构要求以更高回报的形式为其承担信用风险提供补偿。"信用违约互换"（CDS）的现金流也取决于债务是否得到偿付，但它们本身并不是公司发行人的债务。换句话说，通过CDS合约，市场参与者相互交易公司的信用风险。虽然本章主要关注的是公司债务，但大部分讨论也适用于主权债务和市政债务，因为许多政府债务有时也被认为会受到不可忽视的违约可能性的影响。

许多市场参与者在不同程度上依赖评级机构来衡量借款人及其债务和债券的信用风险。美国三大评级机构的长期债务评级分类见表14-1。对这些宽泛的评级分类的更细的细分评级也可以从评级机构得到，而短期债务则有其特有的独立的评级标准。⊖

表 14-1 长期债务评级的分类

评级机构	投资级	投机级/高收益级	违约级
穆迪	Aaa,Aa,A,Baa	Ba,B,Caa,Ca	C
标普和惠誉	AAA,AA,A,BBB	BB,B,CCC,CC,C	D

注：每个条目的评级都按信用质量递减的顺序列出。

14.1 公司债券和贷款

在美国，信用度高的大公司往往通过商业票据（CP）、中期票据（MTN）和公司

⊖ 例如，穆迪的 Aa 评级又可以细分为 Aa1、Aa2 和 Aa3，B 评级可分为 B1、B2 和 B3。标普和惠誉的 AA 评级可分为 AA+、AA 和 AA-，B 评级可分为 B+、B 和 B-。对于短期债务，穆迪的评级为 P-1、P-2、P-3 和 "未获得评级"（NP）；标普的评级为 A-1+、A-1、A-2 和 A-3；惠誉的评级为 F1+、F1、F2 和 F3；对于更低等级的短期债务，标普和惠誉的评级均为 B、C 和 D。

债券在公开市场上定期借入资金。商业票据是一种典型的贴现（即零息票）工具，可能是无担保的、由银行的信用证支持的或由某种资产担保的。只要到期期限不超过 270 天，且其收益用于短期目的（而不是建造工厂等），商业票据就无须在美国证券交易委员会（SEC）注册，也无须支付相关费用。商业票据具有较高的信用等级和较短的期限，是最具信誉的公司筹集短期资金的一种特别廉价和高流动性的方式。但过度依赖商业票据借款确实会使公司面临资金风险或流动性风险，因为在商业票据到期时，公司必须将未偿还的商业票据展期，转为新的商业票据。

公司可以在公开市场上出售 MTN，通过定制的支付条款筹集资金。从历史上看，早期的 MTN 主要被用于填补商业票据和长期债券之间的期限差距，但现在对其更好的描述应该是为满足单个发行人和投资者的需求而定制的债务工具。MTN 最早于 20 世纪 80 年代初在美国流行，当时引入了 SEC 货架式注册。该模式允许发行方只进行一次登记，之后可以自由选择出售债券的时间和频次，每次出售时的条件也可以调整。

对于在公开市场上以相对标准的支付条件借款的长期借款，公司可以发行公司债券。在美国，这种债券必须在 SEC 注册。公司债券通常是附带票面利率的固定利率证券，但有一个小得多的市场由浮动利率债券（FRNs）组成。FRNs 的利率通常被设定为某短期参考利率加上固定的利差，有时可能会在参考利率的基础上乘以一个因子或加上一个杠杆，利差也可能随着发行者的信用评级和时间的变化而变化。FRNs 的短期参考利率传统上是 LIBOR，但现在正在过渡到 SOFR 和其他 LIBOR 的替代利率（见第 12 章和第 13 章）。

规模较小、信誉较差的公司通常无法在公开市场筹集资金，它们往往会通过"私募发行"的债券和银行贷款来筹资。在私募发行的债券中，筹资方为满足自己和数量相对较少的贷款方的要求而量身定制条款。保险公司是该市场最重要的投资者，尽管其他资产管理公司也会参与其中。非公开发行的债券不需要在 SEC 注册，正是因为它们可能只出售给被认为相对专业的"合格投资者"。

银行贷款通常是浮动利率工具，尽管借款人有时会通过相应的利率互换向银行支付固定利率并从银行接收浮动利率，以将他们的债务转换为固定利率，而银行反过来与互换交易商进行对冲（见第 13 章）。从银行的角度来看，浮动利率贷款具有能匹配浮动利率负债的优势，银行的浮动利率负债主要是存款，但也包括商业票据等批发融资。此外，在银行贷款的二级市场上，浮动利率贷款是最容易出售的。

传统上，银行会发放贷款并持有至到期。如果一个借款人需要的贷款数额对一家银行来说太大，比如，可能是因为账户上暂时没有足够的资金，更有可能是因为由此产生的信用风险对一家银行来说太大，那么几家银行就会组成一个银团或"辛迪加"，银团中的每个银行都向这个大借款人发放较小数额的贷款。在过去的几十年里，贷款的二级市场出现了惊人的增长。在二级市场上，银行可以将它们发放的贷款出售给机构投资者。通过这种方式，银行可以通过发放、服务和监控贷款等方式赚取费用，而不必承担所有相关的信用风险。事实上，目前绝大多数相对低质量或"杠杆"贷款并不是由银行持有，而是由机构投资者持有的。虽然部分杠杆贷款是由保险公司、共同基金和对冲基金直接从银行购买的，但银行贷款二级市场增长的主要原因是银行通过"抵押贷款凭证"（CLO）间接向机构投资者出售贷款。

14.1.1 抵押贷款凭证

抵押贷款凭证是一种购买杠杆贷款投资组合，并通过将投资组合拆成几个债务类别或债务"层级"，以及股权层级和次级票据层级出售来融资的工具。表 14-2 列出了 2019 年 5 月发行的特定 CLO 的债务层级。从本质上说，杠杆贷款基础投资组合的利息和本金收入会由上至下依次支付给各个层级，而任何信用损失则由下至上在各个层级中分配。⊖优先有担保浮动利率债券（FRNs）包括 X、A-1、A-2 和 B 级，优先从基础贷款中获取利息和本金；而夹层有担保递延浮动利率债券包括 C、D 和 E 级，在基础贷款获得额外现金流的情况下得到偿付。基础贷款的任何信用损失首先适用于股权层级或次级票据层级，然后适用于夹层债务，如果仍有剩余才适用于高级有担保债务。此外，CLO 的债务层级受到以下几方面约束的保护：基础贷款信用等级的约束、贷款向某一特定债务人或行业的集中程度的约束，以及对利息和抵押品充足率的各种持续测试。简而言之，表中列出的这个 CLO，从一个 634 125 000 美元杠杆贷款的基础投资组合中，创造了 414 225 000 美元的 AAA 或 Aaa 信用评级的 X、A-1 和 A-2 层级的债务，以及 64 600 000 美元的 AA 信用评级的 B 类别债券，依此类推。

⊖ 在该 CLO 中，在 2024 年 4 月之前到期的贷款本金会进行再投资。但在该日期之后，到期的贷款本金将被移交给各债券层级的持有人。因此，该 CLO 的管理人需要对贷款本金进行再投资，使投资组合中的贷款到期日分布在 2024 年 4 月之后和 2031 年 4 月各债券层级到期之前。

表 14-2 Apidos CLO XXXI 的各债务层级

债务层级	描述	金额（百万美元）	评级（标普/穆迪）	对 LIBOR 的利差（bps）
X	优先有担保 FRNs	4.725	AAA/—	65
A-1	优先有担保 FRNs	370.150	AAA/Aaa	133
A-2	优先有担保 FRNs	39.350	—/Aaa	165
B	优先有担保 FRNs	64.600	AA/—	190
C	夹层有担保递延 FRNs	40.300	A/—	255
D	夹层有担保递延 FRNs	36.200	BBB—/—	365
E	夹层有担保递延 FRNs	27.400	—/Ba3	675
—	次级票据	51.400	—	—
	总计	634.125		

注：数据报告日期为 2019 年 5 月，所有层级的债务都将于 2031 年 4 月到期。

购买评级较低层级的债务的补偿可以获得更高的利差，如表 14-2 的最后一列所示，利差从 AAA 级的 X 层级债务的 65 个基点到 Ba3 级的 E 层级债务的 675 个基点不等。[一]当然，股权层级的回报率取决于支付完所有优先级债权后的剩余金额。

CLO 中的不同层级具有不同的信用风险，这有利于吸引不同的投资者群体。银行可能倾向于持有或购买 AAA/Aaa 和 AA/Aa 级别的债券；保险公司和养老基金可能会投资于一系列层级；对冲基金和另类资产管理公司可能会购买利率较低的层级；外部投资者和 CLO 发起人可能会持有股权层级。

总结过去几十年的趋势，在 CLO 市场的推动下，杠杆贷款二级市场的增长模糊了杠杆贷款和高收益级债券之间的区别。公司有更大的灵活性在一个市场或另一个市场借款，资产经理可以主动决定投资在一个市场或另一个市场，所有的选择取决于个人的偏好或需求以及市场条件。

14.1.2 优先级、债券契约和赎回条款

在发行债券时，公司与债券持有人签订的合同被称为债券契约，由受托人执行。除了支付条件（如利息、本金和期限），债券契约还规定了在违约情况下该债券的偿付优先次序。例如，某次发行的债券可能由一组特定资产担保；第二次发行的债券可能是无担保的，但相对于发行的其他债券而言是"优先级"的；第三次发行的债券可能相对于发行的其他债券而言是"次级"的。在这个例子中，如果一家公司按照"严格"的优先顺序进行重组或破产清算，出售担保资产的收益将首先用于偿付有担保债券持有人的债权。如果有任何剩余收益，连同公司的其他资产一起，将首先用于偿付优先级债券持有人的债权。最后，无论剩下多少价值，都将用来满足次

[一] 在该 CLO 的情形中，X 层级的债务是期限特别短且安全的，因为它的本金在 CLO 发行后不久就开始偿还。

级债券持有人的要求。在实践中，由于重整过程涉及谈判和股权持有人，债务索赔的实际方案并不总是严格按照优先顺序执行的。

债券契约中还包含了保护债券持有人权利的条款。具体包括要求债务人维持各种财务比率，限制支付给股东的现金数额，要求公司在控制权变更后回购发行的债务，限制公司发行的新债务总额以及禁止发行优先级高于未偿还债务的新债务等。

最后一个要讨论的问题是债券契约中经常会包含的允许公司以固定的价格从债券持有人手中回购债券的"赎回条款"或"内嵌"赎回期权。一个简单的例子是一个 20 年期债券，允许公司在 10 年后的任何时候以票面价值赎回。一个更复杂的例子是一个票面利率为 4% 的 30 年期债券，允许公司在 10 年后以 102 美元（即 100 美元加一半的票面利率）的价格回购，或在 11 年后以 101.90 美元的价格回购，又或在 12 年后以 101.80 美元的价格回购。

赎回条款的最初目的是使公司能够回收发行的债券，且不必通过追踪和购买每一笔未清偿债务的方法。回收债券的目的也许是为了取消债券契约中包含的增值条款，或者改变公司现有的资本结构。随着利率在 20 世纪 80 年代初变得更不稳定，这些赎回条款作为一种利率期权变得很有价值：以固定价格购买债券的权利的价值会随着利率的下降（债券价格上升）和利率波动率的增加而增加。当然，与此同时，发行有赎回条款的债券的公司必须通过更高的票面利率向投资者支付期权费用。第 16 章描述了这些赎回条款的定价。

但自 20 世纪 90 年代中期以来，最常见的赎回条款变成了"以支付溢价为成本"的赎回期权。例如，在 2019 年 11 月的一次私募发行中，赫兹公司出售了公司债券"6s of 01/15/2028"，并提供了如表 14-3 所示的支付溢价赎回条款。在 2023 年 1 月 15 日之前，赫兹公司可以以比美国国债"2.75s of 02/15/2028"的收益率高 50 个基点的收益率从投资者手中赎回公司债券。在 2023 年 1 月 15 日后，赎回价格按表中所示的固定价格表执行。"支付溢价"赎回背后的想法是，让发行方能够灵活管理债务，而不必购买昂贵的利率期权。与以固定价格赎回的普通赎回期权不同，当公司债券收益率下降时，国债基准收益率也会下降，"以支付溢价为成本"的赎回期权价格就会上涨。因此，"支付溢价"的赎回条款的利率期权价值是极其有限的。事实上，从理论上讲，只有当赫兹公司债券相对于国债的市场利差下降时，"支付溢价"赎回期权才有行权价值。在这种情况下，赫兹公司债券的价值上升，而国债的收益率没有相应下降，支付溢价的赎回价格也没有相应上升。但在实践中，上述利差期权的价值可以通过将支付溢价的赎回期权设置为虚值期权来降低。例如，当赫兹公司在 2019 年 11 月发行"6s of 01/15/2028"时，其与美国国债基准收益率的利差为 423 个基点。这意味着债券利差必须大幅下降 423 – 50，即 373 个基点，才能让支付溢价的赎回期权中的利差期权进入实值状态。当然，总体而言，赫兹公司的债券 "6s of 01/15/2028" 的赎回条款的期权价值在 2023 年 1 月 15 日后将按照表 14-3 中的固定赎回价格计算。

表 14-3　赫兹公司债券 "6s of 01/15/2028" 的赎回条款

日期	赎回价格（美元）
2023 年 1 月 15 日之前	用国债 "2.75s of 02/15/2028" 加 50 个基点的收益率计算的溢价价格
2023 年 1 月 15 日至 2024 年 1 月 14 日	103.00
2024 年 1 月 15 日至 2025 年 1 月 14 日	101.50
2025 年 1 月 15 日及之后	100.00

注：该债券于 2019 年 11 月发行。

14.2　违约率、回收率和信用损失

投资于几乎无风险的政府债券的投资者可以只关注利率风险，但投资公司证券的投资者还必须关注信用风险，该风险通常表现为"违约率""回收率"和"信用损失"。经过分析，投资者可能会得出以下估计，在 5 年的时间里，某一特定债券投资组合的违约率将为 10%，也就是说平均每 100 美元票面价值的投资组合将有 10 美元违约。此外，投资者可能会估计投资组合中发生违约的债券的回收率为票面价值的 40%，等价地说，将遭受相当于票面价值 60% 的违约损失。把这两个估计值放在一起，投资者预计在 5 年的时间里，投资组合的信用损失将是：10% × (1 – 40%) = 6%。

表 14-4 显示了在 1983~2020 年，对于上述估计值，不同级别的优先无担保债券的历史平均值。该研究结果对于评估信用风险的历史平均幅度是有用的。投资级优先无担保债券 5 年的平均违约率和平均回收率分别为 0.9% 和 44.5%，平均信用损失为 0.5%。对于投机级的优先无担保债券，平均违约率要高得多，为 19.6%，但平均回收率仅略低了一点儿，为 38.3%。综合这两个平均值，投机级债券的信用损失要高得多，达到了 12.2%。根据如表 14-4 所示的历史数据，业内对回收率的标准假设约为 40%。㊀

㊀ 这些数据计算的是违约后债券价格的回收率，而不是重组完成或清算结束时的最终回收率。

表 14-4　优先无担保债券的 5 年期违约率、回收率和信用损失历史数据

债券等级	违约率	回收率	信用损失
投资级	0.9	44.5	0.5
投机级	19.6	38.3	12.2
总计	7.4	38.9	4.6

注：样本期为 1983～2020 年，所有项的单位都是百分比。
资料来源：穆迪投资者服务公司。

虽然历史平均水平在考虑信用风险时很有用，但信用状况可能会随着时间的推移发生巨大变化。例如，将表 14-4 的样本扩展到包含大萧条之后的年份，投资级债券的 5 年期违约率将从 0.9% 提高到 1.4%。在表中的样本周期内，图 14-1 显示了投资级和高收益级债券的信用损失的变化情况。20 世纪 80 年代后期该市场规模迅速增长之后高收益级债券的损失率特别高；在 2000～2002 年的互联网泡沫崩盘中也是如此，特别是在安然和世通倒闭后；其他损失率高的时期包括 2007～2009 年的金融危机、2016 年能源市场暴跌期间；最近的一次是 2020 年新冠疫情和经济停摆期间。

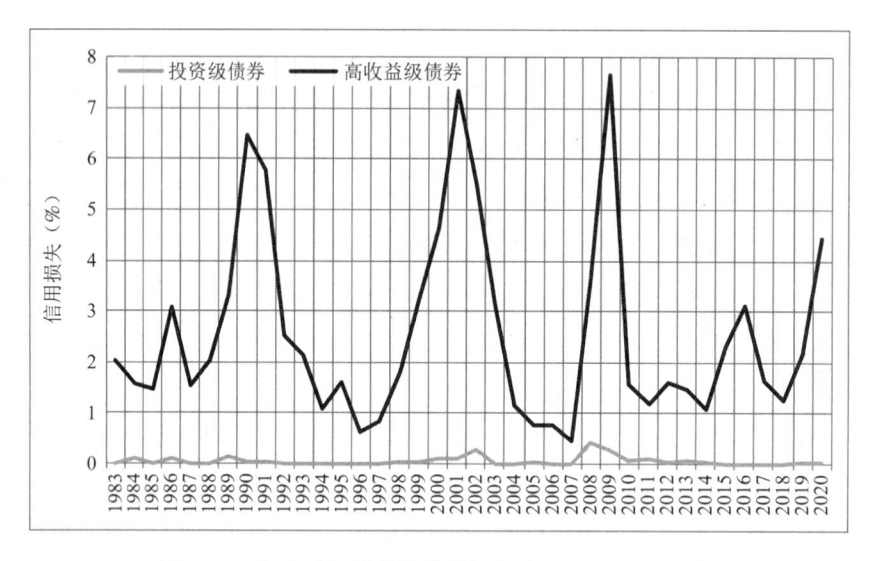

图 14-1　优先无担保债券的信用损失，1983～2020 年

资料来源：穆迪投资者服务公司。

表 14-4 和图 14-1 报告了优先无担保债券的信用损失，但不同级别的贷款和债券的投资结果差别很大。穆迪报告称，在与上述图表相同的样本期间，次级债券的回收率为 22%，优先无担保债券为 38%，第一留置权债券（即最高优先级的担保债券）为 54%。在银行贷款方面，无担保优先级贷款的平均回收率为 46%，第一留置权贷款为 65%，第二留置权贷款为 32%。

市场上最近一个关于优先级影响的例子如表 14-5 所示，表中展示了赫兹公司债券在 2020 年 5 月 22 日公司破产期间的价格行为。在 2020 年 2 月 21 日，违约看起来是遥远的意外事件，赫兹公司的有担保和无担保债券的价格均高于票面价值，无担保债券的价格更高一点，反映了其较长的期限和高于市场水平的票面利率。到 2020 年 5 月 14 日，在新冠疫情和经济停摆摧毁了公司的租车业务之后，赫兹公司债券的价格暴跌，有担保债券的价格现在明显更高。因为随着违约的迫近，有担保债券对担保资产的优先索取权比无担保债券的高现金支付看起来要靠谱得多，后者要到 2028 年才能完全实现。但随着经济的迅速恢复，赫兹公司债券的价格也大幅回升。不过，债券的信用仍有很大的不确定性。表中 2020 年 6 月 15 日的价格显示，有担保债券仍以显著高于无担保债券的价格出售。最后一幕发生在 2021 年 6 月底，赫兹公司从破产的阴影中走出，其债券价格恢复至全部本金价值。

表 14-5　赫兹公司，2020 年三个日期的选定债券价格

优先级	票面利率（%）	到期日	2 月 21 日债券价格（美元）	5 月 14 日债券价格（美元）	6 月 15 日债券价格（美元）
第二留置权优先有担保债券	7.625	2022 年 6 月 1 日	103.10	19.97	77.00
优先无担保债券	6.000	2028 年 1 月 15 日	104.29	11.25	43.50

潜在的信用损失对计划持有债券至到期的投资者非常重要。不过，投资期较短的投资者也会担心信用状况恶化，因为这会导致债券价格在出现实质违约和信用损失之前下跌。信用变化的一种表现形式是评级转换，即评级机构上调或下调某债券的评级的行为。表 14-6 给出了 1 年内评级转换概率的历史平均数据，或者更具体地说，特定评级的债券评级在接下来的 1 年里被升级、没有变化、被降级（包括违约）或变为无评级债券的概率。变为无评级债券可能是一个负面信用事件的结果，也可能是因为某种信用中性事件，如公司被收购等。表 14-6 显示，在任何情况下，1 年内出现评级下调并不罕见，B 级或以上债券在 1 年内评级下调的平均概率在 4%～10%，CCC/C 级债券的平均概率在 28% 以上。升级也会发生，但概率较低。尽管表中没有显示，但升级和降级概率会随着商业周期的变化而变化，和图 14-1 中的信用损失一样。

表 14-6　1981～2020 年平均 1 年期评级转换概率

评级	升级	无变化	降级	变为无评级
AAA	0.0	87.1	9.8	3.1
AA	0.5	87.2	8.4	3.9

(续)

评级	升级	无变化	降级	变为无评级
A	1.6	88.6	5.4	4.4
BBB	3.3	86.5	4.3	5.9
BB	4.7	77.8	8.0	9.5
B	4.8	74.6	8.3	12.3
CCC/C	13.3	43.1	28.3	15.3

注：所有项单位均为百分比。
资料来源：标普全球评级和作者自行计算。

14.3 信用利差

信用利差是受信用风险影响的固定收益工具的相对高收益率，与信用风险较小或没有信用风险的资产的相对低收益率之间的利差。信用利差最简单的衡量标准是收益率利差，即信用债券收益率与期限相近的利率互换或高信用政府债券的收益率之差。然而，收益率利差存在许多缺陷。第一，期限相近的高流动性政府债券或利率互换可能并不存在。第二，收益率不仅反映了信用风险，还反映了债券的现金流结构（见第 3 章关于票面利率效应的讨论）。第三，收益率还反映了嵌入期权的价值，比如前面讨论过的固定价格赎回条款，而期权的价格可能与信用风险无关。

本章要介绍的一种更好的衡量信用利差的方法被称为"债券利差"。该术语综合了第 3 章定义的利差和第 7 章定义的更一般的"期权调整利差"（OAS）。在信用债券分析中，债券利差的计算方法是假设没有发生违约，将某利差加到基准利率曲线上，并用新曲线为信用债券定价，定价结果与市场价格一致，则称该利差为该信用债券的债券利差。由于市场价格已经考虑了违约风险，而上面用到的定价方法没有，因此债券利差是信用风险的一个衡量指标。与收益率利差不同，债券利差可以恰当地反映到期日和现金流的结构。因此，这种方法适用于不带有嵌入式期权的债券。对于带有嵌入式期权的债券，OAS 更为合适，因为根据后者的设计，其在计算过程中就考虑了嵌入式期权的价值，因此，对基准曲线的任何剩余利差都可以合理地归因于信用风险。此外，如第 3 章和第 7 章所述，债券利差和 OAS 可以解释为在利率不变或利率风险已对冲、利差保持不变且债券不违约的情况下，债券赚取的额外利差。

本节的信用利差指标可以用健沃斯公司债券"4.90s of 08/15/2023"来说明，这是一家保险公司发行的投机级债券。表 14-7 给出了截至 2021 年 8 月 15 日该债券信用利差的各种衡量标准，此时债券"4.90s of 08/15/2023"正好有 2 年的剩余期限。

考虑 5.596% 的债券市场收益率和 0.288% 的 2 年期 LIBOR 互换利率，收益率利差就是这两个利率之间的差值，即 530.8 个基点。考虑债券的市场价格（98.70 美元）和以定价日为基准的远期互换利率期限结构，债券利差达到了 531.1 个基点，⊖如上一段所述，健沃斯公司债券的年收益率为 LIBOR + 531.1 个基点。

表 14-7　健沃斯公司债券 "4.90s of 08/15/2023" 的部分信用利差指标

利差种类	利差值
收益率利差	530.8
债券利差	531.1
平价对平价资产互换利差	526.4
市值资产互换利差	533.3

注：时间为 2021 年 8 月 15 日，债券价格为 98.70 美元，收益率为 5.596%，平价互换利率为 0.288%，利差以基点为单位。

其他常用的利差指标还包括"资产互换利差"。可以通过资产互换将一种固定利率附息债券转换为一种支付短期利率（如 LIBOR）加一定利差的资产。在本章的背景下，资产互换使投资者能够直接获得信用利差的风险敞口，而不必承担长期固定利率债券的利率风险。

图 14-2 说明了一种类型的资产交换，被称为"平价对平价资产互换"，或者简称为"平价资产互换"。细实线表示资产互换开始时的现金流；粗实线表示中间现金流；虚线表示互换到期时的现金流。在初始阶段，资产交换者以每 100 美元票面价值 P 的价格购买债券，并定期获得支付 c。购买的资金中 100 美元来自回购交易商，$P - 100$ 美元来自互换交易商。⊜最后，通过进入期限等于债券到期期限的利率互换，在扣除刚才提到的预付金额后，资产互换方定期支付 c，以换取 LIBOR 加上 s^{par} 的利差，名义本金为 100 美元。注意，这种交易在开始时不需要交换现金，只要债券不违约，就可以在债券存续期内获得 LIBOR 加上 s^{par} 减去回购利率，而且只要债券不违约，该交易在到期时也不需要交换现金。因此，正如所希望的那样，投资者将债券的固定利息支付转换为了 LIBOR + s^{par} 的浮动利息支付。当然，如果债券违约，也会遭受损失。在这种情况下，资产互换方必须向互换交易商支付利息，并在到期时向回购交易商支付 100 美元的名义本金，尽管这些支付不会从已违约的债券中完全收回。

⊖ 如果读者想要进一步了解这些计算的细节，互换曲线的前 4 个 6 个月期远期利率分别为 0.154%、0.154%、0.422 5% 和 0.422 5%。
⊜ 上述讨论是从资产互换的回购端和互换端上都存在的折扣和抵押品协议中总结出来的例子。

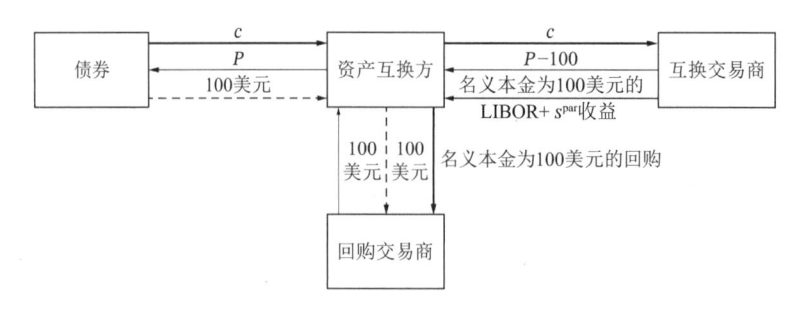

```
┌──────┐   c    ┌────────┐       c       ┌────────┐
│      │ ←───── │        │ ←──────────── │        │
│ 债券 │   P    │资产互换方│    P−100      │互换交易商│
│      │ ─────→ │        │ ────────────→ │        │
│      │100美元 │        │名义本金为100美元的│        │
└──────┘        │        │ LIBOR+ s^par 收益 │        │
                └────────┘               └────────┘
                  ↑  ↓
                100 100
                美元 美元    名义本金为100美元的回购
                ┌────────┐
                │回购交易商│
                └────────┘
```

图 14-2 有融资的平价对平价资产互换

平价资产互换利差 s^{par} 可以由与互换交易商的利率互换是公平定价的这一条件来确定，即用市场互换利率贴现，互换的初始支付加上浮动端的现值，要等于固定端的现值。⊖用数学式子表达，假设 A^{fixed} 和 $A^{floating}$ 是满足以下条件的因子：cA^{fixed} 给出了互换的固定端支付 c 的现值，$s^{par}A^{floating}$ 给出了互换的浮动端支付 s^{par} 的现值。⊜设 d 为到期时现金流的贴现因子。此外，按照第 13 章的设定，假设互换的两端都包含了到期时 100 美元的名义金额，并注意接收 LIBOR 的现值和最终名义金额之和等于票面价值，那么，互换的公平定价条件为：

$$(P - 100) + 100 + 100s^{par}A^{float} = cA^{fixed} + 100d$$

$$s^{par} = \frac{cA^{fixed} + 100d - P}{100A^{float}} \tag{14-1}$$

由式 (14-1) 可知，对于给定的互换利率曲线，随着债券信用风险的增大，P 会减小，这反过来增大了资产互换的利差 s^{par}。表 14-7 显示，截至 2021 年 8 月 15 日，健沃斯公司债券 "4.90s of 08/15/2023" 的平价资产互换利差为 526.4 个基点。

第二种流行的资产互换是"市值资产互换"，如图 14-3 所示。市值资产互换与平价资产互换的不同之处在于，从回购交易商借入的金额是 P 美元而不是 100 美元；从互换交易商借入的 $P - 100$ 美元是在互换交易到期时支付，而不是在互换交易开始时。因此，LIBOR 加上利差 s^{mkt} 的收益来自名义本金 P 美元，而不是 100 美元。按照与平价资产互换相同的表示方法和逻辑，公平的市值资产互换利差由下式决定：

$$P + s^{mkt}PA^{float} + (P - 100)d = cA^{fixed} + Pd$$

$$s^{mkt} = \frac{cA^{fixed} + 100d - P}{PA^{float}}$$

$$= \frac{100s^{par}}{P} \tag{14-2}$$

其中最后一个等式的推导用到了式 (14-1)。根据表 14-7，在 2021 年 8 月 15 日，健沃斯公司债券 "4.90s of 08/15/2023" 的市值资产互换利差为 533.3 个基点。两个

⊖ 这一条件隐含地假设消除了互换交易中的任何对手风险。详见第 13 章。
⊜ 当固定端和浮动端的支付频率不同时，A^{fixed} 和 $A^{floating}$ 不相等。

资产互换利差之间的关系是相当直观的:投资者可以在 100 美元的名义本金上获得 s^{par},或在 P 美元的名义本金上获得 s^{mkt},根据式(14-2),两者的结果是相同的。因此,两种资产互换交易之间的选择不取决于收益,而是取决于对抵押品和对手方信用风险的考虑。[⊖]

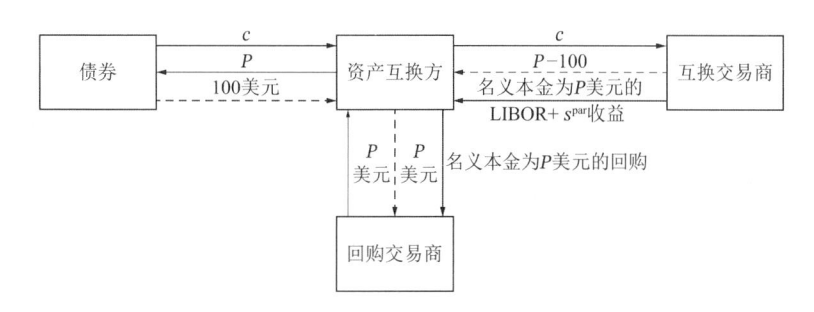

图 14-3 有融资的市值资产互换

本节要介绍的最后一个信用利差的衡量标准是"有效利差",适用于不再以票面价值定价的公司浮动利率债券。当浮动利率债券以票面价值定价时,其利差很容易被解释为因承担信用风险而获得的相对于短期基准利率的利差。但随着时间的推移和发行人信用状况的变化,固定利差浮动利率债券的价格也会发生变化。因此,由于此时投资者购买浮动利率债券需要在票面价值的基础上支付一定的溢价或享有一定的折扣(除了利差以外),该利差不再那么容易解释。

有效利差可以将浮动利率债券的溢价或折扣转换为一种现行利率,并将其加到实际利差中。假设实际利差为 s^{float};浮动利率债券的价格为 P 美元;贴现因子仍然和之前一样为 A^{float};有效利差为 s^{eff},那么投资者在以 P 美元的价格收取 s^{float} 和以 100 美元的价格收取 s^{eff} 之间是无差异的,所以下式成立:

$$100 s^{eff} A^{float} - 100 = 100 s^{float} A^{float} - P$$

$$s^{eff} = s^{float} + \frac{100 - P}{100 A^{float}} \tag{14-3}$$

本节最后要指出的是,这里描述的获取信用利差的交易不仅受到违约风险的影响,还受到融资风险的影响。如果购买的债券持有期限相对较长,但以短期回购等方式融资,回购利率就有可能高于贴现率或基准利率。在这种情况下,债券的收益率将低于基准短期利率(如 LIBOR)加上利差。更极端的风险是回购贷款机构拒绝

⊖ 我们先考虑债券溢价的情况,即 $P > 100$。在平价资产互换中,互换交易商为资产互换方垫付资金,这通常要求资产互换方提供抵押品。但随着时间的推移,资产互换方持续支付息票,其交易对手风险和交付抵押品的要求均下降。在市值资产互换中,因为没有初始互换付款,也就没有初始抵押品要求。随着时间的推移,资产互换方持续支付息票,互换交易商在到期时支付 $P-100$ 美元的义务导致其反过来需要向资产互换方提供抵押品。对于债券折价的情况,即 $P < 100$ 时,抵押品义务随时间的变化刚好相反。

将短期回购展期，因为它们不希望再向借款人放贷，或者它们不再希望以某一特定债券作为抵押放贷，又或者它们自己也需要现金。在这种情况下，用短期回购融资的公司债券投资者将不得不出售债券（很可能是亏损出售），以偿还回购贷款。在本章后面的内容中，融资风险在有信用风险的背景下的作用将再次出现，作为债券和信用违约互换的一个关键区别。

14.4 信用风险溢价

如果平均而言，信用利差只是弥补了信用损失，那么厌恶风险的投资者就会以同样的平均收益率购买更安全的政府债券，因为后者不会有下行风险。因此，要使公司债券具有吸引力，利差不仅要弥补信用损失，还必须提供额外的信用风险溢价。本节回顾了一些证据，表明平均而言，公司债券利差确实比信用损失更高。

一项研究估计，从 1866 年到 2008 年，美国公司债券与无风险债券的平均收益率利差为 153 个基点，而平均信用损失仅为 75 个基点。这一长期数据的证据表明存在巨大的信用风险溢价，因为平均收益率利差约为平均信用损失的两倍。⊖

另一项基于 2002 年至 2015 年期间的研究也发现了显著的信用风险溢价。如果将该溢价定义为信用利差减去预期损失，表 14-8 的第二列报告了按不同评级分别计算的溢价与信用利差比率的中位数，第三列报告了按不同评级分别计算的溢价与预期损失比率的中位数。要解释这些数字，不妨考虑一种利差为 200 个基点的 Baa 级债券。在第二列给出的溢价与利差之比为 76% 的情况下，200 个基点中的 76%，即 152 个基点属于风险溢价，只剩下 48 个基点属于对预期损失的补偿。从表中第三列看，这 152 个基点的信用风险溢价是预期损失 48 个基点的 3 倍多。在本研究的样本期内，信用评级为 Baa 至 B 的债券是投资者的最佳选择，因为它们为所承担的风险提供了最高的溢价。⊖

表 14-8 按信用评级分列的溢价比信用利差及溢价比预期损失的中位数（2002~2015 年）

信用评级	溢价/信用利差（%）	溢价/预期损失
Aaa	59	1.43
Aa	65	1.83
A	68	2.11

⊖ 参见 Giesecke K.、Longstaff F.、Schaefer S. 和 Strebulaev I.（2011），"Corporate Bond Default Risk: A 150-Year Perspective,"《金融经济研究》第 2 期，233-250 页。信用损失的估计值是根据计算得到的 1.5% 的违约率和假设的 50% 的回收率得出的。

⊖ 参见 Berndt A.、Douglas R.、Duffie D. 和 Ferguson M.（2018），"Corporate Credit Risk Premia,"《金融评论》419-454 页。此研究中的信用利差是用 CDS 利差来衡量的。

（续）

信用评级	溢价/信用利差（%）	溢价/预期损失
Baa	76	3.12
Ba	80	4.01
B	77	3.37
Caa	71	2.49
Ca-C	68	2.12

资料来源：Berndt、Douglas、Duffie 和 Ferguson（2018 年）。

14.5　信用违约互换

在单名信用违约互换（CDS）中，保护买方或 CDS 买方向保护卖方或 CDS 卖方支付费用、保费或券息，以换取在某单一发行人违约时的补偿性支付。债券和 CDS 都是信用风险交易市场的重要组成部分。

CDS 合约由参考实体、信用事件列表、期限或到期日、参考义务和名义金额等属性组成。举个例子，考虑一份名义金额为 100 万美元的 5 年期健沃斯公司优先无担保债券 "6.5s of 06/15/2034" 的 CDS。如果在该 CDS 到期前，由行业主导的判定委员会认定健沃斯公司经历了一场信用事件，比如破产或未能支付应偿债务，就会触发该 CDS 的卖方付款。㊀ 在这种情况下，保护卖方必须为保护买方保全面值 100 万美元的标的债券。更具体地说，通过 CDS 合同的"实物结算"，保护买方可以将面值为 100 万美元的债券交割给保护卖方，以换取 100 万美元；或者通过合同的"现金结算"，如果债券的价格被确定为 40 万美元，保护卖方要支付 60 万美元给保护买方，为保护买方保全 100 万美元票面价值的债券。本节将讨论几种参考义务的存在和 CDS 交割期权，以及保护卖方补偿保护买方的拍卖机制。

作为在违约情况下支付补偿的交换，保护买方除在合约启动时支付或收到一笔预付保费外，还须按季度支付保费，直至 CDS 到期或违约发生为止。保费和预付金额的细节留到后面讨论，我们先来介绍 CDS 利差。CDS 利差指的是一份预付保费为零的 CDS 的实际或假设的年化保费。换句话说，可以认为保护买方支付 CDS 利差，以换取在违约时获得的补偿。

表 14-9 给出了截至 2021 年 11 月部分主权国家和公司的 5 年期 CDS 利差。例如，希腊政府在随后 5 年内发生一次信用事件的补偿的成本为 112.3 个基点，即每年 1.123%。对于不会破产的主权国家来说，信用事件除了包括无法偿还债务，还包

㊀ 在北美，CDS 的信用事件通常不包括重组，但重组通常是破产程序的一部分。与之相反，重组对于确定欧洲 CDS 的信用事件具有重要意义。

括暂停偿还债务或拒绝偿还债务。健沃斯公司的 CDS 利差为 378.3 个基点，这意味着要为前面提到的债券 "6.5s of 06/15/2034" 的 650 万美元票面价值的违约购买保险，每年需要支付 37 830 美元。为票面价值 100 万美元的债券投保 5 年的成本，在表中从最低的德国政府债券的每年 910 美元，到最高的 MBIA 保险公司债券的每年 62 450 美元不等。

表 14-9　部分主权国家和公司的 5 年期 CDS 利差

主权国家	利差	公司	利差
德国	9.1	威达信集团	25.3
美国	16.0	摩根大通	53.8
西班牙	35.2	墨西哥商业银行	70.3
中国	48.9	盟友金融公司	105.7
意大利	89.6	枫信金融控股公司	154.5
希腊	112.3	巴西银行	218.5
巴西	265.8	健沃斯公司	378.3
土耳其	469.6	MBIA 保险公司	624.5

注：截至 2021 年 11 月，利差以基点为单位。

单名 CDS 允许市场参与者交易单个实体的信用风险，而指数 CDS 允许参与者交易更广泛的信用组合。最流行的指数 CDS 有：CDX.NA.IG，代表 125 个北美（NA）投资级（IG）公司的单名 CDS 的投资组合；CDX.NA.HY，代表 100 家北美高收益级（HY）公司的单名 CDS 的投资组合；iTraxx 欧洲主要指数，代表 125 家欧洲投资级公司的单名 CDS 的投资组合；iTraxx 欧洲混合指数，代表 50 家欧洲高收益级公司的单名 CDS 的投资组合；iTraxx 欧洲优先金融指数，代表欧洲金融行业的 25 家公司的优先债务的 CDS 投资组合。CDS 指数的详细工作原理将在后面的伦敦鲸案例研究中描述。请注意，对于指数 CDS 和单名 CDS，相关行业术语是不同的。指数 CDS 的购买者像债券组合的购买者一样，收取保费并在违约时支付赔偿；而指数 CDS 的卖空者像债券组合的卖空者一样，支付保费并在违约时获得赔偿。

图 14-4 绘制了 10 年期 iTraxx 欧洲主要指数和 iTraxx 欧洲混合指数（XO 指数）的历史 CDS 利差。XO 指数的保护成本在 2007~2009 年金融危机、2011~2012 年欧洲主权债务危机最严重时期，以及 2020 年初新冠疫情开始和经济停滞期间飙升。CDX.NA.HY 的表现虽然没有在图中表示出来，但其变化与 XO 指数是相似的，且它在金融危机期间飙升到了明显更高的水平。iTraxx 欧洲主要指数的收益率一直相对温和，在主权债务危机期间达到了 200 个基点，但近年来稳定在 100 个基点左右。

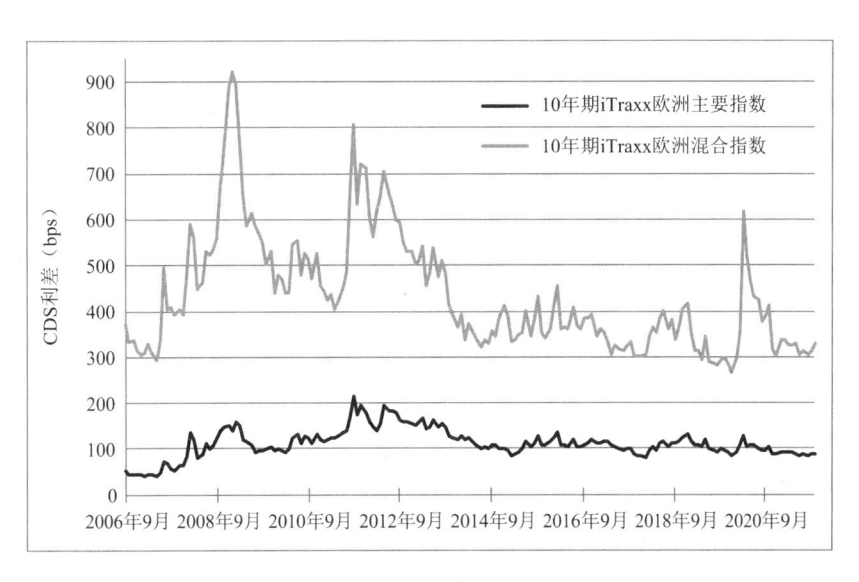

图 14-4　iTraxx 欧洲 10 年期指数 CDS 利差

图 14-5 显示了 iTraxx 欧洲混合指数 CDS 利差期限结构的斜率，特别是 10 年期和 3 年期指数 CDS 利差之间的差异。在正常情况下，10 年期的年保护成本高于 3 年期，因为在更遥远的未来出现违约的可能性更大。但在金融危机期间和欧洲主权债务危机最严重的时候，3 年期的保护成本大于或等于 10 年期的保护成本。在特别紧张的金融危机时期，近期的违约事件是最不确定的，在此之后，至少对所有存活下来的实体而言，信用风险可能已回到较平静时期的一般水平。

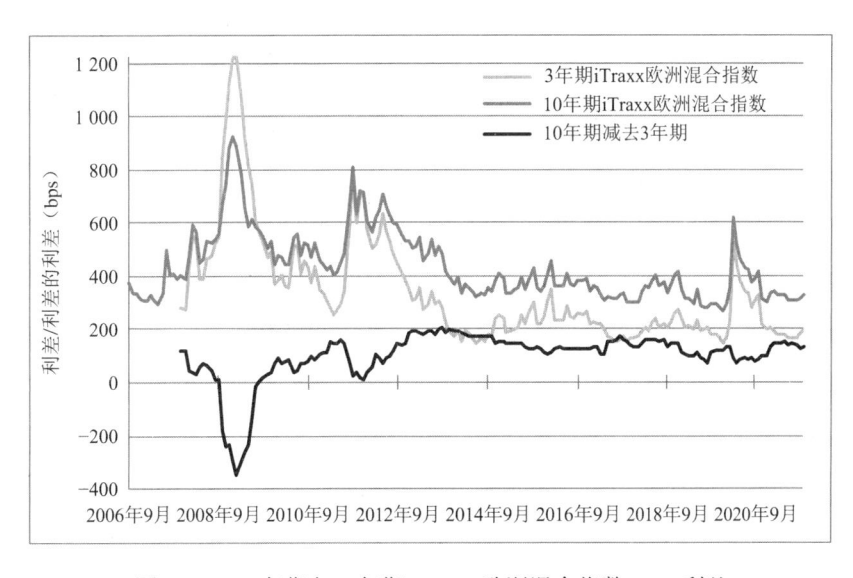

图 14-5　10 年期与 3 年期 iTraxx 欧洲混合指数 CDS 利差

下面介绍 CDS 的市场参与者。一个经常被引用的应用案例是，公司债券投资者通过购买 CDS 保护来对冲债券的违约风险。但是，这种策略本身并不成立，因为投资者很可能会因为购买保护而放弃了大部分（即使不是全部的话）债券的信用利差。或者换句话说，如果投资者不想要承担特定债券的信用风险，可以直接出售该债券。因此，其他应用可能更值得探索。

正如前面提到的和下面讨论的那样，出售 CDS 保护非常类似于购买债券：随着时间的推移，保护卖方和债券投资者都能获得息票，并在债券违约的情况下赔钱。因此，许多保护卖方用 CDS 代替债券来获得信用风险的风险敞口。第一个原因可能是一个特定公司相对较少的 CDS 合约（如 5 年期和 10 年期）比该公司的大量未偿债券具有更高的流动性。同样地，出售指数 CDS 保护的成本可能比购买单只公司债券来建立一个类似的多样化投资组合的成本要低得多。即使资产管理公司最终想持有这些债券，建立头寸的最快方法仍然可能是卖出 CDS 保护，然后随着时间的推移购买这些债券，同时解除卖出的 CDS 保护。比起购买债券，投资者更喜欢出售 CDS 保护的第二个原因可能是希望将信用风险与利率风险隔离开来。例如，许多保险公司从事"复制合成资产交易"（RSATs），在这种交易中它们购买期限符合其资产负债管理要求的政府债券，然后出售它们喜欢的用于投资目的实体的 CDS 保护。第三个原因也在本章中讨论过，是出售保护允许投资者以相对较少的资本承担同样的信用风险，而购买债券需要更多可用的现金或进行更多的融资。

另外，保护买方与债券做空者非常相似，都是在一段时间内支付息票，并在违约的情况下获得资金。利用 CDS 做空公司信用债券的第一个原因是，考虑到借入公司债券并做空它们相对比较麻烦、费用较高，这样做可能是最有效的。第二个原因与前面一段的讨论相似，是投资者可能想出售公司债券，但由于流动性的原因，需要逐步、相对缓慢地解除头寸。在这种情况下，如果建仓时间很急迫，最好的策略可能是立即在流动性更强的 CDS 市场购买保护，然后逐渐卖出债券并解除购买的保护。购买 CDS 保护的第三个原因是对冲根本没有交易的风险敞口。例如，一个与没有公开交易的债券或相关 CDS 的意大利公司有业务往来的机构，可能希望通过购买意大利银行的 CDS 保护，来对冲该国信用状况恶化的风险。这个例子具有重要的警示意义，因为它意味着市场参与者可能会对他们没有直接敞口的信用风险寻求保护。这进而意味着，特定信用的未偿 CDS 金额可能超过其未偿债务。回到上面的例子，如果许多市场参与者想要对冲意大利的金融风险，那么购买意大利银行 CDS 保护的金额可能会超过意大利银行的未偿付票据金额。

最近的一项研究显示，全球未清偿的名义 CDS 总额为 9.4 万亿美元，其中指数 CDS 占 62%，单名 CDS 占 38%。然而，名义金额是未偿付风险的误导性指标，原因与利率互换相同，这在第 13 章中讨论过。根据同一份研究，将每个实体的多头和空头头寸加起来，当时的名义未偿净值只有 1.5 万亿美元，其中三分之二是指数 CDS，三分之一是单名 CDS。CDX.NA.IG 和 iTraxx 欧洲指数占交易量的 70% 左右，前面介绍过的五种主要 CDS 合约占指数交易量的 90% 以上。至于单名 CDS 市场，每个季度的交易大约涉及 800 个不同名称的实体，而只有约 550 个实体每个季度的交易都涉及。这意味着单名 CDS 市场由一组核心实体组成，这些实体的 CDS 在一段时间内持续交易，而其他实体的 CDS 只在实体发生特定信用情况的概率较高时交易活跃。㊀

14.6 CDS 的预付金额

在 2007~2009 年金融危机之前，CDS 的交易方式与利率互换类似：保费或票面利率随市场情况而变化，而标准期限为从结算日起的固定值。例如，在 2006 年 8 月 16 日以 558.92 个基点的利差买入 100 万美元健沃斯公司的 5 年期名义 CDS，意味着买方承诺每年支付 55 892 美元，以换取对健沃斯公司在 2011 年 8 月 16 日之前违约的损失补偿。因此，就像今天的利率互换交易一样（见第 13 章），要解除 CDS 交易是比较困难的。例如，如果要在一个月后解除上述 CDS，交易者最希望采用的方式是在 2011 年 8 月 16 日之前以同样 558.92 个基点的保费卖出该保护。但在 2006 年 9 月 16 日解除头寸时，流动性最强或最近发行的 5 年期 CDS 将在 2011 年 9 月 16 日到期，其利差也可能已经变成了 490 个基点。因此，交易者将不得不承担相对较高的交易成本来平仓现有的 CDS，或者必须通过最近发行的 CDS 来出售保护，并管理初始 CDS 与对冲 CDS 之间期限和利差不匹配的问题。

自金融危机以来，作为监管机构改善该市场运作的更广泛的努力的一部分，CDS 变得更加标准化了。首先，合约到期日被限定为准 IMM（国际货币市场日），即 3 月、6 月、9 月或 12 月的第 20 天。因此，例如，所有在 2021 年 6 月 21 日至 9 月 20 日之间创设的 5 年期 CDS 合约，都是在 2021 年 9 月 20 日到期；所有在 2021 年 9 月 21 日至 12 月 20 日之间创设的 5 年期 CDS 合约，到期日都是 2021 年 12 月 20 日，依此类推。其次，所有 CDS 合约的年度票面利率或保费都被设定为 100 或 500 个基点，一份由市场决定的"预付金额"被用于补偿市场 CDS 利差与标准化票面利率之间的差额。预付金额的具体情况将在后面进行更详细的描述，现在我们先来看看市场惯例中的这两种变化是如何简化 CDS 平仓的。假设在 2021 年 8 月 16 日，在

㊀ 参见 ISDA（2019），"Global Credit Default Swaps Market Study，"是年 9 月发布。其样本期为 2014 年 1 月至 2019 年 6 月。

市场 CDS 利差为 558.92 个基点时，交易者花 100 万美元买了健沃斯公司的 5 年期 CDS，实际需要每年支付 500 个基点，即 5 万美元的保费，按照后面将介绍的方法，可以计算出预付金额为 23 190 美元。此外，该合约将于 2021 年 9 月 20 日到期。因此，如果在一个月后要解除该合约，交易者可以卖出最新发行的 CDS，即 2021 年 9 月 20 日到期、票面利率为 500 个基点的 CDS，这恰好可以抵消原 CDS 的未来现金流。⊖ 如果市场预付金额在一个月内下降到 13 000 美元，那么相对于最初的购买价格，交易者将遭受 10 190 美元的损失。再过一段时间后解除合约可能会更加困难，因为最新发行的合约可能已经发生了变化，但可能仍然能找到一些流动性：许多市场参与者可能在 2021 年 6 月 21 日至 9 月 20 日之间交易了健沃斯公司的 CDS，这些合约的票面利率为 500 个基点、到期日为 2021 年 9 月 20 日。

在正式开始计算预付金额之前，需要简单回顾一些数学知识。简单的信用风险模型通常采用恒定的风险率 λ，其定义为：在短时间间隔内（比如 dt 年）违约的概率等于 λdt。如果风险率为 10%，时间间隔为 6 个月，那么在 6 个月内违约的概率为 10%/2，即 5%，反过来说，存活（即没有发生违约）的概率为 95%。存活 1 年以上需要在前 6 个月和后 6 个月均存活，所以存活 1 年的概率为：95% × 95% = 90.25%。而存活概率反过来又隐含了在 1 年内发生违约的概率为：1 − 90.25% = 9.75%，不管是发生在前 6 个月还是发生在后 6 个月。请注意，将 1 年的时间期分为两个 6 个月的时间段，使得 1 年的存活概率 90.25% 大于 90%（100% 减去 10% 的年化风险率）：前 6 个月的存活率为 95%，所以在后 6 个月受到违约影响的比例只有 95% 而不是 100%，相应地，全年的违约概率 9.75% 也低于 10% 的年化风险率。

附录 14A 讨论了更一般的情况，相关推导表明，如果使用连续复利风险率，则 T 年的累计存活概率 $CS(T)$ 和 T 年的累计违约概率 $CD(T)$ 为：

$$CS(T) = e^{-\lambda T} \tag{14-4}$$

$$CD(T) = 1 - e^{-\lambda T} \tag{14-5}$$

为了说明上述方程的意义，我们在年化风险率同为 10% 的情况下使用上述方程，那么 4 年的累计存活概率为 $e^{-10\% \times 4} = 67.0\%$，累计违约概率为 1 减去存活概率，即 33.0%。请再次注意，由于存活概率在许多短时间间隔内的复利效果，4 年存活概率 67.0% 明显大于 1 减去 4 年的存活概率：1 − 4 × 10% = 60%。相应地，4 年的违约概率 33.0% 也明显小于 40%。

附录 14B 给出了一般的数学公式，用于在市场惯例下，根据报价的 CDS 利差计

⊖ 如果该 CDS 被清算，就像今天的大多数 CDS 一样，那么前面描述的买入和卖出操作实际上被取消了，没有留下任何对中央对手方的头寸。如果交易没有被清算，并且买方与卖方的交易对手不同，那么承诺的现金流会被取消，但这两份合约仍然有效，并受到交易对手风险的影响。

算 CDS 预付金额。本节继续使用表 14-10 中描述的一个例子来做说明。假设在 2021 年 8 月 16 日，交易者购买了名义金额为 100 美元的健沃斯公司 5 年期 CDS，再假设 CDS 票面利率为 500 个基点，市场 CDS 利差为 558.92 个基点，回收率为 40%。[⊖] 简单起见，我们假设保费每年支付一次（而不是按市场惯例每季度支付一次）。

表 14-10 计算健沃斯公司 5 年期 CDS 的预付金额

年份	贴现因子	累计存活概率	违约概率
1	0.998 462	91.099	8.901
2	0.994 257	82.991	8.109
3	0.985 062	75.604	7.387
4	0.973 167	68.875	6.729
5	0.959 797	62.744	6.130
风险率			9.322
保费端的估值（美元）			21.995
或有赔付端的估值（美元）			21.995
预付金额（美元）			2.319

注：截至 2021 年 8 月 16 日；CDS 名义金额为 100 美元，票面利率为 500 个基点，CDS 利差为 558.92 个基点；假设回收率为 40%。概率和风险率单位为百分比。

采用上述市场惯例背后的基本思路如下。首先，找出使健沃斯公司 CDS"公平"定价的风险率，该风险率使得在 CDS 利差下，所支付保费的预期贴现值等于在违约情况下补偿金额的预期贴现值。这里的 CDS 利差为 558.92 个基点，补偿金额为 100 美元 × (1 − 40%) = 60 美元，根据计算，公平定价的风险率为 9.322%。其次，利用这个风险率，计算保护买方实际支付的 CDS 票面利率（500 个基点）的期望贴现值，而不是上面的 558.92 个基点。计算结果是 2.319 美元。因此，当市场隐含的 CDS 利差为 558.92 个基点时，要以 500 个基点的票面利率就购买到 100 美元票面价值的健沃斯公司的信用保护，买家必须额外支付 2.319 美元的预付金额。

表 14-10 的第一列列出了 5 次年度保费支付的年份。第二列给出了从 LIBOR 互换曲线提取的截至定价日的贴现因子。第三列和第四列给出了每年年底的累计存活概率和违约概率，计算公式为式(14-4)和式(14-5)，风险率为 9.322%。这个风险率如表所示，后面会给出其推导。

与所有 CDS 一样，示例中的健沃斯公司 CDS 可以被描述为由两端组成：一端被称为"保费端"，另一端被称为"或有赔付端"。保费端包括买方向卖方支付的保费。在没有发生违约的任何一年的年底，按照目前的计算，买方必须按 100 美元的名义金额支付 558.92 个基点的 CDS 利差，金额为 5.589 2 美元。如果在该年内发生

[⊖] 市场惯例假定许多 CDS 合约的回收率为 40%，但不总是如此。例如，北美次级债务合约的回收率被假定为 20%，欧洲新兴市场债务合约的回收率被假定为 25%。

违约，那么买方必须支付从年初到违约时的应计保费。例如，如果违约发生在 3 个月后，即 1 年的四分之一处，买方必须支付四分之一的年化票面利率对应的利息，或 1.397 3 美元；如果违约发生在 1 年的正中间，买方必须支付 2.794 6 美元。简单起见，本例中假定应计金额为半年的年化票面利率对应的利息。这一假设对实际计算的影响较小，因为票面利率对应的利息实际上是按季度支付的。

继续上面的例子，如果这一年没有发生违约，买方在保费端上的第 1 年年底支付为 5.589 2 美元；如果发生了违约，则是 2.794 6 美元。表中这两种事件发生的概率分别为 91.099% 和 8.901%。因此，这笔支付的期望现值为：

$$0.998\,462 \times (91.099\% \times 5.589\,2 + 8.901\% \times 2.794\,6) = 5.332（美元）\quad (14\text{-}6)$$

使用适当的存活概率、违约概率和贴现因子，可以在未来 4 年的每一年重复类似的计算，然后将结果相加，就得到了保费端的现值，表 14-10 报告的该值为 21.995 美元。

对于或有赔付端，在健沃斯公司发生违约的任何年份，CDS 卖方需要向买方支付 60 美元。例如，第 3 年或有赔付的期望贴现值为：

$$0.985\,062 \times 7.387\% \times 60 = 4.366（美元）\quad (14\text{-}7)$$

对这五年中的每一年进行类似计算，并将结果相加，可以发现或有赔付端的现值为 21.995 美元，如表 14-10 所示。

由于保费端和或有赔付端的期望贴现值相等，9.322% 的风险率正确反映了 558.92 个基点的市场 CDS 利差。如果想在一开始就直接计算该风险率，可以用试错法重复刚才描述的计算过程，通过迭代搜索到正确的值。或者使用 Excel 内置的变量求解函数，计算能让保费端和或有赔付端相等的风险率。

现在，计算预付金额的准备已经就绪。根据定义，买方在 CDS 启动时支付这笔预付金额，然后支付 500 个基点的持续保费，与买方不支付任何预付金额，然后支付 558.92 个基点的持续保费，具有相同的期望贴现值。如前所述，保费为 5.589 2 美元时保费端的期望贴现值为 21.995 美元。而票面利率为标准化的 5% 的保费端价值为：21.995 × 5/5.589 2 = 19.676 美元。因此，需要支付的预付金额就是两者的差额，即 21.995 − 19.676 = 2.319 美元。支付预付金额 2.319 美元和每年 5 美元的保费（价值为 19.676 美元），与无预付金额但要支付每年 5.589 2 美元的保费（价值为 21.995 美元）的价值是相同的。

仔细想想，只要 CDS 利差大于标准票面利率，预付金额就是正的。如果在 2021 年 8 月 16 日，健沃斯公司的 CDS 市场利差为 450 个基点，那么预付金额为 −2.051 美元。也就是说，通过预先获得 2.051 美元并支付 5 美元的保费来购买保险，与不

预先获得预先支付并支付 4.50 美元的保费具有相同的价值。㊀

本节最后要强调的是，从 CDS 利差中提取预付金额作为报价只是一种市场惯例，就像债券价格和到期收益率之间的关系一样。市场参与者可以用在什么水平的预付金额下愿意交易某 CDS 的形式来做出对市场的判断。这不代表他们接受了关于计算过程的所有假设，例如他们可能并不认为回收率就等于模型设定的水平，或者不认为风险率随时间的推移会保持恒定，但他们都接受并使用公认的市场惯例，根据报价的 CDS 利差计算预付金额，反之亦然。

14.7 CDS 等价债券利差

本章前面定义的信用利差度量指标都在假设没有发生违约情况下的债券收益率的度量。本节要介绍的另一种度量指标"CDS 等价债券利差"则考虑了违约和回收，并可以按照上一节的思路计算。其基本思路是找出一个合适的风险率，使债券的市场价格等于其现金流的期望贴现值，那么债券的 CDS 等价利差就是该风险率对应的 CDS 利差。举例来说，假设截至 2021 年 8 月 16 日，健沃斯公司的 5 年期票面利率为 5%（一年支付一次）的债券的市场价格为 94.561 美元。可以证明，当风险率为 9.322% 时，该债券的现金流的期望贴现值等于该市场价格。此外，从表 14-10 可以看出，风险率为 9.322% 的 5 年期 CDS 利差为 558.92 个基点。因此，这只 5 年期、票面利率为 5% 的债券的 CDS 等价利差为 558.92 个基点。换句话说，债券市场价格所隐含的信用风险与 5 年期 CDS 所隐含的信用风险相差 558.92 个基点。该利差依赖于一个限制性假设，即风险率是恒定的。期望贴现值的计算虽然似乎意味着风险中性，但并不像它看起来那样具有限制性：风险率可以被认为是"风险中性"的，因此用它对固定收益证券定价时不必考虑现实世界的可能性。(这种区别在第 7 章中讨论过。)

附录 14D 给出了在给定风险率的情况下，计算债券现金流的期望贴现值的严格数学方法。本节继续对 2021 年 8 月 16 日的票面价值为 100 美元、票面利率为 5% 的 5 年期健沃斯公司债券进行定价，结果汇总于表 14-11。假设债券的市场价格与表 14-10 中的 9.322% 的风险率一致，因此可以在这里使用该表中的累计存活概率和违约概率。另外，因为定价日期相同，所以该表中的贴现率也可以用在这里。

与上一节一样，某一年债券息票的期望值，等于其价值乘以该年的违约概率加

㊀ 作为练习，读者可以在类似于表 14-10 的表中验证，当 CDS 利差为 450 个基点时，风险率为 7.504%，每端的预期贴现值为 18.462 美元，因此，正如文中所述，每 100 美元面值的预付金额为 -2.051 美元。

上其价值乘以该年无违约的概率的一半。例如，票面利率为 5% 的健沃斯公司债券的第一次息票的期望贴现值如式(14-6)所示，用债券的票面利率对应的价值 5.00 美元取代 CDS 利差对应的价值 5.589 2 美元，结果为：

$$\begin{aligned}息票期望贴现值 &= 0.998\,462 \times [8.901\% \times 2.50 + 91.099\% \times 5.00] \\ &= 0.222 + 4.548 \\ &= 4.770\end{aligned} \quad (14\text{-}8)$$

表 14-11 中第一行的第二列、第三列计算了息票期望贴现值的两个组成部分，其余行使用表 14-10 中适当的贴现因子、累计存活概率和违约概率，对后续的息票支付重复此计算。综合计算结果，该债券所有息票的总期望贴现值为：0.916 + 18.760 = 19.676 美元。

表 14-11 5 年期健沃斯公司债券的期望贴现值计算

年份	息票的期望贴现值		本金的期望贴现值	
	违约	无违约	违约	无违约
1	0.222	4.548	3.555	
2	0.202	4.126	3.225	
3	0.182	3.724	2.911	
4	0.164	3.351	2.620	
5	0.147	3.011	2.354	60.222
总计	0.916	18.760	14.663	60.222
债券价格				94.561

注：截至 2021 年 8 月 16 日，债券票面价值为 100 美元，票面利率为 5%；假设风险率为 9.322%，回收率为 40%。

对于本金，如果在任何一年发生违约，那么在该年收到的本金是票面价值乘以回收率。例如，第 3 年收到的本金的期望贴现值是 3 年期贴现因子乘以第 3 年违约的概率再乘以每票面价值 100 美元的回收金额：

$$0.985\,062 \times 7.378\,7\% \times 40 = 2.911 \text{（美元）} \quad (14\text{-}9)$$

这也是表 14-11 第四列第三行给出的值。注意，在式(14-9)中，债券持有人收回 40 美元，而在式(14-7)中，保护的买方获得 60 美元的违约补偿。可以使用与式(14-9)类似的公式来计算第四列的其余部分。

如果在到期之前没有违约，债券会在到期时支付其全部本金。该现金流的预期贴现值为：

$$0.959\,797 \times 62.744\% \times 100 = 60.222 \text{（美元）} \quad (14\text{-}10)$$

该结果在表 14-11 的第七行最右边一列中给出。

最后，将该债券价格的期望贴现值的 4 个部分相加，最终得到的债券价格为 94.561 美元。因此，由于该债券的风险率为 9.322%，且风险率对应的 CDS 利差为 558.92 个基点（见上一节），因此该债券的 CDS 等价利差为 558.92 个基点。

下面我们将刚才解释的 CDS 等价债券利差与已经讨论过的债券利差进行比较。首先，附录 14C 显示 CDS 利差大约等于风险率乘以 1 减去回收率的差。用数学式子表示，令 s^{CDS} 表示 CDS 利差，跟前文一样设风险率为 λ，回收率为 R，那么：

$$s^{\text{CDS}} \approx \lambda(1-R) \qquad (14\text{-}11)$$

例如，根据表 14-10 的数据，CDS 利差的近似预测为：9.322%×（1－40%），即 558.32 个基点，而实际利差非常接近 558.92 个基点。

附录 14E 证明：

$$s^{\text{Bond}} \approx \lambda(1-R^m) \qquad (14\text{-}12)$$

其中 s 为债券利差，R^m 为回收金额占市场价值的百分比。本章前面采用的是"票面回收率"，即将债券回收率建模为回收金额占票面价值固定百分比。相比之下，在推导式(14-12)的过程中采用的是"市值回收率"，假设回收率是回收金额占市场价值的固定百分比。假设同一发行人以相同的优先级出售了两种债券，但其中一种债券的期限要长得多，并且因为利率水平和利差的不同，以更大幅度的折价或溢价交易。如果发生违约，这两种债券的回收金额是仅与票面价值有关（固定票面回收率），还是说长期债券的回收率会反映其更大幅度的折价或溢价（固定市值回收率）？固定票面回收率是更常见的假设，并有更可信的实证支持。⊖

简而言之，CDS 利差和债券利差是不相等的，支持票面回收率假设的共识更青睐 CDS 利差。此外，在高风险率和低债券价格的情况下，CDS 利差明显大于债券利差。为了说明这一点，回顾表 14-10 和表 14-11，5 年期 5%票面利率的健沃斯公司债券的风险率为 9.322 %，价格为 94.561 美元，CDS 利差为 559 个基点。从这些表中的数据还可以计算出债券利差为约 551 个基点。⊜然而，如果假设风险率高达 16.70%，那么债券价格为 80.688 美元，CDS 利差为 1 000 个基点，债券利差则低得多，为 932 个基点（这些计算留给读者作为练习）。直观地说，如果假设的回收率过低，债券的利差就必须更低，才能重现看似很高的市场价格。

14.8　CDS 债券基差

目前，在公司债券市场和信用违约互换市场上都可以交易信用风险，因此，人

⊖ 参见 Guha R.，Schelz A.和 Tarelli A.（2020），"Structural Recovery of Face Value at Default，"《欧洲运筹学杂志》第 283 期，1148-1171 页； Bakshi G，Madan D 和 Zhang F.（2006），"Understanding the Role of Recovery in Default Risk Models: Empirical Comparisons and Implied Recovery Rates，"FDIC 金融研究中心工作论文，9 月 6 日发布。

⊜ 可以使用表 14-10 中的贴现因子来计算远期汇率，然后找出合适的利差，使得这些远期利率加上利差，通过简单贴现就能还原市场价格 94.561 美元。

们很自然地会问，一个特定信用在两个市场上的交易价格是否相同，或者在一个市场上的交易价格是否比另一个市场上低。如果是后者，那么可能存在从一个市场买进、在另一个市场卖出的相对价值交易机会。

表14-12给出了在回购市场上出售某一特定信用的CDS保护和购买同一信用的债券之间的简单关系。⊖该表做了一些简化，假设：①CDS合约的预付金额为零，也就是说，CDS票面利率等于CDS利差；②公司债券以票面价值计价；③CDS和标的债券在同一天到期。在这些假设下，出售CDS保护相当于购买债券并以定期回购的方式进行融资，回购期限等于债券的期限。更具体地说，卖出名义金额为100美元的CDS的现金流是：今天为0美元；每年为100美元乘以CDS利差s直到债券违约或到期；如果债券违约则为$-100(1-R)$美元；如果债券到期未发生违约则为0美元。平价购买票面价值为100美元的债券的现金流为：今天为-100美元；每年为100美元乘以票面利率c直到债券违约或到期；如果债券违约则为$100R$；如果债券到期无违约则为100美元。最后，通过回购为购买债券融资的现金流是：今天为100美元；每年为$-r$乘以100美元直到违约或到期；如果债券提前违约或到期为-100美元。（为了弄清楚回购的现金流，注意如果债券违约，借款人必须通过偿还100美元的贷款金额来解除回购头寸，这样也结束了贷款的利息支付。）最后，加上买入债券和卖出回购的现金流，就得到了"总计"行的数据，只要$s=c-r$，它就与卖出CDS保护的现金流完全匹配。

表14-12 通过回购融资，卖出CDS保护与购买同一信用的债券之间的简单套利关系

	今天的现金流（美元）	按百分比计的期间现金流（%）	违约现金流（美元）	到期/无违约现金流（美元）
卖出CDS保护	0	s	$-100(1-R)$	0
买入平价债券	-100	c	$100R$	100
卖出回购	100	$-r$	-100	-100
总计	0	$c-r$	$-100(1-R)$	0

"CDS债券基差"是指CDS利差与债券相对于无风险利率的某种利差之间的差额。在表14-12的简化设置中，债券利差就是票面利率与匹配期限回购利率之间的差值，所以CDS债券基差为$s-(c-r)$。如果该基差为正，则$s>c-r$，这意味着债券价格偏贵，或者说债券利差相对于CDS利差偏低。换句话说，卖出CDS保护比购买债券赚得更多。如果该基差为负，则$s<c-r$，这意味着相对于CDS利差而言，该债券价格偏低，也就是说，购买该债券的收益率高于卖出CDS保护。无论哪种情

⊖ 有关衍生品头寸与融资现金头寸的更广泛讨论，请参见 Tuckman（2013），"Embedded Financing: the Unsung Virtue of Derivatives，"《衍生品杂志》秋季刊，73-82页。

况，当该基差不为零时，都存在套利机会。如果基差为正，则执行正基差交易，即卖出 CDS 保护并做空债券，用获得的收益买入回购，锁定每期 $s-(c-r)>0$ 的收益，直至债券违约或到期。如果基差为负，则执行负基差交易，即购买 CDS 保护和债券，卖出回购融资，以锁定每期 $(c-r)-s>0$ 的收益。

这些套利论点的关键在于，回购的期限要等于债券和 CDS 的期限。例如，在负基差交易中，卖出隔夜而不是定期回购会使交易者面临融资风险：隔夜回购利率可能大幅上升，或者回购获得的资金可能被完全收回，原因可能是债券的信用状况恶化、市场整体融资供应收紧，也可能是交易者自己的信用状况出现问题。在上述任何一种情况下，交易者都很可能被迫在亏损的情况下平仓，也就是在债券相对于 CDS 更便宜时。同样，在执行正基差交易并进行隔夜回购的过程中，融资风险来自不能继续借入债券以维持空头头寸。

在实践中，由于没有非常长期限的公司债券回购市场，几乎不可能在不承担巨大风险的情况下执行基差交易。因此，尽管有如表 14-12 所示的套利理论，CDS 和杠杆债券头寸之间还是存在着根本的区别：CDS 头寸在到期前有隐性融资风险，而杠杆债券头寸天生就受到融资风险的影响。

在表 14-12 的简化之外，市场参与者还使用不同的债券利差度量指标来计算 CDS 债券基差，如收益率利差、债券利差、资产互换利差和 CDS 等价债券利差等。前面已经讨论过每种度量指标的优缺点，但在 CDS 债券基差的背景下，所有这些度量指标都可能带来误导。如果没有合适的定期回购利率，任何衡量基差的方法都会忽略 CDS 与杠杆债券套利交易的融资风险。

2007～2009 年金融危机期间，大量资金在负基差交易中遭受损失。随着融资条件恶化，CDS 债券基差变为负值，反映出与卖出 CDS 保护相比，在杠杆债券头寸下做多信用风险的难度。一些交易员将这些负基差视为交易机会，但随着融资条件进一步恶化，交易机会变成了噩梦。事实上，在金融危机期间，投资级指数 CDS 债券基差从接近于零下跌到了 −250 个基点。

图 14-6 显示了 2006 年 1 月至 2021 年 10 月期间法国和意大利政府债券的 CDS 债券基差。这里的基差被定义为 5 年期 CDS 利差与 5 年期国债收益率对 5 年期德国国债收益率利差的差额。从经济背景来看，欧洲主权债务危机从 2009 年底持续到了 2012 年，在此期间，所谓的欧洲"边缘"国家（如希腊、意大利、葡萄牙和西班牙）的银行和政府的贷款都面临压力。此后，在 2018 年秋天，欧盟和意大利政府官员就意大利提出的不符合现行财政规则的预算方案发生了争执。图 14-6 显示，在这两个压力时期，意大利主权信用的 CDS 债券基差显著为负。

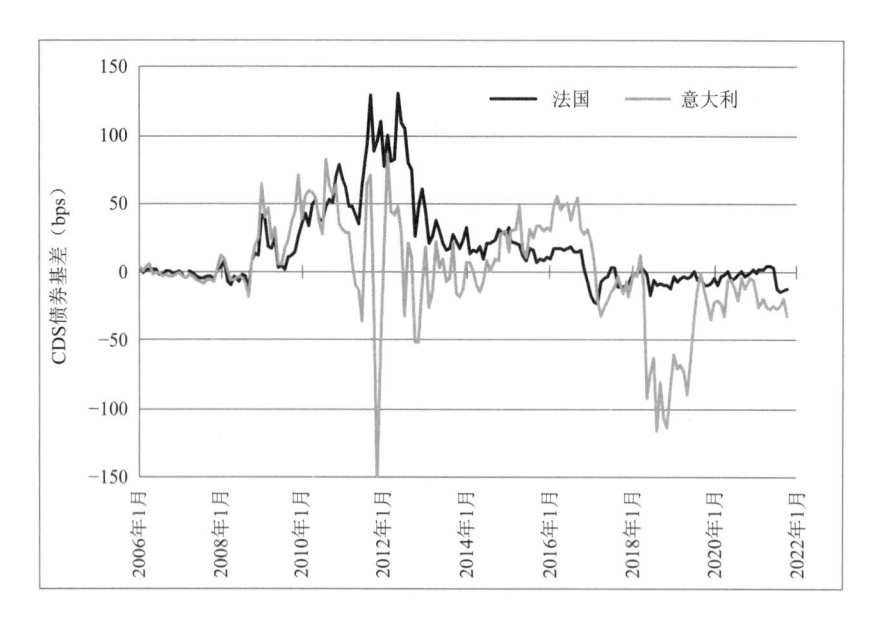

图 14-6　法国和意大利政府债券的 CDS 债券基差（2006 年 1 月～2021 年 10 月）

就像 2007～2009 年的金融危机一样，回购贷款机构不愿意为意大利政府债券提供资金，推高了意大利政府债券的利差，并将 CDS 债券基差推至负值。事实上，意大利政府债券与德国政府债券的利差在主权债务危机期间升至 600 多个基点，在预算僵局期间升至近 300 个基点。相比之下，在主权债务危机期间，法国政府信用表现出了正的 CDS 债券基差。当时法国政府债券与德国政府债券的利差同样曾升至约 100 个基点的峰值，但更大的问题是借入和做空法国政府债券的难度，还有部分原因是欧洲中央银行正在大举购买欧洲主权债务。无论如何，对法国政府债券价格造成的上涨压力导致其 CDS 债券基差明显为正。⊖最后，在最近的新冠疫情和经济停滞期间的资金压力，使意大利和法国政府的 CDS 债券基差都有所下降。

14.9　风险调整久期和 DV01

具有信用风险的债券的久期通常要按照第 4 章介绍的思路计算，即假定现金流按计划支付，但以更高的利率贴现，通常以基准利率加上固定信用利差或信用利差的某种期限结构来贴现。但对于具有重大信用风险的债券，以这种方式计算久期可能具有误导性。对于这些债券，预期现金流的支付要比计划现金流早得多，因此债

⊖ 有关欧洲主权债务危机期间融资和卖空摩擦的严谨讨论，请参见 Fontana A.和 Scheicher M.（2016），"An Analysis of Euro Area Sovereign CDS and Their Relation with Government Bonds,"《银行与金融杂志》第 62 期，126-140 页。

券的久期也相应较短。

利用前面提出的简单风险率框架可以计算"风险调整久期"(HAD),该久期考虑了在违约情况下现金流的预期支付时间,具体计算方法如下。首先,根据表14-11,给定基准利率曲线和回收率,求出使债券现金流的期望贴现值等于债券市场价格的风险率。然后,将基准利率曲线向下平移,并使用相同的回收率和风险率对债券重新定价。最后,根据由此产生的价格变化或价格变化百分比来分别计算经风险调整的 DV01 或久期。

为了说明常规久期和风险调整久期之间的区别,图 14-7 绘制了在两种不同风险率下不同期限债券的常规久期和风险调整久期。基准利率曲线为平坦的 2%,回收率固定为 40%。风险率为 5% 或 10%,由于 40% 的回收率,这相当于 CDS 利差分别为 300 和 600 个基点。所有债券都使用恒定风险率模型定价,HAD 的计算方法如前段所述。常规久期的计算方法是,找到在当前基准利率曲线下能为债券正确定价的固定利差,然后改变基准利率曲线并保持该利差不变,重新为每只债券定价,根据前后价格变化计算久期。

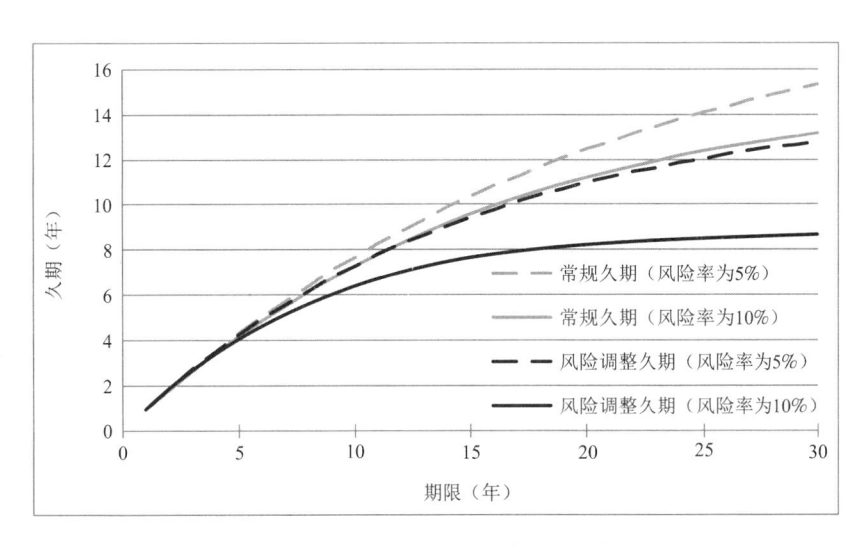

图 14-7 常规久期与风险调整久期

风险率高的债券有更高的信用利差,因此相比风险率低的债券有更长的久期。然而,图 14-7 透露的一个显著信息是,风险调整久期可以明显低于常规久期,特别是对于更高的风险率和更长的期限。当风险率为 5% 时,10 年期债券的常规久期为 7.7 年,风险调整久期为 7.3 年;但当风险率为 10% 时,10 年期债券的常规久期为 7.3 年,风险调整久期为 6.4 年。对于 30 年期债券,风险率为 5% 时,常规久期为 15.3 年,风险调整久期为 12.8 年;而风险率为 10% 时,常规久期为 13.2 年,风险调整久期为 8.7 年。

14.10 利差久期和 DV01

在交易或投资信用组合时，衡量债券价格对信用利差变化的敏感性是很自然的。标准度量指标是"利差久期"和"利差 DV01"，计算方法如下。移动利差，保持基准利率曲线和现金流不变，计算一个新的价格，然后根据前后价格计算久期或 DV01。因为在这种情况下用于贴现的利率是基准利率和利差之和，将基准利率移动 1 个基点和将利差移动 1 个基点会产生相同的价格敏感性，也就是说，在衡量对利率变化的影响时，利差久期和利差 DV01 与常规久期和 DV01 的效果是一样的。然而，在投资组合的背景下，这些利差敏感性仍然是有用的。例如，在一个由政府债券、利率互换和公司债券组成的投资组合中，对互换利差的 DV01 可以通过互换和公司债券的价差变化来计算，而对公司债券利差的利差 DV01 只能通过公司债券的利差变化得到。

在公司债券的背景下，用"久期利差乘积"（DTS）而不是利差久期来衡量利差风险是非常常见的。该方法基于公司债券利差的变化与利差本身成正比的经验规律。例如，考虑债券 A 和债券 B，两种债券的利差久期分别为 5 年和 4 年，并分别以 100 和 250 个基点的利差交易。在通常的平行变化的久期假设下，债券 B 的利差风险是债券 A 的 4/5 或 80%。但经验证据表明，如果债券 A 的利差增加 10%，即从 100 增加 10 个基点到 110 个基点，那么债券 B 的利差也会增加 10%，即从 250 增加 25 个基点到 275 个基点。在这些利差变化后，根据久期的定义，债券 A 的价格变化百分比为：$5 \times 10/100 = 0.5$，债券 B 的价格变化百分比为：$4 \times 25/100 = 1$。因此，债券 B 的风险实际上是债券 A 的两倍。这也表现在了两者的 DTS 上，债券 A 的 DTS 为：$5 \times 100 = 500$，债券 B 的 DTS 为：$4 \times 250 = 1\,000$。

价格对利差的敏感性也可以用本章描述的风险率模型来计算。"风险 DV01"是指 CDS 合约的价值随着 CDS 利差 1 个基点的变化而发生的变化。当然，这可以通过计算能将 CDS 利差改变 1 个基点的风险率，重新计算 CDS 的价值，再根据前后价值来计算风险 DV01 等步骤实现。可以用类似的方法计算一个等价的债券指标：找出使 CDS 等价债券利差改变 1 个基点的风险率，重新计算其价格，并计算 DV01。

14.11 CDS 结算拍卖

衍生品交易结算中的两个典型挑战同样适用于CDS。第一，如果要求所有的CDS

保护买家都进行实物结算，会让它们容易受到挤兑。正如前面所讨论的，CDS 保护买家不一定拥有标的债券，而可交割债券的供应可能受到操纵。第二，如果采用现金结算，债券价格可能不容易被观察到，因为公司债券的流动性即使在正常情况下也难称令人满意，而在面临违约的情况下就更加有限了。业内举办的结算拍卖旨在应对这两个基本挑战。

赫兹公司于 2020 年 5 月 22 日申请破产，并于 2020 年 6 月 24 日举行了一场拍卖，以结算涉及赫兹的 CDS。作为拍卖的一部分，部分 CDS 进行了实物结算，最后的拍卖价格 26.375 美元则被用于现金结算。本节在此次赫兹公司 CDS 拍卖的背景下描述 CDS 拍卖过程。⊖

单名 CDS 合同规定了参考实体的参考义务，以及一套规则，用来确定是否发生了违约事件，以及如果发生了违约事件，哪些债券可以在实物结算中交割或有资格交割。赫兹公司 CDS 拍卖的最终可交割债券清单见表 14-13。

表 14-13　2020 年 6 月 23 日赫兹公司 CDS 拍卖可交割债券清单

描述	到期日
票面利率为 4.125% 的优先级债券	2021 年 10 月 15 日
票面利率为 7.625% 的第二优先级有担保债券	2022 年 6 月 1 日
票面利率为 6.250% 的优先级债券	2022 年 10 月 15 日
票面利率为 5.500% 的优先级债券	2023 年 3 月 30 日
信用证付款	2023 年 12 月 18 日
票面利率为 5.500% 的优先级债券	2024 年 10 月 15 日
票面利率为 7.125% 的优先级债券	2026 年 8 月 1 日
票面利率为 6.000% 的优先级债券	2028 年 1 月 15 日

拍卖本身分为两个阶段。在第一阶段，参与的交易商提交以下材料：①对可交割债券的买价和卖价的报价，要满足预定的报价规模和最大买卖价差限制；②实物结算请求。表 14-14 列出了赫兹拍卖中各交易商的买入报价和卖出报价，买入报价按降序排列，卖出报价按升序排列。内部市场中点（IMM）由这些买入报价和卖出报价确定，具体方法如下。首先，舍弃所有与市场"交叉"或"接触"的行（即买入报价大于或等于卖出报价的行）。在表 14-14 中，前 4 行构成与市场交叉或接触，被舍弃。其次，使用剩余行的上半部分（如有必要进行四舍五入），计算买入报价和卖出报价的平均值，并四舍五入到最接近的八分之一的倍数。表 14-14 中剩余 6 行，因此只使用 6 行中的前 3 行的买入报价和卖出报价（加粗），平均值是 25.333 美元，四舍五入到最近的八分之一的倍数，得到的 IMM 为 25.375 美元。

⊖　关于这个过程的更详细的描述可以参考 Credit Suisse（2011），"A Guide to Credit Events and Auction,"《固定收益研究》，是年 1 月 12 日发布；Markit（2010），"Credit Event Auction Primer," 是年 2 月发布。

表 14-14 交易商初始市场，赫兹公司 CDS 拍卖，2020 年 6 月 24 日

交易商	买入报价（美元）	卖出报价（美元）	交易商
花旗集团	26.0	22.5	摩根士丹利
瑞信集团	26.0	24.0	巴克莱银行
德意志银行	26.0	24.5	高盛集团
加拿大皇家投资银行	25.5	25.5	美国银行
法国巴黎银行	**24.5**	**26.0**	摩根大通证券公司
摩根大通证券公司	**24.0**	**26.5**	法国巴黎银行
美国银行	**23.5**	**27.5**	加拿大皇家投资银行
高盛集团	22.5	28.0	花旗集团
巴克莱银行	22.0	28.0	瑞信集团
摩根士丹利	20.5	28.0	德意志银行
内部市场中点（美元）		25.375	

下面介绍拍卖第一阶段的第二部分，表 14-15 显示了各交易商的实物结算请求。这些请求必须与各自净 CDS 头寸的方向和规模相匹配。例如，高盛集团及其客户如果要求交割 1.4 亿美元票面价值的可交割债券，从净头寸看，必须为至少 1.4 亿美元票面价值的名义 CDS 购买保护。换句话说，高盛集团及其客户要求通过交割 1.4 亿美元票面价值的可交割债券并获得 1.4 亿美元现金，来回收 1.4 亿美元名义金额的 CDS 净多头头寸。另外，摩根大通证券公司及其客户如果请求获得 2 000 万美元的可交割债券，其净卖出的 CDS 保护金额至少要达到 2 000 万美元的名义金额。他们要求获得 2 000 万可交割债券并支付 2 000 万美元，来解除手中的 CDS 保护净空头头寸。把实物结算请求加在一起，总共要求卖出或交割的票面价值为 14 352.5 万美元，总共要求买入或获得的票面价值为 4 200 万美元，剩下的净未平仓权益（NOI）为卖出 11 152.5 万美元。⊖

表 14-15 赫兹公司 CDS 拍卖的实物结算请求

交易商	规模
交割请求	
美国银行	0.0
法国巴黎银行	3.525
花旗集团	10.0
德意志银行	0.0
高盛集团	140.0
摩根斯坦利	0.0
加拿大皇家投资银行	0.0
卖出请求总规模	143.525
购买请求	
巴克莱银行	7.0

⊖ 此处原书疑有误，应为 10 152.5 万美元，表 14-15 中数据同。——编者注

（续）

交易商	规模
购买请求	
瑞信集团	15.0
摩根大通证券公司	20.0
购买请求总规模	42.0
净未平仓权益（卖出）	111.525

注：时间为 2020 年 6 月 24 日，规模单位为百万美元。

在进行第二阶段拍卖之前，要对"调整金额"做一个说明。为了激励交易商提交竞争性的买入报价和卖出报价，提交"市价外"买入报价和卖出报价的交易商将受到惩罚，市价外是根据报价相对于 IMM 和 NOI 的情况进行判断的。更具体地说，在赫兹公司拍卖的案例中，有 IMM 是 25.375 美元的 NOI 要出售。从表 14-14 可以看出，花旗集团、瑞信集团和德意志银行的买入报价和卖出报价分别为 26.0 美元和 28.0 美元，加拿大皇家投资银行的买入报价和卖出报价分别为 25.5 美元和 27.5 美元，对于一个卖家多于买家的市场而言，这些报价太高了。因此，这些交易商必须支付调整金额，调整金额等于其高于市场的出价与 IMM 乘以报价金额之间的差额。花旗集团、瑞信集团和德意志银行要支付的调整金额为：200 万美元 × (26.0 – 25.375)/100 = 1.25 万美元；加拿大皇家投资银行要支付的调整金额为：200 万美元 × (25.5 – 25.375)/100 = 2 500 美元。在买入 NOI 的第一阶段拍卖中，提交的买入报价和卖出报价低于 IMM 的交易商会被征收调整金额。

第二阶段的拍卖在第一阶段拍卖结果公布后几小时内进行。第二阶段的目的是确定最终拍卖价格，即第一阶段设立的 NOI 的清仓价格。在第二阶段，包括但不限于参与第一阶段的交易商的市场参与者提交限价买入指令（如果是卖出 NOI）或限价卖出指令（如果是买入 NOI）。此外，为了确保得到合理的结果，如果是卖出 NOI，最终拍卖价格相对于 IMM 不会过高；如果是买入 NOI，最终拍卖价格相对于 IMM 不会过低，限价订单价格受到一个上限金额的限制，通常设置为第一阶段最大买卖价差的一半。在赫兹公司的 CDS 拍卖中，上限金额是 2 美元的一半，即 1 美元。所以，对于要卖出的 NOI，第二阶段的限价买入指令被限制为小于或等于 IMM25.375 美元加上上限金额 1 美元，即 26.375 美元。

表 14-16 显示了高盛集团在赫兹公司 CDS 拍卖的第二阶段提交的限价订单。高盛集团代表自己和客户，以 26.375 美元的价格竞购 4 200 万美元票面价值的可交割债券，再以 25.000 美元的价格增加 1 000 万美元的竞购量，依此类推。请注意，第一阶段拍卖中来自初始市场的买入报价将延续到本阶段，因此，表 14-14 中高盛集

团以 22.5 美元的买入报价参与拍卖 200 万美元的预定规模出现在表 14-16 的倒数第二行。⊖

表 14-16　高盛集团在赫兹公司 CDS 拍卖中的限价订单

买入报价（美元）	规模
26.375	42
25.000	10
24.000	10
23.750	5
23.500	24
23.250	10
23.000	23
22.500	2
20.000	14

注：时间为 2020 年 6 月 24 日，规模单位为百万美元。

所有购买赫兹公司债券的限价指令都是按价格从高到低进行收集和排序的。然后，按照荷兰式拍卖的规则，最终拍卖价格被设定为与出售的 1.115 25 亿美元的 NOI 相匹配的、以该价格或更高价格购买的限价订单数量。在赫兹公司 CDS 拍卖中，允许的最高买入报价为 26.375 美元，有 1.185 亿美元票面价值的限价订单，这超过了可供出售的 NOI。因此，最终拍卖价格定为 26.375 美元，所有以该价格出价的竞拍者按比例获得可获得的 1.115 25 亿美元。以高盛为例，其以 26.375 美元买入 4 200 万美元的限价指令，通过此次拍卖能够买入 4 200 万 × 111.525/118.50，即 3 952.8 万美元的票面价值。

总的来说，这次拍卖有两个结果。第一，表 14-15 中"交割请求"部分的交易商或其客户以 26.375 美元的价格向表 14-15 中"购买请求"部分的交易商或其客户以 4 200 万美元的价格出售了票面价值为 14 352.5 万美元的可交割赫兹公司债券，并向拍卖第二阶段中被授予 11 152.5 万美元的分配额的市场参与者出售了该债券。第二，所有赫兹公司 CDS 的最终拍卖价格为 26.375 美元。选择现金结算的 CDS 交易对手方以此最终价格计算追偿金额，即 CDS 保护买方从 CDS 保护卖方获得其 CDS，即 73.625%(= 100% − 26.375%)的名义金额。选择实物结算的交易对手通过其交易商进行如下工作。保护买方以 26.375 美元交割了它们选择的可交割债券，并收到了 73.625 美元的现金结算，总收益为 100 美元。保险卖方为交割给它们的任何债券支付 26.375 美元，并支付 73.625 美元的现金结算，总收益同样为 100 美元。

本节最后要指出的是，尽管 CDS 拍卖一般都能以合理的最终价格成交，但不能

⊖ 当 NOI 是卖出时，"交叉"或"接触"的买入价是在 IMM 上方发生的。在赫兹公司的例子中，花旗集团、瑞信集团、德意志银行和加拿大皇家银行资本市场部都结转了一笔 200 万美元的限价买入订单，价格为 25.375 美元。

保证一定会成功。最近的一个失败例子是 2021 年 1 月 13 日欧洲汽车移动集团的 CDS 结算拍卖。就在拍卖之前，可交割债券的交易价格约为 70 欧元，而第一阶段的拍卖结果是 IMM 为 73 欧元，NOI 为 4 330 万欧元。但在第二阶段，卖出报价的限价订单总计只有 3 590 万欧元。因此，由于没有足够高的价格来匹配 NOI 的限价卖出指令，最终拍卖价格根据规则被设置为 100 欧元，CDS 保护的买家什么也得不到。一些评论人士在分析缺乏限价卖出指令的原因时认为，欧洲汽车移动集团的重组协议阻止了许多债券持有人通过 CDS 拍卖出售所持债券。但也有评论人士声称有足够多的债券可以支付 NOI，但潜在的卖家根本没有出现在拍卖会上。⊖

14.12　CDS 机会主义策略

从理论上讲，CDS 交易者将债券发行者的行为视为既定的，而债券发行者基本上忽略了 CDS 对其债务交易的影响。但在实践中，由于 CDS 合约的复杂性（例如具体规定了违约事件，确定参考实体和交割义务，为结算拍卖制定规则等），CDS 交易者和发行方偶尔会试图通过跨越各自市场的界限获利。这些例子被称为 "CDS 机会主义策略"。

一个特别著名的例子是霍纳扬房地产公司及其 "人造违约" 的故事。2018 年 2 月，霍纳扬房地产公司和一家购买了超过 3 亿美元霍纳扬房地产公司 CDS 保护的资产管理公司进行了以下交易：

这家资产管理公司以低于市场的利率向霍纳扬房地产公司提供了一大笔贷款。

霍纳扬房地产公司进行了一次债券替换发行，发行了新的、期限非常长的债券，鉴于其信用评级相对较低，这些债券将大幅折价出售，其中一些价格较高的未清偿债券被霍纳扬房地产公司的一家子公司购买。

霍纳扬房地产公司宣布不支付该子公司持有的债券的息票。这种违约不会触发交叉违约条款，但会引发与霍纳扬房地产公司 CDS 有关的信用事件。⊜

通过这些交易，霍纳扬房地产公司能够以优惠利率借款，而如果信用事件发生，该资产管理公司不仅将从其持有的 CDS 多头头寸中受益，还将从发行低价债券中受益，因为这些债券可以在 CDS 结算过程中交割，这将降低 CDS 结算拍卖价格，增加对 CDS 保护买家的支付。虽然霍纳扬房地产公司最初确实按照自己所说的跳过了

⊖ 参见 Levine M.（2021），"Europcar," *Money Stuff*，彭博出版社 1 月 15 日出版。

⊜ 交叉违约条款规定，发行人名下的一只债券违约会引发许多或全部其他债务的违约。该条款可以保护那些碰巧还没有违约的债券的持有人，让他们不会因为对另一只债券违约的处理而处于不利地位。简单地说，一只债券先于另一只债券违约，仅仅是因为具有相对较早的到期日。

息票支付，但该公司最终改变了做法，在30天宽限期结束前支付了息票。来自监管机构和已出售霍纳扬房地产公司CDS保护的资产管理公司的压力，以及CDS买卖双边的资产管理公司之间的一系列协议，导致该公司放弃了这次人为制造的违约。

霍纳扬案影响到人们对CDS市场违约判定的信任。作为回应，国际互换与衍生工具协会（ISDA）改变了对"未能支付"事件的定义，加入了以下描述："如果未能支付非直接或间接地由参考实体财务状况的信用状况恶化引起，则不构成未能支付事件。"㊀

尽管这种定义的改变可能会消除一些CDS机会主义策略，但仍存在其他的可能策略。对于CDS保护对违约的影响，可以考虑温德蒂姆电信公司的案例。2015年，该公司在重组过程中似乎违反了现有的债券契约，但直到2017年，才有一家对冲基金购买了部分债券并起诉该公司，使其陷入违约。许多市场参与者认为，该对冲基金购买温德蒂姆公司的CDS保护，并购买了债券，然后提起诉讼以在CDS头寸上获利。尽管其他债券持有人愿意放弃追究被指控的违约行为，但这家对冲基金最终在法庭上胜诉。在这种情况下，不仅违约事件没有反映潜在的信用状况，而且CDS买家的存在似乎加速了违约。㊁

CDS保护的卖家似乎也可以采取机会主义策略。2018年，一家资产管理公司与麦克拉奇出版公司达成了以下协议（人们普遍认为这家资产管理公司出售了对麦克拉奇公司的CDS保护）。这家资产管理公司将从麦克拉奇公司的一家子公司购买新发行的债券，所得资金将用于对麦克拉奇公司现有的债券进行再融资。由于未偿付CDS的保护对象是麦克拉奇公司，而不是其子公司，作为参考实体，麦克拉奇公司的CDS将被"孤立"，没有任何基础债务的麦克拉奇公司不可能违约。此外，保险买家仍需支付保费。这一协议的消息大大降低了CDS保护的价值，为CDS保护的卖家带来了利润。但最终结果是提议的交易没有通过，在2020年初，麦克拉奇面临破产。在随后的CDS拍卖中，最终价格为2美元；也就是说，每1美元名义金额的麦克拉奇公司CDS最终只支付了98美分。㊂

CDS机会主义策略的最后一个例子是西尔斯控股公司的案例，这次发行人是第一行动者。在2018年底该公司破产时，有很多未偿付的CDS不是针对该控股公司，

㊀ 参见ISDA（2019），"2019 Narrowly Tailored Credit Event Supplement to the 2014 ISDA Credit Derivatives Deinition,"第3页，7月15日发布。

㊁ 关于这些事件的一个详细描述可参见Levine M.（2019），"Windstream," *Money Stuff*，彭博出版社2月19日出版。

㊂ 有关这些事件的更多细节，请参阅Carruzzo F.和Zide S.（2018），"Opportunistic CDS Strategies Available to CDS Protection Sellers Part II: McClatchy and Sears," *Debt Dialogue*，凯尔莫列文出版社，6月6日出版。

而是针对其子公司西尔斯罗巴克承兑公司（SRAC）。但相对于 SRAC 的 CDS 规模，SRAC 的未偿付债券相对较少，可能只有 2 亿美元左右。因此，CDS 买家愿意支付溢价来购买 SRAC 债券，这样他们可以确保有足够的债券在结算拍卖中交割，这反过来又会使最终拍卖价格较低，违约补偿较高。回想一下在欧洲汽车公司拍卖中，由于提交的限价卖出订单太少，最终的拍卖价格是 100 美元，而 CDS 保护买家什么也没有得到。无论如何，SRAC 意识到，由于 CDS 市场的存在，SRAC 债券的市值远远超过了其现金流的期望贴现值，于是提出出售此前被忽视的 9 亿美元公司间 SRAC 票据。然而，在此次拍卖中，CDS 买家的出价高于 CDS 卖家，后者希望阻止这些 SRAC 票据进入结算拍卖。为了停止这种反反复复的诉讼，CDS 买家和卖家最终自行达成了和解。

除了这里描述的案例，还有其他 CDS 机会主义策略的例子，但目前至少能得出两个教训。第一，市场参与者需要意识到可能导致最终回收率与预期不同的特殊情况。第二，如果机会主义策略在交易中占据主导地位，许多市场参与者很可能会放弃这个市场，认为它不再提供直接的信用风险转移手段。

14.13　案例分析：伦敦鲸

2012 年上半年，摩根大通银行在"伦敦鲸"交易中损失了超过 60 亿美元。该银行当时的资产超过 2 万亿美元，在 2012 年的收入为 210 亿美元，所以这一损失并不会危及该行的安全，但这仍然是一笔巨大且令人尴尬的损失。在本节中，我们用该案例来更充分地解释指数 CDS 和 CDS 层级的运作，以及其他需要吸取的教训，包括应该确定对冲计划的目的和范围，以及控制交易规模以免自己"成为整个市场"的重要性。⊖

⊖ 这里的介绍参见以下文献：Childs M., Ruhle S.和 Harrington S.（2012），"Blue Mountain Said to Help Unwind JPMorgan's Whale Trades，"《彭博商业》杂志，6 月 21 日发布；Tyler D.（2012），"Behind 'the Iksil Trade'–IG9 Tranches Explained，"《零对冲》杂志，4 月 10 日发布；摩根大通（2013），"Report of JPMorgan Chase & Co. Management Task Force Regarding 2012 CIO Losses，" 1 月 16 日发布；Pollack L.（2012），"Recap and Tranche Primer，" 5 月 16 日发布；Pollack L.（2012），"The High Yield Tranche Piece"，5 月 17 日发布；Pollack L.（2012），"Unwind? What Unwind?–Part 2"，6 月 27 日发布；Protess B., Sorkin R., Scott M.和 Popper N.（2012），"In JPMorgan Chase Trading Bet, Its Confidence Yields to Losses，"《纽约时报》，5 月 11 日发布；Ruhle S.,Keoun B.和 Childs M.（2012），"JPMorgan Trader's Positions Said to Distort Credit Indexes，"《彭博商业》，4 月 6 日发布；美国参议院（2013），"JPMorgan Chase Whale Trades" 和 "Exhibits"，3 月 15 日发布；Zuckerman G.和 Burne K.（2012），"London Whale Rattles Debt Market，"《华尔街日报》，4 月 6 日出版。

14.13.1 指数 CDS 和层级

理解该案例事件最重要的工具是 CDX.NA.IG.9 和它的层级。如本章前面所述，CDX.NA.IG 是一个包含 125 个投资级北美实体 CDS 的等权重指数，代码中的".9"来自表示该指数的一个特殊序列，表示指数于 2007 年第 3 季度发行。因此，该指数的 10 年期 CDS 保护在 2017 年 12 月到期，5 年期 CDS 保护在 2012 年 12 月到期。但随着伦敦鲸事件在 2012 年第 1 季度爆发，该指数的 10 年期 CDS 在不到 6 年的时间内就到期了，而该指数的 5 年期 CDS 在不到 1 年的时间内就到期了。

截至 2012 年 4 月，CDS.NA.IG.9 中的 125 个实体中有 4 个实体在 2007~2009 年金融危机期间经历了信用事件，因此退出了该指数，包括次级抵押贷款机构 CIT、储蓄和贷款协会成员 WAMU、政府资助的抵押贷款机构房利美，以及另一个政府资助的抵押贷款机构房地美。表 14-17 显示了这四个信用事件对指数的影响。表中第 2 列显示了每个实体在 CDS 拍卖中的最终价格。为了理解该表的第 3 列，考虑 1.25 亿美元该指数的初始名义金额，相当于 125 个实体中每个实体的单名 CDS 的名义金额为 100 万美元。因为 CIT 债券的拍卖价格为 68.125 美元，CIT 的 100 万美元名义金额的 CDS 损失了：100 万美元 × (100% − 68.125%) = 318 750 美元，相当于指数 1.25 亿美元名义金额的 0.255%。对第 3 列的其余部分进行类似计算，发行指数总损失百分比为 0.715%，根据最初 1.25 亿美元的指数名义金额计算，损失金额为 893 750 美元。综上所述，在该指数的生命周期中，四个信用事件的 CDS 保护卖方向 CDS 保护买方支付了 893 750 美元，1.25 亿美元的名义金额剩下了 1.21 亿美元。此外，在该指数的其余成分实体中，5 个实体的 CDS 利差超过了 500 个基点，还有 4 个实体的利差约为 400 个基点。换句话说，虽然该系列指数是作为投资级指数发行的，但经历了严重的信用状况恶化。

表 14-17 CDX.NA.IG.9 中被除名的实体

实体名称	CDS 拍卖中的价格（美元）	指数损失
CIT	68.125	0.255
WAMU	57.000	0.344
房利美	91.510	0.068
房地美	94.000	0.048
总计		0.715

注：截至 2012 年 4 月，指数损失以百分比计。

下面我们继续用 CDX.NA.IG.9 介绍 CDS 指数层级的概念。表 14-18 描述了违约赔偿的支付情况，表 14-19 描述了保费支付和定价情况。从表 14-18 开始，注意例子中的指数名义金额被固定在 1.25 亿美元，然后我们来考察"优先中间层"层级。它最初的"损失前"触发点为 7%，这意味着除非指数的损失超过 7%，或者说 1.25 亿美元指数名义本金损失超过了 875 万美元，否则卖出该层级保护的卖方无须支付任何补偿。例如，如果损失为 8%，优先中间层保护的卖方必须向这部分保护的买方支付 1.25 亿美元 × (8% − 7%)，即 125 万美元。10% 的"损失前"解除点意味着当损失超过 10% 或者说 1 250 万美元后，该层级保护的卖方将停止支付更多的赔偿。事实上，优先中间层层级最初的名义金额是 375 万美元，正是因为该层级的保护卖方在向保护买方支付 1.25 亿美元 × (10% − 7%)，也就是 375 万美元后，没有进一步赔偿的责任。

表 14-18 CDX.NA.IG.9 的层级结构

层级	损失前			损失后		
	触发点	解除点	名义金额	触发点	解除点	名义金额
股权层	0	3	3 750 000	0	2.361	2 856 250
次级中间层	3	7	5 000 000	2.361	6.493	5 000 000
优先中间层	7	10	3 750 000	6.493	9.592	3 750 000
优先层	10	15	6 250 000	9.592	14.757	6 250 000
第一超级优先层	15	30	18 750 000	14.757	30.253	18 750 000
第二超级优先层	30	100	87 500 000	30.253	100.000	84 393 750
指数			125 000 000			121 000 000

注：截至 2012 年 4 月，触发点和解除点单位为百分比，名义金额单位为美元。

现在考虑一下股权层的情况。根据"损失前"的各列数据，该层级的保护卖方必须向保护买方支付从触发点 0% 到解除点 3% 的违约损失。"损失后"一栏显示了考虑截至 2012 年 4 月 CDX.NA.IG.9 遭受如表 14-17 所示的损失后，股权层的损失情况。由于指数下跌了 0.715%，股权层的保护卖方必须向保护买方支付 1.25 亿美元的 0.715%，即 893 750 美元。因此，股权层的名义金额从原来的 3 750 000 美元降低到损失后的 3 750 000 美元减去 893 750 美元，即 2 856 250 美元。此外，由于这些损失是由 4 个参考实体的信用事件引起的，每个实体的名义金额均为 100 万美元，因此这些层级参考的指数名义金额由最初的 1.25 亿美元下降至 1.21 亿美元。最后，由于股权层保护卖方接下来的偿付不能超过该层级剩余的名义金额 2 856 250 美元，所以"损失后"的解除点从最初的 3% 下降到 2 856 250 美元/1.21 亿美元，即 2.361%。

随着股权层的保护卖方支付违约补偿，正如上一段提到的那样，其余层级的赔付触发点和解除点也相应发生了变化。次级中间层的保护卖方在总损失达到 2.361%、股权层赔付殆尽时开始加入赔付的队伍，直到该层级的名义金额 500 万美元用完为止，此时总损失将达到 6.493%，因为 (6.493% − 2.361%) × 12 100 万美元 =

500万美元。其余层级的新触发点和解除点的确定方法依此类推。至于"损失后"各层级的名义金额，如前所述，股权层的名义金额下降了，而所有尚未遭受损失的其他层级的名义金额不变，但最优先的层级除外。由于该指数 CDS 只剩下 1.21 亿美元的名义金额，而所有其他层级的名义金额都已设定为刚才所述的值，第二超级优先层的绝对最坏情况的损失是亏完剩余的名义金额，即遭受 84 393 750 美元的损失。（虽然该层级的解除点从 30%增加到 30.253%时，其承担损失的名义金额保持不变。之前的金额为：30% × 12 500 万美元 = 3 750 万美元，恰好等于已产生的损失 893 750 美元加上新的触发点对应的金额：30.253% × 121 000 000 美元 = 36 606 250 美元。）

表 14-18 包括了所有的层级，以便比较它们在信用事件发生时的现金流，但层级之间是独立交易的。当保护卖方与保护买方进行交易时，购买的就是具有特定名义金额的特定层级。CDS 指数的层级是"合成"的，因为没有实际的基础投资组合对应这些指数 CDS 层级，标的 CDS 指数仅用于确定各层级的赔付。

下面我们来看看保费支付和定价，表 14-19 再次给出了各层级的名称和初始触发点，并给出了截至 2012 年 5 月中旬每个层级的票面利率和预付金额。不出意外的是，对于优先级更低、更早遭受损失的层级，保护买方支付的保费更多，保护卖方得到的也更多。例如，购买名义本金为 100 万美元的违约损失范围为 3%～7%的次级中间层的保护，需要支付 500 个基点，即每年 5 万美元的保费，外加 29.43%的预付金额，即 294 300 美元。相比之下，购买名义金额为 100 万美元的违约损失范围为 15%～30%的第一超级优先层保护的买方需要支付每年 10 000 美元的保费外加 6 700 美元的预付金额。

表 14-19 还报告了每一层级的德尔塔（Delta）值，用指数 Delta 的倍数表示。例如，7%～10%的层级对信用利差变化的敏感性是标的指数的 5.18 倍。再比如说，15%～30%的层级的敏感度是标的指数的 1.30 倍。层级的 Delta 值会随着优先级的增加而下降，从 3%～7%到 30%～100%：优先级越高，损失对该层级的影响就越小，Delta 值也越低。但股权层的 Delta 小于 3%～7%和 7%～10%的层级。想象一下，股权层剩余的名义金额几乎肯定会被未来的亏损抹去。在这种情况下，信用利差的边际增减不会对股权层的价格产生太大影响。相比之下，信用利差变化对尚未触发损失的 3%～7%层级的边际变化将产生重大的影响。表 14-19 的情况虽然没有那么极端，但与之类似：股权层的高票面利率和高预付金额表明对未来巨额亏损可能性的预期很高。顺便说一下，上述现象的部分原因在于，当时指数中有 9 只利差较大的股票，正如前面提到的那样。

表 14-19　2017 年 12 月到期的 CDX.NA.IG.9 的各层级定价

层级	触发点	解除点	预付金额	票面利率	Delta
股权层	0	3	72.71	500	3.92
次级中间层	3	7	29.43	500	6.58
优先中间层	7	10	6.85	500	5.18
优先层	10	15	9.80	100	2.96
第一超级优先层	15	30	0.67	100	1.30
第二超级优先层	30	100	−3.88	100	0.29

注：截至 2012 年 5 月中旬，触发点、解除点和预付金额以百分比为单位，票面利率以基点为单位。

虽然不能从表中直接看出，但市场对指数中不同实体的违约相关性的看法是各层级相对价值的一个重要决定因素。在给定每个实体的违约概率后，这些违约之间的相关性越高，就意味着同时违约的实体数量越多，越有可能导致较低优先级的层级赔付殆尽，进而给较高优先级的层级造成损失。因此，相关性从低水平到中等水平的变化，对次优先级层级的价格影响最大。但当相关性从中等水平向高水平变化时，可能会对高优先级层级的价格产生特别大的影响，使得高优先级层级在此之前看似很高的触发点岌岌可危。

14.13.2　合成信用组合

在介绍 CDS 指数和层级之后，我们将转向一个真实案例，故事从 2011 年底摩根大通银行的首席投资官开始。该首席投资官的工作是将资金投资于广泛的高质量固定收益产品，目标是满足银行未来的流动性需求并获得合理的收益率。在之前几年中，首席投资官管理的资金规模急剧扩大，从 2007 年的 765 亿美元扩大到 2011 年的 3 650 亿美元，其中在 2007~2009 年金融危机期间增长最大，当时资产负债表稳健的摩根大通吸引了约 1 000 亿美元的存款。

该首席投资官在 2007 年推出了"合成信用组合"（SCP），以保护银行的投资和贷款免受不利信用变化的影响。SCP 通常是信用空头（即在信用条件恶化时表现良好的头寸），但有时也会出售 CDS 保护，有时是整体信用多头。事后来看，该首席投资官可能会受到批评，因为他没有确定与 SCP 对冲的特定资产组合，也没有阐明特定的对冲政策。但幸运的是该 SCP 确实获得了利润：2007 年利润为 2 亿~6.25 亿美元；2008 年为 1.7 亿美元；2009 年 10.5 亿美元，主要来自对通用汽车破产的押注；2010 年为 1.49 亿美元，同时有意缩减了头寸规模；2011 年为 4.53 亿美元，大部分利润是由于购买了美国航空公司的 CDS 保护，CDS 在该公司破产 3 周后就到期了。

经历了这段历史后，2011 年底 SCP 的 CDS 净名义金额为 510 亿美元。总体而言这是一个信用空头头寸，尽管它既做多也做空特定的 CDS 指数和层级，而且还包括做多投资级信用并做空高收益级信用的相对价值交易。各种文件和信函表明，SCP 旨在主动交易信用风险，而不是对冲银行其他部门的风险敞口。该策略对未来经济持乐观态度，并计划在 2012 年建立信用多头头寸。它还计划继续进行机会主义交易，例如：保持"精明"的信用空头头寸；购买"看似便宜"的期权；从违约中获利但"不能付出太大的代价"；重复像在美国航空公司上一样的成功交易，但避免像在 2012 年 1 月柯达公司违约时损失 5 000 万美元那样的失误。最后，到了 2012 年，首席投资官终于意识到，它的头寸变得如此之大，以至于平仓将产生极其巨大的交易成本。⊖

SCP 在 2012 年采用的以下 4 个主动策略都表现不佳：

SCP 做多了信用，将其对信用利差的敏感性从 2011 年末的相对温和空头，转变为每基点 6 000 万美元的重度多头。这一头寸在 3 月底信用利差下降期间表现良好，但在随后信用利差急剧上升的时期遭受了重大损失。SCP 主要通过购买 CDX.NA.IG.9 指数来建立多头头寸，因为该指数包含几个高收益级实体的信用，如前所述，购买该指数也可以对冲一些现有的高收益级信用空头。虽然在某种程度上符合逻辑，但这是一个危险的选择。第一，如前所述，相对于市场能提供的流动性，SCP 头寸已经变得太大了。因此，购买 CDX.NA.IG.9 来对冲空头头寸，而不是赎回并注销持有的空头头寸，会使投资组合变得更大、更笨拙。第二，SCP 在 CDX.NA.IG.9 中的超大头寸将自己暴露于其他市场参与者的掠夺性交易中。因此，正如后面要讨论的那样，当 CDX.NA.IG.9 的成分 CDS 表现不佳时，SCP 因信用利差上升而损失的钱比其他情况下更多。

SCP 继续进行做多投资级风险、做空高收益级风险的相对价值交易。由于高收益级债券和投资级债券的收益率之差从 2011 年 12 月的 560 个基点降至 2012 年 3 月的 480 个基点，这一策略蒙受了损失。不过到 4 月中旬，这一差值又回升至 527 个基点。

SCP 押注于长期投资级利差与短期投资级利差之间的差距将会缩小，从而将投资级的利差期限结构拉平。SCP 也选择对 IG.9 实施这一策略，使用前面提到的 10 年和 5 年的到期期限。这一策略也遭遇了损失，10 年期和 5 年期 CDS 指数之间的利差从 2011 年 12 月的 16 个基点升至 2012 年 4 月中旬的 48 个基点。

SCP 卖出了 CDS 指数的"腹部"层级，买入了股权层和指数本身。SCP 再次选择了 IG.9 的层级，因为它们在历史上的交易流动性相对较高。SCP 在这一策略上也亏损了。SCP 头寸集中于 IG.9，主要做空 10%～15% 和 15%～30% 的层级，做多指数和 30%～100% 的层级。随着信用利差的扩大，该指数和所有层级的价值都下降了，但相对价格的变化令人惊讶。30%～100% 的股权层下跌最多，似乎指数与股权层是高度相关的；而

⊖ SCP 将 2012 年 1 月的 1 500 万美元亏损归因于试图平仓高收益空头头寸的操作。据估计，减少 250 亿美元的风险加权资产将花费 4 亿～5.9 亿美元，按比例减少 25%～35% 的头寸将花费超过 5 亿美元，其中包含在收益上的损失。

10%～15%和15%～30%的层级价格下跌较少，似乎与指数没有那么相关。因此，SCP再次遭遇了亏损，因为它做多了表现不佳的部分，做空了表现好的部分。正如目前所讨论的，这种价格波动很可能是由于SCP在IG.9及其部分层级中拥有过大的头寸（因而遭受了狙击）。

2012年第1季度，这些策略的总损失为7.18亿美元，到4月又损失了15亿美元。在4月底，首席投资官手中的SCP投资组合管理权被收回，但头寸继续亏损，截至2012年6月底累计亏损58亿美元。之后许多头寸被转移到银行的其他部门，这使得公众无法确定投资组合的最终损失。

SCP头寸的初始规模放大了其损失。SCP的CDS名义金额从2011年底的510亿美元增加到2012年3月底的1 571亿美元。即使跟交易量比较，这些头寸也非常大。当时其在IG.9指数中的仓位超过了10天的日均成交量，在iTraax系列指数中的一个仓位超过了日均成交量的8倍。从当时的市场价格和市场参与者的行为都可以看出这些巨大头寸的影响。

就市场价格而言，参考10年期IG.9的"偏度"，它被定义为标的CDS的利差与10年期IG.9指数CDS利差之间的差值。偏度越为正，IG.9指数相对于其成分股的利差就越高。这一偏度从2011年7月的约10个基点上升到2011年秋季的最高35个基点，又在2012年初回复到约25个基点。根据事后分析，IG.9指数如此高的偏度很有可能是SCP积极买进该指数的结果。

至于市场参与者的行为，对冲基金已经注意到了这种高偏度，并在2012年买入了便宜的成分CDS利差，卖出了高价的IG.9指数CDS利差，但它们知道，SCP大规模购买指数很可能会使偏度保持在高位，事实也的确如此。4月初的新闻文章，很可能是受到了这些基金的启发，提到了摩根大通首席投资官的巨额头寸。文章中将这种持续的扭曲归因于这些头寸，并质疑即将出台的沃尔克规则是否会生效并导致摩根大通银行平仓。这些文章加上SCP为减仓所做的一些努力，鼓励市场参与者押注即将到来的清仓，即卖出IG.9，赌SCP最终将不得不卖出IG.9并购买成分CDS作为对冲。当然，这一活动缩小了偏度，导致IG.9表现不佳，并给SCP的投资组合带来额外的损失。对此，摩根大通银行起初表示："可以无限期保留首席投资官的职位。"但是，随着信用利差的扩大、SCP损失的增加以及市场对SCP的困境的认识加深，对冲基金取得了最终的胜利。到2012年7月，SCP的投资组合至少被部分平仓，偏度降至零。事实上，一些对冲基金在平仓过程中直接从SCP手中买入了IG.9的头寸，从而从平仓中获利。

附录14A 累计违约概率和存活率

命题：若风险率恒定为λ，则到t时刻的累计生存概率$CS(t)$为$e^{-\lambda t}$，累计违约概率$CD(t)$为$1-e^{-\lambda t}$。

证明：到时间$t+\Delta t$没有发生违约的概率$CS(t+\Delta t)$，就是到时间t没有发生违约且从那时到时间$t+\Delta t$没有发生违约的概率。在数学上表示，就是：

$$CS(t+\Delta t) = CS(t) \times (1-\lambda \Delta t) \tag{14A-1}$$

$$\lambda CS(t) = -\frac{CS(t+\Delta t) - CS(t)}{\Delta t} \tag{14A-2}$$

取式(14A-2)右侧在Δt趋于0时的极限，结果就是$CS(t)$对t的导数，记为$CS'(t)$，因此上面的式子可以改写为：

$$\lambda CS(t) = -CS'(t) \tag{14A-3}$$

$$CS(t) = e^{-\lambda t} \tag{14A-4}$$

式(14A-4)是式(14A-3)的解。累计违约概率为 1 减去累计生存概率，即$CD(t) = 1-e^{-\lambda t}$。

附录14B 预付金额

继续使用上一节的符号，并增加以下符号：

s^{CDS}：CDS 利差。

c^{CDS}：CDS 票面利率。

T：CDS 的到期期限，以年为单位。

n：每年支付 CDS 保费的次数。

t_i：第i次 CDS 保费的支付时间，$i = 1, 2, \cdots, nT$，且$t_0 \equiv 0$。

$d(t_i)$：按无风险利率或基准利率计算的t_i时的贴现因子。

R：回收率。

UF：预付金额。

然后，按照正文中描述的逻辑，以及保费支付遵循"实际/360"天数计算惯例的细节，保费端的期望贴现值V^{fee}为：

$$V^{\text{fee}} = s^{\text{CDS}} \sum_{i=1}^{nT} \frac{t_i - t_{i-1}}{360} CS(t_i) d(t_i) +$$
$$\frac{1}{2} s^{\text{CDS}} \sum_{i=1}^{nT} \frac{t_i - t_{i-1}}{360} [CS(t_{i-1}) - CS(t_i)] d(t_i) \tag{14B-1}$$

同样根据正文中所描述的逻辑，或有赔付端的期望贴现值 V^{cont} 为：

$$V^{\text{cont}} = (1-R) \sum_{i=1}^{nT} [CS(t_{i-1}) - CS(t_i)] d(t_i) \tag{14B-2}$$

如果风险率能够使保费端和或有赔付端的期望贴现值相等，如式(14B-1)和式(14B-2)所示，则保费为 s^{CDS} 的 CDS 是公平定价的。

按照正文的逻辑，预付金额等于将 CDS 票面利率而不是 CDS 利差作为保费支付的期望贴现值。从本质上说，预付金额的计算就像保费端期望贴现值的计算一样，但是要用 $-(c^{\text{CDS}} - s^{\text{CDS}})$ 或 $(s^{\text{CDS}} - c^{\text{CDS}})$ 取代 s^{CDS}。因此：

$$UF = (s^{\text{CDS}} - c^{\text{CDS}}) \sum_{i=1}^{nT} \frac{t_i - t_{i-1}}{360} CS(t_i) d(t_i) +$$
$$\frac{1}{2} (s^{\text{CDS}} - c^{\text{CDS}}) \sum_{i=1}^{nT} \frac{t_i - t_{i-1}}{360} [CS(t_{i-1}) - CS(t_i)] d(t_i) \tag{14B-3}$$

附录 14C CDS 利差的近似值

为了本节的目的，假设 CDS 相邻两次的保费支付相隔 Δt 年，即 $t_i - t_{i-1} = \Delta t$ 对于所有 t_i 均成立。将这种关系代入式(14B-1)和式(14B-2)，并使两式相等，可以得到以下结果：

$$s^{\text{CDS}} \Delta t \sum_{i=1}^{nT} CS(t_i) d(t_i) + \frac{1}{2} s^{\text{CDS}} \Delta t \sum_{i=1}^{nT} [CS(t_{i-1}) - CS(t_i)] d(t_i)$$
$$= (1-R) \sum_{i=1}^{nT} [CS(t_{i-1}) - CS(t_i)] d(t_i) \tag{14C-1}$$

将式(14A-4)代入，式(14C-1)的各项可以简化为：

$$0 = s^{\text{CDS}} \Delta t e^{-\lambda t_i} +$$
$$\frac{1}{2} s^{\text{CDS}} \Delta t (e^{-\lambda t_{i-1}} - e^{-\lambda t_i}) -$$
$$(1-R)(e^{-\lambda t_{i-1}} - e^{-\lambda t_i}) \tag{14C-2}$$

此外，由于 $t_i - t_{i-1} = \Delta t$ 对于所有 t_i 均成立，如果式(14C-2)对 t_i 成立，则很容易证明其对 t_{i+1} 也成立。因此，在这种特殊情况下，s^{CDS} 可以从任何一个日期的关系式中求解。继续从式(14C-2)出发，在两边同时乘以 $e^{-\lambda t}$，化简得到：

$$s^{\text{CDS}}\Delta t\left[1+\frac{1}{2}(e^{\lambda\Delta t}-1)\right]=(1-R)(e^{\lambda\Delta t}-1) \tag{14C-3}$$

$$s^{\text{CDS}}\Delta t\frac{(1+e^{\lambda\Delta t})}{2}=(1-R)(e^{\lambda\Delta t}-1) \tag{14C-4}$$

$$s^{\text{CDS}}=(1-R)\left(\frac{2}{\Delta t}\frac{e^{\lambda\Delta t}-1}{e^{\lambda\Delta t}+1}\right) \tag{14C-5}$$

最后，取式(14C-5)右侧括号中的项在Δt趋于0时的极限，即可得到：

$$s^{\text{CDS}}\approx\lambda(1-R) \tag{14C-6}$$

附录14D　CDS等价债券利差

根据正文和本附录的逻辑，债券息票的期望贴现值可以根据类似计算CDS的保费端的期望贴现值的思路来计算。同样，债券本金支付的期望贴现值可以按照或有赔付端的思路计算，但违约时债券本金的支付是债券本金乘以R，而违约时应支付给保护买方的金额是本金乘以$1-R$倍。因此，利用式(14B-1)和式(14B-2)简化，假设息票支付恰好相隔一年半，那么在票面利率c和给定的风险率下，债券价格P为：

$$\begin{aligned}P=&\frac{c}{2}\sum_{i=1}^{nT}CS(t_i)d(t_i)+\\&\frac{c}{2}\sum_{i=1}^{nT}[CS(t_{i-1})-CS(t_i)]d(t_i)+\\&R\sum_{i=1}^{nT}[CS(t_{i-1})-CS(t_i)]d(t_i)\end{aligned} \tag{14D-1}$$

为了求解CDS等价债券利差，需要找到能使式(14D-1)成立的风险率。然后，利用该风险率，找到让式(14B-1)中的保费端的价值等于式(14B-2)中的或有赔付端的s^{CDS}。

附录14E　市场回收率下的债券利差

根据债券利差的定义，如果债券不违约（并且利率不变），那么债券的收益率等于无风险利率或基准利率r再加上一定的利差。如果债券违约并只能回收其市场价格的R^m倍，则在违约时的收益为$(R^mP-P)/P$或(R^m-1)。因此，在短时间间隔dt年内，不违约概率和违约概率分别为$1-\lambda dt$和λdt，债券的预期收益率为：

$$\begin{aligned}&(1-\lambda dt)\times(r+s)dt+\lambda dt\times(R^m-1)\\&\approx(r+s)dt+\lambda dt(R^m-1)\end{aligned} \tag{14E-1}$$

这里的近似是忽略了非常小的项的结果,也就是那些含有$(dt)^2$的项。

假设投资者是风险中性的,或者风险率是风险中性的定价概率,那么当投资者购买公司债券和购买无违约风险的债券的预期收益率,如式(14E-1)所示,等于无风险利率时,投资者在购买公司债券和购买无违约风险的债券之间是无差异的。因此在数学上有:

$$r\mathrm{d}t = (r+s)\mathrm{d}t + \lambda \mathrm{d}t(R^m - 1)$$
$$s = \lambda(1 - R^m) \tag{14E-2}$$

第15章

抵押贷款和抵押贷款支持证券

抵押贷款是一种以财产所有权作为抵押的贷款。这一章的重点是住房抵押贷款，利用该工具，潜在房主可以以购买的房屋作为抵押品来借入购房资金。

在美国，最常见的抵押贷款期限是30年，利率通常是固定的。它们要求借款人每个月支付等额的月供，一部分用于支付利息（在许多情况下可以免税），另一部分用于支付本金。抵押贷款还允许房主选择在任何时点提前偿还全部或部分未偿贷款余额。上述合约特征的一个含义是，当抵押贷款利率下降时，房主可以通过用新的低利率抵押贷款筹集资金，提前偿还他们现有的高利率抵押贷款，从而获得利润。房主在出售房产时也必须提前还款，因为房产是抵押贷款的抵押品。虽然细节可以留到后面详细讨论，但此时要提醒读者的一点是，房主提前还款的比例对贷款人和投资者来说是一个关键的风险因素：当房主提前还款时，高于市场利率的抵押贷款会贬值，而低于市场利率的抵押贷款则会因提前还款而增值。

另一个关键的风险因素是违约。虽然抵押贷款有房屋作为抵押品，但如果房主在房屋价值低于抵押贷款余额的情况下违约，贷款人也可能会损失本金。贷款机构通过让贷款额低于房屋购买时的价值来保护自己免受这种情况的影响，也就是说，它们会要求初始房贷价值比（LTV）必须低于某个数值，通常是80%。但如果房屋价值大幅下跌，该措施产生的缓冲可能就不够了。此外，对于超出房屋价值的任何剩余抵押贷款余额，根据美国相关州的法律，银行对房主的其他资产可能有追索权，也可能没有追索权。

本章的15.1节描述了美国的抵押贷款市场，以及政府机构所扮演的重要角色。15.2至15.4节介绍了住房抵押贷款的付款约定条款，包括固定利率和浮动利率，以及固定利率贷款的提前还款期权的价值。15.5至15.7节讨论了抵押贷款池，以及最基础的抵押贷款支持证券（MBS），还有它们的定价和风险概况。15.8至15.10节介绍了TBA和"特定抵押贷款池"市场，以及它们如何用于对冲和融资。15.11节讨论了一些其他类型的MBS。15.12节解释了信用风险转移（CRT）证券。

15.1 美国的抵押贷款市场

从历史上看，银行曾经主导着抵押贷款。它们与潜在借款人（比如存款人或企业主）已经存在业务关系，其存款基础也为发放和持有住房抵押贷款提供了相对稳定的资金来源。但自大萧条以来，美国政府的政策培育出了一个活跃的抵押贷款二级市场。20世纪30年代，联邦住房管理局（FHA）和美国联邦国民抵押贷款协会（FNMA）相继成立，后者又被称为房利美。FHA成立的目的是为贷款机构提供保险，以防止批准的抵押贷款的本金或利息损失，当然要收取一定的保费；而FNMA成立的目的是交易和持有联邦住房管理局承保的贷款。退伍军人管理局（VA）成立于20世纪40年代，为退伍军人提供联邦保险抵押贷款，这在后来又成为FNMA的职责之一。美国政府抵押贷款协会（GNMA，即吉利美）和美国联邦住房贷款抵押公司（FHLMC，即房地美）分别成立于1968年和1970年。GNMA的使命是将FHA、VA和其他政府机构担保的抵押贷款打包成MBS，管理这些抵押贷款支持证券的收益，并将这些MBS卖给投资者。FHLMC最初的目的是通过从储蓄和贷款协会购买抵押贷款来创造、保险和销售MBS。[⊖]

在最简单的形式中，抵押贷款支持证券通过建立大型抵押贷款投资组合或"抵押贷款池"，将借款人支付的利息和本金"穿透"给投资者。通过抵押贷款支持证券将抵押贷款证券化的背后有几个思路。第一，让贷款机构能够出售抵押贷款，有利于投资资金从它们所在的地方转移到需要它们的地方。第二，一个庞大而多样化的抵押贷款资产池具有比单笔抵押贷款更高的流动性。第三，前段所述的各种担保产品大幅增加了抵押贷款的吸引力，因为投资者不需要研究个人房主的信用度，也不需要承担信用风险。第四，政府可以利用其在保险和证券化方面的作用，根据各种政策目标（如提供经济适用房）来引导资本进入抵押贷款领域。

在2007~2009年金融危机之前的几十年里，FNMA和FHLMC被转变为政府支持机构（GSE），它们成为私人所有、公开交易的公司，但受到严格监管，可以从它们的准政府地位中获得许多好处，也被要求达成各种公共政策目标。它们有两条业务线：担保业务，通过对MBS的包装和保险收取费用来赚钱；投资组合业务，通过在公共债务市场以相对较低的利率借入资金，并投资于抵押贷款和MBS来赚钱。

GNMA、FHLMC和FNMA被统称为"政府机构"，它们的MBS也都被称为"政

⊖ 如要了解其简要历史，请参见联邦住房金融局（2011），"A Brief History of the Housing Government-Sponsored Enterprises,"向美国国会提交的首届半年度报告，第47-54页，3月31日发布。

府机构 MBS"，尽管三家机构中只有 GNMA 是唯一一家真正的政府机构，并明确得到联邦政府的完全信任和信用支持。无论如何，从 2000 年左右到 2007～2009 年的金融危机期间，私人银行、投资银行和其他抵押贷款机构大幅增加了非政府支持机构或私营公司 MBS 的发行，特别是通过将信用等级高于或低于政府支持机构 MBS 的抵押贷款汇集在一起的方式。事实上，就在金融危机爆发前，非政府支持机构 MBS 的发行量超过了政府支持机构 MBS 的发行量。

2007～2009 年金融危机期间，房价暴跌，许多房主无力偿还抵押贷款。持有特别低质量抵押贷款的私营公司 MBS 遭受了毁灭性的损失，但政府支持机构也同样遭受了损失。由于担保业务和投资组合业务的亏损威胁到了它们的生存能力，它们得到了美国财政部的救助，并被置于托管状态，直到今天仍是如此。金融危机前，政府支持机构的债务在法律上没有得到政府的支持，但人们普遍认为，在金融危机中政府会支持这些债务，市场价格也反映了这一点。这一信念得到了实现：政府支持机构债务或 MBS 的持有者都没有在金融危机中损失本金或利息。⊖从这个意义上说，今天的情况和金融危机前一样：即使在托管中，政府支持机构的债务也没有政府的明确支持，但是，如果需要的话，市场预期这些债务会得到政府的支持。

在被接管后，政府支持机构的总体规模继续增长，但受到了一些政策变化的影响。第一，它们的投资组合业务的规模和范围受到限制，以促进其担保业务的发展。第二，它们通过出售"信用风险转移证券"将部分信用风险转移给了私营部门，这是本章最后一节的主题。第三，为了增加流动性，它们被要求保持抵押贷款支持证券的相似程度，以使其具有可替代性。特别是，自 2019 年 6 月以来，MBS 远期合同，即 TBA，标的资产被限定为"统一抵押支持证券"（UMBS），该变化允许将 FHLMC 和 FNMA 的 MBS 作为可交割证券。第四，也是最近发生的变化，美国政府在为政府支持机构设立资本金，为退出托管做准备。然而，目前还没有切实实施这种退出的计划。

上述简短的历史介绍为描述美国抵押贷款市场的现状奠定了基础。表 15-1 和表 15-2 显示了政府支持机构 MBS 在美国住房抵押贷款市场的主导程度。表 15-1 报告了 2020 年和 2021 年前三个季度的优先级抵押贷款发行总额。⊜从 2021 年开始，70.9% 的新抵押贷款是通过政府机构 MBS 出售的；27.5% 由银行持有；只有 1.6% 是

⊖ 托管机构的建立本身确实触发了对 GSE 债务的信用违约互换的拍卖，且最终的拍卖价格低于票面价值，但最终 GSE 发行的债券的所有利息和本金都得到了及时支付。

⊜ 这里的发行"总额"包含了再融资。但由于再融资会消除存量的抵押贷款，所以不一定会导致未偿还抵押贷款本金的净增长。在第一留置权抵押贷款中，贷款人对该财产享有第一顺位优先索取权。面向购房者的主要抵押贷款类型是第一留置权抵押贷款，而针对同一房屋的其他贷款，如首付贷和房屋权益贷款等，都属于第二留置权贷款，其索取权优先级低于第一留置权抵押贷款。

通过私营公司 MBS 出售的。在 2020 年，政府机构 MBS 的主导地位甚至更高，可能是由于新冠疫情和经济停摆，在此期间私营部门信用处于紧张状态。表 15-2 显示了按流通金额计算的政府支持机构 MBS 的一般情况。大约 67% 的抵押贷款是政府支持机构 MBS，而只有 3.2% 是私营公司 MBS。表中右侧按机构分列各机构未偿还 MBS 的金额。

表 15-1 第一留置权抵押贷款总发行金额

	2020 年		2021 年前三个季度	
	发行金额	%	发行金额	%
政府支持机构 MBS	2.390	59.2	2.06	55.5
GNMA MBS	0.742	18.4	0.57	15.4
银行贷款组合	0.869	21.5	1.02	27.5
私营公司 MBS	0.038	0.9	0.06	1.6

注：发行金额单位为万亿美元。
资料来源：《全球市场分析报告》（吉利美，2021 年），逐月加总得到。

表 15-2 住房抵押贷款流通余额（1-4 户类房屋）

	流通市值	%		%
政府支持机构 MBS	8.18	66.7	FNMA	40
			FHLMC	34
			GNMA	26
未证券化第一留置权贷款	3.30	26.9		
私营公司 MBS	0.39	3.2		
住宅权益贷款	0.40	3.3		
总计	12.27	100.0		100

注：截至 2021 年 9 月，流通市值单位为万亿美元。
资料来源：联邦储备委员会、美国财政部账目和《全球市场分析报告》（吉利美，2021 年）。

由于评级机构在抵押贷款市场中扮演着非常重要的角色，它们的承销标准也非常重要。政府担保的抵押贷款，如联邦住房管理局和退伍军人管理局发放的抵押贷款，被称为"政府贷款"。所有其他贷款都被称为常规贷款。有资格被纳入政府支持机构 MBS 的抵押贷款被称为合格抵押贷款，而没有资格被纳入的被称为不合格抵押贷款。例如，在撰写本书时，对于政府支持机构而言，符合标准的抵押贷款必须有大于或等于 620 的 FICO 评分、低于 97% 的 LTV、不超过 45% 的债务收入比（DTI），而且，对于大多数地区而言，贷款金额必须低于 647 200 美元。⊖联邦住房管理局和退伍军人管理局抵押贷款的标准有所不同。在任何情况下，"巨额"抵押贷款，即金额高于合格余额限额的贷款，以及低于合格信用质量的抵押贷款，必须在政府支持

⊖ FICO 评分是费尔艾萨克公司创建的一种信用指标，其数值越高代表借款人信誉越好，最高分可以达到 850。DTI 的常见定义是借款人每月的债务付款除以每月的收入。

机构生态系统之外进行融资。㊀此外，在一定程度上，政府支持机构限制购买具有某些特征的抵押贷款，如为购买第二套房或投资性房地产提供资金的抵押贷款，私营公司 MBS 市场有机会满足剩余的需求。

表 15-3 显示了向为购买住房（而不是为现有抵押贷款进行再融资）的首次购房者提供的贷款的部分特征的平均值。FNMA 和 FHLMC 之间的贷款特征差别不大，因为如前所述，它们的业务模式正在趋同。GNMA 的贷款规模较小，按标准衡量的信用度较低，其中 FHA、VA 和其他政府担保贷款之间存在显著差异。

表 15-3　2020 年 12 月首次购房者购房贷款特征平均值

	FNMA	FHLMC	GNMA	GNMA		
				FHA	VA	其他
贷款金额（美元）	305 134	264 303	245 013	237 630	299 448	174 011
FICO 评分	750.4	744.7	688.5	678.6	713.3	701.1
LTV（%）	87.7	88.0	96.8	95.5	99.6	99.4
DTI（%）	34.1	34.4	41.5	43.1	39.5	34.9

资料来源：《全球市场分析报告》（吉利美，2021 年 2 月）。

存款专营权使银行在发放和持有抵押贷款方面具有竞争优势，然而在发放符合标准的抵押贷款方面，也就是发放抵押贷款并把这些抵押贷款卖给中介机构的能力上，这些优势就不那么明显了。因此，随着政府机构 MBS 日益占据主导地位，非银行发起人的市场份额稳步上升，从 2007 年的不到 25% 上升到 2021 年底的超过 75%。㊁事实上，粗略计算一下，假设政府机构 MBS 发行中银行占 25%，抵押贷款总发行如表 15-1 所示，即政府支持机构 MBS 占 71%，银行贷款组合占 27.5%，那么银行参与抵押贷款发行的总比例为：25%×71%+27.5%，即约 45%。

非银行发起渠道分为三类：零售、交易商和代理。零售发起者直接与借款人联系。交易商发起人为寻找潜在借款人的独立交易商提供各种服务。代理发起机构从较小的银行和信用合作社购买贷款。

在这篇关于抵押贷款市场的概述的最后，我们简单介绍一下抵押贷款"服务商"。服务商收取和管理住房抵押贷款的持续收益，与借款人保持联系，将借款人的付款转交给投资者，通过贷款修改或延期帮助借款人，并且在借款人拖欠款项的情况下，可以暂时垫付资金给投资者。贷款机构可以保留贷款服务商的服务业务，也可以将

㊀ 从 2018 年到 2020 年上半年，"巨额"抵押贷款占所有贷款的 3% 至 4%。参见联邦住房金融局（2021），"What Types of Mortgages Do Fannie Mae and Freddie Mac Acquire?，"第 2-3 页，4 月 14 日发布。

㊁ 参见 Fritzdixon K.(2019)，"Bank and Nonbank Lending over the Past 70 Years，"FDIC 季刊 13(4)，第 31-39 页；Ginnie Mae(2021)，"Global Markets Analysis Report，"第 26 页，是年 12 月发布。

其出售给另一个实体。保留这些权利的理由可能是因为它们可以对冲发起贷款业务的风险。第一，服务业务提供了稳定的收入，特别是在发起贷款业务停滞的时期。第二，当再融资导致服务收入减少时（因为现有抵押贷款被清偿），发起再融资带来的服务收入会增加。贷款发起人保留服务业务的另一个原因是与可能考虑再融资的借款人保持联系。通过这种方式，贷款机构可以重新获取再融资业务，也就是说，营销它们自己的再融资产品，目的是防止借款人向另一个贷款机构再融资。

15.2 固定利率抵押贷款

虽然也有 10 年、15 年和 20 年的期限，但最常见的是 30 年期固定利率的"水平支付"抵押贷款。例如，房主可能以 4.5% 的利率从银行贷款 10 万美元，并同意在 30 年内每月支付 506.685 3 美元。（多出的小数点位是为了帮助读者再现接下来的计算过程。）贷款利率和月供的关系为：

$$506.685\,3 \times \sum_{n=1}^{360} \frac{1}{\left(1+\dfrac{4.50\%}{12}\right)^n} = 100\,000\,（美元） \tag{15-1}$$

$$506.685\,3 \times \frac{12}{4.50\%}\left[1 - \frac{1}{\left(1+\dfrac{4.50\%}{12}\right)^{360}}\right] = 100\,000\,（美元） \tag{15-2}$$

其中式(15-2)的推导是基于附录 2B 中的式（2B-4）。

这些方程表明，在利率为 4.5% 的情况下，30 年或 360 个月的抵押贷款月供的现值，等于最初的贷款金额 10 万美元。这种关系只是按照抵押贷款利率来确定月供的市场惯例，就像在给定到期收益率的情况下报价一样，反过来操作亦可。当然，真正为抵押贷款定价的过程要复杂得多，需要考虑无风险利率的期限结构、提前还款期权的价值，还要考虑信用风险的利差或利差的期限结构。

用单一利率来描述抵押贷款的市场惯例也被用于将月供分为利息和本金两部分的过程。表 15-4 给出了刚刚描述的抵押贷款的分期偿还表的部分行，每月的付款四舍五入为 506.69 美元，期初本金余额是 10 万美元。第一次付款的利息部分是初始余额的利息，利率为 4.50%，即 $100\,000 \times 4.50\%/12 = 375.00$ 美元。第一次还款的本金部分就是每月支付的总金额 506.69 美元减去利息部分 375.00 美元，即 131.69 美元。按照上述分解步骤，第一个月底贷款的期末本金余额是期初本金余额减去第一次付款的本金支付，即 100 000 美元减去 131.69 美元，结果为 99 868.31 美元。第二次付款时,第一个月底未偿还本金余额的利息为 99 868.31 × 4.50%/12 = 374.51 美元;本金为 506.69 – 374.51 = 132.18 美元;期末本金余额为 99 868.31 – 132.18 = 99 736.14 美元。后续的支付以类似的方式处理。

表 15-4 30 年期抵押贷款的分期偿还表的部分行

支付月	利息支付	本金支付	期末未偿还本金
			100 000.00
1	375.00	131.69	99 868.31
2	374.51	132.18	99 736.14
3	374.01	132.67	99 603.46
4	373.51	133.17	99 470.29
5	373.01	133.67	99 336.62
⋮			
60	342.46	164.23	91 157.92
⋮			
120	301.11	205.58	80 089.43
⋮			
358	5.66	501.03	1 007.70
359	3.78	502.91	504.79
360	1.89	504.79	0.00

注:贷款利率为 4.5%,本金为 10 万美元,每月支付额为 506.69 美元。单位均为美元。

附录 15A 显示,使用这种摊还本金的方法,任何时候的期末本金余额都等于所有剩余本金付款按原利率贴现的现值。在这个例子中,5 年末或 60 个月末的余额(剩余 300 个月)和 10 年末或 120 个月末的余额(剩余 240 个月)分别列于表中,并可通过下列方程式分别计算:

$$506.685\,3 \times \frac{12}{4.50\%} \times \left[1 - \frac{1}{\left(1 + \frac{4.50\%}{12}\right)^{300}}\right] = 91\,157.92 \text{(美元)} \quad (15\text{-}3)$$

$$506.685\,3 \times \frac{12}{4.50\%} \times \left[1 - \frac{1}{\left(1 + \frac{4.50\%}{12}\right)^{240}}\right] = 80\,089.43 \text{(美元)} \quad (15\text{-}4)$$

图 15-1 以图形的方式描述了这笔抵押贷款的摊销。对于每个月,刻度在左轴的深色区域的高度代表该月支付的本金部分;浅色区域的高度代表利息部分;总高度代表总金额,等于全部月供 506.69 美元。刻度在右轴的黑色曲线表示每个月末的期末本金余额或未偿还本金。这个图形清楚地说明了银行家的格言,"利息依赖于本金",也就是说,当本金逐渐还清后利息支付将减少。比如,在第一次月供中,利息占比为 375.00 美元/506.69 美元,即约 74.0%;在第 60 次月供中,利息占比为 342.46 美元/506.69 美元,即约 67.6%;在第 120 次月供中,利息占比为 301.11 美元/506.69 美元,即约 59.4%,依此类推,直到最后一次月供,利息占比下降到 1.89 美元/506.69

美元，即约 0.4%。虽然没有在图表中显示，但贷款利率越高，月供越多，每笔付款中用于支付利息的比例也越高。

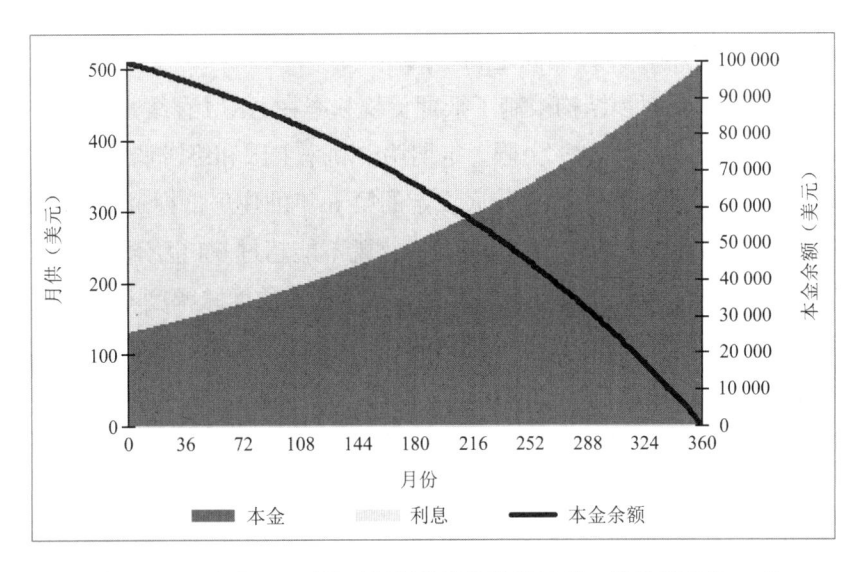

图 15-1　30 年期 10 万美元抵押贷款的摊销过程，贷款利率为 4.5%

15.3　可变利率抵押贷款

虽然绝大多数抵押贷款是固定利率抵押贷款，但市场上也存在可变利率抵押贷款（ARM）。ARM 的显著特征是抵押贷款利率可以随时间变化，但贷款合同的细节可能相对复杂一点儿。作为示例，考虑一个相对常见的 ARM 品种，一个 30 年期的 5/1 混合 ARM，具有 2/2/5 的利率顶结构。

混合 ARM 的意思是抵押贷款利率在前几年中为固定利率，然后才开始根据一些规则变化。例如，在 5/1 混合 ARM 中，①前五年的抵押贷款利率是固定的；②在这段时间结束后的每一年，抵押贷款利率都会重置，每次重置后的新抵押贷款利率等于某种基准利率（比如 1 年期美国国债利率）加上一定的"毛利率"，其中毛利率是在抵押贷款启动时设定或确定的。举个例子，假设毛利率为 2.75%，基准利率为 1 年期美国国债利率，重置后的 1 年期美国国债利率为 0.25%。在这种情况下，随后一年的抵押贷款利率将被设置为 3.00%。国债利率通常有一个追溯期，大概是 45 天，这样借款人就能在适用的抵押贷款利率生效之前知道它。

一旦设定了 ARM 的贷款利率，每月月供的计算方式跟固定利率贷款的计算方式相同。更具体地说，考虑第 5 年年底的 30 年期 5/1 混合 ARM 的例子。假设未偿还本金余额为 80 000 美元（根据前 5 年的抵押贷款利率计算），抵押贷款利率被重置为 3%。剩余期限是 25 年。然后计算抵押贷款月供，使未来 25 年或 300 个月的每月月供的总现值等于 80 000 美元，就像一个具有新的未偿还本金余额和剩余期限，并按照新的抵押贷款利率计算的固定利率抵押贷款。

示例中的 2/2/5 利率顶结构限制了抵押贷款利率在 ARM 存续期内的变化范围。这 3 个数字分别指初始调整利率上限、定期调整利率上限和终身调整利率上限。2% 的初始调整利率上限是指在第 5 年年底设定的第 6 年的住房抵押贷款利率的增减幅度不能超过 2%（即在 3% 的固定利率基础上，既不能超过 5% 也不能低于 1%）。2% 的定期调整利率上限意味着，在任何一年的年底，利率的增减幅度不能超过 2%。5% 的终身调整利率上限意味着，在抵押贷款的整个生命周期内，利率的累计增长不能超过 5%。此外，抵押贷款利率通常还设定毛利率的限制。

ARM 通常会提供比固定利率抵押贷款更低的初始利率，但让房主承担利率上升的风险。ARM 贷款的平均规模明显高于固定利率抵押贷款，这可能是因为更富有、规模更大的借款人对利率风险的容忍度更高。近年来，ARM 的规模在所有抵押贷款中所占的百分比已降至个位数。也许，在抵押贷款利率接近历史低点的情况下，借款人认为利率上升的风险超过了低初始利率的潜在好处。此外，由于在 2007~2009 年金融危机中的表现，ARM 仍处于某种不光彩的地位。在金融危机爆发前的几年里，许多人被 ARM 相对较低的初始支付所吸引，这种吸引力被诱导性利率（当时的做法是在 ARM 的头一两年提供特别低的利率）所强化，从而使许多人加入了房地产热潮。许多购房者通过这些产品过度举债，并面临违约，因为随后他们的抵押贷款利率被重新设定在更高的水平，还要承受房地产市场崩溃的后果。

15.4 提前还款

"提前还款期权"允许房主在任何时间通过向银行支付未偿还本金余额的方式，全额或部分地提前还款或提前支付抵押贷款。在表 15-4 的例子中，房主可以在第 10 年结束时向银行支付 80 089.43 美元，就不再对这笔抵押贷款承担义务。但如果抵押贷款利率在这 10 年里下降了，比如降到了 3.50%，那么使用 3.50% 而不是式(15-4)中的 4.50% 计算，剩余支付的现值将上升到 87 365.60 美元。因此，在这种情况下，提前还款期权是实值的：房屋所有者可以支付银行 80 089.43 美元，以消除现值为 87 365.60 美元的债务。相反，如果抵押贷款利率在这 10 年间保持不变或上升到了 4.50% 以上，那么该抵押贷款负债的现值将低于 80 089.43 美元，房主将没有动力提前还款。

当然，在实践中，大多数有抵押贷款的房主没有足够现金来偿还现有的抵押贷款。但他们可以通过为现有的抵押贷款再融资的方式利用实值的提前还款期权。继续上面的例子，房主可能以新的 3.50% 的抵押贷款利率借款 80 089.43 美元，然后用这笔现金提前支付现有的 4.50% 的抵押贷款。在这种情况下，描述房主收益的一种方式是月供的减少：使用前面给出的数学方法，20 年期 80 089.43 美元的抵押贷款，按 3.50% 的利率，月供是 464.48 美元，相比现有抵押贷款的月供 506.69 美元，每月少了 42.21 美元。请注意，房主并不是只能向发起初始抵押贷款的银行再融资。另一个贷款发起者可能会向房主提供更好的再融资机会，比如提供更低的利率或更低的交易成本。

再融资活动通常会受到房屋价值的限制。在上面的例子中，假设房主在经济上只借到房屋价值的 80%，也就是说，LTV 必须小于或等于 80%。在这种情况下，当发起现有的 10 万美元的抵押贷款时，房屋价值必须大于或等于 12.5 万美元；而 10 年后对剩余的 80 089.43 美元再融资时，房屋价值必须超过 100 112 美元。事实上，如果 10 年后房屋的价值超过 100 112 美元，房主可能要进行"套现再融资"，这意味着要借比现有抵押贷款余额更多的钱。在这个例子中，如果房屋在再融资时仍然价值 12.5 万美元，房主可以通过再融资抵押贷款借入 10 万美元，用 80 089.43 美元偿还现有的抵押贷款本金余额，并将剩余的 19 910.57 美元现金用于其他目的。当然，以这种方式增加杠杆是非常危险的。在 2007～2009 年的金融危机前，不断上涨的房地产价格鼓励了大量的套现再融资行为，当房价随后暴跌时，许多房主的房屋资产净值变成了负数。事实上，鉴于上述教训，政府支持机构目前不接受 LTV 超过 80% 的套现再融资贷款。

当利率走低时，再融资需求可能带来巨大的抵押贷款成交量。在最近的利率下降期间，再融资占住房抵押贷款发放的比例从 2018 年的 33% 上升到 2019 年的 46%，并在 2020 年上半年上升到 65%。㊀

有时房主行使提前还款期权只是为了缩减负债规模，但在规模上这点远没有抵押贷款再融资那么重要。这样的提前还款主要发生在房主想要还清很久以前发起的、本金余额很低的抵押贷款的时候，他们可能只是为了拥有一套没有债务的房子。金融方面的考虑，比如现有的抵押贷款利率相对于市场抵押贷款利率变低了，无法再引发这些被比喻为"抵押贷款厌恶"的房主的兴趣。

㊀ 参见联邦住房金融局（2021），"What Types of Mortgages Do FannieMae and Freddie Mac Acquire?" 4 月 14 日发布。

提前还款还有其他原因，最明显的是房屋转售和房主违约。房屋转售指的是正在进行的买卖二手房屋的经济活动。房屋转售会导致提前还款，因为房屋是抵押贷款的抵押品，在抵押贷款还清之前不能出售。破坏房屋的灾难事件也会导致提前还款，因为在这些情况下抵押贷款也会到期。

违约是指房主未能按合同支付抵押贷款的情况。在这种情况下，对于打包在资产池中的抵押贷款，利息和本金由服务机构垫付，并最终由保险公司支付。因此，从抵押贷款投资者的角度来看，房主违约在经济意义上相当于提前支付本金，而不是投资本金的损失。

15.5 抵押贷款资产池

MBS 的最简单形式是抵押贷款资产池，这是一种个人抵押贷款的投资组合，利息和本金通过它从借款人转移到投资者手中。借款人通常在每个月的第一天付款，而服务机构则在每个月的 25 日或之后的第一个工作日向投资者付款。⊖

表 15-5 给出了截至 2021 年 12 月，三个 30 年期 FNMA 资产池的描述性统计数据，这些资产池均由 FNMA 证券化的约 30 年期的抵押贷款组成。先看 CA2797 和 MA3538 这两个资产池，它们都是在 2018 年 11 月发行的，并将于 30 年零 1 个月后到期，也就是 2048 年 12 月。表中的指标包括"当前"的指标，即截至报告日期为止，在本例中为 2021 年 12 月；也包括"初始"的指标，即截至发行日期为止，在本例中为 2018 年 11 月 1 日。该表展示了资产池中贷款的加权平均期限（WAM）和加权平均贷款券龄（WALA），其中权重为每笔贷款的本金余额或未偿还本金余额占资产池中总余额的百分比。作为可能的最简单情形，假设资产池中的每笔贷款从发行之日起算都将在 30 年或 360 个月后到期，那么资产池的"初始"WAM 为 360 个月，WALA 为 0；而在报告日期，即 37 个月后，"当前"WAM 为 360 − 37 = 323 个月，WALA 为 37 个月。但实际情况往往更为复杂，因为 30 年期资产池包含的可能的抵押贷款发行期限从 181 到 361 个月不等，并且许多抵押贷款会在发行日期和报告日期之间提前清偿并退出资产池。⊜

⊖ 本章的其余部分忽略了这种延迟付款的情况，但从业人员在为 MBS 定价时显然会考虑到这一点。

⊜ 作为展示，可以想象 CA2797 的 WAM 和 WALA 的取值是在如下场景下生成的。假设在发行的时候，该贷款池中 90% 的余额由期限为 361 个月的新发贷款构成，剩余 10% 的余额是期限为 351 个月的新发贷款，后者可能是用于再融资的。再假设截至报告日期，所有期限为 361 个月的贷款都已提前偿还，而期限为 351 个月的贷款都未提前偿还。根据以上信息，截至报告日期，贷款池的 WAM 为 351 − 37 = 314，WALA 为 37。

表 15-5 三个 30 年期 FNMA 资产池的描述性统计数据

资产池	CA2797 当前	CA2797 初始	MA3538 当前	MA3538 初始	AI4813 当前	AI4813 初始
支付条款						
发行日期	2018 年 11 月 1 日		2018 年 11 月 1 日		2011 年 6 月 1 日	
到期日期	2048 年 12 月 1 日		2048 年 12 月 1 日		2041 年 6 月 1 日	
WAM（月份数）	314	360	319	359	214	359
WALA（月份数）	37		37		126	
票面利率（%）	4.500		5.000		4.500	
WAC（%）	4.918	4.924	5.772	5.768	4.935	4.942
贷款和提前还款						
总金额（百万美元）	43.654	130.995	105.011	594.633	29.374	266.801
数量	339	943	422	2 050	311	2 037
平均规模（美元）	128 773	138 913	248 841	290 065	94 451	130 977
1 个月 CPR（%）	24.6		46.9		21.9	
信用质量						
WAOCS	740		678		758	
SATO（基点数）	−6		78		−6	
WAOLTV（%）	79		80		70	
其他统计量						
自住房产/二套房产/投资性房产（%）	91/6/3		86/3/11		86/9/5	
购买/再融资	75/25		42/58		53/47	
零售/交易商/代理（%）	63/25/13		42/46/12		38/58/4	
美国各州的未偿付本金余额百分比（%）	TX：9.0		CA：20.6		CA：10.6	
	FL：8.7		TX：13.5		TX：10.0	
	PA：6.5		FL：13.4		FL：6.4	
定价指标						
价格（美元）	109.783		108.963		110.309	
OAS	90.1		113.0		86.5	
OAD	3.98		3.18		4.26	

注：截至 2021 年 12 月。

表 15-5 给出了 CA2797 和 MA3538 资产池的票面利率，分别为 4.5% 和 5.0%。资产池的票面利率是支付给投资者的抵押贷款利率。作为一种过手型证券，资产池中借款人支付的利息将被支付给 MBS 的投资者，但要扣除保险公司（在本例中是 FNMA）的担保费和服务机构的服务费。表中的下一行是 WAC，即资产池中抵押贷款的加权平均利率。在发行日期，CA2797 的初始 WAC 为 4.924%，比支付给投资者的票面利率 4.500% 高出 42.4 个基点。WAC 是加权平均票面利率这个词的缩写，容易引起误解的地方是，票面利率这个词通常指支付给投资者的利率，但就像刚才提到的，WAC 只是基础贷款利率的加权平均值。无论如何，CA2797 的当前 WAC 为 4.198%，略低于初始 WAC。这意味着在发行日期和报告日期之间，平均而言利率更

高的贷款提前还款速度更快。但资产池 MA3538 的初始 WAC 略低于当前 WAC，这又意味着利率更低的贷款提前还款速度更快。

表 15-5 的下一部分描述了资产池的本金、基础贷款和提前还款情况。在发行时，CA2797 有 943 笔贷款，平均贷款规模，即平均贷款本金金额为 138 913 美元，总贷款本金余额约为 1.31 亿美元。截至报告日期，贷款数量已下降至 339 笔，总贷款本金余额约为 4 400 万美元。这些数字揭示了一个显著的提前还款率。使用前面给出的公式，一笔 10 万美元、利率为 5% 的 30 年期抵押贷款，37 个月后将摊还至未偿还本金余额为 95 204 美元。这一预计提前还款率可以用一个"提前还款因子"总结，即初始本金的剩余比例：95 204/100 000，即约 0.952。37 个月后，CA2797 的提前还款因子为：43.654/130.995，即约 0.333。CA2797 的大量提前偿付并不特别令人惊讶，因为抵押贷款利率在 2018 年 11 月至 2021 年 12 月显著下降。平均贷款规模从 138 913 美元下降到了 128 773 美元，这表明大额贷款的提前还款速度比小额贷款更快。提前还款的这一特征被认为是广泛适用的：平均而言，贷款金额较大的房主更富有，财务更成熟，因此更有能力利用再融资机会。

可以合理地预期，MA3538 资产池的提前还款速度会比 CA2797 更快。第一，MA3538 的基础贷款有更高的贷款利率，这将增加对再融资的激励。第二，MA3538 的平均贷款规模要高得多，正如刚才提到的，更大额的贷款往往提前还款速度更快。事实上，MA3538 的提前还款速度要比 CA2797 快得多。它的提前还款因子 105.011/594.633，即约 0.177，远低于 CA2797 的提前还款因子 0.333。

表格的下一行是最近一个月的 CPR，也就是"条件提前还款率"或"固定提前还款率"。CPR 是提前还款速度的一种年化衡量指标，它与另一种衡量指标 SMM 或"单月死亡率"密切相关。SMM 被定义为第 n 个月的提前还款本金占总未偿还本金的百分比。注意，提前还款本金不包括计划内或应摊还的本金，如表 15-4 所示。假设 SMM 在一年中是恒定的，CPR 就是将 SMM 年化的结果。在此假设下，一个月内未提前还款的本金比率为 $1 - \text{SMM}_n$；12 个月内未提前还款的本金比率为 $(1 - \text{SMM}_n)^{12}$，所以 12 个月内的提前还款率为：

$$\text{CPR}_n = 1 - (1 - \text{SMM}_n)^{12} \tag{15-5}$$

虽然 CPR 是一个年化比率，但通常会每月报告一次，根据当月的提前还款情况计算。例如，如果某个资产池在一个月里提前还款了其未偿还本金的 2%，高于其摊还本金，那么根据式 (15-5) 计算的年化提前还款速度或 CPR 为 21.53%。CPR 小于月提前还款率 2% 的 12 倍，即 24%，这是因为式 (15-5) 中采用的是复利：每月剩余的本金余额不是初始本金余额的 98%，而是上个月本金余额的 98%，所以提前还款的本金会越来越小。也可以计算几个月的 CPR。例如，假设一个特定资产池在 3 个月内的 SMM 分别为 2%、2.5% 和 3%。那这 3 个月里该资产池的 CPR 是：

$$1 - [(1 - 2\%)(1 - 2.5\%)(1 - 3\%)]^4 = 26.21\% \tag{15-6}$$

其中，将 3 个月生存率的乘积取四次方即为年化生存率。最后，回到表 15-5，可以看到 MA3538 最近一个月的 CPR 为 46.9%，远高于 CA2797 的 24.6%。

表中接下来的三行与资产池信用质量有关。第一个指标是 WAOCS（加权平均初始信用评分），给出了资产池中抵押贷款的借款人的加权平均信用评分或 FICO 评分。第二个指标是 SATO（初始利差），给出了初始抵押贷款的加权平均利率和某个抵押贷款指数利率之间的利差。根据这两个指标，MA3538 中的贷款明显不如 CA2797 中的贷款信用等级高。事实上，两个资产池在初始 WAC 上的 84.4 个基点的差异大约等于它们在 SATO 上的 84 个基点的差异。因此，需要谨慎将 MA3538 更快的提前还款速度归因于其较高的票面利率。因为更高的票面利率很可能反映了较差的信用质量，这导致对 MA3538 中的贷款再融资可能也需要更高的利率，这意味着 MA3538 的再融资的激励可能不会比 CA2797 大得多，因为对再融资的激励与现有抵押贷款利率和可用再融资利率之间的利差密切相关。此外，信用状况较差的贷款被认为提前还款速度相对较慢，因为信用状况较差的房主可能会发现自己更难获得再融资贷款。无论如何，从另一个衡量贷款质量的指标 WAOLTV（加权平均初始 LTV）来看，这两个资产池非常相似，这一指标分别为 79% 和 80%。

表 15-5 接下来的几行报告了资产池的部分其他统计信息。这些统计数据和没有在表中显示的其他统计数据，是由市场参与者进行详细研究后得出的，目的是确定一个资产池提前还款速度的影响因素。表中这一部分的第一行给出了自住房产、二套房产和投资性房产的贷款比例。第二行是用于购房的贷款比例和用于再融资的贷款比例。第三行给出了前面描述过的三个贷款发起渠道的贷款金额的百分比，第四行给出了美国各州未偿付本金余额的最大百分比。确切地说，具体如何用这些统计数据预测提前还款速度是提前还款速度建模技术的一部分，不过下面简要描述一下。投资性房产的贷款利率通常高于自住房，这意味着投资者在陷入困境时更有可能放弃投资性房产。因此，在票面利率相同的抵押贷款中，必须以相对较高的利率进行再融资的投资者资产面临较低的再融资激励，所以他们的再融资比例较低。但在成交量方面，投资性房产提前还款相对较快，因为投资者在寻找出售房产获利的机会，而且他们不必承担因为交易而更换住所的成本。以再融资为目的的贷款可能提前还款速度更快，因为已经再融资的房主可能更倾向于这样做。交易商发起抵押贷款的再融资可能会更快，因为它们不需要支付服务费用，也就是说，撤销现有抵押贷款的损失更小，所以交易商可能最有动力来发起新的再融资。但这种影响可能会被前

面提到的发起者争夺再融资业务的影响所抵消。最后，美国一些州的提前还款速度似乎比其他州更快，这是在控制了前面讨论的其他影响后得出的结论。美国各州之间的这些差异通常被归因于解除住房抵押贷款的成交成本差异，这些成交成本是由各种税收和费用组成的。例如，纽约的平均成交成本是最高的，所以提前还款速度特别慢；而加利福尼亚州的平均成交成本相对较低，所以提前还款速度特别快。

15.6　提前还款速度建模

提前还款速度的复杂表现，以及它们在抵押贷款估值中的重要性，催生了一个庞大的行业，即建立模型并用利率和其他变量来预测提前还款速度。虽然本节介绍了一些重点内容，附录15B中介绍了可能遇到的一些技术问题，但更全面的描述超出了本章的范围。

提前还款速度模型通常分为几个单独的模块，每个模块对应提前还款的不同驱动因素。前面提到的最显著的驱动因素是再融资、房屋转售、房主违约和缩减负债规模。根据传统方法，每个模块根据不同的参数做出一系列假设，然后利用抵押贷款池提前还款行为的大量可用数据，对这些参数使用历史数据进行估计。一些参数也可以从各种资产池的现行市场价格中推断出来。近些年，人工智能和机器学习技术也被用于提前还款速度预测问题。

大多数再融资模块的核心是所谓的"S曲线"，它将再融资描述为某个变量的"激励函数"，通常采用CPR变量。激励函数可能是现有抵押贷款利率与当前抵押贷款利率之差、现有利率与当前利率之比、再融资能节省的总还款现值，或者再融资节省下来的每月月供。S曲线建立再融资激励和CPR的一一映射。图15-2显示了表15-5中总结的使用三个资产池的数据的特定模型的S曲线。横轴表示当前抵押贷款利率的变化量。当然，因为现有抵押贷款利率是固定的，当前抵押贷款利率的上升意味着提前还款的激励更小，而当前抵押贷款利率的下降意味着提前还款的激励更大。

"S曲线"的名字来自函数的形状。当利率大幅上升，即激励很低、当前抵押贷款利率很高时，CPR是很低的；而当利率大幅下降，即激励很高、当前抵押贷款利率很低时，CPR是很高的。图中的曲线看起来不太像字母"S"，但是曲线从低CPR到高CPR的变化速度越快，曲线就越像S。无论如何，每个资产池的S曲线的形状是不同的，可能依赖于表15-5中讨论的所有特征（例如平均贷款规模和信用质量）。根据图15-2背后的模型，MA3538的提前还款速度比CA2797快，但是如果抵押贷款利率下降幅度足够大，CA2797的CPR会迅速赶上。图15-3显示了一些可以用来估计这两条 S 曲线的经验证据。随着当前抵押贷款票面利率（后面会定义）从最初的 3.50%～4.00%急剧下降到 2020 年秋季的不到 1.50%，两个资产池的 CPR 急剧上升，但是 MA3538 的提前还款速度上升更快。当利率保持在较低水平并有所上升时，两个资产池的提前还款速度均相对较高，但 MA3538 的平均提前还款速度更快。顺便说一下，图 15-3 也说明了为什么再融资建模不是一个最优化问题。如果房主以债券发行人行使赎回期权的效率行使他们的提前还款期权，那么到 2020 年 9 月，图中的资产池将出现规模很大的提前支付，几乎不会有本金仍然未偿还。

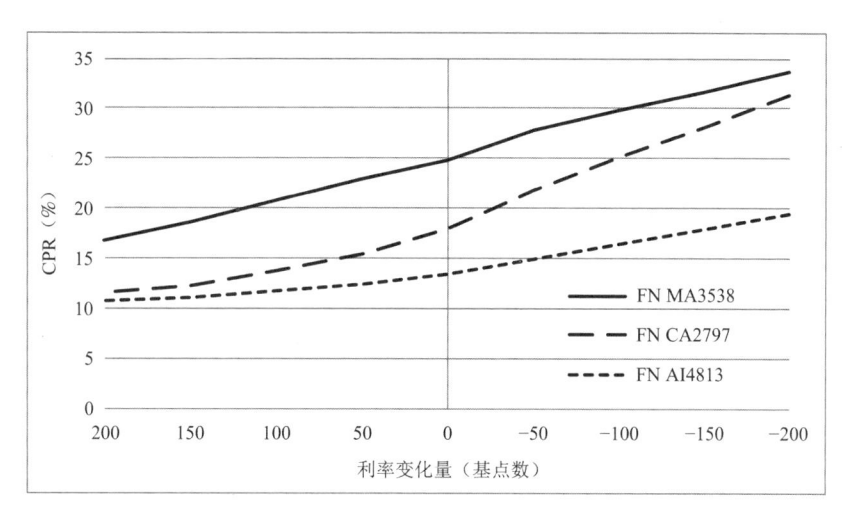

图 15-2　三个抵押贷款池的再融资 S 曲线

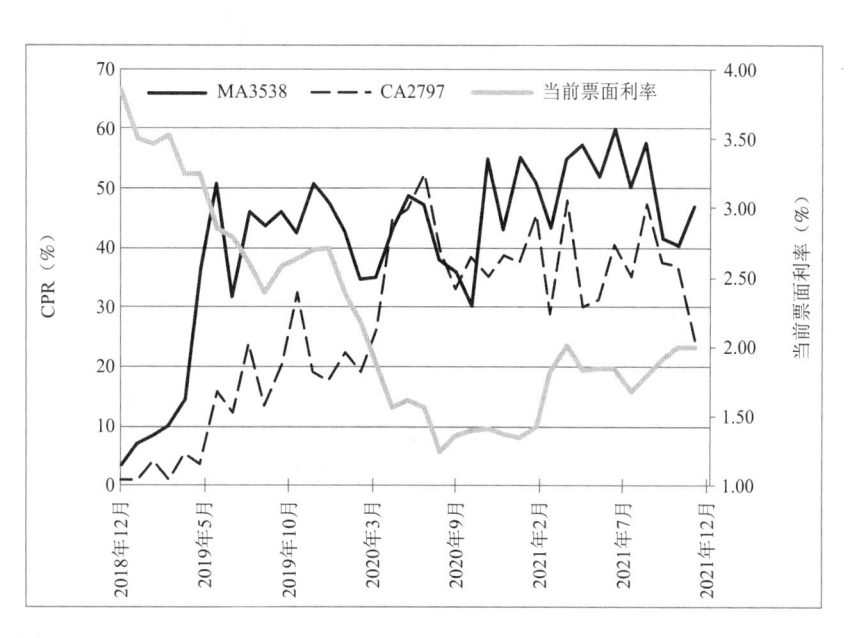

图 15-3　FN MA3538 和 FN CA2797 的 1 个月期 CPR 和 30 年期当前票面利率

回到图 15-2，AI4813 的 CPR 比其他资产池的 CPR 要低得多，并且随着利率的下降，增长速度相对较慢。对比表 15-5 中 AI4813、CA2797 和 MA3538 的一些特征，发现 AI4813 于 2011 年 6 月发行，与其他资产池相比，其当前的 WAM 和 WALA 相对较小。它的当前 WAC 与 CA2797 基本相同。AI4813 的当前平均贷款规模明显小于其他两个资产池，而其信用质量略高于 CA2797。AI4813 在贷款用途方面介于其他两个资产池之间，交易商贷款的比例略低。因此，对于 AI4813 的 S 曲线较低最有可能的解释不是这些贷款特征，而是一种被称为提前还款"耗尽"的现象。

当一个建立较早或较老的资产池在经历了一段利率相对较低的时期并出现过显著的提前还款后，最有可能的情况是有最大提前还款倾向的房主已经提前还款并被移出了资产池。由于资产池剩余的贷款不太可能被提前还款，资产池会呈现某种程度的提前还款"耗尽"状态。图 15-4 展示的 AI4813 的情况说明了提前还款耗尽的表现。从 2012 年底到 2013 年上半年，抵押贷款利率从最初的 4.00% 左右下降到不到 2.00%，CPR 大幅增加，达到约 34% 的峰值。随后利率又经历了一轮上升和下降，在 2.00% 到 2.50% 之间波动，CPR 在 2016 年秋季达到了超过 30% 的类似峰值。随后利率第二次上升，在 2018 年 11 月达到峰值，然后开始第三次更大幅度的下降。但这一次即使利率降至 2.00%，CPR 也从未超过 20%。作为一个提前还款耗尽的资产池，直到抵押贷款利率降至 1.50% 以下的新低后，提前还款速度才再次上升，这一次达到了 40% 以上的峰值。从建模的角度来看，提前还款耗尽带来了巨大的复杂性，即 S 曲线不仅依赖于资产池的当前特征，还依赖于资产池所经历的历史利率。

图 15-4 FN AI4813 的 1 个月期 CPR 和 30 年期当前票面利率

抵押贷款专业人士可能也会把如图 15-4 所示的 2021 年 AI4813 提前还款速度的

激增，作为"媒体效应"的证据。在抵押贷款利率陡然下降，或抵押贷款利率跌至新低之后，媒体报道和财经对话节目会鼓励那些原本提前还款倾向较低的借款人再融资。跟前面一样，这种效应使 S 曲线的确定更加复杂。

提前还款速度模型的另一个模块捕捉房屋转售的特征。这些模块的一个常见方法是，从一个基本的房屋转售率开始，假设这个房屋转售率会随着时间的推移而增加，并呈现一定的季节性规律。这一建模方法反映了一个经验规律，即房主在刚获得抵押贷款后不太可能很快搬家。季节性规律可能取决于房贷年限以外的其他因素，最明显的是季节，因为房主更有可能在一年中的特定时间搬家，比如学校开学前而不是开学后。虽然房屋转售导致的提前还款在很大程度上独立于抵押贷款利率，但两者之间也存在显著的相互作用。如果借款人的抵押贷款利率低于市场水平，也就是说，如果他们在出售住房和购买新房后要支付更高的抵押贷款利率，他们就不太可能搬家。这个现象被称为锁定效应。

对于针对违约的模块，这里只记录了一些观察结果。政府机构 MBS 的投资者将违约视为提前还款，但违约仍作为"非自愿"而非"自愿"的提前支付被单独追踪和建模。这些模型的输入包括发起贷款时的信用评分，因为信用评分通常不会在发放贷款后更新。虽然 LTV 也不会更新，但通过使用相关地区的房价数据，可以随着时间的推移，估算出一定贷款水平上的 LTV。房价在判定违约可能性方面很重要，因为没有现金但房屋价值超过抵押贷款余额的房主可以选择出售房屋并还清抵押贷款，而不是被迫违约。

15.7 抵押贷款的定价、利差和久期

将提前还款模型与风险中性的期限结构模型相结合，可以用 MBS 的现金流的期望贴现值计算其价格。由于给定 MBS 的模型价格通常不完全匹配其市场价格，可以将期权调整利差(OAS)定义为被加到初始基准利率期限结构上后，使得模型 MBS 价格与市场价格相等的利差。OAS 相当于第 3 章介绍过并在第 7 章中详细讨论过的债券利差。具体而言，OAS 可以解释为当模型能够正确对冲利率风险时，用模型合理定价的证券所获得的额外收益。

OAS 的一个直接用途是寻找并买入定价偏低的证券，即 OAS 较高的证券；或寻找并卖出定价偏高的证券，即 OAS 较低的证券。更激进的做法是进行相对价值交易，同时买入高 OAS 证券和卖空低 OAS 证券。利用 OAS 进行投资和交易的一个现实挑战是模型或模型的参数可能是错误的。此外，一个模型不太可能发现某一种特

定的 MBS 是被低估或高估的，而具有类似特征的其他 MBS 是公平定价的。更常见的情况是发现某一特定领域的资产价格（例如贷款本金余额较高的资产池的价格）相对于其他 MBS 偏低或偏高。在这种情况下，基于 OAS 的交易能否成功，关键取决于该模型在评估不同贷款规模的资金池的价值方面，是否能够比市场做得更好。另一个挑战，尤其在相对价值交易中，是 OAS 是否会回归均值。一个模型可能得出，一个债券板块是相对便宜的，因此购买并持有该板块的 MBS，随着时间的推移表现将优于其他板块这样的结论。但如果该板块在较长一段时间内保持价格被低估的状态，买入该板块并做空另一板块的相对价值策略可能无法迅速获利，或不足以补偿资金的使用成本或长期融资成本。

抵押贷款定价模型的另一个重要用途是估计 MBS 的风险敏感性。假设表 15-4 中抵押贷款的现金流是固定的，按照第 4 章的方法计算它的久期，也就是说仅通过改变贴现率计算，得到的久期约为 11.7。但这种固定的现金流或静态久期大大夸大了 30 年期 MBS 的价值随着利率下降而上升的程度。虽然随着利率下降，未偿还现金流的价值确实会增加，但房主提前还款的所有本金余额的价值就等于其面值。为了说明这一点，图 15-5 绘制了 2018 年 11 月 30 日至 2021 年 12 月 21 日期间，CA2797 的价格对 5 年期美国国债利率的函数，但不包括 2020 年 3 月 2 日至 5 月 15 日期间由新冠疫情和经济停摆造成的最严重市场动荡。⊖对于图中的中等和较高利率，资产池的价格表现得像固定利率证券：价格随利率上升以接近线性或略呈正凸性的方式下降。但当利率下降时，价格并不是单调上升的，而是在每 100 美元票面价值 111 美元到 112 美元之间稳定下来。尽管有 4.500% 的票面利率，但价格没有进一步上涨，因为受到了提前还款的影响。但价格确实在 100 美元左右出现了大幅上涨，因为许多房主没有提前还款，在利率明显较低的环境下，他们以 4.500% 的利率偿还的现金流现值显著上升。还要注意，当利率低于约 1.25% 时，图 15-5 隐含的价格利率曲线呈负凸性，也就是说，如第 4 章所述，利率敏感性随着利率的下降而下降。

带有提前还款模块的抵押贷款模型，可以根据基准曲线的变化，通过改变贴现因子和现金流计算更有意义的久期。换句话说，随着基准利率的增加，贴现因子下降而提前还款速度降低。沿着这条思路，利率下降 100 个基点的价格变化百分比为"期权调整久期"（OAD）。⊜使用一个特定的模型，图 15-6 绘制了 30 年期 FNMA MBS 指数以及 5 年期国债利率在 10 年期间的 OAD。图中的 OAD 平均为 4.3，从

⊖ 在被排除的样本期间，抵押贷款价格经历了大幅下跌，或者说收益率相对于美国国债而言大幅上升。主要原因是市场承压和波动性增加，而不是利率水平的变化。

⊜ 正如在第 4 章中解释过的，久期的计算假设发生了较小的利率扰动，但在报价时以 100 个基点的利率下降导致的价格变化百分比作为单位。

1.5 到 6.3 不等。正如预期的那样，所有这些值都明显小于 30 年期 4.5% 的抵押贷款的静态久期，后者根据前面的计算为 11.7。MBS 的负凸性也可以从这张图中清楚地看到。在大多数时间内，OAD 会随着 5 年期国债利率的上升而上升，并随着 5 年期国债利率的下降而下降。

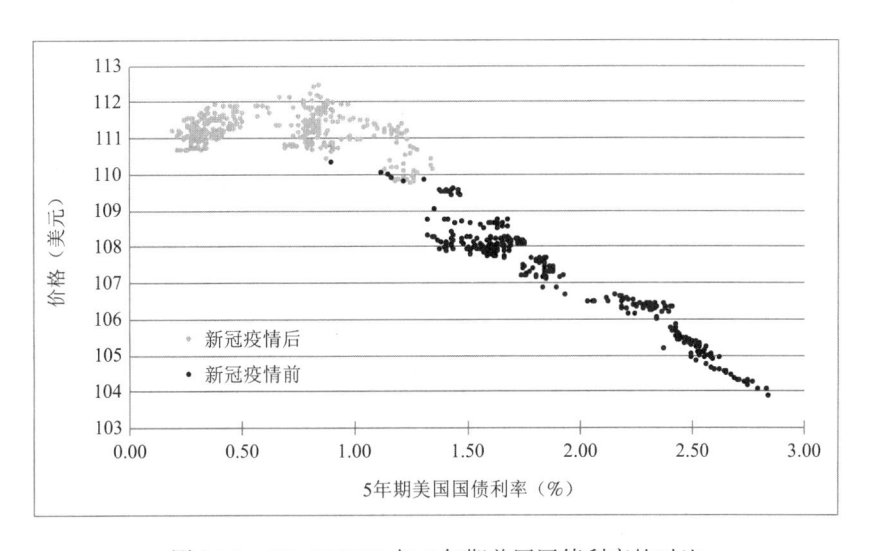

图 15-5　FN CA2797 与 5 年期美国国债利率的对比

注：2018 年 11 月 30 日至 2020 年 2 月 28 日，以及 2020 年 5 月 18 日至 2021 年 12 月 21 日。

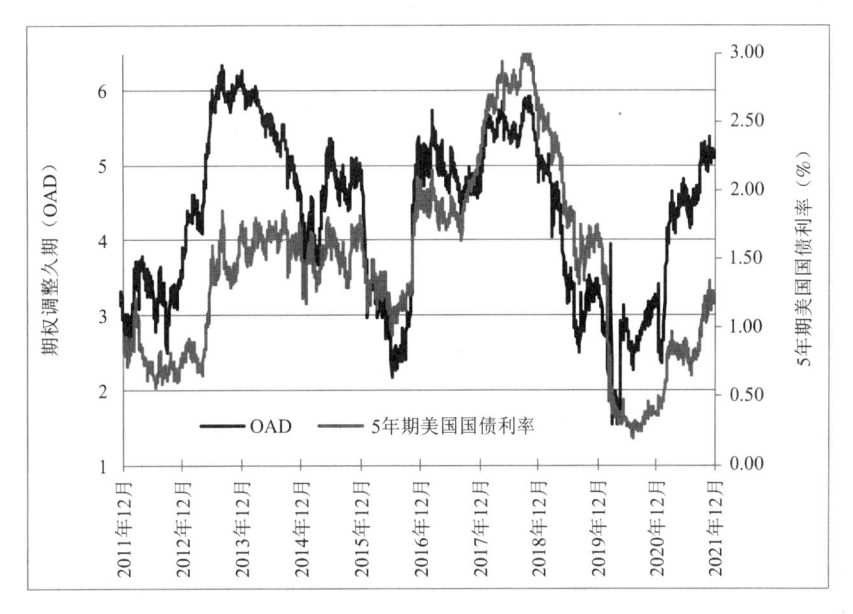

图 15-6　30 年期 FNMA MBS 指数和 5 年期国债利率的 OAD
（2011 年 12 月 21 日至 2021 年 12 月 21 日）

15.8 TBA 和特定资产池市场

绝大多数过手型证券的二级交易发生在流动性很强的 TBA 市场，而其余发生在流动性较差的"特定资产池市场"。TBA 市场是证券化抵押贷款资产池的一个远期市场，其中卖方拥有交割期权。表 15-6 显示了 2021 年 12 月底以来 UMBS 30 年期资产池的 TBA 价格。其中每一行对应不同的交割月份，每一列对应不同的抵押贷款池票面利率，交叉条目则给出了相应的远期价格。从票面利率看，TBA 市场的大部分流动性都集中在少数几个票面利率上，尽管有很多其他的票面利率也在交易。从交割月份看，大部分的流动性也集中在近期到期合约，也就是第一个合约和第二个合约上，但之后的交割月份也同样存在交易。近期到期合约中价格低于票面价值且价格最高的合约称为"当前合约"。"当前票面利率"经常被用于指代最流行的抵押贷款利率，定义是能让 TBA 合约以票面价值定价的票面利率，可以通过对"当前合约"的票面利率和前半部分合约中价格高于票面价值的合约的票面利率插值计算。从表 15-6 中可以看到，当前合约是 1 月合约，票面利率为 2.0%；当前票面利率可以对当前合约和票面利率为 2.5% 的 1 月合约插值计算，约为 2.11%。

表 15-6 截至 2021 年 12 月 30 日的 UMBS 30 年期 TBA 价格

交割月份	票面利率为 1.5%	票面利率为 2.0%	票面利率为 2.5%	票面利率为 3.0%
1 月	96-13	99-15 +	101-28	103-13
2 月	96-08	99-08 +	101-20	103-08+
3 月	96-03	99-02	101-12 +	103-03+

注：价格以报价基数和最小报价单位（1/32 美元）的形式给出；例如，101-12 + 价格是 101 + 12.5/32，即 101.390 625 美元。

100 万美元名义本金的 UMBS 30 年期 2.5% TBA 的 1 月份合约的卖方，承诺以 101-28 美元的价格出售 100 万美元本金总额的 30 年期 2.5% UMBS 资产池（比如一个由 FNMA 或 FHLMC 发行的资产池），并于 2022 年 1 月结算和交割。TBA 买方则承诺购买卖方交割的资产池。确切的结算日期会提前公布，而且一定在规定的交割月份，但会随着时间和产品的不同而变化。○对于表 15-6 中的 TBA，这 3 个月份合约的结算日期分别为 2022 年 1 月 13 日、2022 年 2 月 14 日和 2022 年 3 月 14 日。

TBA 的卖方有一个交割期权，即能够从符合刚才描述的一般参数的任何资产池

○ 具体而言，"A 类"结算日期适用于 30 年期的 UMBS TBA；"B 类"适用于 15 年期的 UMBS 及 GNMA 产品；"C 类"适用于 30 年期的 GNMA 产品；"D 类"适用于其他产品。

中选择一个进行交割。㊀为此，一个"30年期的资产池"被定义为剩余期限在15年零1个月到30年零1个月之间的资产池。TBA是"待宣布"（to be announced）的首字母缩写，直接来源就是卖方在交易日后选择用于交割的资产池的不确定性。更具体地说，卖方必须在通知日，即结算日48小时前（结算日前两个工作日）通知买方要交割的确切资产池。表15-6中各合约的通知日分别为2022年1月11日、2022年2月10日和2022年3月10日。顺便说一下，市场从业人员总是说TBA，从不使用"待宣布"这一全称。

第11章和第14章描述了国债和国债期货定价、信用违约互换（CDS）定价如何反映了卖方对交割价值最低的债券或最便宜可交割券（CTD）的选择。类似地，TBA价格反映了卖方能提供的价值最低的合格抵押贷款资产池的选择，这通常是那些拥有最快的提前还款速度和最小的可预测性的再融资抵押贷款资产池。然而，与美国国债期货和CDS的类比并不完美。通常会有一种证券明显是某国债期货合约或CDS合约的CTD，但TBA合约的可能交割的抵押贷款资产池会有很多。事实上，该市场交易的一个重要部分是通过考虑可交割资产池的供应和特征来预测TBA的可能交割的抵押贷款资产池。例如，对于票面利率为2.5%的TBA 1月合约，一个交易商预测将要被交割的资产池的WAC为3.35%，WALA为3个月，平均贷款规模为34万美元。虽然需要大量分析来解释这一预测的准确性，但具有这些特征的资产池的价值低于其他30年期、票面利率为2.5%的资产池是有道理的：较高的WAC通常对应更快的提前还款速度（但也要考虑前面提到的信用评分警告）；相对较新的资产池通常提前还款速度更快，提前还款的不确定性比池龄更高、已经历提前还款耗尽的资产池更大；平均贷款余额较高的池子提前还款的速度也更快。（注意，34万美元的平均贷款余额相对于表15-3所列的平均贷款金额是很大的。）

另一个过手型证券交易的二级市场是特定资产池市场。因为价值最低的资产池被交割到了TBA，并被反映在TBA的价格中；拥有价值更高的抵押品的卖方，以及想要价值更高的抵押品的买方，更喜欢交易特定资产池或特定种类的资产池。在这个市场中交易的资产池通常以相对于可比TBA价格的溢价的方式报价。表15-7显示了截至2021年12月的UMBS 30年期特定资产池一些样本的溢价。第4～7行是贷款余额在一定范围内的资产池。比如票面利率为2.5%、平均贷款余额在12.5万～15万美元的资产池，目前以37个最小报价单位的溢价出售，也就是说相比UMBS 30年期、票面利率为2.5%的TBA近期到期合约的价格，要高出37/32，即1.156 25美元。在3种票面利率的每一列，溢价都随着平均贷款余额的减少而降低，这与贷

㊀ 一些TBA交易包含对可交付资金池增加限制的条款或规定。

款余额越高的池子再融资速度越快的经验规律一致。平均贷款余额在 20 万～25 万美元的资金池溢价最低，这与前一段提到的预期相一致，即 CTD 池的平均贷款余额更高，高达 34 万美元。对于任何给定的贷款余额范围，溢价随着票面利率的增加而增加：对于较低的贷款余额和较慢的再融资速度，票面利率越高，提前还款的激励越大，再融资对投资者造成的价值损失也越大。

表 15-7 部分的特定资产 UMBS 30 年资产池的代表性支付

特定资产池描述	票面利率		
	2.0%	2.5%	3.0%
	平均贷款余额		
小于 8.5 万美元	36	58	109
8.5 万～11 万美元	31	49	88
12.5 万～15 万美元	23	37	71
20 万～22.5 万美元	10	16	44
100%为纽约州贷款的资产池	9	28	75
100%为投资性房产的资产池	3	14	34
巨型贷款资产池	−14	−18	−38

注：截至 2021 年 12 月，单位为最小报价单位或 1/32 美元。

表 15-7 的下一行给出了纯粹由纽约州贷款组成的资产池的溢价。如前所述，相对于其他州的贷款，纽约州贷款池的再融资速度更慢，而且结果再次显示，较低的再融资速度在票面利率较高时具有更高的价值。下一行是完全由投资性房产的贷款组成的资金池。正如前面所讨论的，投资性房产面临更高的再融资利率，因此再融资会更慢，导致随票面利率增加而增加的正的溢价。

表的最后一行给出了巨型贷款资产池的溢价，即规模大于机构限额的贷款组成的资产池。这一行的不同之处在于巨型贷款资产池不能被交割给 TBA。在任何情况下，巨型贷款资产池的交易溢价都是负的，也就是说，比 TBA 的价格更低，因为这些巨额贷款预计会比能交割给 TBA 的任何合格贷款资产池的贷款更快地提前还款。

表 15-7 只给出了特定资产池的一个样本。其他特定资产池也可以交易，可能具有各种其他特征，比如低 FICO 评分贷款、高 SATO 贷款，以及由某些特定银行提供的贷款。对于最后一类，某些融资渠道和服务安排在鼓励业主再融资方面比其他渠道更积极。因此，在不那么极端的环境下的抵押贷款资产池，比如由某些银行提供服务的抵押贷款资产池，预计提前还款速度会更慢，因此，这类特定资产池会有较高的溢价。

15.9 政府机构 MBS 的风险因子和对冲

政府机构 MBS 的参与者面临并必须管理一系列风险。比如利率风险，其中包括凸性风险和波动率风险，以及抵押贷款利差风险、提前还款速度风险和信用风险。利率风险在本书的前几章中有广泛的讨论。抵押贷款明显暴露于利率上升和下降的风险中，并且，根据前面的分析，表现出负凸性。此外，负凸性头寸也是一种利率波动率空头头寸。㊀

抵押贷款利差风险是指抵押贷款利率与基准利率之间的利差发生变化的风险，基准利率可以是国债利率或互换利率。如果通过出售国债期货对 MBS 进行对冲，然后经历了抵押贷款利差增加，那么 MBS 的价值相对于国债对冲头寸的价值就会下降，整体头寸就会亏损。而如果 MBS 是用另一个 MBS（或 TBA）对冲的，那么由于抵押贷款利差而产生的价值变化就可以被抵消。根据前面的讨论，提前还款风险是溢价抵押贷款的提前还款速度高于预期，或折价抵押贷款的提前还款速度低于预期的风险。最后，来自政府机构 MBS 的信用风险，即房主违约导致的利息和本金损失的风险，通常由为基础抵押贷款做担保或为 MBS 提供保险的政府机构承担。

不同的市场参与者群体以不同的方式面对这些风险。发放抵押贷款然后将其出售给 MBS 的贷款发起人面临着"管道风险"。发起人承诺向借款人提供固定利率抵押贷款，称为"利率锁定"，但随后需要时间来完成抵押贷款。针对抵押贷款在被售出前利率上升的风险，一种可能的对冲策略是做空美国国债或成为利率互换的固定支付方，对冲比率计算可以参考 OAD 以考虑提前还款风险。但这种策略有三个问题。第一，借款人可以自行决定是否摆脱利率锁定。虽然交易可能由于多种原因而无法完成，但当利率随后下降时，借款人往往会放弃报价，而当利率随后上升时，他们往往会选择完成抵押贷款。因此，管道风险的精准对冲必须考虑到借款人期权的行使。第二，因为抵押贷款是负凸性的，用正凸性的美国国债或互换对冲会留下一个整体负凸性和利率波动率空头头寸。一个解决方案是购买短期看涨利率互换期权以管理凸性，并购买较长期限的互换期权跨式组合以对冲波动率。㊁第三，由于抵押贷款的价值和借款人的选择取决于现行的抵押贷款利率，而不是美国国债利率或互换利率，因此利用美国国债或互换的对冲受到抵押贷款利差风险的影响。

㊀ 本节关于利率风险的讨论很大程度上依赖于第 4 章关于凸性和第 16 章关于互换期权的内容。
㊁ 互换期权将在第 16 章进一步讨论。像任何其他期权一样，互换期权有一条正凸性的价格利率曲线，可以利用其来管理其他头寸的凸性。此外，像任何其他期权一样，互换期权的价值随着波动率的增加而增加。但与长期期权相比，短期的互换期权受波动率的影响较小。

另一种对冲发起人管道风险的方法是出售 TBA 而不是美国国债或互换。虽然在计算对冲比率时仍然需要考虑提前还款模型，利率锁定期权的建模问题也仍然存在，但由于 TBA 同时具有负凸性和利率波动率空头特性，出售它们可以抵消初始抵押贷款的负凸性和利率波动率空头特性。在这种情况下，只需要利用互换期权来处理任何残留风险敞口。此外，由于 TBA 和发起的抵押贷款都依赖于抵押贷款利差，后者的风险也可以通过 TBA 对冲来降低。

通过卖出 TBA 来对冲管道风险的贷款发起人，在成功发起贷款并准备出售资产池时，还要做出另一个决定。如果资产池的价值明显高于 TBA 的价格，发起人可以回购用于对冲的 TBA，并在特定资产池市场上出售自己的资产池。如果资产池的价值与 TBA 价格差不多，发起人可以将资产池交割到自己用于对冲的 TBA 空头头寸。如果资产池的价值高于 TBA 价格，则存在价值和流动性之间的权衡：如果将资产池作为特定资产池出售，其价值可能更高，但在 TBA 市场上它们可以以更高的流动性出售。㊀

当抵押贷款利率下降导致房主再融资时，抵押贷款服务商会损失收入。由于必须以更低的贴现率贴现，这一影响往往主导了剩余服务收入现金流的现值变化。因此，抵押贷款服务权通常具有显著为负的久期，同时也是负凸性的。它们对利率的敏感性随着利率的增加而增加：从低利率时房主提前还款加速时的显著为负，到高利率时房主提前还款减缓时的不那么显著的负值。一个可能的对冲服务收入风险的方法是购买美国国债或成为互换的固定利率接收方。当然，精确对冲比率的确定需要引入一个提前还款模型，但上述对冲的结果应该是这样的：整体对冲头寸是负凸性的、做空波动率，并会受到抵押贷款利差风险的影响。通过购买 TBA 进行对冲的替代方案，在发起人看来并不具有吸引力。没错，购买不同票面利率的 TBA 可以提高对冲提前还款风险的有效性。同样正确的是，通过购买 TBA 来为服务收入权对冲，能同时对冲掉抵押贷款的利差风险。但如果同时持有抵押贷款服务权和 TBA 多头头寸，整体对冲头寸的负凸性和利率波动率空头会更加显著。如果从风险管理的角度来看，这种结果是不可接受的，那么可以付出一定的成本购买互换期权，以对冲剩余的风险敞口。

正如本章前面提到的，一些抵押贷款服务提供方同时也是贷款发起人，服务和发起业务的风险至少在某种程度上能相互对冲。至少在理论上，对于同时拥有这两项业务的实体来说，先依靠业务的天然属性进行对冲，再用国债或互换、TBA 和互换期权对冲剩余风险，可能是最经济的。然而在实践中，出于组织效率等考虑，公

㊀ 发起人还可以将资金池出售给其他证券化产品，比如 CMO，稍后我们会讨论这一点。

司可能独立地对冲每个业务的风险。在这种情况下，折中办法可能是通过公司内部交叉对冲交易来节省交易成本。

投资于抵押贷款的各种市场参与者可以自行决定应该承担哪些风险、对冲哪些风险。抵押贷款交易所交易基金（ETF）可能会购买 MBS 并承担所有相关风险，以期获得相应的回报。一个主动管理的抵押贷款投资组合可能会用国债或利率互换对冲利率风险，甚至会用互换期权对冲负凸性和利率波动率风险，但保留抵押贷款利差风险和提前还款风险，这可能是为了在长期中承担这些风险并获得适当的补偿，也可能是为了利用基金经理在相应风险敞口择时交易方面的技能。最后，抵押贷款相对价值交易机构可能只会押注于提前还款速度，其盈利能力取决于其独有的提前还款模型是否优于市场共识和隐含定价。这种策略可能通过购买定价相对较低的特定资产池并卖出定价相对较高的 TBA 来实现，或者反过来卖出被高估的特定资产池并买入被低估的 TBA，又或者买入一只 TBA 的可交割券并卖出另一只票面利率不同的可交割券。

最后，但并非最不重要的是政府机构的风险对冲。它们通过两种方式管理为抵押贷款担保而产生的违约风险。第一，它们收取的保费总体上足以弥补可能遭受的损失。第二，政府机构通过信用风险转移证券将部分违约风险出售给私营部门，这是后面几节将要讨论的话题。政府机构承担其他抵押贷款风险的程度取决于 MBS 的发行方式。在最常见的"出借人互换交易"中，政府机构将发起人的抵押贷款换成由这些贷款组成的 MBS。这些贷款将直接被转入用于支持 MBS 的信托基金，而不会出现在该政府机构的资产负债表上。因此，在这种发行中，除贷款违约外的所有风险都由发行人承担。相比之下，在"投资组合资产证券化"交易中，政府机构为自己名下的投资组合购买抵押贷款，将其打包成 MBS，然后在二级市场上出售这些 MBS。在这种发行方式中，政府机构需要承担利率风险、提前还款风险和抵押贷款利差风险，时间范围限于从抵押贷款工具被购买到通过 MBS 被出售期间。根据早先关于私营部门发起人的讨论，政府机构可以通过出售国债或利率互换，或通过出售 TBA，并购买互换期权对冲剩余风险来完成对冲。此外，与其他发起人一样，政府机构可以决定是回购用于对冲的 TBA 并在特定资产池市场上出售初始资产池，还是将初始资产池通过对冲建立的 TBA 空头头寸交割出去。

本节最后介绍一些对 TBA 和特定资产池市场的进一步观察。一方面，TBA 交割期权的存在意味着 TBA 价格会跟随那些价值最低的资产池。但另一方面，在一个会发行大量不同资产池的一级市场上，TBA 交割期权使得少量 TBA 合约在二级市场上极具流动性。这种流动性使市场参与者能够用 TBA 对冲其特定资产池的风险敞口；也就是说，TBA 市场的流动性很容易补偿由于特定资产池价格变化和 TBA 价格变化之间的差异而产生的任何基差风险。此外，TBA 市场的高流动性如此有吸引力，以至于事实上许多资产池是通过出售 TBA 合约并实物交割的方式卖出的。尽管由于交割期权的影响，TBA 价格相对较低；尽管一般来说衍生品市场参与者普遍倾向于用一个方向相反的合约解除衍生品对冲，并只与常规业务对手方交易实物或现金产品，但是流动性的考量足以让他们改变行为。

15.10　美元滚动交易

由于 TBA 的流动性集中在未来几个月到期的几个合约上，市场参与者通常需要以滚动的方式将到期合约中的头寸转移至较晚到期的合约。例如，为对冲风险而做空 2022 年 1 月 TBA 的发起人和投资者希望在 1 月合约的结算日之后保持空头头寸，可以"购买滚动"，也就是购买（买回）前一个月的合约（1 月合约），并出售在之后几个月（可能是 2 月）到期的合约。类似地，已经做多了 2022 年 1 月的 TBA，但希望在 1 月之后继续做多的服务方和投资者，可以"出售滚动"，也就是出售（卖出）前一个月的合约（1 月合约），并购买在之后几个月到期的合约。这些 TBA 滚动也被称为"美元滚动"。

在美元滚动的背景下，一个自然产生的问题是一个 TBA 合约的价格相对于其他合约而言是否公平。因为 TBA 是远期合约，所以第 10 章和第 11 章的一些见解在这里也适用。首先，TBA 多头头寸类似于标的资产池的多头头寸加回购的空头头寸（即用资产池作为抵押品借钱）。其次，只要资金池的持有收益超过回购利率，TBA 价格就会出现远期下跌。事实上，表 15-6 说明了这一点。当时的回购利率为 10 个基点，表中所有 TBA 的票面利率都显著超过了回购利率，所以到期月份较晚的 TBA 价格较低。最后，就像每个 TBA 都有从交易日到结算日的隐含收益率一样，TBA 滚动也嵌入了从前一个合约到期日到下一个合约到期日的隐含收益率。

市场从业人员可以根据第 11 章讨论的附息债券远期合约正向套利方法，来计算美元滚动的价值、隐含融资利率和盈亏平衡融资利率。但对于债券远期合约而言，远期合约是针对特定债券的，而该债券的票面利率是确定的。在 TBA 中，由于存在交割期权，远期合约建立在未知的资产池上。此外，由于提前还款的影响，资产池的现金流是不确定的。一种行业标准的滚动分析方法先将这些问题放在一边，实质上假设滚动与抵押贷款回购完全等同，在介绍完这种分析之后，再回头讨论 TBA 和回购融资之间的区别。

假设一个投资者在 2022 年 1 月初持有 100 万美元的 30 年期 2.5% 的抵押贷款资

产池。假设 TBA 价格如表 15-6 所示，相关的无风险利率为 10 个基点的抵押贷款回购利率。此外，与前一段的讨论一致，假设 2 月份资产池中的现金流（于 2 月 25 日支付给投资者）是已知的，等于 10 850.00 美元，其中包括 8 800.00 美元的本金（包括计划内支付和提前还款）。

持有该资产池的投资者正在考虑两种策略，这两种策略都可以让投资者在 2 月 14 日持有相同的资产池未偿还本金余额：①持有资产池至 2 月 14 日，即 TBA 2 月合约的结算日，此时未偿还本金余额为 1 000 000 美元减去 8 800.00 美元，即 991 200 美元；②通过 TBA 1 月合约以 101-28，即 101.875 美元的价格出售资产池，并通过 TBA 2 月合约以 101-20，即 101.625 美元的价格购回 991 200 美元的资产池。假设投资者能够收回通过 1 月份合约卖出的同一个资产池，结果将与上述分析的简化情况相一致。图 15-7 总结了这两种策略：①持有资产池策略，显示在横线以下；②滚动策略，显示在横线以上。

```
                                          收益加利息：1 019 673.96 美元
                                          收益的利息：90.63 美元
通过TBA 1月合约出售100万美元的资产池        购买991 200.00美元面值的TBA 2月合约
收益（净价）：1 018 750美元                 成本（净价）：1 007 307美元
应计利息：833.33美元                        应计利息：894.83美元
收益（全价）：1 019 583.33美元              成本（全价）：1 008 201.83美元
购买991 200.00美元面值的TBA 2月合约         净收益：11 472.13美元
───────────────┼──────────────────────────┼──────────────┼──────
1月13日                                    2月14日         2月25日
持有资产池                                  支付的净现值：10 849.67美元   支付：10 850.00美元
                                                                       本金：8 800.00美元
```

图 15-7　美元滚动示例，使用 30 年期 2.5% 票面利率的 UMBS 的 TBA 1 月和 2 月合约
（截至 2022 年 1 月）

持有资产池策略带来的现金流非常简单。2 月合约支付的 10 850.00 美元会在 2 月 25 日收到，但为了便于比较，我们将其贴现 11 天到 2 月 14 日，则现值为：$10\,850.00/(1 + 11 \times 0.10\%/360) = 10\,849.67$ 美元。

滚动策略产生的现金流可以通过如下步骤计算。通过 TBA 1 月合约出售该资产池，净价收益为 100 万 × 101.875 = 1 018 750.00 美元，再加上 12 天的应计利息：100 万 × 2.50% × 12/360 = 833.33 美元，全价收益为 1 019 583.33 美元。这些收益以市场回购利率从 1 月 13 日投资到 2 月 14 日，为期 32 天，可获得的利息为：1 019 583.33 × 0.10% × 32 / 360 = 90.63 美元。该策略的下一步是通过 TBA 2 月合约买入面值为 991 200.00 美元的资产池，净价成本为 991 200.00 × 101.625% = 1 007 307.00 美元，加上 13 天的应计利息 991 200.00 × 2.50% × 13/360 = 894.83 美元，全价成本为 1 008 201.83 美元。最后，从卖出 1 月合约的投资收益中减去这个成本，剩下的净收益为 11 472.13 美元。

综合来看，持有策略和滚动策略在 2 月 14 日都给投资者留下了 991 200 美元的资金池。但滚动策略让投资者在 2 月 14 日获得了 11 472.13 美元的净收益，而持有策略则让投资者获得了 10 849.67 美元。滚动价值被定义为这两个金额之差，本例中为 622.46 美元。因此，根据这一分析，TBA 1 月份合约的价格相对于 TBA 2 月份合约是高估的，或者换句话说，投资者愿意为现在的票面利率为 2.5% 的资产池支付更高的价格。

滚动的优势通常被表示为隐含融资利率或盈亏平衡融资利率，用它来取代回购利率进行计算，可以将滚动价值变为零。在这个例子中，隐含融资利率是 −58.4 个基点。10 个基点的实际回购利率与这一隐含利率之间的差异约为 68 个基点，被称为资产池的"特殊程度"。从利率的角度来看，拥有该票面利率为 2.5% 的资产池的投资者如果放弃一个月的持有权，可以获得比回购利率高 68 个基点的收益率。

虽然为了便于阅读，这个例子中的数字是四舍五入的，但 −58 个基点的隐含融资利率与当时在市场专业人士中盛行的分析一致。下面我们再来讨论标准美元滚动分析背后的简化假设。首先，我们假设同一个资产池将在 2 月份被归还给原资产池的所有者，这夸大了滚动策略对于资产池所有者的吸引力：TBA 交割期权使滚动卖方面临接收到较低价值资产池的风险。其次，提前还款假设在计算盈亏平衡利率时至关重要。较慢的提前还款速度会使持有资产池更有价值，相当于减少了滚动的价值，增加了隐含融资利率。最后，已知提前还款的假设夸大了持有资产池策略的吸引力，或者相当于低估了滚动的价值，因为提前还款实际上是不确定的，提前付款风险实际上要由资产池的持有者承担。

总之，抵押贷款市场的融资方式包括直接融资，也包括通过回购和通过 TBA 间接融资。TBA 市场的高流动性是对其有利的一个因素。回购融资保留了抵押品所有者在持有抵押贷款期间提前还款的风险，而 TBA 头寸则避免了这种风险。回购融资可以保留对抵押品的控制权；TBA 多头头寸放弃了对抵押品的控制权；而 TBA 空头头寸则拥有交割期权的多头。

15.11 其他 MBS

本节将简要描述 MBS 而不是单个抵押贷款资产池的一些特征。如前所述，由于过手型证券是相对规模较大的、多元化的、有保险的抵押贷款投资组合，它们被范围更大的投资者所拥有，并且具有比单笔抵押贷款更强的流动性。经过这一个额外的步骤，政府机构将资产池合并为更大型的 MBS，从而创造出更加多元化的证券，如果成功的话，还将创造出更具有流动性的证券。这些以 FNMA 资产池为抵押品的聚合 MBS 被称为"Megas"；以 FHLMC 资产池为抵押品的被称为"Giants"；同时以这两家政府机构的资产池为抵押品的聚合 MBS 则被称为"Supers"。

另一种规模较大的 MBS 是 REMIC（房地产抵押贷款投资渠道）或 CMO（抵押担保凭证）。虽然过手型 MBS 已被证明受到许多投资者的欢迎，但其他人对提前还款的风险不太放心，也就是不能接受证券的期限可能大幅波动的风险，如图 15-6 所示。一些 CMO 和 REMIC 的层级或类别设定方式解决了这个问题。例如，"顺序支付分类"（SEQ）的结构如下所述。来自基础投资组合的现金流被传递到许多不同的 SEQ 类别。所有类别每月都能收到利息支付，但基础资金池的本金支付会首先偿付给 A 类投资者。一旦 A 类投资者的本金全部付清，资产池中的额外本金支付就会流向 B 类投资者，依此类推。虽然 SEQ 类债券仍然承担着巨大的提前还款风险，但和标准过手型 MBS 相比，它们的有效期限可以用更细的颗粒度来划分。

PAC 又称"计划分期偿还分类"，在创建更复杂的结构以创建提前还款风险更低的证券类别方面更进一步。跟前面一样，基础资产组合的现金流被划分并分配给多个不同类别的证券。只要提前还款率保持在设定的范围内，PAC 类别的本金支付是固定的。使这成为可能的原因是，当提前还款率处于这些范围内时，吸收提前还款风险的是其他类别的证券，即"支持类别"或"配套类别"的证券。如果提前还款相对较快，那么支持类别的本金就消耗很快，但在全部消耗之前仍然能让 PAC 类别维持其固定还款计划。相反，如果提前支付相对较慢，支持类别可以吸收提前还款的各种冲击并慢慢消耗本金。但如果提前还款速度超出了设定的范围，让支持类别的本金消耗殆尽，那么 PAC 类别的本金支付也将承受或快或慢的提前还款冲击。与 PAC 分类类似的是 TAC 分类或定向分期偿还分类，但后者只对速度更快的提前还款提供保护，通常也会融合在包含 PAC 类别的结构中。发行包含 PAC 类别和 TAC 类别的 CMO 是可行的，因为这些类别或层级可以以高于基础支持类别的价格出售。换句话说，一些投资者愿意为提供提前还款保护的 MBS 支付足够高的溢价，足以补偿购买支持类别证券并承担放大的风险的投资者。

只付利息（IO）和只付本金（PO）的剥离债券类别是另一套著名的 MBS 产品体系。基础资产池投资组合的现金流根据一个简单的规则被定向分配到这两个类别：所有的利息支付给 IO 类别，所有的本金支付给 PO 类别。这些剥离债券类别的利率敏感性比许多其他固定收益产品更高。随着利率下降和提前还款速度加快，IO 的现金流开始迅速消失。这种价值损失远远抵消了剩余现金流以更高的贴现因子贴现带来的收益，因此 IO 的价格会下跌。因此，IO 和抵押贷款服务权一样，在低利率水平下具有负的久期。相反,当利率下降时,PO 的价值会显著增加。它们具有类似零息票债券的相对较高的利率敏感性,在利率较低时还可以收到提前偿还的本金。

15.12 信用风险转移证券

2008 年政府救助政府支持机构后推行的一项改革是,让政府支持机构将其 MBS 担保中的部分抵押贷款违约风险出售给私营部门。为此,政府支持机构在 2013 年开始向公众出售"信用风险转移证券"(CRT),其中在 FNMA 出售的被称为"康涅狄格州大道证券"(CAS),在 FHLMC 出售的被称为"结构化机构信用风险证券"(STACR)。㊀其基本理念是投资者按票面价值购买债券,赚取高于短期利率的收益率利差;作为交换,要承担抵押贷款"参考资产池"的部分违约风险。更具体地说,当证券的标的资产池的违约金额达到一定的阈值时,投资者会损失部分甚至全部本金。本节将参考最近的一次发行的 CAS 2020-R01,简单解释 CRT 的工作原理,如表 15-8 所示。通过 CAS 2020-R01 实际提供给公众的票据用粗体突出显示,包括 M1 类、M2 类和 B1 类。而 A 类和 B2 类,以及 FNMA 列中的 M1 类、M2 类和 B1 类余额都是虚构的。它们被包含在 CRT 的描述中,只是为了解释如何确定实际票据的现金流。

表 15-8 康涅狄格州大道证券(CAS)2020-R01

参考资产池余额(百万美元)					28 996	
类别	票据 (百万美元)	FNMA (百万美元)	信用支持(%)	厚度(%)	信用评级 (惠誉)	利差(bps)
A		27 851	3.95			
M1	**303**	16	2.85	1.10	BBB-	80
M2	**523**	28	0.95	1.90	B	205
B1	**207**	11	0.20	0.75	无评级	325
B2		58	0.00	0.20		
总计	1 033					

注:于 2020 年 1 月发行,2040 年 1 月到期。利差是相对于 1 个月期 LIBOR 的。

创建 CRT 的第一步是选择一组要包含在参考资产池中的抵押贷款。所有符合要求的抵押贷款都可以成为候选,但要进一步审查以排除那些有"承销缺陷"和"业绩不佳"的贷款。这种筛选是政府支持机构向 CRT 投资者释放信号的方式之一,以保证他们承担的是具有代表性的抵押贷款的违约风险,而不是一组特别脆弱的贷款

㊀ 还有其他种类的政府支持机构发行计划,文中没有讨论。政府支持机构可以通过其中部分产品将违约风险出售给保险公司,比如 FNMA 的信用保险风险转移(CIRT)和 FHLMC 的代理信用保险结构(ACIS)。

的违约风险。无论如何，在 CAS 2020-R01 发布时，所选择的参考资产池有超过 10 万笔抵押贷款，总本金余额约为 290 亿美元。

在 CRT 发行时，投资者按票面价值总共购买了 10.33 亿美元的票据本金，其中 3.03 亿美元为 M1 类，5.23 亿美元为 M2 类，2.07 亿美元为 B1 类。出售所得资金被存入一只信托基金，该基金的收益足以向投资者支付本金的短期利率，也就是 1 个月期 LIBOR。此外，政府支持机构还承诺拿出部分保费，向 CRT 投资者支付短期利率之上的利差，其中 M1、M2 和 B1 类别的利差分别为 80、205 和 325 个基点。作为对获得该利差的交换，投资者要承担抵押贷款参考资产池的部分违约风险，具体方式我们将在下面介绍。

CRT 票据持有人的本金回报取决于参考资产池的本金现金流。然而，有必要强调的是，从任何意义上讲，参考资产池中的现金流对 CRT 投资者来说都不低。参考资产池中每笔贷款的所有者，无论是政府支持机构还是一些 MBS 投资者，都将从该贷款中获得所有的利息和本金现金流。支付给 CRT 投资者的利息和本金来自 CRT 信托基金，利息由上一段提到的政府支持机构的定期缴款补充。

由于参考资产池存在自愿的本金支付（即预定的本金支付和不是由于违约而导致的提前还款），这些本金会返回到 CRT 票据中。A 类或优先级类别按其未偿还本金余额相对于参考资产池本金余额的比例收到本金。例如，在发行时，A 类证券占比为 27 851 美元/28 996 美元，约占参考资产池未偿还余额的 96%。因此，A 类证券将从参考资产池中分配 96% 的自愿本金支付。当然，如前所述，A 类证券本身并不真正存在，只是用于计算为实际票据而产生的现金流。但是，沿着该思路，A 类证券的虚拟本金余额会因虚拟本金的提前还款而减少。从参考资产池中支付的剩余本金，即在发行时约 4% 的本金，按优先级顺序依次分配给 M1 类、M2 类、B1 类和 B2 类或次级类别。这意味着，只要 M1 类有未偿还的本金余额，所有支付给次优类的本金都分配给 M1。当 M1 类被完全偿还后，这些本金支付将优先分配给 M2 类，依此类推。请注意，支付给 M1 类、M2 类和 B1 类的本金是真实的。付款金额基于参考资产池的本金支付计算，具体方法如下一段所述，但付款本身来自 CRT 信托基金，因为 CRT 的初始销售收入存入该信托基金。

本节现在转向结构的关键，即参考资产池中的违约损失如何分配给 CRT 票据投资者。同样出于让 CRT 投资者放心的目的，首先损失的类别或层级由发行机构持有，对于 CAS 2020-R01 来说是虚构的 B2 类。根据表 15-8，FNMA 持有名义本金为 5 800 万美元的该类别证券，需要承担的损失从 0% 的"信用支持"到 289.96 亿美元的参考资产池初始本金余额的 0.20%，后者也等于 5 800 万美元。[一]如果参考资产池遭受了 100 万美元的损失，B2 类的本金就从原来的 5 800 万美元减少到 5 700 万美元。如果资产池再次遭受 500 万美元的损失，那么 B2 类的本金将再次减少 500 万美元，变成 5 200 万美元，依此类推。如果累计损失达到 5 800 万美元，B2 类将被减记为零。[二]

如果损失大到足以使首先损失的类别消耗殆尽，那么真正的 CRT 投资者就会开始损失本金。根据表 15-8，B1 类的初始本金为 2.18 亿美元，其中 95%，即约 2.07 亿美元由私人投资者持有，5%，即约 1 100 万美元分配给 FNMA。FNMA 持有 5% 的 B1 类证券，以及 M1 类和 M2 类各 5% 的证券，这些都是 FNMA 亲身参与的，以保证每一类投资者的利益都与 FNMA 一致。每个类别 5% 是"垂直切片"的一个例子，因为它使同一类别的投资者情况相同。相比之下，像 B2 类和 A 类这样的"水平切片"，投资者的情况可能比垂直切片更好或更差。

有了 0.2% 的信用支持，B1 类不会遭受任何本金减记，除非参考资产池损失超过 0.2% 或 5 800 万美元，或者等价地说，直到 B2 类被消耗殆尽。而任何进一步的损失将大部分由 B1 类持有人承担。如果参考资产池遭受的损失比 5 800 万美元还高 100 万美元，那么其中 95%，即 95 万美元将从 B1 类的本金中扣除，导致 B1 类本金从原来的 2.07 亿美元减记到 20 605 万美元，其余 5%，即 5 万美元的损失将由 FNMA 承担，使 FNMA 的 B1 类本金从 1 100 万美元减记到 1 095 万美元。在操作上，CRT 信托基金向 FNMA 支付 95 万美元，FNMA 要么用这些资金补偿 MBS 投资者，要么用来弥补自己的账户遭受的损失（如果这些贷款是在自己的投资组合中持有的）。

如果超过 5 800 万美元部分的损失等于 0.75% 的初始参考资产池的类别厚度，即 0.75% 乘以 289.96 亿美元，即约 2.18 亿美元，B1 类就会被消耗殆尽。在这种情况下，进一步的损失首先由 M2 类承担，然后是 M1 类，就像刚刚描述的更低的类别一样。总而言之，FNMA 的 B2 类承担 0.2% 的损失；B1 类、M2 类和 M1 类承担接下来 3.75% 的损失，其中 10.33 亿美元由私人投资者承担，5 500 万美元由 FNMA 承担；任何进一步的损失都由 FNMA 承担。由于长期的历史损失很少超过 4.00%，这种结构与大多数其他 CRT 类似，旨在保护 FNMA 免受除首次损失类别和自身参与的垂直切片以外的损失。

最后，回到表 15-8 中各种 CRT 类别的相对信用评级和利差。类别的优先级越低，遭受损失的风险就越大，信用评级就越低，利差就越高。CRT 主要由基金经理

[一] CRT 的损失分配规则与第 14 章介绍的贷款抵押凭证（CLO）类似，但术语有所不同。CLO 的"起算点"对应这里的信用支持百分比，而 CLO 的"分离点"则对应这里的信用支持百分比与厚度百分比之和。

[二] 书中的分析基于违约情况下的回收率是不确定的这一事实，因此，如果回收的金额大于预期，分配给各层级的损失随后可以得到弥补。

和对冲基金购买，基金经理青睐优先级较高的资产，而对冲基金青睐优先级较低的高收益级资产。在最近的一些发行中，大约80%到95%的M1类证券被基金经理购买，而大约60%到75%的B2类证券被对冲基金购买。㊀

2020年的新冠疫情和经济停摆，带来了对房主违约和宽限计划影响的高度关注，对CRT市场构成了挑战。事实上，两家政府支持机构都停止发行了一段时间，不过FHLMC于2020年夏季重新进入市场，FNMA也在2021年最后一个季度重新进入市场。

附录15A 月底本金余额

本节将展示，在正文中描述的本金摊还计划下，任何时候的未偿还余额都等于在初始抵押贷款利率下的剩余付款的现值。假设抵押贷款的期限为N，以月为单位；r表示抵押贷款利率；X为月供，并设$B(i)$为第i月末的未偿还本金余额，其中$i = 0,1,\cdots,N$。根据定义，如正文中所讨论的那样：

$$B(0) = X\frac{12}{r}\left[1 - \left(1 + \frac{r}{12}\right)^{-N}\right] \tag{15A-1}$$

如果第i月末的未偿还本金余额确实等于剩余支付的现值，利率为r，那么：

$$B(i) = X\frac{12}{r}\left[1 - \left(1 + \frac{r}{12}\right)^{i-N}\right] \tag{15A-2}$$

$$B(i+1) = X\frac{12}{r}\left[1 - \left(1 + \frac{r}{12}\right)^{i+1-N}\right] \tag{15A-3}$$

根据摊还表的逻辑，第$i+1$月支付的利息部分为$(r/12)B(i)$，本金部分为$X - (r/12)B(i)$。因为根据定义，$B(0)$是抵押贷款开始时剩余支付的现值，本节只需要证明，对于任何i_0：

$$B(i) - B(i+1) = X - \frac{r}{12}B(i) \tag{15A-4}$$

为了证明这一点，重新排列各项，然后分别用式(15A-2)和式(15A-3)中的各项替换$B(i)$和$B(i+1)$，得到：

$$\left(1 + \frac{r}{12}\right)B(i) - B(i+1) \stackrel{?}{=} X \tag{15A-5}$$

$$X\frac{12}{r}\left[1 + \frac{r}{12} - \left(1 + \frac{r}{12}\right)^{i+1-N} - 1 + \left(1 + \frac{r}{12}\right)^{i+1-N}\right] \stackrel{?}{=} X \tag{15A-6}$$

㊀ 参见Freddie Mac（2021），"Credit Risk Transfer Handbook,"第23页，是年10月发布。

$$X \frac{12}{r}\left(\frac{r}{12}\right) \stackrel{?}{=} X \qquad (15\text{A-}7)$$

$$X = X \qquad (15\text{A-}8)$$

这显然对该问题的任何参数都成立。

附录 15B　期限结构模型下的 MBS 定价

本节非常简要地讨论了利用期限结构模型为 MBS 定价时出现的三个问题："路径依赖"、抵押贷款利率参数和利率以外的因子。

对于路径依赖，提前还款耗尽效应和媒体效应意味着抵押贷款支持证券的价值不仅取决于当前利率的期限结构，而且取决于利率期限结构的历史变化。然而，本书前几章描述的逆向归纳定价法并不能自然地适应路径依赖：例如，在二叉树的任何节点上，都没有关于利率如何从初始状态移动到树的特定节点的记忆。

"蒙特卡洛模拟"是一种常用的路径依赖的或有索取权的定价方法。在此框架下，在单因子设置下，可以按以下步骤对证券进行定价。第一步，根据所需的频率和期限生成大量的利率路径。出于定价的目的，可以使用特定的短期利率风险中性过程生成路径。第二步，计算每条路径上证券的现金流。在抵押贷款的背景下，这将包括证券的定期支付及其提前还款。提前还款耗尽效应和媒体效应可以纳入这个框架，因为在计算现金流时每条路径都是完整的。第三步，从每条路径的末端开始，利用这条路径上的利率计算每条路径上证券的现金流贴现值。第四步，计算不同路径贴现值的平均值并将其作为证券的价值。

为了将蒙特卡洛模拟与本书其他地方使用的定价方法联系起来，回顾式(11B-3)，为了方便在这里重复一次：

$$P_0 = \mathrm{E}\left[\frac{P_n}{\prod_{i=0}^{n-1}(1+r_i)}\right] \qquad (15\text{B-}1)$$

其中 r_i 是第 i 期的短期利率，P_n 是第 n 期索取权的价值，P_0 是债权今天的价格。根据本节的讨论，大括号内的术语类似于沿一条路径的证券贴现值。求期望类似于求不同路径的贴现值的平均值。

在蒙特卡洛框架中，利率敏感性可以通过以某种方式移动初始期限结构，重复估值过程，并计算初始价格和移动后的价格之间的差异来计算。作为一个数值问题，不应该在初始值和移动后的值之间重新生成路径，因为那会在敏感性计算中引入噪声。

蒙特卡洛模拟的一个普遍缺点是它不能自然地适应美式或百慕大式期权的估值，因为在任何状态下持有期权通常需要通过逆向归纳法来定价。虽然现在方法上的进步可以克服这个问题，⊖但在评估提前还款期权时，这个问题并不会真正出现。由于人们普遍认为房主的行为不能很好地解释为固定收益期权的最优行权问题，因此路径依赖的提前付款函数是首选的方法，它非常适合在蒙特卡洛模拟下解决。

本节讨论的第二个问题与抵押贷款利率有关。沿着一条路径来为 MBS 估值既需要基准贴现利率，也需要抵押贷款利率。贴现可以用基准利率加上利差进行，但提前还款的激励机制取决于当前的抵押贷款利率。困难之处在于，计算一个蒙特卡洛模拟路径上某个日期的公平抵押贷款利率的问题，与为当前状态特定 MBS 定价的原始问题是复杂度同一个数量级的问题！因此，通常的做法是建立一个简单的模型，将抵押贷款利率作为基准利率和利率波动率的函数，例如将抵押贷款利率作为关于一个或多个基准利率和利率波动率的函数的回归模型估计量。沿着短期利率路径计算长期基准利率可能不是一件容易的事，但这一困难通常可以通过长期利率的封闭解或与短期利率过程一致的数值近似法来克服。

第三个问题是，违约和周转率还取决于利率以外的变量，比如房价，而房价传统上并没有被纳入固定收益证券的定价过程中。整合这些变量，包括它们与利率的相关性，是 MBS 定价的另一个挑战。

⊖ 参见 Longstaff, F., and Schwartz, E. (2001), "Valuing American Options by Simulation: A Simple Least-Squares Approach," Review of Financial Studies 14(1), 春季刊, 第 113-147 页。

第 16 章

固定收益期权

本章描述了一些较常见的固定收益期权,包括:可赎回债券,它包含一种嵌入式期权;Euribor 期货期权,这是期货式的期权;债券期货期权,这是一种股票式的期权;还有利率顶、利率底和互换期权。我们假设读者对期权和期权定价的基本知识有一定的了解。此外,在撰写本书时,由于去 LIBOR 化的过渡仍在进行中,因此利率顶、利率底和互换期权的例子都是在 LIBOR 的背景下呈现的。

虽然固定收益期权有时会遵循第 7 章到第 9 章的思路,使用期限结构模型定价,但本章更关注的是在布莱克-斯科尔斯-默顿(BSM)期权定价模型基础上的变化。这种更简单的方法常被从业人员使用,因为他们的目的不是确定众多期权中哪些是相对便宜或更贵的,而是将某些期权的价格用类似的但流动性更强的期权的价格插值估算,并计算出有用的准确的增量或对冲比率。本章附录用数学上简化的现代资产定价技术,论证了每种情况下 BSM 使用的合理性。

16.1 债券内嵌赎回期权

债券的独立期权市场并不大,但许多公司债券具有赎回条款,赋予发行人以固定价格赎回或回购债券的权利。这些条款被称为嵌入式期权,因为它们不能单独或独立于债券进行交易。有关的制度背景已在第 14 章给出,为方便讨论,本节以 2019 年 2 月 22 日发行的美国银行(BoA)债券"2.305s of 02/22/2039"为例。这些债券的条款允许美国银行在 2029 年 2 月 22 日以票面价值的 100%将债券赎回。表 16-1 列出了这种债券,以及本节中用作参考的其他两种债券的情况。这 3 种债券都以欧元计价,发行人是穆迪信用评级为 A2 的银行,但只有美国银行的债券是可赎回债券。德意志银行债券在美国银行债券的赎回日到期,而桑坦德银行债券与美国银行债券几乎同时到期。

表 16-1 美国银行可赎回债券和另外两种不可赎回债券

发行人	票面利率	到期日	赎回条款	价格
美国银行	2.305	2039 年 2 月 22 日	可以在 2029 年 2 月 22 日以票面价值的 100%赎回	113.296
德意志银行	0.75	2029 年 2 月 22 日	不可赎回	104.566
桑坦德银行	2.28	2039 年 2 月 28 日	不可赎回	118.044

注：截至 2021 年 8 月 23 日，所有现金流都以欧元计价，票面利率单位为百分比。

如果赎回日的利率低于美国银行的资金成本，美国银行将行使赎回权。例如，如果美国银行能够在赎回日以 1.75%的利率发行新的 10 年期债券，它可能会以 100 欧元的价格赎回债券 "2.305s of 02/22/2039"，并通过以 1.75%的利率发行新的 10 年期债券来筹集资金。通过这种方式，美国银行将其随后 10 年的利息成本从 2.305%降低到了 1.75%。相反，如果美国银行在赎回日发行新的 10 年期债券的成本为 2.50%，美国银行将不行使期权，并让债券 "2.305s of 02/22/2039" 继续存续。回看表 16-1，如果在定价日利率较低，美国银行债券更有可能在 2029 年被赎回，这是德意志银行债券的到期日。而如果在定价日利率很高，美国银行债券在 2029 年被赎回的可能性就更小，也就是说，它们更有可能一直存续到 2039 年，也就是桑坦德银行债券的到期日。因此，美国银行债券的有效期限和久期在 7.5 年到 17.5 年之间变化，当利率处于低位，赎回期权很可能被执行时为 7.5 年，而当利率较高，赎回期权极不可能被执行时为 17.5 年。

由于美国银行的嵌入式看涨期权是一种欧式期权，所以特别适合用 BSM 来定价。㊀更具体地说，考虑一种票面利率为 2.305%、2039 年 2 月 22 日到期、不可赎回的虚构美国银行债券。内嵌的赎回条款是对上述标的债券的看涨期权，美国银行可赎回债券的价值等于标的债券的价值减去期权的价值。从本质上说，原债券持有人相当于拥有标的不可赎回债券，并向债券发行人出售了看涨期权，给予债券发行人在赎回日以票面价值购买该债券的权利（见表 16-2）。

用 BSM 为美国银行嵌入式看涨期权定价的过程见。在远期标的债券价格呈对数正态分布的假设下，附录 16C 显示债券的看涨期权价值为：

$$d_0(T)\xi^{LN}(S_0, T, K, \sigma) \tag{16-1}$$

其中 $d_0(T)$ 是期权到期日 T 的贴现因子；S_0 是标的债券在到期日 T 交割的远期价格；K 为执行价格；σ 是波动率，在对数正态分布的假设下，它可以被表示为价格的百分比。函数 ξ^{LN} 的具体形式见附录 16D。

㊀ 欧式期权只能在到期时行权。与之相对，美式期权可以在首次行使日期至到期期间的任何时间行权。还有介于两者之间的百慕大式期权，可于若干离散日期行权。

表 16-2 美国银行债券 "2.305s of 02/22/2039" 的嵌入式看涨期权定价
（截至 2021 年 8 月 23 日）

变量	取值
S_0	103.732
T	7.496
K	100
σ	5.238%
$d_0(T)$	0.990
$\xi^{LN}(S_0, T, K, \sigma)$	7.877
$V_0^{BondCall} = d_0(T)\xi^{L.N}(S_0, T, K, \sigma)$	7.797
远期利率：2021 年 8 月～2029 年 2 月	0.137%
远期利率：2029 年 2 月～2039 年 2 月	2.050%
利差	−0.158%
（虚构的）不可赎回债券价格	122.347
可赎回债券价格	114.551

式(16-1)的两个必要输入不容易获得，即到赎回日该虚构标的债券的远期价格和波动率。有几种方法可以估计这些缺失量，但采用了以下方法。第一步，找出两个远期利率，一个是从定价日到美国银行债券的赎回日之间的利率，另一个是从赎回日到美国银行债券的到期日之间的利率，可以分别从德意志银行和桑坦德银行参考债券的价格中获得。然后，利用这些利率计算出美国银行债券的远期价格，结果为102.29 欧元。第二步，假设相关波动率为 59.8 个基点，这是平值（ATM）欧元互换期权的波动率，期权到期时间为 7 年，标的互换的期限为 10 年，其条款与嵌入式看涨期权相近。然后，将基点波动率转换为百分比波动率。标的远期债券的 DV01，使用刚才描述的期限结构计算，是 0.089 6。因此，59.8 个基点的波动率对应的价格波动为 59.8 乘以 0.089 6，即约 5.36；而 5.36 对应的价格百分比波动率为 5.36/102.29，即约 5.24%。毫不奇怪，用上述远期价格和波动率来定价，得到的可赎回债券价格并不完全符合观察到的 114.551 欧元的市场价格（包含应计利息）。因此，第三步也是最后一步，是在构建的远期利率的基础上增加一个利差，以使结果等于美国银行可赎回债券的市场价格。更准确地说，对于任何利差，先计算基础债券的价格，再计算看涨期权的值，然后用这两个值的差值来计算可赎回债券的价值。迭代上述利差，直到可赎回债券的价值等于其市场价格为止。顺便说一下，在上述迭代过程中，价格波动率保持在先前计算的 5.24% 不变。无论如何，报告了最后的数字。由此产生的利差约为 −16 个基点，使先前计算的远期基础价格上升至 103.732 欧元，对应的期权价值为 7.797 欧元。当然，在这个框架内，交易员可以计算可赎回债券的 DV01，这可以用于利率风险的量化、管理或对冲。

图 16-1 通过绘制表 16-1 中三种债券的价格与桑坦德银行债券收益率的关系图，说明了可赎回债券的利率行为。新冠疫情和经济停摆时期被省略，只留下新冠疫情

前（本例为 2019 年 4 月 30 日～2020 年 2 月 28 日）和新冠疫情后（本例为 2020 年 5 月 4 日～2021 年 9 月 17 日）两个阶段的数据。桑坦德银行和德意志银行的债券不可赎回，其价格和收益率的关系接近线性。但这些曲线实际上是正凸性的，就像所有的固定附息债券一样，但非线性程度太小，在图中看不出来。由于票面利率较低，德意志银行债券的价格相对较低。当然，德意志银行债券和桑坦德银行债券的价格收益率曲线都是向下倾斜的，但德意志银行的曲线相对较平，而桑坦德银行的曲线相对较陡，因为前者的期限是 7.5 年，后者的期限是 17.5 年。然而，美国银行可赎回债券的价格表现却截然不同，它表现出明显的负凸性。在高收益率水平下，即未来被赎回的可能性较低时，其价格收益率表现类似于相同期限的桑坦德银行债券。而在低收益率水平下，即未来被赎回的可能性很高时，其价格对利率的敏感性会下降：投资者可能只会再享受目前相对较高的债券票面利率 7.5 年，而不是 17.5 年。因此，美国银行债券的价格收益率曲线逐渐趋平，接近于 7.5 年期德意志银行债券的曲线。在新冠疫情之后，美国银行债券相对于桑坦德银行债券似乎经历了特别大幅度的价格下跌。这可能是因为债券发行人特有的利差变化，也可能是因为利率波动的增加提高了内嵌看涨期权的价值，降低了可赎回债券的价格。

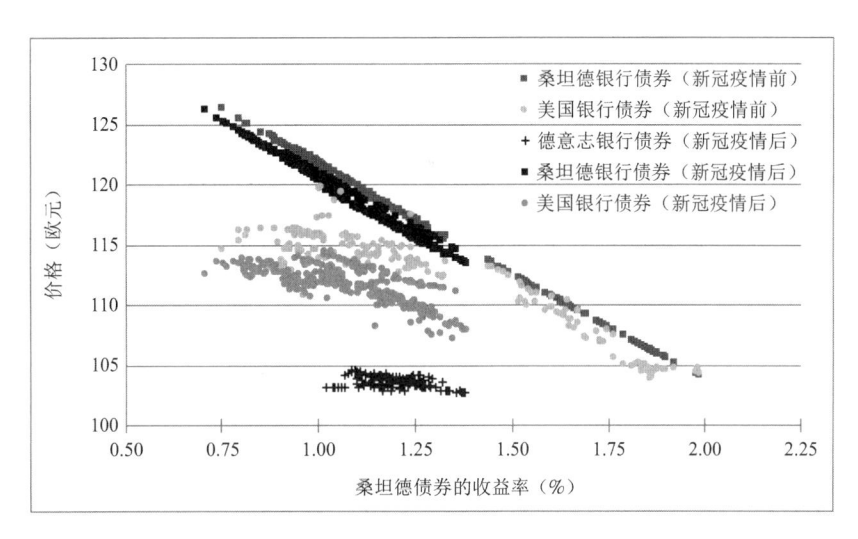

图 16-1　桑坦德银行债券价格、美国银行债券价格和德意志银行债券价格与桑坦德银行债券的收益率

注：三个债券依次为"2.28s of 02/28/2039""2.305s of 02/22/2039"和"0.75s of 02/22/2029"。"新冠疫情前"时期为 2019 年 4 月 30 日～2020 年 2 月 28 日，"新冠疫情后"时期为 2020 年 5 月 4 日～2021 年 9 月 17 日。德意志银行债券于 2021 年 2 月发行。

许多可赎回债券的赎回条款比美国银行债券的更复杂。例如，一种新的 30 年期债券，票面利率为 5%，可以在 10 年后以 102.50 美元的价格被赎回，此后每年的赎回价格逐渐下降直至 100 美元。该债券发行后，第一个赎回日期是 10 年之后，而大部分赎回价值都发生在第一个赎回日期，所以本节中描述的 BSM 方法可能完全合适该债券的定价。具体来说，如果债券在 10 年后不太可能以 102.50 美元的价格被赎回，那么在 11 年后就更不太可能以 102.375 美元的价格被赎回。然而，赎回条款生效的时间越长，它的美式或百慕大式特征就会变得越重要，而 BSM 的欧式期权假设就会变得越不合适。在这些情况下，按照第 7 章到第 9 章的思路用期限结构模型定价更为合适。具体步骤如下：

（1）创建一个适当的短期利率的风险中性二叉树。在某些情况下，建立短期利率过程旨在为出售可赎回债券的发行人的债券定价，但在大多数情况下，该过程将对应于互换利率或政府债券利率等基准利率。如果是后者，可以在基准利率的基础上加上公司或债券的特定利差或期权调整利差（OAS）来为公司债券估值。

（2）使用风险中性二叉树方法，沿着二叉树计算一只在其他方面完全相同的不可赎回债券的价值，也就是，一只预定利息和本金支付与要定价的可赎回债券完全相同的不可赎回债券的价值。

（3）沿着二叉树计算嵌入可赎回债券中的看涨期权的价值。与众所周知的美式或百慕大式期权沿二叉树定价的方法一致，从期权到期日开始，进行反向计算，按照如下规则：①任何节点上的期权价值等于立即行使该期权的价值与再持有该期权一段时间的价值中的较大值；②在任何节点上再持有一段时间的期权的价值等于其在风险中性二叉树中的期望贴现值。

（4）可赎回债券的价值等于其他方面相同的不可赎回债券的价值减去期权的价值。

按照上述估值步骤，其他计算就很简单了。给定可赎回债券的市场价格，OAS 可以按照第 7 章的思路计算。此外，可以通过扰动短期利率因子并重复步骤（1）至（4）来计算 OAD 或 DV01，或通过扰动初始期限结构并重复估值过程来计算更近似于基于收益率的敏感性的指标。

16.2 Euribor 期货期权

Euribor 期货合约在第 12 章中讨论过。Euribor 期货的期权是期货式的期权，因为与期货一样，它们的所有利润或损失都以每日盯市结算付款的形式实现。为了解释这类期权的原理，我们来考虑一个期货式的看涨期权，其标的期货合约的执行价格为 97.0 欧元。如果期权到期时的期货价格为 99.0 欧元，则看涨期权的最终结算价格为 99.0 − 97.0 = 2.0 欧元。如果期权到期时的期货价格为 95.0 欧元，则看涨期权的最终结算价格为 0 欧元。换句话说，看涨期权的最终结算价格是其内在价值，即 0

和标的期货价格与执行价格之差中的较大值。⊖

现在假设一名交易员在到期前以 0.20 欧元的价格买入执行价格为 97 欧元的看涨期权。因为这是一种期货式的期权，交易员支付的 0.20 欧元不是期权费。相反，签订期权合约的交易员像签订其他期货合约一样：当前合约价格为 0.20 欧元，随后每一天的期权价格的变化都会触发每日盯市结算付款。如果到期时，标的期货价格为 99 欧元，则执行价格为 97 欧元的看涨期权的最终结算价格为 2.0 欧元，交易员每天的结算费用总额为 2.0 − 0.20 = 1.80 欧元。因此，交易员的总利润与传统看涨期权相同，即最终标的价格 99 欧元减去执行价格 97 欧元，再减去 0.20 欧元的期权价格。但在期货式的期权中，1.80 欧元是通过每天的一系列结算支付实现的。同样，如果到期时标的期货价格为 95.0 欧元，则执行价格为 97 欧元的看涨期权的最终结算价格为 0 欧元，交易员每天支付的结算费用总额将为 −0.20 欧元。再次注意，总收益与传统看涨期权的收益相同，只是这一收益是通过每日盯市结算支付的形式实现的。

正如第 12 章所解释的那样，Euribor 期货合约的价格被设定为 100 减去其百分比利率。在上一段的例子中，执行价格 97 对应的利率是(100 − 97)/100 = 3%，而最终期货结算价格 99 欧元对应的利率是 1%。此外，正如第 12 章所解释的那样，Euribor 期货合约是按预定比例设定规模的，因此利率下降 1 个基点相当于 25 欧元的期货价值。因此，执行利率和最终结算利率之间的差额，也就是3% − 1%，即 200 个基点，对应的期货价值为 200 乘以 25，即 5 000 欧元。更普遍的情况是，如果看涨期权执行价格对应的利率为K，标的期货合约的最终结算利率为R，则看涨期权的最终结算价格为：

$$[K − R]^+ \times 10\,000 \times 25 \text{ 欧元} = 250\,000 \times [K − R]^+ \text{欧元} \qquad (16\text{-}2)$$

其中$[K − R]^+$是$K − R$和 0 中的较大值的缩写，10 000 这一因子只是将利率的增量（如果有的话）转换为基点数，再乘以 25 欧元。类似地，利率期货合约的看跌期权的回报是：

$$[R − K]^+ \times 10\,000 \times 25 \text{ 欧元} = 250\,000 \times [R − K]^+ \text{欧元} \qquad (16\text{-}3)$$

式(16-2)和式(16-3)表明，期货价格的看涨期权可以表示为其利率的看跌期权，期货价格的看跌期权可以表示为其利率的看涨期权。有了这一见解，再假设期货利率服从正态分布，附录 16C 显示 Euribor 期货看涨期权和看跌期权的价格可以分别由以下表达式给出：

⊖ 最终的期权结算价格实际上是根据以下机制确定的。看涨期权行权的结果是需要支付期权的最终结算价格，以换取相关期货合约（在例子中定价为 99 欧元）的头寸，而执行的结算价格等于行权价 97 欧元。该期货头寸和结算需立即结算需要支付 2.0 欧元。那么根据无套利原理，期权的最终结算价格必须是 2.0 欧元。根据这些机制，期权以标的期货合约头寸进行实物结算，之后该头寸可持有或出售。

$$250\,000 \times \pi^N(S_0, T, K, \sigma)\text{欧元} \qquad (16\text{-}4)$$

$$250\,000 \times \xi^N(S_0, T, K, \sigma)\text{欧元} \qquad (16\text{-}5)$$

其中S_0为当前期货利率；T为期权到期时间，以年为单位；K是以利率表示的执行价格；σ是期货利率的基点波动率。函数π^N和ξ^N的具体形式见附录16D。请注意，这些公式之中没有贴现因子，因为这些期权本身就是期货：它们的价格等于在风险中性测度下收益的期望值，或者等价地说，不存在需要赚取收益覆盖初始期权费。此外，BSM模型在这里也很适用，因为美式期货期权的提前行权并不是最佳的：期权价值的每日盯市结算，提前行权没有内在价值可以实现，因此没有理由牺牲期权剩余的时间价值。

表16-3将式(16-4)应用于Euribor期货2022年9月合约的看涨期权，其执行价格为100.125欧元^㊀。截至定价日，期货价格为100.235欧元，对应利率为$-0.235\,0\%$。期货合约和期权都在2022年9月19日到期，距离定价日203天。

表16-3　3个月期Euribor期货2022年9月合约的执行价格为100.25欧元的看涨期权

变量	取值
S_0	$-0.235\,0\%$
T	$\dfrac{203}{365} = 0.556\,2$
K	-0.25%
σ	$0.684\,2\%$
$\pi^N(S_0, T, K, \sigma)$	$0.196\,1\%$
$V_0 = 25\text{万欧元} \times \pi^N$	490.34欧元

注：截至2022年2月28日，期货价格为100.235欧元，期货和期权都将于2022年9月19日到期。

16.3　债券期货期权

我们在第11章讨论过美国债券期货。这些期货合约的期权是"传统期权"或"股票式期权"，这意味着跟股票期权一样，这些期权的购买者需要在购买时支付期权费，如果行权就实现了其内在价值。

债券期货期权可以用期限结构模型进行估值。例如，在单因子模型中，在为期货价格创建了风险中性二叉树之后，期货期权的价值可以从期权到期日开始反向计算，计算规则是，期权在每个节点上的价值是持有该期权的价值和立即行权的价值中的较大值。当然，由于债券期货中的交割期权可能无法用单因子模型充分建模，因此多因子方法可能是更好的选择。

㊀　此处原书疑有误，应为100.25欧元。——编者注

虽然概念上很简单，但从第 11 章可以明显看出，构建期货模型需要大量的工作。因此，不需要这种模型的从业者倾向于对债券期货期权使用 BSM 模型。BSM 模型需要做出的假设是：期权是欧式的；期权到期的贴现因子与标的期货价格不相关；期货价格服从对数正态分布；价格波动率是常数。假设期权是欧式的，相当于假设提前行权不是最佳的，这在实践中是合理的。如果提前实现期权内在价值所赚取的利息超过了期权的时间价值，那么提前行使股票式期货期权可能是最佳的，但这种情况很少发生。作为对于这一点的直觉，请注意提前执行股票看跌期权可能是最佳的，因为有可能从全部执行价格中赚取利息，而不仅仅是期权的内在价值。贴现因子与债券期货价格不相关的假设在实践中是大致成立的，因为债券期货期权通常在几个月或更短时间内到期，而期货合约的标的债券通常在很多年后才会到期。因此，贴现因子与债券期货价格之间的相关性通常很弱，贴现因子取决于非常短期的利率，而债券期货价格取决于长期利率。但价格波动率恒定的假设，实质上排除了债券期货的交割期权：随着利率的变化和最便宜可交割券的变化，DV01 会变化，从而期货合约价格波动率也会发生变化（参见第 11 章）。当利率相对于期货合约的名义票面利率较低时，这也许是可以接受的，但忽略交割期权似乎削弱了使用 BSM 的一个主要动机，即获得准确的 Delta 值。然而，BSM 在实践中就是在这种情况下使用的。

在前段列出的假设下，附录 16C 显示，美国国债的看涨期权和债券期货合约的看跌期权的价值分别由下面两个式子给出：

$$N \times d_0(T) \times \xi^{LN}(S_0, T, K, \sigma)/100 \text{ 美元} \tag{16-6}$$

$$N \times d_0(T) \times \pi^{LN}(S_0, T, K, \sigma)/100 \text{ 美元} \tag{16-7}$$

其中 N 为每份合约对应的债券票面价值；S_0 为期货价格；T 为期权到期时间；K 为执行价格；σ 是服从对数正态分布的百分比价格波动率；$d_0(T)$ 是期权到期的贴现因子。表 16-4 将式(16-6)应用于 2022 年 2 月底的 10 年期美国国债期货 6 月合约的看涨期权，其中期货合约和期权均于 2022 年 6 月 21 日到期。注意，从 2022 年 2 月 28 日到 6 月 21 日有 113 天。

表 16-4　10 年期美国国债期货 6 月合约的看涨期权

变量	取值
S_0	126.343 8
T	$\frac{113}{365} = 0.309\,6$
K	126.5
σ	5.655%
$d_0(T)$	0.997 9%
$\xi^{LN}(S_0, T, K, \sigma)$	1.509 96
$V_0 = 100\,000 \text{ 美元} \times d_0(T) \times \xi^{LN}/100$	1 509.96 美元

注：截至 2022 年 2 月 28 日，期货合约和期权将于 2022 年 6 月 21 日到期。

16.4 利率顶和利率底

描述"利率顶"(cap)最简单的方法是从"利率上限期权"(caplet)开始,尽管前者的交易比后者更频繁。在给定的应计期间结束时,利率上限期权支付 0 和 LIBOR 与期权执行利率中的较大值,其中 LIBOR 在应计期间开始时设定。例如,考虑一个利率上限期权,标的为 3 个月期 LIBOR,利率重置日期为 2022 年 2 月 14 日,付款日期为 2022 年 5 月 14 日,执行利率为 0.181%。注意应计期间有 89 天。如果 2022 年 2 月 14 日的 LIBOR 水平被证明为 L,那么在 2022 年 5 月 14 日,1 单位名义本金的利率上限期权将会支付:

$$\frac{89}{360}[L - 0.181\%]^+ \tag{16-8}$$

如前所述,式中 $[L - 0.181\%]^+$ 是 $\max(L - 0.181\%, 0)$ 的另一种写法。请注意,利率上限期权的回报看起来像期权,但其最大值的形式是合约的一个特征,而不是最佳行权行为的结果。

从业者通常是在假定远期 LIBOR 呈正态分布的情况下为利率上限期权估值的。在这种假设下,附录 16C 的推导显示,重置时间为 T、支付时间为 $T + \tau$ 的利率上限期权的价值由下式决定:

$$\tau d_0(T + \tau)\xi^N(S_0, T, K, \sigma) \tag{16-9}$$

其中 τ 为参考利率的期限;$d_0(T + \tau)$ 是支付日的贴现因子;S_0 是今天从 T 到 $T + \tau$ 的远期利率;K 是执行利率;σ 是远期利率的基点波动率;ξ^N 的形式可以在附录 16D 中定义的 BSM 公式中找到。表 16-5 将式(16-9)应用于前面介绍的在 2021 年 5 月 14 日定价的名义价格为 100 美元的利率上限期权。注意,从 2021 年 5 月 14 日的定价日到 2022 年 2 月 14 日的重置日有 276 天。⊖从互换曲线推导出的支付日的贴现因子为 0.998 191。最后,将通过讨论得出的 12.09 个基点的波动率代入公式,得到每 100 美元名义金额 0.012 9 美分的价格。

表 16-5 利率上限期权定价

变量	取值
S_0	0.200%
T	$\frac{276}{365} = 0.756\,2$
τ	$\frac{89}{360} = 0.247\,2$
K	0.181%

⊖ 为简单起见,这里不区分工作日和非工作日。

(续)

变量	取值
σ	0.120 9%
$d_0(T+\tau)$	0.998 191
$\xi^N(S_0, T, K, \sigma)$	0.000 52
$V_0^{\text{Caplet}} = 100 \times \tau d_0(T+\tau)\xi^N$	0.012 9

注：LIBOR 重置日为 2022 年 2 月 14 日，支付日为 2022 年 5 月 14 日，定价日为 2021 年 5 月 14 日。

利率顶是由多个利率上限期权构成的组合，其价值等于组成它的利率上限期权的价值的总和。一个利率顶的隐含波动率是指，当用同一个波动率对每个组成利率顶的利率上限期权定价时，能还原该利率顶的市场价格的波动率。这导致了一些复杂性，正如下面将要讨论的那样，因为利率上限期权的波动率期限结构并不平坦。换句话说，虽然每个利率上限期权都可以按其自身的波动率正确估值，但在计算一个利率顶的报价对应的波动率的时候，组成它的所有利率上限期权都是用同一个单一的利率顶波动率进行估值的。

表 16-6 展示了一个利率顶的结构，以及在 2021 年 5 月 14 日，为 1 个以 1 年期美元利率为标的的平值利率顶定价的过程。这个利率顶是平值的，因为其 0.181% 的执行利率等于相应的市场互换利率，在本例中为 1 年期互换利率。利率顶执行利率为 0.181%，意味着每个利率上限期权的执行利率均为 0.181%。利率顶的波动率为 12.09 个基点，说明当每个利率上限期权的波动率均为 12.09 个基点时，利率顶的价格等于各利率上限期权的价格之和。远期利率根据互换利率曲线推导得到，各利率上限期权的期权费根据 BSM 公式计算。BSM 公式的部分输入变量为：每个利率上限期权对应的远期利率、0.181% 的执行利率、12.09 个基点的波动率，以及表 16-5 所示的日期参数和贴现因子。事实上，表 16-6 中在 2022 年 5 月 14 日支付的利率上限期权与表 16-5 中估值的利率上限期权相同。

表 16-6 1 年期利率顶的结构和定价

利率顶的执行利率			0.181%
利率顶的波动率			0.120 9%
日期		远期利率	利率上限期权期权费
重置日	支付日		
2021 年 5 月 14 日	2021 年 8 月 14 日	0.155	
2021 年 8 月 14 日	2021 年 11 月 14 日	0.160	0.003 9
2021 年 11 月 14 日	2022 年 2 月 14 日	0.200	0.011 4
2022 年 2 月 14 日	2022 年 5 月 14 日	0.200	0.012 9
总计			0.028 1

注：定价日期为 2021 年 5 月 14 日，利率单位为百分比。

注意，表 16-6 中可能是利率顶第一个利率上限期权的部分被删除了，即在利率顶开始时重置 LIBOR，并在 2021 年 8 月 14 日支付的利率上限期权。从这样的利率上限期权中支付的费用被称为利率顶的初始支付，因此并不是类似期权费般的溢价：它的价值就等于其现值。事实上，在这个例子中，初始 LIBOR 设定低于 0.155%，从这个利率顶中得到的支付是 0。根据上述分析，利率顶的第一个利率上限期权支付通常会被省略。

示例中的 1 年期利率顶是一个即期开始利率顶，也就是说，不考虑被跳过的第一次支付，支付时间表是立即开始的。但远期开始的利率顶的市场也很活跃。在一个 5×5 利率顶中，第一次重置是在 5 年后，第一次支付是 5 年加上应计期间的时长（例如 5 年零 3 个月）之后，最后一次支付是在 10 年后。

如前所述，如果利率上限期权单独交易，它们将根据各自的波动率定价，而不是单一的利率顶波动率。换句话说，存在一个利率上限期权波动率期限结构。这种期限结构很有趣，可以作为波动率市场价格的另一种视角，并与其他波动率工具进行比较，或许还可以与其他波动率工具进行交易。理论上，利率上限期权波动率期限结构可以从一系列不同期限的利率顶价格中还原出来。但该问题其实有点儿复杂，因为交易和使用最多的波动率是 ATM 波动率，对于利率上限期权而言，它对应于执行利率等于潜在远期利率的利率上限期权。但是作为利率顶组成部分的各利率上限期权拥有一个单一的执行利率，一般来说不等于各个利率上限期权的潜在远期利率。此外，正如目前所讨论的，属于和不属于 ATM 的期权的波动率都可能显著不同。因此，从利率顶中提取利率上限期权的波动率时，通常要对执行利率不是 ATM 的利率上限期权做一些调整。

利率下限期权和利率底的概念跟利率上限期权和利率顶类似。一个利率下限期权在 $T+\tau$ 时刻的支付，由在 T 时刻设定的 LIBOR 决定，具体形式为：

$$\tau[K-L]^+ \tag{16-10}$$

假设远期利率服从正态分布，那么利率下限期权的当前价值为：

$$\tau d_0(T+\tau)\pi^N(S_0, T, K, \sigma) \tag{16-11}$$

其中函数 π^N 在附录 16D 中给出。利率底的价值等于组成它的各利率下限期权的价值之和。

根据看跌看涨期权平价关系，到期期限相同的 ATM 利率上限期权价格和 ATM 利率下限期权价格是相等的，同样，期限匹配的 ATM 利率顶和利率底的价格也相等。举个例子，假设 5 年后开始的 5 年期互换利率是 5%，那么该远期开始的互换的固定支付端加上购买一个执行利率为 5% 的 5×5 利率底的现金流，和一个执行利率为 5% 的 5×5 利率顶的现金流是一样的。但是根据定义，远期互换的价值为零，因此上述利率顶和利率底的价值必须相同。

16.5 利率互换期权

"利率互换期权"合约是一种场外交易（OTC）的合约，它赋予买方在到期时以预先规定的期限和执行利率签订固定换浮动的互换合约的权利。例如，"2年期5年期"（简称"2年5年"）互换期权是一个2年期期权，允许持有人在2年后以某个预先设定的利率进入一份5年期互换。"看跌利率互换期权"赋予期权买方收取固定利率和支付浮动利率的权利，而"看涨利率互换期权"赋予期权买方收取浮动利率和支付固定利率的权利。

为了展示互换的定价过程，考虑2021年5月14日交易的名义本金为1亿美元、互换利率为2.36%的"5年5年"看跌利率互换期权。该期权赋予买方一项权利，允许其在5年后的开始日2026年5月14日到结束日2031年5月14日期间，以1亿美元的本金收取2.36%的固定收率并支付LIBOR，总计期限为5年。为了表示互换期权到期时的价值，用$C_5(5,10)$表示5年后开始的5年期平价互换利率（也就是10年后到期），用$A_5(5,10)$表示5年后每年在5年后开始的5年期互换的每个固定利率支付日支付1美元的年金的价值。那么5年后，在互换到期时，能够在5年内获得每年2.36%的固定利率的价值为：

$$1 亿美元 \times [2.36\% - C_5(5,10)]^+ \times A_5(5,10) \quad (16\text{-}12)$$

对式(16-12)中回报的检验表明，上述"5年5年"的看跌利率互换期权是5年后开始的5年期平价互换利率的看跌期权。更一般地说，"T年τ年"的看跌利率互换期权是T年后开始的τ年期平价互换利率的看跌期权，标的为T年后开始的互换。类似地，"T年τ年"的看涨利率互换期权是T年后开始的τ年期平价互换利率的看涨期权，标的为T年后开始的互换。

表16-7是将BSM模型应用于本节的例子得到的结果。如前所述，2021年5月14日交易的执行利率为2.36%的"5年5年"看跌利率互换期权的标的利率，是2026年5月14日至2031年5月14日期间的远期互换平价利率。因此，BSM的S_0为2.36%，而该例中的标的利率的值也为2.36%，所以该互换期权是平值的。⊖对于2.36%的"5年5年"互换期权，其他参数为：$T=5$，$\tau=5$，$K=2.36\%$。在2021年5月14日定价，从2026年5月14日到2031年5月14日的互换年金价值为4.287美元。最后，从表中可见，该看跌利率互换期权在定价日的市场价格是每100美元

⊖ 一个较高的执行价格可能让该看跌利率互换期权处于"实值"状态，而一个较低的执行价格可能会让它处于"虚值"状态。

名义本金 3.03 美元，或 1 亿美元的 303 万美元。附录 16C 显示，当标的远期互换利率服从正态分布时，单位名义本金的看跌利率互换期权的价值为：

$$A_0(T, T+\tau) \times \pi^N(S_0, T, K, \sigma) \tag{16-13}$$

其中 π^N 的具体形式见附录 16D。将 303 万美元的市场价格设定为等于 1 亿美元的名义本金乘以式(16-13)，表 16-7 显示该互换期权的隐含波动率为 0.793%。

表 16-7 "5 年 5 年" 收取方互换期权定价

变量	取值
S_0	2.36%
T	5
τ	5
K	2.36%
σ	0.793%
$A_0(T, T+\tau)$	4.287
$\pi^N(S_0, T, K, \sigma)$	0.007 074
$V_0^{\text{Receiver}} = 1 亿美元 \times A \times \pi^N$	303 万美元

注：定价日期为 2021 年 5 月 14 日，均为互换 100 美元名义本金对应的数值。

单位名义本金的看涨利率互换期权价值的对应公式为：

$$A_0(T, T+\tau) \times \xi^N(S_0, T, K, \sigma) \tag{16-14}$$

ATM 互换期权是迄今为止交易最普遍的互换期权，其报价采用期权费或正态分布的隐含波动率的矩阵的形式。表 16-8 是 2021 年 5 月 14 日美元互换期权报价的一个例子。从表中可以看到，"2 年 10 年" ATM 期权的隐含波动率为 77.7 个基点，⊖ 而先前推导的 "5 年 5 年" 期权的报价波动率为 79.3 个基点。

表 16-8 以基点数表示的美元 ATM 互换期权的正态分布波动率

期权期限	互换期限										
	1 年	2 年	3 年	4 年	5 年	7 年	10 年	12 年	15 年	20 年	30 年
1 个月	12.1	18.6	34.1	45.9	57.1	64.7	70.7	71.0	71.1	71.3	71.5
3 个月	14.1	23.3	39.8	51.7	62.5	69.2	74.4	74.5	74.4	74.3	74.3
6 个月	16.7	29.4	45.5	56.0	66.4	72.0	76.3	76.2	75.8	75.6	75.3
1 年	29.3	44.1	57.0	64.1	70.3	73.9	76.8	76.5	75.8	75.0	74.2
2 年	59.2	68.9	73.3	76.0	77.2	77.5	77.7	77.0	75.7	74.1	72.9
3 年	76.7	79.6	79.5	79.4	79.3	78.6	77.6	76.7	75.1	72.8	71.2
4 年	81.4	81.2	80.7	80.2	79.8	78.4	76.6	75.5	73.7	71.3	69.4
5 年	82.3	81.2	80.5	79.9	79.3	77.7	75.4	74.1	72.2	69.9	67.5
10 年	73.5	72.3	71.8	71.2	70.8	69.2	66.8	65.6	63.8	61.6	59.4

注：定价日期为 2021 年 5 月 14 日。

⊖ ATM 看涨期权和看跌期权具有相同的 BSM 值。通过式(16D-1)至式(16D-7)很容易验证这一点。

下一节将会讨论的"互换期权偏斜",说明表 16-8 中 ATM 互换期权的隐含波动率仅对 ATM 互换期权有效。因此,更广泛的互换期权市场,实际上交易的是包含三个参数或维度的波动率"立方体",其中第三维度代表执行利率,通常在互换期权矩阵的每一项对应的远期互换利率基础上以上下浮动 50 个基点的增量排列。例如,对于在 2021 年 5 月 14 日定价的"5 年 5 年"互换期权,当标的远期平价互换利率为 2.36% 时,波动率立方体将显示在更高的执行利率 2.86%、3.36% 下"5 年 5 年"互换期权的波动率,或者在更低的执行利率 1.86%、1.36% 下的波动率。

偏斜不仅适用于非 ATM 的互换期权交易,也适用于最初为 ATM 期权的现存互换期权的估值或标记。以 2021 年 5 月 14 日交易的执行利率为 2.36% 的"5 年 5 年"看跌利率互换期权为例。该互换期权的标的互换,是 2025 年 5 月 14 日到 2031 年 5 月 14 日的 2.36% 的互换。在 2021 年 5 月 14 日,这一互换是平价互换,但随着时间的推移,情况将不再是这样。例如 1 个月后,在 2021 年 6 月 14 日,与这些日期对应的远期平价互换利率变为 2.50%。在这种情况下,执行利率为 2.36% 的看跌利率互换期权可以被描述为 4 年零 11 个月后开始的 5 年期互换的期权,虚值程度为 14 个基点。因此,期权估值需要在 ATM 利率和价外 50 个基点的波动率之间进行插值,以及在"4 年 5 年"和"5 年 5 年"互换期权的到期期限之间进行插值。在实践中,这些插值是通过随机波动模型进行的,具体过程将在本章下一节中讨论。

本节的介绍将互换期权交易描述为实物结算的,即在到期时交易对手按适当的利率和期限进行真实的互换交易。但事实上,在美国互换期权几乎总是采用现金结算,而在欧洲可能采用实物结算或现金结算。在美国,现金结算是通过将适当的年金因子(根据互换利率曲线进行估值)乘以平价利率与执行利率之间的差值(对于看涨利率互换期权而言),或乘以执行利率与平价利率之间的差值(对于看跌利率互换期权而言)的方式计算的。在欧洲,年金因子的计算基于适当的平价互换利率并假设利率期限结构是平坦的,这可能导致两种结算方式之间的微小估值差异。最后要注意的是,对于欧洲的一些互换交易,期权费是在到期日支付的,而不是在交易日,这也将相应地改变估值。

16.6 互换期权偏斜

在上一节中应用的 BSM 正态分布模型具有一个单一的恒定波动率参数。从字面上看,这意味着所有的互换期权交易都可以用同一个基点波动率来定价。但图 16-2 表明情况并非如此:即使在到期日和标的互换期限相同的互换期权中,如图中的"2

年2年"和"5年10年"互换期权，隐含波动率也会随着执行利率变化而发生显著变化。截至定价日，2年后开始的2年期互换利率为1.11%（未在图中显示），这是"2年2年"互换期权的ATM利率。因此，深灰色曲线显示，"2年2年"互换期权的隐含波动率从执行利率为0.11%时的56个基点（低于ATM执行利率100个基点）线性增加到执行利率为4.11%时的125个基点（高于ATM执行利率300个基点）。与此同时，5年后开始的10年期互换利率是2.43%。因此，较浅的灰色曲线显示，"5年10年"互换期权的隐含波动率，在执行利率水平略低于ATM执行利率时约为75个基点，随后沿曲线上升，在执行利率水平高于ATM执行利率约300个基点时升至95个基点。基点波动率在不同执行利率上不能保持恒定的现象称为波动率偏斜。在"5年10年"互换期权中，实值期权和虚值期权的基点波动率都高于平价期权，这种现象被称为波动率"微笑"，而在这种效应不对称的情况下，被称为波动率"假笑"。

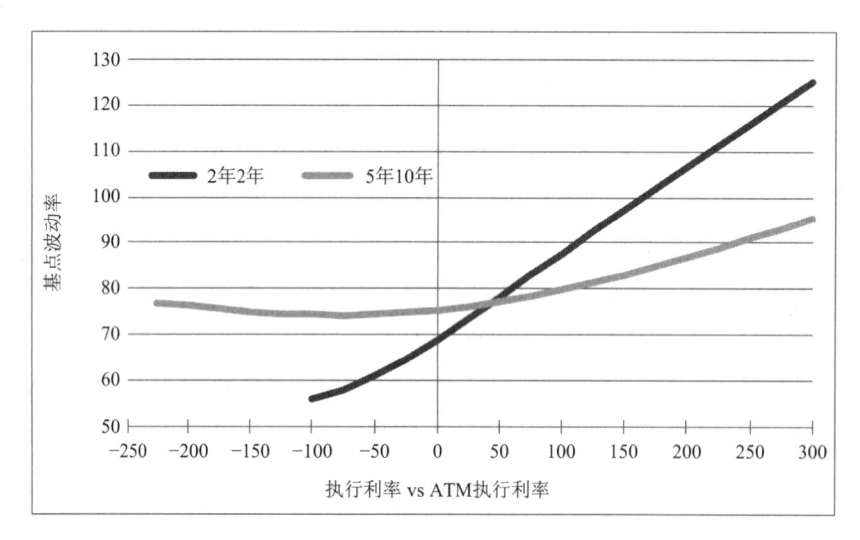

图16-2　"2年2年"和"5年10年"美元互换期权的隐含基点波动率

注：定价日期为2021年5月14日。

偏斜的存在并不妨碍交易员使用通过BSM正态模型计算的波动率为互换期权报价，反之亦然，只要允许波动率随执行利率变化。但是，从业者依赖BSM模型不仅仅是为了报价或计算波动率，还要计算期权的Delta值，也就是，计算互换期权的价值如何随着远期利率的变化而变化。图16-2对BSM的有效性提出了质疑。在此不深入讨论细节，在给定执行利率时，期权的隐含波动率可以被认为是标的远期利率从当前到行权时的所有可能路径上的瞬时波动率的预期加权平均值。从这个角度来看，图16-2中的隐含波动率曲线意味着瞬时波动率随远期利率水平的变化是非常复杂的。在这种情况下，期权的价值会以两种方式随利率水平的变化而变化：一种是直接影响，即标的远期利率的变化；还有一种是间接影响，也就是由于利率水平的变化而导致的波动率的变化。但 BSM 的 Delta 值只反映了直接影响，因为传统上是根据标的远期利率在给定波动率下的变化计算期权价值的变化的。

寻找一种能够捕捉到波动率作为远期利率的函数的潜在动态的模型，可以通过两种非常常见的思路。第一种思路是改变远期利率的分布，使之不再服从正态分布。例如，"常数波动率对数正态模型"假设波动率与利率成正比，这可能有助于解释偏斜的一些表现，如图 16-2 中"2 年 2 年"曲线的部分。沿着上述思路，"移位对数正态模型"允许标的远期利率的分布处于正态分布和对数正态分布之间。该模型中远期利率S的动态变化为：

$$dS_t = \phi(S_t)\sigma\epsilon_t\sqrt{dt} \tag{16-15}$$

$$\epsilon_t \sim N(0,1) \tag{16-16}$$

$$\phi(S_t) = a + S_t \tag{16-17}$$

其中$a \geq 0$。如果$a = 0$，$\phi(S_t) = S_t$，则式(16-15)中的基点波动率为σS_t，即为远期利率的恒定比例。因此，此时利率服从对数正态分布。在另一个极端，当a接近初始值时，式(16-17)中的$\phi(S_t)$接近于常数a，这意味着式(16-15)中的波动率非常接近常数，因此，利率接近正态分布。

建立一个能捕捉利率和波动率之间关系的模型的第二种思路是允许波动率本身成为一个随机变量。这种方法被称为随机波动率模型，在这类模型中，SABR 模型已被证明特别受欢迎。但按照最初的表述形式，该模型无法处理最近欧洲市场具有特点的负利率。于是出现了一个调整后的模型，称为移位-SABR 模型，它假设了如下的利率动态：

$$dS_t = (S_t + h)^\beta \sigma_t \epsilon_t \sqrt{dt} \tag{16-18}$$

$$\epsilon_t \sim N(0,1) \tag{16-19}$$

$$d\sigma_t = \alpha\sigma_t v_t \sqrt{dt} \tag{16-20}$$

$$v_t \sim N(0,1) \tag{16-21}$$

$$E[\epsilon_t v_t] = \rho \tag{16-22}$$

其中$h \geq 0$，$0 < \beta < 1$，$\alpha \geq 0$，$0 \leq \rho \leq 1$。关于上述方程有几个特点需要注意。第一，该模型与原始 SABR 模型的唯一区别在于移位参数h。加入了该参数后，远期利率S_t可能为负。在模型的基点波动率$(S_t + h)^\beta \sigma_t$仍然为正的情况下，远期利率S_t最低可以等于$-h$。第二，当α和β趋于 0 时，SABR 模型趋于正态模型；当α趋于 0 且β

趋于1时，SABR模型趋于对数正态模型。第三，初始波动率σ_0可以最自然地被用来匹配ATM互换期权的波动率。第四，β通常小于1，因为基点波动率，如图16-2所示，在高执行利率下不像在对数正态模型中增加得那么快。第五，参数β和ρ通过控制利率水平与波动率之间的关系来控制波动率曲线的偏斜。由式(16-18)可知，β越高，波动率对远期利率水平的敏感性越高。由式(16-22)可知，ρ越高，利率变化与波动率变化之间的相关性越高。第六，参数α可以控制利率分布的微笑或肥尾，因为当波动率较高时，α增加会增加波动率，换句话说，不管利率过高还是过低，α增加都会增加波动率。第七，在实践中，由于模型的灵活性使许多不同的参数集都能够拟合观测到的偏斜，这些参数也可以被约束以符合经验规律。例如，一个流行的选择是约束参数以匹配经验数据呈现的主要关系，即ATM基点波动率和远期利率之间的经验关系。第八，请注意，在实践中，通常会为每一个互换期权到期日和标的互换期限选择一组不同的模型参数。换句话说，没有一个BSM模型可以描述整个波动率立方体。

附录 16A 将布莱克-斯科尔斯-默顿模型应用于部分固定收益期权的理论基础

要证明在正文中的案例上应用BSM的合理性，可以采用以下形式：

（1）给定一个概率分布的函数形式（例如，正态分布或对数正态分布），该分布的参数使得任何资产的当前无套利价格V_0满足：

$$\frac{V_0}{N_0} = E_0\left[\frac{V_t}{N_t}\right] \tag{16A-1}$$

其中N_t是一个被称为"计价单位"的特殊资产在t时刻的价格；V_t是今天要定价的资产在t时刻的价值，包括再投资的现金流；$E_t[\cdot]$给出了适当参数的概率分布下t时刻的期望。式(16A-1)被称为资产价格的"鞅性质"。这一结论在附录16B使用一个特别的例子得到了证明，但在这里使用了更一般的形式。

（2）假设t时刻期权的标的利率或标的证券价格为S_t。由上一点可知，行权利率为K、到期时间为T的看涨期权的价值为：

$$V_0^{\text{Call}} = N_0 E_0\left[\frac{(S_T - K)^+}{N_T}\right] \tag{16A-2}$$

而看跌期权的价值为：

$$V_0^{\text{Put}} = N_0 E_0\left[\frac{(K - S_T)^+}{N_T}\right] \tag{16A-3}$$

（3）在本附录的背景中，可以选择合适的计价单位，使得：

$$S_0 = E_0[S_T] \tag{16A-4}$$

所以式(16A-2)和式(16A-3)分别可以写成：

$$V_0^{\text{Call}} = h_0 E_0[(S_T - K)^+] \tag{16A-5}$$

$$V_0^{\text{Put}} = h_0 E_0[(K - S_T)^+] \tag{16A-6}$$

对于某个在 0 时刻已知的 h_0 成立。这将在附录 16C 中得到证明。

（4）如果 S_t 服从具有常数波动率参数的正态分布，则附录 16D 中将表明式(16A-4)到式(16A-6)都可以采用正态 BSM 公式：

$$V_0^{\text{Call}} = h_0 \xi^N(S_0, T, K, \sigma) \tag{16A-7}$$

$$V_0^{\text{Put}} = h_0 \pi^N(S_0, T, K, \sigma) \tag{16A-8}$$

函数 $\xi^N(\cdot)$ 和 $\pi^N(\cdot)$ 的形式和含义将在附录 16D 揭晓。另外，如果 S_t 服从具有常数波动率参数的对数正态分布，则附录 16D 将证明式(16A-4)到式(16A-6)都可以采用对数正态 BSM 公式：

$$V_0^{\text{Call}} = h_0 \xi^{LN}(S_0, T, K, \sigma) \tag{16A-9}$$

且，

$$V_0^{\text{Put}} = h_0 \pi^{LN}(S_0, T, K, \sigma) \tag{16A-10}$$

函数 $\xi^{LN}(\cdot)$ 和 $\pi^{LN}(\cdot)$ 的形式和含义将在附录 16D 揭晓。

附录 16B　计价单位、定价测度和鞅性质

先介绍几个定义：

收益过程。一项资产在任何时候的"收益过程"等于该资产在当时的市场价值加上在所有之前产生的现金流的再投资价值。为此，假设所有现金流都被再投资，并以现行短期利率获取滚动收益。

计价单位资产。给定一项特定的计价单位资产，任何其他资产的收益过程都可以用该计价单位来表示，只要用资产的收益过程除以计价单位资产的收益过程即可。以计价单位资产计价的某资产的收益过程，称为该资产的"正则化收益过程"。

为了具体说明，表 16B-1 给出了这些概念的一个例子。考虑一只票面利率为 4%，票面价值为 100 单位货币价值的长期债券。计价单位是一种票面价值为 1 单位货币价值的 2 年期零息票债券。收益过程的观测时间为今天、1 年之后和 2 年之后。

表 16B-1　正则化收益过程计算示例

		年末实现值		
		日期 0	日期 1	日期 2
①	短期利率/1 年期利率	1%	2%	1.5%

		年末实现值		
		日期 0	日期 1	日期 2
②	债券价格	100	95	97.50
③	日期 1 息票再投资		4	4 × 1.02 = 4.08
④	日期 2 息票再投资			4
⑤	收益过程	100	99	105.58
⑥	2 年期零息票债券价格/计价单位	0.961 2	0.980 4	1.0
⑦	债券的正则化收益过程	104.04	100.98	105.58

已实现的短期利率在第①行中给出，在本例中是 1 年期利率。债券价格随时间实现的价格在第②行中给出。在日期 1 和日期 2 支付了票面价值 100 乘以票面利率 4% 的利息，显示在第③行和第④行中。日期 1 的利息支付以日期 1 的短期利率 2% 再投资一年。债券的增益过程在第⑤行，等于其价格加上所有再投资现金流，也就是第②行到第④行的总和。2 年期零息票债券的已实现价格，即选择的计价单位实现的价格，显示在第⑥行。最后，债券的正则化收益过程在第⑦行给出，等于债券的收益过程除以计价单位的价格，即第⑤行除以第⑥行。

在这些定义的基础上，我们可以给出本节的主要结论：在没有套利机会的情况下，存在给定的概率分布的参数或定价测度，使任何资产今天的正则化收益等于该资产未来正则化收益的期望值。从技术上讲，存在这样的概率等价于正则化增益过程是一个鞅。由于本节的目标是提供一个直观的结论，而不是数学上的一般推导，我们将在单周期二叉树过程的简化背景下证明这个结果。

起点是日期 0 的状态 0，之后移动到日期 1 的状态 0 或状态 1。我们将考虑三种资产，资产 A、B 和 C，它们的当前价格分别为 A_0、B_0 和 C_0；在日期 1、状态 i 下的价格为 A_1^i、B_1^i 和 C_1^i。为了不丧失一般性，假设日期 1 的价格包含了证券在日期 1 的所有现金流。

在这个框架中，任何资产都可以通过表示为其他两种资产的复制投资组合来进行无套利定价，方法如第 7 章所述。我们通过无套利原理来为资产 C 定价，构建其复制投资组合，即由资产 A 和资产 B 构成的投资组合，满足：

$$C_1^0 = \alpha A_1^0 + \beta B_1^0 \tag{16B-1}$$

$$C_1^1 = \alpha A_1^1 + \beta B_1^1 \tag{16B-2}$$

那么，要排除无风险的套利机会，就必须有：

$$C_0 = \alpha A_0 + \beta B_0 \tag{16B-3}$$

现在让资产 A 作为计价单位，用资产 B 和资产 C 的正则化收益过程重写式(16B-1)到式(16B-3)。要做到这一点，只需将每个方程除以计价单位资产 A 的对应值，即式(16B-1)除以 A_1^0，式(16B-2)除以 A_1^1，式(16B-3)除以 A_0。用 $\overline{B}$ 和 $\overline{C}$ 表示资产 B 和资产 C

的正则化收益过程，则改写的式(16B-1)到式(16B-3)为

$$\overline{C}_1^0 = \alpha + \beta \overline{B}_1^0 \tag{16B-4}$$

$$\overline{C}_1^1 = \alpha + \beta \overline{B}_1^1 \tag{16B-5}$$

$$\overline{C}_0 = \alpha + \beta \overline{B}_0 \tag{16B-6}$$

然后联立式(16B-4)和式(16B-5)可以求解得到α和β：

$$\alpha = \frac{\overline{B}_1^1 \overline{C}_1^0 - \overline{B}_1^0 \overline{C}_1^1}{\overline{B}_1^1 - \overline{B}_1^0} \tag{16B-7}$$

$$\beta = \frac{\overline{C}_1^1 - \overline{C}_1^0}{\overline{B}_1^1 - \overline{B}_1^0} \tag{16B-8}$$

在刚才描述的框架中，现在我们已经表明存在一种定价测度，使每项资产的预期正则化收益过程是一个鞅。更具体地说，存在一个描述在日期1移动到状态1的概率p（和一个描述在日期1移动到状态0的概率$1-p$），使得每项资产在日期1的正则化收益的期望值等于它在日期0的正则化收益。从数学上讲，就是要证明存在一个概率p，使得：

$$\overline{C}_0 = p\overline{C}_1^1 + (1-p)\overline{C}_1^0 \tag{16B-9}$$

$$\overline{B}_0 = p\overline{B}_1^1 + (1-p)\overline{B}_1^0 \tag{16B-10}$$

通过式(16B-10)求解概率p，得到：

$$p = \frac{\overline{B}_0 - \overline{B}_1^0}{\overline{B}_1^1 - \overline{B}_1^0} \tag{16B-11}$$

但p的这个值也必须满足式(16B-9)。要确认这一点，首先将p从式(16B-11)代入式(16B-9)的等式右边。

$$p\overline{C}_1^1 + (1-p)\overline{C}_1^0 = \frac{\overline{B}_0 - \overline{B}_1^0}{\overline{B}_1^1 - \overline{B}_1^0}\overline{C}_1^1 - \frac{\overline{B}_0 - \overline{B}_1^1}{\overline{B}_1^1 - \overline{B}_1^0}\overline{C}_1^0 \tag{16B-12}$$

$$= \overline{B}_0 \frac{\overline{C}_1^1 - \overline{C}_1^0}{\overline{B}_1^1 - \overline{B}_1^0} + \frac{\overline{B}_1^1 \overline{C}_1^0 - \overline{B}_1^0 \overline{C}_1^1}{\overline{B}_1^1 - \overline{B}_1^0} \tag{16B-13}$$

$$= \overline{B}_0 \beta + \alpha \tag{16B-14}$$

$$= \overline{C}_0 \tag{16B-15}$$

其中式(16B-13)只是将式(16B-12)重新排列了一下；式(16B-14)是将式(16B-13)与式(16B-7)和式(16B-8)结合得到的；式(16B-15)是式(16B-14)与式(16B-6)结合得到的。因此，正如想要证明的一样，存在一个定价测度，在本例中为概率p，使得资产B和资产C的正则化收益过程是一个鞅。当然，由于资产A与其他资产没有本质区别，所以如果一开始选择资产B或资产C作为计价单位，也可以找到具有相同属性的概率测度。

附录 16C 计价单位的选择和 BSM 定价

在本节中我们将证明，可以通过选择一个合适的计价单位，使标的资产成为一个鞅，并使看涨期权在正态分布和对数正态分布假设下的价值分别由函数$h_0\xi^N(S_0,T,K,\sigma)$和$h_0\xi^{LN}(S_0,T,K,\sigma)$给出；而看跌期权在正态分布和对数正态分布假设下的价值分别由函数$h_0\pi^N(S_0,T,K,\sigma)$和$h_0\pi^{LN}(S_0,T,K,\sigma)$给出。这些函数的具体含义和形式将在附录 16D 中定义。本节给出适当的标的资产、适当的计价单位和对应的数量h_0的定义。

附录 16C.1 债券期权

我们从一个欧式期权开始，假设期权的到期日为T，期权价值跟某只长期债券有关。该期权的标的资产是在日期T交割的债券远期头寸。我们首先将证明，用在日期T到期的零息票债券作为计价单位，可以使远期债券价格成为一个鞅。证明这一点有点儿复杂，因为债券的收益过程中包括再投资的息票。因此，为了保持表述的简单性，我们将在三个日期、两个周期的设置下验证上述鞅表示结论。假设当前日期为日期 0，合约到期或远期交割日期为日期 2。假设债券分别在日期 1 和日期 2 支付票息c，它在时间t的价格记为B_t。计价单位是在日期 2 到期的零息票债券，其在日期t的价格为$d_t(2)$。最后，假设r_1表示现在开始的第一个周期的利率；r_2表示一个周期后开始的第二个周期的已实现利率；f表示当前的一个周期后的一个周期的远期利率。

在这些假设下，将不同日期的零息票债券价格用当时的一个周期利率表示，那么债券在这三个日期的收益过程将由以下表达式给出：

日期0：$\dfrac{B_0}{d_0(2)} = B_0(1+r_1)(1+f);$

日期1：$\dfrac{B_1+c}{d_1(2)} = (B_1+c)(1+r_2);$

日期2：$\dfrac{B_2 + c(1+r_2) + c}{d_2(2)} = B_2 + c(1+r_2) + c$。

因此，债券的鞅性质意味着：

$$\frac{B_0}{d_0(2)} = E_0\left[\frac{B_2 + c(1+r_2) + c}{d_2(2)}\right]$$

$$B_0(1+r_1)(1+f) = E_0[B_2 + c(1+r_2) + c] \tag{16C-1}$$

需要注意的是式(16C-1)右侧期望中的第二项$c(1+r_2)$，因为r_2在日期0时是未知的。根据远期利率的定义，在日期2的支付$c(1+r_2)$在日期0的现值为：

$$\frac{c(1+f)}{(1+r_1)(1+f)} = \frac{c}{1+r_1} \tag{16C-2}$$

因此，将该计价单位下的鞅性质应用到日期2的$c(1+r_2)$的支付上，可以得到：

$$\frac{\dfrac{c}{1+r_1}}{d_0(2)} = E_0\left[\frac{c(1+r_2)}{d_2(2)}\right]$$

$$c(1+f) = E_0[c(1+r_2)] \tag{16C-3}$$

有了这个结果，我们再来讨论式(16C-1)中债券的鞅性质。将式(16C-3)代入式(16C-1)，可以得到：

$$B_0(1+r_1)(1+f) - c(1+f) - c = E_0[B_2]$$

$$\left[B_0 - \frac{c}{1+r_1} - \frac{c}{(1+r_1)(1+f)}\right](1+r_1)(1+f) = E_0[B_2]$$

$$B_0(2) = E_0[B_2] \tag{16C-4}$$

式(16C-4)第二行的等式左侧是日期0交割的债券远期价格。第三行说明$B_0(2)$可以表示远期价格。因此，如果将到期日为T的零息票债券作为计价单位，在T日交割的债券远期价格就是一个鞅。

现在来看该债券的一个期权的价格，考虑看涨期权的回报$(B_T - K)^+$。对期权价格应用鞅性质，假设远期债券价格服从波动率参数为σ的对数正态分布，则看涨期权的定价过程为：

$$\frac{V_0^{\text{BondCall}}}{d_0(T)} = E_0\left[\frac{(B_T - K)^+}{d_T(T)}\right] \tag{16C-5}$$

$$= E_0\left[(B_T - K)^+\right] \tag{16C-6}$$

$$V_0^{\text{BondCall}} = d_0(T)\xi^{LN}(B_0(T), T, K, \sigma) \tag{16C-7}$$

类似论证证明看跌期权的价值为：

$$V_0^{\text{BondPut}} = d_0(T)\pi^{LN}(B_0(T), T, K, \sigma) \tag{16C-8}$$

附录 16C.2　Euribor 期货期权

执行价格为 K、到期时间为 T 的 Euribor 期货看涨期权的到期日回报为：

$$[K - f_T(T, T+\tau)]^+ \tag{16C-9}$$

考虑到 Euribor 期货期权每日盯市结算的特点，我们选择的计价单位是货币市场账户，即投资 1 单位货币然后按现行短期利率不断滚动的价值。用 $M(t)$ 表示货币市场账户，用 r_t 表示从时刻 $t-1$ 到时刻 t 的短期利率，则：

$$M(0) = 1 \tag{16C-10}$$

$$M(T) = (1+r_1)(1+r_2)\cdots(1+r_T) \tag{16C-11}$$

关于货币市场账户的第一点说明是，它是本书前面介绍期限结构模型时使用的短期利率风险中性过程的计价单位。为了看到这一点，将计价单位的鞅性质应用到时刻 t 的任意收益过程 V_t 上：

$$\frac{V_0}{M(0)} = E_0\left[\frac{V_T}{M(T)}\right]$$

$$V_0 = E_0\left[\frac{V_T}{(1+r_1)(1+r_2)\cdots(1+r_T)}\right] \tag{16C-12}$$

而式(16C-12)的第二行就是风险中性定价条件，即今天的或有索取权价值等于它的期望贴现值。

关于货币市场账户作为计价单位的第二点说明是，期货价格在这个计价单位下是一个鞅。这将在附录 16E 中证明。

现在让我们来看看 Euribor 期货期权，因为期货合约是每日盯市结算的，它们的价格在货币市场账户作为计价单位时也是一个鞅。此外，如果 F_t 是 t 时刻的期货价格，那么在 T 时刻期货价格的看跌期权(利率看涨期权)到期时，期权的回报为 $(F_T - K)^+$。把期货的鞅性质式(16C-13)、期货期权的鞅性质式(16C-14)和期货期权的最终结算价格式(16C-15)放在一起，就得到了 Euribor 期货看跌期权在 t 时刻的价格，记为 V_t^{EBPut}：

$$F_0 = E[F_T] \tag{16C-13}$$

$$V_0^{\text{EBPut}} = E_0\left[V_T^{\text{EBPut}}\right] \tag{16C-14}$$

$$= E_0\left[(F_T - K)^+\right] \tag{16C-15}$$

现在假设 F_T 服从正态分布，将附录 16D 的结论应用于式(16C-13)和式(16C-15)，得到：

$$V_0^{\text{EBPut}} = \xi^N(F_0, T, K, \sigma) \tag{16C-16}$$

同样，对于 Euribor 期货看涨期权(利率看跌期权)，有：

$$V_t^{\text{EBCall}} = \pi^N(F_0, T, K, \sigma) \tag{16C-17}$$

附录16C.3 债券期货期权

如附录16E所示,在风险中性测度下,也就是当计价单位为货币市场账户$M(t)$时,期货价格是一个鞅。因此,用F_t表示t时刻的债券期货价格,则有:

$$F_0 = E[F_T] \tag{16C-18}$$

根据鞅性质,期货看跌期权的价格是:

$$\frac{V_0^{\text{FutPut}}}{M(0)} = E_0\left[\frac{(K-F_T)^+}{M(T)}\right] \tag{16C-19}$$

然后,根据货币市场账户的定义:

$$V_0^{\text{FutPut}} = E_0\left[\frac{(K-F_T)^+}{(1+r_1)(1+r_2)\cdots(1+r_T)}\right] \tag{16C-20}$$

继续正文中的观点,假设贴现因子与期货价格不相关。则式(16C-20)可以改写为:

$$V_0^{\text{FutPut}} = E_0\left[\frac{1}{(1+r_1)(1+r_2)\cdots(1+r_T)}\right]E_0[(K-F_T)^+] \tag{16C-21}$$

$$= d_0(T)E_0[(K-F_T)^+] \tag{16C-22}$$

其中式(16C-22)源自零息票债券的风险中性定价。

最后,将附录16E的结论应用于式(16C-18)和式(16C-22),并假设债券期货价格服从对数正态分布,可以得到:

$$V_0^{\text{FutPut}} = d_0(T)\pi^{LN}(F_0, T, K, \sigma) \tag{16C-23}$$

对于看涨期权的类似结果是:

$$V_0^{\text{FutCall}} = d_0(T)\xi^{LN}(F_0, T, K, \sigma) \tag{16C-24}$$

附录16C.4 利率上限期权

在T时刻到期的利率上限期权可以写成从T时刻到$T+\tau$时刻的远期利率的衍生品,其在t时刻的价值可以用$f_t(T, T+\tau)$表示。研究表明,以到期日为$T+\tau$的零息票债券作为计价单位,可以使该远期利率成为一个鞅。设$d_t(T)$为T时刻到期的零息票债券在t时刻的价格,根据远期利率的定义:

$$\begin{aligned}f_t(T, T+\tau) &= \frac{1}{\tau}\left(\frac{d_t(T)}{d_t(T+\tau)} - 1\right) \\ &= \frac{1}{\tau}\left(\frac{d_t(T) - d_t(T+\tau)}{d_t(T+\tau)}\right)\end{aligned} \tag{16C-25}$$

接下来,考虑一个投资组合,做多T年期零息票债券,做空$T+\tau$年期零息票债券。以$T+\tau$年期零息票债券为计价单位,则该投资组合的正则化收益过程为鞅过程。

用数学式子表示为：

$$\frac{1}{\tau}\left(\frac{d_t(T) - d_t(T+\tau)}{d_t(T+\tau)}\right) = \frac{1}{\tau}E_t\left[\frac{d_T(T) - d_T(T+\tau)}{d_T(T+\tau)}\right]$$

$$= \frac{1}{\tau}E_t\left[\frac{d_T(T)}{d_T(T+\tau)} - 1\right]$$

$$= E_t[f_T(T, T+\tau)] \quad (16C\text{-}26)$$

其中式(16C-26)的最后一行使用了远期利率的定义。结合式(16C-25)和式(16C-26)可知，在选定的计价单位下，远期利率是一个鞅：

$$f_t(T, T+\tau) = E_t[f_T(T, T+\tau)] \quad (16C\text{-}27)$$

至于利率上限期权的估值，因为正则化收益过程也是一个鞅，所以取$T+\tau$时刻正则化收益的期望：

$$\frac{V_0^{\text{Caplet}}}{d_0(T+\tau)} = E_0\left[\frac{\tau(f_T(T, T+\tau) - K)^+}{d_{T+\tau}(T+\tau)}\right] \quad (16C\text{-}28)$$

$$= E_0\left[\tau(f_T(T, T+\tau) - K)^+\right] \quad (16C\text{-}29)$$

最后，假设远期利率$f_T(T, T+\tau)$服从方差为$\sigma^2 T$的正态分布，并且从$t=0$的式(16C-27)可知其均值为$f_0(T, T+\tau)$，则应用附录16D的结果可以得到：

$$V_0^{\text{Caplet}} = d_0(T+\tau)\tau\xi^N(f_0(T, T+\tau), T, K, \sigma) \quad (16C\text{-}30)$$

附录16C.5　互换期权

在T年后进入τ年期互换的互换期权的标的资产，是从T年到$T+\tau$年的远期平价互换利率，在t时刻的取值可以用$C_t(T, T+\tau)$来表示。本节首先证明，以期限为从T年到$T+\tau$年的年金作为计价单位，可以使远期平价互换利率为鞅。下面用$A_t(T, T+\tau)$表示年金的价格。

考虑从T年到$T+\tau$年接收固定利率K的互换，它在t年的价值是：

$$[K - C_t(T, T+\tau)]A_t(T, T+\tau) \quad (16C\text{-}31)$$

运用以年金为计价单位的鞅属性：

$$\frac{[K - C_t(T, T+\tau)]A_t(T, T+\tau)}{A_t(T, T+\tau)} = E_t\left[\frac{[K - C_T(T, T+\tau)]A_T(T, T+\tau)}{A_T(T, T+\tau)}\right]$$

$$C_t(T, T+\tau) = E_t[C_T(T, T+\tau)] \quad (16C\text{-}32)$$

因此，如前所述，远期平价互换利率是这个计价单位下的鞅。

为看跌利率互换期权定价时，注意回报为$[K - C_T(T, T+\tau)]^+$。因此，它的价值可以用相同计价单位的正则化收益的期望来计算：

$$\frac{V_0^{\text{Receiver}}}{A_0(T,T+\tau)} = E_0\left[\frac{(K-C_T(T,T+\tau))^+ A_T(T,T+\tau)}{A_T(T,T+\tau)}\right]$$

$$= E_0\left[(K-C_T(T,T+\tau))^+\right]$$

$$V_0^{\text{Receiver}} = A_0(T,T+\tau)\pi^N(C_0(T,T+\tau),T,K,\sigma) \tag{16C-33}$$

式(16C-33)的最后一行是基于式(16C-32)，远期平价互换利率服从方差为$\sigma^2 T$的正态分布的假设，以及附录16D的相应结论得到的。

同理可得，在正态分布假设下的看涨利率互换期权的价值为：

$$V_0^{\text{Payer}} = A_0(T,T+\tau)\xi^N(C_0(T,T+\tau),T,K,\sigma) \tag{16C-34}$$

附录 16D 对 BSM 式期权定价过程中的期望值计算

本节中的结果节选自期权定价文献，在此列出它们是为了方便参考，但不给出证明。假设$E^N[\cdot]$和$E^{LN}[\cdot]$分别为正态分布和对数正态分布下的期望算子，设$N(\cdot)$为标准正态累积分布函数。

如果S_T服从均值为S_0，方差为$\sigma^2 T$的正态分布，则：

$$\xi^N(S_0,T,K,\sigma) \equiv E_0^N\left[(S_T-K)^+\right]$$

$$= (S_0-K)N(d) + \frac{\sigma\sqrt{T}}{\sqrt{2\pi}}e^{-\frac{1}{2}d^2} \tag{16D-1}$$

$$\pi^N(S_0,T,K,\sigma) \equiv E_0^N\left[(K-S_T)^+\right]$$

$$= (K-S_0)N(-d) + \frac{\sigma\sqrt{T}}{\sqrt{\tau}}e^{-\frac{1}{2}d^2} \tag{16D-2}$$

$$d = \frac{S_0-K}{\sigma\sqrt{T}} \tag{16D-3}$$

如果S_T服从均值为S_0，方差为$S_0^2(e^{\sigma^2 T}-1)$的对数正态分布，则

$$\xi^{LN}(S_0,T,K,\sigma) \equiv E_0^{LN}\left[(S_T-K)^+\right]$$
$$= S_0 N(d_1) - K N(d_2) \tag{16D-4}$$

$$\pi^{LN}(S_0,T,K,\sigma) \equiv E_0^{LN}\left[(K-S_T)^+\right]$$
$$= K N(-d_2) - S_0 N(-d_1) \tag{16D-5}$$

$$d_1 = \frac{\ln\left(\frac{S_0}{K}\right) + \frac{1}{2}\sigma^2 T}{\sigma\sqrt{T}} \tag{16D-6}$$

$$d_2 = d_1 - \sigma\sqrt{T} \tag{16D-7}$$

附录 16E　期货价格在以货币市场账户作为计价单位时是一个鞅

期货合约的初始价值为零；随后的现金流来自每日盯市结算；到期时的期货价格由最终结算规则决定。为了简单起见，考虑一个 2 个周期、3 个日期的定价框架，令日期 t 的期货价格为 F_t，则正则化收益过程为：

（1）日期 0：$\dfrac{V_0}{M(0)} = 0$；

（2）日期 1：$\dfrac{V_1}{M(1)} = \dfrac{F_1 - F_0}{1 + r_1}$；

（3）日期 2：$\dfrac{V_2}{M(2)} = \dfrac{(F_1 - F_0)(1 + r_2) + F_2 - F_1}{(1 + r_1)(1 + r_2)}$。

由于期货合约在日期 0 的价值为零，鞅性质意味着在未来任何日期的正则化收益的期望均为零。特别地，对于日期 1：

$$0 = E_0\left[\frac{F_1 - F_0}{1 + r_1}\right] \tag{16E-1}$$

但由于 r_1 是从日期 0 开始的，因此由式(16E-1)可知：

$$F_0 = E_0[F_1] \tag{16E-2}$$

由日期 2 的鞅性质可得：

$$0 = E_0\left[\frac{(F_1 - F_0)(1 + r_2) + F_2 - F_1}{(1 + r_1)(1 + r_2)}\right] \tag{16E-3}$$

利用迭代期望定律以及 r_1 在日期 0 就已知的事实：

$$0 = E_0\left[\frac{1}{1 + r_2} E_1[F_2 - F_1]\right] \tag{16E-4}$$

但由于 F_1 是日期 1 时已知的，式(16E-4)意味着：

$$F_1 = E_1[F_2] \tag{16E-5}$$

最后，把式(16E-2)和式(16E-5)结合起来看：

$$F_0 = E_0[E_1[F_2]] = E_0[F_2] \tag{16E-6}$$

式(16E-6)和式(16E-2)表明，期货价格在货币市场账户或风险中性测度下是一个鞅，正如所期望的那样。

推荐阅读

宏观金融经典

这次不一样：八百年金融危机史	[美] 卡门·M.莱因哈特（Carmen M. Reinhart） 肯尼斯·S.罗格夫（Kenneth S. Rogoff）
布雷顿森林货币战：美元如何通知世界	[美] 本·斯泰尔（Benn Steil）
套利危机与金融新秩序：利率交易崛起	[美] 蒂姆·李(Tim Lee) 等
货币变局：洞悉国际强势货币交替	[美] 巴里·艾肯格林（Barry Eichengreen）等
金融的权力：银行家创造的国际货币格局	[美] 诺美·普林斯(Nomi)
两位经济学家的世纪论战（萨缪尔森与弗里德曼的世纪论战）	[美] 尼古拉斯·韦普肖特（Nicholas Wapshott）
亿万：围剿华尔街大白鲨（对冲之王史蒂芬·科恩）	[美] 茜拉·科尔哈特卡（Sheelah Kolhatkar）
资本全球化：一部国际货币体系史（原书第3版）	[美] 巴里·埃森格林（Barry Eichengreen）
华尔街投行百年史	[美] 查尔斯 R.盖斯特（Charles R. Geisst）

微观估值经典

估值：难点、解决方案及相关案例（达摩达兰估值经典全书）	[美] 阿斯瓦斯·达莫达兰（Aswath Damodaran）
新手学估值：股票投资五步分析法 （霍华德马克思推荐，价值投资第一本书）	[美] 乔舒亚·珀尔（Joshua Pearl）等
巴菲特的估值逻辑：20个投资案例深入复盘	[美] 陆晔飞（Yefei Lu）
估值的艺术：110个解读案例	[美] 尼古拉斯·斯密德林（Nicolas，Schmidlin）
并购估值：构建和衡量非上市公司价值（原书第3版）	[美] 克里斯 M.梅林（Chris M. Mellen） 弗兰克 C.埃文斯（Frank C. Evans）
华尔街证券分析：股票分析与公司估值（原书第2版）	[美] 杰弗里 C.胡克（Jeffrey C.Hooke）
股权估值：原理、方法与案例（原书第3版）	[美] 杰拉尔德 E.平托(Jerald E. Pinto) 等
估值技术（从格雷厄姆到达莫达兰过去50年最被认可的估值技术梳理）	[美] 大卫 T. 拉拉比（David T. Larrabee）等
无形资产估值：发现企业价值洼地	[美] 卡尔 L. 希勒（Carl L. Sheeler）
股权估值综合实践：产业投资、私募股权、上市公司估值实践综合指南 （原书第3版）	[美] Z.克里斯托弗·默瑟（Z.Christopher Mercer） 特拉维斯·W. 哈姆斯（Travis W. Harms）
预期投资：未来投资机会分析与估值方法	[美] 迈克尔·J.莫布森(Michael J.Mauboussin) 艾尔弗雷德·拉帕波特(Alfred Rappaport)
投资银行：估值与实践	[德] 简·菲比希（Jan Viebig）等
医疗行业估值	郑华 涂宏钢
医药行业估值	郑华 涂宏钢

债市投资必读

债券投资实战（复盘真实债券投资案例，勾勒中国债市全景）	龙红亮（公众号"债市夜谭"号主）
债券投资实战2：交易策略、投组管理和绩效分析	龙红亮（公众号"债市夜谭"号主）
信用债投资分析与实战（真实的行业透视 实用的打分模型）	刘婕（基金"嘎姐投资日记"创设人）
分析 应对 交易（债市交易技术与心理，笔记哥王健的投资笔记）	王 健（基金经理）
美元债投资实战（一本书入门中资美元债，八位知名经济学家推荐）	王 龙（大湾区金融协会主席）
固定收益证券分析（CFA考试推荐参考教材）	[美]芭芭拉S.佩蒂特（Barbara S.Petitt）等
固定收益证券（固收名家塔克曼经典著作）	[美]布鲁斯·塔克曼(Bruce Tuckman)等

推荐阅读

A股投资必读	金融专家，券商首席，中国优秀证券分析师团队，金麒麟、新财富等各项分析师评选获得者
亲历与思考：记录中国资本市场30年	聂庆平（证金公司总经理）
策略投资：从方法论到进化论	戴 康 等（广发证券首席策略分析师）
投资核心资产：在股市长牛中实现超额收益	王德伦 等（兴业证券首席策略分析师）
王剑讲银行业	王 剑（国信证券金融业首席分析师）
荀玉根讲策略	荀玉根（海通证券首席经济学家兼首席策略分析师）
吴劲草讲消费业	吴劲草（东吴证券消费零售行业首席分析师）
牛市简史：A股五次大牛市的运行逻辑	王德伦 等（兴业证券首席策略分析师）
长牛：新时代股市运行逻辑	王德伦 等（兴业证券首席策略分析师）
预见未来：双循环与新动能	邵 宇（东方证券首席经济学家）
CFA协会投资系列	全球金融第一考，CFA协会与wiley出版社共同推出，按照考试科目讲解CFA知识体系，考生重要参考书
股权估值：原理、方法与案例（原书第4版）	[美]杰拉尔德 E.平托（Jerald E. Pinto）
国际财务报表分析（原书第4版）	[美]托马斯 R.罗宾逊（Thomas R. Robinson）
量化投资分析（原书第4版）	[美]理查德 A.德弗斯科（Richard A.DeFusco）等
固定收益证券：现代市场工具（原书第4版）	[美]芭芭拉 S.佩蒂特（Barbara S.Petitt）
公司金融：经济学基础与金融建模（原书第3版）	[美]米歇尔 R. 克莱曼（Michelle R. Clayman）
估值技术（从格雷厄姆到达莫达兰过去50年最被认可的估值技术梳理）	[美]大卫 T. 拉拉比（David T. Larrabee）等
私人财富管理	[美]斯蒂芬 M. 霍兰（Stephen M. Horan）
新财富管理	[美]哈罗德·埃文斯基（Harol Evensky）等
投资决策经济学：微观、宏观与国际经济学	[美]克里斯托弗 D.派若斯(Christopher D.Piros)等
投资学	[美]哈罗德·埃文斯基（Harol Evensky）等
金融投资经典	
竞争优势：透视企业护城河	[美]布鲁斯·格林沃尔德(Bruce Greenwald)
漫步华尔街	[美]伯顿·G.马尔基尔(Burton G. Malkiel)
行为金融与投资心理学	[美]约翰 R. 诺夫辛格（John R.Nofsinger）
消费金融真经	[美]戴维·劳伦斯(David Lawrence)等
智能贝塔与因子投资实战	[美]哈立德·加尤（Khalid Ghayur）等
证券投资心理学	[德]安德烈·科斯托拉尼（André Kostolany）
金钱传奇：科斯托拉尼的投资哲学	[德]安德烈·科斯托拉尼（André Kostolany）
证券投资课	[德]安德烈·科斯托拉尼（André Kostolany）
证券投机的艺术	[德]安德烈·科斯托拉尼（André Kostolany）
投资中最常犯的错：不可不知的投资心理与认知偏差误区	[英]约阿希姆·克莱门特（Joachim Klement）
投资尽职调查：安全投资第一课	[美]肯尼思·斯普林格（Kenneth S. Springer）等
格雷厄姆精选集：演说、文章及纽约金融学院讲义实录	[美]珍妮特·洛（Janet Lowe）
投资成长股：罗·普莱斯投资之道	[美]科尼利厄斯·C.邦德（Cornelius C. Bond）
换位决策：建立克服偏见的投资决策系统	[美]谢丽尔·斯特劳斯·艾因霍恩（Cheryl Strauss Einhorn）
精明的投资者	[美]H.肯特·贝克(H.Kent Baker)等